双柏县脱贫攻坚志

中共双柏县委 双柏县人民政府 编

 南京大学出版社

图书在版编目(CIP)数据

双柏县脱贫攻坚志 / 中共双柏县委，双柏县人民政府编. — 南京：南京大学出版社，2021.6
ISBN 978 - 7 - 305 - 23833 - 8

Ⅰ. ①双… Ⅱ. ①中… ②双… Ⅲ. ①扶贫－工作概况－双柏县 Ⅳ. ①F127.744

中国版本图书馆 CIP 数据核字(2020)第 198240 号

出版发行　南京大学出版社
社　　　址　南京市汉口路 22 号　　　　　邮　编　210093
出版人　金鑫荣
书　　名　**双柏县脱贫攻坚志**
编　　者　中共双柏县委　双柏县人民政府
责任编辑　李　博　谭　天　孙　辉

照　　排　南京南琳图文制作有限公司
印　　刷　徐州绪权印刷有限公司
开　　本　787×1092　1/16　印张 31　字数 716 千
版　　次　2021 年 6 月第 1 版　2021 年 6 月第 1 次印刷
ISBN 978 - 7 - 305 - 23833 - 8
定　　价　198.00 元(精装)

网址：http://www.njupco.com
官方微博：http://weibo.com/njupco
官方微信号：njupress
销售咨询热线：(025) 83594756

《双柏县脱贫攻坚志》编纂委员会

（2014 年 1～12 月）

主　任	张晓鸣	李长平				
副主任	鲁文兴	王丽平				
委　员	张志军	赵开锋	郎天云	李雪峰	毕剑华	岑云英	陈绍能
	唐建平	黎　克	孟继祖	王景书	刘业廷	杨　洋	王　斌
	汤永平	苏秀华	杨　铭	方永红	吴应辉	沈海燕	王　权
	徐晓武	高风华	李泓频	赖海荣	李晓昌	苏荣兰	王清宏
	李新琼	刘　萍	周增先	田文鼎			

（2015 年 1～12 月）

主　任	张晓鸣	李长平				
副主任	鲁文兴	王丽平				
委　员	赵开锋	谢　浒	郎天云	李雪峰	毕剑华	岑云英	唐建平
	王景书	刘业廷	孟继祖	李家荣	杨　洋	王　斌	汤永平
	苏秀华	杨　铭	方永红	吴应辉	沈海燕	王　权	李泓频
	高风华	陈　卫	赖海荣	李晓昌	苏荣兰	王清宏	李新琼
	刘　萍	赵春菊	周增先	田文鼎			

（2016 年 1～12 月）

主　任	李长平	梁文林				
副主任	鲁文兴	王丽平	王景书			
委　员	谢　浒	杨　华	郎天云	李雪峰	毕剑华	方永红	岑云英
	唐建平	朱成玉	沈海燕	刘业廷	孟继祖	李家荣	周继涛
	杨　洋	王　斌	汤永平	苏秀华	杨　铭	王为周	吴应辉
	闫　文	李　喆	王　权	李泓频	陈　卫	段光洪	姜迎春
	宋轶鹏	赖海荣	李晓昌	苏荣兰	王清宏	李新琼	赵春菊
	周增先	田文鼎					

（2017 年 1～12 月）

主　任　李长平　梁文林
副主任　鲁文兴　唐建平　鲁泽强
委　员　杨　华　陈　剑　郎天云　李雪峰　王景书　方永红
　　　　朱成玉　沈海燕　孟继祖　周继涛　朱明龙　杨　洋
　　　　王　斌　汤永平　苏秀华　杨　铭　杨光盛　张翠华
　　　　尹久斌　苏　燕　闫　文　王　权　王为周　李家荣
　　　　李　喆　姜迎春　段光洪　宋轶鹏　范存健　赖海荣
　　　　李晓昌　苏荣兰　王清宏　尹世久　李新琼　赵春菊
　　　　周增先　田文鼎

（2018 年 1～12 月）

主　任　李长平　梁文林
副主任　唐建平　鲁泽强
委　员　杨　华　余正华　陈　剑　李雪峰　王景书　方永红
　　　　朱成玉　沈海燕　孟继祖　周继涛　朱明龙　林　尧
　　　　杨　洋　肖新雄　杨光盛　张翠华　尹久斌　苏　燕
　　　　闫　文　王　权　王为周　李家荣　李　喆　段光洪
　　　　宋轶鹏　范存健　张　玉　苏秀华　苏荣兰　王清宏
　　　　尹世久　李新琼　赵春菊　周增先　田文鼎

（2019 年 1～12 月）

主　任　李长平　梁文林
副主任　唐建平　仲显海　鲁泽强　周继涛
委　员　余正华　李雪峰　王景书　方永红　王为周　朱成玉
　　　　沈海燕　孟继祖　朱晓丹　朱明龙　陈　剑　林　尧
　　　　姜自发　柳思福　王发明　肖新雄　杨光盛　张翠华
　　　　尹久斌　苏　燕　闫　文　王　权　李家荣　李　喆
　　　　范存健　张　玉　金彦平　王建富　刘明乾　普学昌
　　　　苏秀华　苏荣兰　王清宏　尹世久　李新琼　赵春菊
　　　　周增先　田文鼎

（2020 年 1～12 月）

《双柏县脱贫攻坚志》编纂人员

主　编　李长平　梁文林
副主编　王建富
编　纂　李建元　杜政兴　董　飞　黎付荣　胡玉双　王显东　李林容
　　　　李双琼　邢永宁　张存滟　谭家英　谭　琦　杨春燕　李长贵
　　　　林发荣　苏轼冰　王雯君　苏正平　李忠元　李光平　陈佳滢
　　　　李佳燕

《双柏县脱贫攻坚志》审稿人员

楚雄州地方志办公室审查验收人员

　　　周有方　白云鹏　朱卫明　杜晋宏　杞华仙　向　明

双柏县审稿人员

李长平　梁文林　仲显海　李雪峰　王景书　余正华　方永红　王为周
朱晓丹　周继涛　朱明龙　姜自发　柳思福　王发明　王　权　李　喆
金彦平　王建富　刘明乾　普学昌　马　涛　郭汝金　李光远　苏友仁
赵永宏　赵明林　杨家强　刘红波　杜政兴　李建元　郭存兰　段晓荣
李海华　杨品存　姚　琳　苏兴荣　徐丕学　牛泽华　李泽苊　吴　忠
王景发　杨　辉　张　梅　罗兴福　谢佳君　赵秀梅　罗　亿　张晓强
吕　刚　王显东　李林容　李双琼　邢永宁　黎付荣　张之政　毕文存
李国权　张存滟　谭家英　谭　琦　杨春燕　李长贵

《双柏县脱贫攻坚志》文稿资料
及部分图片提供单位

　　南京大学、北京中医药大学、上海市嘉定区、云南省人大常委会办公厅、楚雄师范学院、云南水利水电勘测院、楚雄州人大常委会办公室、中共楚雄州委政法委、楚雄州中级人民法院、中共楚雄州委 610 办公室、共青团楚雄州委、楚雄州科学技术协会、楚雄州归国华侨联合会、楚雄州交通运输局、楚雄州民族宗教事务委员会、楚雄州应急管理局、楚雄州农科院、中国农业发展银行楚雄州分行、农行楚雄州分行、楚雄州开发投资有限公司、中国人寿楚雄分公司、中共双柏县委办公室、双柏县人大常委会办公室、双柏县人民政府办公室、双柏县政协办公室、双柏县纪委、双柏县监委、中共双柏县委组织部、中共双柏县委宣传部、中共双柏县委统战部、中共双柏县委政法委、中共双柏县委政策研究室、中共双柏县委党校、中共双柏县委机构编制委员会办公室、中共双柏县委老干部局、双柏县人民武装部、双柏县人民法院、双柏县人民检察院、双柏县总工会、共青团双柏县委员会、双柏县妇联、双柏县科学技术协会、双柏县文学艺术界联合会、双柏县残疾人联合会、双柏县工商业联合会、双柏县红十字会、双柏县发展和改革局、双柏县工业信息化商务科学技术局、双柏县教育体育局、双柏县公安局、双柏县民政局、双柏县民族宗教事务局、双柏县司法局、双柏县财政局、双柏县人力资源和社会保障局、双柏县自然资源局、楚雄彝族自治州生态环境局双柏分局、双柏县住房和城乡建设局、双柏县交通运输局、双柏县农业农村局、双柏县林业和草原局、双柏县水务局、双柏县文化和旅游局、双柏县卫生健康局、双柏县医疗保障局、双柏县审计局、双柏县统计局、双柏县应急管理局、双柏县市场监督管理局、双柏县投资促进局、双柏县退役军人事务局、双柏县地方志编纂委员会办公室、双柏县人民政府扶贫开发办公室、双柏县供销社、双柏县开发投资有限公司、双柏县地震局、双柏县自然资源公安局、双柏县公安局交通警察大队、双柏县信访局、双柏县政务服务管理局、双柏县融媒体中心、双柏县卫生监督所、双柏县疾病预防控制中心、双柏县人民医院、双柏县职业高级中学、双柏县税务局、双柏县气象局、中国人民银行双柏县支行、双柏县信用社联社、云南省烟草公司楚雄州公司双柏县分公司、双柏供电局、国家统计局双柏调查队、双柏县交通运政管理所、双柏公路路政管理大队、双柏县消防救援大队、双柏县国有林场、双柏公路分局、中国电信股份有限公司双柏分公司、中国移动通信集团云南有限公司双柏分公司、云南广电网络集团有限公司双柏支公司、人保财险双柏支公司、中国人寿双柏县支行、妥甸镇、大庄镇、碍嘉镇、法脿镇、大麦地镇、安龙堡乡、爱尼山乡、独田乡

《双柏县脱贫攻坚志》部分图片摄影人员

李盛昌　杨洪波　苏舜生　秦之相　郎晓玲　谭　琦　王耀文　段跃全

张　琴　尹　辉　鲁泽华　张永慧　殷文达　泰金霞　李旺彪　崔剑龙

序　言

　　长期以来,双柏县和云南省乃至全国众多农村地区一样,受经济、社会、历史、自然、地理等方面制约,发展相对滞后,贫困人口数量众多。20 世纪 80 年代中期,双柏县开始开展扶贫开发工作。从 1990 年开始,随着扶贫开发工作的大力推进,全县扶贫工作取得一定成效,扶贫形势也发生相应变化。

　　2011 年后,双柏县的扶贫开发工作从以解决温饱问题为主要任务的阶段,转入巩固温饱成果、加快脱贫致富、改善生态环境、提高发展能力、缩小发展差距的新阶段。2011 年 12 月 1 日,中共中央、国务院印发《中国农村扶贫开发纲要(2011—2020 年)》,明确提出未来十年农村扶贫开发工作目标是"到 2020 年,稳定实现扶贫对象不愁吃、不愁穿,保障其义务教育、基本医疗和住房"。"两不愁、三保障"的目标,不仅仅是提高贫困群众收入的问题,还包括教育保障、医疗服务、住房安全等更多内容,集中反映出扶贫工作已经从过去以解决温饱问题为核心向给予贫困人口更加有尊严的生活转变。

　　党的十八大以来,以习近平同志为核心的党中央作出了脱贫攻坚的战略决策,对打赢脱贫攻坚战作出系列部署和重要论述,把扶贫开发提高到事关政治方向、根本制度、发展道路的战略高度。在党中央的坚强领导下,脱贫攻坚战取得决定性进展。中国成为世界上减贫人口最多的国家,也是世界上率先完成联合国千年发展目标的国家。"小康路上一个都不能少"的庄严承诺,彰显了中国共产党的使命与担当。2021 年 2 月 25 日,习近平总书记在全国脱贫攻坚表彰大会上庄严宣告:经过全党全国各族人民共同努力,我国脱贫攻坚战取得了全面胜利。

　　脱贫攻坚战打响后,双柏县深入贯彻精准扶贫、精准脱贫基本方略,坚持以脱贫攻坚统揽经济社会发展全局,把精准扶贫、精准脱贫工作作为确保与全国全省同步全面建成小康社会的重要抓手,深入贯彻落实习近平总书记关于扶贫工作重要论述和中央、省、州各级党委政府脱贫攻坚决策部署,紧扣"两不愁、三保障"和"六个精准""五个一批"要求,举全县之力、集全县之智,以坚决的政治态度、坚定的工作信心、坚强的统筹保障,扎实推进精准扶贫、精准脱贫,确保建档立卡贫困人口如期脱贫,解决区域性整体贫困,高质量地书写了扶贫攻坚工作的"双柏答卷"。

　　双柏县的脱贫攻坚工作取得阶段性明显成效,是中央、省、州各级党委政府正确领导的结果,是全县广大干部群众艰苦奋斗和社会各界无私帮扶的结果。在感恩奋进中,我们不会忘记历史,理当为后人留下资料记录和精神财富。《双柏县脱贫攻坚志》的编纂出版,进一步总结双柏县脱贫攻坚的经验和做法,真实地记录双柏县各族人民在与全省、全国各族人民一起共同实现中华民族伟大复兴中国梦的背景下,谱写"摆脱绝对贫困"梦想的"双柏篇章";从一个边疆民族地区的国家级贫困县实现脱贫摘帽过程的侧面,向全社会讲述双柏乃至云南的"脱贫故事"。

　　脱贫攻坚工作的开展,让双柏甩掉"贫困帽",迎来了大步走向乡村振兴的发展机遇。以史为鉴,开拓未来。《双柏县脱贫攻坚志》中的文字和图片,定格了双柏县在脱贫攻坚工作中的永恒瞬间,不论是在现在还是将来,都可以作为一种可以信赖的史实。这对于我们激励当代,留传后世,具有重要的意义。

《双柏县脱贫攻坚志》编纂委员会

2021 年 3 月

凡　例

一、本志以马克思列宁主义、毛泽东思想、邓小平理论、"三个代表"重要思想、科学发展观、习近平新时代中国特色社会主义思想为指导，坚持辩证唯物主义和历史唯物主义的立场、观点和方法，按照地方志书要求，述、记、志、图、表、录诸体并用，以志为主，围绕"两不愁、三保障"、紧扣"六个精准""五个一批"、落实"一户一策"目标，客观真实地记述双柏县脱贫攻坚工作的历程。

二、本志以双柏县行政区划为记述对象，记述时间上限1985年1月，下限2020年8月，重点记录2014年以后全县精准扶贫工作开展的内容。为保持事件的完整性，部分内容作适当上溯或下延。

三、本志"大事记"按时间先后顺序记述。专志部分的纲目结构及章节的设置，按照2011年12月中共中央、国务院印发的《中国农村扶贫开发纲要（2011—2020年）》和2015年11月29日中共中央、国务院印发的《中共中央国务院关于打赢脱贫攻坚战的决定》相关精神，结合双柏县工作开展实际拟定。

四、本志遵循志书撰写规范，力求文风朴实，语言准确简练。

五、人物采用以事系人和列表形式记载，主要记录2014年至2020年8月期间，各级各部门到双柏县挂职人员、支持双柏教育和卫生事业工作人员、在扶贫工作中取得优异成绩受到县级以上表扬的人员和因公殉职人员。

六、《双柏县脱贫攻坚志》编纂委员会的成员，由2014年双柏县开展脱贫攻坚工作至2020年10月期间，各年度担任实职的全体处级领导组成。组长由县委书记、县长担任,副组长由县委专职副书记和县委常委、县人民政府常务副县长担任,其余处级领导担任成员。

七、本志资料、数据由中央、省、州各"挂包帮、转走访"帮扶双柏县脱贫攻坚工作的部门以及双柏县内各乡镇和县级单位审定后提供,行业资料由行业部门提供,部分资料和数据来源于《楚雄州扶贫开发志(1986～2006)》。

八、本志数字用法、标点符号、计量单位,按国家公开出版物标准执行。县内地名以《双柏县地名志》为准。

九、本志中涉及不同时段的组织、机构、职务等,以当时的名称为准。对频繁使用的名称,首次出现时用全称,其后用简称。

十、本志书著作权归属中共双柏县委、双柏县人民政府。志书编纂委员会成员、编纂人员、审稿人员以及提供入志资料、图片的单位或人员,按志书出版规范分别署名。

十一、本凡例外所涉及志书编纂体例和编纂工作的内容,在志书"后记"中说明。

目　　录

概　　述

一

2001年，国务院扶贫开发领导小组确定云南省73个国家扶贫开发工作重点县，双柏县为其中之一，贫困状态决定了双柏县必将成为楚雄州乃至云南省脱贫攻坚工作的主战场之一。

脱贫攻坚是一场硬仗，想打赢这场硬仗，要有敢于担当的勇气和坚韧不拔的斗志。自2014年脱贫攻坚战打响以来，双柏县着眼于全县广大人民群众的生活保障、住房安全、道路畅通、教育医疗、电力保障、饮水安全等方面，始终坚持精准扶贫、精准脱贫基本方略，全力以赴补齐短板，千方百计提升弱项，倾心尽力改善民生，县委、县人民政府领导班子以强烈的政治担当和对贫困群众的深厚感情，带领全县16万各族干部群众扎实苦干，与中央、省、州各级帮扶双柏县实现脱贫的部门携手同心，把初心和使命写在脱贫攻坚的战场上，共同描绘出一幅幅决战决胜双柏脱贫攻坚的历史画卷。

开展脱贫攻坚工作以来，聚焦"两不愁、三保障"，经过7年多的艰苦努力，双柏县整体面貌焕然一新，成为双柏县历史上发展较快、变化较大的时期。几年来，双柏县的发展同全国一样，取得历史性的成就、发生历史性的变革，贫困人口的基本生活得到切实保障，乡村振兴动力显著增强。

久久为功，穷根必拔。2018年，双柏县是全省脱贫摘帽的33个县市之一，是全州脱贫摘帽的4个县市之一。2019年4月，经云南省人民政府批准，双柏县退出贫困县序列,困扰全县各族人民千百年的绝对贫困问题得到彻底解决。截至 2019 年 12 月,全县累计减贫 6 621 户 23 641 人,贫困发生率从 2014 年的 20.76% 降至 2019 年末的 0.76%;40 个贫困行政村全部出列,2 个贫困乡镇全部退出,脱贫成果得到全面巩固提升。2020 年 6 月,全县剩余的 318 户 898 人贫困人口全部达到贫困退出指标,脱贫攻坚工作取得较好成效。这不仅是一份沉甸甸的成绩单,更是双柏县上下奋斗逐梦、向贫困宣战的真实写照。脱贫攻坚带来的变化,让双柏人民彻底摘下贫困的帽子,迈向新生活的底气更足、前行的步伐更加坚定。

二

脱贫路上没有捷径,双柏县脱贫摘帽的成果是靠实干干出来的。

2014 年来,全县紧扣"两不愁、三保障"目标,打出分类施策易地搬迁"挪穷窝"、生态补偿"破穷局"、发展教育"拔穷根"、转移就业"换穷业"、社会兜底"脱穷境"、健康扶贫"保健康"的"组合拳",全面补齐贫困地区基础设施、住房保障、产业发展短板,真正做到资金向脱贫攻坚一线投入,项目向脱贫攻坚一线聚集,群策群力冲刺脱贫攻坚。实行贫困对象精准识别、动态管理,坚持实事求是,做到"应纳尽纳、应扶尽扶"。产业扶贫、就业扶贫、教育扶贫、健康扶贫、生态扶贫、社保兜底、易地扶贫搬迁等精准扶贫政策全面落实。双柏县始终坚持以脱贫攻坚统揽全县经济社会发展全局,把"精准扶贫、精准脱贫"方略贯穿于脱贫攻坚工作全过程和各环节,开展"6+2"创建工作(创建卫生县城、文明城市、园林县城、森林县城、先进平安县、新型智慧城市、双拥模范县、生态文明县),聚焦"五网"建设(路网、航空网、能源保障网、水网、互联网),全力补齐交通、通信、水利、教育、卫生、电力等脱贫退出基础"短板",一大批事关全县民生发展的重大基础设施项目得以实施;深入开展"四治三改一拆一增""七改三清"城乡人居环境提升行动,真正做到"攻坚克难脱真贫,砥砺奋进奔小康",有力地推动了全县经济社会持续健康发展。

经过 7 年的砥砺奋进,双柏县经济社会蓬勃发展、各项事业协调推进、经济发展提质增效、群众生活显著改善。全县农村户籍人口全面实现"不愁吃、不愁穿",义务教育、基本医疗、住房安全有保障,全县农村住房、人居环境、村容村貌得到极大改善,广大群众对脱贫攻坚取得的历史性成就普遍认可,获得感、幸福感显著增强。通过实施乡村道路、农田水利、人畜饮水、教育卫生、文化活动场所等基础设施建设,完成农村电网升级改造,乡村道路建设质量不断提升,8 个乡镇到县城油路或混凝土路通畅率达 100%,85 个建制村(社区)道路路面硬化率达 100%,饮水全达标、医疗卫生全升级、电力通信全保障、电视网络全覆盖,群众出行难、饮水难、用电难、通信难等历史问题得到有效解决。

三

脱贫攻坚工作开展以来，全县稳步解决"两不愁、三保障"，以行业扶贫为抓手，坚持"准"和"实"的标准和要求，群众生活质量全面提高。

双柏县把党建工作与脱贫攻坚有机结合，落实党委主体责任，发挥基层组织在脱贫攻坚中的政治引领、组织优势，实现基层党建与脱贫攻坚"同频共振"。

扶贫先扶智、治贫先治愚。各帮扶单位全力关注和支持教育发展，全县县、乡、村三级学校基础设施建设加快提升，师资力量大幅加强、专业设置科学合理，教育扶贫政策全面落实，推动各阶段教育健康发展。

全县不断全面深化医疗卫生体制改革，推动基本医疗资源公平普惠，实现群众"方便看病、看得起病、看得好病、尽量少生病"的目标，健康防护墙得到牢固构筑，群众看病就医快捷方便。

山高箐深，道路狭窄崎岖，群众居住分散……这是全县无一平方千米平地的农村群众居住地的真实写照。自2015年起，双柏县把易地扶贫搬迁作为脱贫攻坚的一项重要工作，让贫困群众告别土坯房、喝上自来水、踩上硬化路。通过易地扶贫搬迁，全县1 555户5 801名群众彻底告别"穷山窝"，迎来新生活。实施脱贫攻坚以来，双柏县加大农村危房改造力度，至2019年，累计投入资金2.14亿元，改造C、D级存量危房10 409户，全县危房改造率达100%。

双柏县加快贫困村社会事业发展，促进基本公共服务向贫困村延伸覆盖，全部贫困村村集体经济有了稳定收入。双柏县夯实发展基础，紧盯制约发展的水、电、路、网等基础设施短板，以到村项目为抓手，建管并重，全面提升完善基础设施条件。交通瓶颈是制约双柏县脱贫攻坚取得实效的一项关键短板，为解决这一问题，双柏县不断加大交通建设力度，修建一条条"发展路""致富路"，行政村道路硬化全覆盖。曾经的贫困家庭全部实现不愁吃、不愁穿，农村安全饮水率达100%，自然村动力电全覆盖。

双柏县将产业扶贫作为脱贫攻坚的抓手和重要举措，结合各乡镇、村独特的资源禀赋，全力调整产业结构，精心布局，多点发力，贫困群众发挥特色优势产业，经济收入持续增加得到长久保障。

双柏县把改善农村人居环境、建设美丽宜居乡村作为实施乡村振兴战略的重要抓手，一个个昔日贫穷落后的村落在脱贫攻坚中脱胎换骨、华丽变身、奋起发展，全县乡村面貌得到极大提升。借着国家退耕还林的政策及扶贫政策，森林覆盖率达84%的双柏县，生态环境持续向好，"中国天然氧吧""全国森林康养基地试点建设县"的美誉名副其实。

四

双柏县委、县人民政府坚持扶贫与扶志、扶智,"输血"与"造血"相结合,在发挥政府主体和主导作用的同时,利用行业扶贫、专项扶贫、社会扶贫、定点帮扶、沪滇协作扶贫等扶贫模式,促进政府、市场、社会"三方"联动,打造社会大扶贫格局。借助中央以及省内外帮扶力量,在产业、教育、卫生、人才、智库等方面,积极争取帮扶事项和帮扶资金。开展"万企帮万村""同心工程"助力双柏脱贫攻坚社会扶贫行动,践行"打造一批产业,实现贫困户可持续脱贫;解决一批就业,增加贫困户工资性收入;组建一批专业合作社,引导贫困户入股分红;搭建一个扶贫慈善活动平台,开展捐款捐物、捐资助学;解决一批扶贫资金和培训一批有技术懂经营的农民"活动,凝聚诚挚奉献的爱心真心,形成"人人参与、有钱出钱、有力出力、齐心协力、众志成城"的脱贫攻坚"突围"之势,弘扬了中华民族扶危济困的传统美德。

双柏县调动各方面资源,着力构建专项扶贫、行业扶贫、社会扶贫等多方力量共同参与、多种举措有机结合、多处支撑相互促进的大扶贫格局。中央定点帮扶单位南京大学和北京中医药大学、参与东西部扶贫协作的上海市嘉定区和杨浦区、挂包帮扶双柏县的云南省人大常委会办公厅、云南水利水电勘测设计院、楚雄师范学院、楚雄州人大常委会办公室、中共楚雄州委、政法委等单位响应党中央的号召,真情实意到双柏倾心帮助,多年来一直持之以恒地支持双柏脱贫出列,不仅为双柏带来实实在在的项目资金和物质帮扶,更带来先进理念,展现了深厚的家国情怀和无私的人间大爱。这些帮扶单位在双柏县积极探索智力扶贫、特色农产品推介、消费扶贫、项目支持、技能培训、干部挂职等帮扶模式,持续巩固双柏县脱贫攻坚成果,带动当地群众增收和干部能力素质提升。

五

7年来,双柏县把实现脱贫摘帽作为最大的政治任务和民生工程来抓,健全完善脱贫攻坚责任、政策、工作、投入、问效、思想动员"六大"责任体系,构建产业扶贫、就业扶贫、生态扶贫、教育扶贫、健康扶贫、社会兜底、社会扶贫、党建扶贫"双推进"等系列政策体系,以"用党性作担保、用人格作保证、用饭碗作抵押"的责任担当,认真落实"我的工作我负责、我的困难我克服、我的业绩我创造、人民幸福我来谋"的要求,凝聚众志成城的攻坚合力,践行和弘扬"进村入户的热心细心、解说政策的耐心诚心、因户施策的真心匠心、解难除困的善心决心、诚挚奉献的爱心衷心、巩固提升的用心恒心"的新时代双柏扶贫精神,始终坚持精准扶贫方略,深入贯彻落实"六个精准""五个一批"要求,精准发力、精准施策,真正解决好"扶持谁、依靠谁、怎么扶、谁来扶、如何帮、如何退"的问题,诠释了中国共产党人爱民为民的真挚情怀,镌刻出一幅幅决战贫困、决胜全面小康的时代画卷。

全县各级党员干部始终把贫困群众放在心上,不离不弃,与贫困群众携手同心,以攻坚克难的干劲、勇打硬仗的拼劲,舍小家顾大家,克服工作、生活、家庭等各方面的困难,深入基层、深入群众、深入一线,用心行走、用脚丈量、用情帮扶,访民情、知民意、化民怨、解民忧,按照"缺什么补什么、会什么干什么"的"问需式"原则,根据贫困户家中的资源禀赋、发展意愿和致富能力,下足绣花功夫,"一户一策"帮助贫困户制定帮扶计划和帮扶措施,切实把精准扶贫各项工作做实做细做到位。有的同志轻伤不下火线,有的同志甚至献出自己的生命。

在这场硬仗中,广大党员干部不负使命、担当实干,以"脱家、脱休、脱皮"换取群众脱贫,用个人的辛苦指数换取群众的幸福指数和满意指数,在火热的脱贫攻坚战场挥洒汗水、奉献热血,诠释了"干部把群众当家人、群众把干部当亲人"的新时代党群干群"鱼水关系"。全县广大贫困群众发扬"我要脱贫"的进取精神和"自我造血"的顽强斗志,牢固树立"我要脱贫、勤劳致富"的观念,在帮扶中站起、在苦干中增收、在勤劳中致富、在奋斗中脱贫,在党和政府的帮助下,内生动力得到充分激发,"主人翁"意识不断显现,依靠辛勤劳动,过上更加幸福美好的生活。

六

多年来,县委、县人民政府以"功成不必在我"的精神境界、"功成必定有我"的历史担当和久久为功的用心恒心,坚持"一张蓝图绘到底",振兴发展成效不断显现,新气象新担当新作为成为新时代主旋律。

全县经济社会发展各项指标始终保持"两位数"快速增长,成功创建省级园林县城、省级生态文明县、省级先进平安县、省级双拥先进县、省级文明城市等荣誉,先后获得国家水土保持生态文明工程、查姆湖国家水利风景区、查姆湖国家 3A 级旅游景区、中国天然氧吧、全国森林康养基地试点建设县等称号;2016 年、2017 年、2018 年连续 3 年被云南省委、省人民政府考评为全省县域跨越发展"先进县"、全省重点生态功能区"先进县";2017 年,双柏县通过国家义务教育均衡发展督导评估,被确定为"全国义务教育发展基本均衡县";2017 年、2018 年、2019 年连续 3 年被国家信访局授予全国信访"三无"

县(市、区);2017年、2018年连续2年获得"中国最美县域"殊荣;2018年,双柏县荣获全国老年体育工作先进单位,双柏县农业科技园区被列为云南省级创建示范区。2019年,双柏县荣获全国"七五"普法中期先进县、2019年中国茶业百强县、全省先进平安县等荣誉称号。同年12月,双柏县被国家民委命名为"全国民族团结进步示范县",全县18个民族干部群众不断积极投身脱贫攻坚和经济社会发展,手足相亲、守望相助,共同浇灌民族团结之花。2020年,双柏县入选"云南省特色农产品优势区"县市,荣获"中国最美生态文旅休闲县""中国最具特色民族文化旅游城""中国最具特色乡村旅游节庆"3个文化旅游成效奖,双柏县城荣获全国爱国卫生运动委员会命名的2017～2019周期"国家卫生县城"荣誉。

这些成绩的取得,是双柏县扎实推进脱贫攻坚的生动写照,更是县委、县人民政府结合县情实际,锲而不舍攻坚克难,探索出一条具有双柏特色脱贫攻坚之路的具体体现。

实现绿色发展、打造生态家园。按照县委"生态立县、绿色崛起"的战略,努力打造"养生福地、生态双柏"品牌,让蓝天长驻、让青山常在、让空气清新、让碧水长流,成为双柏县脱贫攻坚与乡村振兴完美结合、不断巩固提升脱贫成效和践行"绿水青山就是金山银山"理念的缩影。

七

2020年8月,在促进农业转型升级和推动县域经济高质量发展中,县委紧扣乡村振兴战略,作出建设双柏县现代农业园区、打造"绿汁江流域5万亩一二三产业整合发展示范区、马龙河流域3万亩热作和水产养殖示范区、爱尼山10万亩道地药材种植园区、大麦桂片区现代农业科技试验示范区、白竹山万亩优质茶园种植加工园区、河口河流域乡村振兴示范区"农业产业发展的决定,不断巩固提升脱贫攻坚成效,确保贫困群众"脱得出、稳得住、能致富"。

随着脱贫攻坚政策的深入实施,无论产业发展、社会民生、城乡面貌,还是社会保障、公共服务,双柏县的每个领域都发生了历史性转变和正在取得突破性成就。这些华丽嬗变的背后,是经济社会基础的深厚积淀。多年来,通过历届县委、县人民政府和广大人民群众的接续奋斗,正在改变着双柏的历史,赋予双柏县情新的内涵。如今,"山区、民族、欠发达、绿色、美丽"已成为双柏县情新元素。

在双柏,处处上演着贫困群众在党和政府的关心支持下,通过自己的辛勤劳动实现脱贫摘帽的动人故事。全县涌现出许多脱贫攻坚的先进典型和生动的实践事例,不断激励全县广大干部群众知党恩、听党话、跟党走,坚定信心,勠力同心,为实现全面建成小康社会而努力奋斗。

脱贫摘帽不是终点,而是新生活、新奋斗的起点。站在新的历史起点,双柏县各族群众乘势而上,以崭新的姿态走向全新的未来,新一篇大美双柏的发展画卷正在徐徐展开。

贫困渐行渐远,幸福愈来愈近。沧桑巨变,饮水思源。迈向小康的路上,双柏广大干部群众正步履铿锵。告别贫困的双柏县 16 万各族人民,把目光投向更加美好的明天。

大 事 记

1985 年

当年,经中共云南省委农村工作部报请中央农村政策研究室批准,双柏县被列为云南省省定贫困县。

1986 年

12 月 26 日,双柏县被列入云南省 41 个国家重点扶持贫困县之一。

1987 年

6 月,中共双柏县委、双柏县人民政府贫困地区工作领导小组办公室成立。

1991 年

当年,双柏县被云南省委、省人民政府列为楚雄州 7 个国定贫困县之一。

1996 年

1 月,大庄、法脿、雨龙、安龙堡、大麦地 5 个乡被列为省级扶贫攻坚乡。

12 月 23 日,县委明确县扶贫开发领导小组办公室为县政府正科级事业机构,从政府办公室划出单设。

1999 年

当年,双柏县开始实施易地扶贫搬迁项目。

2000 年

6 月 30 日,双柏县在 1999 年整县提前解决温饱,获云南省人民政府颁发的"提前解决温饱贫困县"表彰。

12 月,全县有 13.26 万人基本解决温饱,贫困人口从 1995 年末的 49 450 人降到年末的 6 650 人。

2001 年

2 月 25 日,楚雄州人民政府在双柏县碍嘉乡召开全州扶贫开发工作现场会。

12 月,国务院扶贫开发领导小组确定云南省 73 个国家扶贫开发工作重点县,双柏县被列入其中。

2002 年

当年,双柏县被列为国家扶贫开发重点扶持县,有 64 个村委会被列为贫困村。随后,在全县每个乡镇挑选出 1 个村委会实施重点扶持村项目。

2005 年

7 月,双柏县全面完成 2005 年度扶贫整村推进项目规划。

9 月,双柏县开始实施重点扶贫贫困村整村推进项目。

2006 年

当年,双柏县开始实施产业扶贫项目。

2010 年

当年,双柏县编制《双柏县农村"十二五"扶贫开发规划》。

2011 年

当年,双柏县成立县委扶贫开发领导小组,双柏县扶贫开发领导小组办公室更名为双柏县人民政府扶贫开发办公室。

2012 年

7 月,双柏县开始编制《滇西边境片区区域发展与扶贫攻坚双柏县实施规划(2011～2015)》。

2013 年

5 月 5～6 日,南京大学党委书记洪银兴,党委常委、常务副校长张荣,校长助理李成及相关部门负责人,到双柏县实地考察调研。

图 0‑1 南京大学党委书记洪银兴在双柏县调研扶贫工作（2013 年）

6 月 9 日,楚雄州扶贫开发现场会在双柏县召开。

图 0‑2 楚雄州扶贫开发现场会在双柏县召开（2013 年）

11 月 3~11 日,南京大学为双柏县举办第一期双柏县党政领导干部培训班。

2014 年

3 月 6 日,县委、县人民政府调整县级领导和县级机关企事业单位挂钩扶贫联系点,要求县级领导和县级各挂钩扶贫联系单位要深入挂钩联系点调查研究、指导工作,帮助联系点解决实际困难和问题,安排工作人员深入扶贫联系点驻村开展经常性帮扶工作。

5月27日,双柏县成立农村扶贫对象建档立卡工作领导小组,领导小组下设办公室在县扶贫办。

7月19日,县委、县人民政府与南京大学在县政府会议室,就南京大学定点帮扶双柏县进行会商,并形成《南京大学结对双柏县开展定点扶贫会商纪要》。

9月16日,双柏县人民政府向楚雄州人民政府扶贫开发领导小组提交对绿汁江流域5乡镇综合扶贫开发规划进行评审。

9月19日,十二届县委第53次常委会议传达学习全省集中连片特殊困难地区区域发展与扶贫攻坚工作现场推进会议精神。

10月16日,楚雄州扶贫开发领导小组组织州级18个部门的领导和专家对双柏县提交的绿汁江流域五乡镇综合扶贫开发规划开展评审,并同意通过。

12月30日,双柏县人民政府向楚雄州人民政府上报《关于请求批准实施双柏县绿汁江流域5乡镇综合扶贫开发规划(2015～2020年)的请示》,以2015年为基准年,2020年为规划水平年。

2015 年

1月10～11日,中央统战部"同心·山东律师服务团"到双柏县开展志愿帮扶活动。

3月11日,县委、县人民政府召开2015年全县农村工作暨第九批新农村建设指导员下派动员会议,并组织参会人员到妥甸镇、大庄镇、法脿镇观摩农业产业发展。

5月12日,双柏县成立扶贫开发整乡推进项目实施工作领导小组,由县人民政府县长李长平担任组长。

5月25日,十二届县委第65次常委会议传达学习全省扶贫开发与基层党建整乡"双推进"现场推进会议精神。

7月27日,县委、县人民政府召开全县扶贫开发工作暨大庄镇扶贫"整乡推进"项目启动会议,并组织参会人员到法脿镇、大庄镇观摩扶贫项目建设示范点。

7月31日,县委、县人民政府再次调整县级领导和县级机关企事业单位定点挂钩扶贫联系点,重点集中力量对全县43个贫困行政村和7个有贫困人口的非贫困村进行挂钩扶贫。

8月5日,南京大学党委常委、副校长薛海林一行到双柏县,对帮扶双柏有关工作进行商谈。双柏县委、县人民政府与南京大学在县政府举行扶贫工作会,并形成《南京大学结对双柏县开展定点扶贫开发会议备忘录》。

8月7日,双柏县开始编制滇西边境片区区域发展与扶贫攻坚双柏县实施规划(2016～2020)。

8月19日,云南省人大常委会副秘书长穆永新一行到双柏县大庄镇大庄社区和尹代箐村委会。受省委、省人民政府安排,云南省人大常委会办公厅开始帮扶双柏县脱贫攻坚工作。

8月30日,双柏县建立扶贫攻坚"领导挂点、部门包村、干部帮户"长效机制,开展"转作风走基层遍访贫困村贫困户"工作。

　　8月31日,楚雄州扶贫开发和基层党建整乡"双推进"工作在大庄镇普岩村委会大罗块村启动,州委常委、州人民政府副州长任锦云,州委常委、州委组织部部长徐昕参加活动。

图0-3　参加"双推进"工作启动会的人员在大罗块村实地观摩(2015年)

　　9月11日,双柏县组建新农村建设驻村扶贫工作队,设总队长1人,乡镇成立8个工作队,设队长8人,50个贫困行政村成立工作分队,设分队长50人。

　　9月22日,县委、县人民政府对全县各级党政机关、企事业单位以及各级领导干部和职工开展扶贫攻坚"挂包帮、转走访"工作进行部署动员。随后,此项工作在全县范围内全面开展。

　　9月25日,双柏县建立"挂包帮、转走访"工作联席会议制度。

　　9月28日,云南水利水电勘测设计研究院双柏扶贫工作座谈会在县东和酒店会议室召开,就云南水利水电勘测设计研究院对双柏的帮扶事项进行会谈。

　　11月14日,县委、县人民政府印发《举全县之力坚决打赢脱贫攻坚战实施意见》。

　　是日,印发《双柏县精准扶贫工作实施方案》《关于进一步加强社会扶贫工作的意见》《双柏县扶贫开发工作考核办法》《双柏县驻乡镇驻村工作队管理办法》《关于严格执行挂包帮、转走访"十不准"工作纪律》5个扶贫攻坚配套文件。

　　是日,县委、县人民政府对双柏县扶贫开发领导小组进行调整充实。

　　11月27日,云南省人大常委会办公厅召集省级有关单位在昆明召开双柏县扶贫工作座谈会。县委、县人民政府在会上专题汇报双柏县扶贫工作开展情况,并争取相关部门对全县扶贫工作的支持。

　　12月16日,县委办公室、县人民政府办公室调整部分县级领导、县级部门定点挂钩扶贫联系点。

　　12月27日,双柏县成立易地扶贫搬迁项目建设工作领导小组。领导小组由县人民政府县长李长平任组长,县委常委、常务副县长王丽平,副县长王景书任副组长。

2016 年

1 月 7 日,2016 年双柏县扶贫开发工作会议在县民族文化中心会堂召开。

1 月 19 日,双柏县在 2015 年选派工作队员的基础上,向全县 22 个建档立卡贫困村及 2 个贫困乡镇增派工作队员,确保每个贫困村有 5～10 名的驻村工作队员。

2 月 22 日,双柏县完成 2016 年度扶贫工作队员选派抽调工作,262 名驻村扶贫工作队员分别到 8 个乡镇 50 个贫困村开展驻村扶贫工作。

3 月 10～20 日,双柏县开展脱贫攻坚"挂包帮、转走访"工作专项督查。

3 月 16 日,县委、县人民政府调整充实双柏县扶贫开发领导小组成员。

4 月 1 日,双柏县成立易地扶贫搬迁和农村危房改造工程建设指挥部,由县委书记李长平,县委副书记、县人民政府县长梁文林任指挥长,指挥部办公室设在县住房城乡建设局。

4 月 20 日,双柏县企业帮村联户精准扶贫行动动员会在县人民政府六楼会议室召开,会议传达全国和省州"万企帮万村"精准扶贫行动动员会议精神,安排部署双柏县企业帮村联户精准扶贫工作。

6 月 14 日,县委、县人民政府在安龙堡乡召开全县扶贫开发工作暨安龙堡乡扶贫开发与基层党建整乡"双推进"项目启动会议。

6 月 22 日,县委办公室、县人民政府办公室对部分县级领导定点挂钩扶贫联系点进行调整。

6 月 30 日,县委、县人民政府根据省、州相关要求,对双柏县易地扶贫搬迁三年行动计划、建档立卡贫困户建房补助及贷款等相关政策进行调整。

7 月 14～15 日,南京大学党委书记张异宾,党委常委、副校长薛海林,党委党委、宣传部部长王明生一行到双柏县开展脱贫攻坚工作调研。调研结束,双柏县与南京大学形成《南京大学结对双柏县开展定点扶贫开发工作对接座谈会会商纪要》。

图 0-4　南京大学党委书记张异宾在双柏县调研扶贫工作(2016 年)

8月18~19日,省委副书记、省长陈豪率副省长和段琪等领导,到双柏县开展脱贫攻坚等相关工作调研。

9月27日,十三届县委召开第8次常委(扩大)会议,传达学习《习近平总书记在东西部扶贫协作座谈会上的讲话》精神。

9月30日,《双柏县"十三五"脱贫攻坚规划(2016~2020年)》编制完成。

10月17日,双柏县在法脿镇古木村委会召开首批脱贫出列贫困村工作推进会议。

10月29日至11月2日,双柏县邀请省、州主流媒体对全县脱贫攻坚工作集中采访宣传报道。

11月24日,省政府副秘书长、省扶贫办党组书记、主任黄云波率省扶贫办相关处室负责人到大庄镇专题调研脱贫攻坚工作。

12月14日,县委办公室、县人民政府办公室印发《双柏县脱贫摘帽考核办法》和《双柏县脱贫攻坚考核实施细则》,进一步完善全县扶贫开发工作考核激励机制。

2017 年

1月3日,中共嘉定区委书记马春雷到双柏县考察脱贫攻坚工作。

1月4日,双柏县人民政府同意妥甸镇罗少村委会和格邑村委会、法脿镇古木村委会、碳嘉镇东风村委会、爱尼山乡大箐村委会在2016年度退出贫困村。

2月28日,县委办公室、县人民政府办公室对各级挂包单位的"挂包帮、转走访"工作联系点进行调整。

4月1日,县委、县人民政府组建2017年驻村扶贫工作队,共选派驻村扶贫工作队员281名。其中中央单位选派1名,省级部门选派22名,州级部门选派51名,县级部门选派127名,乡镇机关事业单位选派39名,选派大学生村官41名。

4月5~7日,云南省人大常委会副主任赵立雄到双柏县大庄镇、爱尼山乡、独田乡和碳嘉镇开展调研。

4月10日,县委、县人民政府调整充实双柏县沪滇扶贫协作工作领导小组,领导小组由县委书记李长平,县委副书记、县人民政府县长梁文林任组长。

4月11~13日,州委、州人民政府对双柏县进行2016年度扶贫开发工作成效和贫困村、贫困人口退出考核。

4月26日,双柏县成立双柏县脱贫攻坚工作指挥部,由县委书记李长平,县委副书记、县人民政府县长梁文林任指挥长。

是日,双柏县"感恩党中央、脱贫奔小康"教育活动启动仪式在安龙堡乡举行。

5月9日,县委办公室、县人民政府办公室下发《关于递交脱贫攻坚包保保证书的通知》。12日,全县范围内的省、州、县、乡挂包帮扶干部分别向总召集人和乡镇党委书记递交脱贫攻坚包保责任书。

5月17~18日,云南省政协主席罗正富到双柏县调研脱贫攻坚工作。

19日,楚雄州人大常委会主任任锦云带领相关州级部门主要领导到双柏县调研,并在双柏县召开州人大机关扶贫联系点脱贫攻坚推进会议。

5月31日,县委、县人民政府在民族文化中心会堂召开全县2016年党委和政府扶贫开发成效考核约谈会议,共集中约谈 320 人。

6 月 5 日,双柏县首推脱贫攻坚观察员制度,一批思想素质好、工作作风实、具有一定农村工作经验的 35 名脱贫攻坚观察员,首批进驻县扶贫办、全县 8 个乡镇和 17 个贫困村。

6 月 9 日,中共双柏县委书记李长平率领双柏县党政代表团一行到上海市嘉定区就对口帮扶工作进行对接交流,中共嘉定区委副书记、区长章曦等相关领导参加座谈。

7 月 28～30 日,南京大学党委常委、副校长薛海林,党委常委、组织部部长郭随平,昆明学院党委书记陈永明一行到双柏县调研脱贫攻坚工作。

9 月 5～15 日,双柏县接受省级贫困对象管理工作质量第三方考评验收。

9 月 7 日,云南省人大常委会办公厅在昆明组织召开扶贫双柏县工作座谈会暨联席会议。县委书记李长平,县委副书记、县人民政府县长梁文林率相关部门领导至昆明参会。

10 月 6～8 日,云南省发改委易地搬迁第八督导组到双柏县督导调研。

10 月 20 日,双柏县机构编制委员会调整乡镇扶贫工作机构设置,将 8 个乡镇人民政府经济发展办公室承担的扶贫职责划出,单独设立扶贫机构,名称为"××乡镇扶贫开发办公室"。扶贫开发办公室主任由现有副科级干部担任,所需编制在各乡镇现在编制内调剂。

11 月 8 日,县委、县人民政府出台《关于进一步加强扶贫领域监督执纪问责暨五级联动工作的实施意见》。

11 月 14 日,中共双柏县委印发《关于加强抓党建促脱贫攻坚工作的实施意见》。

12 月 5～15 日,州考核验收组到双柏县开展 2017 年度脱贫退出进行考核验收评估工作,县对 8 个乡镇年度减贫考核验收。

12 月 6～9 日,双柏县接受国家教育督导委员会开展义务教育基本均衡县的评估验收。

12 月 19～21 日,省发改委第八督导组到双柏县就全县易地扶贫搬迁工作进行督导检查。

12 月 20 日,以上海市委统战部副部长王珏为组长的上海市沪滇扶贫协作考核组到双柏县进行实地考核。

12 月 23～31 日,县委、县人民政府抽调相关部门人员组成督查组,对全县深入开展扶贫领域腐败和作风问题专项治理工作进行督查。

2018 年

1 月 5 日,县委、县人民政府出台《关于坚决打赢打好脱贫攻坚三年行动的实施意见》。

1 月 6 日,双柏县人民政府批准妥甸镇新会村委会、丫口村委会,法脿镇者柯哨村委会、六街村委会,碌嘉镇麻旺村委会,爱尼山乡力丫村委会、麻海村委会在 2017 年度退出贫困村。

1 月 8 日,楚雄州扶贫开发领导小组同意双柏县大庄镇在 2017 年度退出贫困乡。

1月27～29日,云南省扶贫开发领导小组对双柏县进行2017年省级扶贫开发成效考核。

2月3日,双柏县被评定为全国义务教育基本均衡县。

2月5日,中共双柏县委部署安排"双柏县抓党建促脱贫攻坚十项行动"。

3月23日,县委继续向县扶贫办、8个乡镇、21个贫困村选派34名脱贫攻坚观察员。

3月25日,双柏县在县城举办2018年农村劳动力转移就业暨就业扶贫专场招聘会。

4月16～17日,县委、县人民政府组织各乡镇脱贫攻坚总召集人带队深入扶贫联系点开展脱贫攻坚专项督查。

4月18日,县委十三届第53次常委会议传达学习云南省脱贫攻坚推进会议精神。

4月19日,县人民政府办公室印发《双柏县脱贫攻坚农村饮水有保障实施方案》。

4月23日,县人民政府办公室印发《双柏县残疾人2018年脱贫攻坚实施方案》。

5月8日,县委、县人民政府进一步严肃和规范全县脱贫攻坚专题日工作,确定从2018年5月起至全县脱贫摘帽前,把每周周六定为全县"脱贫攻坚专题日"。

5月29日,楚雄州统一战线"同心工程·助力双柏脱贫攻坚"启动仪式系列活动在县城查姆文化广场举行,州委常委、副州长王大敏,州人大常委会副主任夭建国,州政协副主席蒲涌、杨玉泉等领导参加活动。

5月,县委书记李长平带领县扶贫开发领导小组部分成员,组成脱贫攻坚专题调研组,对全县8个乡镇开展专题调研,并分别提出脱贫攻坚专题调研问题清单进行交办。

6月7～9日,云南省发改委检查组到双柏县就全县易地扶贫搬迁工作进展等情况进行实地督导检查。

6月8～16日,双柏县邀请云南师范大学模拟脱贫攻坚考核验收第三方,对双柏县的脱贫攻坚工作进行实地调研并进行调研成果反馈。

6月27日,上海市嘉定区组织25家企业到双柏县开展对口支援就业扶贫专场招聘活动。

7月2～20日,县委、县人民政府抽调人员组成督查调研组,对敦促赡养义务人履行赡养义务、易地扶贫搬迁、农村危房改造三项工作进行专项督查调研。

7月13日,十三届县委第56次常委会议传达学习《中共中央 国务院关于打赢脱贫攻坚战三年行动的指导意见》精神。

7月19日,中共云南省委副书记李秀领到双柏县,就脱贫攻坚、产业发展、项目建设等工作进行实地调研。

7月20日,双柏县在县城东和酒店召开企业助推脱贫攻坚座谈会。

8月6～8日,全国人大常务委员会委员、中科院院士、南京大学校长吕建到双柏县调研指导脱贫攻坚工作。

8月9日,县委、县人民政府安排布置为期5个月的双柏县脱贫攻坚"主题月"活动。

9月2日,双柏县西城幼儿园建成并投入使用。

9月14日,十三届县委第61次常委会议传达学习云南省2018年贫困县退出工作座谈会精神。

9月15日,双柏县出台《双柏县脱贫攻坚问责追责十条办法(试行)》。

9月17日,县委书记李长平在楚雄州苦战一百天坚决完成2018年脱贫摘帽任务万人誓师大会上代表双柏县表态发言,不忘初心、牢记使命、精准帮扶,立下愚公志,横下一条心,决战决胜脱贫攻坚,并从中共楚雄州委书记杨斌手中接过"脱贫攻坚决战决胜旗"。

图0-5　"脱贫攻坚决战决胜旗"交接(2018年)

是日,县委办公室、县人民政府办公室印发《双柏县脱贫摘帽"百日冲刺行动"工作方案》,提出相应的目标任务清单。

9月20日,双柏县扶贫开发领导小组印发《双柏县乡镇党委、政府脱贫攻坚成效考核评价实施办法》《双柏县扶贫开发领导小组分析研究推进脱贫攻坚工作推进制度》《双柏县行业扶贫部门联席会议制度》《双柏县脱贫攻坚工作报告制度》。

9月25日,双柏县政协在县委政府小礼堂召开政协系统脱贫攻坚助推行动工作会议,对全县政协系统脱贫攻坚助推行动进行安排部署。

10月10日,双柏县人大常委会提出在全县县乡人大干部和各级人大代表中开展"扶贫政策大学习、精准扶贫全参与、脱贫摘帽齐推进"活动。

10月17日,县委、县人民政府对全县2018年度7个扶贫先进单位、18个扶贫明星企业、11名扶贫先进工作者、6名优秀"挂包帮"干部、7名扶贫好村官、6名优秀驻村队员和10名光荣脱贫户进行表扬,并召开表扬大会暨扶贫先进事迹报告会。

10月24日,县扶贫开发领导小组印发《关于对贫困人口、贫困村、贫困乡镇、贫困县脱贫退出指标开展核查认定的通知》,对全县已脱贫贫困人口、贫困村、贫困乡镇以及贫困县脱贫退出指标达标情况开展全面核查。

10月29日,上海市嘉定区委副书记、区长陆方舟率嘉定区党政代表团到双柏县调研指导。

10 月 31 日,县委、县人民政府印发《关于坚决打赢脱贫攻坚战三年行动的实施方案》。

11 月 3 日,双柏县易地扶贫搬迁县城搬迁户集中入住县城康和社区。

11 月 16 日,双柏县人民政府批准妥甸镇麦地新村委会、和平村委会、马脚塘村委会、马龙村委会,法脿镇石头村委会、铺司村委会、麦地村委会、法甸村委会、碍嘉镇茶叶村委会、红山村委会、旧丈村委会、龙树村委会、老厂村委会、平掌村委会、新树村委会,大麦地镇邦三村委会、野牛村委会,安龙堡乡安龙堡社区、柏家河村委会、他宜龙村委会、新街村委会、法念村委会、说全村委会、六纳村委会、青香树村委会,爱尼山乡海子底社区在 2018 年度退出贫困村。

11 月 17 日,县委、县人民政府在县城民族文化中心会堂召开双柏县 2018 年脱贫攻坚表扬大会暨扶贫先进事迹报告会,表扬一批全县各乡镇、各部门、各行业在脱贫攻坚中涌现出的先进典型。

图 0-6　双柏县 2018 年脱贫攻坚表扬大会现场(2018 年)

11 月 21 日,双柏县人民政府同意在县城易地扶贫搬迁集中安置点成立康和社区居民委员会。至此,全县的行政村(居)民委员会总数由 84 个增至 85 个。

11 月 28 日,县委、县人民政府在全县各村(社区)组建扶贫项目廉洁评估员队伍。

12 月 2~6 日,南京大学定点帮扶双柏县农产品展销会在南京大学仙林校区举行,主要展销茶叶、酱油、野生菌、优质米、中药材等 13 类 53 种双柏县名优农产品。

12 月 7~13 日,楚雄州扶贫开发领导小组对安龙堡乡贫困退出进行实地核查。

12 月 13 日,经十三届县委第 69 次常委会议、十七届人民政府第 43 次常务会议审定,双柏县扶贫开发领导小组印发《双柏县村组干部脱贫攻坚成效考核工作方案》,进一步激发全县村组干部凝聚精准扶贫、精准脱贫的工作合力。

2019 年

1 月 6~7 日,中共双柏县委副书记、县长梁文林带队赴上海嘉定区汇报双柏县沪滇扶贫协作工作,双方召开上海市嘉定区—云南省双柏县沪滇扶贫协作高层联席会议。

1月13～15日,双柏县代表云南省接受国务院扶贫开发领导小组对云南省开展的2018年省级党委政府扶贫开发和东西部扶贫协作成效考核,考核结果获"好"的等次。

1月23日,县委办公室、县人民政府办公室印发《关于在全县开展村情发展恳谈工作的通知》,决定利用春节各类群体回乡的有利时机,在全县开展村情发展恳谈活动。

1月25日,楚雄州扶贫开发领导小组批准双柏县安龙堡乡贫困乡镇退出。

2月2日,双柏县启用脱贫攻坚综合成就展户外展厅,展厅设在县城查姆湖天地起源广场。

2月11～16日,云南省扶贫开发领导小组委托第三方评估机构贵州师范大学贫困县退出专项评估检查组,对2018年计划贫困县退出的双柏县进行实地评估检查。

2月18日,县委、县人民政府研究,决定将原定于每周六的脱贫攻坚"专题日"时间调整为每周五,若周五与本单位、本部门重要工作、重要会务、重要活动时间相冲突,可将脱贫攻坚"专题日"提前至周四。

2月27日,双柏县在县城查姆文化广场举办2019年"春风行动"暨上海市嘉定区对口支援双柏就业扶贫专场招聘会,上海市嘉定区部分企业单位到双柏开展现场招聘。

3月15～17日,南京大学副校长陆延青一行赴双柏县,对定点帮扶工作进行调研。

4月19日,十三届县委第78次常委会议传达学习习近平在重庆考察并主持召开解决"两不愁、三保障"突出问题座谈会和习近平总书记给贡山县独龙江乡群众回信重要精神。

是日,县委办公室、县人民政府办公室印发《〈双柏县脱贫攻坚志〉编纂方案》。

4月24日,县委办公室、县人民政府办公室印发《双柏县2019年脱贫攻坚工作计划》《双柏县2019年脱贫攻坚目标任务责任清单》《双柏县全面巩固脱贫成果、提升脱贫质量的实施意见》。

4月29日,2019年全国"万企帮万村"精准扶贫双柏行动推进会暨企业助推大麦地镇脱贫攻坚座谈会在县城东和大酒店召开。

图0-7　双柏县企业助推大麦地镇脱贫攻坚捐赠仪式(2019年)

4月30日,中共云南省委、云南省人民政府在昆明召开新闻发布会,宣布双柏县在内的全省33个贫困县脱贫摘帽。双柏县以"零错评、零错退、零漏评、群众认可度95.92%"的优异成绩,作为6个脱贫成效较好的县市之一,在会上做交流发言。

是日,云南省人民政府向社会公开发布《云南省人民政府关于批准东川区等33个县(市、区)退出贫困县的通知》。通知指出,经过县级申请、州市审核、省级核查和实地评估检查、公示公告等程序,双柏县已达到贫困县退出指标,符合退出条件,经省委、省人民政府研究,批准退出贫困县。

5月5~12日,双柏县开展"两不愁、三保障"突出问题整改"干部大返乡"活动。

5月6~11日,云南省农业农村厅督察组对双柏县2018年贫困摘帽开展脱贫攻坚产业扶贫专项督查。

5月9~10日,省、州发改委检查组到双柏开展易地扶贫搬迁"回头看"检查工作。

5月13~30日,县委、县人民政府组织全县干部职工深入扶贫联系点开展助农抗旱促春耕和脱贫攻坚"挂包帮、转走访"工作。

5月21~24日,中共双柏县委书记李长平率领党政代表团赴上海市嘉定区,与嘉定区领导召开沪滇扶贫协作高层联席会议。

6月17日,县人民政府提出"双柏县全面加强就业扶贫和技能扶贫助推脱贫攻坚10条措施"并印发全县执行。

6月20~22日,江苏省政协副主席、南京大学党委书记胡金波,副校长陆延青一行,到双柏县开展脱贫攻坚调研活动。

8月5日,双柏县在县委政府小礼堂召开会议,专项安排脱贫人口"回头看"工作和开展贫困退出国家普查试点工作动员。

8月7日,双柏县成立贫困退出国家普查试点指挥部,由县委书记李长平,县委副书记、县人民政府县长梁文林任指挥长。

8月9~25日,双柏县开展脱贫攻坚普查试点自查工作。

8月19日,双柏县妥甸(查姆)中心小学建成搬迁并投入使用。

8月27日,上海市嘉定区委副书记、区长陆方舟率嘉定区党政代表团一行到双柏县考察指导。

9月6~14日,双柏县开展第五次"干部大返乡、政策大宣讲"活动。

9月11日,县委、县人民政府召开脱贫攻坚专题会议,就脱贫攻坚项目库调整、"云南扶贫通"上线推进工作进行研究安排。

9月20~22日,以华中师范大学经济与工商管理学院副教授吴燕为组长的全国扶贫宣传教育中心调研组,到双柏县开展"脱贫攻坚成就和经验总结项目"调研,总结双柏县脱贫摘帽的做法和经验。

10月29日,县委宣传部、县委普法领导小组办公室、县司法局、县扶贫办4部门联发文件《关于在脱贫攻坚中进一步加强法治宣传教育工作的意见》。

11月9~12日,北京中医药大学党委办公室、校长办公室副主任高雪松一行到双柏县就明确帮扶需求、实现精准帮扶到双柏县展开调研。根据教育部部署,2020年北京中医药大学将作为新增定点扶贫高校与南京大学采取"1+1"定点扶贫模式帮扶双柏县。

11月26～27日,全国人大常务委员会委员、中科院院士、南京大学校长吕建,党委副书记、纪委书记刘鸿健,副校长陆延青一行,到双柏县调研定点扶贫工作。

11月28日,楚雄师范学院党委书记何伟全,党委副书记、校长罗明东到双柏县开展调研,并举行校县合作签约仪式。

12月7～10日,中共云南省委、云南省人民政府对双柏县开展2019年度脱贫攻坚成效考核,双柏县取得"好"的考核等次。

12月8日,云南省医疗扶贫基金会张红发理事长带领基金会理事企业到双柏县开展医疗扶贫对口帮扶活动。

12月27日,县委、县人民政府对全县2019年度20个脱贫攻坚工作先进集体和42名脱贫攻坚工作先进个人进行表扬,并召开扶贫先进事迹报告会。

2020 年

1月3～4日,中共云南省委常委、常务副省长宗国英率省发改委、省农业农村厅领导到双柏县就脱贫攻坚等工作进行调研。

2月6日,为加强全县脱贫攻坚普查工作的组织领导和统筹协调,县委、县人民政府成立双柏县脱贫攻坚普查领导小组。

2月14日,双柏县召开县扶贫开发领导小组2020年第一次全体(扩大)会议暨决战脱贫攻坚誓师大会,传达落实省州脱贫攻坚工作会议精神,总结2019年全县脱贫攻坚工作,安排部署2020年度脱贫攻坚任务,研究审议脱贫攻坚挂牌督战工作方案。

2月17～19日,中共云南省委副书记、省长阮成发率省政府副省长陈舜、张国华等领导到楚雄调研。其间,调研组一行深入双柏县检查指导脱贫攻坚等工作并提出指示要求。

3月5日,双柏县在脱贫攻坚成果巩固提升工作中,为推动全县产业组织化、规模化、市场化程度,提出把中药材种植和生产加工(生物医药和大健康)产业作为双柏县主打的代表性产业,着力建好5个园区(绿汁江5万亩一二三产融合发展示范园区、马龙河3万亩热作产业园区、爱尼山乡10万亩中药材科技园区、妥甸镇大麦桂片区1万亩现代农业产业示范区、白竹山1万亩有机茶园),推动双柏"三农"工作。并成立双柏县推动现代农业,构建"1+5"产业发展工作领导小组。

3月12日,十三届县委第112次常委会议传达学习中央决战决胜脱贫攻坚座谈会、全省决战决胜脱贫攻坚电视电话会和全州脱贫攻坚推进会暨州扶贫开发领导小组2020年第三次会议精神。

4月7～10日,双柏县抽选妥甸镇新会、格邑2个村委会及辖区内276户建档立卡贫困户,按照国家普查流程,开展脱贫攻坚普查试点工作。

4月13日,双柏县与南京大学以视频会议的形式召开2020年南京大学定点帮扶双柏县工作推进会议。

5月7～9日,由北京中医药大学校长徐安龙、副校长刘铜华等组成的北京中医药大学调研组赴双柏县开展脱贫攻坚调研工作。

5月25日,审计署派出审计组进驻双柏县,对全县开展为期22天的重大政策落实及脱贫攻坚跟踪审计工作。

6月9日,因机构改革和人事变动,为顺利推进沪滇扶贫协作,双柏县调整充实双柏县沪滇扶贫协作领导小组。

6月24日,为发扬新时代双柏扶贫"十二心"精神等群众工作的好经验好做法,做到宣传教育群众多用心、联系服务群众多用情、组织凝聚群众多用力,中共双柏县委出台《用心用情用力做好群众工作的意见》。

7月4~18日,双柏县开展第六次"干部大返乡、政策大宣讲"活动,全县双柏本地籍的党政机关、企事业单位、人民团体、省州驻双单位的全体国家公职人员返回各自出生村组开展返乡,进行脱贫攻坚政策和感恩教育宣讲。

7月7~10日,农工民主党云南省委到双柏县开展脱贫攻坚专项民主监督调研。

7月13日,双柏县脱贫攻坚普查领导小组办公室印发《双柏县脱贫攻坚普查落实方案》,对普查工作进一步作安排。

7月13~16日,南京大学党委常务副书记杨忠一行到双柏县就进一步明确帮扶需求、实现精准帮扶开展调研。

7月13~20日,云南省扶贫开发领导小组派出督查巡查组,到双柏县开展2020年脱贫攻坚督查工作。

7月18至8月31日,由武定县派出普查员、普查指导员、审核验收人员组成派驻普查组,到双柏县开展脱贫攻坚退出普查工作。

8月19~21日,北京中医药大学青年教师社会实践团,赴双柏县开展扶贫主题实践活动。

8月21~22日,全国人大常务委员会委员、中科院院士、南京大学校长吕建,江苏省人大代表、江苏省海安高级中学党委书记、校长吕建一行到双柏县专题调研定点扶贫工作,参加教育扶贫、产业扶贫系列活动。

8月26日,楚雄州决战决胜脱贫攻坚新闻发布会双柏县专场在州会务中心举行。

8月30日,首批9名双柏县第一中学交流学生到达江苏省海安中学,开始在海安中学的学习生活。

9月2日,上海市嘉定区委书记陆方舟率嘉定区党政代表团一行到双柏县考察指导工作。

10月15日,南京大学党委常委、副校长邹亚军一行到双柏县调研定点扶贫工作。

10月17日,县委、县人民政府对全县2020年度30个脱贫攻坚工作先进集体和50名脱贫攻坚工作先进个人进行表扬,并开展扶贫先进事迹报告和贫困风险防控救助募捐。

10月30日,县委副书记、县长梁文林带队到南京大学汇报对接定点扶贫工作。

11月3日,县委书记李长平、县委副书记、县长梁文林带队到楚雄师范学院汇报对接校县合作工作。

11月5日,县委书记李长平、县委副书记、县长梁文林带队到云南农业大学汇报加快推进双柏县高原特色现代农业、打牢乡村振兴基础等工作,并签订校县合作协议。

11月18~20日,云南省东西部扶贫协作考核组到双柏县开展考核。

11月21~27日,云南省扶贫成效考核组到双柏县开展省对州、县党委和政府脱贫成效考核工作。

第一章 县情概况

第一节 基本县情

双柏县位于云南省中部,楚雄州南部,哀牢山脉以东,金沙江与红河水系分水岭南侧,北纬 24°13′～24°55′、东经 101°03′～102°02′。地处楚雄、玉溪、普洱 3 州市交界处,东与易门、禄丰毗邻,南与新平、峨山交界,西与景东、镇沅相连,北与楚雄接壤,行政区域面积 4 045 平方千米。

全县辖妥甸、大庄、碍嘉、法脿、大麦地 5 个镇和安龙堡、爱尼山、独田 3 个乡,85 个村(居)委会、1 545 个村民小组、1 845 个自然村。

2019 年末,全县户籍人口 152 115 人,城镇人口 31 885 人。境内居住着汉、彝、回、苗、哈尼等 18 个民族,少数民族占全县户籍总人口的 51.32%,是全州民族工作重点县。双柏县的民族分布上大杂居小聚居、文化上兼收并蓄、经济上相互依存、情感上相互亲近,是中华民族大家庭共同团结、繁荣进步的缩影。

双柏县是红河源头的重要生态屏障,是哀牢山国家级自然保护区的核心区域。绿色是双柏县的底色,也是双柏县的底气。多年来,双柏县实施"生态立县、绿色崛起"的发展战略,坚持生态优先、绿色发展,牢牢守好发展和生态两条底线,大力推动绿色发展,加快发展"绿色+"产业体系和空间布局。全县高达 84% 的森林覆盖率,是全县可持续发展的宝贵生态家底和真正的"绿色银行"。境内宜牧草山草坡 450 多万亩,科学发展草食畜牧业和特色家禽业前景广阔。县域最高海拔 2 946 米,最低海拔 556 米,冬无严寒、夏无酷暑、四季如春,荣获"中国天然氧吧"称号。

　　双柏虽然是山区县,但是山区立体气候明显,生物多样性特征显著,气候宜人宜居,生态特色农产品和健康养生资源富集,农业资源、林业资源、水资源、旅游资源、清洁能源将成为推动双柏发展的巨大动能。双柏是"昆明两小时经济圈""楚雄半小时经济圈"的辐射范围,是滇中经济圈的一个县域增长极。随着彩云—双柏—碍嘉公路、双柏—新平公路、玉溪—易门—双柏—楚雄高速公路、双柏—元江高速公路、妥甸—碍嘉—景东西向通道、马龙河沿江公路和绿汁江沿江公路等交通项目的建成,双柏作为云南地理中心的区位将更加明显,变交通末梢为前沿、变区域发展死角为中心,彝州开放南大门将成为便利的前端,迎来新的重大战略机遇,双柏的后发优势将逐步以强劲的态势凸显出来。

图 1-1　生态双柏(2000 年)

　　双柏县水资源丰富,可供开发的水电资源近 60 万千瓦。煤、铁、铜、银、铅、锌等矿产资源丰富,开采价值较高。双柏银矿最早开采于汉代,清康熙至道光年间较为兴盛。民国《摩刍县地志》记载:"摩刍(双柏)矿产清道光以前其产地之多、矿苗之旺甲于全滇。"

　　双柏历史悠久,夏为梁州徼外地;商周为百濮地;战国时期,双柏地域属楚;秦时为滇国地。西汉元封二年(前 109),汉武帝置益州郡,双柏县为其 24 县之一,从此被纳入中原王朝郡县管辖之下;自唐以降,辖区多有变更。公元 1275 年为南安州,领广通县,属威楚路,治所为今楚雄市云龙;1913 年 4 月,南安州改称南安县。因与福建南安县重名,于 1914 年 1 月,易名摩刍县。1929 年 6 月,恢复汉时使用的双柏县名;1947 年,治所由云龙迁至妥甸;1949 年 4 月,又重新迁返云龙;1950 年 1 月双柏解放,县治仍在云龙;1958 年 10 月,撤销双柏县,并入楚雄县;1959 年 11 月 1 日,恢复双柏县建制,县城驻地从云龙迁至妥甸至今。

　　双柏民族文化底蕴丰厚,是彝族"三笙"文化的重要发源地。彝族创世史诗《查姆》、叙事长诗《赛玻嫫》享誉海内外,被称为彝族"根谱";彝族民间说唱《阿佐分家》被称为彝剧"始祖";彝文医药书《齐苏书》比李时珍的《本草纲目》还早12年。双柏县深厚浓郁的民族文化,孕育了包罗万象、异彩纷呈的节庆活动。有一年一度的中国双柏彝族虎文化节、法脿镇虎笙节、碾嘉镇七月十五中元节、大麦地镇查姆文化节、安龙堡乡花鼓节、大庄镇仙鹤节、爱尼山云药康养文化旅游节、独田乡山歌节。双柏县各民族间的文化相互影响、良性濡染、守正创新、相得益彰。五彩缤纷的民族文化发展贯穿在社会主义核心价值观之中,文化的力量和活力,已成为双柏高质量跨越发展的重要引擎。

图 1-2　在双柏县境内流传下来的彝文古籍(2013 年)

双柏素有"滇中绿海明珠""滇中秘境、神奇虎乡"等美誉。查姆湖国家 3A 级旅游景区是滇中休闲度假新佳境,也是双柏民族文化旅游核心区;碾嘉古镇、哀牢山国家公园已成为滇中高端生态旅游首选之地;离县城不远的白竹山,因白竹山茶叶而成为登山爱好者和茶文化追随者的心仪之地。随着城乡建设统筹推进,一批全省美丽村庄也个性彰显,一些看得见山、望得见水、记得住乡愁的美丽城乡已于 2018 年、2019 年连续 2 年入选"中国最美县域榜单"。双柏县旅游基础设施不断完善,截至 2020 年 8 月,有 1 个国家 3A 级旅游景区、1 家国家 3 星级旅游饭店、2 个旅行社门市部。全县有农家乐(包括民宿)82 家、宾馆酒店 126 家,共有床位 3 189 个,基本形成吃、住、行、游、购、娱等旅游产业体系。

2019 年,全县实现地区生产总值 53.11 亿元,增长 11.3%,其中第一产业增加值 13.79 亿元,第二产业增加值 17.27 亿元,第三产业增加值 22.05 亿元,三大产业结构为 26∶32.5∶41.5;固定资产投资 80.7 亿元,增长 18.5%;招商引资到位资金增长 20%;一般公共预算收入 3.35 亿元,一般公共预算支出 17.23 亿元,城乡常住居民人均可支配收入分别达 37 361 元、11 168 元,分别增长 8.6%、10.1%。

第二节　贫困状况

一、贫困县确定

1986年,国家对普遍贫困中最贫困地区实施扶贫战略。根据1985年的农民人均纯收入、物价水平和消费水平,适当照顾少数民族地区的原则,按照1985年末农民人均年纯收入低于150元、人均粮食低于200千克的贫困标准,当年12月26日,双柏县被列入全省41个国家重点扶持贫困县之一。

1991年,云南省以1989年末农民人均纯收入低于300元、人均粮食低于300千克为标准,重新确定省级贫困县,双柏县被列为楚雄州7个国定贫困县之一。

1994年2月,国务院扶贫开发领导小组办公室确定"国家八七扶贫攻坚计划"扶贫贫困县,云南省为73个,双柏县被列入楚雄州获得扶持的7个贫困县之一。

表1-1　1994年楚雄州列入国家"八七"扶贫攻坚计划7个贫困县农民人均收入情况

单元:元

县　名	农民人均纯收入	县　名	农民人均纯收入
双柏县	258	大姚县	344
牟定县	535	永仁县	454
南华县	342	武定县	386
姚安县	344		

2000年,国家和省制定《农村扶贫开发纲要》,省政府调整并确定新时期贫困人口界定标准,以2000年末农民人均纯收入低于825元划定贫困线。以后历年,国家均根据各地经济发展和农民收入和生活情况,规定出不同年份的贫困标准。

2001年,国务院扶贫开发领导小组根据1997~1999年各县(市)贫困人口数量、农民人均纯收入水平、人均国民生产总值、人均财政收入状况和对云南省农村住户调查、贫困监测调查和全省相关统计等资料,重新确定国家扶贫开发工作重点县。12月24日,云南省人民政府发出《云南省人民政府关于确定我省73个国家扶贫开发工作重点县的通知》,确定全省73个国家扶贫开发工作重点县,楚雄州国家扶贫开发工作重点县数量由7个降为6个,具体为双柏县、南华县、姚安县、永仁县、武定县、大姚县。

2005年末,按照2004年国家规定的贫困标准,双柏县人均纯收入在924元以下的贫困人口有18 895户73 893人,贫困人口占全县农村人口的52.65%。其中人均纯收入在 924～668 元的低收入贫困人口 11 997 户 49 128 人,占全县农村人口的 34％。人均纯收入在 668 元以下的绝对贫困人口 6 898 户 24 765 人。

图 1－3 安龙堡乡彝族群众居住的房屋原貌(2007 年)

2007 年,绝对贫困标准为 785 元,低收入标准为 1 067 元。双柏县有 93 864 人为农村贫困人口。

2008 年,扶贫标准和低收入标准合一,统一使用 1 067 元作为扶贫标准。

2009 年,对扶贫标准进行常规性的调整。2009 年调整为 1 196 元,2010 年调整为 1 274 元。

2011 年,为适应全国扶贫开发转入新阶段的形势,中央决定将农民人均纯收入 2300 元(2010 年不变价)作为新的国家扶贫标准,这个标准比 2009 年 1 196 元的标准提高 92％。按新标准,2011 年末,双柏县有贫困人口 51 800 人。

2012 底,全县有贫困人口 34 100 人。

二、基本贫情

2013 年末,双柏县农村居民人均可支配收入 5 565 元。全县整体呈现出"基础差、底子薄""产业小、支撑弱""投入少、资金缺""文化低、观念差"4 个特点。受历史、自然、文化、交通等客观因素影响,双柏县境内交通、水利、医疗、文化、通信等基础设施相对薄弱,群众饮水难、出行难、增收难等问题较为突出;自然灾害多发频发,抵御自然灾害能力弱,因灾、因病返贫现象仍然存在,基础差、底子薄是完成脱贫任务的最大"短板"。双柏县域经济发育不够完善,经济发展后劲不足,产业小、散、弱现状多年没有得到根本性转变,缺乏支柱产业支撑,产业结构单一,产业聚集发展程度较低,很多农村产业还处于

"小打小闹、自给自足"阶段，难以形成优势产业、致富产业，以致贫困群众脱贫无源头活水。受综合经济实力弱、财政"穷"的制约，财政扶贫资金投入与脱贫攻坚战目标任务极不适应。多年来，扶贫资金投入虽然总量不小，但仍然无法满足脱贫攻坚战的需求，扶贫资金投入相对不足已经成为贫困地区脱贫致富的最大困难。教育、文化、科技滞后，加之受大山阻隔和代际传递影响，县内一些群众思想观念落后，安贫乐道、小进即满，脱贫致富的信心、决心不大，习惯于日出而作、日落而息的农耕意识，满足食能果腹、衣可蔽体。

双柏县是云南省 73 个国家扶贫开发重点县和 61 个滇西边境片区县之一。2014 年，全县共有 2 个贫困乡镇、40 个贫困行政村、6 939 户 24 545 人建档立卡贫困人口。贫困人口多、贫困面积大、贫困程度深、致贫原因复杂。在 24 545 名建档立卡贫困人口中，缺技术致贫 11 237 人、占 45.78%，因病致贫 3 651 人、占 14.87%，因学致贫 2 655 人、占 10.82%，缺资金致贫 2 402 人、占 9.79%，因残致贫 1 830 人、占 7.46%，缺劳力致贫 1 599 人、占 6.51%，自身发展动力不足致贫 738 人、占 3.01%，交通条件落后致贫 119 人、占 0.48%，缺土地致贫 110 人、占 0.45%，因灾致贫 96 人、占 0.39%，缺水致贫 89 人、占 0.36%，因丧致贫 19 人、占 0.08%。贫困人口大多集中在自然条件恶劣的高寒冷凉山区、低热河谷地区、少数民族聚居区和州县乡的边缘地带，这些区域成为双柏县扶贫攻坚的主战场。

第三节　扶贫历程

一、2014 年前扶贫开发项目实施

"五小水利"重点扶持乡　1993 年，楚雄州年度水利工作会议决定，从 1993 年起，用于贫困地区小型水利建设的补助资金向山区旱地多、贫困面大的乡镇倾斜，每年安排 1～2 个乡镇的小型水利建设，集中资金，重点扶持，改善山区旱地水浇条件。

1993～1996 年，楚雄州共投入双柏县小型水利建设资金 492 万元，依次扶持雨龙、爱尼山、妥甸、独田、安龙堡、大麦地、碧嘉、大庄、法脿。建小水池 1.58 万个，增加蓄水量 16.93 万立方米；建小坝塘 21 座，增加蓄水量 0.69 万立方米；修沟渠 47.8 千米；架设钢塑引水管 52.6 千米；新增水浇地 19 900 亩，新增灌水田 1 111 亩；改灌水田 2 462 亩；架设引水管 29.95 千米；解决人口饮水 0.43 万人；解决大牲畜饮水 1.01 万头；坡改梯 2 669 亩；新开挖公路 29 千米；复修公路 230.3 千米。

扶贫攻坚乡　1996 年，大庄、法脿、雨龙、安龙堡、大麦地 5 个乡被列为扶贫攻坚

乡。实施扶贫攻坚工作 5 年来,双柏县以经济开发为中心,以攻坚乡、贫困村为主战场,以贫困户为对象,以解决温饱为目标,以强化农业基础地位,加强农村基础设施建设为生产后劲,充分利用当地资源优势大搞扶贫开发,千方百计增加农民收入。经过 5 年艰苦努力,全县经济及各项社会事业得到较快发展,群众生产、生活条件有了较大改善。到 2000 年末,全县农民人均年产粮 443 千克,比 1995 年末增加 78 千克;农民人均年纯收入 791 元,比 1995 年增加 405 元;按住户调查数农民人均年经济纯收入 1 380 元,比 1995 年增加 526 元,长期困扰双柏县农产品供给不足的状况明显改善,人民群众物质文化生活水平有较大提高。大庄、法脿、雨龙 3 个攻坚乡分别在 1997 年、1998 年末,经省州考核验收,提前实现基本解决温饱目标。全县基本解决温饱的各项指标,已达到或超过省定标准,比计划提前一年通过省州检查验收。5 个扶贫攻坚乡,5 年间省、州共安排资金 1 915 万元。

图 1 - 4 大麦地镇启动扶贫整乡推进工作(2013 年)

安居温饱工程 实施扶贫温饱村工程是对地处偏僻、封闭落后、自然条件差、基础设施薄弱、贫困户相对集中、农户生活水平较低、贫困现象较为明显的自然村进行重点建设的一项扶贫措施,是扶贫到村到户的重大举措。1999~2004 年,双柏县共向上级争取到财政补助资金 517.6 万元,分别在妥甸镇大中村、河边村、张家箐村、五地苴村、小村、石黑妈村,大庄镇的格么村、小平掌村、代么古村、密查村、桃园村,法脿镇新村、大龙潭村、六街村、上法郎村,雨龙乡李方村、下窄房村、上者窝村、下者窝村,爱尼山的海子底村、玉尺郎村、大箐边村,碍嘉镇普角村,大麦地镇立新村,安龙堡乡他宜龙村的 25 个村民小组实施温饱村建设,在全县范围内实施 580 户安居户。

为帮助特困农户解决住房问题,实现特困农户安居乐业的目标,2002~2004 年,共向上争取到安居工程补助资金 170.6 万元,在对茅草房、权权房、简易房、危房等情况调查基础上,严格确定扶持对象,实行群众参与和公示制度,共筛选出 580 户进行重点扶持,共建安居住房面积 8.03 万平方米。解决安居人口 2 566 人,并完成配套建设。

重点扶持村 2001 年,省委、省人民政府印发《云南省人民政府关于做好重点扶持村建设工作的意见》,决定在 2001～2010 年实施千村扶贫开发行动计划,即围绕解决温饱和巩固温饱这个目标,在全省范围内选择 4 000 个重点扶持贫困村。双柏县围绕解决温饱、巩固温饱、增加农民收入这一目标,按照"广泛参与、综合设计、因地制宜、可持续发展"原则,以加强贫困村基础设施、产业开发、科技推广为主要建设内容,将 28 个村委会确定为重点扶持村,占 64 个贫困村的 44%。分期分批组织实施,重扶村每 2 年实施一批。2002～2004 年,分两批在妥甸镇马龙村委会、大庄镇代么古村委会、碳嘉镇新树村委会、爱尼山乡旧哨村委会、安龙堡乡安龙堡村委会、雨龙乡野牛村委会、大麦地乡普龙村委会、独田乡大水田村委会 8 个村委会实施重点扶持村建设,共投入省、州财政资金 452.22 万元。

扶贫整村推进　2005 年,双柏县实施 21 个整村推进项目。分别在妥甸镇大敌鲁村委会大院心村民小组、九石村委会高家村民小组;大庄镇木章郎村委会大梅子树村民小组、洒利黑村委会以外半坡村民小组;法脿镇双坝村委会韭菜冲村民小组、上马资店村民小组、大石头村民小组;碳嘉镇密架村委会大密架、乜列、罗家村、大梨树 4 个村民小组、平掌村委会大麦地村民小组;爱尼山乡麻海村委会依么口村民小组、力丫村委会烂泥箐村民小组;安龙堡乡说全村委会说全、塔埔、新河、法克 4 个村民小组;雨龙乡法甸村委会罗洁村民小组;独田乡独田村委会德冲村民小组、小村村民小组实施。21 个扶贫整村推进村上级共补助资金 327.3 万元,解决 10 个自然村 450 户 1 890 人道路晴通雨阻的问题。通过沟渠、坝塘项目的实施,增加灌溉面积 1 030 亩,改善灌溉面积 2 860 亩;解决 21 个自然村 1 105 户 4 640 人,3 860 头大牲畜的饮水困难;沼气池建成投入使用,实施项目村消灭茅草房和权权房,住房条件明显改善;通过扶持养羊、养猪示范户以及发展油菜、蚕桑、核桃等产业,培育优势产业和特色经济。

2006 年,双柏县争取到 29 个扶贫整村推进项目,每个扶贫整村推进项目国家扶持资金 15 万元,总投资 625.56 万元,其中省级财政扶贫资金 360 万元、州级财政扶贫资金 75 万元,整合资金 6 万元,群众自筹(含以劳折资)184.56 万元。项目覆盖 5 镇 3 乡、24 个村委会、29 个贫困村民小组,1 986 户 7 797 人。

2006～2010 年共争取实施扶贫整村推进项目 229 个,其中省级整村推进项目 169 个,州级整村推进项目 60 个。累计完成项目总投资 5 319 万元,其中省级投入扶贫资金 2 535 万元,州级投入扶贫资金 900 万元,整合资金 930 万元,群众自筹 1 254 万元,通过实施扶贫整村推进,使民族地区村寨的生产条件、居住生活环境得到根本改善,加快新农村建设的进程。

2011 年,实施自然村整村推进项目 37 个,完成项目总投资 2 557.88 万元。

2012 年,实施自然村整村推进项目 53 个,完成项目总投资 4 033.29 万元。

2013 年,实施九石、各三郎、烂泥、老厂、峨足、青香树、把租 7 个行政村整村推进项目,完成项目总投资 5 615.63 万元;实施自然村整村推进项目 24 个,完成项目总投资 1 084 万元。

2014 年,实施龙树、安龙堡、桂花井、桃园、雨龙、光明 6 个行政村整村推进项目,完成项目总投资 4 200.56 万元;实施自然村整村推进项目 21 个,完成项目总投资 1 780.63 万元。

图1-5 扶贫整村推进项目碑(2010年)

扶贫整乡推进 2013年起,双柏县适应新形势下扶贫开发工作新要求,在乡镇以行政村为脱贫攻坚主战场,以全乡基本消灭贫困为目标,以基础产业培育、基础设施改善、基本素质提高、基本保障构建、基本队伍建设为重点,以资源大整合、社会大参与、群众大发动、连片大开发为主要方式,以乡为单元一次性规划、整体推进、集中力量、重点突破,开始实施扶贫开发整乡推进工作,解决全乡贫困人口整体脱贫的问题。全县共实施3个乡镇,项目资金由财政专项扶贫资金、部门整合资金、信贷资金、业主融资、群众自筹资金构成,每个乡镇实施期限为2年。其中2013年实施大麦地镇,项目总投资为27 677.57万元;2014年实施大庄镇,项目总投资为26 741.87万元;2015年实施安龙堡乡,项目总投资为31 719.1万元。

产业扶贫　2006 年省级财政产业扶贫白竹山生态茶建设项目,项目总投资 139 万元,其中省州财政产业扶贫资金 70 万元,自筹资金 69 万元。

2006 年,双柏县有 4 个省级部门和 12 个州级部门挂钩联系双柏县贫困村委会。县级各部门在调查核实基础上,完善党员干部"一帮一"结对帮扶工作,县级部门有 1 458 名领导干部与 1 340 户贫困户结成帮扶对子,完成 12 个州级部门挂钩帮扶项目的规划实施。2006~2010 年投入资金 529.5 万元,其中财政扶贫资金 205 万元,群众自筹(含以劳折资)324.5 万元。实施生态园建设、优质蚕桑、中华冬桃、优质种母猪等产业扶贫项目。种植茶 700 亩,老茶园低产改造 300 亩,新植桑园 2 238 亩、核桃 27 884 亩、小桐子 700 亩、冬桃 1 200 亩,建成塑料大棚 26 个 2 600 平方米,发展冬早蔬菜 1 080 亩,扶持发展黑山羊养殖 367 户 20 674 只,扶持种母猪养殖 628 户 1 241 头。2013 年,争取产业扶贫资金 400 万元,扶持产业发展项目 5 个。

挂钩扶贫　1987 年来,双柏县坚持实施州、县领导干部挂钩联系贫困村,党政机关、企事业单位、人民团体定点挂钩帮扶贫困村,党员、干部结对帮扶贫困户。挂钩单位坚持定期派人到贫困村蹲点和季节性进村帮扶,采取 1 名党员、干部至少结对帮扶 1 户贫困户,切实帮助贫困群众解决生产生活中的实际困难。2005 年末,省、州、县级单位定点挂钩帮扶由 1987 年的 40 个单位扩展到省级 4 个单位、州级 12 个单位、县级 84 个单位,共计 100 个单位。有 1.94 万人先后深入扶贫点开展工作,其中州级领导 46 人、处级领导 513 人、科级领导 1 040 人、科级以下干部职工 17 774 人。

易地搬迁扶贫　由于受地理、历史、文化等诸多因素的影响,双柏县一部分贫困户分散居住在偏僻山区和少数民族地区,这些地区,修坝无地点,修沟无水源,见水吃不着,山高没有路,交通闭塞,山体滑坡,土地贫瘠,生态环境恶劣,人畜饮水困难,基本生存条件差,一方水土养不活一方人。要从根本上解决温饱问题,实施易地搬迁是最佳选

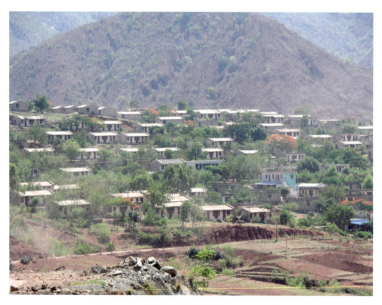

图 1 - 6　卧马都易地搬迁点(2011 年)

择。为帮助贫困群众走出困境,双柏县紧紧抓住机遇,积极申报项目,经省、州有关部门严格审查,批准双柏县从 1999 年开始实施易地搬迁扶贫,截至 2005 年末,7 年时间共建易地搬迁安置点 76 个,搬迁 1 628 户 7 087 人,总投资 4 616.6 万元,其中国家投资 2 429.5 万元,群众自筹 2 187.1 万元。2006~2010 年,易地安置转移 389 户 2 652 人,完成项目总投资 1 144 万元,其中投入财政扶贫资金 825 万元,整合资金 69 万元,群众自筹(含以劳折资)350 万元。2013 年,争取易地扶贫资金 150 万元,实施搬迁 75 户 310 人。

信贷扶贫 1987 年来,双柏县抓住国家为促进贫困地区经济发展,安排产业开发专项信贷扶贫资金的机遇,扶持发展一批以种植业、养殖业、农副产品加工业、技术改造、农业综合开发、电力、通信为主的产业。主要是扶持畜牧、茶叶、蚕桑、经济林果、集镇建设、水电产业开发、通信设施建设、林产品加工等。这些产业当时已成为贫困地区经济支柱产业,是壮大县域经济,改善贫困地区生活的基本条件。截至 2005 年末,全县累计使用扶持产业开发的信贷资金 1.15 亿元。

根据省州要求,成立双柏县小额信贷扶贫领导小组,县人民政府印发《双柏县小额信贷扶贫实施管理办法》,在大庄、法脿 2 个攻坚乡开展试点工作,每个乡发放 100 万元,采取贷户联保,每户每年贷款额最多不超过 1 500 元,每半月还一次本息,一年分 24 次还清本息。2000 年,双柏县将 450 万元小额信贷资金,推向雨龙、安龙堡、大麦地、爱尼山、碯嘉、独田、妥甸 7 个乡镇。2001 年,双柏县采取加强管理、健全机构,实行考核,扶持重点产业等措施,抓好贷前调查、贷中检查、贷后跟踪问效 3 个环节,层层落实责任制,加大回收力度,使小额信贷扶贫工作出现良性循环局面。1998~2005 年,累计发放 2 940.02 万元。小额信贷覆盖行政村 317 个,获贷农户 18 998 户;获贷小组 4 266 个;获贷中心 395 个。2006 年,小额信贷扶贫资金项目覆盖双柏县 8 个乡镇,80 个村居委会,共组建 103 个小额信贷扶贫中心,925 个小额信贷扶贫互保小组,扶持农户 7 269 户,户均扶持贷款 1 650 元。2006~2010 年累计争取发放信贷扶贫资金 11 150 万元,其中扶贫到户贷款 8 850 万元,覆盖全县 5 镇 3 乡 84 个村(居)委会,1 462 个村民小组,扶持农户 27 692 户。争取扶贫项目贴息贷款 2 300 万元,扶持蚕桑、茶叶、通信发展。2013 年,发放信贷扶贫资金 3 100 万元,扶持重点农户 1 349 户,产业示范村 40 个,专业合作社 3 个。

二、2014 年后脱贫攻坚工作开展

自 2014 年起,双柏县在认真落实中央、省、州关于脱贫攻坚工作精神的过程中,始终把脱贫攻坚作为最大的政治任务和第一民生工程,坚持以脱贫攻坚统领经济社会发展全局,聚焦贫困地区、贫困人口,树牢"一切为了脱贫、一切围绕脱贫、一切服从脱贫、一切服务脱贫"的鲜明导向,不断强化组织领导,周密安排,全县各级各部门及领导干部,中央、省、州挂包单位,下派干部以严的精神、实的作风,到村到户精准扶贫,立下愚公志、下足"绣花"功,一针一线补齐短板,一砖一瓦夯实基础,为打赢双柏县扶贫开发攻坚战提供坚强的保障。

　　2014年,双柏县开始开展农村扶贫对象建档立卡工作。为确保工作顺利进行,5月27日,县人民政府成立农村扶贫对象建档立卡工作领导小组,由分管扶贫工作的副县长担任组长,领导小组下设办公室在县扶贫办。领导小组负责全面协调和指导全县扶贫对象建档立卡工作,并对各乡镇农村扶贫对象建档立卡结果进行审核、认定和上报。领导小组办公室负责建档立卡的具体工作和日常管理。

　　为进一步加大双柏县绿汁江流域的开发成果,以核心区的扶贫开发辐射带动全县扶贫开发。9月16日,双柏县人民政府向楚雄州人民政府扶贫开发领导小组提交对绿汁江流域5乡镇综合扶贫开发规划进行评审。10月16日,楚雄州扶贫开发领导小组组织州级18个部门的领导和专家,对双柏县提交的绿汁江流域5乡镇综合扶贫开发规划开展评审并同意通过。12月30日,双柏县人民政府向楚雄州人民政府上报《关于请求批准实施双柏县绿汁江流域5乡镇综合扶贫开发规划(2015～2020)的请示》,该区域

图1-7　绿汁江畔洒冲点民族特色村(2018年)

图1-8　双柏县绿汁江流域产业发展座谈会(2017年)

规划期限为 6 年,以 2015 年为基准年,2020 年为规划水平年。项目区包括大庄镇、法脿镇、大麦地镇、安龙堡乡、爱尼山乡 5 个乡镇 49 个村委会 891 个村民小组 1126 个自然村,涉及产业发展、基础设施、扶贫攻坚、社会事业与公共服务、生态环境和能源建设 6 个大类 126 个子项目。

2014 年 12 月 23 日,双柏县为切实解决贫困村、贫困户发展生产、自主创业资金短缺问题,进一步提高贫困村、贫困户自我发展和持续发展能力,成立由县人民政府常务副县长担任组长、县扶贫办主任和县财政局局长担任副组长、相关部门主要领导为成员的双柏县贫困村互助资金试点工作领导小组,负责抓好全县贫困村互助资金试点工作。

2015 年 5 月 12 日,为确保扶贫开发整乡推进项目顺利实施,成立双柏县扶贫开发整乡推进项目实施工作领导小组。领导小组组长由县委副书记、县人民政府县长李长平担任,下设办公室在县扶贫办。

2015 年 11 月 14 日,县委、县人民政府印发《关于举全县之力坚决打赢脱贫攻坚战实施意见》,对全县打赢脱贫攻坚战的思想认识、总体要求、主要目标、精准扶贫基本要求、脱贫标准、攻坚任务、保障机制、组织保障等方面的工作进行全面安排。意见的印发,彰显出双柏县扶贫开发在进入攻坚拔寨的冲刺时期,全县各级各部门进一步深化思想认识、把握工作要求、明确目标任务,以决战决胜的勇气和拔钉子的精神全力抓好新时期双柏县扶贫开发工作。

具体工作中,提出注意聚焦贫困人口和贫困地区精准扶贫、精准脱贫,重点实施“片区集中攻坚、基础设施会战、产业培育提质增效、民生工程改善、社会事业推进、培训就业促进、生态恢复保护”7 项攻坚行动,共落实“划定片区攻坚主战场、实行片区攻坚责任制、建立片区攻坚联动机制、道路畅通建设、水利建设及饮水安全、电力保障、通信工程、特色产业发展、发展乡村旅游业、科技推广应用、农村危房改造、易地扶贫搬迁、实施整乡整村推进、加强教育事业、卫生与计生事业、文化事业、社会保障事业、创新就业培训模式、狠抓转移就业、自然生态修复、地质灾害防治、环境综合整治、农村新能源建设”23 项攻坚任务。在保障机制方面,涉及建立“精准扶贫机制、部门联动机制、脱贫考核机制、脱贫激励机制、资金投入机制、创新社会参与机制、干部驻村帮扶机制、扶贫攻坚与基层党组织建设‘双推进’机制”等多项内容;在组织保障方面,提出“组织领导、资金监管、扶贫机构队伍建设、宣传发动”等方面的要求。

为深入贯彻落实《关于举全县之力坚决打赢脱贫攻坚战实施意见》,2015 年 11 月 14 日,县委办公室、县人民政府办公室下发《关于印发〈双柏县精准扶贫工作实施方案〉等五个扶贫攻坚配套文件的通知》。配套文件分别为《双柏县精准扶贫工作实施方案》《关于进一步加强社会扶贫工作的意见》《双柏县扶贫开发工作考核办法》《双柏县驻镇驻村扶贫工作队管理办法》《关于严格执行挂包帮、转走访“十不准”工作纪律》。

2016 年 9 月,县委、县人民政府在全县开展为期 1 个月的脱贫攻坚工作“回头看、补短板”专项行动,省、州、县级挂包单位和各乡镇紧紧围绕年度脱贫攻坚目标任务对标对表,查找差距,补齐短板,认真开展脱贫攻坚工作各项任务“回头看”,做好查漏补缺工作,确保信息准确、全面,措施有效,高质量、高标准打赢脱贫攻坚战。

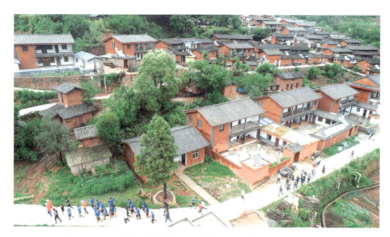

图1-9　中国少数民族特色村寨——李方村（2016年）

　　2017年4月26日,县委、县人民政府成立双柏县脱贫攻坚工作指挥部,由县委书记李长平,县委副书记、县长梁文林共同担任指挥长。指挥部下设综合协调、易地扶贫搬迁、项目、产业发展、资金监管、宣传、"挂包帮、转走访"、督查、档案管理共9个工作组,进一步加强对全县脱贫攻坚工作的组织领导,全面加快双柏县脱贫攻坚步伐。县委、县人民政府始终把脱贫摘帽作为最大的政治任务、最严格的硬性要求和最强烈的责任担当,提出"一切为了脱贫,一切围绕脱贫,一切服从脱贫,一切服务脱贫"的鲜明工作导向,严格落实党政"一把手"负总责,县、乡、村三级书记抓脱贫责任制,全面推行县处级领导包乡镇、部门包村、干部帮户的包保推进机制。

图1-10　双柏县安龙堡民族团结进步示范村（2017年）

　　2017年下半年,县委为解决部分乡镇和县级部门仍然存在政治站位不高、组织领导不力、责任没有压实、干部素质能力作风不适应脱贫攻坚形势任务需要等存在问题,进一步加强党委对脱贫攻坚工作的组织领导。11月14日,下发《中共双柏县委关于加强抓党建促脱贫攻坚工作的实施意见》,就进一步加强全县抓党建促脱贫攻坚工作,指出"强化抓党建促脱贫攻坚工作政治责任感、强化抓党建促脱贫攻坚工作战斗堡垒建设、强化贫困地区领导班子和干部队伍建设、强化抓党建促脱贫攻坚帮扶力量、强化抓党建促脱贫攻坚工作载体运用、强化抓党建促脱贫攻坚工作责任落实"6项工作意见。当日,县委办公室、县人民政府办公室印发《关于进一步加强脱贫攻坚组织保障的通知》,提出"压实脱贫攻坚工作'一把手'责任、选优配强分管脱贫攻坚工作领导、不断充实脱贫攻坚工作部门力量、落实挂包部门分管领导责任、对行业主管部门与乡镇进行捆绑考核、坚持在脱贫攻坚第一线考察识别干部、加强贫困村党组织队伍和阵地建设、强化纪检监察机关脱贫攻坚执纪问责"8项具体措施,要求全县各级党员领导干部必须把思想和行动统一到中央和省州县党委的决策部署上来,提高政治站位,强化责任担当,下足绣花功夫,弘扬"跨越发展、争创一流、比学赶超、奋勇争先"的开拓创新精神,以不畏艰难、久久为功的"愚公移山"精神,精准、精细、精致的"工匠"精神,稳准狠快的"钉钉子"精神,坚决打赢脱贫攻坚战。

2018年2月5日,《双柏县抓党建促脱贫攻坚十项行动方案》印发至全县各级党组织,提出"压实脱贫攻坚责任行动、建强基层战斗堡垒行动、培养村级'领头雁'行动、凝聚脱贫中坚力量行动、培强'三农'工作队伍行动、提升党组织和党员'双带'能力行动、激发脱贫攻坚内生动力行动、实施村集体经济强村工程行动、严实村组阵地建管用行动、强化在一线考察识别干部行动"的细化措施。全县各级党组织按照县委的统一要求,充分发挥党组织领导核心作用、领导干部骨干带头作用、基层党组织战斗堡垒作用、广大党员先锋模范作用,坚持把党建工作与扶贫工作同步抓实抓好。3月28日,县委办公室、县人民政府办公室印发《双柏县2018年脱贫摘帽工作方案》,提出严格对照贫困人口、贫困村、贫困乡镇、贫困县退出的认定标准及评价指标体系,精准发力、全力攻坚,实现2018年全县脱贫摘帽的目标。并进一步构建"大扶贫"工作格局,明确乡镇主体作用,压实行业扶贫部门责任,将脱贫各项指标任务分解到行业主管部门,做到乡镇部门整体联动,举全县之力决战决胜脱贫攻坚。

图1-11　2018年1月9日,双柏县召开2018年全县脱贫摘帽誓师大会

为压实脱贫攻坚工作责任、严明工作纪律,4月30日,中共双柏县委办公室印发

《关于进一步严明脱贫攻坚工作纪律的通知》，进一步明确要求严明党政同责纪律、严明工作时间纪律、严明包保帮扶纪律、严明组织人事纪律、严明督查巡查纪律、严明驻村工作纪律、严明行业扶贫纪律、严明扶贫资金纪律、严明考核评价纪律、严明约谈问责纪律。

从 2018 年 5 月下旬开始，双柏县进一步认真贯彻落实党中央"脱贫攻坚作风建设年"要求和全省脱贫攻坚推进会议精神，着力解决巡察、脱贫攻坚成效考核、民主监督、日常督查发现的主要问题和中央领导及省州党委、政府领导在脱贫攻坚有关会议上指出的存在问题，县委、县人民政府统一组织开展脱贫攻坚"转作风、大调研、抓精准、促落实"专项行动，着力解决扶贫领域"四个意识"不够强、责任落实不到位、作风不扎实、措施不精准、资金管理使用不规范、考核评估不严格等突出问题，推动全县脱贫攻坚工作作风严实再严实、责任压实再压实、问题聚焦再聚焦、工作精准再精准、任务落实再落实，达到脱贫攻坚工作务实、过程扎实、结果真实和高质量脱贫的要求。

8 月 2 日，县委、县人民政府提出"抓好扶贫攻坚月工作，制定出台《双柏县脱贫攻坚三年行动计划方案》，抓实项目库建设，规范完善扶贫档案，深入开展'转作风、大调研、抓精准、促落实'专项行动，开展扶贫领域作风问题专项治理，做好扶贫系统维护与管理，开展扶贫领域干部大培训，加强挂包帮扶工作，加大基础设施建设，抓好产业扶贫，提升农村劳动力培训和转移就业组织化程度，全力推进农村 C、D 级危房改造，抓好易地扶贫搬迁工作，抓好脱贫攻坚存在问题整改清零，抓好农村人居环境综合治理，落实好教育健康生态扶贫，加强农村低保制度与脱贫攻坚政策的合理衔接，加强扶贫资金筹措和监督管理，深化沪滇扶贫协作，推树一批先进典型，开展第五个'扶贫日'活动，深入实施脱贫攻坚与基层党建'双推进'，做好 2018 年贫困对象动态管理工作，开展脱贫攻坚专题日活动"共计 25 项重点工作，并明确工作开展的责任领导、牵头单位、责任单位，使脱贫攻坚工作能细化、有人抓。

9 月 17 日，县委书记李长平在楚雄州苦战一百天坚决完成 2018 年脱贫摘帽任务万人誓师大会上代表双柏县表态发言：不忘初心、牢记使命、精准帮扶，立下愚公志，横下一条心，决战决胜脱贫攻坚。将更加强化政治担当，确保全县脱贫攻坚工作沿着正确方向一抓到底、一干到底。增强"四个意识"，认真贯彻"六个精准""五个一批"方略，举全县之力打赢打好脱贫攻坚战。将更加强化责任担当，确保脱贫攻坚工作务实过程扎实结果真实。确保年内实现 1413 户 4577 人脱贫，全县贫困发生率保持在 1% 左右，不折不扣完成好脱贫攻坚各项目标任务。将更加强化历史担当，确保高质量打赢打好脱贫攻坚战。弘扬"进村入户的热心细心、解说政策的耐心诚心、因户施策的真心匠心、解难除困的善心决心、诚挚奉献的爱心忠心、巩固提升的用心恒心"的新时代双柏扶贫攻坚精神，持续深入开展"脱贫攻坚百日冲刺行动"，确保全县脱贫攻坚工作经得起历史和人民的检验。李长平郑重承诺："请州委、州人民政府放心，双柏县定将坚决打赢打好2018 年脱贫摘帽决胜战，向州委、州人民政府和全县 16 万人民交上一份合格的答卷！"

在全县脱贫攻坚已进入啃硬骨头、攻坚拔寨的决战期，10 月 31 日，县委、县人民政府印发《关于坚决打赢脱贫攻坚战三年行动的实施方案》，举全县之力、聚全县之智，切实以脱贫攻坚统揽全县经济社会发展全局，以更加有力的举措扎实推进精准扶贫精准脱贫工作。11月10日,双柏县扶贫开发领导小组印发《双柏县行业扶贫部门提升脱贫成效实施方案的通知》,涉及产业扶贫、就业扶贫、教育扶贫、基础设施扶贫、健康扶贫、社会保障兜底巩固提升、群众内生发展动力激发和基层组织建设巩固提升等方面的内容。随后,全县8个乡镇分别结合各自现状制定《××乡镇持续加强农村贫困人口后续扶持巩固提升脱贫成效的实施意见》,进一步强化后续帮扶、巩固提升成果、实现稳定脱贫。

图1-12　群众在新建成的洒冲点街集市上采购物资(2018年)

2018年末,双柏县全面构建专项扶贫、行业扶贫、社会扶贫、定点扶贫、扶贫协作"五位一体"大扶贫工作格局基本形成,扶贫对象更加精准,精准扶贫政策体系不断健全,精准帮扶措施初见成效,扶贫资金投入明显加大,驻村帮扶工作深入扎实,党建促脱贫攻坚取得实效,脱贫减贫阶段性成效明显。全县6311户22736名建档立卡贫困人口实现脱贫退出,贫困发生率降至1.56%。

2019年2月11~16日,云南省2018年贫困县脱贫摘帽第三方对双柏县进行评估检查,没有发现影响贫困退出的问题,实现了"零漏评""零错退",群众认可度达95.92%。在2018年中共云南省委、云南省人民政府开展的全省88个贫困县成效考核中,双柏县取得较好等次第1位的成绩,双柏县代表上海市接受国

图1-13　2018年贫困县退出云南专项评估检查调查队到双柏县开展工作(2019年)

家东西部扶贫协作考评取得第 1 名的好成绩。

2019 年开始,全县脱贫攻坚工作进入巩固提升阶段。3 月 26 日,中共双柏县委发出《关于深入开展"干在实处,走在前列"大比拼决战脱贫攻坚决胜全面建成小康社会推动双柏县高质量跨越式发展的实施意见》。意见指出,全县上下要以敢比敢拼的精气神,以只争朝夕、争分夺秒的奋斗姿态,以"逢山开路,遇水架桥"的勇气,在比拼中攻坚克难、奋勇赶超,推动全县各项工作争先进位、走在前列、争创一流,实施好"生态立县、绿色崛起"发展战略,全力做好稳脱贫、强产业、促改革、惠民生、补短板、保稳定的各项工作,奋力推进决战脱贫攻坚、决胜全面建成小康社会,打造"养生福地、生态双柏"品牌,实现双柏县高质量跨越式发展。

图 1 - 14　搬迁后的大麦地镇战斗新村(2019 年)

4 月 30 日,云南省人民政府向社会公开发布《云南省人民政府关于批准东川区等 33 个县(市、区)退出贫困县的通知》。通知指出,经过县级申请、州市审核、省级核查和实地评估检查、公示公告等程序,双柏县已达到贫困县退出有关指标,符合退出条件,经省委、省人民政府研究,批准退出贫困县。随着双柏县"贫困帽"的摘除,双柏人民千百年来"摆脱绝对贫困"的梦想得以实现,萦绕千年的小康梦即将成真,新时代双柏乡村振兴成功开启。

8 月 15 日,中共双柏县委十三届八次全体会议在县委政府小礼堂召开。会议强调,要紧紧围绕全面巩固提升脱贫质量、防止返贫、高质量完成年度脱贫任务的目标,贯彻精准方略不动摇、下足绣花功夫不懈息,持续在巩固提升脱贫攻坚基础性工作、产业扶贫、就业扶贫等 9 个方面下功夫,强化投入保障等 5 项措施,集中精力抓好脱贫人口"回头看"工作,全力以赴做好脱贫攻坚国家普查工作,全面补齐短板,坚决做到问题清零见底,以脱贫攻坚的实效助力乡村振兴的有力推进。

9 月 4 日,县委办公室、县人民政府办公室印发《实施乡村振兴战略"五个一"实施方案》,主要包含"让每个村都成为产业发展示范村、让每一户农舍都建成小康庭院、让每一名农民都成为新型职业农民、把每一个基层党组织都建成带领群众脱贫致富的坚强战斗堡垒、把每一支挂包和驻村的工作队都打造成深受群众欢迎的不走的工作队"5 个方面的内容。

12月7~10日,中共云南省委、云南省人民政府对双柏县开展2019年度脱贫攻坚成效考核。在2019年全省扶贫成效考核中,双柏县取得"好"的等次,且位列云南省综合评价"好"的57个县(市、区)中第9位,位列楚雄州脱贫县第1位。在2019年全省88个省级东西部扶贫协作考核中,双柏县取得综合评价"好"的等次,考核成绩位列云南省综合评价"好"的53个县(市、区)中第2位、楚雄州贫困县中第1位。

2019年,双柏县坚持以脱贫攻坚统揽经济社会发展全局,上下同心、众志成城,凝聚攻坚合力,主动融入和服务全省打造世界一流"三张牌"和州委"1133"战略,深入开展"干在实处,走在前列"大比拼,形成比学赶超、奋勇争先的氛围,全县改革发展稳定各项工作协同推进,呈现政治稳定、经济发展、文化繁荣、民族团结、生态改善、党的建设全面加强的良好局面。

2020年2月14日,县委书记李长平在县扶贫开发领导小组2020年第一次全体(扩大)会议暨决战脱贫攻坚誓师大会上提出:双柏县要坚决贯彻落实好习近平总书记于2020年1月19至21日期间再次到云南考察指时的重要指示精神,在脱贫成果巩固提升决胜中,在确保所有剩余贫困人口全部脱贫、高质量通过国家普查的目标实现中,把习近平总书记的指示要求转变成强大动力,采取坚决有力措施持续攻坚,确保脱贫质量人民认可、经得起检验。全县各级干部要以崇高的历史使命感和高度的政治责任感,不忘初心、牢记使命,只争朝夕、不负韶华,在脱贫攻坚战场上再立新功、再创佳绩,兑现曾经立下的铮铮誓言。结合当前工作形势,李长平代表县委、县人民政府对全县脱贫攻坚工作从"全力抓好国家普查工作、全力做好剩余贫困人口的脱贫帮扶、全力抓好脱贫成果巩固提升、坚决抓好问题整改、全力做好精准防贫救助基金相关工作、全力抓实脱贫攻坚与乡村振兴战略衔接、全力抓好总结宣传工作"7个方面进行要求。

2月24日,在新型冠状病毒肺炎(简称新冠肺炎)疫情防控形势极为严峻的情况下和脱贫攻坚进入攻城拔寨、全面收官的紧要关头,双柏县扶贫开发领导小组办公室印发《双柏县打赢新型冠状肺炎疫情防控阻击战和打赢脱贫攻坚收官战"十大专项行动"实施方案及责任分解的通知》,从落实疫情防护防控措施和促就业、促消费、促健康扶贫、促教育扶贫、促易地扶贫搬迁、促兜底保障、保一线人员安全健康、保村庄安全群众健康、促产业扶贫、促问题大排查大清零共10个方面作相应安排。全县各相关部门按照"十大专项行动"要求认真开展工作,确保全县坚决打赢疫情防控阻击战和坚持打赢脱贫攻坚收官战,切实做到两手抓、两手硬、两促进、两必胜。

5月18日,双柏县召开县扶贫开发领导小组2020年第四次全体(扩大)会议暨脱贫攻坚问题整改推进会议,就持续抓好中央脱贫攻坚专项巡视"回头看"反馈问题、脱贫攻坚成效考核发现问题和扶贫领域审计发现问题的整改落实,扎实开展"决战决胜脱贫攻坚百日总攻"行动,高质量通过国家普查进行安排部署。

6月4日,双柏县人民政府办公室印发《双柏县加快补齐全面建成小康社会短板行动计划的通知》,就聚焦"两不愁、三保障"硬任务、坚决打赢脱贫攻坚战作出周密安排。通知指出,2020年是全面建成小康社会和"十三五"圆满收官的关键之年,全县上下要紧紧围绕深入推进州"1133"、县"生态立县、绿色崛起"战略,从"全面巩固脱贫质量、强化义务教育保障、强化基本医疗保障、强化住房安全保障、全面解决农村贫困人口饮水安全问题、着力增加贫困人口收入"6 个方面,克期跑完全面小康"最后一公里"。

2020 年 7 月,全县建档立卡贫困人口"两不愁、三保障"的突出问题全面消除,产业发展基础不断夯实,各类问题整改清零,脱贫成果进一步巩固。为如期高质量打赢打好脱贫攻坚收官战,双柏县启动开展决战决胜脱贫攻坚百日提升行动,主要开展实施"三保障"和饮水安全提升、深度贫困人口提升、项目资金管理和政策落实提升、稳岗保就业提升、产业帮扶提升、易地扶贫搬迁后续帮扶提升、贫困村提升、防返贫防新贫、问题整改动态清零等方面的专项攻坚工作。要求全县各级各部门坚决落实脱贫攻坚政治责任不松劲,杜绝盲目乐观、疲惫厌战情绪,防止"抢跑",积极稳妥地推进各项工作,密切跟踪、定期问效,确保脱贫成效不降低,问题整改"不回潮"。

8 月 26 日,楚雄州决战决胜脱贫攻坚新闻发布会双柏县专场在州会务中心举行。发布会上指出,双柏县始终以脱贫攻坚统揽经济社会发展全局,以誓师立令持续压实脱贫攻坚责任,以制度机制推进脱贫攻坚精准见效,以监督执纪为脱贫攻坚质量保驾护航,用心用情用力用智激活群众内生动力。全县发展短板不断补齐,"两不愁、三保障"全面实现,产业发展路子越走越宽、基础越来越牢,发展势头更加强劲,群众生活水平持续改善,民生福祉更加厚实,发展后劲不断增强,干群关系更加紧密。

第二章　组织管理

第一节　机构设置

一、双柏县扶贫开发领导小组

机构组建　1984年5月,中央农村政策研究室下发通知,要求按年农民人均纯收入120元、口粮150千克的贫困标准进行统计,中共楚雄州委员会政策研究室按此标准进行调查统计,报省委农村工作部、中央农村政策研究室批准,确定云南省国定贫困县26个(楚雄州有武定县),省定贫困县15个(楚雄州有双柏县)。1985年5月,中共楚雄州委、楚雄州人民政府召开会议,讨论成立中共楚雄州委、楚雄州人民政府贫困地区工作领导小组,10县(市)相继成立贫困地区工作领导小组及办公室。

1987年6月,中共双柏县委、双柏县人民政府贫困地区工作领导小组办公室成立。12月,组建县委农村工作部,由县委调研室、政府农林办、扶贫办、区划办合并组成县委农村工作部,有职工14人,扶贫办继续单独行使扶贫办公室的职能。

1988年12月16日,中共双柏县委决定把扶贫办公室从农村工作部中划出单列为一级局,人员编制定为7人。

1990年6月23日,中共双柏县委、双柏县人民政府贫困地区工作领导小组办公室改为"双柏县人民政府贫困地区经济开发领导小组办公室"。

1995 年 8 月 5 日,经县委常委讨论,撤销扶贫办,保留扶贫办牌子,职能并入县人民政府办公室。

1996 年 12 月 23 日,中共双柏县委决定明确双柏县扶贫开发领导小组办公室为县人民政府正科级事业机构,从县人民政府办公室划出来单设,内设机构为综合股、项目股、小额信贷扶贫股、易地开发扶贫股、社会与外资扶贫管理股、贫困地区劳务输出办公室。

2011 年,因政府机构改革,县扶贫开发领导小组办公室更名为县人民政府扶贫开发办公室,由议事协调机构的常设办事机构调整为部门管理机构,接受县发改委管理,保留扶贫办的牌子,同时撤销双柏县扶贫开发领导小组办公室党组。

2015 年,县委、县人民政府将扶贫办从县发展和改革局中划出,改为双柏县人民政府扶贫开发办公室,作为县人民政府组成部门之一,同时成立双柏县人民政府扶贫开发办公室党组。11 月 14 日,县委办公室、县人民政府办公室印发《关于调整充实县扶贫开发领导小组的通知》,对双柏县扶贫开发领导小组组成人员进行调整充实。

截至 2020 年 4 月,双柏县扶贫开发领导小组的工作机构,根据组成人员的岗位变化、工作调动和机构改革后成员单位的设置情况,先后进行过 4 次调整和补充。

职能职责　双柏县扶贫开发领导小组下设办公室在双柏县人民政府扶贫开发办公室,承担贯彻执行国家和省扶贫开发法律法规,拟订县扶贫开发工作的政策、规划,拟订有关规范性文件,组织、协调、指导全县扶贫开发和脱贫攻坚工作;协调社会各界扶贫工作,协调县级党政机关及社会各界参与扶贫开发工作;指导乡镇扶贫开发工作;组织对扶贫开发情况进行统计和动态监测,指导扶贫系统信息化建设工作;会同有关部门拟订扶贫资金分配方案,负责有关扶贫财政发展资金的项目管理工作;承担全县干部扶贫开发培训工作。

工作推进　2015 年 11 月,双柏县扶贫开发领导小组根据县委、县人民政府对全县脱贫攻坚的相关部署,制作双柏县脱贫攻坚作战图,包含《双柏县脱贫攻坚作战步骤》《双柏县脱贫攻坚行动计划图》《双柏县脱贫摘帽时间表》《双柏县贫困乡镇、行政村、自然村和贫困户"61085"脱贫目标图》《脱(减)贫摘帽标准及退出程序示意图》《双柏县精准扶贫"十六个到村到户"示意图》《贫困户建档立卡遍访工作示意图》《双柏县扶贫开发与基层党建"双推进"总体规划图》《双柏县扶贫攻坚"挂包帮、转走访"联席会议示意图》,以及各乡镇《精准脱贫"挂包帮、转走访"到村到户流程图》、各乡镇《驻村扶贫工作队(员)一览表》等相关内容。

在县扶贫开发领导小组统一组织下,双柏县全面落实各级党政主要领导负总责,县、乡、村三级书记抓脱贫责任机制,充分发挥县委总揽全局、协调各方作用,县委、县人民政府主要领导亲自挂帅、谋划督战,直接部署、指挥、推动。成立由县委书记和县长任双组长的扶贫开发领导小组。明确县委副书记、常务副县长等 4 名县委常委专职抓脱贫攻坚工作,乡镇党委副书记、分管副乡镇长专职抓脱贫攻坚,全面推行县处级领导包乡镇、部门包村、干部包户的包保责任,8 名县处级领导挂帅 8 个乡镇总召集人,42 名县处级领导及联系部门包保 82 个村(社区),县委、县人民政府与 8 乡镇、县级 85 家挂包单位签订《脱贫攻坚责任书》，与 23 家行业扶贫部门签订《行业扶贫责任书》，3 132 名挂包干部与各乡镇总召集人签订《脱贫攻坚包保保证书》，进一步压紧压实责任，形成全员上阵抓脱贫格局。

　　2016 年，召开扶贫开发领导小组会议 2 次，加强驻村工作力量，开展脱贫攻坚"回头看、补短板"，做好查缺补漏。2017 年召开扶贫开发领导小组会议 6 次，进一步压实责任，加强全县抓党建促脱贫攻坚，把每周六定为脱贫攻坚日开展结对帮扶工作。2018年召开扶贫开发领导小组会议 15 次，对抓好脱贫攻坚存在问题整改清零、苦战一百天万人誓师表态、决战决胜 2018 年脱贫攻坚摘帽战等工作进行安排。

　　2019 年召开扶贫开发领导小组会议 12 次，问题再聚焦，质量再提升，整改再督促，掀起脱贫攻坚冬季攻势。

图 2-1　召开扶贫开发领导小组工作会议(2019 年)

　　截至 2020 年 8 月，全县召开扶贫开发领导小组会议 8 次，对抓好脱贫攻坚百日总攻、挂牌督战、整改清零等工作进行安排部署。

二、驻村工作队

　　组建驻村扶贫工作队　在贫困村整合包村部门、单位及新农村建设指导员、帮户干部和大学生村官等力量，组建驻村扶贫工作队，派任村党支部第一书记，做到每个贫困村都有驻村扶贫工作队，都有第一书记，每户贫困户都有帮扶责任人，推动精准扶贫精准脱贫各项措施落实。各部门各单位要根据工作需要，加大驻村人员选派力度，充实工作力量。驻村扶贫工作队由县委组织部、县农办、县扶贫办和所在乡镇党委负责日常管理。

　　选派历程　2015 年 3 月，县委、县人民政府组建第九批新农村建设指导员队伍，县级派出 26 人，负责指导派驻村的新农村建设工作。6 月 25 日，双柏县贯彻落实中共云南省委组织部、中共云南省委农村工作领导小组办公室、云南省人民政府扶贫开发办公室《关于认真做好选派机关优秀干部到村任第一书记工作的通知》文件精神,向全县还未配备第一书记的建档立卡贫困村选派 21 名第一书记,将 2015 年初选派到村任职的 51 名常务书记转任为第一书记。7 月,全县共特派 72 名驻村第一书记,同乡镇党委、政府和驻村干部一起,共同开展精准扶贫、精准脱贫和单位挂村包组联户工作。9 月 11日,县委办公室、县人民政府办公室印发《关于组建新农村建设驻村扶贫工作队的通知》,工作队员主要由省、州、县、乡下派人员组成。县级成立工作总队,设总队长 1 人;乡镇成立 8 支工作队,设队长 8 人;在 50 个行政村成立工作分队,设分队长 50 人。

2016 年 1 月 19 日,县委、县人民政府进一步配足配强驻村扶贫工作队力量,在全县所有贫困村已全面组建驻村扶贫工作队的基础上,按照每个村有 5～10 名驻村扶贫工作队员的要求,做好增派和以后年度的选派工作。工作队员从省、州、县、乡镇机关和企事业单位挂县包村部门选派,工作队员任期一般为 1 年,鼓励连任,原则上不超过3 年。

图 2 - 2　扶贫路上(2016 年)

　　2月22日,双柏县完成扶贫工作队员选派抽调工作,262名驻村扶贫工作队员分别到全县8乡镇开展驻村扶贫工作。其中中央单位选派1名、省级单位选派22名、州级单位选派53名、县级部门选派122名,乡镇干部35名、大学生村官29名。成立驻村扶贫工作队50支,设队长50人。设工作总队1支,设总队长、副总队长各1人,总队长原则上由省级挂县牵头单位正处级及以上职级的党员干部担任,并挂任县委副书记;副总队长原则上由州或省级挂县单位处级干部担任,并挂任县委常委或副县长,总队长、副总队长任期一般为2年。

　　2017年4月1日,县委、县人民政府组建2017年驻村扶贫工作队,共选派驻村扶

图2-3　驻村工作队员与群众一起拆除旧房(2017年)

图2-4　驻村工作队员向群众宣讲扶贫政策(2017年)

贫工作队员 281 名。其中中央单位选派 1 名,省级部门选派 22 名,州级部门选派 51 名,县级部门选派 127 名,乡镇机关事业单位选派 39 名,选派大学生村官 41 名。县成立工作总队,设总队长 1 人,副总队长 1 人,成立驻村扶贫工作队 50 支,选派村党组织第一书记 50 名(驻村扶贫工作队长兼任 49 名,驻村扶贫工作队员担任 1 名)。

5 月 31 日,经县委、县人民政府研究,决定从县级各部门抽调一批思想素质好、工作作风实、有一定农村工作经验的干部,充实到县扶贫办、各乡镇和部分行政村,具体担任县、乡、村三级的脱贫攻坚观察员,并对部分驻村扶贫工作队长、第一书记进行调整配备。

2018 年,全县共选派驻村工作队 82 支 266 人(其中新选派工作队 32 支,新选派驻村工作队员 137 人),任命第一书记(工作队长)45 人。年内,为 11 个深度贫困村每个村选派 5 人,29 个贫困村(含贫困村提升工程村、已脱贫出列村)每个村选派 3 人,非贫困行政村每个村选派 1～3 人。在 7 个乡镇任命乡镇工作队长各 1 人,同时兼任乡镇党委副书记,负责所在乡镇驻村工作队管理工作。在选派的驻村工作队员中,正科级领导干部 29 人,副科级领导干部 53 人,科员 43 人,其他各类人员 141 人;35 岁以下年轻干部 59 人,正科级后备干部 23 人,副科级后备干部 28 人。

2019 年,开展驻村工作队员选派"回头看"工作,对"年满 55 周岁及以上,因身体原因不适宜继续驻村工作、身份为工勤人员、临时工"的 21 名队员进行调整。全县派出驻村工作队 82 支、队员 245 人(第一书记 44 人),从县级部门下派实职副科级以上领导干部 52 人任驻村第一队长,确保驻村工作队员精锐出战和驻村工作力量不减。至 2019 年 2 月,双柏县共选派驻村工作队员 826 人。

图 2－5　驻村工作队员集中研究工作(2018 年)

8 月,为做好全县脱贫人口"回头看"、贫困退出国家普查试点工作,从县级各部门抽调 58 名政治素质好、工作能力强、纪律作风实的实职副科级及以上领导干部驻村开展工作。干部抽调时间从 8 月 9 日开始,至 11 月末结束。被抽调干部驻村期间行政关系、工资关系保留在原单位,党员的组织关系无须转接到所驻村,但需参加所驻村党组织生活。被抽调干部驻村期间担任所驻村第一队长,负责所驻村第一书记(工作队长)及驻村工作队员日常管理,待驻村结束后由驻村第一书记(工作队长)继续履行驻村工作队员日常管理职责。被抽调干部驻村期间按照《双柏县驻村工作队管理办法(试行)》进行管理,原则上要做到脱产驻村,有特殊情况需要离开驻村点的,必须严格按照程序请假并报县委组织部备案。同时根据党政机构改革情况,结合各乡镇贫困状况和县级各部门结对帮扶困户情况,对部分县级部门挂包村(社区)进行适当调整。

　　2020 年 4 月 17 日,县委再次开展驻村工作队员选派"回头看"工作,对 48 名因身体、年龄及身份等原因不能继续任职的县内单位选派驻村的队员进行调整补充,重新选派 48 名驻村队员入村开展工作,确保各部门在选派驻村工作队员中做到"尽锐出战"。4 月 20 日,县委组织部向各乡镇党委、县级各驻村工作队员派出单位进行"切实加强驻村工作队员管理"的工作提醒。提醒重申:要确保驻村工作队员全员到村在岗,确保全覆盖组织学习和落实与驻村工作相关的文件,确保县乡驻村工作领导协调负责人与第一书记(工作队长)、第一书记(工作队长)与工作队员谈心谈话全覆盖,确保各派出单位主要负责同志每季度至少到定点帮扶的村(社区)开展 1 次实地调研走访,确保第一书记(工作队长)和工作队员全覆盖培训轮训,确保做好驻村工作队员全覆盖体检和紧急医疗救治工作,确保提高群众对驻村工作队员的知晓率。

　　工作队管理　　驻村扶贫工作队由县"挂包帮、转走访"工作联席会议办公室和县扶贫工作领导小组办公室负责统一领导和统筹协调工作,强化日常管理。县委组织部负责乡镇工作队长的任命、驻村扶贫工作队及工作队员的考核、评比表彰等工作;县工作队总队负责做好工作队和队员的指导、教育、管理工作;乡镇党委、乡镇人民政府负责加强对工作队员的领导和管理,听取工作情况汇报、布置工作任务,研究解决工作中存在的困难和问题;各派出单位做好所派出工作队员的思想政治工作和后勤保障工作,从财力、物力、项目上给予支持;村(居)委会支持配合工作队员开展工作,提供必要的工作、生活条件。

　　各单位下派的驻村扶贫工作队员,工作与原单位工作脱钩,派出单位不得随意抽回安排其他工作,确保工作队员人员、精力和工作"三到位"。驻村期间,扶贫工作队员党组织关系转到所驻村,参加所驻村党组织生活,协助村党组织开展工作,参加乡镇党委、政府召开的有关工作会议和村"两委"会议;行政关系留在原单位,享受原单位的工资、资金、福利等待遇。工作队员每月驻村时间不得少于 20 天。

　　扶贫工作队员在驻村期间要遵守政治纪律、组织纪律、工作纪律和群众纪律,坚持做到"三防止、四必到、五不准"。"三防止"指防止增加基层负担,防止形式主义,防止弄虚作假;"四必到"指村"两委"会、党员大会必到,村发生重大突发事件必到,村有重要活动必到,安排部署本村中心工作必到;"五不准"指不准做违背群众意愿、侵害群众利益的事情,不准在所驻乡村报销应由个人负担的各种费用,不准参与公款娱乐消费,不准收受乡村发放的各种补贴,不准参与有损党员干部形象的各种活动,用良好的言行举止赢得群众信任和支持。

三、"挂包帮、转走访"部门联系帮扶

组织实施　2015 年开始,双柏县全面组织开展"挂包帮、转走访"工作。8 月 30 日,县委办公室、县人民政府办公室印发《关于建立扶贫攻坚"领导挂点、部门包村、干部帮户"长效机制　扎实开展"转作风走基层遍访贫困村贫困户"工作的通知》,进一步建立健全全县扶贫攻坚"领导挂点、部门包村、干部帮户"定点挂钩扶贫工作长效机制,扎实开展"转作风走基层遍访贫困村贫困户"工作。8 月末前完成"挂包帮"组织到位工作,9 月末以前完成第一轮"转走访"任务,以后每年不少于 1 次回访,并形成制度。县、乡两级分别建立"挂包帮、转走访"工作联席会议,县级联席会议办公室确定县级领导、县级各部门挂点联系贫困行政村;县级各部门与对应省、州挂联部门联系对接,共同协商确定挂包乡镇、挂包村,落实帮扶户。乡镇联席会议办公室确定省、州、县领导干部联系户,各乡镇、村委会主动与挂包领导、部门和单位沟通联系,做好相关衔接工作。省、州下派部门及领导、县级各部门"挂包帮"对象名单由县扶贫办负责,第一书记名单由县委组织部负责,驻村扶贫工作队名单由县农办负责。工作开展中,各级相关领导要率先带头深入挂包村,进村入户开展遍访。各部门领导和干部职工抽出时间和精力,深入挂包村入户走访,面对面了解情况。县扶贫办要根据省、州要求制定具体的遍访贫困村、贫困户操作办法,明确遍访工作方式、流程、纪律,用好遍访成果,完善扶贫数据库。遍访中收集到的情况和问题,由各单位收集汇总上报县扶贫办。"挂包帮、转走访"工作情况纳入领导班子和领导干部综合考核内容进行考核,考核结果作为部门和干部评先评优的重要依据。

图 2-6　州委副书记、州委政法委书记李明到扶贫联系点走访调研(2020 年)

双柏县实行省、州、县、乡镇四级干部整体联动,组织干部职工挂包 2 个贫困乡镇、40 个建档立卡贫困行政村和 42 个有贫困人口的非贫困行政村进行挂钩扶贫,确保每

一个贫困乡镇都有领导挂联,每一个贫困行政村都有部门、单位挂包,每一个贫困行政村都有驻村扶贫工作队,每一户贫困户都有干部职工结对帮扶,做到不脱贫不脱钩,坚决打赢扶贫开发攻坚战。全县统筹 110 家挂包单位的 3791 名挂包干部,深入全县所有建档立卡贫困户家中,从"解决一个问题、宣传一次政策、打扫一次卫生、帮做一顿饭、帮干一次农活、代购一次生活用品"等小事做起,访真贫、扶真贫、真扶贫,对挂钩帮扶的贫困户做到贫困对象家底清、致贫原因清、帮扶措施清、投入产出清、帮扶责任清、脱贫时序清。

图 2-7　心怀感激的群众向帮扶干部送锦旗(2019 年)

图 2-8　到联系户家干干活、唠唠家常、一起吃顿农家饭(2018 年)

　　"挂包帮"内容　领导挂点。省级挂联部门至少挂联 1 个贫困乡镇,在所挂联贫困乡镇中挂包 1 个贫困行政村,挂联部门处级领导结对帮扶不少于 2 户贫困户,其他干部结对帮扶不少于1户贫困户;州级挂联双柏县的领导各挂包1个贫困乡镇、1个贫困村,结对帮扶5户贫困户;州级挂联部门至少挂联1个贫困行政村,挂联部门处级领导结对帮扶不少于3户贫困户,科级领导结对帮扶不少于2户贫困户,其他干部结对帮扶不少于1户贫困户;县级党委、人大常委会、政府、政协领导班子成员原则上挂联到乡镇,挂包1～2个贫困行政村;县级各部门各挂包1个贫困行政村,原则上处级领导结对帮扶不少于5户贫困户,科级领导结对帮扶不少于5户贫困户,一般干部职工结对帮扶不少于2户贫困户;乡镇党委、乡镇人民政府领导班子成员各挂包1个贫困行政村,科级领导结对帮扶不少于5户贫困户,一般干部职工结对帮扶不少于2户贫困户。

图2-9   县委书记李长平与易地搬迁群众一起搬家拆除旧房(2018年)

图2-10   县委副书记、县长梁文林帮助喜建新居的贫困户拆除旧房(2018年)

部门包村。结合领导挂包联系点,省、州下派单位各挂包 1 个贫困乡镇、不少于 1 个贫困行政村。县级部门各挂包 1 个贫困行政村,确保对贫困行政村挂包全覆盖。

干部帮户。省、州、县、乡镇机关和企事业单位及省州驻双单位的干部职工,在本部门本单位所挂包的村内确定帮扶对象,采取"一帮一""一帮几""几帮一"或"支部帮"等形式,结对帮扶所有建档立卡贫困户,确保对贫困户的帮扶全覆盖。

图 2－11　帮扶干部为联系户做水田(2018 年)

"转走访"内容　在建立"挂包帮"长效机制基础上,全县统一组织开展"转作风走基层遍访贫困村贫困户"工作。省、州、县下派挂联单位领导班子成员和干部职工,县级党委、人大常委会、政府、政协领导班子成员和干部职工、县级各部门、乡镇机关和企事业单位领导干部职工,村干部、新农村建设指导员、村支部第一书记、大学生村官人员参加"转走访"工作,对 2 个建档立卡贫困乡镇、40 个建档立卡贫困行政村和 42 个有贫困人口的非贫困行政村及 6 939 贫困户、24 545 贫困人口,实现走访全覆盖。"转走访"的主要任务具体为:

进村入户开展调查。各级干部深入挂钩点,走访贫困村贫困户,认真填写《云南省遍访贫困村访谈问卷》《云南省遍访贫困户访谈问卷》,做好走访记录,掌握贫困状况。问卷填写完毕后,以乡镇为单位汇总后,报县级联席会议办公室和县扶贫办,并报州联席会议办公室和州扶贫办备案。

完善建档立卡资料。认真核对贫困村贫困户信息,全面摸清贫困村贫困户基本情况,准确掌握导致贫困的原因和实际需要,细化完善建档立卡资料和精准扶贫信息动态管理。

宣传扶贫相关政策。广泛宣传各级支农惠农和扶贫开发政策,引导贫困群众转变观念,摆脱意识贫困和思路贫困,克服"等靠要"思想,增强脱贫致富的信心和决心。

研究制定帮扶措施。根据走访了解的情况,协同当地党委、政府和有关部门制定贫

图 2 - 12　帮扶干部开展以购代扶活动(2019 年)

困村、贫困户脱贫发展计划。同时,各包村部门、单位要制定本部门本单位到村到户帮扶方案,落实各项帮扶措施,推动帮扶项目落地。要跟踪了解挂包点帮扶项目实施情况和贫困村贫困户发展变化情况,调整完善帮扶措施,研究解决群众实际困难,确保帮扶工作见实效。

图 2 - 13　帮扶干部为群众送化肥助春耕(2018 年)

收集村情民意,化解矛盾纠纷。广泛开展民情恳谈,接待群众来访,听取群众意见,记录民情日记,撰写民情报告,了解所包村发展状况,发现存在问题,提出工作建议。深入细致地做好群众工作,加强教育疏导,引导群众依法合理表达诉求,帮助化解矛盾纠纷,变群众上访为干部下访。

图 2-14 警民和谐(2017 年)

推动基层组织建设。指导贫困村加强基层服务型党组织建设,加大扶贫开发与基层党建"双推进"力度,选优配强村党组织书记和第一书记,培养壮大党员致富带头人队伍,帮助整顿软弱涣散基层党组织,加大乡村综合服务平台建设,打通联系服务群众"最后一千米",把贫困村基层党组织建设成为带领群众脱贫致富的坚强战斗堡垒。

四、"挂包帮、转走访"工作联席会议

2015 年 9 月 25 日,县委办公室、县人民政府办公室印发《关于建立健全双柏县"挂包帮、转走访"工作联席会议制度的通知》。通知明确双柏县"挂包帮、转走访"工作联席会议总召集人、召集人及成员单位名单,对相应的工作分工及职责进行安排。县委副书记、县人民政府县长李长平担任全县"挂包帮、转走访"工作联席会议总召集人,联席会议下设办公室,县扶贫办主任担任办公室主任。县联席会议办公室按照总召集人要求,负责组织召开全县"挂包帮、转走访"工作联席会议并做好工作队组建、日常管理等工作。

建立县级领导挂点"挂包帮、转走访"工作联席会议制度,明确县级领导挂点"挂包帮、转走访"工作联席会议总召集人、召集人及成员单位名单,对总召集人、召集人的工作职责进行安排。从而进一步加强对县委、县人民政府对扶贫攻坚"挂包帮、转走访"工作的组织领导,建立起上下联动、左右协调、全力攻坚的工作机制。

通知要求,总召集人、召集人及相关部门对联系和负责的工作要高度重视、认真负责,带头深入联系乡镇开展调查研究,抓好"挂包帮、转走访"工作的指导、协调、督促和服务,定期不定期召开联席会议(原则上每季度召开 1 次),及时研究解决存在的困难和问题,推动扶贫攻坚各项工作任务落实。各乡镇党委要参照县级联席会议制度,分别建立乡镇和贫困村"挂包帮、转走访"工作联席会议制度,原则上每个月召开 1 次联席会

图 2‐15　双柏县脱贫攻坚联席会议(2017 年)

议,分析、研究和解决工作中存在的问题,全力抓好精准扶贫、精准脱贫各项措施的落实,确保按规定时限脱贫摘帽。

　　双柏县把全县参与"挂包帮、转走访"的省、州、县部门全部分别安排到各个乡镇,直接参与该乡镇的帮扶工作。

图 2‐16　乡镇召开脱贫攻坚联席会议(2020 年)

表 2-1　2015 年 9 月～2017 年 2 月双柏县乡镇"挂包帮、转走访"
工作联席会议成员单位分组名单

乡镇	总召集人	召集人	联席会议成员单位分组
妥甸镇	李家荣	苏秀华、沈海燕、王为周	楚雄师范学院、州科协、团州委、州开发投资公司、州农科所、州侨联、县委办、县委政府信访局、县财政局、县卫生和计生局、县农业局、县科协、团县委、县妇联、县总工会、县红十字会、县医院、中石化双柏公司
大庄镇	鲁文兴	郎天云、孟继祖、汤永平、方永红、王权、苏荣兰、赵春菊、金彦平	省人大常委会办公厅、南京大学、州交通运输局、县检察院、县人大常委会办公室、县委政研室(县农办)、县纪委、县委统战部、县委老干部局、县委编办、县人社局、县环保局、县民政局、县文体广电旅游局、县交通运输局、县统计局、县气象局、县档案局、县开发投资公司、县地税局、县残联、县邮政局、县路政大队、电信双柏公司、财保双柏支公司、移动双柏分公司
碍嘉镇	毕剑华(　～2016年5月)、方永红(2016年5月～　)	杨铭、吴应辉(　～2016年6月)、王清宏、李新琼、李光平	州法院、县委政法委、县法院、县工商联、县林业局、县审计局、县司法局、县国税局、县供销社、国家统计局双柏调查队、县文联、县公安消防大队、县供电公司
法脿镇	唐建平	王景书、王斌、姜迎春(2016年6月～　)、赖海荣、张永	省水利勘测设计研究院、州人大常委会办公室、州委610办、农行楚雄州分行、人寿保险楚雄分公司、县委组织部(含县直机关工委)、县委610办、县发改局(含县粮食局、县科技局)、县国土局、县住房城乡建设局、县教育局、县市场监督管理局、农行双柏县支行、县职业高级中学、人保双柏支公司
大麦地镇	谢浒(　～2016年2月)	李泓频(　～2016年8月)、陈卫(　～2016年6月)、田文鼎、郭汝金	县委党校、县森林公安局、县地震局、县疾控中心、县卫生监督所
安龙堡乡	王丽平(　～2016年6月)	岑云英(　～2016年5月)、杨洋、周增先、李富章	州民族宗教事务委员会、农业发展银行楚雄州分行、诚泰财产保险公司楚雄中心分公司、县政府办、县委宣传部(含县文明办、县文产办)、县公安局、县政管局和公共资源交易中心、县经信局、县水务局、县民宗局、县招商局、县畜牧兽医局、县政府扶贫办、县工业园区管委会、县公安交警大队、联通双柏分公司、县联社、网络双柏分公司
爱尼山乡	李雪峰	李晓昌、李喆	州委政法委、州安监局、县政协办公室、县安监局、县烟草分公司、人行双柏县支行、县运政管理所
独田乡	刘业廷(　～2016年12月)	罗兴福	县人武部、县志办

2017年2月28日,县委办公室、县人民政府办公室对全县"挂包帮、转走访"工作联席会议总召集人、召集人及相关成员的名单和工作职责分工进行调整完善,双柏县"挂包帮、转走访"工作联席会议总召集人由县委书记李长平,县委副书记、县人民政府县长梁文林共同担任。对各乡镇具体"挂包帮、转走访"工作联席会议成员单位进行小范围调整,部分"挂包帮"部门的联系行政村在2015年确定的基础上发生变化。

表2-2　2017年2月～2017年10月双柏县乡镇"挂包帮、转走访"
工作联席会议成员单位分组名单

乡镇	总召集人	召集人	联席会议成员单位分组
妥甸镇	沈海燕	张翠华、李喆、徐丕学	楚雄师范学院、州科协、团州委、州开发投资公司、州农科所、州侨联、县政府办(含县政管局和公共资源交易中心)、县委宣传部(含县文明办、县文产办)、县财政局、县卫生和计生局、县科协、团县委、县妇联、县总工会、县红十字会、县医院、中石化双柏公司
大庄镇	鲁文兴(　～2017年5月)、唐建平(2017年7月～　)	李雪峰、王为周、王权、范存健(2017年6月～　)、苏荣兰、赵春菊、金彦平	省人大常委会办公厅、南京大学、州交通运输局、县检察院、县人大常委会办公室、县委政研室(县农办)、县纪委(含监察局)、县委统战部、县委老干局、县委编办、县人社局、县环保局、县民政局、县文体广电旅游局、县交通运输局、县统计局、县气象局、县档案局、县开发投资公司、县地税局、县残联、邮政双柏分公司、县路政大队、电信双柏分公司、财保双柏支公司、移动双柏分公司
碍嘉镇	方永红	尹久斌、闫文、王清宏、李新琼、李光平	州法院、县委政法委、县法院、县工商联、县林业局、县审计局、县司法局、县国税局、县供销社、国家统计局双柏调查队、县文联、县公安消防大队、县供电公司
法脿镇	朱成玉	苏燕、姜迎春(　～2017年6月)、尹世久、张永	省水利勘测设计研究院、州人大常委会办公室、州委610办、农行楚雄州分行、人寿保险楚雄分公司、县委组织部(含县直机关工委)、县委610办、县发改局(含县粮食局、县科技局)、县国土局、县住建局、县教育局、县市场监督管理局、农行双柏县支行、县职业高级中学、人保双柏支公司
大麦地镇	唐建平(　～2017年7月)、鲁泽强(2017年7月～　)	杨华、宋轶鹏、田文鼎、郭汝金	县委党校、县森林公安局、县地震局、县疾控中心、县卫生监督所
安龙堡乡	周继涛	王景书、朱明龙(2017年7月～　)、李家荣、段光洪、杨洋、周增先、郎晓东	州民族宗教事务委员会、农业发展银行楚雄州分行、诚泰财产保险公司楚雄中心分公司、县委办公室(含机要局、督查室、保密局、党史研究室)、县委政府信访局、县公安局、县经信局、县水务局、县农业局、县民宗局、县招商局、县畜牧兽医局、县政府扶贫办、县工业园区管委会、县公安交警大队、联通双柏分公司、县联社、网络双柏分公司

（续表）

乡镇	总召集人	召集人	联席会议成员单位分组
爱尼山乡	孟继祖	苏秀华、李冬梅	州委政法委、州安监局、县政协会、县安监局、县烟草分公司、人行双柏县支行、县运政管理所
独田乡	孟继祖	杨光盛、罗兴福	县人武部、县志办

2017 年 6 月至 8 月，双柏县严格按照云南省扶贫开发领导小组下发的《云南省贫困对象动态管理工作方案》要求，认真组织开展贫困对象动态管理工作。通过此轮贫困对象动态管理，双柏县在原有 2 个贫困乡镇、22 个贫困行政村、7 个有建档立卡贫困人口的非贫困行政村基础上，新增加了 18 个贫困行政村和 42 个有建档立卡贫困人口的非贫困行政村（社区）。为确保新增加建档立卡贫困人口的行政村（社区）有部门挂包，贫困户有干部结对帮扶，2017 年 10 月 27 日，在 82 家县级挂包部门原有挂包村（社区）的基础上，再次对部分部门进行调整，增加安排挂包村（社区）。

表 2－3　2017 年 10 月～2018 年 4 月双柏县乡镇"挂包帮、转走访"
工作联席会议成员单位分组名单

乡镇	总召集人	召集人	联席会议成员单位分组
妥甸镇	沈海燕	梁文林、沈海燕、李喆、张翠华	楚雄师范学院、州科协、团州委、州开发投资公司、州农科所、州侨联、县委办公室（含机要局、督查室、保密局、党史研究室）、县政府办公室（含县国管局、公共资源交易中心、接待处）、县委宣传部、县经信局、县财政局、县农业局、县卫计局（含县药管办、县医管办、县保健院）、县扶贫办、县总工会、团县委、县妇联、县科协、县红十字会、农行双柏县支行、县医院、中石化双柏分公司
大庄镇	唐建平	唐建平、李雪峰、王为周、王权、范存健、苏荣兰、赵春菊	省人大常委会办公厅、南京大学、州交通运输局、县人大常委会办公室、县纪委、县委统战部、县委政研室、县委老干局、县委编办、县民政局、县人社局、县环保局、县交通运输局、县文体广电旅游局、县统计局、县档案局、县开发投资公司、县人民检察院、县残联、县地税局、县气象局、邮政双柏分公司、电信双柏分公司、移动双柏分公司、财保双柏支公司、县路政大队
碍嘉镇	方永红	方永红、尹久斌、闫文、王清宏、李新琼	州法院、县委政法委、县公安局、县司法局、县林业局、县审计局、县供销社、县人民法院、县文联、县工商业联合会、县国税局、邮政双柏分公司、县供电公司、国家统计局双柏调查队、县公安消防大队
法脿镇	朱成玉	朱成玉、苏燕、尹世久	省水利勘测设计研究院、州人大常委会办公室、州委610办、农行楚雄州分行、人寿保险楚雄分公司、县委组织部（含县直机关工委）、县委610办、县发改局、县教育局、县国土资源局、县住建局、县交通运输局、县科技局、县市场监督管理局、农行双柏县支行、县职业中学、中国人寿保险双柏分公司

（续表）

乡镇	总召集人	召集人	联席会议成员单位分组
大麦地镇	鲁泽强	杨华（　～2018年2月）、鲁泽强、宋轶鹏、田文鼎	县委党校、县住建局、县文体广电旅游局、县地震局、县森林公安局、县地税局、县人武部、县疾控中心、县卫生监督所
安龙堡乡	周继涛	李长平、王景书、周继涛、朱明龙、陈剑、李家荣、段光洪、杨洋、周增先	州民族宗教事务委员会、农业发展银行楚雄州分行、诚泰财产保险公司楚雄中心分公司、县委办公室（含机要局、督查室、保密局、党史研究室）、县经信局、县公安局、县公安交警大队、县民宗局、县水务局、县农业局、县招商局、县扶贫办、双柏县农村信用合作联社、联通双柏分公司、广电双柏公司
爱尼山乡	孟继祖	孟继祖、苏秀华	州委政法委、州安监局、县政协、县安监局、县人行、县烟草公司、县运政管理所
独田乡	孟继祖	孟继祖、杨光盛	县人武部、县志办

　　为进一步优化精准扶贫工作力量，深入推进精准扶贫、精准脱贫工作全覆盖，确保全县脱贫攻坚目标任务克期完成，2018年4月19日，中共双柏县委、双柏县人民政府下发《关于调整部分县处级领导"挂包帮、转走访"挂包点的通知》，对部分县处级领导"挂包帮、转走访"挂包点进行调整。

表2-4　2018年4月～2019年8月双柏县乡镇"挂包帮、转走访"
工作联席会议成员单位分组名单

乡镇	总召集人	召集人	联席会议成员单位分组
妥甸镇	沈海燕	沈海燕、林尧、张翠华、李喆、王斌、杨铭	楚雄师范学院、州科协、团州委、州开发投资公司、州农科所、州侨联、县委办公室（含机要局、督查室、保密局、党史研究室）、县政府办公室（含县政管局、公共资源交易中心、接待处）、县委宣传部、县经信局、县财政局、县农业局、县卫计局（含县药管办、县医管办、县保健院）、县扶贫办、县总工会、团县委、县妇联、县科协、县红十字会、农行双柏县支行、县医院、中石化双柏分公司
大庄镇	李雪峰	李雪峰、王为周、王权、范存健（　～2019年7月）、王建富（2019年7月～　）、苏荣兰、赵春菊	南京大学、州交通运输局、县人大常委会机关、县纪委、县委统战部、县委政研室、县委老干部室、县委编办、县民政局、县人社局、县环保局、县交通运输局、县文体广电旅游局、县统计局、县档案局、县开发投资公司、县人民检察院、县残联、县地税局、县气象局、邮政双柏分公司、电信双柏分公司、移动双柏分公司、财保双柏支公司、县路政大队
碍嘉镇	方永红	方永红、尹久斌、闫文、王清宏、李新琼	州法院、县委政法委、县公安局、县司法局、县林业局、县审计局、县供销社、县人民法院、县文联、县工商业联合会、县国税局、邮政双柏分公司、县供电公司、国家统计局双柏调查队、县公安消防大队

(续表)

乡镇	总召集人	召集人	联席会议成员单位分组
法脿镇	朱成玉（ ～2019年4月）	朱成玉、苏燕、尹世久、汤永平、赖海荣、周体生	省水利勘测设计研究院、州人大常委会办公室、州委610办、农行楚雄州分行、人寿保险楚雄分公司、县委组织部（含县直机关工委）、县委610办、县发改局、县教育局、县国土资源局、县住建局、县交通运输局、县科技局、县市场监督管理局、农行双柏县支行、县职业中学、中国人寿保险双柏分公司
大麦地镇	王景书	王景书、余正华、宋铁鹏（ ～2018年8月）、田文鼎	县委党校、县住建局、县文体广电旅游局、县地震局、县森林公安局、县地税局、县人武部、县疾控中心、县卫生监督所
安龙堡乡	周继涛	周继涛、朱明龙、杨洋、陈剑（ ～2019年7月）、李家荣（～2019年3月）、周增先（ ～2019年4月）	州民族宗教事务委员会、农业发展银行楚雄州分行、诚泰财产保险公司楚雄中心分公司、县委办公室（含机要局、督查室、保密局、党史研究室）、县经信局、县公安局、县公安交警大队、县民宗局、县水务局、县农业局、县招商局、县扶贫办、双柏县农村信用合作联社、联通双柏分公司、广电双柏公司
爱尼山乡	孟继祖（ ～2019年4月）、余正华（2019年7月～ ）	孟继祖、余正华、苏秀华、李晓昌	州委政法委、州安监局、县政协、县安监局、县人行、县烟草公司、县运政管理所
独田乡	杨光盛	杨光盛	县人武部、县志办

2019年8月，根据机构改革后部门变化情况，县退役军人事务局、县医疗保障局、县融媒体中心等一些新组建成立的部门，成为联席会议新增加的部门；县委老干部局、县档案局等一些职能职责归口划转的部门，退出联席会议成员单位，其"挂包帮、转走访"工作划同新归口部门同时开展。

表2-5 2019年8月～2020年1月双柏县乡镇"挂包帮、转走访"
工作联席会议成员单位分组名单

乡镇	总召集人	召集人	联席会议成员单位分组
妥甸镇	沈海燕	沈海燕、林尧、张翠华、李喆、王斌、杨铭	南京大学、楚雄师范学院、州科协、团州委、州开发投资公司、州农科所、州侨联、县委办公室（含县委党史研究室、县委机要保密局、县密码管理局、县保密局、县档案局）、县信访局、县政府办公室、县机关事务服务中心、县委宣传部、县工信局、县财政局、县农业农村局、县卫健局（含县药管办、县医管办、县保健院）、县扶贫办、县总工会、团县委、县妇联、县科协、县红十字会、中国农业银行双柏支行、县人民医院、中石化双柏分公司

(续表)

乡镇	总召集人	召集人	联席会议成员单位分组
大庄镇	李雪峰	李雪峰、王为周、王权、王建富、苏荣兰、赵春菊	州交通运输局、县人大常委会机关、县纪委监委、县委统战部、县委政研室、县委编办、县民政局、县人社局、生态环境局双柏分局、县交通运输局、县文化和旅游局、县统计局、县人民检察院、县残联、县政务服务管理局、县气象局、邮政双柏分公司、电信双柏分公司、移动双柏分公司、财保双柏支公司、县路政大队
碍嘉镇	方永红	方永红、尹久斌、闫文（　～2019 年 12 月）、王清宏、李新琼	州法院、县委政法委、县公安局、县司法局、县林业和草原局、县审计局、县供销社、县人民法院、县文联、县工商业联合会、县融媒体中心、县税务局、邮政双柏分公司、县供电局、国家统计局双柏调查队、县公安消防大队
法脿镇	柳思福（2019 年 11 月～　）	柳思福、苏燕、尹世久、汤永平、赖海荣、周体生	省水利勘测设计研究院、州人大常委会办公室、州委 610 办、农行楚雄州分行、人寿保险楚雄分公司、县委组织部（含县委老干局、县直机关工委、县公务员局）、县委 610 办、县发改局、县教育体育局、县自然资源局、县住建局（含搬迁安置办）、县交通运输局、县科技局、县市场监督管理局、县退役军人事务局、中国农业银行双柏支行、县职业中学、中国人寿保险双柏分公司、州公路局双柏分局
大麦地镇	王景书	王景书、余正华、张玉、田文鼎	县委党校、县住建局（含搬迁安置办）、县文化和旅游局、县地震局、县自然资源公安局、县税务局、县人武部、县疾控中心、县卫生监督所、县国有林场
安龙堡乡	周继涛	周继涛、朱明龙、杨洋	州民族宗教事务委员会、农业发展银行楚雄州分行、诚泰财产保险公司楚雄中心分公司、县委办公室（含县委党史研究室、县委机要保密局、县密码管理局、县保密局、县档案局）、县工信局、县公安局、县公安交警大队、县民宗局、县水务局、县农业农村局、县投资促进局、县扶贫办、县农村信用合作联社、联通双柏分公司、广电双柏公司、县开发投资公司
爱尼山乡	余正华（　～2019 年 9 月）、姜自发（2019 年 10 月～　）	余正华、姜自发、苏秀华、李晓昌	州委政法委、州安监局、县政协、县应急管理局、县人行、县烟草公司、县运政管理所
独田乡	杨光盛	杨光盛	县人武部、县志办

　　为进一步优化精准扶贫工作力量，深入推进精准扶贫、精准脱贫工作全覆盖，确保全县脱贫攻坚目标任务克期完成。2020 年 1 月，双柏县再次调整"挂包帮、转走访"工作联席会议成员单位。

表 2-6 2020 年 1 月至今双柏县乡镇"挂包帮、转走访"工作联席会议成员单位分组名单

乡镇	总召集人	召集人	联席会议成员单位分组
妥甸镇	仲显海	仲显海、林尧、张翠华、李喆、王斌、杨铭	南京大学、楚雄师范学院、州科协、团州委、州开发投资公司、州农科所、州侨联、县委办公室(含县委党史研究室、县委机要保密局、县密码管理局、县保密局、县档案局)、县信访局、县政府办公室、县机关事务服务中心、县委宣传部、县工信局、县财政局、县农业农村局、县卫健局(含县药管办、县医管办、县保健院)、县扶贫办、县总工会、团县委、县妇联、县科协、县红十字会、中国农业银行双柏支行、县人民医院、中石化双柏分公司
大庄镇	李雪峰	李雪峰、王权、金彦平、王建富、苏荣兰、赵春菊	州交通运输局、县人大常委会机关、县纪委监委、县委统战部、县委政研室、县委编办、县民政局、县人社局、生态环境局双柏分局、县交通运输局、县文化和旅游局、县统计局、县人民检察院、县残联、县政务服务管理局、县气象局、邮政双柏分公司、电信双柏分公司、移动双柏分公司、财保双柏支公司、县路政大队
碍嘉镇	方永红	方永红、尹久斌、刘明乾、王清宏、李新琼	州法院、县委政法委、县公安局、县司法局、县林业和草原局、县审计局、县供销社、县人民法院、县文联、县工商业联合会、县融媒体中心、县税务局、邮政双柏分公司、县供电局、国家统计局双柏调查队、县公安消防大队
法脿镇	柳思福	柳思福、王发明、苏燕、尹世久、汤永平、赖海荣	省水利勘测设计研究院、州人大常委会办公室、州委610办、农行楚雄州分行、人寿保险楚雄分公司、县委组织部(含县委老干局、县直机关工委、县公务员局)、县发改局、县教育体育局、县自然资源局、县住建局(含县搬迁安置办)、县交通运输局、县市场监督管理局、县医疗保障局、县退役军人事务局、中国农业银行双柏支行、县职业中学、中国人寿保险双柏分公司、州公路局双柏分局
大麦地镇	王景书	王景书、余正华、张玉（ ～2020 年 8 月）、田文鼎	县委党校、县住建局(含县搬迁安置办)、县自然资源公安局、县文化和旅游局、县地震局、县国有林场、县税务局、县人武部、县疾控中心、县卫生监督管理所
安龙堡乡	王为周	王为周、朱明龙、肖新雄、姜自发、普学昌	州民族宗教事务委员会、农业发展银行楚雄州分行、县委办公室(含县委党史研究室、县委机要保密局、县密码管理局、县保密局、县档案局)、县工信局、县公安局、县公安交警大队、县民宗局、县水务局、县农业农村局、县投资促进局、县扶贫办、县开发投资公司、县农村信用合作联社、广电双柏公司
爱尼山乡	周继涛	周继涛、苏秀华、李晓昌	州委政法委、州应急管理局、县政协、县应急管理局、县人行、县烟草公司、县运政管理所
独田乡	朱晓丹	朱晓丹、杨光盛	县人武部、县志办

第二节 扶贫管理

一、管理与考评

为全面打赢脱贫攻坚战,全面落实脱贫攻坚工作的各项决策部署,及时解决脱贫攻坚中存在的问题和补齐短板,扎实推进各项政策措施落实到位,确保脱贫攻坚取得实效,如期完成脱贫攻坚任务目标,双柏县探索并完善相关脱贫攻坚各项工作管理办法,有效地提升工作效能,全面助力脱贫攻坚。

扶贫开发工作考核办法 2015 年 11 月 14 日,县委办公室、县人民政府办公室下发《关于印发〈双柏县精准扶贫工作实施方案〉等 5 个扶贫攻坚配套文件的通知》,配套文件中包含《双柏县扶贫开发工作考核办法》。此办法根据《云南省农村扶贫开发纲要(2011~2020 年)》《云南省贫困县党政领导班子和领导干部经济社会发展实绩考核办法》《楚雄州五年脱贫攻坚行动计划》《楚雄州农村扶贫开发纲要(2011~2020 年)》《关于举全县之力坚决打赢脱贫攻坚战的实施意见》制定,包含考核目的、考核对象及分值、考核内容、考核方式、考核结果运用等内容,并分别对乡镇扶贫开发工作和县级单位扶贫工作有针对性的考核评分。考核办法明确:全县 8 个乡镇主要考核组织领导情况、扶贫政策措施落实情况、扶贫成效情况、资金和管理情况,县级挂包部门和挂包单位主要考核组织领导情况、扶贫任务落实情况、定点帮扶工作情况、扶贫成效情况。确定考核工作由县委、县人民政府综合绩效考评办公室统筹,考核年限为 2015~2020 年,一年考核一次。考核结果将作为评价县级部门和乡镇党政领导班子和领导干部经济社会发展实绩的重要内容和依据。

驻乡镇驻村扶贫工作队管理办法 2015 年 11 月 14 日,县委办公室、县人民政府办公室下发《关于印发〈双柏县精准扶贫工作实施方案〉等 5 个扶贫攻坚配套文件的通知》,配套文件中包含《双柏县驻乡镇驻村扶贫工作队管理办法》。此办法根据《关于举全县之力坚决打赢脱贫攻坚战的实施意见》制定,包含总则、工作队组成和选派、工作职责和任务、管理措施、工作保障、附则共 6 章内容。管理办法明确:驻乡镇驻村扶贫工作队的组成,将单位挂钩扶贫联系点、新农村建设指导员驻村点、干部直接联系服务群众挂钩点进行统筹,由定点挂钩扶贫单位派驻的驻村干部、联系贫困村的乡镇干部和大学生村官等力量组成。驻乡镇驻村工作队员 2 年一轮换,全年驻乡镇驻村时间不少于 200 天(含因公出差、开会和培训),走访群众不少于 100 户。工作队长、第一书记、工作队员因事、因病、休假按照乡镇党委政府请销假制度统一管理执行,县委组织部、县农办、县扶贫办、县财政局参与协同配合,共同管理和服务好驻乡镇驻村扶贫工作队及工作队员。驻乡镇驻村扶贫工作队员在驻乡驻村工作期间要将党组织关系转至所在乡镇及帮扶村,行政关系、工资关系保留在派出单位,按规定享有派出单位的各项正常福利待遇,在派出单位按规定报销生活补助和因工作发生的食宿、交通、差旅等费用。州、县市派出单位每年分别为每名工作队员安排不少于1万元和0.5万元的工作经费。建立帮扶对象不脱贫、单位不脱钩的工作制度。管理办法同时还明确驻乡镇驻村扶贫工作队(工作组)、驻乡镇扶贫工作队队长、驻村扶贫工作队队长(村党组织第一书记)的主要职责。

挂包帮、转走访"十不准"工作纪律 2015年11月14日,县委办公室、县人民政府办公室下发《关于印发〈双柏县精准扶贫工作实施方案〉等5个扶贫攻坚配套文件的通知》,配套文件中包含《关于严格执行挂包帮、转走访"十不准"工作纪律》。10条工作纪律是:不准与民争利,不准背离发展实际搞华而不实,不准敷衍应付各行其是,不准违反项目管理规定,不准侵害群众合法利益,不准弄虚作假搞数字脱贫,不准违反廉洁自律准则,不准利用工作便利以权谋私,不准违反项目建设招标采购管理规定,不准违反公务接待管理规定。

驻村扶贫工作队管理办法 为加强对中央、省、州、县、乡镇各级选派的扶贫工作队员的管理,2016年4月8日,县委办公室、县人民政府办公室印发《双柏县驻村扶贫工作队管理办法》,对工作队的组成和选派、工作队的职责任务、相关组织生活制度、教育培训制度、工作例会制度、工作布置制度、工作承诺制度、考勤制度、请销假制度、巡视督查制度、安全管理制度、资料报送及档案管理制度、工作队的管理措施、工作队员的工作保障等方面作了详细的规定。2018年7月,县委常委会再次研究进一步加强驻村工作队选派管理的相关工作。当月17日,县委办公室、县人民政府办公室印发《双柏县驻村工作队管理办法(试行)》,从驻村工作队的组织选派、职责任务、管理制度、考核奖惩、工作保障方面进行补充完善,并明确驻村工作队总队长(副总队长)、乡镇驻村工作队长、村党总支第一书记(工作队长)、驻村工作队员的责任清单。县委选派的驻乡镇、村(社区)脱贫攻坚"观察员"管理参照本办法执行。

脱贫攻坚政策落实情况抽查工作机制 2016年12月13日,县委、县人民政府认真贯彻落实《中共云南省委办公厅、云南省人民政府办公厅关于建立脱贫攻坚政策落实情况抽查工作机制的通知》精神,建立双柏县脱贫攻坚政策落实情况抽查工作机制。具体抽查工作由县纪委为主,乡镇纪委组织实施,依托全省精准扶贫大数据管理平台,由县纪委、县扶贫办确定抽查对象,乡镇纪委实施实地抽查或由县纪委实施随机督查。工作中遵照调取相关数据、确定核查对象、进行数据分析、调查核实情况、深入贫困村检查、进入贫困户家中走访、及时填报表册和程序进行,抽查工作范围是全县贫困村"两委"、驻村工作队脱贫攻坚工作开展情况、贫困村扶贫政策落实、资金使用、项目推进情况及贫困人口精准扶贫政策落实情况。机制的建立,确保各项精准扶贫政策在双柏县得到全面落实,精准脱贫成效真实可靠。

脱贫摘帽考核办法 双柏县为切实加快全县贫困地区脱贫攻坚步伐,建立鼓励贫困乡镇、贫困村脱贫摘帽的正向激励机制,在2016年12月14日,县委办公室、县人民政府办公室下发《双柏县脱贫摘帽考核办法》。该《办法》适用于双柏县行政区域内2个贫困乡镇、全部贫困村和全体贫困人口的摘帽、出列、脱贫考核奖惩,对考核对象、考核目标、考核指标、考核程序、奖惩兑现等方面的内容进行规定。

精准扶贫精准脱贫工作立项督查制度　2016年12月14日,县委办公室、县人民政府办公室制定《双柏县精准扶贫精准脱贫工作立项督查制度》,从而推动中央、省、州党委政府脱贫攻坚政策措施的贯彻落实、加强全县精准扶贫精准脱贫工作全面系统、深入扎实有效的督查。制度明确8个乡镇党委政府和县级单位的督查重点、督查方式、工作安排和相关要求,督查结果同领导干部政绩考核和年度综合绩效相挂钩。

脱贫攻坚工作问责办法　为进一步严明党的政治纪律、组织纪律和群众工作纪律,切实推动全县精准扶贫精准脱贫工作任务有效落实,根据《中国共产党问责条例》《中华人民共和国行政监察法》《云南省党政领导干部问责办法(试行)》《双柏县领导干部问责办法(试行)》和《双柏县政府部门及乡镇行政负责人问责办法》等法律、法规及文件精神规定,在2016年12月14日制定印发《双柏县脱贫攻坚工作问责办法(试行)》。该办法适用于全县承担精准扶贫精准脱贫工作任务的所有单位和各级干部,承担有脱贫攻坚工作任务的乡镇、县级单位、驻双单位、驻村扶贫工作队及其主要负责人、驻村第一书记、驻村干部、挂包干部和村干部不履行、不正确履行脱贫攻坚工作职责,或未完成责任书工作任务,对相关单位和责任人依照本办法问责。《办法》主要由总则、问责情形、问责方式、问责程序和要求、附则5个部分组成。2018年9月15日,《双柏县脱贫攻坚工作问责办法(试行)》自行废止,脱贫攻坚追责问责工作参照新出台的《双柏县脱贫攻坚问责追责十条办法(试行)》执行。

脱贫攻坚考核奖优罚劣暂行办法　2017年6月22日,双柏县为进一步全面贯彻落实精准扶贫精准脱贫的各项要求,引导各级干部把心思和精力进一步聚焦到脱贫攻坚上来,正向激励各级各部门、各级干部到脱贫攻坚战场上大显身手。根据《中共楚雄州委办公室关于在脱贫攻坚第一线考察识别干部的实施意见(试行)》《双柏县扶贫开发工作考核办法》《双柏县脱贫攻坚工作问责办法(试行)》等文件精神,结合全县脱贫攻坚工作实际,制定《双柏县脱贫攻坚考核奖优罚劣暂行》办法。奖优罚劣的对象及范围是8个乡镇、有挂包帮扶任务的县级部门、省州驻双单位;驻村扶贫工作队员、队长(第一书记)、挂包帮扶干部、脱贫攻坚观察员,并分别对不同的考核对象根据工作职责制定奖优罚劣的主要内容,提出相应的奖罚措施。

脱贫攻坚工作责任押金制度　为确保双柏县如期完成脱贫攻坚工作任务,根据《云南省贫困县党政领导班子和领导干部经济社会发展实绩考核办法》《楚雄州扶贫开发工作考核办法》和《中共双柏县委　双柏县人民政府〈关于举全县之力打赢脱贫攻坚战的实施意见〉》的要求,进一步完善脱贫攻坚考核激励机制,确保各项脱贫攻坚任务圆满落实,克期完成减贫、摘帽、增收目标任务。2017年6月22日,县委办公室、县人民政府办公室印发《双柏县落实脱贫攻坚工作责任押金制度》。该《办法》明确脱贫攻坚责任制押金的收取目的、收取原则、收取范围、收取标准、收取方式和押金退还方式。

在脱贫攻坚第一线考察识别干部办法　为激励和引导全县广大干部聚焦脱贫攻坚、强化责任担当,团结带领各族群众决战脱贫攻坚、决胜全面小康、实现跨越发展。

2017 年 9 月 26 日,中共双柏县委办公室印发《关于在脱贫攻坚第一线考察识别干部办法(试行)的通知》。《通知》提出:要充分运用实绩评价、进行深入了解、综合分析研判 3 种方式,从政治品质、能力素质、担当精神、工作实绩、纪律作风 5 个方面对脱贫攻坚第一线干部进行考察,其结果为干部任用、干部问责、干部激励的重要依据。

被召回驻村扶贫工作队员处理办法　为进一步加强驻村扶贫工作队员管理,发挥驻村扶贫工作脱贫攻坚工作中的主导作用。2017 年 9 月 26 日,中共双柏县委办公室印发《双柏县被召回驻村扶贫工作队员处理办法(试行)》。该《办法》对适用人员、召回情形、召回程序、处理措施等方面进行明确。

产业扶贫工作考核办法　2018 年 4 月 8 日,为扎实推进全县的产业扶贫工作,调动全县各级各部门加快推进产业扶贫跨越发展,带动建档立卡贫困户持续增收,县委、县人民政府对各乡镇人民政府、县产业扶贫领导小组成员单位和挂包帮扶单位产业扶贫责任目标进行考核。考核以强化领导责任、注重规划统筹、注重过程管理、突出成效原则,从目标任务、组织领导两个方面设置考核指标,实行量化考核、季度通报、半年督查和年度考核制度。

农村危房改造工作督查通报机制　2018 年 4 月 27 日,县委、县人民政府为加快推进全县脱贫攻坚"4 类重点对象"和"非 4 类重点对象"农村危房改造各项工作,实现农村住房安全有保障目标,出台脱贫攻坚 4 类重点对象和非 4 类重点对象农村危房改造工作督查通报机制。机制明确双柏县农村危房改造和抗震安居工程建设领导小组办公室负责全县农村 C、D 级危房改造督查通报工作,具体督查通报各乡镇开展 4 类重点对象和非 4 类重点对象 C、D 级危房认定和加固改造与专业施工队签订施工合同工作,督查通报各乡镇完成 4 类重点对象和非 4 类重点对象 C、D 级危房认定,4 类重点对象和非 4 类重点对象精准核实及 C、D 级危房认定信息系统录入工作,督查通报各乡镇 C、D级危房认定和加固改造工作进度,督查通报农村危房申请程序和档案管理,督查通报各乡镇资金兑付情况,督查通报各乡镇农村危房改造合格情况。

脱贫攻坚项目库建设管理考核办法　为进一步建好管好用活双柏县扶贫项目库,切实发挥项目库规范指导全县扶贫项目实施的作用,双柏县于 2018 年 5 月 11 日出台《双柏县脱贫攻坚项目库建设管理考核办法(试行)》。该《办法》明确管理考核对象、管理考核内容、考核评分办法、考核程序、考核结果运用和责任追究等相关内容。

技能扶贫和农村劳动力转移就业工作联席会议制度　2018 年 11 月 1 日,县委办公室、县人民政府办公室印发《双柏县技能扶贫和农村劳动力转移就业工作联席会议制度》。该《制度》明确联席会议的成员名单、工作职责、联席会议办公室职责、议事规则。

脱贫攻坚指挥调度工作机制　为进一步加强对全县脱贫攻坚的动态监测,科学研判脱贫攻坚发展态势,及时对脱贫攻坚战中带有苗头性、倾向性问题发出预警信号,提前采取措施加以协调解决,构建横向协同、纵向推动、上下联动的脱贫攻坚指挥调度工作机制,切实提高县委、县人民政府对脱贫攻坚工作的预见、把控和调度能力,实现脱贫工作务实、脱贫过程扎实、脱贫结果真实,确保实现全县脱贫摘帽,全面打赢脱贫攻坚战。2018 年 11 月 27 日,县委办公室、县人民政府办公室印发《双柏县脱贫攻坚指挥调度工作机制》。该机制按照研判准确、预警快速、应策扎实、推动有力、问效严格的要求,把握好研判、预警、应策、推动和问效"五个主题"制度和重点环节,构建形成前后贯通、环环相扣的逻辑和工作链条。

脱贫攻坚问责追责十条办法 为把省、州党委"不摘'穷帽'就摘'官帽'"的要求落到实处,切实落实县委"用党性作担保、用人格作保证、用饭碗作抵押"的脱贫攻坚政治责任,确保2018年全县克期脱贫摘帽,2018年9月,双柏县出台《双柏县脱贫攻坚问责追责十条办法(试行)》,对全县承担脱贫攻坚任务的挂包单位和干部在"组织领导、责任传导压实、统筹协调配合、对象数据信息、政策宣传贯彻、扶贫项目资金管理、扶贫领域腐败、驻村工作、工作落细落实、作风建设"10个方面有不担当、不作为、慢作为、工作失职失责情况的,将视情节启动谈话、免职、降职甚至开除公职等较为严厉的追责问责。省州属部门,将向更高一级的主管部门报送考评结果,并参照本办法提出问责建议。

贫困风险防控救助资金管理办法 2020年3月16日,县委、县人民政府为全面巩固脱贫成果、提升脱贫质量、防止新增贫困人口,解决农业户籍人口(含"农转城"人口)因病、因学、因灾或其他重大事故致贫返贫问题,在基于现行国家扶贫政策执行的基础上,设立双柏县贫困风险防控救助资金,并针对该资金的运行制定相应的管理办理。该资金以县财政投入为引导,鼓励社会各界共同捐资设立,由县红十字会设立专管账户,专项用于防贫救助。全县未纳入建档立卡管理但因实发原因造成有致贫风险的农业户籍人口、全县有返贫风险的建档立卡贫困户、其他有致贫返贫风险的特殊情况的,遵照相应的救助程序,可以申请纳入救助。其救助方式有资金救助和实物求助2种方式,并且根据不同情况制定相应的救助标准。

防止返贫致贫监测预警和动态管理帮扶机制 2020年初,双柏县在全县脱贫攻坚工作取得决定性成效、现行标准下县内农村贫困人口绝大多数实现脱贫的情况下,考虑到多方面原因和新冠肺炎疫情影响导致一些脱贫人口存在返贫的风险、一些边缘人口存在致贫风险的情况,进一步把防止返贫致贫工作摆到更加重要的位置。4月15日,双柏县建立巩固脱贫成果防止返贫致贫监测预警和动态管理帮扶机制,着力提升群众生活保障水平,巩固脱贫攻坚成果。该机制按照脱贫摘帽"不摘责任、不摘政策、不摘帮扶、不摘监管"的要求,坚持"事前预防与事后帮扶相结合、开发式帮扶与保障性措施相结合、政府主导与社会参与相结合、外部帮扶与群众主体相结合"的基本原则,从政策创新、制度保障入手,构建贫困监测预警机制,采取边缘贫困对象或因病、因学、因灾等因素造成的新增贫困对象(非卡户)干预措施,加大对脱贫监测户、未脱贫户和边缘户的政策倾斜和投入力度,进行返贫致贫监测预警,采取动态管理帮扶措施,切实消除返贫致贫风险隐患。

强化各级各部门和党员干部责任四条规定 为增强全县各级各部门和党员干部打赢脱贫攻坚战的责任感和使命感,压紧压实脱贫攻坚政治责任,双柏县于2020年5月27日印发"在脱贫攻坚总攻决战阶段进一步强化各级各部门和党员干部责任四条规定"。规定明确各乡镇党委、政府、县级行业部门、县级挂包部门、挂包干部因履行职责不到位等原因,对全县脱贫攻坚造成重大影响的,相关人员在年度考核评定为"基本称职"以下等次,按照有关规定追责和处理。

二、责任落实

思想引领　双柏县委、县人民政府明确"一切为了脱贫,一切围绕脱贫,一切服从脱贫,一切服务脱贫"的"四个一切"工作导向,深入开展"我的工作我负责、我的困难我克服、我的业绩我创造、人民幸福我来谋"主题实践活动,教育引导干部把贫困群众当成"家人"、把贫困群众的事当"家事"、把贫困群众脱贫当"家业",以昂扬的斗志、饱满的热情、旺盛的干劲竭尽全力帮助群众解难除困。在脱贫攻坚进入冲刺阶段后,又扎实开展脱贫攻坚"百日冲刺"行动,挂出"作战图",明确路线图和时间表,以脱贫攻坚的时间倒排、任务倒逼、责任倒追的方式,时时刻刻增强干部的自我加压意识,营造争分夺秒、只争朝夕的脱贫攻坚氛围,以争着干、抢着干的劲头,全力推动脱贫攻坚工作落到实处。

明确责任　紧盯如期脱贫摘帽工作目标要求,围绕责任清单、督查通报、分层约谈、考核问效、工作问责5个重点,全面构建集目标管理、过程监控、绩效评定、结果运用为一体的抓党建促脱贫攻坚的基层党建综合体系。严格落实县、乡、村三级书记抓脱贫责任制,建立县委常委班子、县委书记、乡镇党委书记、县级部门党委(党组)书记、村(社区)党总支书记"五个责任清单",全面推行县处级领导包乡镇、部门包村、干部保户的包保推进机制。逐级签订贫困对象精准承诺书、脱贫攻坚责任书、行业扶贫责任书、干部包保保证书、脱贫质量保证书,形成目标清晰、任务清楚,责任到人、任务到人的责任机制。制定出台《双柏县严明脱贫攻坚工作"十条纪律"》《双柏县脱贫攻坚问责追责十条办法(试行)》,以"不摘穷帽就摘官帽"的倒逼机制压实脱贫攻坚政治责任,层层传导压力、逐级压实责任,凝聚"用党性作担保、用人格作保证、用饭碗作抵押"的攻坚力量,杜绝"掉链子、出岔子、撂挑子"现象。

组织领导　县委、县人民政府主要领导研究谋划督战,直接部署指挥推动,做到重大问题研究、难点问题协调、关键环节过问;县委副书记、常务副县长等5名县委常委专司脱贫攻坚工作。全县各级各部门至少有1名领导、1个股室专门负责脱贫攻坚工作,每个单位抽调三分之一以上干部充实到县脱贫攻坚指挥部、县乡扶贫办或担任驻村扶贫工作队员、脱贫攻坚观察员、脱贫攻坚特邀观察员,全县所有干部职工至少有1户以上挂包联系户,8个乡镇脱贫攻坚指挥部工作人员均配备至10人以上。构建行业扶贫、专项扶贫、社会扶贫、定点扶贫、沪滇协作扶贫"五位一体"大扶贫格局,以基层党建述职、评议、考核为指挥棒,建立常态化工作机制,推动工作重心下移。全县各级各部门把扶贫当作第一责任、第一要务,全身心投入脱贫攻坚工作中,利用节假日下乡入村成为工作常态。

结果运用　率先在全省实行脱贫攻坚纪律专项巡查,在全省首创脱贫攻坚观察员制度,选派292名脱贫攻坚观察员对贫困乡镇出列、贫困村退出、贫困人口脱贫实现全过程指导监督。建立考核督查问效体系,严格落实各乡镇党委、政府和县级行业扶贫责任单位工作责任,对41名挂包干部进行问责。采取一季度一督查一通报的方式,用四轮督查通报压实责任,通过县委书记约谈、分管领导约谈、组织提醒约谈、工作函询诫勉约谈层层传导工作责任。实行扶贫成效与综合考评捆绑考核,乡镇、行业部门挂钩扶贫工作成效,县级部门帮扶成效考核与机关事业单位绩效考核挂钩,进一步强化考核结果运用。

工作推进　围绕"五个一批""六个精准"要求,坚持"实事求是、因地制宜、分类指导、精准扶贫"原则,建立"日专题、周调度、月主题、季考核"工作机制,因村因人因致贫原因对症下药施策,出台《双柏县 2018 年脱贫摘帽工作方案》等规划类文件 7 个、实施方案类文件 38 个、扶贫工作管理类文件 35 个,深入实施产业扶贫、安居保障、就业扶贫、生态扶贫、教育扶贫、健康扶贫、保障兜底、夯实基础补短板、社会扶贫、党建扶贫双推进十大专项行动和 16 个到村到户计划,为精准脱贫提供有力的政策保障。

帮扶行动　以"万企帮万村"精准扶贫双柏行动为契机,按照产业带村、项目强村、招工兴村、资金扶村要求,加大整合资金投入力度、优化产业发展布局、强化项目政策支撑,培育新型经营主体,探索实践收益共享、产业合作、委托帮扶、营销带动、租赁返包 5 种产业发展利益联结模式,全面实现"村有主导产业、户有增收渠道"的目标。每年实施 1 万亩高端特色烟叶开发项目,带动种烟贫困户户均种植 3 亩以上;扎实推进粮改饲,增加贫困户种植收入;发展黑山羊、滇中黄牛、生猪、肉驴等规模化养殖、合作化经营。每年发展优质生态蔬菜、鲜食水果等订单农业 7.8 万亩,带动有能力种植的贫困户户均种植 1 亩以上;打造百万亩核桃、5 万亩青花椒、10 万亩中药材等重点产业,带动贫困户户均种植 1～2 亩经济林果及中药材;建设"中国彝乡民宿经济示范区",让贫困群众在参与旅游扶贫项目中增加收入。推进电商扶贫工程,借助互联网和电商平台把双柏茶叶、妥甸酱油、密架山猪、邦三红糖、生态蔬菜等特色产品推向大市场,拓宽贫困地区特色优质农产品销售渠道和贫困人口增收渠道。开展"带动一批项目、带强一批产业、带活一批市场、带建一批基础设施"帮扶行动,"一户一策"制定精准帮扶措施,推动由"输血"式扶贫向"造血"式扶贫转变,帮助贫困群众实现稳定脱贫。

资金保障　坚持"投入实、资金实、到位实",精打细算,用活用好、用在关键、用出效益"的要求,以"扶贫首要"优先原则加大投入。紧扣"两不愁、三保障"脱贫退出标准,坚持重点项目跟着扶贫走、多数资金向着扶贫投,整合各项涉农资金、用好专项扶贫资金、加大融资力度、争取社会帮扶资金、用活扶贫协作资金。2014～2020 年 8 月末,全县共投入各类扶贫资金 38.24 亿元。根据《双柏县财政专项扶贫资金管理办法》《双柏县财政专项扶贫资金报账制管理实施细则》要求,继续严格预算管理,坚持有保有压,不断优化支出结构,每年县财政安排不少于 1 000 万元扶贫资金,逐年加大扶贫资金投入力度,继续完善扶贫资金管理办法和县级财力相适应的财政专项扶贫资金投入机制。

核查验收　坚持把巩固脱贫成果、实现稳定脱贫与脱贫攻坚同步部署、同步推进、同步落实。对 2014 年来符合脱贫退出 6 条标准的建档立卡贫困人口,全面核查脱贫指标,对标贫困村 10 条退出标准逐一核查,统筹考虑产业发展情况,按照程序出列。

项目落地　7 年来,双柏县累计实施村组道路、安全饮水、教育卫生、通动力电等贫困退出补短板项目近 1500 个,实现贫困户扶持项目、安全稳固住房建设、孩子上学帮扶、医疗救助、产业帮扶、合作组织、教育培训、安全饮用水、干部挂包全覆盖;贫困村硬化路建设、村卫生室和乡村医生执业、村集体经济、党的组织和建设、电商和信息化、环境整治以及部门包村全覆盖,群众获得感幸福感明显增强,干群关系明显好转。

三、专项培训

双柏县以提高干部队伍整体素质、促进社会经济又好又快发展,努力培养造就一支忠诚干净担当的高素质基层干部队伍为目标,围绕全县脱贫攻坚重点工作,科学制订培训计划,创新培训方法,注重培训质量,突出扶贫系统干部队伍、乡镇党政干部、致富带头人、驻村帮扶干部、村(社区)干部等,组织实施脱贫攻坚干部学习贯彻落实党的政治理论和扶贫系统业务知识教育培训,全县脱贫攻坚干部综合素质能力得到提升。2014~2020年8月,全县共组织开展各级各类脱贫攻坚干部培训班28班次,培训脱贫攻坚干部2 515人次,其中地方党政领导干部92人次,扶贫系统干部122人次,行业部门干部255人次,帮扶干部1 242人次,贫困村干部(含村"两委"委员、大学生村官、致富带头人)804人次,实现全县脱贫攻坚干部全员进县、乡党校学习培训。

2015年9月24日,县委办公室、县人民政府办公室在县政府六楼视频室召开全县扶贫攻坚挂包帮、转走访工作培训会,乡镇设分会场,对实职县处级领导、县级相关部门主要领导、县委组织部领导班子、县委农办、县扶贫办和各乡镇全体干部职工以及各乡镇新农村建设驻村帮扶工作队长、分队长、工作队员进行培训。

2016年2月26日,县委办公室、县人民政府办公室在县民族文化中心会堂举办全县"挂包帮"定点扶贫暨驻村扶贫工作队培训,培训以脱贫攻坚工作中涉及的各项惠民政策学习为主要内容。

2017年4月5日,县委办公室、县人民政府办公室在县委政府小礼堂举办2017年扶贫干部素质培训班,重点对驻村扶贫工作队员管理、基层党组织建设、扶贫项目规划、易地扶贫搬迁、扶贫小额信贷、贫困退出等脱贫攻坚政策作培训。县级"挂包帮"部门、

图2-17　组织扶贫干部素质培训(2017年)

乡镇扶贫办主任、县乡脱贫攻坚联席会议办公室负责人、县乡下派的工作队员共219人参加培训。

2017年6月2日,双柏县在县民族文化中心会堂举办全县精准扶贫精准脱贫培训班。各乡镇党政领导班子成员,中央、省、州、县驻村工作队员,县级各"挂包帮"单位主要领导、分管领导,县脱贫攻坚观察员,县脱贫攻坚专项纪律巡访组和县扶贫办全体干部职工参加培训。

图2-18   组织全县精准扶贫精准脱贫培训班(2017年)

2017年6月19日,双柏县组织各乡镇党委书记、乡镇长、党委副书记、分管扶贫工作副职、乡镇扶贫办主任和84个村(社区)党总支书记或负责人、县级各挂包单位主要负责人、县级部门驻村工作队员、县脱贫攻坚专项纪律巡访组成员、县扶贫办全体干部职工共计401人,在县民族文化中心会堂进行全县贫困对象动态管理工作培训,培训内容涉及农户家庭年人均纯收入计算方法、全国扶贫开发信息系统操作、贫困对象动态管理相关政策和第三方评估等内容。

2018年4月13~15日,县扶贫开发领导小组在县民族文化中心会堂举办县级脱贫攻坚政策培训班,培训对象为乡镇、村级扶贫干部、主要领导、分管扶贫工作领导和驻村工作队员。

2018年6月2~5日,双柏县在县民族文化中心会堂举办县级挂包干部脱贫攻坚政策培训班,强化挂包干部工作,增强挂包干部对政策的掌握度。

2019年3月26日,中共双柏县委印发《2018~2022年双柏县干部教育培训规划》,将脱贫攻坚干部队伍培训作为一项重要培训内容,提出要围绕培养造就懂扶贫、会帮扶、作风硬的脱贫攻坚干部队伍,以深入学习贯彻习近平总书记关于扶贫工作重要论述为中心内容,全面加强脱贫攻坚方针政策、工作方法、典型经验、作风纪律、心理健康知识等培训。2019年,县委干教委、县扶贫办、县委组织部、各乡镇党委先后举办8期脱贫攻坚培训班,每期3天,共24个学时,培训对象主要为全县党政领导干部、行业部门扶贫干部、扶贫系统干部、帮扶干部、村委会(社区)干部、驻村第一书记(工作队长)、工作队员、大学生村官。

2019年4月30日,县委组织部印发《双柏县2019"万名党员进党校"培训工作方案》。培训对象为各乡镇、县级各部门党员干部,乡镇建档立卡贫困户中的党员群众。在课程设置中,安排乡村振兴和脱贫攻坚的专题辅导内容。在县委党校承办楚雄州第1期"万名党员进党校"示范培训班,累计培训党员758人;依托5个县级党(工)委举办6期"万名党员进党校"培训班,培训党员541人次;8个乡镇党校完成11期"万名党员进党校"培训,培训党员数2918人次。

图2-19　开展"万名党员进党校"集中培训(2019年)

2019年9月30日,中共双柏县委"不忘初心、牢记使命"主题教育领导小组办公室在主题宣讲中,安排驻村工作队队长同村(社区)党总支书记和驻村工作队员开展政策宣讲,对年老体弱党员送学上门,确保脱贫攻坚相关政策传达到每一位党员。

2019年10月21日,县委组织部、县扶贫办在县委党校举办驻村工作队脱贫攻坚政策培训班,培训内容为驻村工作队员管理及纪律作风要求、脱贫攻坚档案规范化管理、行业扶贫政策解读,全县驻村第一队长、驻村工作队员292人参加培训。

2019年11月4~8日,县扶贫开发领导小组办公室在县委党校举办脱贫技能培训班,对双柏县贫困行政村126名农村致富带头人进行乡村振兴、感恩教育、高原特色水产养殖、食用菌产业发展、中药材种植等内容的培训。

2020年5月6日,双柏县2020年驻村工作队员脱贫攻坚实战能力提升专题培训班在县委党校开班。

四、扶贫领域执纪监督

监督提醒　双柏县围绕脱贫攻坚"工作务实、过程扎实、结果真实",以"不摘穷帽就摘官帽"的倒逼机制压实脱贫攻坚工作责任,紧盯扶贫领域腐败和作风问题,加大监督执纪问责,严明纪律规矩,推进扶贫领域专项治理。印发《双柏县扶贫领域腐败和作风问题专项治理实施方案(2018~2020)》,全面落实"五项工作机制",发挥五级联运监督平台作用,开展扶贫领域遵守纪律提醒谈话和承诺践诺活动、脱贫攻坚专项巡察,推进扶贫领域信息公开,按期开展脱贫攻坚随机抽查、脱贫攻坚专项纪律巡访,发挥脱贫攻坚特邀观察员和村务监督委员会的作用,建立直查直办制度、建立脱贫攻坚责任追究制度、探索扶贫项目廉洁评估行动,深入扶贫领域腐败和作风问题专项治理。

图 2‑20　开展精准扶贫问题通报暨整改工作会议(2017 年)

建立常态化提醒谈话机制,建立健全问责机制和办法,堵住制度方面的漏洞,有效预防扶贫领域腐败和作风问题发生。印发《关于进一步加强扶贫领域信息公开工作的实施意见》,将各类扶贫政策、项目、资金等信息以通俗易懂的方式向群众公开。2018年,全县 8 个乡镇 85 个村(社区)均统一设立规范的扶贫领域信息公开栏,共公开扶贫领域信息 262 期,公开扶贫信息 3 426 条。2018 年来,对 8 个乡镇党政班子成员与 807名站所、村(社区)、村民小组负责人开展 3 轮扶贫领域遵守纪律提醒谈话,2018 年签订扶贫领域承诺书 2 376 份,2 人主动向组织说明问题,2019 年签订扶贫领域承诺书2 376 份,2020 年签订扶贫领域承诺践诺书 3 088 份。对涉及扶贫领域重点岗位的人员分 12 批 326 人次到县廉洁警示教育基地接受警示教育。

扶贫审计　对照脱贫攻坚任务目标,牢牢把握"掌握总体、揭示问题、督促整改"的总体思路,突出"精准、安全、绩效",通过揭示脱贫攻坚政策措施落实、扶贫资金分配管理使用、项目建设运营中存在的突出问题,促进精准扶贫、精准脱贫政策措施落地生根,维护扶贫资金安全、提高扶贫资金和项目绩效,提升扶贫脱贫质量。2014~2020 年 8月,共对沪滇协作、易地扶贫搬迁、贫困乡村扶贫资金管理使用及脱贫攻坚政策落实、产业扶贫暨整改"回头看"等 34 个涉及扶贫领域的项目开展专项审计,抽查项目 1 657个,走访群众 2 000 多户。此外还通过"1+N"等组织管理模式,在扶贫、发改、农业部门预算执行"一条线"审计、经济审计、财务收支审计中统筹开展脱贫攻坚审计,实现对全县 8 个乡镇扶贫资金和项目的全覆盖审计,共查出违规金额 1 408.75 万元,管理不规范资金 19 650.22 万元,收缴财政资金 871.35 万元,查补税款 25.07 万元,核减工程造价 3 316.14 万元,多付工程款 388.78 万元,提出审计意见建议 122 条,督促整改扶贫领域审计发现问题 67 个,充分发挥审计在打赢脱贫攻坚战中的监督和保障作用。

图 2 - 21 开展扶贫项目审计工程量现场核查(2018 年)

挂牌督战 2020 年 3 月,为确保如期打赢打好全县脱贫攻坚收官战,抓好扶贫领域监督执纪问责工作,实现全县贫困人口如期脱贫目标提供纪律保证,制定《双柏县脱贫攻坚挂牌督战明察暗访工作方案》,以巡访办为主,从县纪委县监委派驻机构抽调工作人员组成 2 个督察组,对 8 个乡镇 29 个村(居)委会 86 个村小组 276 户进行监督检

图 2 - 22 召开易地扶贫搬迁挂牌督战指挥调度会议(2020 年)

查和明察暗访工作,并对监督检查和明察暗访发现的问题在全县范围内进行书面通报并督促整改落实。认真开展易地扶贫搬迁挂牌督战第二次指挥调度会议反馈问题整改完成情况点对点督查工作。抽调组建 4 个督察组,对全县易地扶贫搬迁挂牌督战第二次指挥调度会议反馈问题整改完成情况进行点对点督查,对交办问题未能按时限要求整改完成的县级单位和乡镇,由县人民政府分管副县长和乡镇脱贫攻坚总召集人及时对整改责任单位主要领导进行工作约谈。县纪委常委和县监委委员领导带队,从县委巡察办、各乡镇纪委、乡镇扶贫办副主任抽调人员组成 8 个检查组对 8 个乡镇开展交叉检查,由县纪委常委和县监委委员领导带队,会同脱贫攻坚专项纪律巡访组成员参与组成 3 个重点检查组,对 16 家行业扶贫部门开展重点检查,督促相关部门整改落实反馈问题。

违纪查办　以脱贫攻坚专项巡察、专项纪律巡访、随机抽查等方式对脱贫攻坚重点地区、重点领域、重点环节、重点岗位开展监督检查。2018 年,共开展 3 轮巡察,发现问题 184 个、问题线索 35 个,对 8 人进行函询谈话;开展 6 轮脱贫攻坚专项纪律巡访,整改完成发现的 116 个问题;开展脱贫攻坚随机抽查 12 轮次,实地抽查村(社区)123 次、入户抽查贫困户 199 户,全面考核脱贫攻坚政策落实情况。

图 2 - 23　县纪委监委干部在与群众聊家常中收集问题线索(2018 年)

2019 年,对脱贫攻坚组织领导、责任压实、协调配合、数据信息、政策宣传贯彻、项目资金管理、驻村工作落细落实、腐败和作风建设等 10 个方面出现问题的相关人员,严格按照《双柏县脱贫攻坚问责追责十条办法(试行)》执行,对扶贫领域涉嫌职务违法和职务犯罪问题以及脱贫攻坚中涉黑涉恶腐败问题严肃查处。全年,县委开展 2 轮巡察,组建 9 个巡察组,派出巡察干部 36 名,对 46 个村级党组织进行"政治体检",共发现问题 490 个,问题线索 92 个。排查扶贫领域问题线索 143 件,办结 140 件,批评教育 117 人,立案 9 件,2 个单位和 6 人受到问责,党纪处分 6 人,政务处分 2 人,移送司法机关 1 人,通报曝光 7 批 15 人次。

2020 年上半年,县委开展 1 轮巡察,对 10 个县级部门进行"政治体检"。组建 16

图 2-24 巡访组到农户家了解扶贫政策宣传情况(2018 年)

个督查调研组深入全县 8 个乡镇和 55 个县级部门,对扶贫领域腐败和作风问题专项治理以及中央第十二巡视组对云南省开展脱贫攻坚专项巡视"回头看"反馈意见的整改落实工作开展调研,对发现的问题及时以书面形式反馈给各部门,各部门认真制定整改方案和整改措施。2020 年 1~6 月,全县共排查受理扶贫领域问题线索 80 件,处置办结 82 件,批评教育 79 人,问责 4 人,问责单位 1 个,给予党纪处分 8 人,通报曝光 11 批 23 人。

五、对外宣传

氛围营造 自脱贫攻坚工作开展以来,双柏县采用"请进来"和"走出去"的方式,全方位、多角度报道双柏精准扶贫、精准脱贫的先进做法和典型经验,为打赢打好脱贫攻坚战、决战决胜全面小康营造良好的工作环境和舆论氛围。

2016 年 4 月 14 日,县委办公室、县人民政府办公室下发《关于做好脱贫攻坚宣传工作的通知》,对广泛宣传脱贫攻坚的重大意义、主要目标、脱贫标准、精准扶贫的基本要求、全县脱贫攻坚工作中取得的各项成效、脱贫攻坚工作中的特色亮点和涌现出来的先进典型与经验进行部署与安排。

2018 年 5 月 16 日,中共双柏县委宣传部要求全县各乡镇党委、县级各部门协助配合州级开展"百名记者访百村"活动,组织县广播电视台深入基层一线挖掘和宣传报道脱贫、帮扶、扶贫系统先进典型以及精准帮扶精准脱贫成功案例,努力营造全社会关注扶贫、支持扶贫、参与扶贫的浓厚氛围。

2019 年 1 月 19 日,十三届县委第 70 次常委会议审定《双柏县脱贫攻坚宣传氛围营造工作方案》并印发全县各级各部门。《方案》以党的十八大以来中央重大决策部署、习近平总书记系列重要讲话精神,特别是考察云南重要讲话精神和扶贫开发重要战略思想为指导,利用新闻宣传、理论宣讲等手段展示全县脱贫攻坚成果,营造全社会关心支持参与脱贫攻坚的良好舆论氛围。

图 2－25　2019 年 7 月 16 日,全国"三农"媒体部分编辑人员到双柏开展主题采访

2020 年 1 月 9 日,县委宣传部、县扶贫开发领导小组办公室联合印发《双柏县开展决战脱贫攻坚大型主题宣传活动实施方案》,要求全县各级各部门深入学习宣传贯彻习近平总书记关于扶贫工作的重要论述、强化脱贫攻坚决策部署、精准扶贫精准脱贫措施成效、脱贫攻坚成就、脱贫攻坚先进典型宣传,强化涉贫热点舆情的回应引导。

2020 年 5 月 12 日,县委办公室印发《双柏县决战决胜脱贫攻坚宣传工作实施方案》,要求全县各乡镇、县级各部门认真贯彻落实习近平总书记关于扶贫工作的重要论述和考察云南重要讲话精神,深入贯彻落实党中央、国务院和省州县党委、政府关于脱贫攻坚的重大决策部署,全面系统总结宣传脱贫攻坚伟大历程、伟大成就、伟大经验,深入提炼"脱贫攻坚精神",讲好双柏脱贫攻坚故事,为决胜全面小康、决战脱贫攻坚提供思想保证、精神动力、舆论支持和文化条件,营造浓厚舆论氛围。

2020 年 6 月 15 日,县扶贫开发领导小组印发《双柏县脱贫攻坚总结宣传方案》。全县在 2020 年 12 月前,以工作汇报专题片、信息宣传、主流媒体宣传、编写《双柏县脱贫攻坚志》和文史资料专辑《双柏县脱贫攻坚》、参加楚雄州各县市打赢脱贫攻坚新闻发布会等形式,把深度挖掘特色亮点作为激励扶贫系统、行业扶贫部门和社会各界投身脱贫攻坚的重要举措,把挖掘脱贫攻坚特色亮点的过程作为选树典型、培养正气、激发脱贫攻坚动力的过程,使双柏脱贫攻坚产生良好的社会影响。

各乡镇、县级各部门在主要公路沿线、集镇、贫困村寨等显著地段,通过设立大型户外广告牌、悬挂宣传横幅、张贴宣传标语、制作宣传展板、发放宣传材料等方式,扎实开展社会宣传,对习近平总书记关于扶贫的重要论述、中央和省州县脱贫攻坚政策、全县加快脱贫攻坚的重大举措等方面开展宣传,共制作脱贫攻坚大型户外广告 32 块,制作扶贫宣传横幅 369 条,永久性标语 240 条。

媒体宣传　双柏县采取传统媒体与新兴媒体结合、线上与线下相结合、县级部门与乡镇结合的方式,形成脱贫攻坚宣传立体矩阵。以《云南日报》《楚雄日报》"云南网""云南楚雄网""楚雄州广播电视台"等主流媒体为主阵地,充分发挥县人民政府门户网站、县委宣传部"云南通·双柏"党政手机客户端、县融媒体中心"生态双柏·七彩云端"等平台作用,结合县级部门、各乡镇微信公众号、QQ 群、微信群等网络平台,开展新闻宣传、理论宣传、社会宣传、文艺宣传、精神文明建设宣传等工作。通过县内各平台及时转载转播中央和省州主流媒体文章、深度宣传阐释习近平总书记关于扶贫工作重要论述及脱贫攻坚政策,加强与中央和省州主流媒体合作,邀请记者赴双柏县开展脱贫攻坚成就宣传,组织县内通讯员向主流媒体投稿,对全县脱贫攻坚工作开展情况及取得成效等工作进行宣传。

图 2-26 中国财经报记者到大庄镇开展脱贫成效采访(2019 年)

自脱贫攻坚工作开展以来,截至 2020 年 8 月,双柏县在《云南日报》《楚雄日报》等主流媒体刊登稿件 474 篇,在双柏县人民政府门户网站刊登信息 2263 条,在"云南通·双柏"云南通手机客户端宣传报道 320 篇,在"生态双柏·七彩云端"刊登稿件 212 条,制作播出电视新闻 503 条,在人民网、中国扶贫网、云南网、云南楚雄网等网站上刊登新闻信息 3 775 篇。

2020 年 8 月 26 日,楚雄州决战决胜脱贫攻坚新闻发布会双柏县专场在州会务中心举行。新闻发布会由州委宣传部、州扶贫开发领导小组办公室主办,县委书记李长平发布新闻,中新社、中国网、民族时报、云南广播电视台、春城晚报等中央驻滇、省级及州级新闻媒体的记者参加新闻发布会,并就双柏县脱贫攻坚工作进行提问,县人民政府副县长普学昌、县扶贫办主任、安龙堡乡党委书记、妥甸镇马龙村委会半坡田村村民代表现场回答记者提问。

图 2 - 27 楚雄州决战决胜脱贫攻坚新闻发布会双柏县专场(2020 年)

六、三级书记遍访贫困对象

遍访安排 从 2019 年 3 月开始,双柏县组织开展三级书记遍访贫困对象行动,以遍访贫困对象行动带头转变作风,接地气、查实情,了解贫困群众实际需求,掌握第一手资料,发现突出矛盾,解决突出问题。当月,县扶贫开发领导小组制定《关于深入推进三级书记遍访贫困对象行动的工作方案》,明确遍访工作的对象、范围、内容和要求。在三级书记开展遍访工作的带动下,全县各级各部门迅速行动,组织本单位干部职工开展形式多样的遍访贫困对象行动,遍访工作覆盖全县所有贫困行政村和建档立卡贫困户。

在工作开展中,县委、县人民政府主要领导遍访全县 40 个贫困村;县委、县人大、县政府、县政协领导班子成员和其他有关县级领导干部,结合包保联系行政村和调研活动,深入开展遍访活动。参与挂包帮扶的县级部门主要负责同志深入挂包联系村,实地开展调研遍访活动走访本部门挂包所有贫困户。乡镇党委书记遍访本乡镇贫困户,村党总支书记、驻村扶贫工作队长、第一书记遍访本行政村贫困户;参与联系行政村的乡镇干部结合联系村工作,深入开展走访贫困户活动;村“两委”干部、驻村扶贫工作队员按照包片分工遍访贫困户。参与结对帮扶干部对挂包帮扶贫困户每月至少走访 1 次,对于常年在外务工的贫困户每季度电话联系 1 次、每年至少见面 1 次,对当年拟脱贫户逐户制定并落实“一户一方案、一人一措施”。

工作任务 三级书记遍访贫困对象行动的内容主要是加强脱贫攻坚政策宣传、抓好项目责任落实、及时纠偏纠错、推动脱贫攻坚目标任务落实落地 4 个方面。

加强脱贫攻坚政策宣传。加强宣传新中国成立 70 周年、改革开放 40 年和脱贫攻坚开展以来取得的重大发展成果特别是扶贫方面的成果,从群众自身生产方式的转变、生活条件的改善讲起,用身边事激励身边人,激发“等不是办法、干才有希望”的信心力量。对能够解决的问题,立即着手帮助解决;对自身无法解决的问题认真记录,向党委、政府或有关部门反映,跟踪解决;对不合理的诉求或无法解决的问题,耐心做好解释,引导群众转变观念,争取群众的理解和支持。通过解决群众迫切需要解决的困难和问题,提升贫困群众对扶贫政策的知晓率、满意度和认同感,密切党群干群关系。

抓好项目责任落实。把脱贫攻坚项目库作为各级各类扶贫资金安排使用的依据,做到凡是未入库项目一律不得使用扶贫资金、划出红线,凡是已入库项目全面统筹专项扶贫、财政涉农、行业扶贫、东西部扶贫协作、定点扶贫、民营企业帮扶贫困村、金融扶贫,保障入库项目实施。围绕年度脱贫计划统筹措施见效周期律、资金投入时序,优先解决"两不愁、三保障"突出问题,优先保障难度大任务重的地区,优先帮扶有先脱贫条件的贫困户。围绕管好用好项目库,完善更便捷、更高效的扶贫资金项目审批机制,最大化减少审批程序,缩短审批时间,一次性告知乡村实施的项目,调动部门和基层的主观能动性。全程公示公告项目入库、实施、验收等情况,县级以上资金项目进度及时在网站上公示公告,乡村两级采取灵活有效、方便群众的方式进行公示公告,全程保障群众的知情权、监督权,真正做到阳光扶贫。梳理易地扶贫搬迁、危房改造、教育扶贫、健康扶贫、产业就业扶贫、饮水安全保障,以及基础设施和公共服务等入库项目实施的关键环节,各乡镇、县级各部门落实专人专项专责,倒排工期,倒排进度。脱贫攻坚督查检查、考核评估,都围绕脱贫攻坚项目库的建、管、用来组织开展,最大程度避免问责问效指向不准、工作不实和判断难、差异大等问题。

把及时纠偏纠错作为遍访工作的重要任务,始终聚焦"两不愁、三保障",在基层一线第一时间发现并纠正降低标准、影响质量和调高标准、吊高胃口等问题。重点查户措施、村方案,看思路清不清、项目准不准、责任实不实、资金有没有保障,帮助发现和纠正帮扶措施漏户漏人漏项、超过标准搞"搭车"项目、入库项目无资金来源、责任不明确、资金项目效益低等问题。更加注重扶志扶智,深入开展"自强、诚信、感恩"主题实践活动,从转变帮扶方式、加强政策宣讲、做实群众工作、强化典型引领、推进移风易俗、规范村规民约等方面着力,杜绝简单给钱给物或无条件送股分红的帮扶方式,引导贫困地区群众摒弃"等、靠、要"思想,增加生产性投入。

充分听取基层干部和群众的意见建议,深入查找完成脱贫攻坚目标任务存在的困难问题,共同研究攻坚问题、破解攻坚难题。加强分类施策、精准施策,助推各地打好产业扶贫、就业扶贫、易地扶贫搬迁、生态扶贫、保障性扶贫 5 场硬仗,解决"两不愁、三保障"突出问题。突出深度贫困地区脱贫攻坚,县级部门从组织领导、政策措施、资金投入、工作力量等方面加强倾斜支持,推动东西部扶贫协作、社会帮扶重心进一步向深度贫困地区聚焦,聚力攻克深度贫困堡垒。推动建立防止返贫长效机制,加强督促落实脱贫后的巩固提升计划和未脱贫人口的脱贫措施,对新增贫困人口和返贫人口,及时纳入帮扶,对存在返贫风险隐患的,督促强化巩固措施。推动产销对接,开展消费扶贫,通过购买贫困地区产品、聘用建档立卡贫困人口等方式,形成产业带贫、就业脱贫的共识共为。

第三节　扶贫资金

一、资金投入

2014～2020 年 8 月末,双柏县共投入各类扶贫资金 38.24 亿元。其中财政专项扶贫资金 11.11 亿元,涉农整合资金 12.54 亿元,政策范围内融资资金 14.59 亿元。下达资金全部安排用于脱贫攻坚补短板、强弱项项目,涉及产业资金收益、村组公路、村内户外道路、水利补短板项目和社会公益事业项目等。

专项扶贫资金　2014 年 1 月至 2020 年 8 月末,双柏县共投入专项扶贫资金 11.11 亿元。其中财政专项扶贫资金 8.19 亿元,到户小额信贷扶贫资金 23 250 万元,外援资金 80 万元,企业扶贫贴息贷款 1 800 万元,社会帮扶资金 500 万元,2020 年上海市嘉定区对口支援扶贫协作资金 3 626 万元。

2014 年,投入扶贫资金 10 276.5 万元,其中财政专项扶贫资金 4 626.5 万元(中央专项扶贫资金 3 067 万元、省级专项扶贫资金 1 193.50 万元、州级专项扶贫资金 361 万元、县级资金 5 万元),到户小额信贷扶贫资金 5 150 万元,社会帮扶资金 500 万元。

2015 年,投入扶贫资金 14 317.48 万元,其中财政专项扶贫资金 4 437.48 万元(中央专项扶贫资金 3 230.48 万元、省级专项扶贫资金 719 万元、州级专项扶贫资金 372 万元、县级资金 116 万元),外援资金 80 万元,到户小额信贷扶贫资金 8 000 万元,企业扶贫贴息贷款 1 800 万元。

2016 年,投入扶贫资金 18 616.9 万元,其中财政专项扶贫资金 8 616.9 万元(中央专项扶贫资金 4 397 万元、省级专项扶贫资金 1 197 万元、州级专项扶贫资金 866 万元、县级资金 2 156 万元),到户小额信贷扶贫资金 10 000 万元。

2017 年,投入扶贫资金 25 530.37 万元,其中中央专项扶贫资金 12 322.77 万元、省级专项扶贫资金 3 371.2 万元、州级专项扶贫资金 965.5 万元、县级资金 8 870.9 万元(含地方政府债券用于扶贫投入资金 5 500 万元)。

2018 年,投入扶贫资金 13 208.94 万元,其中中央专项扶贫资金 4 055 万元、省级专项扶贫资金 6 141.78 万元、州级专项扶贫资金 1 849.68 万元、县级资金 1 162.48 万元。

2019 年,投入扶贫资金 18 385.09 万元,其中中央专项扶贫资金 4 757 万元、省级专项扶贫资金 10 906.97 万元、州级专项扶贫资金 728.5 万元、县级资金 1 992.62 万元。

2020年,截至8月末,投入扶贫资金7 079.46万元,其中中央专项扶贫资金5 440万元、省级专项扶贫资金975万元、州级专项扶贫资金607.07万元、县级资金57.39万元。2020年上海市嘉定区对口支援扶贫协作资金3 626万元。

图2－28　财政农业综合开发项目——产业开发(2019年)

图2－29　财政农业综合开发项目——村庄道路(2019年)

涉农整合资金　双柏县在脱贫攻坚工作中,把目标相近、方向类同的涉农资金统筹整合使用,撬动金融资本和社会资金投入扶贫开发,提高涉农资金配置效率。2014～2020年8月末,双柏县共整合财政涉农资金12.54亿元。

2016年,统筹整合涉农资金14 154.62万元,其中中央资金8 949.22万元、省级资金 4 337.4 万元、州级资金 868 万元,县级资金 2 156 万元。

2017 年,统筹整合涉农资金 41 567.51 万元,其中中央统筹整合涉农资金 27 189.91 万元、省级统筹整合涉农资金 4 334.2 万元、州级统筹整合涉农资金 1 172.5 万元、县级统筹整合涉农资金 8 870.9 万元。

2018 年,统筹整合涉农资金 34 785.08 万元,其中中央统筹整合涉农资金 30 957.9 万元、省级统筹整合涉农资金 3 792.18 万元、州级统筹整合涉农资金 35 万元。

2019 年,统筹整合涉农资金 24 985.76 万元,其中中央统筹整合涉农资金 18 199.89 万元、省级统筹整合涉农资金 6 452.97 万元、州级统筹整合涉农资金 332.9 万元。

至 2020 年 6 月 22 日,2019 年度以前的涉农整合资金已经实现"清零"。

截至 2020 年 8 月末,县财政统筹整合涉农资金(扣除专项扶贫资金)9 909.74 万元,其中中央统筹整合涉农资金 9 826.66 万元,省级统筹整合涉农资金 83.08 万元,完成报账支出 6 165.88 万元,支出进度 62.22%,结余结转金额 2 528.53 万元,结余结转率 25.52%。

融资资金 2014～2020 年 8 月末,全县政策范围内融资资金投入扶贫领域 145 898 万元,通过县级融资平台公司向金融机构贷款进行项目融资投入扶贫领域建设,缓解了脱贫攻坚资金保障压力。其中 2016 年投入 145 898 万元,分别是双柏县改善农村人居环境基础设施项目融资贷款 3 000 万元、双柏县易地扶贫搬迁建设项目融资贷款 15 000 万元、双柏县贫困村基础设施建设项目融资贷款 40 200 万元、2016 年交通等基础设施建设项目融资贷款 10 000 万元、双柏县绿汁江公路项目融资贷款 5 398 万元、双柏县浦发扶贫投资发展基金项目融资贷款 42 300 万元、双柏县施家河水库建设项目融资贷款 10 000 万元、信用社彩碍公路建设项目贷款融资 20 000 万元。融资资金的投入,加大了融资资金对扶贫的支持力度,聚焦短板弱项,推动融资资金精准扶贫工作取得长足进展,对促进全县基础设施建设起到了举足轻重的作用。

二、财政扶贫资金监督管理

出台《双柏县财政专项扶贫资金管理办法》《双柏县财政专项扶贫资金报账制管理实施细则》《双柏县统筹整合使用财政涉农资金管理办法》,严格执行《云南省财政专项扶贫资金县级结余结转综合治理办法(试行)》,建立健全财政扶贫资金专户,实行专人管理,专账核算。按照扶贫资金申请、分配、拨付、管理、使用等业务流程拨付资金,当年年末财政专户扶贫资金实现"清零"。2014～2020 年 8 月末,双柏县共投入财政专项扶贫资金共 8.19 亿元,其中 2014 年投入 4 626.5 万元、2015 年投入 4 437.48 万元、2016 年投入 8 616.9 万元、2017 年投入 25 530.37 万元、2018 年投入 13 208.94 万元、2019 年投入 18 385.09 万元、2020 年 8 月末投入 7 079.46 万元。

图 2－30 财政农业综合开发项目——河道治理(2019 年)

图 2－31 财政农业综合开发项目——土地整理(2019 年)

通过"双柏县财政局扶贫资金专户"进行专户管理和核算,规范涉农整合资金管理,制定《双柏县脱贫攻坚统筹整合使用财政涉农资金管理暂行办法》。围绕脱贫攻坚规划,做好年度涉农资金整合项目实施方案编制工作,按照年度涉农整合项目实施方案安排涉农整合资金,组织涉农整合项目实施。2014～2020 年 8 月末,共整合财政涉农资金 12.54 亿元,其中 2016 年整合 14 154.62 万元、2017 年整合 41 567.51 万元、2018 年整合 34 785.08 万元、2019 年整合 24 985.76 万元、2020 年整合 9 909.74 万元。结合省、州、县对财政涉农资金整合工作开展专项督查和纪律检查的要求,县财政局、扶贫办、审计局组织力量,对全县 8 个乡镇财政所,开展每个财政所不少于 6 次扶贫资金使用情况专项检查。针对县级回补报账不及时问题,研究制定乡镇报账制,将财政扶贫资金下沉到乡镇报账,节省报账时间,提高工作效率。针对检查发现的工程结算编制不规范、科目核算使用不规范、工程结算资料不完整等项目管理及资金管理使用过程中存在的问题,及时向县委、县人民政府领导汇报,组织各乡镇主要领导和财务人员召开存在问题整改会议,指导各项目实施单位对存在问题进行整改,督促其规范资金管理和使用、加快项目实施和报账进度,发挥扶贫资金的使用效益。

根据云南省财政厅、云南省扶贫办《关于加快财政专项扶贫资金结余结转整改工作的通知》要求,县人民政府下发《关于加快财政专项扶贫资金结余结转资金整改改造的紧急通知》,要求各乡镇人民政府、县级有关部门加快项目建设实施和验收,并及时报账,2019 年以前年度投入的财政扶贫资金、涉农整合资金已经实现全部"清零"。2020 年下达的财政专项扶贫资金 7 079.46 万元,截至 2020 年 8 月 31 日,完成报账支出 4 625.49 万元,支出进度 66.94%,结余结转金额 2 284 万元,结余结转率 33.06%。2020 年下达的财政涉农整合资金 9 909.74 万元。至 2020 年 8 月 31 日,完成报账支出 6 165.88 万元,支出进度 62.22%,结余结转金额 2 528.53 万元,结余结转率 25.52%。2020 年下达的沪滇协作资金 3 626 万元,至 2020 年 8 月 31 日,完成报账支出 1 972.5 万元,支出进度 54.40%结余结转金额 1 653.50 万元,结余结转率 45.60%。

第四节　党建扶贫

一、党建引领

双柏县在抓党建促脱贫攻坚工作中,充分发挥党的政治优势、组织优势,聚焦重点,精准发力,全力推进基层党建工作各项重点任务。

组织保障　县委把全面打赢脱贫攻坚战作为最大政治使命,坚决用习近平总书记关于扶贫工作重要论述和中央精准扶贫、脱贫攻坚重大决策部署统一思想、武装头脑。通过常委会专题研究、中心组集体学习、集中培训、专题研讨、辅导讲座等方式,第一时间传达学习领会习近平总书记发表的重要讲话、作出的重要指示,以及中央和省、州党委脱贫攻坚重大决策和工作部署,带头在思想上、政治上、行动上同以习近平同志为核心的党中央保持高度一致,引领和推动全县各级党组织和党员干部增强脱贫攻坚的政治责任和政治担当。

坚持党政同责、协力推进,严格落实各级党组织书记脱贫攻坚责任制,及时成立县委书记、县长为双组长、双指挥长的扶贫开发工作领导小组和脱贫攻坚指挥部,乡村两级均成立脱贫攻坚工作领导小组和工作机构,形成"县有指挥部、乡有工作站、村有工作室"的联动格局。建立党政领导班子成员脱贫攻坚联系帮扶制度,明确县委副书记,县委常委、常务副县长专抓脱贫攻坚工作,选派5名县委常委和3名实职处级领导担任8个乡镇脱贫攻坚总召集人,其他所有县处级领导联系到村。健全扶贫责任机制,县、乡、村及各行业部门层层签订《脱贫攻坚责任书》,逐级压实脱贫攻坚党政主体责任。

严格按照中央《关于打赢脱贫攻坚战的决定》和省、州脱贫攻坚工作方案,研究制定《双柏县精准扶贫工作方案》《双柏县"十三五"扶贫开发工作规划》等文件,提出脱贫攻坚计划,明确脱贫攻坚任务书、时间表和路线图。把每周六定为"脱贫攻坚专题日",组织全县挂包干部弘扬"进村入户的热心细心、解说政策的耐心诚心、因户施策的真心匠心、解难除困的善心决心、诚挚奉献的爱心忠心、巩固提升的用心恒心"新时代双柏扶贫攻坚精神,将抓党建促脱贫攻坚作为各级党组织年度党建工作目标责任考核重要依据和述职评议重要内容,强化严督实导,推动抓党建促脱贫攻坚工作各项任务常态推进、全面落实。

组织建设　坚持厚植基层基础,牢固树立大抓基层的鲜明导向,实施抓乡促村工程,将农村基层党组织打造成打赢脱贫攻坚战的政治领导核心和一线指挥部。

把建强基层党组织作为打赢打好脱贫攻坚战的重要支点。采取"支部＋企业＋协会(专业合作社)"的方式,成立和划分产业党支部100个,将党组织建在产业带上、将党员凝聚到产业链上。2018年,实施"领头雁"培养工程,全面开展85个村(社区)党总支书记分析研判工作,按照"分类分级施治""点对点帮扶指导","治软"和"治贪"相结合,调整撤换3名"不称职"村党组织书记。成立乡镇青年人才党支部,储备优秀党员村组后备干部168名,以"一对一"或"一对多"的方式进行重点培养。2019年,保持乡镇党政正职和干部稳定,加大乡镇公务员和事业人员招录力度,补齐乡镇空编人员。对村(社区)党总支书记队伍进行分析研判,年内调整村党总支书记25人,对85个村(社区)党总支书记进行县级备案管理;补齐配强乡镇空缺的村(社区)"两委"成员、村务监督委员会委员,同步推进村党总支书记与村委会主任"一肩挑",比例达23%。持续推进村(社区)干部能力素质和学历水平提升行动,储备后备力量174人,回引人才24人,其中有1人安排到村(社区)党总支书记或主任岗位。

注重在脱贫攻坚一线选用干部,将考察重心向一线倾斜,将选任比例向一线拔高。先后制定《双柏县在脱贫攻坚一线考察识别干部办法》《双柏县加强乡镇干部队伍建设的实施意见》《双柏县科级领导干部工作实绩排名办法(试行)》等制度办法。2014年来提拔任用脱贫攻坚一线干部77名,选树43名新时代新担当新作为先进典型,评选授旗"五面红旗"村(社区)41个、选树"虎乡好支书"10人。整治脱贫攻坚一线干部作风,杜绝和防止"不说不干、只说不干、不干彻底、不干乱说"的干部。保持乡镇党政正职和干部队伍的稳定,具有2年以上乡镇工作经历的领导班子成员90%以上;加大乡镇公务员和事业人员招录力度,补齐乡镇空编人员。以《双柏县"兴双人才奖"评选奖励暂行办法》"1＋6"系列文件为抓手,开展了2届"兴双人才"评选表彰。开展以脱贫攻坚、产业发展、基层党建、美丽乡村、和谐稳定为主要内容的"五面红旗"争创评选活动,累计上调

20个红旗村村(社区)干部补贴,激励村(社区)干部工作激情。按照400元、320元的标准,提高村(社区)干部基础补贴和绩效考核资金。深入开展农村"领头雁"培养工程,2017～2019年,对12名履职不力的村党组织书记进行调整撤换;在8乡镇成立青年人才党支部,储备优秀党员村组后备干部174名,以"一对一"或"一对多"的方式进行重点培养。

图2-32 双柏县争创评选"五面红旗"聚人心添动力(2017年)

按照"民有、民管、民用、周转使用、滚动发展"的要求,筹措1 000万元组建30个产业扶贫互助社,解决贫困群众产业发展资金难题。整合项目资金1 494.82万元完善乡镇"七小"配套设施,投入2 840.04万元扩建、搬迁38个行政村活动场所,投入资金10 912.79万元建设村民小组活动场所375个,实现全县党员10人以上或群众200人以上村民小组活动场所全覆盖。整合农业企业、农民专业合作社、党组织或党员产业示范点,建立乡镇农村党员实训基地113个,培养农村党员致富带头人387人,引导动员农村党员发挥"双带"作用。

人员选派管理 把抓党建、促脱贫攻坚作为各级党组织和党员干部践行"两学一做"的主战场,全面落实扶贫驻村工作机制,形成齐心协力抓党建促脱贫攻坚的良好格局。

2015年8月以来,向40个贫困村和有贫困人口的42个非贫困行政村选派驻村工作队员873人,按照尽锐出战要求调整充实驻村工作队员55人。累计向县扶贫办、各乡镇、贫困村选派脱贫攻坚"观察员"50人,从县级部门增派55名实职科级领导干部担任驻村第一书记。

落实县乡党委管理主体责任,严格执行《双柏县驻村工作队管理办法》,第一书记和驻村工作队员全部脱岗驻村,党员的组织关系转入村党支部;严格实行第一书记任期制度,建立驻村工作队每日签到坐班、每月工作例会、年承诺季报告、年度综合考评和县乡分级培训制度,落实督查、通报、召回等制度,实行"召回"调整干部与派出单位负责人同步双向问责。解决驻村工作队工作经费和食宿、保险、基层津贴、健康体检等问题,强化驻村工作队员安全管理,确保选派干部安心驻村工作。

建立机关单位帮村、党员干部帮户机制,机关和企事业单位党组织与82个村(社区)党支部结对共建,3 298名党员、干部与贫困户结对认亲,做到每两月开展一次帮扶,为群众办理1～2件实事。按照"讲实货、评实效、重实绩"要求,开展2轮"三讲三评",真正讲明政策、讲清障碍、讲出动力;深入开展"干部大返乡、政策大宣讲"活动,有效返"出"干部群众的鱼水情深、讲"清"一批疑难杂症。千名干部脱贫攻坚大走访,开展以"解决一个问题、宣传一次政策、打扫一次卫生、帮做一顿饭、帮干一次农活、代购一次生活用品"为内容的"六个一"活动,所有"双帮"责任单位和全体干部职工走村入户开展帮扶,做到"走访不漏户、户户见干部"。结合基层实际和省、州反馈问题,细化帮扶措施,推动"双帮"工作从简单的"送钱送物"向宣传扶贫政策、指导产业发展等转变,实现物质扶贫与扶志扶智"双促进"。

图2-33 挂包部门与联系点共同开展党建联建工作推进会(2017年)

2017年来,共选派584名各级干部参加脱贫攻坚专题培训,举办22期脱贫攻坚政策专题培训班。将脱贫攻坚作为"万名党员进党校"必训内容,以县、乡镇党校阵地集中培训为主,累计培训率168.3%。整合村民小组活动场所、企业或合作社厂房等建立党员教育实训基地118个,开展培训349场次,培训人数11 891人次,培养农村党员致富先锋638人,农村党员"双带"能力得到提升。

集体经济 制定出台《双柏县加强发展壮大村集体经济的实施方案》,明确发展壮大村集体经济的10种模式,提出具体工作措施,成立专项工作组,细化各成员单位的具体工作职责,压实乡镇总召集人、县级挂包领导、县委组织部、县级挂包单位、乡镇、村(社区)等各责任人的责任。按照"一村一策"的原则,各村(社区)分别制订发展计划,拓宽贫困群众增收渠道和集体经济发展途径。至2018年12月31日,全县实现85个村(社区)年度集体经济收入419.76万元,贫困村均实现收入3万元以上,非贫困村实现收入 5 万元以上。其中：收入在 3 万~5 万元的有 29 个，占 34.52%；5 万元及以上的有 55 个，占 65.48%，村集体经济收入最高 13.88 万元，有效解决了各村（社区）有钱办事、有能力办事的问题。

图 2‑34   双柏县农村党员实训基地管理现场会（2018 年）

图 2‑35   双柏县第二届"兴双人才"表彰大会（2018 年）

党建品牌培树   抢抓"互联网＋"发展机遇，因地制宜走"互联网＋党建＋电商"扶贫富民新路子，搭建农特产品"搭电"销售多元平台，让农村群众借助电商增收致富。坚持一村一品、一村一策或一村多策，由村党总支牵头，探索推行"党总支＋协会（合作社）＋电商"扶贫富民新模式，通过搭建农特产品"搭电"进城的无缝对接平台，将贫困户吸引到特色产业上来，让特色产业走到"网"上来，让村级为民服务站点成为农特产品的展示厅、交易厅和致富厅。借助落地双柏的电商企业，把妥甸酱油、白竹山茶、邦三红糖等传统双柏农特产品接轨网络市场。注册打造"雅口飞鸡""密架山猪""柏子匠人"等新兴特色党建品牌,有效起到引领致富的作用。

二、"感恩党中央、脱贫奔小康"主题教育

活动组织　随着精准脱贫攻坚工作全面推进,针对部分贫困群众存在的内生动力不足、存在"等靠要"思想等问题,双柏县在全省率先开展以"比过去看现在、比发展看差距、比幸福看未来"为主要内容的"感恩党中央、脱贫奔小康"主题教育活动。2017 年 4 月 26 日,在深度贫困乡镇安龙堡乡举行全县"感恩党中央、脱贫奔小康"教育活动启动仪式。

在活动开展中,将"感恩党中央、脱贫奔小康"主题教育与省州开展"自强、诚信、感恩"主题实践活动有机结合、同步推进。先后制定下发《双柏县"感恩党中央、脱贫奔小康"教育活动试点实施方案》和《双柏县在脱贫攻坚中开展"自强、诚信、感恩"主题实践活动实施方案》,成立由县委副书记任组长、县委组织部部长、县委宣传部部长任副组长的县委"感恩党中央、脱贫奔小康"主题教育活动和"自强、诚信、感恩"教育主题实践活动领导小组,以 8 个乡镇和 85 个村(社区)为主体,82 支驻村扶贫工作队、266 名驻村工作队员、3 298 名挂包干部深入全县 1 545 个村民小组开展感恩教育活动。通过发放一份倡议书、制作一批宣传标语、推进一组专题宣传、开设一个电视专栏"四个一"活动进行宣传,营造良好的活动氛围;同时组建县乡(镇)村组四级宣讲团,深入贫困村(社区)和自然村,宣传习近平新时期扶贫开发战略思想、宣传扶贫措施和成效及群众生活的新变化,把党的声音传遍千家万户,让广大群众知党恩、感党恩、颂党绩、听党话、跟党走。以县彝族老虎笙传承演艺有限公司为龙头,带动乡村文艺队,全覆盖开展脱贫攻坚"感恩教育送戏下乡"活动,用"精神扶贫"的方式,鼓励贫困户励志脱贫奔小康。全县以印发"感恩教育活动倡议书"、制作宣传标语、开展送戏下乡活动、在省州县主流媒体深入宣传报道脱贫攻坚先进典型和经验成效、全县各级挂包部门领导深入挂包乡镇村上党

图 2 - 36　感恩教育文艺宣传演出(2017 年)

课等形式,有效引导贫困群众树立"自强不息、诚实守信、脱贫光荣"的思想观念和感恩意识,凝聚人人支持脱贫、人人参与脱贫的攻坚合力。

感恩宣教　将宣传教育作为推动"感恩教育"活动的有力抓手,采取主题演讲、全方位送戏下乡的方式,形成政府组织、社会动员、全民参与的感恩宣传大格局。利用电视、广播、报刊、微信、板报、标语等载体开展全方位宣传;主动参与《楚雄日报》策划脱贫攻坚"自强、诚信、感恩"系列专题报道及专版宣传,在《云南日报》刊发重点稿件,在省、州、县电视台和扶贫部门官方微信公众号等媒体平台推出一批脱贫攻坚先进典型。

紧紧围绕党的十九大精神思想精髓、核心要义和习近平总书记扶贫开发重要论述、战略思想,在县级领导讲精神、挂包干部讲帮扶、行业部门讲政策、工作队长讲措施、总支书记讲方法的基础上,编印《贯彻落实党的十九大精神坚决打赢精准脱贫攻坚战宣讲提纲》和《双柏县"自强、诚信、感恩"主题实践活动宣传宣讲提纲》,组织县委宣讲团、双

图 2‐37　挂包部门到联系村委会举办道德讲堂并开展感恩教育(2018 年)

图 2‐38　帮扶干部返回出生地开展感恩教育宣讲(2017 年)

柏"弘延"宣讲团,以"感恩党中央、脱贫奔小康""自强、诚信、感恩"为主题,深入挂包乡镇和贫困村组开展宣讲活动180余次。

在感恩教育活动中,坚持在全县8个乡镇、85个村(社区)每季度组织一次"比过去看现在、比发展看差距、比幸福看未来"的"三比三看"活动,组织老年人、老党员、老干部讲一讲过去农村的生产条件和生活水平,引导广大群众拿自家、本村的历史和现状比一比,通过历史发展纵向比,让贫困群众深切感受党和政府惠农政策给农村带来的巨大变化;组织村组干部、农村党员、人大代表和农村居民代表到党建工作示范村、美丽乡村示范点、县重点项目点和县城查姆湖畔实地参观,比一比村风村貌差距,看一看发展成就差距,引导贫困群众把注意力和精力转移到提升人居环境的实践中来;引导贫困群众互相比一比收入、比一比幸福、问一问致富经验、问一问发展良策,通过邻里横向比、致富能人传帮带,把贫困群众的思想行动引导到发展生产、自力更生脱贫奔小康上来。

图2-39　群众自发组织写下自己的心声(2018年)

文明新风　在感恩教育活动中,双柏县委、县人民政府注重培育广大人民群众的良好生活习惯和文明乡风。将脱贫攻坚"专题日"、农村环境整治、移风易俗等工作和感恩教育活动有机融合。全体挂包干部深入联系村组,和贫困群众一起拿起扫帚和锄头,开展"四治五乱""七改三清"人居环境提升行动,引导群众建设"山清水秀家园美"的美丽家园;抓好"五好居民"评选、"四好"村创建等主题活动,发挥文化惠民、育民作用,引导群众自觉抵制盲目攀比、好吃懒做等不良风气,形成自力更生、尊老爱幼、相互帮助、遵纪守法的文明新风;完善村规民约,发挥群众自治监督作用,引导群众养成爱护公共卫生、遵守社会公德、维护公共秩序和文明礼貌的良好习惯,加强移风易俗宣传和舆论监督,培育新型农民、优良家风、文明乡风和新乡贤文化,让文明新风融入农村生产生活的方方面面。

图 2 – 40　群众自发组织参与村中公益性劳动(2017 年)

　　和谐稳定　全体挂包干部和驻村扶贫工作队员认真履行"村情民意调研员、政策法规宣传员、富民强村服务员、矛盾纠纷调解员、制度建设督导员、组织建设指导员"职责，以解决邻里纠纷、信访问题、遗弃子女、不赡养老人等不和谐、不稳定因素为重点，做好问题查找、排查化解工作；开展"建档立卡贫困户必访，边缘贫困户必访、老党员户必访、农村党员致富先锋必访、留守儿童户必访、空巢老人户必访"活动，及时化解不稳定因素，促进农村和谐稳定。

　　群众心声　随着活动深入开展，在双柏县的城乡之间、街道村间，"感恩党中央、脱贫奔小康""自强、诚信、感恩"主题活动标语随处可见，贫困群众的思想观念真正从"要我脱贫"转变为"我要脱贫"，"图自强　懂感恩"的贫困群众不断涌现，在全县上下汇聚成一股励志脱贫的强大洪流，激发广大贫困群众脱贫致富的信心和决心。

图 2 – 41　建设中的"感恩修理店"(2018 年)

　　爱尼山乡海子底社区大岭岗村民小组建档立卡贫困户户主罗华平，在海子底社区第一书记、驻村工作队队长李昌益等帮扶干部的帮助鼓励下，充分发挥其车辆修理技术的特长,于2018年5月在海子底开办"感恩修理店",从"破罐子破摔"的"闲人"变成经营车辆修理的"老板",热情为乡亲们服务。

双柏县碍嘉镇旧丈村委会旧丈一组建档立卡贫困户户主王庆平,在一系列帮扶措施中,建起新房、养起仔猪,被选聘为村委会的生态护林员。解决日常生活和女儿上学的难题后,只有小学文化的王庆平,细数各级党委政府及扶贫干部对他的帮扶,对生活的热爱和对党和国家的感激之情涌上心头。2017年5月10日,心情激动的王庆平写下一首打油诗《不忘国家不忘党》:"破屋漏雨秋夜长,贫穷日子天日难。扶贫政策来到了,拆了破屋建新房。感谢国家感谢党,党和国家送温暖。创造农业过小康,幸福不忘党中央。艰苦奋斗要发扬,生活才会富得长。"

图2-42 脱贫群众的心里话(2017年)

三、"四万三进"活动

双柏县认真践行"一线工作法",在全县深入开展"进万家门、知万家情、解万家忧、办万家事"和"政策宣传进市场主体、政策服务进市场主体、政策兑现进市场主体"活动,推动干部走出机关、走出办公室、走进千家万户,扑下身子察民情、听民意、解民忧,深入细致做好群众工作,用"辛苦指数"换取群众"幸福指数",为打造"养生福地、生态双柏"品牌,推动双柏实现高质量跨越式发展打牢群众基础。

进万家门 建立健全宣讲机制,以查姆宣讲团和各类"大众宣讲团"等形式,持续开展"干部大返乡、政策大宣讲",把党的政策理论、双柏发展成果和县委工作思路送进千家万户。启动开展"决胜小康、奋斗有我",持续开展"感恩党中央、脱贫奔小康""自强、诚信、感恩"群众性主题宣传教育,宣讲全县十八大以来取得的各项成果,进一步激发群众自力更生、共奔小康的内生动力。

知万家情 深入开展大调研、大走访,采取"面对面"的方式,察实情、找问题、听意见,问群众需求、问群众满意度、问意见建议,看群众生活情况、看企业生产情况、看政策落实情况,聚焦民生、聚焦发展、聚焦攻坚克难,深入一线、深入群众,变"群众上访"为"干部下访",推动调查研究求深、求实、求细、求准、求效。

解万家忧 牢固树立"群众利益无小事"的观念,深入社区、深入企业、深入群众,切实帮助企业和解决群众急难愁盼的操心事、烦心事、揪心事,走访企业,走访贫困群众,采取精神和物质相结合的方式,走访建档立卡贫困户,慰问社区生活特困群众。

办万家事 聚焦群众关心关注热点问题,着力抓好脱贫成果巩固、营商环境提升、棚户区改造、老旧小区改造、基础设施建设、生态环境保护、文明县城创建、基层治理、产业发展等重点工作,主动提供服务资源,主动承接公益志愿服务项目。

政策宣传进市场主体 结合市场主体实际情况和政策需求,加大政策宣传解读力度。培育壮大市场主体,改善营商环境各项政策措施,在稳增长中涉及税费减免、金融支持、降低成本等助企纾困政策,支持企业生产和项目建设的金融、用工、社保、减免缓缴税费、物流运输等优惠政策,特别是应对疫情复工复产的一系列政策措施,教育引导各类市场主体保持战略定力,提振发展信心。

政策服务进市场主体　深入市场主体开展调查研究,开展"保姆式"和代办服务,"一对一"送政策上门,"面对面"提供个性化服务。抓好供给侧结构性改革降成本行动各项工作,调整社保缴费基数和阶段性降低失业保险、工伤保险费率政策,确保企业特别是小微企业社会保险缴费负担有实质性下降。清理、精简涉及民间投资管理的行政审批事项和涉企收费,持续改善和提升营商环境,深化"放管服""一颗印章管审批"改革,大力精简行政许可事项,开展营商环境评价,打造市场化法治化便利化营商环境。借助各级帮扶单位市场、信息、资源优势,开展"双品入沪""双品入京""双品入校",帮助企业开拓市场。

政策兑现进市场主体　兑现财政奖补、融资贷款、就业用工、税费优惠等复工复产、助企纾困的"一揽子"优惠政策,帮助各类市场主体渡过难关。以"六资"为抓手,用活中央加大地方政府专项债券发行、加大中央预算内投资、降低部分基础设施项目资本金等"六稳"政策措施。实施项目落地提速、入企服务提质、政务服务提升、项目建设护航、优惠政策保障和人才培养引进六大工程,实现企业开办、项目审批、不动产登记事项由"多次办"向"一次办"转变、由"记日办"向"记时办"转变、由"见面办"向"掌上办"转变,真正做到"更优的政策、更优的服务、更优的环境",营造支持各类市场主体高质量发展的良好制度环境。

第五节　创新举措

一、新时代双柏扶贫攻坚"十二心"精神

双柏县在脱贫攻坚中凝炼形成并大力弘扬"进村入户的热心细心、解说政策的耐心诚心、因户施策的真心匠心、解难除困的善心决心、诚挚奉献的爱心忠心、巩固提升的用心恒心"的新时代双柏扶贫攻坚"十二心"精神,在顺利实现脱贫出列后,双柏县继续迎难而上、精准施策、苦干实干,以脱贫攻坚统揽经济社会发展全局,统筹推进脱贫攻坚成果巩固工作。

用进村入户的热心细心解决好"扶持谁"的问题,扣准精准扶贫第一粒扣子。坚持带着真情实意进村入户,通过与群众认亲戚、交实心,帮助群众解难题、谋实惠,搭建起

相互信任的"连心桥",用热心细心赢得群众的理解和支持,把贫情看准看实,把贫困对象"搞精准",把第一粒扣子扣好扣实。

用解说政策的耐心诚心解决好"依靠谁"的问题,激发贫困群众内生动力。坚持扶贫与扶志、扶智、扶德、扶勤相结合,耐心细致、诚心实意做好政策宣传、思想引导、释疑解惑,解开群众思想疙瘩,消除攀比之风,避免刻意"争贫守贫"。在全省率先开展"感恩党中央、脱贫奔小康"主题教育,充分调动和激发贫困群众的内生动力。

用因户施策的真心匠心解决好"怎么扶"的问题,下足绣花功夫。坚持以真心匠心的精神下足"绣花"功夫,因地制宜、因村施策、因户施法,做到贫困对象家底清、致贫原因清、帮扶措施清、投入产出清、帮扶责任清、脱贫时序清。"一户一策"制订完善帮扶措施和巩固提升计划,切实把扶贫扶到点上、扶到根上。

用解难除困的善心决心解决好"谁来扶"的问题,层层压实攻坚责任。坚持"解难"的善心和"除困"的决心,教育引导干部把贫困群众当"家人"、把贫困群众的事当"家事"、把贫困群众脱贫当"家业",以干部的"脱皮、脱休、脱家"换群众脱贫。全面落实脱贫攻坚责任制,在全省率先实行脱贫攻坚观察员制度,加大巡察问责力度,层层压实责任,杜绝"掉链子""出差子""撂挑子"现象。

用诚挚奉献的爱心忠心解决好"如何帮"的问题,凝聚强大攻坚合力。坚持把脱贫攻坚作为最大的政治任务,党员干部以对党的忠诚确保脱贫攻坚制度落实、责任落实、任务落实。组织开展"百企帮百村""同心工程"助力脱贫攻坚社会扶贫行动,调动各方积极性,引领市场、社会同向发力,推动形成脱贫攻坚"突围"之势。

用巩固提升的用心恒心解决好"如何退"的问题,持续巩固脱贫成效。坚持把脱贫质量作为首要标准,用巩固提升的用心恒心持续用力、久久为功,确保脱贫攻坚工作务实、过程扎实、结果真实,让脱贫成效真正获得群众认可,经得起历史和实践的检阅。对已脱贫的"扶上马、送一程",对未脱贫的"再聚焦、再发力",纵深推进精准帮扶,巩固脱贫成果,提升脱贫质量。

通过大力弘扬新时代双柏扶贫攻坚"十二心"精神,强化全县各级各部门和党员干部的责任意识和责任担当,增强干部对贫困群众的深厚感情,密切党群干群关系,激发各族群众脱贫致富奔小康的内生动力,凝聚起坚决打赢脱贫攻坚战的攻坚合力,为全县脱贫成果巩固注入强大的精神动力,推动全县脱贫攻坚工作取得新成效。6 年来,全县主要经济指标始终保持"两位数"快速增长,农村常住居民人均可支配收入从 2013 年的 5 565 元增长到 2019 年的 11 168 元,增长 100.68%,年均增长率位居全州第一位。2019 年末,全县通过实施"五个一批"累计减少贫困人口 6 612 户 23 552 人,圆满完成 2 个贫困乡镇退出,38 个贫困村出列,全县综合贫困发生率由 2014 年的 20.76% 下降到 2019 年的 0.76%,全县贫困退出通过州委、州人民政府的评估验收。2019 年 2 月,双柏县接受 2018 年贫困县退出省级专项评估检查,省委、省人民政府于 2019 年 4 月 30 日召开新闻发布会,宣布双柏县脱贫摘帽,双柏县作为云南省 2018 年贫困县(市、区)退出的 6 个先进县之一作新闻发布交流。在 2019 年扶贫开发成效考核中取得"好"的成绩。

二、干部大返乡、政策大宣讲

活动组织 从 2018 年 10 月开始,双柏县组织辖区内全部双柏籍国家公职人员返回出生村组,开展"干部大返乡、政策大宣讲"工作。开展以民情恳谈、脱贫攻坚政策法规宣传、感恩励志教育为主要内容的活动,有效激发贫困群众脱贫致富内生动力,增强广大党员干部群众坚决打赢脱贫攻坚战的信心和决心。

双柏县印发《关于在全县开展"干部大返乡、政策大宣讲"工作的通知》,明确返乡宣讲政策的总体要求、目标任务、宣讲重点和参与范围;制作建档立卡贫困户、低保户、五保户纳入和退出标准程序宣传单,以及教育扶贫、健康扶贫、乡村振兴等通俗易懂的宣传口袋书。3182 名双柏籍干部踊跃参与,与出生地乡镇、村、村民小组沟通,对接好宣讲时间,提前对自己的直系亲属和旁系亲属进行教育引导。

双柏县返乡干部回到生长之地开展"干部大返乡、政策大宣讲"和民情恳谈活动,贫困群众见到自己的亲人,能够畅所欲言地把想说的话、想问的问题、想提的建议都实实在在表达出来,返乡干部也能够认真倾听,第一时间做好政策解答、思想沟通、释疑解惑等工作。良好的沟通交流,消除了部分贫困群众对脱贫攻坚惠民政策一知半解而产生的抵触、不接受心理,贫困群众弄清建档立卡贫困户纳入退出、政策享受、低保领取等问题,广大群众对开展脱贫攻坚工作的认识更加深刻,对脱贫政策的理解更加透彻,满意度、认可度显著提升。

活动方式 双柏籍干部根据各自不同的出生村组建立不同的 QQ 群和微信群,明确联络员,做好返乡联系、协调等相关工作。结合各村实际情况,因地制宜"开展一次环境整治、组织一次脱贫政策宣讲、开展一次感恩教育活动、看望一次贫困村邻、组织一次

图 2 - 43 干部返乡开展活动(2018 年)

力所能及的帮扶"。活动的开展,帮助贫困群众消除"等靠要"思想,化解非贫困群众心理不平衡的问题,群众满意度、认可度显著提升。开展"干部大返乡、政策大宣讲"工作,为全县双柏籍干部搭建一个心怀感恩、情系家乡的干事平台,为家乡群众了解政策形势、熟悉脱贫攻坚工作打开一扇窗,也为全县"自强、诚信、感恩""感恩党中央、脱贫奔小康"主题实践活动构建一个新的载体。干部愿意回乡宣讲政策、教育引导群众,在依法依规的前提下为家乡做点实事,力所能及地帮助家乡群众解决一些生产生活中的问题,群众也更愿意从本村在外干部口中了解政策,也更愿意接受本村在外干部提出的一些意见建议。"干部大返乡、政策大宣讲"工作架起返乡干部和村民之间的"连心桥",进一步加深乡邻情,助力脱真贫。

宣讲内容　3 182名双柏籍干部返回各自的出生村组,通过召开户长会、村民小组会议以及逐户走访等形式,采取看一看家乡的现状、比一比今昔变化、讲一讲扶贫惠农政策、听一听父老乡亲的意见建议等方式,向父老乡亲进行脱贫攻坚政策、惠农政策、共建共享理念、脱贫致富励志故事、文明新风和环境整治等内容的宣讲。返乡干部对乡亲们普遍关心的为什么是建档立卡贫困户、为什么不是建档立卡贫困户、为什么脱贫、为什么脱不了贫、为什么是低保户、为什么不是低保户等问题,进行耐心细致的讲解,教育广大群众牢记党的恩情,永远感党恩、听党话、跟党走,发扬"自力更生、艰苦奋斗"精神,自立自强、诚信苦干,依靠自己勤劳的双手脱贫致富,引导群众转变思想观念、摒弃陈规陋习,真正移风易俗,倡导文明新风。

双柏县通过开展"干部大返乡、政策大宣讲"工作,使广大群众认识到幸福不会从天降,必须摒弃"等靠要"思想,破除"争贫、乐贫、安贫"的消极思想,营造脱贫光荣、贫困可耻的浓厚氛围,从而激发广大群众脱贫攻坚的主体意识,补齐贫困群众的精神短板,变"要我脱贫"为"我要脱贫",提振自力更生、奋发图强的精气神,唱响感恩主旋律,为脱贫致富学技术、想办法、找门路,从"不愿干""不想干""不会干"到"自觉干""主动干""积极干",贫困群众从"扶起来"到自己"站起来",取得"增收入""富口袋"和"富脑袋"的多重实效。

民情恳谈　返乡干部回乡后,融入村组开展民情恳谈,和父老乡亲心贴心、面对面交流,一起感受家乡面貌的变化,一起感知生活水平的提升,一起畅谈群众精气神的转变,一起感恩党的好政策。返乡干部认真走访村里的建档立卡贫困户,实地了解致贫原因,帮助出主意、想办法,使群众明白贫穷并不可怕,可怕的是安于现状、自暴自弃;认真聆听非建档立卡贫困户的心声,解答扶贫疑问,消除疑虑;认真了解边缘贫困户的情况,对因发生意外、伤残疾病等导致家庭困难的,协调卫健、民政、残联等单位,助其渡过难关。返乡干部嘘寒问暖,用心用情用智用力为村邻脱贫致富献计出力,帮助群众解决困难和问题536个,组织开展农村环境整治1 719场次,征求到道路交通、农田水利、电网改造等与民生息息相关的意见建议2 054条。

双柏县的"干部大返乡、政策大宣讲"工作,与感恩教育、民情恳谈、送戏下乡、农村环境整治、树文明乡风等有机融合,开展一次环境整治、组织一次脱贫政策宣讲、开展一次感恩教育活动、看望一次贫困村邻、组织一次力所能及的帮扶"五个一"活动,让返乡干部与群众一起打扫房前屋后环境卫生、力所能及自筹资金为家乡基础设施建设作贡献、竭尽所能为贫困群众排忧解难、设身处地感受改革开放40年的新变化,也让广大群

图 2‑44   村情民情恳谈会（2018 年）

众认识到开展脱贫攻坚的重大意义，理顺情绪、化解矛盾，自觉融入全县脱贫大局中，自觉树立"从我做起"的脱贫攻坚思想，以崭新的精神状态投入农村环境卫生整治、公益事业建设和文明乡风建设等工作中，加快建设美丽新双柏的步伐，促进农村面貌新变化。

截至 2020 年 8 月，双柏县共组织 6 次"干部大返乡、政策大宣讲"活动，加强了返乡干部同当地群众的密切联系。

三、脱贫攻坚廉洁评估

机制建立   2018 年下半年，为确保扶贫项目实施、扶贫资金管理使用安全、高效廉洁，双柏县率先在全州范围内探索建立扶贫项目廉洁评估机制。按照"监督跟着项目走、评估跟着项目走"的原则，双柏县的脱贫攻坚廉洁评估机制统筹整合行业扶贫部门、项目实施部门、纪检监察机关、村组群众等力量，形成信息共享、上下联动的项目评估机制，对扶贫项目实施进行全程监督和廉洁评估，对项目实施情况及成效开展满意度测评，真正让贫困群众成为扶贫项目实施、管理、受益的主体，推动脱贫攻坚相关政策落实到位，确保项目实施依规依纪、资金使用安全高效、党员干部务实清廉，提升群众满意度和获得感。2018 年 11 月 28 日，县委办公室、县人民政府办公室印发《双柏县扶贫项目廉洁评估实施方案（试行）》，对工作目标、工作举措、评估重点、评估工作任务分解、评估方式及结果运用、工作要求等内容进行明确。

2018 年 12 月 4 日，双柏县扶贫项目廉洁评估行动试点工作启动部署会议在爱尼山乡召开，对全县开展扶贫项目廉洁评估行动试点工作进行安排部署，正式启动扶贫项目廉洁评估行动。扶贫项目廉洁评估坚持"源头介入、过程可控、成效明显、群众满意"

的原则,廉洁评估员对项目资金使用、实施管理、公开公示、质量高低等进行监督,反馈问题、督促落实整改。扶贫项目廉洁观察员在开展扶贫项目监管、实施廉洁扶贫专项行动等方面具有知情权、建议权、监督权、询问权、评议权,以列席会议、发动群众、了解扶贫项目推进情况等方式,解决群众监督短板,突破"最后一千米"监督瓶颈。

2018年12月至2020年8月,全县共建立廉洁评估员队伍5 080人,参与评估扶贫项目187个,发现的全部问题已完成整改。扶贫项目廉洁评估机制把群众聘请为扶贫项目廉洁评估员,既充分发挥人民群众在扶贫项目实施中的监督作用,让其有"存在感";又通过运用人民群众的评议、评价,改善和提高扶贫项目实施的质量,让其有"获得感",解决扶贫项目"看得见的管不着,管得着的看不见"的弊端。

工作保障　结合扶贫项目多、覆盖广、监督任务重、监督力量薄弱等情况,对扶贫项目廉洁评估从工作目标、工作举措、评估重点、任务分解、评估方式和结果运用等方面作出明确要求。由县纪委、监委牵头,统筹整合行业扶贫部门、项目实施部门、纪检监察机关、乡镇党委政府、村组群众等力量,成立扶贫项目廉洁评估领导小组,对扶贫项目廉洁评估活动进行督促指导,定期开展分析研判,建立信息共享、上下联动、监督有效的工作体系。

以"敢说实话、能干实事、抓出实效"为标准,以"敢监督、敢评估"为要求,采取召开户长会、村(社区)"三委"会、乡镇审定会的方式,以村民小组为单位,从建档立卡贫困户、非建档立卡贫困户及本村在机关单位工作干部中选聘出3~5名"办事公道有威望、带头致富有能力、奉献社会有热心、遵纪守法有公信力"的群众,由乡镇党委发文聘任为扶贫项目廉洁评估员,并统一定制发放标识,让廉洁评估员亮明身份、大胆评估。同时,加强工作指导和监督管理,对评估员开展工作情况进行跟踪管理,对不履职或不适合担任评估员的及时进行解聘和更换。

围绕怎样参与、怎样监督、怎样评估、怎样运用结果等方面,强化对评估员工作职责、项目规划申报、工程质量建设标准、项目招投标制度、廉洁自律规定等内容开展系统培训,全面提升扶贫项目廉洁评估员队伍整体素质。截至2019年8月,全县8个乡镇共开展扶贫项目廉洁评估员培训会议238期。

评估方式　项目前期阶段,扶贫项目廉洁评估员采取个别走访、征求意见、召开户长会议等方式听取村组群众意见建议,争取立项或督促项目实施单位完善规划方案并进行公示。列席与扶贫项目实施相关会议,了解项目规划、申报、安排等情况。

项目实施阶段,组织由项目业主单位、施工单位、监理单位、扶贫项目廉洁评估员等各方参与的见面会,评估员主动参与审议项目实施方案,提出修改建议,并与项目参与各方签订廉洁扶贫承诺书。采取发动群众参与、个别走访、实地查看、查阅资料等方式,重点对本村脱贫攻坚项目建设是否按照规划和实施方案严格执行、项目质量和标准是否达标过关进行监督;对项目资金投入、分配使用、补助标准、建设内容、资金结余等情况是否公开公示进行监督;对有关部门和干部在项目实施过程中是否有违规违纪行为进行全程监督。

项目验收阶段按照"扶贫项目建设到哪里,廉洁评估就覆盖到哪里"的原则开展评估和测评。项目实施后,对项目计划执行、项目质量、群众满意度等情况进行评议,填写《扶贫项目廉洁评估表》,将发现的问题和收集到的意见建议,通过电话、手机短信或书面材料等反馈至村务监督委员会,由村务监督委员会汇总后报乡镇纪委。乡镇纪委汇总建立问题清单台账移交相关监管部门和责任人抓好整改落实。县、乡镇扶贫项目廉洁评估领导小组不定期开展督查,对整改情况进行跟踪问效。对扶贫项目廉洁评估未出具评估意见或测评满意率低于90％的,该项目不予验收;对项目实施中存在问题拒不整改或整改不到位的,将该施工单位列入黑名单,在全县范围内通报,取消其在县内参与其他项目建设的准入资格。

机制效果　双柏县建立集扶贫项目监督、项目评估、项目测评等功能于一体的扶贫项目廉洁评估机制,通过选聘以群众为主体的扶贫项目廉洁评估员,让群众从"旁观者"成为"参与者""监督者""受益者",大幅提升群众的满意度。这一工作方法,引起省州相关部门和领导的高度关注。

2018年11月13日,中共楚雄州委书记杨斌到双柏县开展调研,提出双柏县要在探索"建立扶贫项目廉洁评估机制"工作中走在前列的要求。

2019年4月16日,云南省委全面深化改革委员会办公室编印的《云南改革快报》第19期,刊发双柏县脱贫攻坚扶贫项目廉洁评估行动工作经验《双柏县探索建立扶贫项目廉洁评估机制提升群众获得感》。

2019年5月1日,中共楚雄州委书记杨斌在《云南改革快报》上作出重要批示:"要进一步总结双柏在开展廉洁扶贫项目评估工作的好做法,并在全州推广。"

四、敦促赡养人履行赡养义务

2018年5月,双柏县在全州率先开展"敦促赡养人履行赡养义务助力脱贫攻坚工作,切实保障被赡养老人的合法权益"行动,确保农村独居老人住上安全稳固住房,实现老有所养、老有所居。

针对部分老人居住在脏、乱、差等条件简陋的危旧房而子女有赡养能力未尽赡养义务,鳏寡孤独无人照管、老弱病残无人赡养的情况,成立由县委政法委牵头,县法院、县检察院、县公安局和县司法局等县级政法部门和8乡镇党委政府密切配合的敦促赡养人履行赡养义务工作领导小组,8乡镇分别成立对应的工作领导小组,形成以"政法委主导、政法机关配合、基层参与"的工作格局。

印发《关于敦促赡养义务人履行赡养义务并限期将被赡养人接入安全住房共同生活的通告》(以下简称《通告》),明确赡养父母是子女应尽的法定义务。将依法有效惩戒和严厉打击不履行赡养义务等行为作为重点,支持被赡养人依法维权,对赡养人不履行赡养义务的,县司法局法律援助中心和各乡镇法律援助工作站(司法所)提供免费法律援助;对拒不按要求履行法定义务的,公安机关除按规定进行相应处罚外,并责令其履行赡养义务;对涉嫌违法犯罪的,由法律援助机构指定法律援助律师或法律服务工作者为被赡养人或有关组织、部门提供法律援助,代被赡养人向县法院起诉,县法院遵照快立、快审、快结、快执原则,采取就地巡回审理,并将审理情况向社会公开,依法追究赡养义务人的法律责任;对赡养人与被赡养人恶意串通,以让被赡养人居住危旧房为手段骗取、套取国家扶贫资金的,依法予以追缴,构成犯罪的,依法追究刑事责任。

双柏县宣传与落实并举,将《通告》印发至全县各乡镇各村(居)委会,组成敦促赡养老人工作组到全县所有村民小组召开户长会、群众会进行孝老养老爱老宣传,先后两次摸排出 147 户未尽赡养义务的独居老人户。对未尽赡养义务人采取正面宣传教育加法律追究的方式,情法相济使赡养人认识到自身责任和义务。结合农村独居老人各自不同情况精准制定敦促赡养措施;对居住在安全稳固住房而不愿和子女共同生活的,与子女签订家庭赡养协议书,明确法定赡养义务人每年必须向被赡养人提供人均不少于3 500元的生活保障;对住房不安全但生活有保障的,明确法定赡养义务人限期修缮加固老人住房,达到安全稳固要求;对愿意和子女共同生活的,明确按照规定时限接入共同生活。

为确保敦促赡养人履行赡养义务工作不走过场,县委组织专项督察组对《通告》的学习宣传、贯彻落实、摸排情况和存在问题整改落实情况进行督查调研,对未整改的相关责任人追究法律责任,确保独居老人有安全稳固住房和生活有保障。截至 2019 年 2月,147 户未尽赡养义务的独居老人户均得到赡养保障。

结合全县开展的敦促赡养人履行赡养义务工作,对孝老敬老的先进事迹加以宣传,用他们的故事唤醒未尽赡养义务人心底的责任和义务,构筑起精准扶贫、精准脱贫的道德底线,在全县上下形成敬老养老爱老可敬、弃老嫌老虐老可耻的良好道德风尚。

五、脱贫攻坚观察员

2017 年 5 月 1 日,为抓实源头防腐,克期完成脱贫攻坚工作目标任务,充实扶贫工作力量,双柏县在精准扶贫精准脱贫工作中,首推脱贫攻坚观察员制度。从县级部门选聘 50 名脱贫攻坚观察员和 218 名脱贫攻坚特邀观察员,对全县脱贫攻坚工作各个环节进行现场观察和全过程监督,收集扶贫领域的问题线索,发挥脱贫攻坚观察员"尖兵"和"前哨"作用。

人员选派　县委着眼于脱贫攻坚一线急需思想政治素质好、能吃苦、熟悉农村工作、敢于大胆履职、能独当一面的优秀干部的实际,对县级部门干部全面摸排,遴选 50 名熟悉农村工作、协调能力强,能大胆建言献策,具有苦干实干精神、作风过硬的干部担任脱贫攻坚观察员。50 名脱贫攻坚观察员中,有 37 名科级领导干部、6 名副处职级干

图 2-45　脱贫攻坚观察员工作会议(2017 年)

部,科级以上领导干部占 86%,大部分工作 15 年以上,能吃苦耐劳,都有乡镇工作经历,农村工作经验丰富,经历多岗位锻炼,部分长期担任县级部门主要领导,协调能力较强。

驻点选派　将脱贫攻坚观察员选派到贫困程度深的乡镇和村委会,2017 年 6 月 5 日,首批 35 名干部分别进驻县扶贫办、全县 8 个乡镇和 17 个贫困村,承担起双柏县脱贫攻坚观察员的职责和任务。其中 10 名脱贫攻坚观察员被选派到深度贫困的安龙堡乡,成为全县唯一有 2 名乡级观察员、8 个村委会全部配齐观察员的乡,凝聚 29.4% 的观察员力量。2018 年 3 月 23 日,县委继续向县扶贫办、8 个乡镇、21 个贫困村、深度贫困村选派 34 名脱贫攻坚观察员。

工作职责　将观察员参与脱贫攻坚、监督督促职能贯穿于精准扶贫全过程,在贫困对象动态管理、扶贫领域资金使用、精准扶贫政策落实、建档立卡贫困户信息录入、一户一档维护管理等方面,对错评、漏评、错退、漏退、资金使用不合规、政策落实不到位、档案信息有错漏等问题进行监督检查,提出整改意见;督促各乡镇和村(社区)对问题即知即改,确保扶贫对象精准、资金使用精准、信息录入精准和一户一档完整规范,为全县高质量打赢脱贫攻坚战划出纪律底线、道德红线。

在县扶贫办,观察员的主要职责任务是协助分管相关股室,做好文秘、会务、宣传、档案、信访、项目规划、项目评审及批复、项目监督管理、验收、扶贫信息监测系统数据录入、社会扶贫宣传动员、资金绩效考评等工作;负责指导乡镇扶贫项目规划,督促扶贫项目的实施;组织做好精准扶贫精准脱贫、整村推进、易地扶贫搬迁、社会扶贫、扶贫贷款、扶贫政策宣传、科技扶贫、雨露计划培训等工作的落实;负责做好扶贫开发的调研和典型经验总结;抓好全县脱贫指标监测、贫困户动态管理、档案管理等工作。

在乡镇,脱贫攻坚观察员重点负责对照乡镇村户脱贫指标,查找乡镇脱贫攻坚工作中存在的问题,汇总贫困村问题清单上报县扶贫办,对所驻乡镇的脱贫指标完成情况进行监测、统计,定时向县扶贫办报送工作推进情况,负责监督挂包单位及驻村工作队员工作开展情况。

在贫困村,脱贫攻坚观察员重点负责对照村(社区)户脱贫指标查找所驻贫困村脱贫攻坚工作中存在的问题,形成问题清单报送给派驻乡镇的工作人员,对所驻贫困村的脱贫指标进行监测、统计、上报,定时向派驻乡镇工作人员报送工作推进情况。

工作效果　脱贫攻坚观察员驻扎在脱贫攻坚一线,与贫困群众"同吃、同住、同劳动",进村入户了解贫困户家庭生产生活、致富路子等基本情况,帮助群众解决实际困难和问题,拉近与群众的距离,密切党群干群关系。观察员用心监督、发现和解决脱贫攻坚工作中存在的问题,理直气壮建言献策,力所能及解决问题,在小小的岗位上,发挥着大作用。截至 2019 年 2 月,全县脱贫攻坚观察员和特邀观察员共提出有针对性的意见建议 69 条,所有意见建议均得到解决。

六、脱贫攻坚"专题日""主题月"

脱贫攻坚"专题日"　双柏县将每周六定为脱贫攻坚"专题日",为挂包帮扶工作定主题、定责任、定任务、定频次,形成常态化、制度化、长效化挂包帮扶机制,全县挂包帮扶干部利用脱贫攻坚"专题日"进村入户"真扶贫、扶真贫",促进建档立卡贫困户"脱真贫、真脱贫"。

印发《关于进一步严肃和规范全县"脱贫攻坚专题日"工作的通知》,在脱贫攻坚"专题日",全县85家县级部门3298名挂包干部和省、州驻村扶贫工作队员、85个村(社区)干部,除应急值班值守工作人员外,全部进村入户开展挂包帮扶工作。

明确"专题日"开展政策知识宣传、感恩教育活动、素质技能培训、挂包帮扶遍访、产业发展培训、扶贫重点攻坚、扶贫政策培训、环境整治提升、对标补齐短板、痕迹档案完善等"十个"方面的工作重点。县扶贫开发领导小组办公室结合阶段工作每周印发"专题日"工作主题,各乡镇、各村(社区)结合实际明确每周"专题日"工作任务,保障"专题日"重点明确、有的放矢、任务到人。

在"专题日",挂包干部反复深入田间地头、走进贫困户家中,面对面、心贴心与贫困群众认亲交友,切实找准致贫原因,因村因户精准施策,制定有针对性措施真帮实扶,做到贫困对象家底清、致贫原因清、帮扶措施清、投入产出清、帮扶责任清、脱贫时序清,把扶贫扶到点上、扶到根上。

注重工作实效,利用"专题日"组织开展一轮干部返乡宣讲政策、一轮村情发展恳谈、一轮督促赡养义务人履行赡养义务、一轮"村村畅净、户户达标"行动、一轮"十有七净"达标行动、一次脱贫攻坚账梳理通报、一批群众关注的重点问题解决、一次"奖勤罚懒"拔穷根活动、一套《村规民约》制定、自己买菜与联系户共吃一顿饭等"十个一"活动。

制定出台严明脱贫攻坚工作"十条"纪律,挂包干部在"专题日"期间严格遵守中央八项规定,严格遵守工作纪律、群众纪律、廉洁纪律,按规定缴纳伙食费。县委、县人民政府督查室定期开展脱贫攻坚"专题日"督查,县委、县人民政府领导开展脱贫攻坚"专题日"随机督查,对未进村入户干部在全县范围内通报,对连续两周未进村入户开展工作的单位和个人进行约谈、问责,截至2019年2月,累计对21名脱贫攻坚工作不力的干部进行问责约谈。

双柏县通过开展脱贫攻坚"专题日",吹响脱贫攻坚"集结号",进一步压紧压实全县各级挂包单位、挂包干部的挂包帮扶责任,有效解决挂包单位、挂包干部正常工作日本职工作任务重,无法集中时间、集中精力履行帮扶责任、开展挂包帮扶工作的难题。同时,挂包干部每星期都到结对贫困户家中"走亲戚",把结对帮扶的贫困户当亲人、家人,群众对脱贫攻坚的满意度、认可度显著提升。该项工作有效建立起挂包干部与贫困群众之间联系的桥梁,解决一批村组户急需解决而长期得不到解决的难题,改善群众生产生活条件,增强群众自力更生谋发展,真心实意感党恩的意识,树牢"脱贫摘帽不等不靠"的自强意识,让群众不仅富"口袋",还富"脑袋",实现"智志"双扶的同步推进。

脱贫攻坚"专题日"为挂包单位、挂包干部进村入户开展工作划出"硬杠杠",是推动挂包单位、挂包干部扑下身子用心帮扶,助力群众增收脱贫的关键一招。脱贫攻坚"专题日"建立干部密切联系群众的长效机制,激发群众发展生产、勤劳脱贫的积极性。

脱贫攻坚"主题月"　2018年8~12月,双柏县为突出工作重点,提高工作针对性和有效性,围绕抓好脱贫攻坚25项重点工作,在脱贫摘帽关键时期实行脱贫攻坚"主题月"活动。

8月为"产业扶贫攻坚月",主要以培育新型经营主体、建立完善新型农业经营主体、开展村集体经济村村达标活动为主要内容,与贫困户利益联结机制、加大新型经营主体的培育,与贫困户建立紧密、稳固、长效的利益联结机制,做到增收产业全覆盖、新型经营主体全覆盖,利益联结机制全覆盖。确保贫困群众稳定脱贫,村集体经济全部达标。

9月为"安全稳固住房攻坚月",主要以全面推进农村C、D级危房改造、抓好易地扶贫搬迁工作为主要内容,加快推进农村危房改造和易地扶贫搬迁工作,9月30日前,所有农危改户必须完成竣工验收并搬迁入住;所有易地扶贫搬迁户必须于9月30日前全部实现搬迁入住,搬迁入住后一个月内必须100%完成拆旧工作。

10月为"农村人居环境提升攻坚月",主要以开展农村环境卫生综合整治、开展修路修沟排水活动、制定"村规民约""村庄保洁制度""村庄垃圾收费制度""村庄保洁员职责"等规章制度为主要内容,通过农村环境卫生综合整治,村规民约及各种规章制度的建立,形成长效管理制度,改善提升村容村貌,助推脱贫攻坚。

11月为"扶贫政策培训攻坚月",主要以加大扶贫政策的宣传力度、注重考核引路人培养工作为主要内容,强化扶贫政策的学习、宣传工作,做到干部人人知政策、农户户户晓政策。

12月为"考核迎检攻坚月",主要以组织开展县内考核、做好州扶贫开发领导小组对双柏县脱贫摘帽的初评考核和迎接省扶贫开发领导小组对双柏县考核为主要内容,举全县之力,全力做好准备,迎接国家第三方对双柏县的考核评估工作,确保考核评估顺利通过,实现脱贫摘帽。

七、"六个一"引领乡村全面振兴

"产业兴",让每一个村都成为产业发展示范村　大力发展林药、林果、林树、林畜等林下种养殖业,闯出"生态＋产业""生态＋扶贫""生态＋旅游""生态＋文化""生态＋康养"的双柏模式。2019年,全县四大重点产业产值分别为24.38亿元、16.5亿元、12.1亿元和34.3亿元。以中国彝乡民宿经济发展示范区建设、生态休闲旅游目的地建设为突破口,全面提升彝药中医、食疗药膳、康体养生等绿色生态文化,大力发展乡村旅游业。加强农产品"三品一标"认证登记工作,形成"白竹山茶""妥甸酱油""邦三红糖"等一批绿色有机主打产品。截至2020年8月,全县共建成大小酒店116家,民宿客栈33家。共有无公害农产品认证8个,绿色食品认证22个,建成村级电子商务公共服务点62个。

"庭院美",让每一户农舍都建成美丽的小康庭院　着力建设具有浓郁彝族虎文化特色的山水园林城市,加快县城查姆彝药养生小镇、哀牢山国家风情旅游小镇等15个省级村庄示范村建成并投入使用。积极推进社会主义核心价值观"个、十、百、千、万"工程,不断提升乡村人文品质,留住乡愁,妥甸镇上村被命名为全国文明村、法脿镇李方村被命名为"中国少数民族特色村寨"。发挥村规民约在村民议事、红白理事中的规范约束作用,让村规民约成为农村家庭、农民的自觉遵循。2020 年 8 月,全县有省级文明单位 10 个、州级文明单位 18 个。

"农民能",让每一名农民都成为新型职业农民 将专业大户、家庭农场主、农民专业合作社带头人、农村中的种植高手、养殖能人及各类科技人员等列为重点培育对象,建立新型职业农民培育对象数据库和信息管理系统。有针对性地开展新型农业经营主体带头人、农村实用人才带头人培训、农村生产实用技术培训、农村劳动力转移培训等各类培训,对符合条件的农民,开展新型职业农民认定。2019 年,共培训新型农业经营主体带头人、农村实用人才带头人 2 489 人。全县共评定出农村专业技术人员 3 786 名,其中评定农村高级技师 17 名,农村中级技师 119 名,农村助理技师 800 名,农村技术员 2 850 名。培树先进典型,双柏县鹤岚中药材产销协会会长张华、双柏县祥鸿农牧业养殖协会会长尹世祥被表扬为第一批"楚雄州农民专业合作组织乡村振兴贡献奖"先进个人。

"组织强",把每一个基层党组织建成带领群众脱贫致富的坚强战斗堡垒 进一步细化农村党组织的职责任务、工作机制、组织生活等建设标准,建立农村党员教育实训基地 113 个,培养农村党员致富带头人 475 人。深入推进"万名党员进党校",在全州率先实现党员进党校培训全覆盖,做好失联党员处置,强化 733 名流动党员服务管理,全县党员队伍质量有明显提升。不断健全完善农村为民服务站等基层党组织服务平台,列出服务事项清单 20 余项,按照时间节点对相关工作进行考核,确保实事办实、好事办好。采取将每一个软弱涣散的党组织作为县乡领导干部的联系点、驻村干部的工作点、县乡部门的扶持点、县委组织部的观察点、一个先进村带一个软弱涣散村"四点一带"的方式,限期整改、转化提高。

"治安好",把每一个村都建设成平安乡村 加强对平安乡村建设的领导、统筹协调,各乡(镇)、村(社区)建立健全治安防范网络,健全各村专兼职治安巡防队,实现与各类技防系统的实时互动,提高农村地区治安防范和突发事件处置水平。稳步推进"人民调解先行"和"警民联调"工作,积极排查化解各类社会矛盾,消除影响社会稳定隐患,切实把矛盾纠纷化解于萌芽状态,防止纠纷激化。县、乡(镇)、村(社区)、自然村组 4 级公共视频监控资源,实现视频监控资源的互联共享、高效利用,充分运用大数据手段,创新推进基层社会治理。开展宪法、邻里纠纷矛盾化解等宣传,突出平安建设和乡村振兴主题,着力提高群众尊法、守法意识。拓宽乡村平安宣传阵地,建设法治文化阵地,营造浓厚法治宣传氛围。深入开展"民主法治示范村"创建活动。组织开展平安家园、和谐共建等平安建设活动,加大平安建设宣传力度,提高广大群众对平安建设的知晓率和参与率。继续深化平安村(社区)、平安村(居)民小组、平安户创建。

"情意长",把每一支挂包和驻村工作队打造成深受群众欢迎的不走工作队 向 82 个行政村(社区)选派驻村工作队伍,每支 3～5 人组成。由实职副科级以上领导干部(或八级职员或中级专业技术职称以上人员)担任第一书记(工作队长)。制定《双柏县驻村工作队员年度考核办法》等配套措施,用健全规范的制度管理队员、约束队员、激励队员,为全县驻村工作队员的选派管理提供基本遵循和制度保障。把驻村工作队长与村(社区)党总支书记结成"素质能力提升"对子,教思想、教方法,从工作规范、班子建设等方面,推着党组织书记大胆管、大胆干。细化各村(社区)的粮食综合生产、农业科技进步等发展,把每个村(社区)的发展目标明确化、工作任务精细化,发展措施具体化。帮助村(社区)党总支发挥示范引领作用,每月定期组织党团员开展助困帮扶活动,落实种养殖业技术助推工作,引领群众巩固脱贫成效。把他乡当成故乡,驻村队员始终把驻村事业当"家业"、把驻村百姓当"家人"、把驻村事务当"家务",用实际行动践行着新时代双柏"十二心"扶贫精神。

八、奖勤曝懒"红黑板"

为从根本上扭转部分贫困群众"等、靠、要"的思想意识,激发贫困群众脱贫的内生动力,正向引导群众,变"要我脱贫"为"我要脱贫",强力推进"精神扶贫"工作,既富口袋,又富脑袋,确保实现贫困群众物质和精神"双脱贫"。2018 年 10 月 5 日,双柏县扶贫开发领导小组办公室印发《双柏县脱贫攻坚"奖勤曝懒"红黑板评选实施方案》,以评选奖励一批通过自力更生、主动创业、勤劳致富、脱贫带贫的先进事例,通报一批好吃懒做、等着政策晒太阳的反面典型。

图 2-46　村民在对村规民约红黑榜评分进行登记上榜(2019 年)

"奖勤曝懒"红板主要在村内评选出星级户,通过上红板公开表扬,激发群众勤劳致富、奋发向上的脱贫热情,为全面建成小康社会营造浓厚氛围。

立志星。脱贫致富决心大,树立"脱贫先立志,致富靠自己"的思想,教育和引导家人探索脱贫方法,坚决依靠自己辛勤劳动脱贫致富的贫困户。

行动星。家庭脱贫有思路、有行动、有成效,不等不靠,群众认可;能够挖掘自身潜力,发展家庭经济,脱贫致富前景美好的贫困户。

贡献星。爱国爱村爱集体,能正确处理国家、集体和个人三者的利益关系,具有较强的社会责任感;配合集体公共事业(办学、修路、架桥等)建设,服从安排,做过贡献;积极参加公共公益劳动的贫困户和非贫困户。

法纪星。家庭成员学法、懂法、守法、用法,不参加非法宗教等,无黄、赌、毒、偷盗、诈骗等违法犯罪行为;伸张正义,见义勇为,自觉遵守村规民约和社会公德;无上访、闹访、缠访等行为;无违法经营,无乱占土地,无违章建筑,无在集体土地乱建、乱搭、乱堆行为,无非法出租土地行为的贫困户和非贫困户。

卫生星。农户家庭及周边环境卫生整洁,物品摆放有序,无垃圾乱倒、柴草乱垛、粪土乱堆、污水乱泼、家禽乱跑等"五乱"现象;家庭成员讲究卫生,健康状况良好;厨房整洁干净,厕所干净卫生的贫困户和非贫困户。

"奖勤曝懒"黑板主要对"等靠要"、好吃懒做、不参加公共公益劳动、不守法、参加非法宗教,参与黄、赌、毒等违法犯罪行为,无理上访、闹访、缠访;违法经营,乱占土地,家庭及周边物品乱摆乱放,随意乱倒垃圾、乱垛柴草、乱堆粪土、乱泼污水、家禽乱跑的贫困户和非贫困户在黑板进行通报批评。

评选活动以行政村为单位,由包村乡镇组织并实施,村"两委"具体负责,村第一书记、包村干部、驻村工作队员直接参与;成立由村"两委"成员、第一书记、驻村扶贫工作队和部分党员代表、村民代表组成的"奖勤曝懒"红黑板评选评委会;评委会根据评选标准,以百分制为全村农户打分,取平均数,并做有关档案的存档工作;每月红榜五星户各3户,黑板户根据村实际情况确定,以激发贫困群众自立自强、脱贫摘帽的决心信心。

九、易地扶贫搬迁"1+6"城镇化县城集中安置

易地扶贫搬迁项目实施以来,县委、县人民政府始终秉承"把最好的资源给最贫困的人"的理念,把位于县城核心区妥甸镇光明路东侧的国有规划用地无偿划拨,用于易地扶贫搬迁县城集中安置点建设用地,择优确定安置点。

图 2 - 47   易地搬迁县城集中安置小区(2018 年)

　　县城集中安置点是全县易地扶贫搬迁最大的安置小区,总占地面积 39.58 亩,建设框架剪力墙结构居住楼 13 栋、住房 398 套,建筑面积 3.34 万平方米,安置来自全县 8 个乡镇的 398 户 1 501 名贫困群众,搬迁对象占全县易地扶贫搬迁任务的四分之一。项目采用 EPC 模式建设,历经近 7 个月的艰苦奋战,398 户搬迁户按期入住。为确保实现"稳得住、能发展、能致富"的目标,县委、县人民政府压实"双点长"责任,精心谋划布局,多措并举,强力推进项目建设搬迁入住和建后管理工作。

　　建设模式　为确保县城安置点项目施工质量、进度,在项目建设中率先采取 EPC 建设模式,将"1+6"(即县城+6 个乡镇集镇集中安置点)城镇化安置点项目实行统一招标,并搭建以县城乡开发投资有限公司为易地扶贫搬迁资金承接平台,争取融资资金先行垫支,有效化解资金不能及时到位的难题;有效整合县城棚户区改造项目,破解选址点拆迁任务重、难度大的问题。同时严格按照项目基本建设程序推进项目建设工作,云南建投第九建设有限公司中标后,公司投入大量人力、物力、财力确保相关证件办理、招投标、设计、施工等各阶段工作的顺利落实,确保项目各环节畅通,有序推进;各乡镇、挂包单位深入建档立卡贫困户家中,做好思想工作,切实做到思想统一、步调一致、上下齐心、合力推进,有效缩短建设工期。

　　机制保障　在项目扫尾之初,提前筹备入住前的各项准备工作,为保证房屋分配公开、公平、公正、合理,体现人性化安置,对搬迁家庭成员中有行动不便、高龄老人等特殊困难户,实行低层优先分配。对县城集中安置点 398 户搬迁户家庭进行调查摸底,针对90 多名就读学前教育、义务教育的搬迁户子女通过协调统筹,简化转学、入学手续,保证搬迁户子女"来一个、接收一个、安排一个",确保搬迁户子女有书可读、有校可进。

　　为便于安置点搬迁群众入住后的管理服务工作,及时谋划部署,按照成立社区相关申报程序,成立康和社区党总支和居委会,从妥甸镇的镇、村两级干部中选优配强社区"五职"干部,组建社区干部队伍,设党总支 1 个,支部 2 个,党员 43 人,成立工青妇群团组织,组建社区干部队伍,组织推选楼栋长 13 人,加强服务群众和维护群众合法权益工作。强化社会管理服务,提高群众的归属感。以公开竞争的方式,选择价优质高的物业公司进行小区管理,从搬迁户中选聘相关管理人员,实现搬迁户边搬迁边就业,加强社区管理,为搬迁群众提供优质高效的服务保障。

　　就业渠道　就业是搬迁户早日实现脱贫致富的重要途径,是搬迁后稳得住、能致富的重要保障。根据搬迁户家庭劳动力、文化程度、技能水平、健康状况、就业意愿等情况,制订到户到人"一对一"的就业计划,通过采取企业就业安置一批、公益性岗位安置一批、就近就地务工解决一批、资产收益增收一批、社会保障兜底一批的"五个一批"途径,从根本上解决搬迁群众生存与发展问题。将安置点内的 51 个铺面实行竞租,铺面出租后,主要分配给进县城的搬迁户,确实增强搬迁贫困户的安全感、归属感、获得感,实现"搬得出、稳得住、能发展、能致富"的目标。

　　教育引导　以开展"自强、诚信、感恩"和"树好红黑榜、建美新家园"主题活动为契机,加强搬迁群众的思想教育,引导搬迁群众"知党恩、感党恩、跟党走",到新的环境生活后,让其改变以往传统落后的生产生活方式和不良习惯,尽快从"农民"转变为"市民",树立起自力更生、艰苦奋斗、光荣脱贫意识,积极创业就业,增收致富。在搬迁户中

图 2 – 48　群众在县城安置点扶贫车间就业(2020 年)

把讲政治、有文化的青年推选为楼栋长,让搬迁户"做好自己的事,管好自己的人",体现"主人翁"地位,为社区"两委"班子人选进行考察培养奠定基础。

十、"生态＋"扶贫模式

双柏县推动生态文明建设与精准扶贫有机融合,把生态绿色资源禀赋转化成群众迈步全面小康的"绿色银行"。

"生态＋旅游"扶贫　2016 年来,县委、县人民政府将旅游文化产业作为全县四大重点支柱产业来培育,持之以恒推动以生态旅游为核心的全域旅游产业转型升级,不断创新"生态＋旅游"扶贫模式,2018 年全县共接待国内外游客 114.96 万人次,实现旅游总收入 16.34 亿元。

围绕打造成全州乃至全省的"健康生活目的地"目标,县委、县人民政府推进中国彝族虎文化旅游城、"查姆湖"国家 3A 级旅游景区创建、白竹山 3A 级旅游景区创建、中国彝乡民宿经济示范区、碘嘉风情旅游小镇、大麦地农业休闲观光小镇、大庄田园风情休闲小镇、绿汁江休闲农业观光景区等项目。旅游基础设施、配套服务设施不断完善,大麦地现代农业观光自驾游营地、李方村"锣笙源"云南彝族生态旅游村、查姆湖风情旅游区、老黑山生态休闲旅游游览步道已经正式投入使用,"查姆湖"国家 3A 级旅游景区创建成功。白竹山清凉世界,大麦地暖冬之旅等旅游产品初步形成;成功举办中国双柏彝族虎文化节、中国哀牢碘嘉中元节、中国双柏查姆文化节等节庆活动,"查姆""三笙"等民族特色文化优势进一步突显,以白竹山茶叶、妥甸酱油、阳光玫瑰等为代表的旅游商品正向多元化发展,全县旅游文化产业品牌集群形成强势突围之势。

图 2-49 中国双柏彝族虎文化节盛况(2019 年)

围绕把双柏县建设为中国彝乡民宿经济发展示范区,将发展民宿经济作为乡村旅游扶贫的有效载体,在县内彩碉、双新、元双公路、绿汁江沿线发展赏景度假型、民俗体验型、沿路体验型民宿。锣笙湖半山酒店,独田乡龙田韶苑、大湾电站嘉鑫园、大岭岗民宿点,爱尼山乡大岔路国飞药膳庄园、安龙哨、太和江鲜鱼楼民宿点,妥甸镇老熊箐、小酒坊民宿点,碉嘉镇彝宅风情体验馆、二道箐民宿点,大庄镇小湾子垂钓中心相继开业运营。

采取"公司＋农户""专业合作社＋农户"模式,推动以"居农屋、吃农饭、品农趣、觅农情、赏农景、购农品、干农活"为主要内容的乡村体验旅游发展。截至 2019 年末,全县共培育以法脿镇"雨龙寨农家乐"为代表的乡村旅游农家乐 45 家,通过乡村旅游带动超过 1 000 名贫困人口脱贫。

"生态＋产业"扶贫 双柏县把林业产业作为产业扶贫的重要抓手,累计发展核桃产业基地 100.19 万亩,其中核桃挂果面积 40 万亩,干果产量 3 839 吨,产值 8 753 万元,农民人均核桃收入 800 多元。引进双柏一禾农业科技有限公司带动大庄镇 650 户农户发展青花椒种植面积 2 万亩(其中建档立卡贫困户 1 650 户种植 0.9 万亩),年支付群众山地、荒山流转费用 170 万元,带动全县青花椒产业种植 7.8 万亩;结合人工商品林采伐和森林抚育项目的实施,在全县发展 7.69 万亩林下中药材种植,实现产值 4.46 亿元,户均实现增收 1.14 万元;引进云南森美达生物科技有限公司通过林地土地流转、退耕还林等方式,发动群众种植发展高产蓝桉、澳洲油茶提炼精油,带动全县 571 户建档立卡贫困户种植桉树 1 415 亩、每年销售桉树叶 2 000 吨,户均实现收入 0.35 万元;发动农户种植冬桃、樱桃、红梨、甜橙等特色水果 3.1 万亩,全县特色经济林果产值 18 600 万元;培育绿化观赏苗木苗圃单位或个人 19 户,培育绿化观赏苗木 407.3 万株,每年可培育 60 多个乡土珍贵绿化树品种近 1 000 万株。截至 2019 年末,全县共有涉林企业 122 户,全县林业总产值 28.07 亿元,农民人均林业收入 4 500 元以上。

按照"龙头企业＋基地＋贫困户""合作社＋基地＋贫困户"等产业扶贫带动模式,培育 3 632 个新型经营主体,成立 30 个村级产业发展互助社,扶持贫困农户 2 341 户 8 441 人入社发展产业。2017 年来,全县 5 704 户建档立卡贫困户、22 124 名贫困人口通过发展产业实现增收 2 698.3 万元。全县农村居民人均可支配收入从 2013 年的 0.55 万元增加到 2018 年的 1.01 万元,增长 83.64%,农民从农业产业化经营中获得的收益占农村常住居民可支配收入的 40% 以上。

　　双柏县培育"滇中黄牛"、云岭黑山羊、哀牢山密架山猪、撒坝猪、"雅口飞鸡"等生态健康的有机食材,引进培育上海牧粮集团 20 万只黑山羊精深加工、云南滇鲁农业科技有限公司 10 万头肉驴养殖等种养殖农业龙头企业 46 户,特色种养殖大户 483 户,家庭农场 18 个,创办各类合作社 121 家,带动全县黑山羊、肉驴养殖、青花椒、小米椒、生态蔬菜、密架山猪等 20 多个各具特色的种养殖支柱产业规模不断壮大。截至 2020 年 8 月,全县共种植蔬菜、水果 15.96 万亩,有特色经作茶叶 1.5 万亩、桑园种植 0.07 万亩、魔芋种植 1.5 万亩;核桃种植 100.19 万亩、青花椒 9 万亩、冬桃 0.65 万亩;黑山羊存栏 19.9 万只,肉牛存栏 7.2 万头,猪存栏 22.7 万头,家禽存栏 69.25 万羽,以市场带动 5 704 户 22 124 人建档立卡贫困人口实现增收 2 698.3 万元。

图 2‑50　生态养殖(2018 年)

　　突出绿色品牌打造,实现高原特色农业融合发展,精准提升产业化水平,全县青花椒、中药材、蔬菜、黑山羊等主导产业均有龙头加工企业引领提升。全县共发展鲜食葡萄 1.04 万亩,枣类 0.92 万亩,茶叶 1.5 万亩,桑园 0.07 万亩,年种植蔬菜 12.8 万亩;建成生猪规模养殖场(小区)43 个、肉牛规模养殖场 321 个、肉羊规模养殖场 1 610 个、"密架山猪"肉质通过云南农业大学动物科学研究院和广州市农业标准与监测中心权威检测为安全优质猪肉。2019 年末,全县共认证"三品一标"42 个(其中绿色食品认证 22 个,有机食品认证 11 个,无公害农产品认证 8 个),认证总面积 5.01 万亩(其中认定无公害农产品产地 2.31 万亩,绿色食品产地 1.47 万亩,有机食品认证面积 0.23 万亩,农产品地理标志产品登记 1 万亩),"白竹山"牌云雾茶,"妥甸酱油",绿汁江、马龙河沿线的反季蔬菜等绿色食品品牌建设得到加强,白竹山牌"碧螺春"茶价格每千克 0.4 万余元,周边茶农人均收入 0.6 万余元。

　　"生态＋就业"扶贫　双柏县在强化生态文明建设、保护生态资源过程中,注重让农民参与,调动农民生态保护积极性。探索贫困户就地转化生态护林员的扶贫路子,通过政府购买服务的方式,按照县管、镇聘、村用的原则,实行动态考核管理,一年一聘。2016 年 12 月至 2019 年 12 月,共聘请 1 460 人次具有劳动能力、有劳动意愿的建档立卡贫困户为生态护林员,共兑现管护费 1 207 万元;2020 年 1 月,聘用生态护林员 660 名;2020 年 7 月,新聘用生态护林员 140 名,共聘用生态护林员 800 名,管护费标准为 800 元每人每月。2014～2019 年,共聘用贫困户天保工程公益林护林员 356 人次,支付管护费 256.7 万元;2020 年聘用贫困户天保工程公益林护林员 85 人次,平均管护费约 1 000 元每人每月。2017 年 10 月至 2019 年 9 月,共聘用贫困户劳动力季节性护林员 78 人次,兑现管护费 141.68 万元。2018 年来,针对年龄偏大或部分丧失劳动能力、难以通过市场实现就业的建档立卡户、卡外特殊户,集镇中心村安置及易地扶贫搬迁中难就业建档立卡贫困劳动力实行岗位兜底安置,让无能力外出务工的建档立卡贫困劳动力实现就业。聘请河长制巡河员 100 名、每人每年补助 1 万元,聘请乡村公路管理员 200 名、每人每年补助 0.6 万元,聘请人居环境保洁员 300 名、每人每年补助 0.6 万元,聘请农村饮水工程管护员 100 名,每人每年补助 0.6 万元。全县共有 1 045 名贫困群众实现就近就地就业,每人每月领到 500～1 000 元的"生态工资",人均增收 0.6 万～1 万元,取得"一人护林、全家脱贫"的成效,全县连续 34 年无重特大森林火灾,实现"生态资源得保护、农民就业促脱贫"的双赢目标。

图 2‑51　建档立卡贫困户在巡山护林中实现就业(2018 年)

"生态＋改革"扶贫　在深入推进林业综合改革中,全县围绕社会化服务体系建设、加强财政扶持制度建设、推进公益林管理经营机制建设、推进林权流转机制和制度建设,进一步激活生态要素、市场经营主体和农民发展动力,生态改革红利有效地促进农户增收脱贫,实现"不砍山上树、百姓也能富"的良性发展局面。

2017 年末,全县 350.79 万亩集体林面积中的 336.2 万亩集体林地产权全部确权落实到户到村,颁发 3.2 万本林权证,林权发证率 95.84％。全县 44.05 万亩耕地确权发证工作基本完成,确权承包农户 3.39 万户,占家庭承包农户数的 95.5％;发放承包经营权证书 3.37 万本,发证率 99.5％。以"公司(合作社)＋村两委＋农户"模式进行流转,扩大农村土地经营权流转规模,全县农业龙头企业和 20 个合作社(林农合作社),共流转农民耕地 2.06 万亩,流转金额 869 万元,办理集体林地流转 11.77 万亩,吸纳社会资金50 245.51万元,通过租赁收益、入股分红等形式让资源变成农户收益的资产。累计开展林权抵押面积12.56万亩,发放林权抵押贷款1.32亿元,经济林木(果)权抵押贷款2 160万元,每年依托经营主体享受固定分红收益。

全县优先向贫困村贫困户倾斜、优先聘用贫困劳动力。2014～2018年共实施退耕还林7.74万亩,项目涉及贫困2 555户9 579人,实施面积1.66万亩,兑现补助资金2 089.4万元。实施核桃提质增效4万亩,项目涉及贫困户537户1 592人,兑现补助资金78.17万元。共实施农村能源项目太阳能热水器3 400套,惠及建档立卡贫困户1 045户4 068人,补助资金104.5万元;发放节柴灶1 400套,资金共52万元,惠及建档立卡贫困户721户2 611人,补助资金21.42万元;实施低效林改造8万亩,项目涉及贫困户754户2 756人,实施面积7 780.6亩,兑现补助资金83.22万元。

全县管护森林资源502.5万亩,生态公益林152.73万亩,每年兑付公益林生态效益补偿金2 280.33万元,涉及农户11 850户,农村人口4.15万人。2014～2019年,涉及建档立卡贫困户2 160户7 812人,共兑现补偿金1 118.23万元。2018年,全县兑现草原生态保护补助奖励直补到户资金834.38万元,26 292户农户户均实现政策性增收317.35元。自2011年实施草原生态保护补助奖励政策以来,2011～2018年,全县累计兑现草原生态保护补助奖励直补到户资金5 263.84万元,26 292户农户户均累计实现政策性增收2 002.07元。

十一、贫困风险防控救助

为全面巩固脱贫成果,提升脱贫质量,防止新增贫困人口和已脱贫人口因病、因学、因灾或其他重大事故返贫,双柏县在认真落实现行国家扶贫政策基础上,探索建立贫困风险防控救助资金,及时化解脱贫户返贫、边缘户致贫风险。

资金筹措　坚持政府引导、社会参与,设立资金池,县财政每年进行专项预算,投入一定数量的资金作为引导资金;依托双柏县"万企帮万村"、光彩事业促进会捐助资金;鼓励社会组织、企业、法人、机关干部和其他公民自愿捐资、捐物。县红十字会负责资金的接收、管理、报批和发放,对年度救助资金管理使用情况向社会公布。2020年上半年共筹集177.05万元。

精准救助　明确3类情形可纳入救助范围:未纳入建档立卡管理但因突发原因造成有致贫风险的农业户籍人口,有返贫风险的建档立卡贫困户,其他有致贫返贫风险的特殊情况明确不适宜纳入救助的对象。明确8类情形不纳入救助范围:家庭有2处及以上住房的,包含其中1处住房损毁倒塌,还有其他安全稳固住房的;家庭有商品房、门面房及其他经营性用房的;有家庭成员或户主的父母、配偶、子女为国家公职人员的;家庭成员常年外出务工或经商,农村住房虽为危房,但自身有能力改造而不改造的危房户;有在工商部门注册登记公司、企业并实际开展经营活动的;有购买了价格5万元以上非生产性用车的;属于种植、养殖大户或雇佣他人从事生产经营活动的;其他不适宜纳入救助的情形。

标准确定　合理确定因病、因学、因突发变故给予的资金或实物的救助标准。因病在定点医疗机构住院按照自付部分 1 万元、1.5 万元、5 万元以下和超过 5 万元的分别按照 60％、70％、80％和 90％的标准救助；因学按照高中（职高）、专科、本科、硕士（博士）分别按照 0.35 万元、0.4 万元、0.5 万元、0.7 万元的标准救助；因灾的视情况给予 0.2 万～2 万元每户每年的标准进行救助。并明确因病每户农户每年享受精准防贫救助资金救助累计不超过 10 万元，因学不超过 0.7 万元、因突发变故不超过 2 万元的救助最高限额。

救助程序　按照农户（村组）申请、村（社区）初定、乡镇复核、县级初审、领导小组审定程序、组织发放的程序进行救助。具体流程为：农户自愿向户籍所在村委会（社区）申请；村（社区）召开会议分析、拟提出救助对象和救助金额，报乡镇党委政府复核；乡镇组建复核工作组，开展入户核查、召开党委评定、张榜公示后上报县贫困风险防控救助资金工作领导小组办公室；县贫困风险防控救助资金工作领导小组办公室对救助的必要性、合理性进行审查，组织 13 家县级职能部门进行数据核查比对、组织公示，提出初定救助名单；县贫困风险防控救助资金工作领导小组召开会议研究审定救助对象名单及救助金额，形成书面意见，并由县红十字会发放。

组织领导　为确保救助帮扶政策落实到位，救助工作有序推进，县委办公室、县人民政府办公室印发《双柏县贫困风险防控救助资金管理办法》，成立以县委副书记任组长，分管副县长为常务副组长，相关处级领导为副组长和 30 个职能部门为成员的双柏县贫困风险防控工作领导小组。领导小组在县红十字会设置办公室，具体负责日常事务，协调各成员单位按照职责分工开展工作。并明确 30 家成员单位和乡镇的工作职责任务，确保各项工作上下联动、左右协同、高效开展、取得实效。

工作成效　双柏县贫困风险防控资金工作开展以来，全县上下各级党员干部、公职人员和社会各界人士以强烈的政治意识、担当意识、大局意识积极响应县委、县人民政府的号召，大力弘扬救助精神，积极主动捐资捐款，为防止返贫和新的致贫提供资金保障。在开展救助过程中，相关部门以"严"的要求对标救助政策，做到"规定动作不走样"，以"实"的举措确保救助对象情况准确无误，以"准"的要求确保救助资金"精准滴灌"，资金用于因学、因病、因灾、因住建问题而存在致贫一般户和返贫风险贫困户。8 个乡镇共上报申请救助材料 362 户，申请救助资金 298.08 万元；通过审核不符合救助标准的，交由行业部门落实政策化解风险 69 户、批准使用救助资金救助 264 户、不符合救助 29 户，共发放救助资金 4 批 150.8 万元。通过开展贫困风险防控救助，实现全县全覆盖动态监测，全县因学、因病、因灾、因住建问题而存在致贫风险的一般户和返贫风险的贫困户得到及时帮扶救助，全县脱贫返贫风险户 173 户、新的致贫风险户 91 户风险得到解除。截至 2020 年 6 月 30 日，全县剩余贫困人口全部达到脱贫退出标准，未产生新的贫困户。

十二、"十个一批"就业扶贫

精准底数交账一批　双柏县在就业扶贫工作中，注重挤掉"水分"、压减"虚高"，坚决杜绝数字脱贫、虚假脱贫、注水达标,确保就业扶贫成色真实可靠。通过反复摸排、核查比对,进一步明确就业人员的底数。截至 2020 年 7 月 8 日,全县转移就业 9 735 名,全县农村贫困劳动力转移就业率 62.3%,2020 年实现新增转移 1 116 人。

就地就近稳定一批　随着全县一些重大基础设施建设项目落地开工和产业基地的增强壮大,为广大贫困劳动力脱贫致富带来了可靠的"岗位"。2020 年 8 月末,全县已有 5 370 名贫困劳动力实现在"家门口"就近就地务工,占全县农村贫困劳动力转移就业总数的 54.9%。

技能培训提升一批　脱贫攻坚开展以来,人社、扶贫、农业、工信、妇联、残联、工会、团委等部门多管齐下、合力攻坚,按照"培训一人、就业一人、脱贫一户"目标,针对就业技巧、就业心理、维护权益、实用技术、创业技能等方面开展订单培训、定向培训、精准培训,帮助建档立卡贫困户每户至少有 1 人掌握 1~2 项就业技能。2016 年来,全县累计开展农村劳动力培训 8.71 万人次,开展职业技能培训 4 984 人,兑现落实贫困劳动力参加职业培训、创业培训、岗位技能培训补贴 357.91 万元,实现建档立卡贫困劳动力中有培训意愿的"应培尽培"目标,取得了既扶贫又扶技的双赢成绩。

有序组织输出一批　针对部分贫困劳动力"不愿出去、不敢出去、不会出去",又受新冠肺炎疫情影响,大量农民工外出务工受阻,减少收入来源,极易造成返贫,影响脱贫大局的现状。双柏县通过"点对点"组织动员、"一对一"送岗上门、"一站式"跟踪服务,让广大农民工特别是贫困劳动力在"出家门、上车门、进厂门"中受到就业扶贫的力度和温度。截至 2020 年 8 月,全县贫困劳动力实现省外务工 1 488 名,县外省内务工 2 672 人。

援企稳岗保住一批　2020 年,面对突如其来的新冠肺炎疫情的影响,人社部门落实援企稳岗政策。截至 2020 年 8 月,全县兑现稳岗补贴 151.74 万元,涉及企业职工 1 562 人;落实社会保险"免减延缓"政策,为全县 139 户企业减轻负担 534 万元,稳住近 3 000 名企业职工岗位。

务工奖补引导一批　针对农村贫困劳动力申领意愿不强、申报材料烦琐、部分用人单位(企业)不愿意出具劳动合同、就业协议等问题,人社部门从转观念、转方式、转服务入手,为贫困外出务工人员申领补贴开起"绿灯"。通过开展政策宣传、组织补贴申领、实行简易申报流程、畅通"一站式"服务渠道。截至 2020 年 8 月,全县贫困劳动力外出务工人员申领外出务工奖补 717 人,兑现奖补资金 49.08 万元。

劳务协作输出一批　沪滇劳务协作开展以来,每年上海嘉定区到双柏举办对口支援专场招聘会,为全县 1 235 名贫困劳动力找到稳定的就业岗位。通过劳务协作,双柏县一批又一批心怀就业致富梦的农村贫困劳动力开启赴广东、江苏、浙江、福建等省份的打工之旅。

鼓励创业带动一批　脱贫攻坚开展以来,人社、工商联、工会、妇联、团委等部门认真落实"创业担保""贷免扶补"政策,积极为有创业意向、有创业实体的个人和企业特别是贫困劳动力提供资金支持,全县累计发放"贷免扶补"贷款 2 126 户 21 715.5 万元,兑现一次性创业服务补贴 7.5 万元。通过几年努力,返乡农民工自主创业致富、创业带动就业脱贫"连锁反应"已显现,一大批贫困群众通过创业致富走上小康路,在创业过程中创造一批就业岗位。

扶贫车间吸纳一批　脱贫攻坚以来,人社、扶贫部门不断探索"企业+扶贫车间""易地搬迁+扶贫车间""专业合作社+扶贫车间"等路子,把政策兑现到企业、把岗位安排到人头,一群到扶贫车间"上班"的贫困动劳力,转变观念、学到技术,变成"车间骨干""产业工人"。截至 2020 年 8 月,全县共认定扶贫车间 10 个,吸纳贫困劳动力就业 115人,扶贫车间逐步成为"创业车间""富民车间"和"发展车间"。

乡村公岗兜底一批　针对"无法离乡、无业可扶、无力脱贫"的农村贫困劳动力,开发公益性岗位安置就业,为的是补齐就业脱贫最后的"短板"。脱贫攻坚开展以来,全县坚持按照按需设岗、以岗聘任、在岗领补、有序退岗的要求,通过开发巡河员、护林员、保洁员、护路员等一批乡村公益性岗位,全县针对贫困劳动力开发乡村公益岗位 1 381 个。

第三章　扶贫开发

第一节　目标任务

2015年11月14日,中共双柏县委办公室、双柏县人民政府办公室印发《双柏县精准扶贫工作实施方案》,对全县精准扶贫工作目标任务和步骤作出规划。

在2014年减少贫困人口5 219人的基础上,2015~2020年,按照前4年集中脱贫攻坚、后2年巩固提升的部署,紧紧抓住贫困群众增收这个核心,确保农村扶贫对象人均可支配收入高于全县平均水平,同步推进扶贫开发与全面小康进程。2019~2020年,用2年时间解决脱贫人口反弹和返贫,围绕全面小康要求,补齐短板,强化弱项,进行全面巩固提升,实现全县农民人均可支配收入1万元以上。对无业可扶、无力脱贫的农村"两无"贫困人口,按照农村低保标准实现政策性保障兜底,对因病返贫的实行医疗救助。

根据省、州扶贫开发领导小组对脱贫摘帽时序的统筹安排,将双柏县于2017年脱贫退出的计划,重新调整为2018年脱贫退出。双柏县统筹考虑攻坚任务、工作难度、扶贫成本、资金投入等因素,科学制订减贫计划,明确贫困乡镇、贫困村和贫困户脱贫时序,各乡镇和各行政村的减贫计划有相应调整。

双柏县围绕"到2020年,稳定实现农村贫困人口不愁吃、不愁穿,全面保障其义务教育、基本医疗和住房"的目标,按照"发展生产脱贫一批、易地扶贫搬迁脱贫一批、生态补偿脱贫一批、发展教育脱贫一批、社会保障兜底一批"的方式,比对"扶贫对象精准、项目安排精准、资金使用精准、措施到户精准、因村派人精准、脱贫成效精准"的6个精准要求,坚持以贫困乡村为主战场,以 6 939 户贫困家庭为突破口,以 24 545 个贫困人口为精准扶贫对象,以整乡推进、整村推进为平台,确定全县的精准扶贫任务措施落到实处。

第二节　对象范围

一、贫困识别和纳入程序

贫困识别标准　全县农业户籍农村常住人口的贫困识别标准,以 2013 年农民人均纯收入低于 2 736 元(相当于 2010 年 2 300 元不变价)、2014 年农民人均纯收入低于 2 800 元、2015 年农民人均纯收入低于 2 855 元、2016 年以后每年农民人均纯收入低于 2 952 元(相当于 2010 年 2 300 元不变价),综合考虑农业户籍农村常住人口"实际居住 C 级、D 级危房且自身无力改造;家庭因病致贫、且成员未参加城乡居民基本医疗保险;家庭适龄成员因贫辍学,或家庭因学致贫"的条件因素来确定为扶贫对象。符合低保条件并享受低保政策,但仍符合国家扶贫标准的,也纳入建档立卡贫困对象管理。贫困户要求整户识别,以农户收入为基本依据,综合考虑住房、教育、健康等情况,通过"五查五看"后,组织开展"三评四定"方式识别。

五查五看　查收入,看家庭收入来源的结构稳定性,把经营性收入、工资性收入、财产性收入、补贴性收入等搞清楚;查住房,看住房的安全稳固性,把住房面积、结构、安全情况等搞清楚;查财产,看贫富程度,把农户经营设施、经营实体、外购房产等搞清楚;查家庭成员结构,看能力和负担,把劳动力从业状况、赡养人口、就学人口等搞清楚;查生产生活条件,看基本生产生活状况,把地力耕畜情况、种植结构、主要日常生活资料等搞清楚。

三评四定　村小组内部评议、党小组党员评议、村民评议,村委会初定、村民代表议定、乡镇审定、县确定。

贫困纳入程序　双柏县把对象精准摆在精准扶贫第一位,牢牢把握"应纳

图 3 - 1　群众举手表决通过贫困户认定(2016 年)

尽纳、应扶尽扶"的要求,坚持标准、按照"五查五看""三评四定"要求,通过农户申请、民主评议、公示公告和逐级审核的方式和流程进行整户纳入,确保实现"零错评、零漏评、零错退"。成立组织机构,细化工作方案,开展业务培训,成立 84 支动态管理工作队,将工作方案、基本政策、操作手册等工作资料印发到县乡村每一名工作队员,按照相关核查方法对全县所有农村常住人口开展拉网式实地核查。通过贫情分析、入户调查,准确采集农户收入、住房、财产、家庭成员结构、生产生活条件等信息资料,在村组党员评议、村民代表会评议、村两委拟定会议的基础上,由 23 家县级行业部门和乡镇进行"上下联动、两上两下"的数据复核比对,反复筛查比对动态管理工作队采集的信息数据,对不符合纳入的家庭,认真综合评判、层层审核把关,做到纳入对象真实准确。邀请村民代表、党员代表、群众代表全程参与评贫过程,在县乡村组 4 级设立举报箱,公布县纪委、县扶贫办、挂包干部等举报电话;对县乡村组评议审定结果分别在县城、乡镇集镇、村委会驻地、村民小组公共场所公开张榜公示,接受群众监督举报,确保贫困对象动态管理过程结果公开透明、群众认可。建立贫情动态监测体系,及时开展动态监测,全程实施监测帮扶,把因突发重大事故、重大灾害、重大疾病造成家庭发生大额支出,不能稳定实现"两不愁、三保障"的及时纳入帮扶体系,实现应纳尽纳、应扶尽扶。

二、贫困户动态管理

动态管理工作开展以来,双柏县严格按照国家扶贫标准和应纳尽纳、应退尽退、应扶尽扶的原则,按照贫情分析、实地调查、信息数据复核、提出拟退出、拟纳入建档立卡管理以及拟认定为脱贫返贫人口的初步方案、公开评议、逐级审定程序等步骤开展脱贫攻坚动态管理工作,制定下发《双柏县贫困对象动态管理工作方案》和《双柏县贫困对象动态管理操作手册》。县委、县人民政府主要领导任组长、分管领导任副组长、县级 27

图 3 - 2 召开扶贫对象动态管理工作推进会(2019 年)

家职能部门主要领导为成员,成立县乡两级工作领导小组,结合实际制定当年扶贫对象动态管理工作方案,围绕省州工作任务时限要求,倒排工期加快推动。从县处级领导开始层层传导压力、层层承担压力,进一步明确各乡镇总召集人、乡镇党委、政府、挂包部门、行业扶贫部门、村(社区)党总支书记、驻村扶贫工作队长和队员的领导职责和具体工作职责。

对县级挂包部门、行业部门,乡镇党政班子成员、扶贫专干、各村(社区)党总支书记主任、驻村工作队长(第一书记)、驻村工作队员开展政策业务培训,做到"人员培训无死角、政策措施全掌握、标准程序一口清"。

围绕家庭收入、住房、医疗、就学、安全饮水情况,对2014～2016年认定脱贫的建档立卡贫困人口再核实,凡未实现"两不愁、三保障"的人口,标注为脱贫返贫人口。在贫困对象脱贫退出中,严格对照贫困人口、村脱贫退出程序标准,坚持实事求是确保贫困对象脱贫退出经得起检验。在"边缘户""脱贫监测户"摸底排查中,始终坚持当年脱贫的人均纯收入是否达标且有无致贫、返贫风险这一标准,以村民小组和自然村为单元召开贫情分析会,精准锁定"边缘户""脱贫监测户"对象。

在扶贫对象动态管理中,全县建立统筹管理、分工协作、全过程控制的信息数据管理机制,对新识别户、"边缘户"、脱贫退出户、动态监测户的识别工作统一工作方法和要求,同步将动态管理采集的信息数据与行业部门数据进行全口径、全量化比对,边识别、边更新,确保数据及时有效。对发现的问题分类列出清单,由行业部门会同乡镇党委政府及时进行核查整改,做到扶贫数据与行业部门数据逻辑一致、标准一致、信息一致,实现全国扶贫开发信息系统建档立卡贫困人口信息数据与行业部门信息系统数据闭合。

图3-3　召开动态管理村民代表会议并对相关事项进行表决(2017年)

双柏县为进一步巩固脱贫攻坚成果,结合新修订完善的脱贫退出指标,持续组织开展贫困对象动态监测工作。由各乡镇党委、政府牵头,组织挂包责任部门、乡镇、村委会干部、驻村扶贫工作队人员力量,充分利用"三级书记遍访""干部大返乡、政策大宣讲""脱贫攻坚专题日"进村入户契机,统筹开展贫困对象动态监测工作。对照贫困户脱贫退出指标,加强对所有农业户籍人口"两不愁、三保障"情况监测。建档立卡贫困户(已脱贫户、预脱贫户、未脱贫户)重点监测家庭收入状态、返贫风险点、脱贫退出指标短板、后续精准帮扶措施,对没有达到稳定脱贫标准或存在返贫风险的贫困人口及时进行有效帮扶,实现稳定脱贫;非建档立卡户重点对因病、因灾、因学等致贫农户开展监测,对符合纳入建档立卡贫困户条件的新增贫困户及时纳入帮扶范围,并在年度动态管理中按程序建档立卡进行帮扶,从根本上减少绝对贫困的增量;对照贫困村脱贫退出指标,由乡镇党委、政府负责加强对行政村脱贫退出指标达标情况监测,按要求上报监测结果。对在动态监测中达不到脱贫标准条件的农户、行政村,以乡镇为单元逐级汇总填报动态监测表,对发现问题先由乡镇党委、政府协同挂包帮扶部门和涉及考核指标责任部门共同研究,提出整改措施和整改时限方案并及时进行整改。对无法整改的按时限要求上报县扶贫开发领导小组办公室,县扶贫开发领导小组办公室对乡镇上报的存在问题梳理后,提交县扶贫开发领导小组研究解决。

第三节　扶贫规划

一、精准扶贫工作实施规划(2015～2020)

乡村道路建设　着力推进道路基础设施重点向贫困地区延伸,全面提升贫困乡村道路基础发展的支撑力,确保贫困行政村公路路面硬化全覆盖,15户以上相对集中的贫困自然村通公路,村庄内路面硬化率85%以上,达到县有等级站、乡有汽车站、行政村有停靠点、行政村通客车的农村客运目标。升级改造一批重要的县乡道路,推进县乡道路联网工程,加快推进断头路、瓶颈路、年久失修路和危桥"三路一危"改造,完善农村公路安全生命防护工程。支持产业基地田间道路建设,建立通村道路维修养护机制。

水利基础设施　突出解决贫困乡村水利基础设施"瓶颈",有效提高农田灌溉面积。坝区以提质增效为重点,因地制宜建设一批骨干水源工程。山区半山区以补欠账、补短板为重点,加大灌区、小型水库、五小水利、河道整治和引提水工程建设力度,着力解决资源性、工程性缺水问题,有效提升水利对农业现代化发展的保障水平。全面建立农村饮水安全工程体系,推进自来水入户和水源水质保护工程,保障农村饮水安全。到2020年,实现贫困乡村有效灌溉面积占总耕地面积的70%以上,贫困户饮水问题全面解决,进一步提高农村饮水安全保障程度。

基本农田建设　加快推进以土地整治、高标准耕地建设、高稳产田地建设、中低产田地改造为主要内容的基本农田建设,治水与改土同步,农田水利设施、田间道路工程、土地平整工程同步开展,把中低产田地建成"旱能灌、涝能排、生态化"的高稳产农田地,为贫困地区发展现代农业打下坚实基础。到2020年,完成贫困乡镇、贫困村2.1万亩基本农田建设,贫困人口人均有1亩以上高稳产农田,农业综合生产能力稳步提高。

电力保障　全面完成贫困地区农村电网改造升级,全面解决无电贫困村、贫困户的通电问题,实现城乡用电"同网同价"。着力改善贫困地区生产用电基础设施,解决贫困村农业生产用电问题,实现贫困村农业生产动力电全覆盖。

信息宽带网络　统筹城乡信息化建设,构建政府主导、企业主体、多元化投资的信息化服务平台,促进贫困乡村"三网融合",推进光缆入村、网络入户,实现贫困村全部接通符合国家标准的互联网、4G等无线宽带网络全覆盖,提高贫困户宽带网络使用率,为提供优质信息服务打好基础。建设完善农村综合信息服务体系,为农民提供就业、市场、科技、教育、卫生保健等信息服务。

安居工程　按照新农村建设标准,实现易地扶贫搬迁与危房改造有机结合。以群众自愿为基础,坚持"移民下山、移民就路、移民就市、移民就业、移民就学、移民就医"工作思路,引导农户向中小城镇、交通节点、产业新区搬迁安置,彻底改善发展环境和居住条件。针对建档立卡贫困户,平均每年解决2 000户危房户和300户搬迁户的安居房改造建设,逐步消除贫困村无房户、危房户。五保户集中安置、集中供养,无建房自筹能力的特困户住房问题分批分类得到解决。确保到2020年基本完成9 000户农村危房改造和1 246户贫困户搬迁安置任务(含工程移民),帮助解决4 000个贫困人口如期脱贫。

产业扶持发展　深入推进脱贫增收工程,培育贫困群众增收支撑点。围绕"全县发展30万头生猪、30万只黑山羊、10万头大牲畜养殖,种植100万亩核桃、5万亩魔芋、10万亩花椒、5万亩中药材、5万亩辣木"目标,加快扶持"一村一品、一户一业"产业培育。县委、县人民政府重点负责制定和完善发展龙头企业、农民专业合作社、家庭农场和专业大户等新型经营主体扶持政策,创建1～2个现代农业示范区(园),农民专业合作社200个,家庭农场10个,专业大户80个,打造20个特色优势产业基地。乡镇负责制定辖区内特色产业规划,加强招商引资,强力推进农村土地流转,每个乡镇引进1～2个龙头企业,打造1～2个示范基地,发展2～3个特色产业。确保每个贫困村都有农民专业合作组织,有条件的贫困户至少参与1个专业合作组织。通过致富带头人示范带动,引导群众参与产业发展。落实好帮助贫困户"多栽一亩果、多养一头牛、多种一棚菜、多输转一名劳力、多筹办一件实事、多掌握一门技术"措施,确保每个贫困村至少发展1～2个产业项目,有条件的贫困户至少参与1个增收项目。推进农业标准化示范项目向贫困村覆盖,农产品标准化覆盖率达80%。加快发展农产品加工业,到2020年实现农产品加工业总产值在2015年基础上翻番。对吸纳贫困户参股、带动增收效果好的产销企业和农民专业合作组织给予财政扶贫、信贷资金支持。通过产业项目支撑,增强2 632户贫困户持续发展能力,实现户均增收2万元,帮助解决1万个贫困人口如期脱贫。

金融扶贫支持　基本实现金融机构贫困乡镇全覆盖和金融服务贫困村全覆盖,金融服务贫困村贫困户的水平明显提升。发挥财政扶贫资金的杠杆作用,开展小额信贷金融扶贫。探索建立农村"四权"抵押方式,建立健全小额信贷风险基金管理制度,加强诚信体系建设,专门开展对贫困户评级授信,提高农户信用意识。对贫困户提供"5万元以下,3年期以内,免除担保抵押,给予扶贫贴息支持,县级风险补偿"的小额信用贷款,拓宽贫困户产业发展融资渠道。实现产业发展到户,小额信用贷款跟踪服务到户。

培训转移就业　重视发展劳务经济,鼓励能人带动务工,提升劳务品牌,促进劳务输出转移由体力型向技能型转变。实施农民教育培训计划,开展订单、定岗、定向、菜单式培训,每年培训贫困人口1 000人,农村科技培训和新型农民培养到村入户,确保有条件的贫困户掌握1~2项实用技术,实现技能提升培训全覆盖。对接国内外劳动力需求,做好劳动力输出跟踪管理服务工作,实现贫困地区劳动力培训转移就业5 000人次,达到贫困户户均输出1人,实现劳务收入户均增收2万元,帮助解决5 000个贫困人口如期脱贫。

教育扶贫　发展贫困乡村学前教育,加强贫困村幼儿园建设力度,实现有办园需求的贫困村幼儿园全覆盖,到2020年,学前一年毛入园率达90%以上,学前三年毛入园率达87%以上。改善贫困乡村义务教育薄弱学校基本办学条件,实现6~15岁九年义务教育入学率达99.5%。对初中毕业后未考取高中、高中毕业后未考取大学的"两后生"开展2~3年职业技能学历教育培训,对贫困家庭学生本科、高职(专科)阶段给予信用助学贷款支持。深入实施"雨露计划",对贫困村初中、高中毕业后未能升学,有培训和就业愿望的贫困家庭学生实行100%的职业技能培训,并推荐就业,确保贫困户户均有1人接受职业教育或技能培训。建立贫困家庭高校毕业生就业支持机制,对贫困家庭未就业的大学毕业生,特别是职业院校毕业生优先推荐安排公益性岗位。

卫生扶贫　加强贫困村卫生室建设,加大配套投入,实现贫困乡村标准化村卫生室全覆盖。加强贫困村医生队伍建设,建立引导医疗卫生人员到贫困乡村工作机制,通过返聘、招聘和培训等方式,实现贫困村100%有合格的村医生。全面落实农村计生家庭奖励扶助、计生特殊困难家庭救助、失独计生家庭补助等优惠政策。提高贫困人口住院报销比例,对农村五保和农村低保一、二类对象参加城乡居民医疗保险的个人缴费部分给予补贴,贫困村城乡居民医疗保险缴费率达98%以上。扩大重特大疾病医疗救助病种和救助对象范围,实行医疗救助"一站式"即时结算服务,救助对象住院费用,经基本医保、大病保险支付后,剩余部分个人无力承担且符合规定的,通过民政医疗救助给予补助。通过对因病致贫、因病返贫的贫困人口实施医疗救助措施,实现如期脱贫。

文化体育扶贫　按照构建基本公共文化服务体系的标准要求,加大乡村文化设施建设力度,加快推进集宣传文化、党员教育、体育健身等为一体的村级综合公共文化服务中心建设,实现贫困村全覆盖。健全贫困村文化体育设施,开展"文化下乡"活动,丰富群众文化体育生活。

生态建设　落实好天然林保护、退耕还林、自然保护区等重点生态工程建设倾斜扶持政策,支持发展特色优势林果产业和林下种植、养殖、林产品加工、森林旅游产业,新建或改优标准化特色优质林果示范基地10个以上。开展小流域综合治理3万亩,有效防止水土流失,确保到 2020 年水土流失在 2015 年基础上减半、森林覆盖率不断提高。加强地质灾害隐患治理工程建设,实现 80％以上的地质灾害隐患完成治理或搬迁避让。

农村环境综合整治　推进村容村貌整治,开展以脏乱差治理、人畜分离、垃圾污水处理、村庄绿化为重点的环境突出问题整治。保护历史遗迹、古树名木等人文自然景观,创建干净整洁的农村人居环境。制定村规民约,健全完善群众自我管护村内公共设施和环境卫生机制。到 2020 年实现 20％以上的贫困村达到"新农村"建设标准。实施规模化畜禽养殖企业污染治理项目,到 2020 年规模化畜禽养殖废弃物综合利用率不低于 60％,中小型畜禽养殖综合治理率不低于 50％。

科技扶贫　整合科技力量,加强农业技术推广,促进科技资源配置与扶贫开发直接挂钩,每个贫困村至少有 1 名科技特派员,每个贫困村每年扶持 10 个以上农业科技示范户,每个乡镇建成 1 个以上农业科技示范基地。鼓励科技人员带技术和项目进村入户,以技术入股等形式领办创办专业合作社和农业企业。到 2020 年,全县科技进步贡献率和科技成果转化率达 60％以上。

保障政策兜底　完善农村最低生活保障、医疗救助、五保供养、残疾人供养和临时救助等制度,实现新型农村社会养老保险全覆盖。推行农村低保与扶贫开发有效衔接,符合低保条件的贫困户全部纳入最低生活保障范围。加快养老福利机构、乡镇敬老院和村老年人日间照料中心建设,提高农村五保对象供养水平和集中供养率。到 2020 年实现贫困乡村日间照料中心覆盖率达 60％,五保对象集中供养率达 100％,社会保障能力进一步强化,支撑贫困人口如期脱贫。

二、脱贫攻坚项目库建设

项目库情况　2018 年 3 月以来,按照省、州扶贫办抓好三年行动计划和脱贫攻坚项目库建设工作的总体部署和安排,县委、县人民政府召开会议,抽调业务骨干,组建工作班子,围绕全县 2 个贫困乡镇、40 个建档立卡贫困村以及 6 939 户建档立卡贫困户24 545 人建档立卡贫困人口,突出产业就业扶贫、危房改造、教育扶贫、健康扶贫、生态扶贫、素质提升、贫困村脱贫振兴、兜底保障 8 大短板弱项,采取"自下而上"的规划方式,完成分行业、分类别到村到户的县、乡、村、组、户五级脱贫攻坚项目库建设。经乡镇审核,县级各部门把关,县委、县人民政府主要领导和分管领导亲自审核,省州检查组多次巡查督查,县、乡、村多次整改完善,形成因户因人施策清单、村级"施工图"、乡级"路线图"和县级项目库。

责任分工　县委、县人民政府主要领导亲自谋划、指挥、推动、督查,明确县委副书记、常务副县长牵头负责具体抓落实;成立由县委书记、县长为组长的脱贫攻坚项目库建设规划编制、建设管理两个领导小组;县委、县人民政府 5 次召开全县扶贫开发领导小组(扩大)会议对项目库建设工作进行安排部署、研究审定;制定印发《双柏县脱贫攻坚项目库建设管理实施意见》《双柏县脱贫攻坚项目库建设管理考核办法(试行)》等文件,推进全县项目库建设工作。在全县脱贫攻坚项目库建设摸底排查的基础上,进一步细化县级项目库、乡级"路线图"、村级"施工图",做实帮扶措施,精准施策到村组到户到人;压实"最后一千米"工作责任,明确驻村工作队和村(社区)"两委"是村级"施工图"的制定者、组织者和实施责任人,把县级"项目库"、乡级"路线图"和村级"施工图"所列项目分解到县级部门及主要领导、村(社区)干部和驻村工作队员;压实各级部门在项目实施中的主体责任。20 家县级项目主体责任部门对行业项目进行审核把关确定,对项目的合规性、合理性、真实性、可行性负总责。

业务培训　选派 6 名扶贫办业务骨干参加全省、全州项目库建设业务培训,召开全县项目库建设推进会议 5 次,组织各乡镇、村(社区)及县级相关部门人员 185 人对项目库建设的主体、方向、内容、范围和程序、标准、要求进行培训;8 个乡镇分别组织各乡镇相关站所负责人、村(社区)干部、驻村扶贫工作队员开展业务培训 8 场 400 余人次,明确项目入库范围、操作流程、责任分工、时限要求,打牢工作基础。

入库程序　制定下发《双柏县关于进一步加强脱贫攻坚项目库组织实施的意见》《双柏县脱贫攻坚项目库建设流程图》,明确脱贫攻坚项目库建设"村申报、乡审核、县审定、州备案"流程,严格执行分析到村到户项目、核实调查、提出帮扶措施、召开评议会、群众认可度公示、报乡镇审核、报县终审备案"七步工作法"程序和项目入库前"三公示一公告"要求,坚持目标导向、群众参与、公开透明、逐步完善的原则,由村(社区)"两委"和驻村扶贫工作队员根据贫困户及村集体发展意愿,初步谋划本村发展项目,经公示后上报乡镇,乡镇对各村申报项目的真实性、必要性进行审核把关,经公示后上报县级相关行业部门;县级行业部门对乡镇报送项目进行可行性论证后,报县扶贫办合理确定入库规模,上报县扶贫开发领导小组审定公示,报经县人民政府审批后录入项目库管理系统。

项目规划　聚焦"贫困村、贫困户",在坚持市场化的基础上,按照"缺什么补什么""急需什么解决什么""资源条件能干什么就谋划什么"的要求,精准规划到乡镇、行政村、村民小组、户项目,按照"急、缓"相结合原则,对项目进行细化分解。按照"一村一策、一户一法"要求,以产业扶贫为主线、以住房改善和产业发展为重点、以社会扶贫为补充、以兜底扶贫为保障,依据贫困户主要致贫原因,做好扶贫项目到户到人规划,突出补齐收入、住房、设施、教育、医疗、养老等方面的短板,将帮扶措施规划到户。采取以户为基础、村为单位,倒编项目、逐项对接的方式,一个村一个村定项目,一个乡镇一个乡镇严审核,一个部门一个部门搞对接,确保项目库建设规划项目精细精准精实。

动态监测　以村级"施工图"建设进度表挂图作战,建立动态监测机制,逐渐实现管理载体的规范化。围绕县级脱贫攻坚项目库,统筹整合使用财政涉农资金,及时拨付项目资金,保证项目实施和政策兑现进度,保障实现项目资金使用绩效目标和脱贫攻坚年度目标。坚持有进有出、适时更新,成熟一批、入库一批、实施一批。对新增项目及时审定管理、已完成项目及时评价、已达标项目及时销号、未达标项目限期整改,做到有进有出、滚动实施。

工作督导　加大对全县项目库建设的业务指导和督促检查力度,抽调 10 名业务骨干成立项目库业务工作指导组,分片负责联系指导 8 个乡镇项目库建设工作,及时解答乡镇工作遇到的困难问题,指导开展好日常业务工作。县委、县人民政府以项目库建设为重点,开展专题调研,及时掌握进度,督促任务落实。加大项目库建设政策宣传力度,利用报纸、网络媒体、公示公告栏、召开群众会等方式宣传脱贫攻坚项目库建设工作,提高群众对项目库的知晓率。

第四章 扶贫攻坚

第一节 专项扶贫

一、易地扶贫搬迁

双柏县贯彻落实省、州、县党委、政府易地扶贫搬迁工作的决策部署,紧紧围绕"易地扶贫搬迁脱贫一批"的工作目标,牢牢把握"搬迁是手段,脱贫是目的"的根本要求,以贫困人口脱贫致富为出发点和落脚点,统筹推进易地扶贫搬迁各项工作。

搬迁任务 "十三五"期间,省、州核定双柏县建档立卡贫困人口易地扶贫搬迁规模5 801人。2016年,全县共涉及建档立卡贫困人口易地扶贫搬迁345户1 349人,同步搬迁50户192人,其中集中安置125户462人,分散安置220户887人(含货币化安置98户401人);2017年,全县共涉及建档立卡贫困人口易地扶贫搬迁1 210户4 452人,同步搬迁25户74人。

截至2020年8月,在2016年度任务中,建设大庄镇果合么、安龙堡乡丁家村、石头村、说全村、洒冲点、下岔箐等共6个集中安置点,建档立卡贫困人口建设安置房345套28 512.27平方米,共安置1 349人,人均实际建房面积21.14平方米。已经全部搬迁入住,入住率100%;拆除旧房318户(不包括"四类"可不拆除户和无房户27户),拆旧率100%。在2017年度任务中,建设集中安置点16个,建设7个集镇安置点和9个新村安置点,其中集镇安置点是:妥甸县城点、大庄镇点、碍嘉镇点、法脿镇点、大麦地镇点、安龙堡乡点、爱尼山乡点,新村安置点为:大庄镇大平掌点、碍嘉镇红山大白岭岗点和麻旧垭口点、大麦地镇战斗点和各莫点、法脿镇六街点、安龙堡乡下岔箐点(分2年度实施)、安龙堡乡法克点和西晒朱点。建设安置1235套安置4526人,其中建档立卡户1210户4452人,人均实际建房面积20.61平方米,同步搬迁户25户74人,所有搬迁户已经搬迁入住;建档立卡户拆除旧房1143户(不包括"四类"可不拆除户和无房户67户),拆旧率达100%。全县21个集中安置点基础设施共完成投资11576.05万元,建盖文化活动室3个397.9平方米,卫生室2个404.7平方米,停车位67个,广场或篮球场2个670.8平方米,村间道路95119.3平方米,饮水管道26.18千米,输电线路24.62千米,电信入户651户,公厕6个360平方米,垃圾处理设施17个,路灯149盏,小区绿化面积6262.55平方米。

图4-1 易地搬迁安龙堡乡安置点(2018年)

统筹部署 在确定搬迁对象前,进行逐村逐户排查和开展政策宣讲动员,按照"三评四定"程序要求进行评议,确保有搬迁意愿、符合条件的贫困户全部纳入搬迁范围,并进行公示。对照国家易地扶贫搬迁工作要求的6类区域标准,双柏县易地扶贫搬迁主要涉及"资源承载力严重不足地区、公共服务严重滞后且建设成本过高地区、地质灾害多发易发地区、国家禁开或限制开发地区及其他"5类区域的贫困人口。按照"三优先、两不纳入"的原则精准识别搬迁对象,核查对象到村、到户、到人,已搬迁人口对象与全国扶贫开发信息系统标记的一致,建档立卡贫困人口对象精准率达100%。编制《双柏县易地扶贫搬迁"十三五"规划》。先后2次对不符合上级要求的内容进行调整完善,同时结合动态调整标注锁定结果,重新调整下达各乡镇的搬迁任务及投资规模,明确年度搬迁目标任务。制定出台《双柏县2016年易地扶贫搬迁项目实施计划》《双柏县2017年易地扶贫搬迁项目实施计划》和《双柏县2017年易地扶贫搬迁城镇化集中安置工作方案》,多次召开县委常委会、县人民政府常务会议专题研究,对全县易地扶贫搬迁的目标任务、工作机制、工作措施、责任落实、资金统筹、组织保障等易地扶贫搬迁的核心问题进行明确。组织举办政策专题培训班,对县乡村三级领导干部、驻村工作队员开展易地扶贫搬迁、产业扶贫等政策以及相关业务知识进行专题培训,同时编印下发《云南省易地扶贫搬迁政策文件、通知、讲话汇编》《云南省易地扶贫搬迁督查指导工作手册》共800册。

图4-2　易地搬迁碗嘉镇搬迁点(2018年)

图4-3　易地搬迁法脿六街安置点(2018年)

　　组织推动　成立易地扶贫搬迁、农村危房改造工程建设指挥部和易地扶贫搬迁工作领导小组,由县委副书记、县人民政府常务副县长任组长,县级相关部门、各乡镇主要领导为成员,明确各单位党政主要负责人作为第一责任人,组建易地扶贫搬迁工作领导小组办公室,统筹协调全县易地扶贫搬迁工作,8个乡镇成立易地扶贫搬迁工作指挥部,配齐配强工作力量,乡、镇、村实现易地扶贫搬迁工作领导有力、机构健全、人员充实。县委、县人民政府每月召开2次专题会议对易地扶贫搬迁工作进行研究,每月末对存在的困难和问题进行及时分析总结,并列出整改问题清单交办相关部门,立行立改。制定全县21个集中安置点"双点长"责任制方案,明确每个安置点由1名县处级领导担任点长,履行搬迁对象认定、项目建设管理、后续脱贫发展等职责,督促各乡镇、县级各相关部门各司其职、各尽其责,统筹做好工程质量安全管理和"搬前、搬中、搬后"各项工作。设立"双点长"公示牌,主动接受社会监督。定期、不定期对项目建设质量、进度、安全及资金等进行专项督查,严格落实督查督办制度。根据"对象精准率、项目开工率、搬迁入住率、旧房拆除率、累计脱贫率"等重点目标,实行一周一通报常态化的督查通报机制,对项目进展缓慢、连续排名落后、问题整改不力的相关责任人、责任乡镇进行通报批评和约谈问责。

政策标准　执行易地扶贫搬迁户安置住房建设面积人均不超过 25 平方米的标准,严守住房面积标准的"标线",住房质量须经行业部门认定为安全。严格执行贫困户每户自筹资金不得超过 1 万元,严守不因搬迁举债的"底线"。执行国家和省州相关资金补助标准、使用管理规定,严守项目资金管理的"红线"。在保证住房质量安全的基础上,坚持厉行节约、满足基本需求,避免脱离实际提高建设标准和豪华装修,坚决杜绝因建房致贫返贫现象发生。

工作实效　在调查摸清可供安置区域人口、土地、道路、供水、电力、教育、卫生等资源现状的基础上,充分论证和评估后续产业发展潜力和群众就业机会,择优确定安置地,根据资源承载能力倒推确定各安置地的可供安置人口。出台《双柏县 2017 年易地扶贫搬迁城镇化集中安置工作方案》,制定符合实际的搬迁安置建房、公共基础设施建设和产业发展规划,因地制宜对生产生活用地进行科学合理的规划布局,确保生产用地能满足规模化、集约化、产业化发展和生活用地能满足宜居宜业宜游需求,使搬迁安置既符合安置地的承载能力,又符合搬迁群众的习惯和意愿。与各项目乡镇签订《易地扶贫搬迁工作保证书》,严格落实项目乡镇党委、政府的主体责任。制作全县易地扶贫搬迁作战图,明确易地扶贫搬迁工作各阶段完成的时间节点,建立责任倒逼机制,实行挂图作战,严格落实"双点长"责任制,将工作落到实处。项目竣工后,督促项目村自验、乡镇复验,及时完善项目资料,由相关行业部门组成验收组进行实地逐户验收。2016~2017 年,1 555 户 5 801 人搬迁任务已全部完成,搬迁入住率 100%。严格执行《土地管理法》"一户一宅"及易地扶贫搬迁"建新必须拆旧"的相关规定,拆除原宅基地、院坝、圈舍及其他附属设施,并根据原宅基地状况进行复垦复绿和生态修复。2019 年末,全县

图 4-4　易地扶贫搬迁安置点村史馆(2019 年)

实际旧房拆除面积 16.44 万平方米,拆旧率 100%;已复垦复绿面积 16.44 万平方米,复垦复绿率 100%。按照"挖掘、收集、传承、宣传、弘扬"的原则,充分利用易地扶贫搬迁集中安置点、整改剔除统建点以及行政村现有的各类公共房屋设施建设村史室、村史墙或村史文化长廊。2019 年,全县共启动建设完成 89 个村史室、建设面积 2 282.68 平方米,建设完成 2 道村史墙,3 处村史文化长廊。

配套政策 坚持把后续扶持配套措施与基础设施建设、安置房建设同步规划、同步实施,确保每个集中安置点至少配套 1 个后续扶贫产业,制定出台《双柏县扶持特色种养殖业三年行动计划》《双柏县易地扶贫搬迁后续产业发展和转移就业方案》,扶持易地扶贫搬迁户发展特色种养殖业,每户给予 5 万~10 万元、贷款周期 3~5 年的财政贴息贷款政策。对符合条件的搬迁户,每户给予 5 万元以下、3 年以内、免担保免抵押、基准利率放贷、财政贴息、县级建立风险补偿金的信用贷款支持,帮助搬迁户选准脱贫产业,发展特色经济作物种植、优势畜禽产业、农产品流通业、高效林业产业,全县共有 1 231 户搬迁户得到扶贫小额信贷资金支持,共发放贷款 6 023.2 万元。

图 4‑5 搬迁点统一规划建设的畜厩(2018 年)

因地制宜采取"企业就业安置一批、公益性岗位安置一批、就近就地务工解决一批、资产收益增收一批、发展产业增收一批、社会救助兜底一批"的途径,在全县企业中安置就业 337 人,在全县机关、企事业单位中解决 120 个公益性岗位,就近就地务工 811 人。县委、县人民政府明确政策配套措施,"1+6"城镇化安置的建档立卡贫困人口享有人均 3 平方米的商铺收益分配权,在安置区内共建设商铺 7 204.7 平方米,受益 651 户 2 433 人,确保搬迁后有持续的稳定收入;根据各安置点和搬迁户实际和自身资源,在巩固传统产业的基础上,引导搬迁群众发展中药材、民宿经济、农产品购销、畜牧产业、冷库、生态大棚蔬菜等产业发展扶贫措施,实现新型经营主体与搬迁建档立卡贫困户带动率达 100%,每户搬迁贫困户至少参与 1 个农民专业合作社或与新型经营主体建立 1 项生产经营合作关系的利益联结机制,使贫困户"有业可从、有企可带、有股可入、有利可获",确保持续稳定增收;对搬迁贫困人口中完全或部分丧失劳动能力以及家庭特别困难的,统筹协调农村最低生活保障政策,加大社会救助力度,新型农村合作医疗、大病保险等政策加大对搬迁贫困人口倾斜力度,实施好兜底脱贫,截至 2020 年 8 月,"1+6"城镇化安置贫困人口中列入低保人口共 815 人。通过采取"六个一批"的途径,解决搬迁人口后续增收问题,实现"搬得出、稳得住、能致富"的总体目标要求。

图 4 - 6   在易地扶贫搬迁城镇化集中安置点开展爱心捐赠活动(2018 年)

运行管理   在实施易地扶贫搬迁工程中,双柏县严格按照易地扶贫搬迁项目建设管理要求,严格执行投资项目基本建设程序,严格开展安置点新村规划编制、规划选址、用地审查、地灾评估、地勘、环评、水保(规模超过 200 户或 800 人以上的安置点)、实施方案编制等工作,并严格落实项目审批程序。同时,在项目实施过程中,严格执行项目法人制、招标投标制、合同管理制、监理制"四制"管理要求。乡镇党委政府是项目实施的责任主体,对项目实施和管理承担主体责任,工程建设中严格按照《中华人民共和国招标投标法实施条例》和《云南省招标投标条例》的相关规定开展招投标,并委托工程建设监理依据批准的工程项目对工程建设进行监督管理,有效控制工程质量、工期和造价,提高投资效益。项目竣工后,及时办理竣工决算和审计,组织竣工验收,交付使用,发挥国家投资效益。抓住国家加大易地扶贫搬迁政策扶持力度的重大机遇,争融并重筹措资金,以精准脱贫规划为引领,以重点项目为平台,加大中央预算内资金、国家低成本长期贷款、地方政府债务、专项建设基金等国家政策性扶贫资金的争取力度。截至 2020 年 8 月,全县争取易地扶贫搬迁资金共计 3.35 亿元,其中建房补助和拆旧奖励资金 15 082.6 万元,公共基础设施配套资金 18 418.18 万元;以县城乡开发投资有限公司为易地扶贫搬迁资金承接平台,获得州农发行 1 384 万元融资贷款先行垫支;在县级财政十分困难的情况下,县委、县人民政府千方百计融资筹措 1 885.88 万元用于解决项目前期费和征地费等问题。"十三五"时期,双柏县易地扶贫搬迁总人口 5 801 人 1 555户,共投入资金 35 547.49 万元,其中,承接国家易地扶贫搬迁资金共计 33 503.01 万元,本级财政共投入 2 044.48 万元。具体情况是国家易地扶贫搬迁资金 33 503.01 万元,其中中央预算内资金 4 640.8 万元,专项建设基金 2 900.5 万元,地方政府债券 5 658.21 万元,国家低成本长期贷款 20 303.5 万元。本级财政共投入 2 044.48 万元,其中:易地搬迁项目前期经费的 1 885.88 万元,测绘费 35 万元,建筑消防检测费 5.03 万元,建筑节能检测费 18.57 万元,2016～2020 年易地搬迁工作经费共 100 万元。

二、产业扶贫

双柏县始终树牢绿色理念、发挥生态优势,以培育绿色产业和扶持、发展新型经营主体为抓手,强化主体与建档立卡贫困户利益联结机制,通过授人以渔的"造血式"产业扶贫,实现稳定增收脱贫致富。截至 2020 年 8 月,全县有 5 922 户建档立卡贫困户 22 259 人直接或间接通过发展产业实现增收,占全县建档立卡贫困户的 85.34%,贫困人口的 90.72%,全县实现产业扶贫规划引领、新型农业经营主体带动、贫困人口稳定增收、村集体经济发展壮大 100% 全覆盖。

组织领导 双柏县围绕《楚雄州产业扶贫实施方案》,制定出台《双柏县产业扶贫实施方案》《双柏县产业扶贫考核办法》《双柏县新型农业经营主体带动脱贫攻坚工作实施意见》《关于着力推进重点产业发展的实施意见》《双柏县高原特色现代农业发展三年行动计划(2017～2019)》《双柏县扶持种养殖业三年行动计划》等一系列产业扶贫工作政策及指导性文件,成立双柏县产业扶贫工作领导小组加强对产业扶贫工作的组织领导,明确县农业局为全县产业扶贫工作牵头、主抓部门,多次召开全县产业扶贫领导小组专题会议、产业扶贫现场推进工作会议,研究和部署产业扶贫工作;8 个乡镇成立产业扶贫工作领导小组及其办公室,明确专人落实开展相关工作;全县形成"一个重点产业、一个推进组、一位主抓领导、一个主抓部门、一个发展规划、一套配套政策"的工作推进机制,细化产业扶贫工作思路、目标、任务、措施,落实产业扶贫责任,推进产业扶贫工作。

产业规划 围绕《双柏县产业扶贫实施方案》,紧扣全县四大重点产业确定粮食、特色养殖、烟草、绿色蔬菜、经济林果、食用菌、中药材、特色经作、绿色食品加工业、乡村旅游业、现代服务业、光伏 12 个重点扶

图 4 - 7 发放扶贫羊(2017 年)

贫产业,科学制定扶贫产业规划,做到扶贫产业到村,扶持措施入户;落实具有产业发展条件的贫困户"一户一产业"脱贫规划并强力推进,全县逐步调优一产、调强二产、调活三产,实现一二三产业融合发展。2019年末,县内的产业聚集度明显增强,逐步实现小农户与现代农业发展有机衔接,实现贫困群众的稳定增收。

产业培育　精准扶贫战役打响以来,全县通过内培外引、精准招商等方式培优壮大一批带动力强、关联度高、有发展实力、诚信度好的种植、养殖、加工、销售等新型经营主体,带动当地资源开发和贫困户发展产业。通过经营主体示范引领,带动全县黑山羊、肉驴养殖、中药材、青花椒、小米椒、澳洲油茶、绿色蔬菜、生态土猪、优质茶桑等20多个各具特色的种养殖业发展。2019年全县有114个专业合作社、65家龙头企业、159户种养殖大户和家庭农场等共338个新型经营主体与建档立卡贫困户建立长效利益联结机制。其中龙头企业带动贫困人口15 051人,带动贫困人口人均增收1 386元;专业合作社带动贫困人口7 593人,带动贫困人口人均增收516元;家庭农场带动贫困人口105人,带动贫困人口人均增收228元。全县以云南祥鸿农牧业有限公司为代表的肉羊产业共带动贫困人口3 470人,带动贫困人口人均增收1 532元;以云南双柏县天蓬养殖有限公司为代表的生猪产业共带动贫困人口14 720人,带动贫困人口人均增收575元;以双柏县燚天商贸有限公司为代表的中药材产业共带动贫困人口4 164人,带动贫困人口人均增收732元。全面实现新型经营主体与产业扶贫对象建立稳定利益联结机制100%全覆盖,实现全县5 922户22 259人产业扶贫对象每户有1个以上产业发展增收项目和1项以上产业增收劳动技能。截至2020年8月,上海海洋大学先后2次组织专家及相关团队到双柏县,帮助建立农业科技成果转化示范基地和教学实训基地,以技术成果转让、技术培训、技术咨询、技术承包、技术入股等多种方式进行科技成果转化,支持双柏县水产养殖企业加州鲈鱼、虾、蟹等高端水产养殖技术集成攻关,开展县内稻鱼共生、稻虾共生等生态养殖项目技术合作,推动双柏县高端水产养殖的高质量发展。

图4-8　绿汁江沿岸连片产业开发(2018年)

图 4-9　州人大常委会帮助联系点引进香葱基地及初加工厂建设项目（2018 年）

　　资金投入　全县整合财政扶贫专项资金、小额信贷扶贫、财政涉农资金和种养业贷款财政贴息等支农举措，实行"以奖代补""先建后补"、贷款贴息、担保费补助等形式，统筹整合各类财政涉农资金投入产业扶贫中，制定出台《双柏县产业扶贫资金管理办法》，强化产业发展资金使用效率和效益。2014～2018 年，全县建档立卡贫困户申请扶贫小额贷款 4 277 户，获得扶贫小额贷款 4 277 户 20 919 万元，申请扶贫小额贷款的建档立卡贫困户获得贷款率 100％；特色种养殖产业扶持贷款 4 626 户 23 130 万元；2014～2019 年，全县统筹整合扶贫资金 113 986 万元，投入产业扶贫资金 57 050.64 万元，占整合扶贫资金 50.05％，产业扶贫资金投入逐年加大，2014～2018 年，全县统筹整合扶贫资金 89 000 万元，投入产业扶贫资金 43 571.74 万元，占整合扶贫资金 48.96％；2019 年，全县统筹整合扶贫资金 24 986 万元，投入产业扶贫资金 13 478.9 万元，占整合扶贫资金 53.95％，贫困人口产业扶贫资金人均投入 2.33 万元。

　　惠农政策　全面落实惠农补贴政策，按照惠农补贴要求，严格程序，规范操作，及时将补贴资金兑付到建档立卡贫困户，调动贫困群众的发展生产积极性。2019 年末，全县共兑付建档立卡贫困户各级财政政策性补贴资金 5 564.19 万元，其中中央和省级耕地地力保护补贴（农资补贴、良种补贴）3 434 万元、农机具购置补贴 412.8 万元、能繁母猪保险补贴 134.6 万元，兑现草原生态保护补奖资金 1 511.2 万元。

　　品牌培育　制定出台《双柏县农产品"三品一标"认证登记实施方案（2018～2020 年）》，培树品牌，提升农产品规模、档次，提高市场占有率，着力打造一批品质优、特色突出、市场竞争力强的产品品牌，助推扶贫产业发展。截至 2018 年末，全县共取得"三品一标"农产品品牌认证登记 42 个，认证登记总面积 5.01 万亩，其中获得无公害农产品认证登记 8 个 2.31 万亩，绿色食品认证 22 个 1.47 万亩，有机食品认证 11 个 0.23 万亩，农产品地理标志登记 1 个 1 万亩。培育出"妥甸酱油""白竹山茶""阳光玫瑰""邦三红糖""密架山猪""滇中黄牛""柏子匠人""雅口飞鸡""宴霸食品"等一批地方农特产品品牌。

图 4 – 10　群众就近到当地产业龙头企业务工增收(2016 年)

图 4 – 11　发展香葱产业,群众"变身"为产业工人(2018 年)

图 4‑12　农民成为车间工人，群众是产业扶贫的受益者（2018 年）

农特产品推介　利用沪滇协作平台，促进双品入沪和沪企入双，2019 年组织县域企业参加"双品入沪""云品到嘉"洽谈展销 6 场次，白竹山茶叶、妥甸酱油和密架山猪等系列优质产品进入上海销售平台并建立长期稳定的产销合作机制。推进"沪企入双"，引进楚雄天盛农业发展有限公司发展高端水产养殖，推动产业合作扶贫开发。推动特色农产品消费扶贫，构建全方位对外交流新格局。2019 年，南京大学等帮扶单位先后与双柏妥甸酱油、核桃、香菇、粳米、佛手系列产品、山窝土鸡蛋等 21 个产品达成意向性特色农产品消费扶贫协议，协议金额 410 万元，助力两地消费扶贫协作推进。

技能培训　全县遴选贫困村（社区）种养大户、家庭农场主、农民合作社骨干、农业社会化服务人员、农村创业青年和具备产业发展条件的贫困户，围绕贫困村主导产业和特色产业，开展农业全产业链技能培训，培养一批爱农业、懂技术、善经营的新型职业农民，培育一批产业发展的"引路人"和科技带头人，切实解决贫困村产业发展技术支撑薄弱问题，提高贫困户自我发展能力。加强对

图 4‑13　开展农村产业发展技能培训（2017 年）

贫困户产业发展指导,落实到村到户到人精准帮扶举措,提升产业扶贫、精准脱贫质量,加强农业生产先进适用技术的推广,进一步提高先进适用技术的覆盖率。2019 年末,全县聘请 247 名产业技术指导员、领导干部,挂包联系新型经营主体 169 户。开展产业扶贫政策宣传、产业发展技术培训 8 636 人次,全县农业机械化综合利用水平达 50%以上,良种覆盖率达 92%以上,实现有劳动能力的贫困人口全面受训,每户贫困户掌握 1～2 门增收的劳动技能。

典型培树　按照产业规划和"一村一品一特色、一乡一业"的产业发展要求,培树一批产业扶贫示范企业和示范基地,并对全县 7 个产业扶贫示范企业、7 个产业扶贫示范基地、10 个美丽村庄、10 名"十佳新型职业农民"、98 名农业创业先进个人、97 名农村致富带头人进行命名和表彰。一批可复制、能推广、服水土、接地气的收益共享型、产业合作型、委托帮扶型、营销带动型、返租倒包型等产业帮扶模式在全县实践推广。在各级新闻媒体、刊物宣传报道产业扶贫先进典型事迹 253 篇(条)。

督查考核　县委、县人民政府出台《双柏县产业扶贫工作考核办法》,定期对各乡镇人民政府、县产业扶贫领导小组责任成员单位和定点帮扶单位产业扶贫责任目标进行考核、通报和成果运用,督促各职能部门主动履职尽责,全面完成产业扶贫目标任务。全县年组织开展产业扶贫督查、检查、考核 4 次以上,及时将督查、考核过程中发现的问题进行梳理和反馈,并对照问题,进行全面的整改和完善,促进产业扶贫发展目标的实现,强化贫困户脱贫致富步伐。

第二节　行业扶贫

一、住房安全保障

双柏县的农村危房改造按照"政府引导、农户自建、科学规划、精准实施、突出特色"的原则,把握"安全稳固、遮风避雨、特色美观"的要求,统筹整合各类扶贫资金,采取加固改造、拆除重建、兜底帮建等方式,改善全县贫困人口的居住条件。从 2007 年实施农村危房改造和抗震安居工程以来,全县累计投入资金 2.54 亿元,实施农村危房改造 22 907 户。2014～2020 年 8 月,共投入资金 21 357.14 万元,实施农村危房改造 10 409 户,涉及建档立卡贫困户实施农村危房改造 3 221 户。其中 2018 年实施农村危房改造 3 789 户(包括提前实施列入 2019 年计划的 531 户)。2019 年实施农村住房质量提升改造 2 134 户,2020 年实施动态新增危房改造 374 户。

工作机构　成立由县委、县人民政府主要领导任组长、县委副书记及相关县处级领导为副组长,县级相关部门和各乡镇党政主要领导为成员的双柏县农村危房改造工程建设工作领导小组,组建领导小组办公室,加强对农村危房改造的组织领导。县住房城乡建设局重新调整局班子成员分工,由有基层工作经历的副局长分管农村危房改造工作,新抽调1名业务骨干充实到农危改办公室中,加强对农村危房改造的组织领导。由扶贫、民政、残联、住建等部门人员组成的联合办公室,负责对4类重点对象农村危房改造信息比对等相关工作。建立《双柏县脱贫攻坚4类重点对象和非4类重点对象农村危房改造工作督查通报机制》,实行一周一通报制、每月进度排名制、每月末位约谈制、联合办公制、工作调度制。

图 4 - 14　举办农村危房改造业务培训(2018 年)

改造标准程序　编制《双柏县域农村防震安居及危房改造专项规划(2015～2020)》,制定出台《双柏县农村危房改造和抗震安居工程建设实施意见》《双柏县 2018 年 4 类重点对象、非 4 类重点对象 C、D 级危房改造工作实施方案》等配套政策,明确年度目标任务、实施对象、补助标准、改造方式、完成时限、保障措施。按照"户申请、村评议、乡审核、县审批"的程序把好认定程序关,执行"两公示"制度,确保农村危房改造对象精准。

危房改造对象识别　4 类重点对象精准识别以县扶贫办、县民政局、县住房城乡建设局、县残联 4 家部门联合认定为准,由行业部门按照政策精准识别认定后录入系统,并进行筛查比对后锁定上报。非 4 类重点对象精准识别严格按照"三标准""四有""一查"条件进行核查筛选,在 2018 年内先后 3 次分别由县财政局等 7 家部门进行再核查,对不符合条件的农户一律剔除,做到应保尽保、精准识别,确保"不错一户、不漏一户"。

危房等级认定　各乡镇组建技术工作组,配合云南锐永工程检测鉴定有限公司,对照《云南省农村危房认定指南(试行)2017》标准规定,以户为单位,做好农村 C、D 级危房精准认定调查,逐户填写认定报告,报县住房城乡建设局审核盖章,并根据房屋危险程度制定加固改造或拆除重建方案。2018年5～7月,县住房城乡建设局再次组织专家技术队伍,开展房屋认定全覆盖工作;12月,第三次开展房屋认定"回头看"工作,对住房认定等级再次进行实地核实认定。同时,按照房屋认定报告1式4份存档备查要求,即县级部门、乡镇、村委会、农户各1份,全面完成房屋认定全覆盖工作。

危房数据审核　各有关部门按照各自职能职责,强化数据审核录入,做好危房等级认定录入,精准录入脱贫攻坚4类重点对象数据库,建立脱贫攻坚4类重点对象住房台账,确保脱贫攻坚4类重点对象农村危房应改尽改;注重与州级沟通对接,加强对乡镇服务指导,实现全国农村住房信息系统、云南省4类重点对象危房电子信息系统部门数据闭合。

改造方式　坚持C级危房原则上采用加固改造、D级危房通过加固改造可以达到抗震要求的一律采用加固改造的方式,防止大拆大建。在具体的实施过程中,4类重点对象和非4类重点对象农村危房改造修缮加固比例进行合理控制,拆除重建户一律要求新建房屋,由专业施工队伍进行改造。全县8个乡镇均委托有相应资质的专业施工队伍开展农村危房改造。

图4-15　县住房城乡建设局组织开展危房拆除(2018年)

补助标准　结合双柏实际,2015～2016年,县级给予危房改造每户0.3万元补助资金。2018年4类重点对象和非4类重点对象分别按照户均2.4万元和户均2万元的标准进行补助,由各乡镇统筹使用并根据农户改造方案合理确定补助金额,拆除重建每户补助不超过3万元,政府兜底帮建户每户补助不超过4.5万元。

建房面积控制　按照D级危房拆除重建后的新房建筑面积原则上1～3人户控制在40～60平方米内,且1人户不低于20平方米、2人户不低于30平方米、3人户不低于40平方米;3人以上户人均建筑面积不超过18平方米,不低于13平方米;兜底保障农户按下限执行,改造后的农房须按"人畜分离、厨卫入户"的要求进行建设。

完成时限　围绕实施方案倒排时间,全县农村C、D级危房于2018年3月20日前完成摸底调查工作,核实确定危房改造对象,3月末全面开工建设,8月末加固改造竣工,9月末全面完成危房改造并搬迁入住。

图 4 - 16　农村危房改造拆除重建户(2018 年)

资金筹措　做好项目上报和向上级争取补助资金的同时,县人民政府在财政困难的情况下及时落实配套建设资金,确保农村危房改造顺利推进。通过召开农村危房改造动员会、推进会,加大农村危房改造政策宣传力度,发挥农民群众的主体作用,鼓励广大群众筹措资金,投工投劳进行危房改造。鼓励和支持企业、个人等社会各界通过捐款捐物、对口帮扶等方式,参与农村危房改造和抗震安居工程建设。

技术指导　多次召开专题调度会议研究部署推进措施,与各乡镇主管危房改造负责人深入领会危房改造政策和鉴定标准,县人民政府与乡镇分别签订目标责任状,按照"谁入户、谁负责"原则实地入村到户现场指导改造工作。从县住建、扶贫、残联、民政 4

图 4 - 17　安龙堡信百箐农村危房改造现场推进会(2018 年)

个部门抽调 31 人组成 8 个工作指导组，加强对农村危房改造工作的指导。2018～2020年，8 个工作组分 15 次深入 8 个乡镇检查指导农村危房改造工作。同时，在大庄镇柏子村、干海子上村和安龙堡乡信百箐、法脿镇烂泥等地召开农村危房改造现场推进会 7次、组织农村危房业务培训 3 061 人次。

监督管理　全面落实统一组织施工、统一改造标准、统一完成时限、统一组织验收、统一资金拨付"五个统一"和基本的质量标准、基本的结构设计、基本的建筑工匠管理、基本的质量检查、基本的管理能力"五个基本"的要求，压实工作责任，加强资金、质量和安全监管，确保质量、资金、人员安全，确保改造后的危房达到安全住房标准。县委、县人民政府定期不定期开展督促指导，通报全县农村危房改造工作情况，建立短信通报制度，及时将各乡镇农村危房改造开工、竣工、信息录入、专业队伍施工等情况向县委、县人民政府主要领导、分管领导进行通报；县级组成 8 个工作指导组包保 8 个乡镇，采取查阅档案资料、比对信息、进村入户查看等方式，对全县 C、D 级危房改造工作推进情况进行全覆盖检查指导。

图 4‑18　建新房（2017 年）

验收组织　2018 年 11 月，县农危改办从相关部门抽调 24 人组成农村危房改造县级验收组，对全县 2018 年农村危房改造实施项目进行全面验收，对农村危房改造验收合格的农户，填发"双柏县农村危房改造合格证"，同时在农村住房等级认定的基础上进行再确认，对于达到"安全稳固"住房标准的，填发"双柏县农村住房认定证书"。通过实施农村危房改造工程，贫困农户、危房户告别"危房"，住进"安居房"。

2020 年，为巩固农村危房改造冲刺清零成效，确保如期完成脱贫攻坚贫困户住房安全有保障目标任务，高质量打赢脱贫攻坚收官战，持续抓好抓实农村住房安全有保障工作。2020 年 1～4 月，先后开展"脱贫攻坚农村危房改造'回头看'排查""建档立卡户住房安全有保障排查和农村危房改造查缺补漏""脱贫攻坚大排查存在问题摸排""决战决胜脱贫攻坚农村住房安全有保障百日总攻行动排查"等工作，并挂牌督战，层层压实责任，确保农村住房安全有保障工作取得成效。2020 年 1～6 月，共实施动态新增危房改造

374 户,其中建档立卡贫困户 51 户,已全部完成改造工作,共投入补助资金 600 多万元。

二、水利扶贫

全县面积 4 045 平方千米,其中耕地面积 54.05 万亩,水域及水利设施用地面积 9.92 万亩。根据全县水资源规划及州水文资料,全县境内多年平均水资源总量 9.42 亿立方米,过境水量 23.6 亿立方米,人均水资源量 0.59 万立方米,地下水开采总量 5.9 万立方米,全县水资源可利用量为 3.2 亿立方米,占水资源总量的 34%,全县水资源已开发利用量 8 223 万立方米,开发利用程度为 8.7%。根据现状供需平衡分析,现需水量 17 769 万立方米,实际供水量 8 480 万立方米,缺水量 9 289 万立方米,缺水率为 52%,全县缺水情况较为严重,主要为工程性缺水。全县建成水利工程 34 725 件,其中中型水库 2 座(主要用于发电),小(一)型水库 19 座,小(二)型水库 91 座,小坝塘 3 332 个,小水池(窖)27 104 个,引水渠 3 840 条,提水工程 64 件,水井工程 264 处,集镇供水 9 件。全县库塘可蓄水量 12 432 万立方米。

图 4 - 19　河口河水库(2017 年)

2014 年来,双柏县依照《双柏县农村饮水安全保障水质提升行动实施方案》《双柏县脱贫攻坚农村饮水有保障实施方案》等方案,围绕农村饮水有保障达标要求,认真开展水利扶贫工作。

动态监测　按照"镇不漏村、村不漏组、组不漏户"的原则,实施精准识别动态管理。对建档立卡贫困户及其所在贫困村饮水保障情况实施精准识别、动态管理,重点关注水源变化、水质提升和运行保障等问题。针对存在问题的村组,提出专项整改措施并列入规划盘子解决,对各村组实施农村饮水项目情况、饮水保障情况进行公示公开。

规划编制　编制农村饮水安全巩固提升"十三五"规划,规划总投资 1.56 亿元,纳入省级规划盘子 1 175 万元;编制"十四五"农村供水保障规划,省级审定规划总投资 2.16 亿元。在编制规划及年度实施方案时,聚焦贫困村、建档立卡贫困户,结合双柏水

图 4 - 20　农村饮水水质检测(2017 年)

源特点,依托有可靠水源的水库、坝塘,以行政村、水源点为中心向周边展开,围绕水质保障、供水保障、运行管护保障等方面加强建设。针对贫困村技术力量薄弱的现状,县水务局抽调专业技术人员到各村委会开展行业部门调研,深入贫困村帮助指导,了解饮水困难存在问题,指导建设脱贫攻坚项目库建设,提升规划设计质量。

　　资金整合　2016~2018 年,整合住建、扶贫等部门资金和州级下达资金共计投入2 213.62 万元,实施 3 个年度农村饮水安全巩固提升工程,巩固提升 156 个村民小组3.95 万人饮水安全问题。利用融资贷款 7 154.17 万元,先后实施国开行第一批融资饮水安全项目、2018 年国开行融资饮水安全项目,巩固提升 8 个乡镇 64 个村居委会 546个村民小组 14 435 户 59 384 人,建档立卡贫困人口 13 202 人。2019 年,下达 8 个乡镇补短板饮水安全项目资金 500 万元,重点解决易地搬迁点、零散搬迁户、水源点枯竭、水

图 4 - 21　现场查看通水情况(2017 年)

质不达标、管道老化、部分饮水安全项目无串户管等问题,项目涉及 8 个乡镇 3 068 户 12 776 人(其中贫困户 883 户 3 170 人),完成项目 286 个;下达 8 个乡镇抗旱资金 135 万元,用于解决季节性缺水和因旱导致的部分群众临时饮水困难。2020 年,下达 8 个乡镇农村饮水安全工程维修养护及抗旱资金 201 万元,通过限时供水、打井、提水、拉运水等方式解决因旱季节性饮水困难。

项目实施　对已实施的饮水安全项目,强化质量监督,严格按照"四个把关、五项制度"进行工程建设管理,即把好材料设备采购关、施工队伍准入关、工程质量监督关和资金拨付审批关;严格执行项目法人制、工程招投标制、建设监理制、合同管理制和质量终身负责制,确保工程建设质量。主动接受群众监督,制作项目公示牌,主动公示项目建设内容、资金来源、工期及质量监督举报电话,同时,聘请村民代表对蓄水池等重点部位进行质量旁站和监督。

水质提升　根据省水利厅关于进一步提升农村饮用水水质合格率的要求,先后安装日供水 100～1 000 立方米净化消毒设备 27 套。水质合格率从 2014 年的 18.2% 提高到 2019 年 68.3%。加大水源地保护,加大水源地保护工程的实施,2016 年,公开招标确定杨梅树、小石桥、冷风箐等 12 件水源水库保护项目的设计单位。截至 2020 年 8 月,水源地保护工程《初步设计》编制已完成。筹措资金 30 万元,协同卫计、环保等部门,开展水质检测、水质提升培训,完成全县农村饮用水水源点水质检测,出具农村饮用水水源点检测报告 942 份。2019 年起,分别在枯水期和丰水期进行水质抽样检测。

管护机制　制定《双柏县农村饮水安全工程运行管理办法(试行)》,广泛宣传,充分尊重民意,实行"一村一策",通过村民小组"一事一议",各乡镇制定运行管理方案及管理制度,把水源保护及水质检测纳入管理制度,民主决策确定管护主体、水质水价、管理责任,确保工程"建得成、管得好、长受益"。

公开监督　制作村民小组饮水安全公示牌 1 580 份,制作和粘贴饮水明白卡 7 154 张,公布单位电话,接受群众信访和监督。通过"云南扶贫通"和政务信息网站公开"云南省脱贫攻坚农村饮水安全评价细则"和省、州、县"农村饮水监督电话和电子邮箱",让贫困地区群众对农村饮水安全的保障标准做到清楚明确,进一步提高饮水安全政策知识、水质提升行动知晓率,接受群众信访和监督。

工作成效　2014 年来,双柏县多方争取和筹措资金,实施农村饮水安全巩固提升工程、水源工程、水土保持、河道治理、农田灌溉工程、"五小水利"工程等项目建设,把贫困地区特色产业发展水利配套作为重点,加快补齐补强贫困地区脱贫致富水利短板。累计投入水利资金 5.86 亿元,完成水土流失防治 258.64 平方千米,河道治理 63.04 千米,新建施家河、平掌河、子石冲、小沙河 4 件小(一)型水库,实施小(二)型水库除险加固工程 28 件,实施高效节水项目 4 件,增加有效灌溉面积 6.4 万亩。先后投入资金 1.13 亿元,组织实施 9 批次农村饮水安全工程,解决 8 个乡镇 82 个村(居)委会 984 个村民小组 12.7 万人饮水安全问题。通过努力,全县集中供水率从 2014 年的 74% 提高到 93%,自来水普及率从 58% 提高到 92%;水质合格率从 2014 年的 18.2% 提高到 2019 年的 68.3%,全县 8 个乡镇 85 个村居委会所有村组自来水每人每天可获得水量、水质、用水方便程度、供水保证率均达到脱贫标准。

图 4‑22 水利基础设施——小沙河水库(2018 年)

三、交通运输扶贫

双柏县境内公路总里程 6 034 千米,其中国道 288.84 千米,省道 51.26 千米,县道 477.17 千米,乡道 1 041.34 千米,村道 1 014.02 千米,专用公路 20.37 千米,库外公路(含未测电子地图)3 141 千米。按技术等级分,三级及以上公路为 227.5 千米,四级及以下公路 5 806.5 千米。2017 年末,全面实现 8 个乡镇到县城有通乡油路(硬化路面)通畅率达 100%;84 个建制村(社区)道路路面硬化全覆盖目标。在建设主体工程时,同

图 4‑23 美丽公路(2019 年)

步实施生命安全防护工程,实现危险路段有必要的防护措施,完成交通运输行业脱贫指标任务。

组织推进 制定双柏县交通运输局《脱贫攻坚规划(2016～2020)》《脱贫攻坚实施方案》《2018年脱贫指标实施计划》《2018年脱贫攻坚工作方案》《关于开展脱贫攻坚"提精神、强本领、硬作风、抓保障、严纪律、齐攻坚"专项行动工作实施方案》《2018年安全生命防护工程实施方案》《行业扶贫"重精准、补短板、促攻坚"专项整改行动实施方案》《脱贫攻坚项目库建设暨"十三五"攻坚规划实施方案》《关于进一步分解落实脱贫攻坚非建档立卡贫困户工作包保责任的通知》《脱贫攻坚后续基础设施扶贫巩固提升实施方案》《持续加强农村贫困人口后续帮扶巩固提升脱贫成效实施方案》《迎接2018年贫困县退出专项评估检查工作方案》等工作计划和措施,落实单位行业扶贫和挂包帮扶责任,到村入户找问题、补短板、促攻坚,确保脱贫攻坚各项工作有序开展。同时制定《双柏县农村公路管护"路长制"实施方案》《双柏县"四好农村路"建设三年行动方案(2018～2020)》及《双柏县村组公路修复方案》,加快推进贫困村交通基础设施建设步伐,为脱贫摘帽发挥"交通先行"作用。

通乡油路 自2007年实施法脿镇晋云线油路、2008年实施大庄镇妥鸡油路、2009年实施爱尼山乡妥海油路、2010年分别实施大麦地镇河普公路及碳嘉镇水弥线双柏段油路、2012年实施安龙堡乡里安油路、2013年实施县乡道改造绿汁江公路(炉房电站至各莫段)沥青路面工程、2014年实施白竹山至里海油路、2015～2017年实施彩碳公路连通5个乡镇项目的顺利完成,实现8个乡镇到县城有通乡油路(硬化路面),通畅率达100%。

到村道路硬化 2011～2017年,县交通运输局共实施792.284千米、56项通村路面硬化工程,共完成投资59 262万元,实现84个建制村(社区)道路路面硬化100%全覆盖目标。

安全防护设施 在建设通乡油路和道路硬化主体工程时同步实施生命安全防护工程,实现危险路段有必要的防护措施。2017年实施妥大线、碳新线25千米安全生命防护工程,2018年实施里安线、海太线生命安全防护工程,2018年对危险路段梅子箐至马龙、小密孔至羊桥、雨龙至邦三、白大线至柏家河、安龙堡至他宜龙、红石岩至法念河、普龙至大麦地、光明至大麦地、安龙堡至党味坝

图4-24 农村公路安全生命防护工程波形护栏(2019年)

子、大庄各三郎至尹代箐新村、大庄马街子至洒利黑 11 条 199.45 千米农村公路增加安防设施。2019 年组织实施完成安全生命防护工程处治隐患里程 545 千米。2020 年 8 月末组织实施完成安全生命防护工程处治隐患里程 197 千米。

禄丰彩云至双柏碛嘉公路　彩(云)碛(嘉)公路是楚雄州"五纵五横"主骨架公路网重点工程,项目全长 186 千米,总投资 15.58 亿元。项目于 2015 年 9 月开工,串联双柏 5 个乡镇,双柏境内全长 169 千米,于 2017 年 12 月末全线贯通。该项目建成使双柏县城至碛嘉镇缩短里程 64 千米,双柏县与禄丰县、双柏县与昆明市之间缩短里程 40 千米,公路连通安楚高速和元双、双新、弥楚公路,以及两县 6 乡镇通乡通村公路。彩碛公路从西南方向连接玉溪市新平县和普洱市景东县,东北方向打通双柏县连接昆楚高速的对外出口。

图 4‑25　2014 年 12 月 12 日,彩碛公路八标段开工

双柏至新平(水塘)公路(非淹没段)　双新公路路线起点位于双柏县客运站接元双公路止点,路线止点位于新平县水塘镇,接新平至三江口二级公路,路线全长 90.5 千米。其中双柏县境内里程 81.1 千米,新平县境内里程 9.4 千米。总投资 15.2 亿元。非淹没段全长 47.12 千米,工程于 2015 年 9 月 28 日启动,于 2016 年 1 月 15 日开工建设,于 2017 年 5 月 30 日完工并投入使用。该工程自建设以来,以公路景观和县域文化为特色,把双新公路打造为一条双柏的生态路、文化路、旅游路、致富路。

G8012 玉楚高速公路双柏段　玉(溪)楚(雄)高速双柏县境内 50.35 千米,计划总投资 93.94 亿元,主线拟按双向 4 车道高速公路标准建设,设计速度 100 千米/小时,路基宽 26 米。玉楚高速项目于 2018 年 5 月 7 日获得交通运输部批复。至 2020 年年末,累计完成投资 34.86 亿元。2020 年 5 月 15 日,双柏互通立交连接线拓宽工程开工建设。

乡道改造　2017 年 12 月末,建设完成绿汁江沿江公路炉房电站至各莫段 40 千米

图4‑26　建设之中的玉(溪)楚(雄)高速公路双柏段(2020年)

沥青路面工程;2018年8月,开工建设马龙河沿河公路马龙至大沙坝项目工程,总投资15 823万元,路线全长30千米,其中路基工程建设项目于2019年12月完工,加铺砂石路面于2020年8月完工。

农村公路建设　优化和完善农村公路网建设,2017～2018年,实施里海至大麦地公路24.6千米、小江口至小河桥公路26.5千米、法脿镇者柯哨至大庄镇木章郎公路11.1千米、大庄镇普岩村委会(中格拉村)库外公路3.1千米及大罗块至普妈公路6.1千米共71.5千米路面硬化工程。实施安龙堡乡本当母至新河公路路面硬化工程10千米。2019年实施妥甸至大敌鲁公路塔扎河至桂花井段窄路面加宽工程12.3千米;

图4‑27　通村道路硬化项目实施(2016年)

2020 年 8 月实施妥甸大敌鲁公路桂花井至大敌鲁段、大庄至洛骂村公路、洒利黑至法脿公路、雨龙至法甸公路 47.616 千米。

桥梁建设 跨越箐沟和河流,补齐互联互通路网,2015 年 7 月开工建设杨维庄大桥"溜索改桥"项目,于 2016 年 8 月完工并投入使用。2017 年 2 月开工建设杨维庄人行桥 3～30 米预应力 T 梁桥,全长 97.08 米,引道及连接线长 324.8 米,于 2018 年 6 月完工投入使用,组织实施完成板桥河桥危桥改造工程。2019 年路网结构改造工程建设下达双柏县沙甸河桥、麻嘎河桥、双龙桥等 5 座危桥加固重建工作,2019 年内完成建设。2020 年 7 月组织实施普厂桥、一碗水桥拆除重建危桥改造工程开工建设。

养护大中修及灾毁工程 2016 年实施杨三线大中修工程;2017 年实施农村公路(里安线、白大线)养护大中修工程;2018 年实施双柏段(S226 线)养护大中修工程及灾毁重建工程;2019 年实施炉河线普龙至河门口段养护大中修工程,同时完成处治 6 条往返不畅公路里程 28 千米。2020 年 8 月启动大鸡公路路面改造工程。

"重精准、补短板、促攻坚"道路工程 实施大庄镇代么古村委会村组道路路面硬化工程 8.34 千米,投资 760 万元,2018 年 12 月完工投入使用。实施县城至彩碌公路联络线 2018 年养护大中修工程妥鸡线、妥海线 2 段共长 2.95 千米,总投资 400 万元,2018 年 12 月完工投入使用。

客运站和招呼站建设 大庄客运站建设总投资 85 万元,2019 年内完工。碌嘉镇和法脿镇 2 个客运站风貌提升改造工程分别投资 60 万元,均于 2019 年 2 月完工并投入使用。彩碌公路沿线招呼站建设 20 个,投资 50 万元,2018 年 12 月完工并投入使用。

交通项目储备 截至 2020 年 8 月,完成较大人口规模自然村村组公路改扩建四级及基本级公路 193 项 1 487.7 千米路面硬化工程项目储备工作,计划总投资 180 188 万元。G227 张孟线双柏至新平水塘公路克田至水塘段改造工程、玉楚高速公路双柏县互通立交连接线南北延长线、玉楚高速公路双柏县法脿镇连接线、马龙河沿河公路中山至马龙项目工程已经开展工程可研性报告编制和准备开展初步施工图设计阶段工作。交通运输行业脱贫攻坚项目储备,涉及全县 8 个乡镇 53 个贫困行政村村组道路建设 973.56 千米,计划投资 50 078 万元,2019 年 2 月完成项目入库。

四、通信网络行业扶贫

自脱贫攻坚战打响以来,双柏县工信商务科技局按照行政村脱贫出列"宽带网络覆盖到行政村、卫生室、学校"的脱贫考核指标要求,协同中国移动双柏分公司、中国电信双柏分公司、中国联通双柏分公司加快推进全县通信基础设施建设,全力提升信息网络支撑和信息化服务能力,实现宽带网络全覆盖。

组织领导 调整充实"通信网络行业扶贫攻坚"工作领导小组,深入通信企业调研指导,制定工作措施。不定期到全县各行政村检查网络宽带覆盖情况和项目实施进度情况,制定各年度《网络宽带建设实施方案》《脱贫退出宽带网络覆盖指标工作计划》,出台《双柏县"互联网＋"精准扶贫行动计划》《双柏县信息宽带网络到村到户精准脱贫计划》《双柏县持续加强光纤网络工程及电商扶贫项目巩固提升实施方案》等文件,促进双柏县贫困行政村网络宽带建设。

县工信商务科技局多次组织卫计、电信、移动、联通等部门参加宽带网络覆盖推进协调会议,协调县卫计局和乡镇加快村卫生室建设及宽带接入力度,确保所有村卫生室100%接入宽带网络;向各乡镇下发《双柏县人民政府办公室关于全面排查核实行政村网络宽带和自然村手机信号覆盖情况的通知》,对全县8乡镇85个行政村宽带网络接入情况和所有自然村手机信号覆盖情况做全面的排查核实,抽调县移动、电信、联通、铁通局工作人员组成工作组,分批次到部分乡镇进行实地督查检查,重点检查乡镇行政村宽带网络接入情况,实地对部分自然村手机信号覆盖情况做数据分析;定期听取4家通信企业的工作汇报,及时协调工作中的困难问题,对4家通信企业行业扶贫工作开展情况进行督查。

政企合作 2016年初,县人民政府分别与中国移动楚雄支公司、中国电信楚雄支公司签订"互联网+"战略合作协议,8个乡镇人民政府分别与中国移动双柏分公司、中国电信双柏分公司签订"互联网+"战略合作协议,要求加大对双柏县互联网基础设施建设的投资力度,早日实现全县所有村居委会实现光纤网络宽带覆盖到行政村、学校和卫生室。2014年通光纤网络行政村72个,通宽带网络自然村197个,通宽带网络村卫生室40个,全县所有行政村手机能上网;至2019年末,85个行政村(社区)、60所小学、11所中学、83所村卫生室已经接入宽带网络,通宽带网络自然村1204个。

网络基础建设 截至2019年2月,全县共计建设光缆2290千米,其中联通公司架设光缆80千米,电信公司架设光缆1100千米,移动公司架设1110千米。完成县城及8个乡镇FTTH平移建设工作,完成双柏县光网"村通""宽带乡村"工程建设,全县85个村委会(社区)实现光纤接入,电信公司能提供宽带接入端口3.9万个,移动公司能提供光纤宽带接入端口12868个,联通公司能提供宽带接入端口1760个,网络光纤已经覆盖到全县8乡镇85个村委会(社区)、学校、卫生室,覆盖率100%。全县邮递路

图4-28 到偏远山村农户家中接通宽带电视(2017年)

线单程总里程 11 920 千米,快递企业 7 户、网点总数 15 个,网上购物、在线支付等网络消费模式逐渐被县内网民接受。

网络信号覆盖　2015 年,县人民政府办公室下发《关于进一步加大移动通信基站建设支持力度的通知》,2016 年共建设通信基站 3 批 178 个,2017 年共建设通信基站 2 批 108 个,2018 年上半年共新建、改造通信基站 1 批 435 个,2018 年下半年新建、改造通信基站 1 批 61 个。至 2020 年 5 月,全县共建成移动 4G 基站 493 个,其中移动公司建设移动 4G 基站 301 个、电信公司建设移动 4G 基站 136 个、联通公司建设移动 4G 基站 56 个。全县 85 个行政村(社区)、卫生室、学校移动 4G 网络覆盖率 100%。中国电信双柏分公司认真落实国务院"提速降费"要求,持续提高全县宽带用户上网速率,2014 年全县宽带用户平均上网速率仅为 6M,2018 年末提升到 50M,每月宽带使用费单价由 2013 年末的 50 元降至 30 元;中国移动双柏分公司推出 4G 致富机免费领活动,截至 12 月 25 日,全县共计发放移动"致富手机"3 464 台,推出扶贫专属 18 元、28 元套餐资费和扶贫赠送 1 000M 区县流量优惠。

图 4‐29　赠送"致富手机"(2018 年)

电商扶贫项目建设　以双柏县"国家电子商务进农村综合示范县"建设项目为契机,以信息化促进产业发展为方向,推进"互联网+农业""互联网+旅游""互联网+人才""互联网+流通"等工作向纵深发展,发展跨境电子商务兴边富民三年行动计划,完善乡镇电子商务服务站、县级电子商务公共服务中心体系建设和服务功能项目,夯实电商发展基础,促进信息流、资金流、物流"三流合一",形成覆盖城市、辐射农村,为各行业提供全方位服务的网络交易体系。2017 年,投入跨境电子商务兴边富民三年行动计划项目资金 80 万元,建成 8 个乡镇电子商务服务站,加大农特产品的推介销售和宣传力度,促进县域经济转型升级,使电商扶贫成为助力脱贫攻坚新引擎。2018 年,兑现 2 名"彝乡电商创业人才"补助资金 20 万元。2019 年,组织 3 名电商人才成功入选楚雄州

"彝乡电商创业人才"申报评选;制定《双柏县"兴双电商创业人才"培养计划实施办法》,开展双柏县"兴双电商创业人才"选拔工作。

图4-30 精准扶贫电商营销中心建成揭牌(2018年)

五、电力扶贫

云南供电有限公司楚雄双柏供电局结合双柏县"十三五"电网规划实际,探索研判行业扶贫建设工作要点,立足优化行业扶贫建设项目,统筹开展行业扶贫工作。

组织保障 双柏供电局成立电力行业扶贫工作领导小组,印发《关于进一步加快推进脱贫攻坚配套电网建设的通知》等相关要求。明确行政负责人为第一责任人,把脱贫攻坚配套电网建设项目纳入年度工作重点,纳入分局办公会按月督办。对脱贫攻坚配套电网建设工作开展"日跟踪、周分析、月通报",确保配套电网建设进度满足搬迁入住需求。

动力电建设 2014~2018年,双柏通动力电改造工程项目共计143项,总投资2748.8万元,其中属于贫困村通动力电76项,投资1777.38万元,全部完成投运。

图4-31 组织电网建设施工(2014年)

搬迁安置点通电 2014～2018 年,省发改委明确易地搬迁项目 22 项配套电网建设项目投资计划,投资 1 025.96 万元(包括"1＋6"方案集中安置点、新建集中安置点、相对集中的零散搬迁户通电、美丽乡村建设等),截至 2019 年 2 月,已经竣工投产 22 项,完成投资 1 025.96 万元。2014～2018 年,全县易地扶贫搬迁、美丽乡村建设用电配套项目共计 26 项,总投资 905.15 万元。至 2019 年 6 月,完成 24 项,合计投资 826.15 万元。

低电压综合治理 2014～2018 年,全县低电压综合治理项目 18 项,投资 975.024 万元,2019 年 2 月末,完成 15 项,合计投资 776.23 万元。

业扩项目 双柏县 8 个乡镇 85 个行政村,6 939 户建档立卡户 24 545 人,截至 2018 年 12 月 30 日,全县卫生室和 296 个活动室全部通电。

电力巩固提升 省委、省人民政府公布双柏县退出贫困县后,从 2019 年开始,双柏供电局继续抓好电力行业扶贫工作。截至 2020 年 8 月,全县累计投入电网建设资金 1.31 亿元,共实施农网改造升级项目 293 个,其中行业扶贫项目 118 项,总投资 4 324.78 万元;贫困村通动力电 76 项,总投资 1 777.38 万元;易地搬迁、地质灾害搬迁、美丽乡村新增供电配套电网项目 48 个,投资 1 933 万元,惠及搬迁人口 2 072 户 5 912 人;低电压综合治理项目 18 项,投资 975.02 万元;配电自动化项目 1 项投资 208.73 万元;村级光伏配套电网建设项目 1 项 35 个点,投资 337.69 万元;227 项通动力电及电网升级改造项目全部实施完成,全面解决农村电网低电压等问题。同时,落实好"低保户""五保户"减免优惠用电政策,累计减免电费 72.47 万元。35 个光伏扶贫电站全部实现并网发电,累计产生电量 158.18 万千瓦时,结算电费 53.18 万元,兑现补贴 30.49 万元,2 项合计 83.67 万元,带动双柏县 35 个村委会村集体经济收入。

图 4-32 大庄光伏发电厂(2016 年)

六、教育扶贫

脱贫攻坚工作开展以来,双柏县教育体育局成立教育精准扶贫工作领导小组,制定《双柏县教育精准扶贫实施方案》,下发《双柏县教育局关于进一步加强教育精准扶贫精准脱贫工作的通知》《双柏县教育系统教育脱贫攻坚目标任务责任清单》等系列文件,按照"精准扶贫,不落一人"的总要求,强化领导,落实职责,多次召开班子会、校长会、职工会议研究部署教育脱贫攻坚工作;为实现"教育脱贫一批"抓好工作落实。

教育状况　2018～2019 学年,全县有各类学校(点、园)104 所。其中:普通高中 1 所,职业高级中学 1 所,教师进修学校 1 所,初级中学 9 所,完全小学 37 所,教学点 21 个,幼儿园 34 所。全县有在岗教职工 1 719 人,其中幼儿园教职工 210 人,小学教职工 706 人,初中教职工 580 人,高中(含职高)教职工 212 人,教师进修学校 11 人。中小学专任教师合格率 100%,全县小学教学班 341 个,在校小学生 8 004 人;初中教学班 120 个,在校初中生 4 954 人;高中教学班 53 个,在校高中生 2 772 人(其中普高 2 190 人,职高 582 人)。小学适龄儿童入学率 99.97%,巩固率 100%;初中入学率 100%,巩固率 99.85%。截至 2018 年 11 月 29 日,全县有卡户在校学生 3 914 人,其中学前教育阶段就读 248 人,小学阶段就读 1 313 人,初中阶段就读 946 人,普高阶段就读 507 人,职高阶段就读 459 人,高等学校就读 441 人(其中研究生 1 人)。

图 4-33　查姆小学(2019 年)

2020 年春季学期,全县有各级各类学校(点、园)105 所。其中普通高中 1 所,职业高级中学 1 所,教师进修学校 1 所,初级中学 9 所,完全小学 36 所,教学点 15 个,幼儿园 42 所。全县有在岗教职工 1 692 人,其中幼儿园教职工 226 人,小学教职工 661 人,初中教职工 579 人,高中教职工 171 人,职业高级中学教职工 44 人,教师进修学校教职工 11 人。中小学专任教师合格率 100%。全县有在校学生 17 762 人,其中在园儿童

2 298 人,在校小学生 8 016 人,在校初中学生 4 629 人,在校高中学生 2 819 人(其中普高 2 280 人,职高 539 人)。

截至 2020 年 8 月,全县有卡户在校学生 3 832 人,其中学前教育阶段就读 265 人,小学阶段就读 1 246 人,初中阶段就读 850 人,普高阶段就读 512 人,职高阶段就读 459 人,高等学校就读 500 人,均实现全县义务教育阶段学生资助政策全覆盖,卡户学生均无因贫困失学辍学。全县 66 所义务教育学校(含教学点)办学条件均达到省定标准。2017 年 12 月 12 日,国务院教育督导委员会实地对双柏县最终认定考核,双柏县义务教育均衡发展通过国家评估认定。

教育资助政策宣传 为落实教育精准扶贫政策宣传"入村入校、入户入墙"的工作要求,以各乡镇、村委会和各学校为中心点,翻印《云南省义务教育精准扶贫口袋书》《楚雄州教育精准扶贫微手册》发放至县级各部门、各乡镇、各村委会(社区)及各学校(园),利用宣传栏、黑板报,通过广播电视、校会、家长会、培训会、户长会及深入建档立卡户家庭宣传回访等途径进行广泛宣传,同时,印制"双柏县教育精准扶贫相关政策"彩页(墙报)2 000 份,组织全县各学校教师开展"找到你、大遍访"活动,将教育扶贫政策宣传工作辐射到家庭。

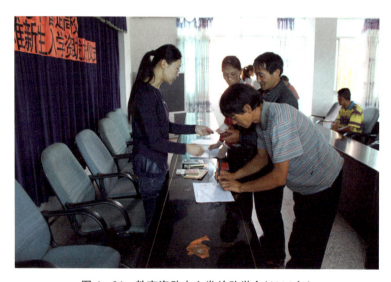

图 4-34 教育资助中心发放助学金(2016 年)

教育扶贫政策落实 精准底数,采取责任到师到人,核准建档立卡贫困户子女学前教育、义务教育、普职高教育和高等教育人口底数,认真开展数据比对核实,确保贫困户在校学生情况与全国扶贫开发信息系统数据相一致;落实各项资助政策,做到全额补足经费,应补尽补。2014~2020 年 8 月,共落实各类教育扶贫资助政策资金 2.88 亿元(其中:落实学前教育贫困家庭儿童助学金 104.68 万元;落实义务教育阶段学生免学杂费补助经费 7 933.81 万元,免费教科书补助资金 822.48 万元,贫困学生生活补助资金 6 930.61 万元,营养改善计划补助资金 6 173.52 万元;落实免除普通高中建档立卡贫困家庭免学杂费 133.36 万元,生活补助经费 289.88 万元,助学金 509.01 万元;落实职业高级中学建档立卡贫困家庭学生免学杂费 495 万元,助学金补助 362.63 万元,路费补助 88 万元,实施"雨露计划"1 336 人次,补助资金 272.85 万元;落实优秀贫困学子奖学金 116 万元;落实建档立卡高等教育免学费 4.5 万元;落实楚雄州少数民族奖学金 64.5 万元;发放建档立卡贫困户子女奖学金 103.6 万元),做到精准资助全覆盖;落实高等教育国家生源地助学贷款 4 014.42 万元,做到应贷尽贷;开展"寒窗助学"行动,发动社会各界人士捐助和给予特别资助,累计为贫困学生捐款 419.93 万元,基本实现义务教育阶段上学"零负担",非义务教育阶段上学"轻负担"。截至 2020 年 8 月,全县在各类学校就读的建档立卡贫困家庭学生没有一人因贫辍学。

图 4 - 35 学生教室(2018 年)

图 4 - 36 学生食堂(2018 年)

义务教育投入　整合中小学薄弱学校改造工程、农村中小学校舍维修改造项目、薄弱学校食堂项目和农村中小学教师周转房建设试点项目工程等项目,改善办学条件,夯实教育扶贫工作基础。2014～2020年8月,全县累计投入教育资金2.25亿元,建设项目181个。投资7 487万元完成"全面改薄"校舍建设面积3.7万平方米;投资1 473万元建成运动场5.4万平方米,建设项目93个;建设乡镇中心幼儿园4所,村社区幼儿园2所,新建园舍7 260平方米,总投资1 153万元;贫困村基础设施建设中小学校舍66个,新建校舍23 853平方米,新建运动场21 499平方米,投资5 248万元;县职中提升改造投入1 400万元,实施新建校舍项目3个(5 524平方米);实施教育现代化推进工程中央预算内投资项目2个,投资900万元新建校舍3 668平方米;实施改善普通高中办学条件中央补助资金项目1个,投资1 042万元,新建校舍3 750平方米;实施中央彩票公益金润雨计划项目3个,投资355万元;实施中小学幼儿园C级校舍加固改造项目6个,投资243万元;实施师训教研信息中心建设项目1个,投资860万元新建校舍3 356平方米;实施改善普通高中办学条件中央补助资金项目1个,投资340万元,新建双柏县第一中学8块篮球场及附属工程;实施中小学旱厕改造44座,投资305.5万元;投入义务教育学校食堂设备资金209万元;投入中小学校教学设备采购资金1 472万元。投入信息化建设资金2 287.28万元,购置计算机2 861台、大屏一体机586套,建设计算机教室83间、多媒体教室586间,147所义务教育学校实现光纤网络"千兆到校、百兆到班"全覆盖,教育信息化水平快速提升。城乡教育教学环境显著改善,实现群众从"有学上"到"上好学"的愿望。落实特殊群体受教育的权利,保障特殊群体学生平等接受义务教育。义务教育阶段留守儿童、进城务工随迁子女入学率100%。

图4-37　国家教育督导组到双柏县检查验收义务教育均衡发展情况(2017年)

教师队伍建设　出台《双柏县关于进一步加强教师队伍建设的意见》,把培养和稳定农村教师队伍作为均衡教育的关键环节,通过事业单位招考、"三支一扶"定岗招聘、支教下乡,实现边远村小和教学点每班1名公办教师;从2014年起实施乡镇工作岗位补贴,2016年起,全面落实500～1 000元的差别化乡村教师岗位生活补贴,农村教师年均增加待遇 1 万元以上,实现中小学教师年人均工资高于双柏县公务员人均工资水平,初步形成"越往基层、越是艰苦、地位待遇越高"的激励机制;2010 年来,投资 3 205 万元,建设农村教师周转宿舍 419 套;实施"教师教育工程",开展"进京、进沪、进重庆、进四川、进省、进州"和"国培计划送教下乡"等培训,开展师德师风建设和教师学习能力提升专项活动,促进教师资源配置基本均衡。

控辍保学 政府、教育行政部门、学校把"控辍保学"工作作为义务教育均衡发展和教育精准扶贫工作的重中之重来抓。脱贫攻坚工作开展以来,双柏县实现小学适龄儿童入学率 100%,初中适龄少年入学率 99.98%;小学辍学率为零,初中辍学率控制在 1.8%以下;建档立卡贫困户子女义务教育阶段无辍学失学。

七、健康扶贫

自精准扶贫、精准脱贫攻坚战打响以来,双柏县认真贯彻落实《云南省健康扶贫 30 条措施》及州县健康扶贫实施方案,紧扣让建档立卡贫困人口"方便看病、看得起病、看得好病、尽量少生病"这一目标,加大资金投入,改善医疗基础条件,提高服务水平,建档立卡贫困人口 100%参加城乡居民医疗保险和大病保险,家庭医生签约服务率 100%,符合转诊、转院、建档、立卡贫困户报销比例达 90%,"三个一批""三个一"目标全面完成,实现基本医疗有保障,有效解决因病致贫、因病返贫难题。

组织领导 县委、县人民政府将健康扶贫工作列入脱贫攻坚重要内容,成立由县人民政府分管领导任组长、15 个县级部门负责人为成员的县级健康扶贫领导小组及其办公室,各乡镇人民政府和县级相关部门也成立相应领导小组及其办公室。先后制定出台《双柏县健康扶贫实施方案》《双柏县新型农村合作医疗健康精准扶贫工程实施方案》《双柏县重特大疾病医疗救助实施方案》《双柏县城乡临时救助实施办法》等政策措施,多次召开"双柏县健康扶贫工作推进会",将健康扶贫工作纳入县级部门年度责任目标和脱贫攻坚考核。

基础设施建设 2017 年来,双柏县多方筹措争取资金 22 864.97 万元,建设双柏县中医院、县疾控中心,对标准低的 53 所村卫生室进行重建或提升改造,整合中央和省州基本药物补助和定点帮扶资金配备县级卫生医疗机构、8 个乡镇卫生院、40 个村卫生室

图 4-38　2015 年,碑嘉镇卫生院被评为国家级"群众满意卫生院"

相关诊疗设备设施,提高双柏县医疗卫生服务能力及水平。

图4‑39 村级卫生室建设(2018年)

人才队伍建设 2017年来,共计选派50名业务骨干到上级医疗卫生单位进修学习,选派9名医疗专家到乡镇卫生院进行对口帮扶;完成16名乡镇卫生院全科医生的培训注册;完成151名选配及拟聘用乡村医生培训,截至2020年8月,全县村医生164名,超过每千服务人口配备1名乡村医生的贫困退出考核标准。

图4‑40 选派乡村医生到省级高校开展业务培训(2017年)

诊疗付费 实行"先诊疗后付费"和"一站式"结算、取消预付金,为农村贫困患者开通生命"绿色通道",杜绝建档立卡贫困患者结算时两地跑、多部门报销的现象,缓解群众"看病难"问题。在双柏县2所公立医院、2所民营医院、8个基层卫生院实行"先诊疗后付费"和"一站式"结报。

家庭医生签约服务 组建92个188人的家庭医生签约服务团队开展签约服务,做到一户一策、一人一策、一病一策、精准管理、精准施策,为建档立卡贫困户提供基本医疗、基本公共卫生和个性化等服务。为 65 岁以上老人每年免费开展 1 次健康体检；对 4 种慢性病等患者提供公共卫生、慢病管理、健康咨询和中医干预等综合服务，并逐步扩大病种。建档立卡贫困人口签约服务率 100%，家庭医生签约服务费全部由政府承担。

图 4‑41　家庭医生签约服务(2019 年)

大病集中救治　制定下发《双柏县建档立卡贫困患者大病专项救治实施方案》《双柏县健康扶贫领导小组办公室关于开展 2018 年全县建档立卡贫困人口疾病筛查的通知》，通过组建大病专项救治业务指导专家组、下派人员、定点帮扶等措施，对全县建档立卡贫困人口(包括 2014 年来确定的已经脱贫的贫困人口和尚未脱贫的贫困人口)和经民政部门核实核准的特困人员、低保对象中罹患以上大病的人员，共 36 个病种进行集中救治，并建立"一人一档一方案"。2020 年，全县累计确诊患者 689 人，已救治 689 人，平均救治进度 100%。

卫生服务年活动 2017 以来，通过邀请专家巡回义诊及组建医疗服务团队共计开展宣传讲座 100 多次，义诊活动 300 次，为 39 000 余名群众提供义诊服务，免费发放 150 多种药品，价值 18.4 万元，发放健康宣传资料 10 万份，完成患有慢性病服务 8 766 人次，大病回访 1 572 人次，让群众不出乡就能享受优质医疗服务。

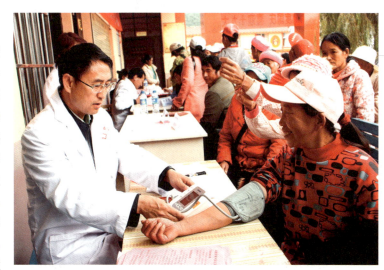

图 4‑42　送医下乡义诊活动(2017 年)

综合保障   建档立卡贫困人员 100％参加基本医疗保险和大病保险,个人缴费部分 2018 年 180 元财政全额补贴;2019 年财政补贴 180 元,个人缴费 40 元;2020 年财政补贴 180 元,个人缴费 70 元。对贫困人口通过基本医保、大病保险、医疗救助保障,符合转诊转院规范的住院治疗实际补偿比例达不到 90％和个人年度支付符合转诊转院规范的医疗费用超过当地农村居民人均可支配收入的部分,由县级统筹资金进行兜底保障,确保贫困人口看得起病。全县累计有贫困患者 1.19 万人次,救治进度 100％,县域内就诊率 95.15％。截至 2020 年 8 月,贫困患者住院医疗总费用 1 047 万元,实际报销比例达 90.17％。

公共卫生   通过建立居民健康档案、开展免费送医送药送健康活动、深入开展贫困乡镇爱国卫生运动等活动,强化贫困乡镇传染病、地方病、慢性病防控力度,传染病发病率持续控制在全州中下水平,县内无甲类传染病及死亡病例报告,无突发公共卫生事件报告。双柏县适龄儿童计划免疫接种率 99.9％。完成全县各类人群监测检测 44 317 人份。

关爱妇女儿童   完成居民健康电子建档 15.38 万人,建档率 95.65％;全县无孕产妇死亡;婴儿死亡指标控制在 4.54‰;剖宫产率控制在 18.53％;农村孕产妇住院分娩率 100％;完成免费宫颈癌筛查 1 001 人,乳腺癌筛查 501 人,完成率 100％;免费婚检率 100％;适龄儿童计划免疫接种率 100％;完成农村计划怀孕夫妇提供免费孕前优生健康检查 809 对;完成宫颈癌筛查 3 913 人,完成任务数的 103.06％;乳腺癌筛查 3 924 人,完成任务数的 103.34％;完成农村妇女常见病筛查项目 10 119 人,完成率 121.36％。为农村妇女免费补服叶酸 1 081 人;结婚登记人群自愿免费婚检 1 507 人;新生儿遗传代谢性疾病筛查 1 095 人;新生儿听力筛查 1 095 人。

营造氛围   利用村民小组会、户长会、党员会、群众会、家庭医生签约、巡回医疗等契机向群众宣传讲解健康扶贫政策,宣传身边享受到健康扶贫实惠的人和事,提高群众知晓率和满意度。在县广播电视台设立《卫生知识》《健康扶贫》宣传专栏,采用微信、网站、编印政策宣传手册、宣传折页、墙体宣传标语等形式宣传"健康扶贫"政策和做法,有效提升群众的政策知晓率。

医疗保险   全县医疗保险整合后,2017 年参加医疗保险 14.53 万人,其中参加职工医疗保险 1.04 万人,参加城乡居民医疗保险 13.49 万人;2018 年参加医疗保险 14.59 万人,其中参加职工医疗保险 1.04 万人,参加城乡居民医疗保险 13.55 万人;2019 年参加医疗保险 14.49 万人,其中参加职工医疗保险 1.05 万人,参加城乡居民医疗保险 13.44 万人;2020 年参加医疗保险 14.44 万人,其中参加职工医疗保险 1.05 万人,参加城乡居民医疗保险 13.39 万人。截至 2020 年 8 月,发放社会保障卡 15.82 万人,全县 96 家医保协议定点医疗机构,其中县级医疗机构 4 个、乡级民营医院 1 个、乡镇卫生院 8 个、村卫生室 83 个,开展医疗服务的医疗机构均可持卡就医,即时结算。全县 4 835 名患慢性、特殊病的建档立卡贫困人口在城乡医保系统已审批维护慢特病门诊待遇,实现持卡直接减免报销门诊费用。全面落实建档立卡贫困人口个人保费 2018 年财政全额补贴 180 元,2019 年、2020 年个人缴费 40 元、70 元,财政补贴 180 元政策,不存在漏报或者无力缴费未参保的情况。

图 4－43　群众办理医疗保障金融卡（2018 年）

门诊报销　2017 年 1 月 1 日,全县开始执行《楚雄州健康扶贫精准实施方案》文件,规定对高血压Ⅱ～Ⅲ期、糖尿病、活动性结核病、癌症、肉瘤、淋巴瘤、多发性骨髓瘤、黑色素瘤、生殖细胞瘤、白血病、需要放化疗的颅内肿瘤、终末期肾病、器官移植、系统性红斑狼疮、再生障碍性贫血、遗传性球形红细胞增多症、自身免疫性溶血性贫血、地中海贫血、精神分裂症、双向情感障碍症、帕金森氏病、血友病、儿童生长发育障碍、小儿脑瘫、重症肌无力、肌营养不良、运动神经元疾病、儿童免疫缺陷病等 28 种慢性特殊疾病门诊政策范围内报销比例为 80%,其中重性精神病和终末期肾病门诊政策范围内报销比例为 90%。2017 年 1 月至 2020 年 8 月,双柏县 28 种慢特病患者就诊 5 524 人次,政策范围内总费用 242.95 万元,基本医疗保险报销 208.95 万元,政策范围内报销比例为 86%。

转诊转院　对建档立卡贫困人口通过基本医保、大病保险、医疗救助报销后,符合转诊转院规范住院治疗费用实际补偿比例达不到 90%,以及个人年度支付符合转诊转院规范的医疗费用仍然超过当地农村居民人均可支配收入的部分,由县级政府统筹资金进行兜底保障,省财政按照建档立卡贫困人口年人均 60 元的标准给予补助。2017 年 1 月至 2020 年 8 月,双柏县符合转诊转院规范住院 17 782 人次,住院总费用 8 087.75 万元,基本医疗保险报销 6 089.65 万元,大病保险理赔 336.8 万元,医疗救助 722.38 万元,兜底保障 139.97 万元,住院实际补偿比例为 90.1%。贫困群众医疗费用支出明显下降,因病致贫、因病返贫现象得到有效控制。

八、文旅扶贫

自脱贫攻坚战打响以来,双柏县文旅系统切实履行行业扶贫工作职责,紧扣精准扶贫、精准脱贫目标,压实责任、精准施策,围绕"六个精准"工作要求,开展行业扶贫工作。

公共文化创建　2014 年来,以巩固提升国家公共文化服务体系示范区创建为契机,"两馆一站"作为公共文化服务的主阵地,双柏县文化馆为国家一级馆,双柏县图书馆为国家三级馆,每年得到免费开放专项资金的支持,文化馆每年 20 万元,图书馆每年 20 万元,乡镇文化站每年 5 万元。双柏县文体广电旅游局始终聚焦行业扶贫中的相关指标精准发力,确保每周免费开放时间不少于 56 小时,每年举办不少于 8～12 场综合性文艺演出。确保乡镇文化广播电视服务中心实现中心"10 个有"(不少于 300 平方米的综合办公室、1 间"农文网培"教室、1 间电子阅览室、1 间图书阅览室、1 间综合展室、1 间多功能活动室、1 组文化宣传栏、1 块活动场地或标准篮球场、1 套管理制度和 1 套完整档案台账);辖区内行政村有公共服务和活动场所;每年举办不少于 4 次综合性文体活动。确保行政村建成 84 个村级综合文化服务中心,实现"9 个有"(1 间不小于 100 平方米的文化室、1 个农家书屋、1 块活动场地、1 个"农文网培"分校、1 支业余文艺队伍、1 名享受财政补助的文化辅导员、1 套管理制度、1 套档案台账和 1 块文化宣传栏);每年开展不少于 4 次文体活动,包括看书阅读、改善上网条件。2016 年 6 月,双柏县与全州同步成功创建为国家第二批公共文化服务体系示范区,双柏县享受每年不少于 200 万元的公共文化奖励绩效金,确保公共文化服务阵地正常运转。2017 年 3 月,投资 800 万元的县级图书馆建成并投入使用,2018 年评估定级为国家一级馆。2019 年 3 月,在新一轮的文化体制改革中,双柏县文化和旅游局成立,8 乡镇成立"文化和旅游广播电视体育服务中心",文旅扶贫工作得到加强。截至 2020 年 8 月,双柏县在脱贫攻坚工作中整合资金,整合资源加大基层文化基础设施建设,累计完成投资 11 000 万元,分 3 批新建村小组活动场地,党员 10 人或人口 200 人以上村民小组活动室已经达标,共建成村小组活动室 599 个;投入资金 300 多万元,连续多次对行政村进行补短板;85 个村(社区)文化硬件设施都全部达标并配备文化兼职辅导员 1 名;在公共图书馆文化馆总分馆制建设改革中,投入资金 70 万元对县乡两级公共文化数字化设备进行统一配置,

图 4 - 44　彝族群众在村文化活动室外进行刺绣技艺展示(2019 年)

实行"六个统一"的规范化管理,开展"文化六进"的多样化服务,在推进公共文化服务标准化、均等化中将文化扶贫工作扎根基层。

在脱贫攻坚工作中,双柏县老虎笙传承演艺有限公司深入开展"自强、诚信、感恩"主题实践活动,开展脱贫攻坚政策宣传演出活动。县财政每年保障县老虎笙演艺有限公司"送戏下乡"经费10万元,学员培训经费18.8万元,上级财政保障"送戏下乡""戏曲进乡村"等经费每年不少于20万元,编排了一批文艺节目,通过文艺宣传,对政策做通俗化翻译、乡土化加工、歌舞化展演、接地气宣传。脱贫攻坚工作开展以来,共开展文化惠民演出545场次。双柏县"自强、诚信、感恩"主题演出活动,被中共楚雄州委认定为脱贫攻坚典型经验,在全州进行推广。

旅游开发 抓住国家深入实施"美丽中国"建设和"乡村振兴战略"等重大机遇,发挥双柏生态、民族等优势,深入实施"旅游活县"战略,坚持把旅游文化产业作为调整产业结构、转变经济发展方式、实现脱贫致富的战略主导产业,将发展乡村旅游与扶贫攻坚行动紧密结合起来,以推进产业脱贫为切入点,以加快旅游扶贫开发建设为重点,以带动贫困群众脱贫致富为目标,以县城为中心、乡村为依托、公路沿线节点景观为支撑的全景域生态文化旅游体系,实施精准旅游扶贫工程,加强旅游配套设施建设。先后编制《双柏县旅游发展总体规划》《双柏县碌嘉旅游发展规划》《白竹山生态文化旅游区总规划》《双柏县全域旅游暨乡村旅游发展规划》《大麦地查姆汽车旅游营地修建性详细规划》《双柏县"美丽县城"建设暨创建国家4A级旅游景区工作方案》《双柏县"十三五"旅游业发展规划》《双柏县旅游产业发展三年行动计划(2018~2020年)》《中国彝乡民宿经济发展示范区建设工作实施方案》《双柏县人民政府办公室关于加快乡村旅游扶贫开发的实施意见》等系列推进旅游文化产业发展规划文件,明确全县乡村旅游发展的思路目标和重点任务,通过着力加大财政支持、强化金融支持、扩大产业扶持、加快推动乡村

图4-45 组织乡村旅游扶贫培训(2018年)

旅游发展、完善乡村旅游和旅游扶贫用地政策,为全县乡村旅游发展提供规划引领和政策保障。将旅游扶贫推进与乡村旅游提升作为双柏县旅游产业发展的重点工作,将乡村旅游扶贫作为扶贫攻坚"五大计划"(增收、就业、设施、救助、兜底)中"增收"计划的主要内容和"十三五"乡村旅游开发的重点,强化各乡镇人民政府对旅游扶贫规划、基础设施建设的主体责任,鼓励和支持全县建档立卡贫困村、贫困户通过乡村旅游规划编制、旅游基础设施和公共服务设施建设、特色乡村旅游产品开发,加强乡村旅游宣传营销、促进贫困户从事乡村旅游就业增收等。

加强部门统筹协调,把专项扶贫、行业扶贫和社会扶贫相结合,有效整合利用脱贫攻坚资金,鼓励企业、社会采取各种方式帮扶贫困村和贫困户开发旅游,形成旅游扶贫开发合力和大旅游扶贫格局。通过将闲置的土地出租、到涉旅企业打工、将农特产品等绿色农产品转换成为旅游商品、制作特色工艺品、开办农家乐等扩展增收渠道。以发展乡村旅游助力贫困群众增收为目标,大力发展乡村旅游。以中国彝乡民宿经济示范区建设为抓手,带动全县乡村旅游发展,全县发展民宿 33 家、农家乐 49 家,其中四星级民宿 1 家,三星级民宿 2 家。2019 年大庄社区和法脿镇李方村被命名为省级旅游扶贫示范村。

图 4－46　碍嘉镇的精品民宿(2019 年)

2019 年,接待国外游客 602 人次,同比增长 76.02％;接待国内游客 161.12 万人次,同比增长 41.39％;实现旅游总收入 237 317.09 万元,同比增长 44.2％。2020 年 8 月末,接待游客 86.03 万人次,实现旅游收入 130 991.75 万元。

九、金融扶贫

2014 年来,双柏县银行业金融机构着力细化精准脱贫措施,在"夯实脱贫基础,精准产业扶贫、改善金融服务、优化金融生态"等方面,探索创新符合双柏县实际的"造血式"金融精准扶贫工作模式。2020 年 8 月末,全县各项存款余额 52.3 亿元,比 2013 年年末增加 22.27 亿元,增长 74.16%;各项贷款余额 35.24 亿元,比 2013 年年末增加 22.62 亿元,增长 179.24%。其中涉农贷款余额 22.06 亿元,比 2013 年年末增加 4.66 亿元,增长 34.78%。在"金融精准扶贫信息系统"中,金融精准扶贫贷款余额 2.32 亿元。制作发放贫困户享受金融扶贫政策明白卡 3 577 份。

货币政策传导 落实县域银行业法人机构一定比例存款投放当地的政策和涉农信贷政策,增强地方法人金融机构信贷投放能力,2014 年来对双柏信用合作联社执行同类机构下调 1 个百分点存款准备金率政策优惠 3 次;累计下达双柏县农村信用合作联社新增信贷投放计划 12.33 亿元;2020 年 8 月末,双柏县农村信用社各项贷款余额 23.02 亿元,比 2013 年年末增加 14.32 亿元,增长 164.6%。

金融窗口指导 制定印发《2014 年双柏县信贷指导意见》《2015 年双柏县信贷指导意见》《2016 年双柏县信贷指导意见》《2017 年双柏县信贷指导意见》《双柏县金融助推脱贫攻坚工三年行动计划》《双柏县金融支持四大重点产业发展实施办法》等行业指导文件,根据云南省金融扶贫联席会议办公室《关于印发 2017 年云南省金融助推脱贫攻坚年行动方案的通知》,要求按季组织县辖银行业金融机构召开金融运行分析会、政银企对接等会议,专项研究金融助推脱贫攻坚有关问题,及时传导人民银行各项精准扶贫信贷政策。

扶贫再贷款 2014 年来,人民银行双柏县支行向双柏县农村信用社累计提供 3.4 亿元扶贫再贷款,2020 年 8 月末扶贫再贷款余额 1.48 万元,以"扶贫再贷款+扶贫小额信贷""扶贫再贷款+公司+合作社+农户"模式为辖区带动农户脱贫作用较大的农业龙头企业和有效信贷需求的建档立卡贫困户发展产业提供有力的资金支持。2019 年,人民银行双柏县支行分 2 次分别发放扶贫再贷款 10 000 万元,专项用于支持建档立卡贫困户以及带动贫困人口较多的企业、种养殖大户发展产业。发放企业 7 户,发放金额 3 580 万元;发放农户 735 户,发放金额 6 231.6 万元。2020 年发放 3 笔,发放金额 9 758 万元。企业 2 户,发放金额 1 500 万元;发放农户 785 户,发放金额 8 258.65 万元。

金融支持 人民银行双柏县支行牵头制定《双柏县金融支持四大重点产业发展实施办法》《双柏县金融精准扶贫"示范区"建设工作方案》等行业文件,围绕"基础扶贫、产业扶贫、服务支撑、环境保障"4 个切入点,适当收缩短期贷款比例,加大中长期贷款投放,扩展信贷资金受惠面,保持信贷资金在涉农领域的合

图 4-47 到乡镇开展金融服务座谈会(2019 年)

理流动性,加大产业发展金融支持力度,支持农业龙头企业带动农户脱贫、增收。

2016年来,双柏县农村信用社发放特色种植业和养殖业发展3年行动贷款4 745户2.3亿元(其中特色农业种植1 104户,贷款金额6 956万元;中药材种植475户,贷款金额2 879万元;现代林业重点产业474户,贷款金额2 862万元;特色养殖业2 692户,贷款金额10 323万元)。发放干热河谷特色种植业贷款17户,贷款金额6 697万元,2018年12月末,有贷款企业6户,贷款余额1 185万元。全县各项短期贷款余额6.42亿元,占各类贷款余额的18.21%;各项中长期贷款余额28.82亿元,占各类贷款余额的81.78%。全县涉农贷款余额22.06亿元,比2013年年末增加4.66亿元,增长34.78%,涉农贷款余额占各类贷款余额的62.6%,其中农户贷款余额10.86亿元,占涉农贷款余额的49.22%,余额比2013年年末增加3.35亿元,增长58.6%。2019年,全县金融机构投入全县扶贫小额信贷金3 800万元,农村信用社向596户农户发放贷款2 965万元,中国农业银行向60户农户发放贷款300万元,双柏邮储银行向91户农户发放贷款455万元。

奖励激励　按年度开展"涉农信贷政策效果导向评估""金融精准扶贫信贷政策效果导向评估""地方法人金融机构一定比例存款投放当地贷款考核""涉农贷款增量奖励考核""金融机构执行中国人民银行政策情况综合评价""普惠金融指标体系调查"等评估、考核、评价工作。对上年度涉农增量符合奖励政策的金融机构进行奖励引导,调动金融机构参与扶贫的积极性。

扶贫贷款利率　围绕省、州、县脱贫攻坚各项目标,引导银行业金融机构合理确定涉农企业、贫困地区、贫困户贷款额度及利率水平,降低涉农企业、贫困地区、贫困户的融资成本,降低债务负担。辖区利用扶贫再贷款资金投放的扶贫小额信贷,带动建档立卡贫困户发展产业的企业等贷款品种均执行人民银行公布的同期基准利率;与财政部门配合,利用贴息政策增加扶贫类贷款投放力度,双柏共有7项扶贫类贷款按不同比例贴息。

农村信用体系建设　拓展农户小额信用贷款覆盖面,解决贫困地区贷款抵押物缺失难题,满足贫困户发展资金需求。制定印发《双柏县2017年农村信用体系建设实施方案》《双柏县2018年农村信用体系建设实施方案》,截至2020年8月,全县已评定66个信用村,信用户2.35万户、7个信用乡镇,建立农户信用档案3.13万户,核贷农户3.12万户,核贷金额50.61亿元,农贷面73.48%,农户小额信用贷款余额16.45亿元,比2013年年末增加8.26亿元,增长170.62%。

网点服务　2020年年末,全县共设立银行业金融机构4家,银行业金融机构服务网点15个,全县累计布放自助服务机具设备76台,设立惠农支付服务点及普惠金融服务站101个,形成城镇网点及农村金融网点共同参与的金融服务体系,贫困地区金融服务覆盖率100%,惠农支付服务点升级改造为"普惠金融服务站"工作正有序推进,截至2020年8月,改造升级完成84个普惠金融服务站,有效降低贫困地区金融服务获取成本。

金融扶贫宣传　以金融知识普及月、金融知识下乡、金融知识进校园、金融知识进企业、金融知识进社区、打击非法金融活动宣传等活动为载体,组织全县各金融机构通过多种渠道广泛开展金融知识宣传,不断完善农村贫困地区金融服务软环境,增进农村贫困地区社会公众对现代金融的了解程度和认知水平。

图4-48 金融扶贫政策宣传(2017年)

县级风险补偿金 县人民政府在双柏县农村信用社设立扶贫小额信贷风险补偿金700万元、基层党员带领群众致富贷款风险补偿金50万元,3年行动计划贷款风险补偿金200万元;在农业银行双柏县支行设立扶贫小额信贷风险补偿金200万元、邮政银行双柏县信贷中心设立扶贫小额信贷风险补偿金300万元。

金融扶贫领域作风问题专项治理 部署全县金融扶贫领域作风问题专项治理工作,明确金融扶贫作风领域治理工作,重点围绕出台金融精准扶贫新举措、新办法的制度、机制完善。

涉农信贷支持 2014~2019年12月,双柏县农村信用合作联社累计基层党员带领群众创业致富贷款175户1 530万元;贷免扶补创业贷款1 287户12 554万元,下岗失业人员小额担保贷款606户3 484万元;发放扶贫小额信贷39 328万元;劳动密集型小企业贷款16 300万元;农村危房改造贷款752户3 620万元;微型企业培育贷款25户686万元;农村居民提升改造工程3年行动贷款28户150万元;特色种植业和养殖业发展3年行动计划贷款4 824户23 322万元。金融精准扶贫贷款余额(含已脱贫人口贷款)23 204.26万元。2015~2019年,累计发放金融精准扶贫贷款68 989.45万元。其中2019年累放额12 266.42万元,贷款1 203笔,带动服务贫困人口1 299人;2018年累放额17 687.28万元,贷款1 221笔,带动服务贫困人口6 473人;2017年累放额15 183.67万元,贷款2 468笔,带动服务贫困人口12 837人;2016年累放额12 299.55万元,贷款960笔,带动服务贫困人口1 769人;2015年累放额11 020.68万元,贷款736笔,带动服务贫困人口20 896人。加大发放水电站、高速公路及棚户区改造等基础设施贷款,发放贷款余额61 832万元,乡村畅通工程贷款余额10 269万元。

十、人社扶贫

2014年来，县人力资源和社会保障局围绕就业扶贫、社保扶贫工作任务，推动养老保障和转移就业等各项工作任务的落实。

劳动力转移　截至2020年8月，全县共有农村劳动力8.5万人，其中男性有4.89万人，女性有3.61万人；农村劳动力实现转移就业累计5.49万人次。从行业分布看，第一产业转移就业0.96万人，占17.49%，第二产业转移就业1.2万人，占21.86%，第三产业转移就业3.33万人，占60.66%；从转移去向看，就地就近转移就业2.16万人，占39.34%，县内转移就业0.84万人，占累计转移就业人数的15.30%，县外省内转移就业1.67万人，占累计转移就业人数的30.42%，省外转移就业0.82万人，占累计转移就业人数的14.94%。

图4－49　欢送农村建档立卡贫困劳动力赴外地务工(2017年)

就业扶贫　把就业扶贫作为重大政治任务和头号民生工程，坚持统筹发挥市场和政府作用，以"培训一人，转移一人；就业一人，脱贫一户"为目标，为全县高质量打赢打好脱贫攻坚战提供坚强有力的支撑。2014年来，全县举办专场招聘会30场次，通过"一部手机就业通"、"就业彩云南"、双柏人社微信公众号、乡镇就业工作群，发布省内外用工岗位3.82万个，其中省内岗位0.8万个，省外岗位3.02万个，为有意外出就业人员搭建就业平台，对建档立卡贫困劳动力中有转移就业意愿的100%推荐就业岗位。全县建档立卡贫困劳动力1.56万人，转移就业0.98万人，转移就业率62.46%，实现外出务工人均收入2.12万元。其中创建就业扶贫车间10个，开发就业岗位250个，吸纳农村贫困劳动力转移就业115人；开发乡村公岗1760个，吸纳贫困劳动力就业1355人，实现有劳动力且有转移就业意愿的建档立卡户家庭至少有1人就业获得收入，实现能转尽转的目标。

图 4－50　建档立卡贫困劳动力普通话技能培训（2017 年）

　　借助滇沪劳务协作的外力，围绕贫困劳动力技能培训、乡村公岗帮扶就业、省内转移就业、转移至上海就业 4 个项目指标，加强统筹安排，统一制定劳务协作实施方案，强化资金管理监督，稳步推进各项工作。通过借助外力，使贫困群众摘掉穷帽。围绕易地扶贫搬迁安置点建档立卡贫困劳动力职业培训、岗位推荐"两个全覆盖""零就业家庭"动态清零的工作目标，按照"不漏一户、不错一人"的工作要求，对全县所有易地扶贫安置点特别是"1＋6"城镇化安置点进行摸底排查，精准锁定有就业意愿且有劳动力能力"零就业"家庭，开展"一对一、点对点"的就业帮扶，确保做到易地扶贫搬迁安置点贫困劳动力家庭真正实现"搬得出、有就业、稳得住、能致富"。

　　技能扶贫　全面整合人社、扶贫、工信商务科技、农业农村、残联、妇联、工会、共青团等部门培训资源力量，坚持以市场需求为导向，培训与就业相结合，因人施策，以贫困乡镇、贫困村为重点范围，以建档立卡贫困户中有培训需求的劳动力为主要对象，开展了一系列面向贫困劳动力量身定制的有针对性的技能培训。截至 2020 年 8 月，全

图 4－51　开展砖工劳动技能培训（2016 年）

县共组织开展种养殖业、砖工、电工等技能培训以及其他各类引导培训7.6万人次,其中建档立卡贫困劳动力参加培训3.5万人次,实现建档立卡贫困劳动力中有培训意愿的"应培尽培"的目标。

社保扶贫　截至2020年8月30日,全县参加基本养老保险人员108 583人,其中企业职工养老保险参保5 733人,机关事业单位养老保险参保4 031万人,城乡居民养老保险参保98 819人;全县24 539名建档立卡贫困人口中符合参保条件已参加基本养老保险20 174人,其中参加城乡居民养老保险19 907人(县内19 853人、县外54人),参加城镇职工养老保险267人,参保率100%;全县领取基本养老保险待遇27 018人,其中领取企业退休人员待遇2 065人,领取机关事业单位退休待遇1 668人,领取城乡居民基本养老保险待遇23 285人(包括60周岁以上建档立卡贫困人员4 392人),全县60周岁以上建档立卡贫困人员100%领取养老金;全面落实县级政府代缴政策,为符合参保条件的建档立卡贫困户中未脱贫人口、低保对象、特困人员三类特殊困难群体由县财政代缴城乡居民基本养老保险费143.71万元,其中2019年代缴8 102人81.02万元,2020年代缴6 269人62.69万元,符合条件人员政府代缴率100%,实现全县符合参保条件的建档立卡贫困人口参加社会保险"应保尽保"和法定人员全覆盖。

人才扶贫　发挥人才扶贫的"扶智"作用,为打赢脱贫攻坚工作提供专业技术人才支撑。落实艰苦边远地区事业单位工作人员招聘倾斜措施,鼓励和引导各方面人才向基层事业单位流动。2014年来,全县共招聘补充事业单位工作人员587人(含特岗教师、"三支一扶"、医学定向生、军转安置人员等)。不断补充基层工作人员,加强脱贫攻坚力量。适当放宽基层专业技术人员职称申报条件和高级职称评聘岗位数额限制,对论文不做硬性要求,实施乡镇有效的基层卫生高级职称评聘制度,稳定基层卫生人才队伍。落实"定向评价、定向使用"的乡镇基层专业技术人才高级职称评价机制,加强基层专业技术人才队伍建设。截至2020年8月,乡镇共有420名副高以上专业技术人员。加大对贫困地区专业技术人才培养培训支持力度,在项目、资金等方面向贫困地区倾斜,全县共建设专家基层科研工作站4个,为开展脱贫攻坚工作提供智力和技术服务。落实向贫困地区、艰苦边远地区和基层倾斜的工资政策,按国家要求调整和落实艰苦边远地区津贴;落实好乡镇工作岗位补贴、落实乡村教师生活补贴,高校毕业生到基层工作高定工资等政策,切实有效地发挥政策向乡镇扶贫一线倾斜的导向作用。

十一、社会兜底保障扶贫

开展脱贫攻坚工作以来,双柏县民政局认真履行民政部门在脱贫攻坚中的农村低保兜底保障、健康扶贫医疗救助和兜底保障、临时救助帮扶等工作职责,紧紧围绕社会兜底脱贫一批的目标,扎实开展社会兜底保障工作。

配套政策　认真落实《云南省人民政府关于进一步完善农村最低生活保障实施意见》,制定出台《双柏县农村最低生活保障制度与扶贫开发政策有效衔接实施方案》《双柏县社会保障精准扶贫行动计划》《双柏县社会救助兜底保障精准脱贫实施方案》《双柏县农村低保兜底实施方案》《双柏县脱贫攻坚社会兜底保障巩固提升实施方案(2018～2020年)》等政策文件,做好两项制度有效衔接。坚持"应保尽保、应退则退、精准施保"原则,对人均收入低于最低生活保障线,且家庭财产状况符合享受低保条件的,按规定全部纳入农村低保进行兜底保障。把符合低保条件的建档立卡贫困对象及时纳入低保保障,把符合建档立卡条件的低保和特困人员及时纳入建档立卡贫困户,实现双向衔接。通过精准识别、有效救助,兜住困难群众基本生活底线,做到"应扶尽扶、应保尽保、精准施保"。

保障标准　按照省州关于低保提标的文件要求,逐年提高农村低保保障标准和补助水平,农村低保保障线从2017年的3 175元提高到3 500元,农村分散供养和集中供养人员月供养金从455元和540元统一提高到665元,与扶贫实现了"两线合一"。根据省、州农村低保指导标准,逐年提高农村低保及特困人员保障标准。2020年6月起,将城市低保月保障提高到640元,实行补差救助;农村低保年保障标准提高到4 500元,补助标准A类350元,B类265元,C类180元;特困供养生活供养金提高到832元,保障和补助标准与全州水平相一致,确保农村低保保障标准与双柏县经济社会发展相适应,与全面建成小康社会要求相适应。

图4-52　社会救助兜底保障工作研究会议(2018年)

动态救助　加强对低保对象的动态管理,及时了解、发现、核实辖区居民遭遇突发事件、意外事故、罹患重病等特殊情况,主动帮助其提出救助申请并协助落实,做到早发现、早救助。加大对城乡低保对象和低保边缘户的排查和调查,加强跟踪管理,了解掌握贫困居民家庭情况,并根据家庭经济和财产变化情况适时进行动态管理。家庭情况好转,家庭收入超过低保保障线的低保对象,按照程序退出保障范围。对家庭收入较低的贫困边缘户,符合低保政策条件的,及时动态管理纳入低保保障。将完全或部分丧失劳动能力(生活自理能力),或家庭基本无劳动力,或因残因病支出医疗费较高,生活常年陷入困境的极困家庭及个人列为重点保障对象(A类);部分丧失劳动能力,或劳动力弱,因残因病有一定的医疗费用支出,家庭收入较低的比较困难家庭及个人列为基本保障户(B类);家庭有劳动力或劳动力弱,家庭收入低于最低生活保障线的一般困难家庭及个人列为一般保障对象(C类)。2019年来,县民政局多次组织各乡镇反复开展城乡低保对象、低保边缘困难群众、重残重病人员等特殊困难群众低保政策落实情况大排查。2020年3~5月,全县组织开展2次大规模的农村低保核查整治专项行动。组织对县扶贫办提供的未脱贫、整户无劳动力、二级以上重度残疾人及三四级智力精神残疾人、人均收入低于5 000元、脱贫监测户、脱贫边缘户共5 811人中还未享受低保的1 682人进行100%入户核查,6类对象通过核查后新增纳入低保335人,全县6类对象最终纳入低保保障4 464人,其中低保兜底整户无劳力对象191人,做到"应保尽保",确保无"漏保"。组织对2020年4月还在保的所有农村低保对象5 654户11 252人进行100%的入户核查,因其家庭收入发生变化,收入稳定超过低保标准,因家庭有存款、车辆、商品房等不符合低保条件,5月退出低保758户1 333人,确保农村低保对象更加精准。

审核程序　县乡村严格程序,做到由本人申请,村居委会和乡镇入户调查,乡镇审核、公示、录入社会救助系统,居民家庭经济状况核对平台进行信息核对,凡是经信息对比发现该家庭成员有财政供养人员、商品房、高价值车辆等财产状况不符合低保政策的,出具核查报告,一律不予纳入低保,把好入口关;对符合低保条件的由县级审批通过的程序。为加大公开公示力度,县民政局投入3.8万元,统一制作了社会救助公示牌84块,下发至各村居委会在醒目位置悬挂上墙,加大公开公示力度,低保申请评议审核结果及县级民政部门审批的资金发放情况、低保相关政策,在村居委会固定的民政社会救助政策公示栏进行公示,县民政局将全县领取低保花名册在县人民政府门户网站进行公示。投入资金6.4万元,制作社会救助政策宣传资料3万份,制作"享受民政政策明白卡"发放张贴到所有享受低保等社会救助政策家庭,让群众更加明白社会救助相关政策,接受群众监督,确保公开透明、阳光操作,提高低保救助的精准度,提高群众的满意度。

特困供养救助　严格落实《云南省人民政府关于进一步健全特困人员救助供养制度的实施意见》相关要求,按照"应纳尽纳、应保应保"的要求,通过全面排查审核,将建档立卡户及非卡户中所有年满60周岁和

图4－53　妥甸东城区居家养老服务中心(2017年)

未满 60 周岁的，但因残疾丧失劳动能力的“三无”人员全部纳入特困人员救助供养范围。按月足额发放供养救助金，确保了农村特困人员的基本生活。加大对农村敬老院的投入力度，2014 年来建成投入使用养老机构及养老服务设施共 30 个、项目总投资 6 246.2 万元，建设规模 24 120 平方米，共有养老床位 1 118 个，改善敬老院硬件设施和管理服务水平，提高供养标准，确保集中供养的特困人员老有所养。

图 4－54 碍嘉敬老院(2017 年)

民政医疗救助 严格按照《双柏县健康扶贫精准实施方案》《双柏县重特大疾病医疗救助实施方案》和《双柏县城乡医疗救助“一站式”即时结算服务实施办法》规定：一是全面落实建档立卡贫困人口医疗救助和兜底保障政策，对所有建档立卡贫困人口通过医保报销后，符合转诊转院规范住院治疗实际补偿比例达不到 90%和个人年度支付的医疗费用仍然超过当地农村居民人均可支配收入的部分，由县民政局全部进行兜底保障，个人年救助总额封顶线到 10 万元；二是全面落实民政对象疾病医疗救助政策，农村特困人员住院，通过基本医疗保险和大病保险报销后，年度个人自付部分 3 000 元以内的，给予全额救助。城乡低保对象、重点优抚对象住院，通过基本医疗保险和大病保险报销后，按个人自付部分的 30%给予医疗救助；三是对患有 22 种重特大疾病的对象，通过基本医疗保险和大病保险报销后，按个人自付部分的 50%给予医疗救助，年度累计救助金额不得超过 1 万元。

临时救助 加大对因火灾、交通事故、溺水、人身伤害等意外事件，家庭成员突发重大疾病以及因教育、医疗等支出突然增加超出家庭承受能力，导致基本生活暂时出现严重困难的家庭和个人的主动发现和排查力度，对符合条件的家庭及时给予临时救助，一般实行按月救助，特困情况及时进行救助，体现救急难。建立乡镇临时救助备用金制度，逐步提高临时救助标准。根据家庭困难程度，单次救助一般不高于城市低保年标准的 3 倍，有特殊困难情形的，可适当提高救助标准，但一年内临时救助不超过 2 次且累计救助资金不超过城市年标准的 6 倍。切实发挥临时救助制度的托底作用，有效防止因灾、因病、因学致贫或返贫。

残疾人补贴　严格按照《双柏县人民政府关于贯彻落实困难残疾人生活补贴和重度残疾人护理补贴制度实施意见》文件要求,落实残疾人"两项补贴制度"政策,自 2016 年 1 月 1 日起对城乡低保家庭中的残疾人发放生活补贴为每月 50 元,对一级需要长期照护的重度残疾人护理补贴为每人每月 70 元,二级且需要长期照护的重度残疾人及三、四级精神残疾人发放护理补贴每月 40 元。自 2020 年 5 月 1 日起,困难残疾人生活补贴提高为每月 70 元,一级需要长期照护的重度残疾人护理补贴提高为每月 80 元,二级且需要长期照护的重度残疾人护理补贴提高为每月 70 元,三、四级精神残疾人护理补贴为每人每月 40 元。

截至 2020 年 8 月末,全县共有农村低保对象 5 263 户 10 000 人,农村低保覆盖率 8.3%,其中建档立卡享受农村低保 5 088 人,建档立卡与农村低保重合率 50.9%;共有特困供养人员 1 005 户 1 019 人,其中纳入建档立卡 251 人;享受残疾人生活补贴 2 696 人,护理补贴 2 792 人。2014 年来,共发放农村低保金 14 588.32 万元,特困人员供养金 4 115.1 万元,其中向建档立卡贫困人口低保对象发放低保金 7 440.04 万元,发放特困供养金 589.82 万元;向农村低保对象、特困供养人员发放临时价格补贴 596.05 万元;共放发临时救助金 1 039.39 万元,其中建档立卡贫困家庭发放临时救助金 352.82 万元。共实施民政对象医疗救助 6 513 人次,救助资金 716.23 万元;实施健康医疗救助兜底保障 8 169 人次,救助资金 544.37 万元;开展残疾人两项补贴工作以来,共发放残疾人两项补贴 1 260.85 万元。

十二、残疾人扶贫

2014～2020 年 8 月,全县共有持证残疾人 8 216 人,占全县总人口的 5.14%。其中视力残疾 994 人,听力残疾 457 人,言语残疾 225 人,肢体残疾 4 843 人,智力残疾 313 人,精神残疾 1 134 人,多重残疾 250 人;各类残疾人中一级残疾 567 人,占残疾人数的 6.9%,二级残疾 1 684 人,占残疾人数的 20.5%,三级残疾 2 434 人,占残疾人数的 29.63%,四级残疾 3 531 人,占残疾人数的 42.97%。

残疾人脱贫目标　县人民政府下发《双柏县 2018 年残疾人脱贫攻坚实施方案》,明确双柏县残疾人脱贫工作目标:2018 年,全县残疾人权益保障制度基本健全,基本公共服务体系更加完善,残疾人小康进程与全面建成小康社会相协调、相适应,助力全县 1 830 名建档立卡残疾人如期脱贫。

基础数据采集　以残疾人证办证系统、残疾人就业和职业培训信息管理系统及残疾人数据信息动态更新工作为基础,准确掌握残疾人在住房、就业、康复等各方面的基础数据,了解残疾人需求,对症下药,制定残疾人住房、就业、康复等各方面的帮扶措施。

图 4 - 55 举办残疾人实用技术培训班(2018 年)

残疾人证办理 2014～2020 年 8 月末,全县新办残疾人证 3 782 本,为民政、财政等部门做好困难残疾人生活补贴和重度残疾人护理补贴"两项补贴"精准发放工作提供依据。

康复服务 出台《双柏县 0～16 岁残疾儿童康复救助制度》,对 0～16 岁残疾儿童进行矫治手术、辅具适配、康复训练服务等救助。通过为残疾人免费提供基本辅助器具、为白内障患者进行手术治疗,免费提供盲人定向行走训练,免费为 0～16 岁有康复需求的聋儿实施抢救性康复,为精神残疾人免费鉴定、免费服药等措施,实现残疾人基本康复服务全覆盖。2014～2020 年 8 月,共免费发放辅助器具 2 362 件;筛查疑似白内障患者 1 657 人,实施免费白内障手术 312 人;免费提供盲人定向行走训练 30 人;免费安装假肢 38 例;为 586 名精神残疾人免费鉴定。

图 4 - 56 发放残疾人基本辅助器具(2019 年)

贫困残疾人"两项补贴"社会保障　全面落实困难残疾人生活补贴和重度残疾人护理补贴制度。自2016年残疾人"两项补贴"制度（困难残疾人生活补贴及重度残疾人护理补贴）实施以来，累计发放"两项补贴"资金1 000多万元，受益残疾人超过1万人次。

残疾人就业创业　打造残疾人就业创业示范基地（点），通过典型示范，带动残疾人自主创业。2014～2020年，全县共创建省级残疾人扶贫基地1个，省级残疾人就业创业示范基地2个，州级残疾人就业创业示范基地2个，州级残疾人扶贫基地1个，县级残疾人就业示范点6个，扶持残疾人自主创业23户，扶持盲人按摩机构5个。共安置残疾人104名，辐射带动1 200多名农村残疾人就业，开展残疾人农村实用技术培训。2014～2020年8月，全县共举办各类残疾人农村实用技术培训班、职业技能培训班47期，培训残疾人及其亲友3 316人次。

残疾人教育、健康扶贫专项行动　开展残疾人教育帮扶。为保障残疾学生和残疾人家庭子女完成学业，切实减轻家庭负担，2014～2020年，每年对在县内随班就读、送教上门残疾学生进行慰问，其中2014～2017年每生200元，2018年来每生300元。对在州特殊教育学校就读的双柏籍学生进行慰问，其中2014～2017年每生300元，2018年来每生600元；对高中毕业后考入大专及其以上院校的残疾学生或残疾人家庭子女按专科0.2万元，本科0.3万元给予一次性生活费补助。

农村贫困残疾人家庭项目　2014～2020年8月，共实施农村贫困残疾人家庭无障碍改造项目135户；实施"阳光家园"居家托养项目380户。

图4-57　贫困残疾人家庭无障碍改造（2018年）

组织保障　成立由县残联理事长任组长的残疾人脱贫攻坚工作领导小组，县残联全体干部职工，各乡镇残联理事长、85个村（居）委会残疾人联络员为领导小组成员。县、乡、村协调配合，共同推进残疾人脱贫攻坚工作。

资金保障　统筹省、州下达的项目资金及残疾人就业保障金，以残疾人脱贫攻坚为重点,以建档立卡贫困户为重心,合理安排项目资金及使用残疾人就业保障金。

物资保障　对免费发放的轮椅、拐杖、座便椅等基本辅助器具加强管理,随时清点库存,发现不足及时补助,以满足残疾人需求。

宣传保障　利用广播、电视、报纸、门户网站、微信公众号等广泛宣传,在全社会营造扶残助残的良好环境。双柏县的残疾人工作被云南省经济频道《追梦》栏目报道 1次,被州电视台《民情直通车》报道 1 次;在每年全国助残日期间,由县残工委成员单位及残疾人五大专门协会成员组成的志愿者在全县范围内开展宣传、慰问活动。

十三、林业生态扶贫

双柏县按照"生态补偿脱贫一批"的总体要求,围绕生态持续改善、林业产业持续发展、林农持续增收的总目标,以贫困地区跨越发展和贫困群众脱贫致富为核心,以森林资源保护、生态建设项目实施、林业产业发展与精准扶贫、精准脱贫相结合,生态建设项目扶持到村到户,确保贫困户在森林资源保护、林业产业发展中增收致富、脱贫一批。截至 2019 年 2 月,全县林业生态扶贫项目累计涉及全县贫困户 4 312 户、贫困人口15 403 人,累计补助林业生态项目资金 2 986.64 万元,实现户均增收 6 926.33 元、人均增收 1 939 元。

机制创新　成立以分管副县长为组长的生态扶贫工作领导小组,下设办公室在县林草局,各乡镇人民政府成立相应的工作机构,配全、配齐、配强工作力量,组织协调好本乡镇范围内生态扶贫工作;制定出台《双柏县生态扶贫实施方案》《双柏县生态扶贫成效考核办法》《双柏县林业发展三年行动计划(2018～2020)》《双柏县生态扶贫巩固提升实施方案》等生态扶贫规划。以当地自然条件、森林资源状况为基础,规划上报一批退耕还林、陡坡地生态治理、低效林改造、核桃提质增效、生态护林员等具体项目方案,分年度、分批次落实具体生态扶贫措施,突出规划的科学性及实施过程中的可操作性,实现森林资源生态效益、经济效益的有机统一;建立生态扶贫多元化投入的长效机制,除争取中央和省、州、县级财政投入外,为业主争取多渠道资金,鼓励和引导企业和大户通过租赁、承包、联包、联营、转让等形式投资退耕还林、低效林改造、森林抚育等工作,走龙头企业带动型的路子吸引民间资金和社会资本参与生态扶贫建设。加强林业专业合作组织建设,完善企业扶贫利益联结机制,完善各项措施,扶持林业专业合作组建设,鼓励贫困农户以林地承包经营权入股、劳动力入股,推动规模化、集约化经营,提高产业的组织化程度和建档立卡贫困人口的受益度。

林业资源保护　持续实施天然林保护工程,全县森林资源总量逐年持续增长,发展后劲不断增强。双柏县每年管护森林资源 502.5 万亩,管护国家级、省级生态公益林共152.73 万亩,实施公益林生态效益补偿 152.73 万亩。2019 年,实行"县统筹、乡聘用、村管理"的管理机制,聘用生态护林员 664 人次,涉及贫困户 663 户,支付管护费 565 万元;聘用天保工程公益林护林员涉及贫困户 82 户,支付管护费 94.56 万元;聘用季节性护林员 100 名,涉及贫困户 73 户,兑现管护费 51.88 万元;生态效益补偿涉及贫困户

2 160 户、贫困人口 7 812 人,兑现补偿金 209.84 万元;脱贫攻坚工作开展以来至 2019 年年末,全县累计兑现资金 921.28 万元。2020 年 1 月,全县共聘用生态护林员 660 名;2020 年 7 月新聘用生态护林员 140 名,共聘用生态护林员 800 名,管护费标准为 800 元每人每月。2020 年聘用天保工程公益林贫困户 85 人次,平均管护费约 1 000 元每人每月。

图 4-58　举办生态护林员工作会议(2019 年)

林业生态项目　优先支持贫困地区、贫困户实施退耕还林、陡坡地生态治理、核桃提质增效、低效林改造、贫困林场建设等生态工程建设项目,调整农村产业结构。2014～2019 年共实施退耕还林 7.74 万亩,项目涉及贫困户 2 555 户、人口 9 579 人,实施面积 1.66 万亩,兑现补助资金 2 089.4 万元;核桃提质增效 4 万亩,涉及贫困户 526 户,贫困人口 1 958 人,实施面积 7 742 亩,兑现补助资金 77.42 万元。共计实施农村能源项目太阳能热水器 3 400 套,惠及建档立卡贫困户 1 045 户 4 068 人,补助资金 104.5 万元;发放节柴灶 1 400 套,资金共计 52 万元,惠及建档立卡贫困户 721 户 2 611 人,补助资金 21.42 万元;实施低效林改造 8 万亩,项目涉及贫困户 754 户 2 756 人,实施面积 5 958 亩,兑现补助资金

图 4-59　林木种苗培育(2016 年)

59.58 万元。

结合林业生态建设工程的实施,发展以核桃为主的特色经济林产业,发展林下经济、林产品采集加工等多种立体复合经济。建设核桃产业基地 100.19 万亩,种植青花椒 7.8 万亩,种植冬桃、樱桃、红梨、甜橙等特色水果基地 3.2 万亩。累计完成速生丰产林营造 37.2 万亩,生产各类苗木 2 000 多万株,每年提供林产化工原料松脂 2 500 吨以上,桉树叶 4 500 吨以上。累计完成林业产业发展贷款贴息 708 户,贷款金额 4 432 万元。逐步建立起一批优质高效的林业产业基地,通过种植业直接获得收益的同时,为林业二产业的发展建立原料基地打下基础,为三产业的发展提供优质生态环境。

图 4‑60　群众出售核桃增加家庭收入(2015 年)

十四、农村环境综合整治

双柏县将生态环境保护与农村人居环境整治融入扶贫工作之中,加强农村环境综合整治力度,全力助推脱贫攻坚。

项目实施　2014 年来,州生态环境局双柏分局结合行业特点,以建设美丽乡村为抓手,以解决农村生活垃圾、生活污水收集为重点,筹措资金组织编制涉及大庄、法脿、爱尼山、碍嘉、妥甸、安龙堡、大麦地等乡镇及绿汁江流域、礼社江流域的农村环境综合整治项目实施方案,向上争取妥甸镇西城社区大房子居民小组,安龙堡乡安龙堡社区、新街村委会环境连片整治,绿汁江、礼社江流域农村环境综合整治等 14 个项目,投入资金 3 146 万元。截至 2020 年 8 月,农村环境综合整治项目综合受益 5 个乡镇 44 个行政村 426 个村民小组 13 820 人。已建设垃圾池(房)37 个,垃圾斗 45 个,截污沟渠 17.8 千米,污水处理系统 10 套,沤粪池 66 个,垃圾清运车辆 47 辆。改善农村的村容村貌,提升人居环境。

图 4-61　污水处理厂(2014 年)

生态文明创建　开展以环境保护进社区、进家庭、进机关、进农村、进公共场所为重点的绿色创建活动,自 2015 年启动省级生态文明县创建工作以来至 2020 年 8 月,全县共创建 8 个省级"生态文明乡镇",56 个州级生态文明村(社区),省级生态文明县创建已于 2017 年 11 月 13 日顺利通过省级考核验收,并于 2018 年 7 月 19～26 日在省环保厅门户网站进行公示。全县共命名省级绿色学校 6 所,省级绿色社区 2 个,州级绿色学校 13 所。双柏县 2016～2018 年连续 3 年被省委、省人民政府考评为重点生态功能区"先进县"。2018 年国家重点生态功能区县域生态环境质量考核结果为"轻微变好",2019 年国家生态文明建设示范县创建申报被生态环境部列为备选县。生态创建工作取得阶段性成效,使贫困村的村容村貌、人居环境、生态环境保护意识得到显著加强。

环保宣传　利用"6·5世界环境日"、环保"世纪行"、"三下乡"、"3·15 消费者权益日"、科技活动宣传周、"安全生产月"、"12·4国家宪法宣传日"等活动,以环保农业、绿色农业、生态农业为主线,宣传农村生活面源污染和农业面源污

图 4-62　生态环保知识进校园(2019 年)

染的危害以及保护土壤环境质量的相关科学知识和法规政策,共计发放宣传单 1 万份,发放环保袋 0.5 万个。通过多形式、多层面地开展宣传活动,增强人民群众生态环境保护意识。

农村厕所革命　2018 年来,双柏县加快农村无害化卫生户厕改造建设。省州县三级共投入农村"厕所革命"补助资金 1 025.42 万元,改造无害化卫生户厕 14 716 座,行政村三类公厕 85 座。截至 2020 年 8 月,全县实现农村无害化卫生户厕覆盖率 50.33%,卫生户厕覆盖率 82.05%,行政村村委会所在地无害化卫生公厕覆盖率 100%。

美丽乡村创建　围绕省委、省人民政府"把云南建设成为中国最美丽省份"的总体要求,2019 年,县农业农村局在全县各乡镇中申报美丽村庄 5 个,其中法甸村委会被评为"省级美丽村庄",普龙、青香树 2 个村委会被评为"州级美丽村庄",新厂、力丫 2 个村委会被评为"县级美丽村庄"。

农村垃圾管理　2014～2020 年 8 月末,双柏县建成 1 座处理规模 4 吨/天的焚烧(热解)站,5 座总处理规模 10.8 吨/天的垃圾简易填埋场(焚烧场),4 座总处理规模 3.5 吨/天的垃圾中转站;配置道路清扫车、垃圾装载车、垃圾清运车等环卫专业机械和车辆 42 台,其中 1 吨以上垃圾清运车 11 台,其他轻便摩托清运车 30 台。投入资金 1 289.46 万元配置 1 476 个垃圾房、箱、桶、池,以及 1 个焚烧(热解)炉;配置 99 个乡镇(村)保洁员,保障农村垃圾处理设施有效运行。

第五章　乡镇扶贫

第一节　妥甸镇

一、基本贫情

妥甸镇是双柏县城所在地,在县境中北部,距楚雄州府 54 千米,东与大庄镇、法脿镇接壤,南与大麦地镇、爱尼山乡、独田乡相连,西与楚雄市大地基乡交界,北与楚雄市子午镇毗邻。总面积 737 平方千米。属滇中高原丘陵地带,最高海拔 2 333 米,最低海拔 940 米,相对高差 1 393 米,属亚热带高原季风气候,由于山高谷深,立体气候与小区域气候明显,气候类型多样。2019 年,全镇下辖 5 个社区和 14 个村委会,共有 307 个村(居)民小组 468 个自然村,总人口 41 044 人。全镇有建档立卡贫困行政村 8 个,共有建档立卡贫困户 995 户 3 798 人(其中 2019 年新识别 4 户 11 人),贫困发生率9.25%。通过帮扶,2014～2019 年脱贫 963 户 3 702 人,实有未脱贫人口 32 户 96 人,2018 年实现马龙、马脚塘、和平、麦地新 4 个贫困行政村出列,贫困发生率 1.2%。截至2019 年年末,全镇 8 个贫困行政村全部脱贫出列,脱贫 963 户 3 707 人,贫困发生率降至 0.46%。全镇 995 户建档立卡贫困户中因病致贫 121 户 469 人、因残致贫 73 户 250人、因学致贫 33 户 138 人、因灾致贫 7 户 19 人、缺土地 20 户 94 人、缺水 9 户 37 人、缺技术 418 户 1 657 人、缺劳力 84 户 258 人、缺资金 129 户 540 人、交通条件落后 22 户 78 人、自身发展动力不足 77 户 250 人,其他原因致贫 2 户 8 人。

二、措施及成效

加强组织领导,凝聚帮扶合力。开展"挂包帮、转走访"工作以来,妥甸镇严格落实脱贫攻坚工作党政"一把手"责任制,形成党政一把手重视、镇村齐抓共管、各站所齐心协力的氛围。坚持每月工作联席会议、每周脱贫攻坚工作例会制度,对工作推进中存在的问题进行通报和责任到人;研究制定妥甸镇精准脱贫规划、精准脱贫实施方案、年度脱贫计划,18 个行政村也分别制定各村精准脱贫规划、精准脱贫实施方案,到自然村到组到户规划,做到科学规划、精准帮扶;建立完善"挂包帮、转走访"工作长效机制,省、州、县、镇四级共 672 名干部结对帮扶 994 户建档立卡贫困户,实现"领导挂点、部门包村、干部帮户"全覆盖;把全镇脱贫攻坚目标细化分解到镇村及挂包干部,层层签订责任状,强化对脱贫攻坚工作的跟踪问效和考核奖惩,增强全镇干部做好脱贫攻坚工作的责任感;全镇 18 个行政村配备工作组,1 名镇级观察员,7 名大学生村官,驻村工作队 16 支 49 人,做到人力保障到位;全镇成立 18 个脱贫攻坚挂村组,6 个脱贫攻坚督查组,进一步细化脱贫攻坚各项主体责任的落实。

科学制定方案,抓实脱贫目标。制定出台《妥甸镇精准扶贫工作实施方案》《妥甸镇2018 年脱贫摘帽工作方案》《妥甸镇脱贫摘帽压实责任清单》等文件,《妥甸镇"完成脱贫摘帽任务百日行动"方案》等脱贫攻坚配套文件;编制《妥甸镇脱贫攻坚规划》、村级施工图、乡镇路线图。针对基础设施、产业发展、金融扶贫、教育扶贫、健康扶贫、生态保护、培训就业、电商扶贫、低保兜底等制定行业扶贫方案,完善镇、村、组、户四级精准脱贫攻坚规划和攻坚措施;围绕贫困村、贫困户稳定脱贫的目标,逐户制定巩固提升脱贫成效帮扶计划及措施,组织实施挂包帮扶工作,开展好脱贫攻坚巩固提升各项工作。

全面补齐短板,夯实发展基础。围绕"两不愁、三保障",贫困乡镇、贫困村(社区)脱贫标准和贫困村(社区)、贫困人口退出时限,因村因户精准施策,规划 2018~2020 年 3 年项目投资计划 13 072.41 万元,其中财政专项资金 3 287.24 万元,行业部门资金 8 328.62 万元,沪滇协作资金 1 456.55 万元;按照贫困村退出"10 有"标准制定马脚塘、马龙、和平以及麦地新 4 个贫困行政村扶贫攻坚基础设施建设项目规划实施方案。4 个贫困行政村共规划实施扶贫项目资金 537 万元;按照"缺什么补什么"原则制定全镇到村到组到户项目规划实施方案。实施投资 5 198 万元的村间道路建设 24 个村、卫生室建设 12 个、活动室建设 155 个、国开行人饮项目 83 个、垃圾池 256 个,全部已建成并投入使用。

发展致富产业,全力促农增收。以"九式互融"产业扶贫模式、种养殖大户作示范,以科技培训为抓手,以土地、林地流转为保障,加大产业结构调整力度,优化产业结构,培强农业产业。推行"公司+合作社(基地)+贫困户"等方式,妥甸镇组织 16 个村组与双柏县信实健畜禽交易市场有限公司、祥鸿农牧业有限公司等企业建成立种养殖专业合作社,签订利益联结协议 1 976 份,发放社员证 1 976 本;全镇投入产业扶贫资金 691 万元,发放小额信贷 750 万元,成立产业互助社 7 个,组建合作社 236 个,开展贫困劳动力培训 2 236 人。通过示范引领、以点带面,逐步推进,在全镇培育一批产业扶贫示范企业和示范基地,实现"培育一个,带动一批,致富一方"的目标,共打造示范企业 2 个、示范基地 1 个,带动建档立卡贫困户 994 户 3 815 人实现增收。

图 5 - 1　妥甸镇与企业共同开展精准扶贫产业项目合作(2017 年)

开展技能培训,力促转移就业。组建妥甸镇劳务输出就业协会,组织贫困群众参加"就业援助月""春风行动""民营企业招聘周""转移就业百日行动"、上海嘉定区对口支援就业扶贫专场招聘会等就业专项服务活动。2018 年年末有 130 户 277 人加入就业协会,实现劳务意愿的建档立卡贫困户就业全覆盖。举办劳动技能培训、引导性培训班 11 期,培训 2 236 人。共转移劳动力 5 349 人,新增转移就业 950 人,国际劳务输出 11 人,其中建档立卡贫困户劳动力外出转移就业 1 193 人,就近本乡镇内转移就业 406 人。

改善住房条件,实现安居乐业。按照贫困程度、贫困类型和改造方式,实行差异化分类补助。2014 年来,累计实施易地扶贫搬迁 218 户 908 人。2018 年年末,全镇 40 户 171 人易地扶贫搬迁任务全面完成,县城集中安置 136 户 556 人。投入 2 069.39 万元实施"四类"和"非四类"重点对象 C、D 级危房改造、住房质量提升 931 户,全镇危旧房全面消除。

推进社会事业,充分保障民生。认真落实《双柏县教育扶贫实施方案》,做好"控辍保学"和"两后生"教育培训工作,实施义务教育改薄工程、贫困学生爱心助学工程、贫困地区中小学教师素质提升工程、教育扶贫工程。2014 年以来,镇中心完小恢复成立,妥甸中学完成新建搬迁,全镇九年义务教育普及率 100%;学前儿童入园率 100%;投入教育帮扶资金 194.261 万元,全镇 590 名建档立卡贫困学生受益;办理助学贷款 36.8 万元,受益 46 人次;落实全省健康扶贫 30 条、《双柏县健康扶贫实施方案》和《双柏县家庭医生签约服务实施方案》,建档立卡贫困家庭个人住院实行"先诊疗后付费"和"一站式"

即时结报,9 类 15 种大病集中救治、大病医疗救助及政府兜底保障等制度有效落实。家庭医生签约率实现 100%,全镇卫生室全面加强。2017 年来,累计为 72 480 人次减负医疗费用 875 万元,发放医疗救助 78.95 万元,临时救助 46.16 万元,3 610 名建档立卡人员全部纳入城乡居民基本医疗保险和大病统筹,2018 年按人均 180 元标准统一由县财政资金代缴;推进扶贫政策与医疗保险、医疗救助等政策无缝对接,加强留守儿童、留守老人、留守妇女和残疾人关爱救助保障工作,强化临时救助救济,实行特殊补贴政策,把"三无"人员全部纳入特困人员救助供养范围,全镇建档立卡贫困户医疗保险参保率 100%。2018 年,享受低保金对象 1 437 户 3 514 人,共发放城乡低保、医疗救助、临时救助、特困供养资金、优扶资金、残疾人"两项补贴"1 871.12 万元,向受灾群众发放各类物资 3 批次,价值 10.5 万元。

第二节 大庄镇

一、基本贫情

大庄镇国土面积 557 平方千米,以烤烟、水稻、经济林果、畜牧养殖、外出务工收入为主,2019 年末全镇农民人均纯收入 1.24 万元。辖 13 个村居委会,235 个村民小组 8 864 户,户籍人口 25 694 人。有建档立卡贫困户 2 020 户 7 232 人,2014 年脱贫退出 323 户 1 065 人,2015 年脱贫退出 414 户 1 675 人,2016 年脱贫退出 532 户 2 102 人,2017 年脱贫退出 536 户 1 779 人,2018 年脱贫退出 75 户 208 人,2019 年脱贫退出 65 户 189 人,综合贫困发生率 0.83%。

二、措施及成效

夯实基础设施建设。2015 年来,投资 1 203.3 万元完成全镇 36 个村民小组 20.42 千米的村间公路路面硬化。投资 3 325 万元完成村组道路硬化 5 条 54.54 千米。彩碚公路过境段 42 千米全面建成通车,杞木塘陈万庄至上阿白岭乡村公路建成投入使用,辖区内过境 22 千米玉楚高速项目有序推进,完成马街子至大河边 24 千米公路改扩建。

截至 2019 年末,大庄镇境内公路硬化里程 212 千米,境内 13 个行政村镇到村公路硬化率 100%。大庄社区、尹代箐等 3 个行政村 72 个村组实现村组道路硬化。完成客运综合服务中心搬迁建设。2020 年,桃园村委会坡底脚产业桥、柏子村人居环境提升改造、干海子上村村间道路硬化、玉尺郎村组桥、中格拉桥、代么古桥至桃园汉田产业路、普岩村加州鲈鱼养殖、大庄社区蔬菜加工厂、普岩村虾蟹养殖园至老郭家村组道路硬化9个扶贫项目完成建设。投资5 992.6万元,总长31.9千米的沙甸河河道治理项目建成投入使用;投资5 235.7万元的平掌河小(一)型水库建设项目完成建设;投资240万元的国开行融资饮水安全项目投入使用。全镇建有小(一)型水库2件,小(二)型水库29件,完成水库除险加固25件。2015年投资182.29万元实施国债农村饮水安全工程,共架设引水主管路732千米,供水管网45千米,新建蓄水池8个,保障了11个村委会36个村民小组796户2 973人的饮水安全。投资1 654.63万元完成大庄集镇农村饮水安全巩固提升工程项目建设,受益5个村委会32个村民小组1.85万人。投资2 232.6万元新建和改造干、支渠28.97千米,新建渡洪槽、涵洞等渠系建筑物67件;新建取水坝21件、小坝塘2座,改造和加固小坝塘24座。投资646.94万元完成代么古依那呢小流域坡耕地水土流失综合治理工程建设;完成普妈、木章郎和柏子村片区高效节水灌溉项目,改善灌溉面积3 000余亩;总投资2.58亿元占地850亩的大庄光伏电站投入并网发电。投资5 996.68万元实施土地开发整理项目,建成高标准农田18 866.75亩,在建6 758亩,惠及辖区4个村委会47个村民小组。巩固提升农村电网改造工程,所有自然村通三项动力电,实现行政村光纤网络全覆盖。

投资1 482万元完成大庄中学和辖区7所小学基础设施提升改造项目,新建学生宿舍1 292平方米、教师宿舍1 425平方米,学生食堂3幢,减隔震教学楼1幢,整合省人大帮扶资金实施教育助学行动,2016年共发放助学金67.9万元;实施雨露计划。投入1 250万元新建35个村民小组活动室,15个农家书屋建设完成并投入使用,13个村级综合文化服务中心配备广播设备27套,乡村大舞台建设稳步推进。新建或改扩建的13个村卫生室全部投入使用。全镇13个行政村建成达标村卫生室,定期开展公共医疗服务。贫困户全部缴纳新型医疗保险,符合参保条件的贫困群众100%参加新型农村养老保险。柏子村、麻栗树、杞木塘、桃园4个村级活动场所完成搬迁建设,大庄社区、洒利黑、普妈、普岩、木章郎、各三郎6个村级活动场所完成改扩建。

抓实产业培育工作。2015年起,引进15家农业龙头企业,全镇13个村合作社通过与镇内6家龙头企业签订协议,采用土地经营权入股发展产业化经营等方式发动3 368户入社,带动建档立卡贫困户2 020户,13个村实现村集体经济收入67.48万元。各行政村因地制宜发展果蔬、中草药、大牲畜养殖和高端水产养殖等特色产业,2015年来发展青花椒4.2万亩,年均轮作辣椒0.3万亩。截至

图5-2　大庄镇海子山青花椒基地(2018年)

2019年年末,完成"三品一标"认证9个,品牌强农战略持续夯实。持续推进农业休闲旅游观光小镇建设,打造农家乐7家、民宿5家,在集镇周边引入5家企业发展特色果蔬种植0.19万亩,培育新型职业农民600人,培育普岩格拉街(烤烟)、柏子村三岔河(蚕桑)、杞木塘陈万庄(洋芋)等60余个产业发展示范村。

注重城乡面貌和农村人居环境改善。总投资1 654.63万元的大庄集镇农村饮水安全巩固提升工程建设项目建成投入使用。2020年"一水两污"项目已经完成项目设计并通过项目评审。投资6 000万元完成小集镇建设一期348.64米主干道建设、25幢5 751平方米商住楼建设。集镇及彩碉公路过境线200盏路灯投入使用。规划投资435万元实施苏氏祠堂修缮工程。实施杨广古宅修复和民宿建设项目,沙甸河旅游步道建设项目。完成集镇道路硬化165米,沥青路面铺设600米。加强集镇综合治理,145个新街摊位投入使用,划定175个停车位,安装禁停防护栏120米。新建集镇二类公厕2座,建设垃圾处理厂1座。

2013~2018年,共计投入资金约3 490万元解决农户住房问题。其中2013~2017年大庄镇实施农村危旧房改造和抗震安居工程2219户,2018年实施798户。2015年起,争取省人大挂包帮扶建档立卡贫困户住房修缮改造资金450万元,修缮593户住房。实施易地扶贫搬迁255户975人。2019年年末,已完成易地搬迁旧房拆除239户,旧址复垦复绿完成239户。

截至2019年末,全镇完成美丽庭院建设2 086户。其中代么古平掌新村被评定为县级"美丽庭院示范村"。2019年完成改造公厕9座,新建行政村公厕12座,农村改厕1 116座,建设完成235个垃圾池。2018~2020年,累计增设农村公益性岗位246个。

扶智扶志激发动力。自2015年来,组织开展"自强诚信感恩"教育实践活动、文艺下乡等文娱活动168场,惠及群众累计9.75万人;以农文网培学校、农家书屋、农村电影为抓手,累计开展活动72场次,参与5 238余人;在全镇2 020户建档立卡贫困户家粘贴宣传画帖,组建宣讲团及13支宣讲小分队,组织专家学者、帮扶干部、驻村工作队、村组干部进村入户宣讲1 740场次。2015年来,累计开展种养殖等各类实用技术培训245场,培训3.3万余人次,开展"农函大"培训班10期,培训1 020人次。2019年共转移就业7 723人,完成农村劳动力新增转移就业人数3 238人,在2015年基础上增加转移就业6 523人。2017年来,镇党校共举办培训34期,培训党员群众6 350人次,"田间党校"(党员实训基地)举办培训172期、累计培训党员群众9 200余人次。

党建扶贫共促共赢。各支部严格落实党建工作责任制,加强监督考核,探索对基层党建工作量化评分。搬迁4个村委会,改扩建4个村委会,新建35个村民小组活动室。培树产业发展红旗村普妈,基层党建红旗村柏子村,脱贫攻坚红旗村尹代箐,平安和谐红旗村洒利黑,美丽乡村红旗村麻栗树、代么古、杞木塘。结合"电商+农业",持续打造普岩山窝鸡、各三郎咯咯土鸡蛋、彝绣"柏子匠人"、杞木塘果蔬产业等品牌。推进投资800万元的柏子村青花椒初加工厂、普妈肉牛养殖场及青储饲料加工厂,推进投入200万元的2020年干海子村委会、杞木塘村委会、洒利黑村委会、木章郎村委会村集体经济项目,投入沪滇协作资金520万元建成加州鲈鱼养殖和蔬菜加工厂。

2015年来,调整优化村级党总支班子13个,县级选派大学生村官任村党总总支书记 5 人,镇级选派机关干部任村党总支书记 3 人,选派行政村第一书记 13 名。2020 年回引青年人才 9 人,其中 6 人拟任村党总书记助理或村委会主任助理。先后从优秀村干部中竞争性选拔乡镇领导班子成员 3 名。2015 年来,县级表彰优秀党务工作者 7人,优秀共产党员 10 人,先进基层党组织 5 个,扶贫好村官 2 人,虎乡好支书 2 人,扶贫先进工作者 2 人,光荣脱贫户 3 户,优秀驻村工作队员 1 人,扶贫明星企业 2 家,扶贫先进单位 1 家。大庄镇整合企业、合作社、社会组织、党支部等各方资源建成农盛农业等农村党员实训基地 23 个,县级实训基地 2 个,其中农盛农业党员种植业教育实训基地为"田间党校"县级示范点;镇级实训基地 6 个,村级实训基地 15 个,涵盖全镇 13 个村党总支 54 个党支部 1 115 名农村党员和 2.74 万群众。培养种植大户 137 户、养殖大户 54 户,养殖能手 238 人,"土专家"101 人。培树"两新"党建之星党支部 1 个,党建之友 1 人。开展党员"亮身份"活动,发挥党员示范带动作用,悬挂"党员户"光荣牌 820块,"党员经营户"光荣牌 70 块。

第三节　碮嘉镇

一、基本贫情

碮嘉镇位于县城西南部,距离县城 112 千米。全镇辖 14 个村(居)委会、203 个自然村、321 个村民小组,总面积 619 平方千米,2019 年年末全镇户籍总人口 27 368 人、农业户籍人口 23 486 人。全镇有 9 个贫困行政村,5 个有贫困人口的非贫困行政村,有建档立卡贫困人口 1 081 户 3 766 人。缺技术致贫 600 户,因病致贫 138 户,因学致贫89 户,因残致贫 94 户,缺劳动力致贫 73 户,缺资金致贫 48 户,自身发展动力不足致贫39 户。

截至 2019 年年末,未脱贫 53 户 148 人。按照 2014 年末农业户籍人口 23 426 人计算,贫困发生率从 2014 年的 16.04% 下降为 2019 年的 0.63%。

二、措施及成效

落实脱贫攻坚责任。成立碮嘉镇脱贫攻坚联席会议,坚持每月召开一次会议统筹部署、研究推进工作。全镇共有 462 名州、县、镇干部结对帮扶全镇的 1 081 户建档立卡贫困户。部分非建档立卡户,也有州、县、镇干部结对联系。

压实镇村两级、挂包单位、驻村扶贫工作队员、帮扶干部的职责任务。在 2016 年村（社区）班子换届选举后，根据工作需要于 2019 年 9 月对 2 个村的党总支书记、村委会主任，1 个村的村务监督委员会主任进行调整。2014 年来，镇党委每年初与各村（社区）、行业扶贫站所签订《脱贫攻坚责任书》，组织帮扶干部与贫困户签订《脱贫包保责任书》，年末与各村（社区）行业扶贫站所签订《脱贫质量保证书》。2020 年 3 月，组织开展脱贫攻坚问题排查，针对排查出来的问题制定解决方案，由碌嘉镇脱贫攻坚联席会议总召集人分别交办到镇党委政府和 16 家州县挂包部门。

落实脱贫攻坚政策。 截至 2020 年春季学期，全镇共有义务教育阶段适龄学生 3 107 人，义务教育阶段学生均享"两免一补"和营养餐补助政策。自脱贫攻坚以来，累计为 239 名建档立卡户学前教育学生、293 名建档立卡户普通高中学生、275 名建档立卡户中高职在校学生、71 名建档立卡户高等教育学生落实相应的国家助学金，落实"彝州建档立卡贫困户学子奖学金"52 名，为贫困户学生办理"生源地助学贷款"145 名，发放贫困户学生助学贷款 111.52 万元。

全镇建有标准化村卫生室 14 个，按要求配备乡村医生，有 28 名医生执业、13 名护理人员、37 张病床，已经配备药房、输液室、诊疗室，做到三室分离。全镇城乡居民医疗保险参加率 100%，1 081 户贫困户全部签约家庭医生。2018 年来，建档立卡贫困人口生病住院 1612 人次，均享受县级医院不设起付线、不收押金，县内外医院住院医疗费用报销比例达 90% 以上的政策，全镇申报办理慢性病就诊卡 221 人，其中建档立卡贫困户 75 人，均享受慢性病就诊补助政策。

截至 2020 年 8 月末，全镇共有五保供养人员 143 人（其中建档立卡户 18 人），享受低保 943 户 1 736 人（其中建档立卡户 188 户 635 人）。全镇有残疾人 1 579 人，享受重度残疾人护理补贴 433 人，享受残疾人生活补助 592 人。1081 户建档立卡贫困户符合参保条件人口 100% 参保。卡户养老金发放 3 083 人次、319.1 万元。累计聘用生态护林员、环境卫生保洁员、公路管护员、水利工程管理员等公益性岗位 551 个，其中卡户

图 5 - 3 修复后的景泰风雨桥（2019 年）

368 人,薪资为每年 6 000～12 000 元。2014～2020 年 8 月,全镇共兑现森林生态效益补偿资金 641.99 万元;共实施退耕还林 2.04 万亩,兑现退耕还林补助资金 2 604.18 万元。2016 年 12 月以来,碣嘉镇共落实生态护林员 192 人,落实季节性护林员 20 人,并落实了 10 000 元每人每年的补贴。

2014 年来,全镇累计发放建档立卡贫困户小额扶贫贴息贷款 782 户、3 907 万元;2016 年来,共发放特色种养殖业财政贴息贷款 810 户、5 279 万元。全镇 30 位爱心人士注册"互联网＋社会扶贫"App,累计帮扶成功 294 项 950 次。累计组织企业招聘会 10 余次,提供就业岗位 500 多个,解决一批建档立卡贫困人口签约就业。

抓实脱贫攻坚工作。 2015 年 11 月以来,组织开展 7 次贫困对象动态管理,累计剔除识别不精准户 89 户、新识别纳入 110 户、返贫 7 户、错剔补录 1 户,全镇建档立卡贫困户锁定为 1 081 户 3 766 人,做到扶贫对象精准。

2014 年来,共实施安居房建设 2 906 户。其中实施危房改造 2 197 户(拆除重建或修缮加固卡户 450 户、非卡户 1 747 户),易地扶贫搬迁 303 户,地质灾害避让搬迁 138 户,易地搬迁整改剔除建房户 268 户。

培育以新平恒诚糖业有限公司、哀牢山生态养殖有限公司、云山咖啡公司、双柏青山绿宝种植农民专业合作社为代表的 30 家新型经营主体,初步形成高中低海拔 3 个特色产业带。组织卡户与新型经营主体建立利益联结机制,使群众获得产品销售现金、土地流转租金、基地就业薪金、要素入股股金等多方面的收入。采取村集体资产出租、争取水资源开发协调服务费和甘蔗等产业协调服务费、发展黄精代育苗、用好沪滇协作资金等方式,全镇 14 个村(社区)实现村集体经济收入 95.8 万元,全部达到出列标准。

2014 年来,累计实施 13 819.8 万元的基础设施项目。实施投资 6 500 万元 107 千米的镇村公路硬化及安防工程、投资 1 666.73 万元的供电工程、投资 1 683 万元的人畜饮水安全工程、投资 2 714.79 万元的义务教育均衡化发展和校安工程,以及 11 个村级卫生室、135 个村组活动场所(107 个活动室、28 个篮球场)、29 千米的村组公路硬化、75.3 千米的村间道路硬化等一批项目。全镇所有村民小组实现了动力电、安全饮水、广播电视 100％全覆盖,贫困村实现村间道路全部硬化。

围绕贫困户户均有 1 人接受职业教育或技能培训,有条件的贫困户掌握 1～2 项实用技术的目标,全镇有劳动能力的贫困人口 100％参加技能培训。2014～2020 年 8 月,累计开展劳动技能培训 3 期 58 个班次,组织贫困人口劳动力转移输出 1 445 人。

全镇实施 18 座公厕、294 座焚烧式垃圾池建设,实现村民小组垃圾池全覆盖。组织指导 203 个自然村制定了《村规民约》要求每个村民小组每月定时组织不少于 3 次村庄环境卫生"大扫除",明确由本村民小组的卫生保洁员做好村庄道路的日常保洁工作。

坚持把脱贫攻坚作为全镇的政治任务、首要工作,把抓好党建工作作为脱贫攻坚的重要保障,做到"双推进、两不误"。结合省州纪委通报的典型案例开展警示教育,从严抓管镇村干部纪律作风,开展扶贫领域腐败和作风问题专项整治,加大监督执纪力度,严肃查处失职失责行为和违纪违规行为。抓好村党总支书记队伍建设,持续整顿软弱涣散党组织,加强农村党员教育监管,强化党员致富先锋培养。

完善脱贫攻坚问题排查、动态监测工作机制,在确保发现问题清零的前提下,每月对所有农户开展一次动态监测,及时掌握重点户生产生活情况。对存在问题的,召开专题会议分析原因,制定化解措施,及时交办到相关单位、站所和个人,并督促做好问题整改清零。采取"帮助发展产业增收一批、动员外出或就近就地务工解决一批、创设公益性岗位增收一批、纳入低保救助一批、扶贫资产收益帮扶一批、爱心企业结对帮扶一批""六个一批"的方式进一步补齐短板。发动干部职工参与"奉献爱心扶危济困"爱心募集活动,共募集爱心捐款6.58万元帮扶困难群众。

第四节 法脿镇

一、基本贫情

法脿镇位于双柏县城东南部,距县城53千米,东邻易门县绿汁镇,南连安龙堡乡、大麦地镇,西与妥甸镇毗连,北接大庄镇。辖法脿社区和烂泥、石头、六街、铺司、双坝、者柯哨、麦地、红栗、雨龙、折苴、古木、法甸13个村(居)委会,235个村民小组,343个自然村,全镇国土面积429.94平方千米。共有人口6 303户23 912人,主要有彝族、哈尼族等15个少数民族,少数民族人口占总人口的53.9%。2013年,有建档立卡贫困村6个,建档立卡贫困户982户3 424人,贫困发生率17.2%,2017年开展脱贫攻坚"回头看"和扶贫对象动态管理工作后,有建档立卡贫困村7个,建档立卡贫困户1 048户3 497人。截至2018年底,实现古木、者柯哨、六街、铺司、法甸、麦地、石头7个贫困行政村脱贫出列,贫困户980户3 313人脱贫,未脱贫68户184人,贫困发生率为0.79%。

二、措施及成效

抓党建扶贫"双推进",推行"支部＋合作社＋农户"模式。实施村集体经济项目61个,实现村集体经济进账61.21万元。新建村民小组活动室56个,村民小组活动室98个,13个村(社区)有村级公共服务活动场所,党员10人以上或人口200人以上的村民小组有活动室,开展"乡村科技讲堂"活动55场次,受教育5 733人次,建成"互联网＋"村级电商服务点5个,贫困户实现销售收入65.8万元。

抓责任落实,发挥挂包单位帮扶作用。完善干部驻村帮扶机制,实现驻村干部驻村全覆盖,挂包联系法脿镇的19家单位在扶贫项目、资金、政策等方面给予帮扶。2018

年,定点扶贫单位直接投入挂包贫困村资金 201.13 万元,实施帮扶项目 12 个,贫困村建立或引进新型农业经营主体 33 个,共带动贫困户 420 户 1 349 人,户均实现增收 0.88 万元。开展劳动力转移就业培训 43 场、培训 2 456 人次,成功转移就业 1 035 人次。开展委托经营或合作经营,以集体“三资”或贫困户资金入股实现贫困户分红 4.74 万元。

抓特色产业扶持,拓宽持续增收渠道。围绕发展“四大”重点产业目标任务,聚焦增收增效、“一村一品”产业扶贫目标,坚持发展产业“短平快”与“长稳远”相结合,通过“企业＋基地＋协会＋农户”的合作方式,加快高原特色农业发展,全镇累计投入产业扶贫资金 11 715.12 万元,其中专项扶贫资金产业扶贫项目资金 1 017.65 万元。引进、培植 3 家县级以上龙头企业、29 家农民专业合作社、168 户种养大户、1 个家庭农场参与产业扶贫行动,实施村集体经济项目 57 个,13 个村集体经济收入全部达标。发放扶贫小额信贷 5 886 万元,扶持 1 256 户农户(其中建档立卡贫困户 586 户,发放贷款 3 062 万元),发放特色种养殖业三年行动计划扶持贷款资金 5 828 万元,培育新型经营主体 29 个,带动 443 户建档立卡贫困户 2 157 人发展产业。转变畜牧业发展方式和实施退耕还林还草,棚舍建设农户 130 户 4 924 平方米,生猪标准化规模养殖场建设项目标准化猪舍 1 户 812.99 平方米,兑付草原生态奖补资金 364.8 万元,扶持贫困户发展黑山羊养殖和辣椒、香葱、冬早蔬菜等特色种养殖业。引导农户加入专业合作社,通过土地流转、订单收购、入股分红、雇佣务工等形式带动,形成“一村一品”、以点带面的发展模式,促进村集体经济发展,带动建档立卡贫困户增收致富。持续办好“云南·法脿虎笙节”“李方村火把节”,有序推进白竹山 3A 级旅游风景区建设,加快促进旅游产业发展。

图 5-4　组织产业扶贫工作现场推进会(2018 年)

抓基础设施建设,积蓄发展后劲支撑惠民富民。以易地扶贫搬迁、产业扶贫、危房改造、乡村振兴等为重点,全面补齐交通、水利、教育等基础设施短板。2014 年来,共投入扶贫资金 11 393.57 万元,投入专项扶贫资金 5 362.57 万元,完成贫困村道路硬化

153.36 千米,新建人畜饮水 17 件,完善 6 个村级活动场所、新建 56 个村民小组活动室、建成 11 所标准化卫生室,完善 13 个村(社区)公共服务设施,完成投资 3 373.43 万元的饮水工程,13 个村(社区)实现人畜饮水全覆盖,投资 531 万元的中小学校舍建设,新建公厕 15 座、垃圾池 337 个、垃圾房 41 座。精准脱贫攻坚项目库入库总投资 7 892.87 万元。其中财政专项扶贫资金 1 492.76 万元,涉农整合资金 5 730.96 万元,沪滇协作集团帮扶等社会帮扶资金 489 万元,其他资金 180.15 万元。规划涉及产业就业扶贫、教育扶贫、健康扶贫、生态扶贫、素质提升、贫困村振兴、兜底保障等工程项目,规划总投资 9 000 万元的法脿集镇开发统建点建设完成。

抓政策落实,改善贫困群众生产生活条件。2016～2017 年,全镇易地扶贫搬迁 250 户 885 人,其中六街村委会统建点集中安置 28 户 88 人,法脿集镇和县城"1＋6"集中安置点安置 108 户 348 人,分散安置 114 户 449 人。2014 年来共实施农村 C、D 级危房改造 1 754 户,民房加固 236 户,非四类边缘户提升改造 132 户,扶持危房加固安居房建设 95 户,搬迁户 108 户。推进教育扶贫工作,实施雨露计划和滇西协作 343 人,补助资金 25.85 万元,实施雨露计划 2017 年秋季学期 37 人,2018 年春季学期 45 人,秋季学期 60 人,实施滇西协作 6 人,2019 年春季学期 85 人,2020 年春季学期雨露计划共资助 100 人,总投资 45.8 万元。其中雨露计划资助 77 人,共补助 11.55 万元,雨露计划(东西协作)资助 23 人,共补助 5.75 万元。开展劳动力转移就业培训,完成建档立卡贫困人口转移就业 1 430 人,设置 420 个公益性岗位,解决 420 户困难家庭就业和增收难题。严格执行健康扶贫政策落实,实现 1 035 户 3 500 人建档立卡贫困户家庭医生签约率 100％,2018 年年末共 4 352 人在镇卫生院享受健康扶贫报销政策,实施卫生室标准化建设 13 所,提升乡村医疗条件和医疗服务水平。落实生态扶贫政策,31 户建档立卡户享受核桃提质增效补助;220 户建档立卡贫困户享受新一轮退耕还林项目资金补助;20 户建档立卡户享受低效林改造项目资金补助;52 户建档立卡贫困户享受节柴灶改造项目,47 户建档立卡贫困户享受太阳能建设项目补助,6 户建档立卡户享受林业 3 年贴息贷款,为建档立卡贫困户设立生态护林员岗位 121 个,解决 121 人贫困户脱贫增收问题。建档立卡贫困人口城乡居民基本养老保险符合参保条件 2 876 人 100％参保;建档立卡人口城乡居民医保及大病补充保险 100％参保。

争取社会帮扶,增强帮扶力量。倡议镇内 57 家企业、个体工商户开展"爱心捐助"活动,投资 15.7 万元,对 157 户卡外特殊户进行帮扶;争取云南新世纪药业有限公司 5 万元资金帮助 17 名贫困家庭大学生;争取楚雄市红旗房地产开发有限责任公司支持石头村 20 户贫困户价值 3 万元物资。抓人居环境提升改造,建设美丽家园。投资 600 万余元建成李方村、法甸新村、铺司秧田箐、六街等一批人居环境提升示范村,落实乡村"七改三清"环境整治行动,投资 187.2 万元新建村民小组垃圾池 377 个,垃圾房 41 座,人居环境提升改造工作取得阶段性成效。

第五节　大麦地镇

一、基本贫情

　　大麦地镇位于双柏县东南部,绿汁江北岸,镇人民政府驻地距县城妥甸 70 千米;全镇国土面积 522.8 平方千米,有耕地 2.06 万亩,林地 56.2 万亩,森林覆盖率为66.94%,河流总长 179.7 千米,流域面积 390.5 平方千米;辖普龙、峨足、光明、底土、河口、大麦地、邦三、野牛、蚕豆田 9 个村委会,127 个村民小组,118 个自然村,常住人口9 504 人,其中少数民族人口占 94%。2014 年,识别纳入建档立卡贫困人口 281 户 920人,贫困发生率 11.44%。2014 年,脱贫出列 165 户 549 人,未脱贫 116 户 371 人,贫困发生率 4.61%。2015 年,脱贫出列 103 户 323 人,未脱贫 13 户 48 人,贫困发生率0.6%。2016 年,新识别 2 户 4 人,共有未脱贫建档立卡贫困人口 15 户 48 人。2017年,大麦地镇纳入野牛、河口、峨足 3 个深度贫困村及邦三 1 个巩固提升工程村,贫困对象动态管理工作开展后,返贫 115 户 349 人,新识别纳入 119 户 367 人,经贫困对象精准识别和审计反馈剔除不符合对象,2017 年年末有建档立卡贫困人口 376 户 1 185 人,已脱贫 121 户 404 人,未脱贫 255 户 781 人。2018 年 7 月,建档立卡数据信息调整与补录工作开展,新识别 12 户 50 人,返贫 3 户 8 人,补录 7 户 27 人,剔除 6 户 26 人,成员转移 1 户 1 人,2018 年 7 月末有建档立卡贫困户 386 户 1 224 人,贫困发生率 10.33%。2018 年 10 月,扶贫对象动态管理和脱贫退出工作开展后,野牛、邦三 2 个贫困行政村脱贫出列,新识别 19 户 72 人,脱贫退出 234 户 713 人。2018 年年末,全镇有建档立卡贫困户 403 户 1 291 人,其中已脱贫 351 户 1 110 人,未脱贫 52 户 181 人,贫困发生率1.91%。2019 年 11 月,河口、峨足 2 个贫困行政村脱贫出列。2019 年年末,全镇有建档立卡贫困户 405 户 1 285 人,其中已脱贫 376 户 1 200 人,未脱贫 29 户 85 人,贫困发生率 0.91%。

二、措施及成效

　　加强组织领导,建立包保机制。成立由镇党委书记及镇长任双组长、镇党委副书记及分管副镇长任常务副组长、其他班子成员任副组长、各站所负责人及村(社区)党总支书记及主任为成员的扶贫开发领导小组,领导小组下设办公室,2014～2017 年扶贫开发领导小组办公室设扶贫办主任 1 名,扶贫专干 2 名;2018 年人员增加至 13 名,其中分管领导 3 名,工作人员 10 名。选派 6 名"党建扶贫双推进"指导员进驻贫困程度深的 6 个村委会指导开展党建、扶贫工作。实行包村包组包户制度,成立由党政班子成员任组长,镇级干部职工为成员的 9 个包村工作组,全镇 127 个村民小组均有 2 名以上县镇村干部包保。制定脱贫攻坚工作意见、脱贫摘帽工作方案,214 名挂包干部组成 9 个包村工作组,紧扣"两不愁、三保障""6105"脱贫退出标准,对所包村组的脱贫退出及扶贫开发成效工作、扶贫对象动态管理、易地扶贫搬迁、CD 级危改、人居环境整治、卡外特殊户帮扶等工作进行包保,全面压实乡镇主体责任、联系单位包保责任、驻村工作队员驻村责任、帮扶干部帮扶责任、村"三委"守土责任,确保脱贫攻坚工作有序开展、相互衔接、整体推进。

着力长远,夯实基础设施建设。 全力夯实交通、水利、电力等基础设施建设,实施行政村通村公路硬化 7 条 166 千米、村间道路硬化 26 条 41.46 千米,新建(改扩建)进村道路 15 条 87.76 千米、建成四级混凝土路面 2 条 60.5 千米;新建人畜饮水管道 43.4 千米,新建水窖 2 000 余口,实施牛厩房大沟、各莫等中低产田改造、土地开发整理 14 275 亩;完成普龙社区立新新村、进巴租、牛厩房、埂井 4 个自然村少数民族特色村庄建设;河口河小(一)型水库全面建成;广播电视、宽带网络实现全覆盖;2018 年来,共投入沪滇帮扶资金 1 180 万元,通过"万企帮万村"接受县内爱心企业和上海华建集团捐赠资金 200 余万元,对困难群众住房提升改造和帮助河口、野牛、峨足 3 个贫困村解决人饮安全、产业发展及村委会基础设施建设项目资金。

抓安居建设,实现住房安全稳固。 共落实 2016～2017 年易地扶贫搬迁任务 133 户 445 人,除分散安置外,建设有县城、集镇、战斗新村、各莫新村 4 个集中安置点,其中县城安置 35 户 122 人、集镇 28 户 60 人、战斗新村 20 户 60 人、各莫新村 29 户 119 人。项目建设总投资 2 427.16 万元。133 套安置房竣工入住,入住率、拆旧率 100%,全镇建档立卡贫困户中易地扶贫搬迁占比 33%。2014 年来,共实施农村危房改造 837 户,其中 2014 年 35 户,2015 年 129 户,2016 年 149 户,2017 年 125 户,2018、

图 5-5 大麦地镇彝家村落(2019 年)

2019 年 399 户。2020 年住房提升改造 564 户、农村民房抗震需求改造 52 户。

产业培育,十项举措促增收。 在扶贫产业发展方面,紧扣全镇所有建档立卡贫困户

直接或间接发展产业、实现就业促增收。争取筹措产业扶贫资金投入,规划实施中药材、民宿经济、农产品购销、畜牧产业、冷库、邦三红糖、烟草产业、冬早蔬菜及晚秋作物种植,设置公益性岗位、安排长期季节性十项产业就业扶贫措施,采取资产收益、能人带动、股份合作、保底代销、订单收购、土地流转、劳务用工、政府购买服务、林地流转、入股分红等多种方式,实现新型经营主体与建档立卡贫困户全覆盖,每户贫困户参与1个农民专业合作社,与新型经营主体建立2项生产经营合作关系和稳定的利益联结机制,卡户增收1 200元以上。

齐抓共管,行业扶贫促脱贫。抓好民政、社保、残联、教育、健康、金融等行业扶贫政策,帮助群众解决实际困难。全镇共有建档立卡贫困户在校学生179人,其中学前教育阶段11人,小学教育阶段53人,初中教育阶段47人,高中教育阶段14人,中职教育阶段29人,高等教育阶段25人。179名学生均享受教育扶贫相关政策,没有因贫辍学或因学返贫情况。全面落实"一站式即时结算"和先诊疗后付费政策,对36名重大疾病患者组织专项救治,报销比例90%,建档立卡户家庭医生签约率100%,慢性病服务管理率100%。截至2020年8月,全镇有648户1 270人享受低保政策,344人得到临时救助、医疗救助。享受困难残疾人生活补贴和重度残疾人护理补贴共365人。管护森林资源56万亩,生态公益林42.6万亩,每年兑付公益林生态效益补偿金313.7万元,涉及农户2 423户,其中建档立卡贫困户277户,每年兑现补偿金80万元,户均兑现2 897元。2017年来共聘用建档立卡贫困人员生态护林员120人次,发放森林管护承包费107.47万元。2014~2018年,共发放308户建档立卡贫困户扶贫小额信贷资金1 463.2万元。2014~2020年8月,累计技能培训、引导性培训贫困人口7 859人次,转移就业2 200人次,其中建档立卡贫困人口转移就业1 672人次。设置聘请公益性岗位304人,兑付公益性岗位资金275万元。

干部带头,全员参与促攻坚。全镇广大党员、干部职工、驻村工作队员、帮扶责任人积极响应省州县党委的号召,大力发扬"不怕困难、艰苦奋斗、攻坚克难、永不退缩"的精神,充分发挥党员先锋模范作用,团结带领群众,积极投身脱贫攻坚主战场,带头落实政策、带头发展致富、带头攻坚拔寨,落实结对帮扶责任,传递脱贫攻坚正能量,激励全镇各族群众脱贫攻坚的信心和决心,为打赢脱贫攻坚战、夺取全面建成小康社会提供坚强保障。

第六节　安龙堡乡

一、基本贫情

安龙堡乡国土面积 288.4 平方千米,辖 8 个村(居)委会、108 个村民小组。2019年,全乡有 2 382 户 9 035 人,其中少数民族人口占 95.8%。2014 年,全乡有建档立卡贫困人口 828 户 2815 人,贫困发生率 37.03%。2014～2018 年脱贫 792 户 2 754 人,2018 年全乡实现 8 个贫困行政村出列、安龙堡乡退出贫困乡。

二、措施及成效

压实责任强统领。严格执行扶贫工作党政“一把手”责任制,成立由乡党委书记和乡长任双组长的扶贫开发领导小组,与 8 个村社区党总支书记、主任及驻村扶贫工作队长(第一书记)签订脱贫攻坚责任书,与全乡挂包帮扶干部签订脱贫包保保证书,逐级压实责任,形成“党政同责、齐抓共管”的强大合力;研究制定《安龙堡乡脱贫攻坚工作包村包组包户制度》《安龙堡乡脱贫攻坚摘帽方案》《安龙堡乡贫困户脱贫、行政村脱贫出列责任清单》《安龙堡乡持续加强农村贫困人口后续扶持巩固提升脱贫成效的实施意见》等相关文件;主动向挂包部门做好沟通汇报,在扶贫项目、资金、政策等方面争取支持,全乡交通、水利、教育、文化基础设施短板进一步补齐。全乡共有 15 家州县单位挂包 8 个贫困行政村,531 名党员干部职工挂包 828 户建档立卡贫困户,有驻村扶贫工作队 8支 45 人,严格执行每周六脱贫攻坚专题日制度,州县乡三级挂包干部进村入户开展遍访工作;不断压实乡村“两级书记抓脱贫”责任,推进督查督办、问责追责,进村分析研究困难问题,入户商讨解决措施,做到先达标、后巩固、再退出、保成效,脱贫成效不断得到巩固提升。安龙堡乡 2018 年被评为州级“扶贫先进单位”,2019 年被评为省级“脱贫攻坚先进单位”。

培育产业促增收。在稳步提升传统粮烟产业的基础上,以热作产业、畜牧产业和现代观光农业为抓手,发展以热作果蔬为主的沿江一带特色农业,形成规模化特色产业带。在沿江热作产业发展方面,走“农民租地、企业经营”发展模式,引进农业企业,加快土地流转,利用低热河谷地区光热资源充足的优势,引导群众种植反季节冬早蔬菜;在畜牧产业发展方面,以改种、改厩为重点,引导农民转变生产方式,打造规模化养殖小区和示范基地,同时依托扶贫整乡推进项目,扶持 762 户建档立卡贫困户养殖种母猪和种母羊;在特色农业产业培育方面,发展林业及林下资源产业,调整产业结构,培植与生态建设相协调的林业及中药材种植产业;在创新发展电子商务方面,依托沪滇扶贫协作,在乡集镇建设电商运营中心 1 个、村(居)委会电商服务网点 8 个,打造以红糖、小细黄姜等为代表的一批土特产品,发挥电商平台优势,拓宽销售渠道,提高销售收益;在健全利益联结机制方面,筹措产业扶贫资金,组建 8 个产业扶贫互助社,2017～2020 年度共实施资产收益分红项目 21 个,累计投入资金 3 846.94 万元,创新"企业＋合作社＋贫困户"发展模式,引进双柏山乡养牛有限公司、双柏六纳养猪有限公司等农业龙头企业,发展滇中黄牛、撒坝猪、黑山羊养殖,热带水果、冬早蔬菜种植和蔬果冷库建设等项目,通过土地流转、订单收购、资产收益分成、雇佣务工等形式带动安龙堡乡建档立卡贫困户增收致富,促进全乡产业发展。在发展村集体经济方面,坚持因地制宜、因村制宜,尝试村集体经济发展路子,打造一批集体经济发展示范村和明星村,优化一批集体经济发展一般村,壮大一批集体经济发展薄弱村,形成强村带弱村、抱团齐发展的局面。通过与企业签订资产收益协议,建立健全覆盖全乡所有建档立卡贫困户利益链接机制,截至2020 年 8 月,安龙堡乡实现资产收益 302.96 万元,带动贫困人口就业 300 余人,每年可实现 827 户贫困户户均增收 1 500 元以上,剩余资金作为村(社区)村集体经济,可用于村组基础设施建设等公益项目实施。

改善住房保安居。按照"挪穷窝"与"换穷业"并重的要求,把搬迁与后续发展定位、产业扶持、就业和劳务输出等有机结合,发展特色种养殖业和劳动技能培训,做到搬迁户搬得出、稳得住、脱得出、稳步能致富。2014～2020 年全乡共新建住房 769 套,其中易地搬迁集中安置点 9 个,搬迁 360 户 1 290 人(其中建档立卡户 296 户 1 073 人),新农村建设住房 253 套。2014～2020 年实施农村危房改造 1 008 户(其中拆除重建 165户、修缮加固改造 501 户、农村民房提升改造 342 户)。

图 5－6　组织干部协助群众搬新家(2018 年)

夯实基础强支撑。编报安龙堡乡2018～2020年脱贫攻坚项目库,争取资金投入推进实施基础设施项目。2014年来,安龙堡乡争取财政专项扶贫资金1.85亿元,用于贫困村组基础设施建设、易地扶贫搬迁建档立卡贫困户和随迁户建房补助等,解决群众反映强烈的就学、就医、饮水、出行等问题。全乡8个行政村通村路面均硬化,村组道路硬化率70%以上;建有标准化卫生院1个、卫生室8个,各村民小组通过集中供水和人畜饮水建设已通自来水或饮水安全有保障,光纤通达率100%,乡广播电视覆盖率100%;8个贫困行政村均已有多功能活动室及农家书屋、活动场地,实现行政村建有党员活动中心、便民服务中心和必要的公共活动场所,全乡共有活动室40个。全覆盖开展贫困劳动力入户调查,组织劳动技能培训、引导性和政策性培训,实现建档立卡贫困户就业培训全覆盖;搭建就业平台,发挥乡村公共服务岗位作用,通过选聘建档立卡贫困人口150人(其中公路管理员22人、护林员89人、保洁员29人、农村饮水工程管护员10人),切实增加收入;深入实施"雨露计划"等教育扶贫专项行动,全面完成"控辍保学"任务,义务教育阶段贫困家庭学生"零"辍学;持续开展健康宣教、随访体检等活动,建档立卡贫困人口基本医疗保险、大病保险和家庭医生签约100%全覆盖;加强社会保障政策与扶贫政策的衔接,对因病、年老、残疾或其他特殊原因完全或部分丧失劳动能力,无法通过扶贫行动计划脱贫的农村贫困人口,通过城乡低保、特困人员供养制度进行兜底保障,做到应保尽保。

沪滇帮扶出成效。安龙堡乡紧密对接对口帮扶的上海市嘉定工业区,聚焦深度贫困村,落实帮扶政策,结对帮扶稳步推进。2017年来,安龙堡乡共收到上海援助资金3 111万元(其中用于产业发展1 983万元,基础设施1 008万元,电子商务100万元,爱心捐赠资金20万元),实施项目35件。

整改销号建机制。针对中央脱贫攻坚专项巡视及"回头看"反馈问题、攻坚成效考核反馈问题、明察暗访反馈问题、"大排查"反馈问题、脱贫攻坚挂牌督战发现问题等,组织召开专题研究整改会议,研究制定整改方案,细化整改措施,明确整改责任及完成时限,乡村分别建立整改清单、台账,按时整改销号,在2020年6月末前全部完成整改销号。坚持把问题整改与建立长效机制结合起来,深入查找脱贫攻坚工作中仍然存在的突出问题,逐步形成相互衔接、相互配套的长效机制。

建美乡村优环境。制定《安龙堡乡农村环境综合整治工作实施方案》,实行干部包村,村干部包组,组干部包户的工作机制,将工作任务分解到村民小组,为村容村貌集中整治活动奠定坚实的基础;8个村(社区)成立村庄规划土地建设专管员,自然村成立土地专管员和村庄环境卫生保洁员;组建以乡城建办、市管所、派出所等工作人员为主的环境监督工作队,对治理重点区域环境进行专项检查;开展"四治三改一拆一增"行动,新建垃圾房70座、垃圾池37个,配备户外、户内垃圾桶1 190个,发放垃圾清运车34辆,建设污水处理厂2个,完善集镇街道污水管网改造,组织开展"厕所革命"新建户厕770座,开展集镇综合整治,清查违法违规建筑。坚持农村治理"内外兼修"的原则,围绕各村实际制定村规民约,建立"红黑榜"以提高文明程度,培育新风正气。

第七节　爱尼山乡

一、基本贫情

爱尼山乡国土总面积 675 平方千米,辖 7 个村(社区),190 个村民小组,381 个自然村 4 308 户 12 518 人。2013 年有建档立卡贫困户 395 户 1 644 人,贫困发生率为 13.1%。2016 年大箐村委会脱贫出列,2017 年力丫、麻海村委会脱贫出列,2018 年海资底社区脱贫出列。截至 2019 年 12 月,全乡有建档立卡贫困户 434 户 1 656 人,已脱贫 416 户 1 593 人,未脱贫 18 户 63 人,贫困发生率从 2014 年的 13.1% 下降为 0.6%。

二、措施及成效

抓组织保障。建立爱尼山乡脱贫攻坚联席会议制度,明确 233 名州、县、乡干部分别结对帮扶 433 户建档立卡贫困户,坚持每月召开一次会议统筹部署、研究推进工作。成立由乡扶贫开发领导小组。乡党委政府与 7 个村(社区)总支书记、主任及驻村扶贫工作队长(第一书记)签订脱贫攻坚责任书,与全乡挂包帮扶干部签订脱贫包保保证书。制定《爱尼山乡脱贫攻坚工作包村包组包户工作方案》《爱尼山乡脱贫攻坚工作方案》及《爱尼山乡贫困户脱贫行政村脱贫出列责任清单》。

抓责任落实。制定《爱尼山乡脱贫攻坚工作方案》,明确乡村两级、挂包单位、驻村扶贫工作队、帮扶干部的职责任务,与 7 个村(社区)、10 个行业站所签订了《脱贫攻坚责任书》,组织帮扶干部与贫困户签订《脱贫包保承诺书》,与 7 个村(社区)、10 个行业站所签订《脱贫质量保证书》,确保任务明确、责任压实,形成合力攻坚的工作格局。2014 年来,7 个村(社区)累计派驻驻村扶贫工作队员 123 名,工作队长由一名乡科级领导担任。全乡 433 户建档立卡贫困户纳入产业扶持脱贫 375 户 1 472 人、易地搬迁脱贫 86 户 343 人、发展教育脱贫 6 户 19 人、社会保障兜底户 171 户 464 人。

抓动态管理。2015 年 11 月以来,组织开展贫困对象动态管理,截至 2020 年 8 月,系统标识贫困户 433 户 1 636 人,已脱贫户 415 户 1 574 人,未脱贫户 18 户贫 62 人,录入边缘户 26 户 88 人,脱贫监测户 6 户 13 人。

抓教育扶贫。截至 2020 年 8 月 30 日,全乡建档立卡户教育适龄子女 302 人,所有贫困户子女无辍学情况。2017 年起,21 名建档立卡户学前教育学生均落实每年 1 000

元的助学金;35 名建档立卡户普通高中学生免除每年 800 元的学杂费,落实每年 2 500元的生活补助,落实每年 2 500 元的国家助学金;197 名建档立卡中职在校学生落实"雨露计划"每年生活补助 3 000 元,免学费 2 000 元,国家助学金 2 000 元;80 名本科贫困学生每年均落实国家助学金 3 500 元,26 名建档立卡高等教育学生落实一次性享受"彝州建档立卡贫困户学子奖学金"4 000 元。2018 年办理"生源地助学贷款"卡户高等教育学生 18 人,共发放助学贷款 84 万元。

抓健康扶贫。建有标准化卫生院 1 所,病床 16 张,职工 16 人,编外(合同制)1 人,其中执业医师 3 人,执业助理医师 3 人,全科医生 1 人,护理人员 5 人。建有标准化村卫生室 7 个,按要求配备乡村医生 13 人,有 7 人取得乡村执业医师证,村卫生室共有病床 19 张。2018 年年末,全乡参加城乡居民基本医疗保险参合率 100%,433 户贫困户签约家庭医生。生病住院的 471 人建档立卡贫困人口,医疗费用报销比例 90%以上。全乡 150 人建档立卡贫困人口享受慢性病救助政策。

抓兜底保障。2020 年 8 月末,全乡有贫困户低保对象 143 户 381 人,建档立卡残疾户 126 人,发放残疾人"两项补贴"12.08 万元,发放困难残疾人慰问金 8 200 元,建成双柏县残疾人就业示范基地 2 个,扶持残疾人自主创业示范户 1 户,安置残疾人就业 17 人,免费为 64 名肢体、精神等重度无证残疾人进行现场评残鉴定,选聘 150 名符合条件的贫困人口担任生态护林员、巡河员、水利项目管护员、人居环境保洁员和乡村公路管理员,兑付公益性岗位资金 110.2 万元。助残日慰问残疾学生 4 人(建档立卡残疾学生 3 人),发放慰问金 1 200 元;残疾学生"送教上门"落到实处,申报残疾人子女大学生助学金 3 人。

抓生态扶贫。2019 年,全乡共兑现草原生态补贴、粮改饲、草转项目等畜牧业各项补贴 317.75 万元;兑付森林生态效益补偿金 914 户 109.22 万元(兑付个人部分);兑付退耕还林补贴 1 014 户 266.22 万元。

抓金融扶贫。2014 年来,全乡共发放建档立卡贫困户扶贫到户贴息贷款 384 户,累计发放贷款 1 855 万元,解决贫困户发展种植养殖产业缺资金的难题。

抓安居工程。全面完成农村危房改造任务,其中 2016 年 85 户,2017 年 100 户,2018 年 196 户。全面完成 2016～2017 年全乡 86 户 343 人易地搬迁户搬迁入住任务和旧房拆除任务。2020 年,优先解决脱贫攻坚农村危房改造大排查中发现新增 4 类重点对象危房、住房安全有隐患和非 4 类重点对象无力改造的危房户的要求,全乡共排查改造 185 户。

抓产业发展。突出打造优质粮烟、生态畜牧业、现代林业、生物医药和大健康产业、旅游文化 5 个重点产业,培育国飞药膳庄园、安龙哨 2 个民俗经济示范点,引进云南南恩糖纸有限公司等农业龙头企业,做到每个贫困村至少发展 1～2 个产业项目,每户贫困户有 1 项增收产业。2019 年,全乡 62 个村民小组 592 户农户种植烤烟,收入 2 146.17 万元,实现户均增收 4 500 元,其中建档立卡贫困户种植烤烟 91 户,收入 334.98 万元,户均增收 3.68 万元;销售松脂增收 1 273 万元,实现人均增收 1 200 元;野生菌销售收入 500 万元,实现人均增收 1 160 元;畜牧业产值 9 000 万元,实现人均增收 800 元;中药材种植面积 2.6 万亩,其中茯苓 1.8 万亩、黄精 700 亩、重楼 600 亩、佛手 0.2 万亩、芍药牡丹 500 亩、续断 0.22 万亩、其他中药材 0.2 万亩,实现中草药产值 1 000 万元,人均增收 1 000 元。引导和鼓励双柏华盛林农专业合作社等中药材种植专业合作社与 148 户贫困户签订户企合作协议。2019 年,148 户 488 名贫困人口已获得人均 200 元企业分红。2015~2016 年,脱贫农户户均 5 000 元产业到户补助资金发展种植业和养殖业。截至 2020 年 8 月,全乡累计投入产业扶贫资金 403.5 万元,发放财政产业贴息贷款 169 户 845 万元,375 户 1 472 人实现产业扶持脱贫。

抓基础设施。截至 2020 年 8 月末,全乡共投入扶贫资金 1 662.47 万元,规划实施 17 个项目。争取各种项目资金 6 062 万元,完成 6 个卫生室建设,67 个村民小组村间道路建设,3 个贫困村村间道路硬化率 100%;建成六合完小教学楼 1 幢、爱尼山中心校幼儿园 1 所;完成总投资 1 290 万元的 69 个村级文化活动室建设项目;总投资 1 895 万元的 3 个贫困村片区供水工程已完工并投入使用,2018 年内完成 4 个非贫困行政村农村安全饮水项目建设工程。

抓人居环境提升。组织指导 190 个村民小组制定《村规民约》,增强村民组织管理能力。每月定时组织 3 次村庄环境卫生"大扫除",教育引导农村群众爱护环境,养成文明健康的生活习惯。

抓社会扶贫。全乡有 213 名爱心人士注册"互联网+社会扶贫"App,累计帮扶成功 140 项 140 次;有 12 家企业结对帮扶 38 户 122 名贫困人口,累计捐赠现金、物资折资 2.06 万元;组织企业招聘会 4 次,提供就业岗位 958 个,共有 449 个建档立卡贫困劳动力实现转移就业。2020 年 8 月,累计劳动力转移就业 5 218 人,其中新增转移就业 221 人,省外就业 31 人,建档立卡人员新增就业 39 人。

图 5‐7　爱尼山乡建档立卡贫困户在企业包装茯苓菌种,实现务工收入(2020 年)

第八节 独田乡

一、基本贫情

独田乡国土面积 254 平方千米,辖 2 个村(居)委员会,55 个村民小组 108 个自然村。2014 年,全乡有农业户籍人口 979 户 3 406 人,共识别出建档立卡贫困户 100 户 360 人;在 2017 年贫困对象动态管理工作中,剔除不符合条件的贫困户 5 户 9 人,新增建档立卡户 23 户 63 人,返贫 1 户 4 人,已脱贫 85 户 335 人,未脱贫 33 户 91 人;2018 年 7 月,在数据信息调整和补录工作中,新识别纳入建档立卡户 12 户 34 人,返贫 1 户 2 人,识别不精准剔除 11 户 51 人。2018 年 10 月,在贫困对象动态管理工作中,新纳入 6 户 24 人,识别不精准剔除 1 户 7 人,无返贫户,自然增加 2 人,自然减少 3 人,脱贫退出 35 户 102 人,2018 年年末,有建档立卡贫困户 124 户 428 人,其中已脱贫 107 户 382 人,未脱贫 17 户 46 人,综合贫困发生率 1.35%。2019 年年末,共有建档立卡贫困户 125 户 437 人,其中已脱贫 111 户 398 人、未脱贫 14 户 39 人。

二、措施及成效

建立健全机制。成立独田乡扶贫开发领导小组,制定印发《关于进一步压紧压实脱贫攻坚工作责任的通知》《独田乡坚决打赢打好脱贫攻坚三年行动的实施意见》,明确包村主要领导和包村直接责任人,全乡共划分 8 个片区,其他班子成员为包村各片区直接领导,相关干部职工为包村工作人员,村(社区)党总支书记、主任为第一责任人。共安排 75 名县乡干部挂包帮扶联系全乡 125 户建档立卡贫困户(其中县级部门挂包干部 14 人,独田乡挂包干部 61 人),做到户户有帮扶责任人。

制定精准帮扶措施。确定发展生产脱贫 72 户 256 人、发展教育脱贫 17 户 68 人、生态补偿脱贫 12 户 35 人、易地搬迁脱贫 12 户 45 人、社会保障兜底 12 户 33 人,逐户落实帮扶项目。深入贫困户家中帮助贫困户分析致贫原因,研究制定脱贫计划和产业发展规划。采取多种方式宣讲党的政策、致富技能及身边典型,激发贫困群众的内生动力。

开展精准识别。由班子成员分片区组织乡扶贫工作队、挂包单位、帮扶责任人进村入户对全乡 55 个村民小组 979 户 3 406 人农业户籍人口进行全面摸底排查,严格按照程序确定贫困户,按照程序精准退出。对全乡 163 户低保户、19 户五保户和卡外边缘特殊户,调查核实其真实生活状况,做到应纳尽纳。切实关注因灾、因病、因学等存在致贫返贫风险的所有农村户籍家庭,开展动态监测。

夯实基础设施建设。2018 年,投资 920.84 万元实施村民小组基础设施建设 31 个,扩修村组道路 5 条 44 千米、硬化村间道路 17.76 千米、修建沟渠 7.5 千米、修复人畜饮水管路 6.9 千米、修复小坝塘 4 个、建设活动室 6 个。全乡 56 个水源点得到有效保护,水质通过检测均达安全标准,群众 100％饮水水源有保障,人力取水半径均在 0.8 千米以内。2 个村(社区)已通 10 千伏以上动力电,所有农户已通生活用电。截至 2020 年 8 月,投资 90 万元硬化公路 2 条 1.9 千米,投资 235 万元扩修公路 3 条 27.6 千米,落实公路养护员养护资金 18.2 万元,养护里程 131 千米;投资 30 万元的财政"一事一议"项目完工并投入使用;完成投资 100 万元的 14 个村组的人畜饮水项目,全乡 55 个村民小组人畜饮水得到全面解决;加快特色小镇建设步伐,投资 750 多万元的集镇一期、二期建设正在推进。深入开展人居环境提升行动,聘请村内保洁员 25 人,严格执行村规民约。投资 100 万元的集镇及部分村组亮化完成并投入使用,投资 150 万元的独田社区山新村省级示范村建设项目加速推进,完成 318 座户厕改造工程,投资 44 万元的 55 个垃圾池完工投入使用。

抓产业扶贫。抓核桃、畜牧传统产业,2016 年下达产业发展资金 22.5 万元、2017 年上级下达产业发展资金 2.5 万元,共扶持 50 户 183 人发展魔芋、佛手、猪、牛、羊到户产业。2018 年下达中央及省级财政专项扶贫资金 100.76 万元,扶持贫困户 68 户 219 人发展种养殖业;下达 2018 年第一批省级统筹整合涉农资金 86 万元,扶持 64 户农户发展沃柑种植 900 亩;下达产业扶贫资金 70 万元,扶持 248 户农户发展青花椒种植 1 200 亩、扶持 289 户农户发展重楼及黄精等中草药种植 1 000 亩。78 户贫困户根据产业发展实际加入合作社,获得对应产业技术指导帮扶。双柏县信实健畜禽交易市场有限公司与 119 户贫困户签订《独田乡产业扶贫暨畜产品产销合作协议》,双柏飞凤农业

图 5－8　独田社区群众在黑蛇沙坝就近务工(2019 年)

发展有限公司与124户贫困户签订《独田乡产业扶贫暨禽产品产销合作协议》,云南宴霸食品有限公司与106户贫困户签订《独田乡产业扶贫暨野生菌产销合作协议》,双柏种禾科技有限公司与100户贫困户签订《独田乡产业扶贫暨生猪养殖产销合作协议》,实现全乡125户贫困户经营主体带动全覆盖,全乡125户建档立卡贫困户均享受村集体资产收益扶贫。

抓教育扶贫。全乡共有建档立卡贫困户在校子女64名,其中学前阶段10人、小学阶段16人、初中阶段10人、高中阶段10人、中职6人、普通大学阶段12人。落实免除学杂费、教科书费、生源地信用助学贷款等补助政策,26名义务教育阶段学生享受寄宿制中小学学生生活费补助和营养餐改善计划补助,38名非义务教育阶段学生落实教育扶贫政策,全乡中小学适龄少年儿童入学巩固率均达100%,无在校学生辍学。

抓健康扶贫。全乡建档立卡户因病致贫27户99人,有重大疾病8人,45种重点疾病25人,48种次重点疾病5人;独田乡卫生院占地面积1091平方米,业务用房面积930平方米,配有相关诊疗设备和基本医疗抢救设备,有住院病床10张,有医务人员15人,取得执业资格14人,配备基本药物296种,中药饮片168种。2个行政村卫生室业务用房面积达标,分别配有村医生2名,执业村医生持有乡村医生资格证,配备基本医疗设备,各卫生室储存所需药品100种以上,病床数按人口基数设置标准设置,2个卫生室正常开展业务医疗服务及公共卫生服务。建档立卡贫困户基本医疗保险和大病保险参保率100%。落实先诊疗后付费"一站式"结算和先诊疗后付费政策,建档立卡贫困人口签约率、履约率均为100%,家庭医生签约人均履约次数为2.76次。

争取金融支持。以产业发展为引领,盘活贫困户手中信贷资本,不断发展壮大种养殖规模,2016~2018年全乡共发放种养殖业贴息贷款350户1 736万元,其中贫困户25户125万元;2014~2020年,全乡贫困户共发放扶贫小额信贷贷款160户次777万元,实现有产业发展能力且有贷款意愿的贫困户全覆盖。

抓保障工作。全乡符合参保条件的贫困群众参保率100%;严格落实国家最低生活保障政策,共有低保户163户326人,其中建档立卡户享受低保68户152人;共有五保供养人员19户19人,其中建档立卡户2户2人,保障贫困家庭基本生活水平。全乡共有残疾人289人,其中贫困人口残疾48人,享受残疾人生活补贴154人,享受护理补贴99人。

抓就业扶贫。全乡有建档立卡贫困劳动力289人(在校生、外出务工人员外),累计组织就业培训232人次,培训率100%;推荐就业124户,达到100%推荐就业;实现转移就业164人,转移率56.74%。

抓危房改造。全乡建档立卡户实施危房改造93户,125户建档立卡贫困户中,住房达到安全等级为A级的有19户(包括易地扶贫搬迁12户),安全等级为B级的有106户。

抓易地搬迁。2016年实施易地搬迁5户18人、2017年实施易地搬迁7户27人(其中分散安置2户4人、县城集中安置5户23人),兑付建房补助及拆旧奖励资金117万元。2020年,结合各搬迁户实际,在产业发展、就业等方面积极给予支持帮扶,落实公益性岗位7人户。

第六章 定点扶贫

第一节 南京大学定点扶贫

帮扶背景 2013年,滇西边境片区区域发展与扶贫攻坚由"规划年"迈入"实施年"。教育部作为定点联系滇西边境山区工作的牵头单位,组织召开滇西边境片区区域发展与扶贫攻坚部际联系会议,协调各中央部委,组织动员教育系统力量参与滇西扶贫开发,共同做好定点扶贫工作。南京大学是参与滇西边境片区定点扶贫的16所部属高校之一。按照国务院扶贫开发领导小组办公室《关于做好新一轮中央国家机关和有关单位定点扶贫工作的通知》《教育部关于做好直属高校定点扶贫工作的意见》要求,南京大学定点帮扶云南省双柏县。

2013年以来,南京大学紧扣中央定点扶贫单位工作职责,把定点帮扶双柏县作为贯彻落实习近平总书记关于精准扶贫系列重要讲话精神和中央脱贫攻坚政策的重大政治任务来抓,学校领导多次率队到双柏县开展扶贫开发工作调研。南京大学以"双柏所需、南大所能"为原则,在文化教育扶贫、人才智力扶贫、科技产业扶贫、信息消费扶贫等方面做了大量工作,为双柏县的脱贫攻坚事业和高质量发展做出重要贡献。2019年,南京大学在国务院扶贫办等单位组织的中央单位定点扶贫工作成效考核中,获评"好"等次。2020年,南京大学第十一次党代会把"继续做好定点扶贫工作,助力打赢脱贫攻坚战"等内容写入党代会工作报告,明确定点扶贫工作是新一届党委的重点任务之一。

交流互访　南京大学与楚雄州和双柏县建立互访交流机制,双方领导干部定期开展交流互访,加强联系沟通,推进扶贫工作,凝聚脱贫攻坚合力。

2013年5月5～6日,南京大学党委书记洪银兴,党委常委、常务副校长张荣,校长助理李成一行,深入双柏县妥甸镇中树尾人畜饮水安全、小龙汤易地扶贫搬迁示范村、妥甸中学搬迁建设项目,以及美森源林产科技有限公司等实地调研。5月6日,中共双柏县委、县人民政府与南京大学在东和酒店召开扶贫工作对接会,双方从开展教育扶贫、人才扶贫、智力扶贫、科技扶贫、信息扶贫5个方面,对建立帮扶援助机制、支持双柏打好脱贫攻坚战、促进贫困地区实现脱贫致富、推动县域经济发展达成共识。昆明学院党委书记陈世波陪同调研。7月20日,双柏县委书记张晓鸣、县长李长平率团访问南京大学,双方共同研讨落实定点扶贫工作规划和任务。8月5日,校长助理李成一行赴双柏县访问,双方就南京大学在双柏县开展帮扶工作做出具体部署。

2014年5月19～20日,双柏县人民政府副县长吴应辉一行访问南京大学,与相关部门就招商问题进行深入交流。7月19日,南京大学校长助理李成等领导和专家赴双柏县访问,与县委、县人民政府主要领导及相关部门负责人进行交流,对帮扶工作进行部署和安排。

2015年8月5日,南京大学党委常委、副校长薛海林一行赴双柏县推进定点扶贫工作,商定举办干部进修培训班、中小学校长培训等具体工作。

2016年4月23日,云南省委、省人民政府主要领导带队到南京大学访问,并同南京大学签署战略合作协议。7月14～15日,南京大学党委书记张异宾,党委常委、副校长薛海林,党委常委、宣传部部长王明生等到双柏县实地考察,看望支教团学生和驻村挂职干部。昆明学院党委书记陈世波陪同调研。10月20日,楚雄州人民政府副州长邓斯云访问南京大学,就双方下一步的合作达成共识。南京大学与“云南省—楚雄州—双柏县”的立体合作框架初步建立,南京大学在双柏县的定点扶贫工作的广度和深度进一步拓展。

2017年7月28～30日,南京大学党委常委、副校长薛海林,党委常委、组织部部长郭随平一行到双柏县实地考察,为援建的大庄镇普岩村为民服务中心和卫生室揭牌。11月20日,双柏县委书记李长平,楚雄州民宗委党组书记、主任鲁文兴率党政代表团访问南京大学,开展脱贫攻坚工作座谈会,并向南京大学捐赠彝文典籍《彝族毕摩经典译注》。12月22～23日,校长助理濮励杰率领来自南京大学医学院附属鼓楼医院的相关专家到双柏县开展医疗扶贫活动。

2018年5月18日,南京大学党委常委、副校长王志林一行访问云南,与双柏县第一中学校长及挂职干部开展座谈,指导教育扶贫工作。7月13日,双柏县委副书记、县长梁文林一行访问南京大学,就南京大学定点帮扶双柏县脱贫攻坚工作进行座谈交流。8月6～9日,全国人大常务委员会委员、南京大学校长吕建,党委常委、副校长薛海林等赴双柏县调研,召开南京大学定点帮扶双柏县工作座谈会和南京大学帮扶妥甸镇和平村脱贫攻坚工作座谈会,慰问建档立卡贫困户,调研产业发展及脱贫攻坚情况。12月5日,楚雄州州委常委、宣传部部长徐晓梅带领楚雄州代表团访问南京大学,双方就支持双柏县脱贫攻坚和支持楚雄州建设等方面进行交流。12月14～17日,南京大学医学院附属金陵医院专家团队赴双柏县开展医疗帮扶活动。

2019 年 3 月 15～17 日,南京大学副校长陆延青一行赴双柏县,调研定点帮扶工作,召开南京大学帮扶和平村脱贫攻坚工作座谈会。6 月 13 日,双柏县委副书记、县长梁文林率双柏县党政代表团访问南京大学,研究推进定点扶贫工作。6 月 20～22 日,江苏省政协副主席、南京大学党委书记胡金波,副校长陆延青一行到双柏,调研考察帮扶项目落实情况和派任干部工作情况,深入和平村考察,慰问建档立卡贫困户,并参加脱贫攻坚工作座谈会。在楚雄市会见中共楚雄州委书记杨斌,昆明学院党委书记陈永明陪同调研。11 月 18 日,楚雄州政协党组书记、主席杨静带领楚雄州人大常委会副主任、农工党楚雄州委主任夭建国,双柏县委书记李长平以及州扶贫办、州教育体育局等负责同志到南京大学对接定点扶贫工作。11 月 26～27 日,全国人大常委会委员、南京大学校长吕建,党委副书记、纪委书记刘鸿健,副校长陆延青一行赴楚雄州、双柏县推进产业扶贫、消费扶贫工作,与双柏县领导共同谋划 2020 年定点扶贫工作方案,慰问建档立卡贫困户,并会见中共楚雄州委书记杨斌和楚雄州委副书记、州长迟中华。2019 年,南京大学与楚雄州、双柏县共同召开定点扶贫工作推进会 7 次。

图 6-1　江苏省政协副主席、南京大学党委书记胡金波到双柏县开展扶贫工作(2019 年)

2020 年 4 月 13 日,南京大学召开定点双柏扶贫工作推进会和定点扶贫工作领导小组全体会议,党委书记胡金波、校长吕建参加会议并作讲话,双柏县委书记李长平等县领导通过视频会议形式参加会议。5 月 15～18 日,南京大学副校长陆延青一行赴双柏县开展南京大学首期"院长处长看双柏"定点扶贫调研活动。6 月 4 日,楚雄州州委副书记、州委政法委记李明率楚雄州委代表团到访南京大学,并出席楚雄州—南京大学定点扶贫工作座谈会,双柏县委副书记仲显海参加活动。7 月 14～16 日,南京大学党委常务副书记杨忠带领南京大学民主党派、统战团体负责人 20 余人赴双柏县开展"统战系统(政协委员)看双柏"定点帮扶活动,在和平村和县城分别召开脱贫攻坚座谈会、南京大学—双柏县统战工作交流座谈会。8 月 21～22 日，南京大学校长吕建一行到双柏县专题调研定点扶贫工作，在妥甸镇和大庄镇参加教育扶贫、产业扶贫系列活动，看望支教学生。江苏省海安高级中学党委书记、校长吕建参加教育帮扶活动。

图 6 - 2　南京大学党委常务副书记杨忠到妥甸镇和平村委会看望困难群众（2020 年）

组织领导　2015 年，南京大学成立定点扶贫工作领导小组，由南京大学党委常委、副校长薛海林担任组长，相关职能部门负责人为领导小组成员，统一组织、协调学校定点扶贫工作。领导小组下设定点扶贫工作办公室，负责联系、推动学校定点扶贫工作的具体对接与开展。2018 年年底，南京大学调整定点扶贫工作领导小组，由党委书记胡金波和校长吕建任组长，校党委常务副书记杨忠和副校长陆延青任副组长，相关部门、院系负责人担任成员。2019 年下半年，南京大学明确增列校党委副书记、纪委书记刘鸿健为定点扶贫工作领导小组副组长，使定点扶贫工作从目标考核走向过程监督。2019 年开展督促指导工作 3 次，形成督导报告 14 份。2019 年 2 月 11 日，南京大学印发《关于成立南京大学国内合作办公室的通知》，国内合作办公室行使定点扶贫、对口支援、战略合作等相关工作的落实与协调职能，为定点扶贫工作的主责部门，设主任 1 名、副主任 1 名，专职工作人员 5 名，配备定点扶贫专项工作经费 100 万元。12 月 4 日，成立由南京大学挂职双柏干部王建富任组长，学校选派驻村第一书记董飞、双柏南大励行科技园发展有限公司工作人员党辉、研究生支教团学生为成员的南京大学定点扶贫前方工作组,形成南京大学"学校领导小组—专责部门—前方工作组—派驻人员"四级工作机制,深入推进定点扶贫工作。

资金帮扶 南京大学以直接投入资金、引进帮扶资金,以及实物捐赠等形式助力双柏县脱贫攻坚。

2014年5月,南京大学国资处协同计算机学院向双柏县教育局捐赠100台经维护更新的电脑,总价值10余万元。6月,南京大学幼儿园向双柏县捐赠了价值约39.3万元的2.1万册各类图书。年内,投入7万余元资金帮助双柏县人民政府出版中草药普查成果书籍2本。

2015年10月,设立为期3年的"南京大学爱心助学基金"(南京大学爱心圆梦助学金),每年捐赠10万元,资助约60名双柏县贫困学生;南京大学机关分工会和团委在全校师生共筹集科普、养殖种植技术等图书1 000余册;南京大学出版社向大庄镇普岩小学捐赠一批儿童课外读物和经典名著,帮助普岩村新建1所"农家书屋"。

2016年7月,南京大学投入130万元资金用于建设普岩村村委会为民服务中心与卫生室。

图6-3 南京大学援建普岩村村委会为民服务中心、卫生室落成(2017年)

2017年,南京大学直接投入物资109.73万元,帮助引进各类资金192.02万元。从中国发展教育基金会争取资金120万元,资助妥甸镇西城区幼儿园建设挡土墙项目。联系江苏译林出版社、中国力行助学计划、兴业银行苏州分行等单位,为妥甸中学和双柏县第一中学募捐价值5.68万元的图书2 585册。联系中国电建集团江苏区域总部党工委、"小脚印"微公益组织及其他社会爱心人士,在两校开展"一对一"爱心助学,资助妥甸中学43人、双柏县第一中学30人。联系中国城市规划建设研究院上海分院等社会组织,为双柏县第一中学和妥甸中学学生募捐价值2.9万元的棉被、冬衣等物资。12月,南京大学校友会云南分会会长邓勇一行到南京大学研究生支教团服务学校调研,捐赠价值0.81万元的文体器材。

2018 年,南京大学投入帮扶资金 130 万元,引进各类资金 210 万元,用于双柏县购买救护车、中彝医理疗设备和实施和平村道路建设项目。11 月 21 日,南京大学出版社社长金鑫荣一行赴双柏县,为双柏县第一中学捐赠图书 1 万册,捐款 10 万元。11 月 22 日,南京大学校长办公室副主任陈进、南京大学校友、一号农场 CEO 姜方俊等赴双柏县,考察并投资农业企业 1 户,投资额 200 万元。

2019 年,南京大学直接投入帮扶资金 279 万元。其中 175 万元用于双柏县融媒体中心建设,10 万元用于"南京大学爱心圆梦助学金"发放,15 万元用于建设妥甸镇和平村公路桥,70 万元用于实施东城小学附属配套项目,向双柏县第一中学捐赠价值 9 万元的电脑。引进帮扶资金 1 342.97 万元。其中申请中国教育发展基金会资金 145 万元支持 26 所农村学校旱厕改造工程,协调校友企业乐米科技捐赠 20 万元教育资金,南京大学出版社向双柏县第一中学捐赠 29.79 万元图书,学校师生捐赠双柏县第一中学图书、衣物 0.92 万元,双柏南大励行科技园发展有限公司各捐赠 3.63 万元给双柏县第一中学、妥甸中学,双柏南大励行科技园发展有限公司投资 150 万元用于双柏县农产品包装和质量提升,云南工麻生物科技有限公司投入 990 万元资金建设双柏工业大麻种植和加工基地。

2020 年上半年,南京大学直接投入帮扶资金 334 万元。向双柏县捐助价值 5 万元的新冠肺炎检测试剂盒,投入 40 万元用于双柏县第一中学师生交流项目以及基础教育设施建设,投入 15 万元用于"爱心圆梦大学"助学金,投入 110 万元实施爱尼山乡康养小镇、道地中药材种植技术示范园建设项目以及老虎山茶叶科技创新园、蜂蜜合作社、云南竑图农业科技发展有限公司等产业项目建设;投入 40 万元建设和平村种牛养殖基地、现代有机农业种植基地,投入 35 万元实施大庄镇洒利黑村委会以及妥甸镇九石完小学生饮水工程,投入 35 万元进入双柏县贫困风险防范救助基金,投入 20 万元实施县委党校学员机房和基础设施建设项目,投入 24 万元资助双柏县文化书籍出版。引进帮扶资金 739 万元。其中云南工麻生物科技有限公司完成基建建设及新投入资金 664 万元,助农致富生猪养殖基地投资 50 万元,投入法脿镇六街村委会水利项目、县人力资源和社会保障局以及普岩村委会资金 20 万元。此外,在南京大学"统战系统(政协委员)看双柏"活动期间,民盟南京大学委员会在双柏县第一中学开展"烛光牵手出彩行动"活动,民盟南京大学委员会部分老师捐资 8.4 万元,设立"南大盟星助学金",资助贫困学生完成学业。举行南京大学统战系统助力双柏"中国彝乡教育重镇建设"捐赠,民革南京大学总支、致公党南京大学总支、南京大学党外知识分子联谊会等南京大学统战系统,联合南京大学出版社、中智储运、上海耕子教育科技有限公司、厦门鲸至教育科技有限公司等校内外爱心单位,向双柏县捐赠图书、教育课程、资金等总价值 144.1 万元。

教育扶贫　南京大学发挥优质教育资源优势,组织双柏县党政干部培训、教师及中小学校长培训、文艺骨干培训,开展送教等教育扶贫活动,推动双柏县干部管理水平、教师业务素质以及教育质量不断提升。

2013 年 11 月 3～11 日,南京大学为双柏县举办第一期党政领导干部培训班,共有包括县处级领导、县级职能部门主要领导、乡镇党委书记及楚雄州委政研室干部在内的

43 名学员到南京大学学习培训。12 月 16 日～27 日,南京大学委托昆明学院为双柏县 60 名中小学骨干教师进行专业培训。

2014 年 6 月 23 日～24 日,南京大学幼儿园园长段燕一行赴双柏县开展学前教育送教活动,楚雄州 10 余家幼儿园老师参加活动。6～7 月,在南京大学的协调下,共有 2 批共 10 名双柏县中学英语骨干教师赴昆明参加"美国环球志愿者"英语教师培训。7 月 10～15 日,昆明学院组织骨干教师力量赴双柏县,为民办学前教育教师授课,来自 23 所民办幼儿园的 61 名教师参加培训。7 月 19～26 日,南京大学研究生支教团牵头举办南京大学—香港中文大学"双柏情"支教夏令营活动,来自南京大学、香港中文大学的 30 余名大学生与当地中学生友好结对。8 月 17～24 日,双柏县第一中学 2 名教师、4 名学生受邀赴南京参加由南京大学团委、后勤服务集团、商学院共同主办的"南大支教团·西部学生访学夏令营"活动。10～11 月,在南京大学仙林校区相继举办云南省楚雄州党政领导干部培训班和双柏县非公工商企业主培训班,培训范围扩大到楚雄州和非公工商企业主。2014 年,南京大学共开展全州处级及全县科级以上干部培训 1 期、专业技术人员培训 5 期、非公工商企业主培训 4 期,培训累计 388 人,为双柏县建成"党政干部在线学习平台"。10 月 17～31 日,南京大学利用主干道橱窗,进行为期半个月的"南京大学定点扶贫县云南省楚雄州双柏县介绍"主题展览,以图片、文字等形式向全校师生介绍双柏县。

2015 年 11 月 3 日,南京大学举办双柏县党政领导干部第 3 期培训班,双柏县 60 名党政领导干部参加培训。11 月 21 日晚,双柏县大型彝族原生态歌舞《查姆》在南京大学仙林校区上演。同时在南京大学举办双柏县文艺骨干培训班,50 名文艺骨干参加培训。12 月,南京大学委托昆明学院对双柏县中小学校长和幼儿园园长进行业务培训,邀请名校专家、优秀教师到双柏县开展 1 期 120 人的高中学科骨干教师培训,1 期 100 人的中小学学科专业知识、技能培训。

图 6 - 4 在南京大学为双柏县培训党政干部(2016 年)

2016 年 4 月,南京大学都有为院士、邹志刚院士赴双柏县第一中学参加研究生支教团"逐梦益行"连心营启动仪式暨"院士进校园"活动,为双柏县第一中学学生做专题报告,并开展系列交流活动。11 月 13～18 日,南京大学继续教育学院组织党政干部培训班,双柏县 81 名党政干部参加学习。

2017 年,南京大学继续教育学院为双柏县举办党政管理干部培训班、工青妇干部培训班、非公工商企业主培训班,参加人数达 169 人。

委托昆明学院对双柏县中小学幼儿园英语教师 8 人进行美国"环球志愿者"中小学英语教师培训,对 10 名中小学校长和管理干部进行中小学教育干部培训。2017 年,协调昆明学院对双柏县第一中学毕业生录取给予政策倾斜,录取二本少数民族预科生 10 名(文理科各 5 名)。

2018 年 2 月,南京大学捐资支援双柏县普岩村小学,为学生更新宿舍床上用品。5 月,邀请电商平台负责人开设"中国农产品电商发展现状及未来趋势"讲座。5 月 29～31 日,共青团南京大学委员会书记索文斌一行到和平村,参加"共青团南京大学委员会—共青团双柏县委员会基层团建共建示范点"签字仪式,并为在村级设立的全国首家"青年农民讲习所"揭牌。11 月 20～24 日,南京大学为双柏县近 300 名村民和相关业务骨干开办民宿管家培训班和电子商务培训班。12 月 14 日,"南京大学—双柏县 2018 年乡村振兴暨城乡规划建设管理干部业务素养提升培训班"开班。

2019 年 6 月 21 日,南京大学在双柏县举办"南大论坛双柏开讲"活动,邀请南京大学规划校友会名誉会长崔功豪、云南大学城市规划学院、云南校友会理事王培茗等国内知名规划专家为双柏县 201 名干部培训,南京大学名誉校董、校友总会常务理事张志宏等 30 名专家学者、企业家到双柏走访调研。8 月,南京大学举办"双柏县机关干部能力素质提升培训班"和"双柏县基层干部能力素质提升培训班",共培训双柏县基层干部 126 人。11 月 27～28 日,南京大学校长吕建到访双柏期间,南京大学在双柏设立"南大双柏大讲堂"品牌讲座,南京大学新闻传播学院副院长胡翼青、副教授庄永志以及尤浩老师为双柏县 210 名宣传干部、新闻和新媒体工作者授课。2019 年,南京大学全年培训双柏基层干部 484 名,培训双柏创业致富带头人、种植专业技术人员和养殖专业技术人员等各类技术人员 609 名。

图 6－5　全国人大常委会委员、中科院院士、南京大学校长吕建为"南大双柏大讲堂"揭牌(2019 年)

2020 年 5 月 16 日,南京大学副校长陆延青赴双柏县委党校参加"南大双柏大讲堂"活动,为双柏县教师思想政治理论集中培训班学员作专题讲座。5 月,南京大学云南校友会秘书长杨煦怡为双柏县驻村工作队培训班学员作心理课程讲座。7 月 14 日,参加南京大学"统战系统看双柏"活动的 20 多位专家到双柏县第一中学,开展捐资助学活动,都思丹、惠鹤九、杜灵杰 3 位南京大学教授为学生作科普讲座。8 月 9 日,南京大学马克思主义学院教授沈伯平为双柏县干部培训班学员授课。8 月 22 日,南京大学校长吕建在妥甸中学为"蓝鲸筑梦"科学教育工作坊揭牌仪式,参加首期学生科学营活动。举行南京大学牵头海安中学助力双柏"中国彝乡教育重镇建设"合作协议签约仪式,南京大学设立向南助学金,首批捐资 27 万元,资助双柏县第一中学师生到海安中学学习交流。8 月 30 日,9 名首批双柏县第一中学交流学生到达海安中学。南京大学努力克服疫情的不利影响,创新培训方式,加大对双柏县党政干部、技术人员培训。截至 2020 年 8 月 30 日,已培训基层干部 1 768 人、技术人员 1 949 人。

图 6-6　南京大学和江苏海安中学到双柏县开展教育扶贫工作(2020 年)

人才扶贫　南京大学发挥"人才库"作用,先后选派 6 名优秀干部挂任双柏县人民政府副县长,选派 3 名优秀干部到大庄镇普岩村、妥甸镇和平村任第一书记,连续选拔 8 届研究生支教团共 56 名学生到双柏县第一中学、妥甸中学开展支教志愿服务。

2013 年 3 月,选派校房地产管理处副处长徐晓武到双柏县人民政府挂职担任副县长,选拔第一批研究生支教团 4 人到双柏县参加为期一年的支教志愿服务。2014 年 4 月,选派校后勤服务集团副总经理高风华到双柏县人民政府挂职担任副县长,选拔第二批研究生支教团一行 6 人到双柏县参加为期一年的支教志愿工作。2015 年 4 月,选派校地球科学与工程学院副院长陈卫到双柏县人民政府挂职担任副县长。8 月,选派校长办公室科长罗刚挂职担任大庄镇普岩村第一书记。9 月,选拔第三批研究生支教团一行 6 人到双柏县第一中学开展支教活动。2016 年 4 月,选派校党委宣传部副部长姜迎春到双柏县人民政府挂职担任副县长。9 月,第四批研究生支教团一行 8 人受聘双柏县第一中学及妥甸中学教学岗位。2017 年 5 月,选派校基建处副处级干部范存健到双柏县人民政府挂职担任副县长,王䜣挂任普岩村第一书记。选拔第五批研究生支教团一行8人赴双柏县第一中学、妥甸中学支教。2018年,范存健和王讜继续留任挂职。7月,第六批研究生支教团8名成员到双柏县第一中学和妥甸中学支教。2019年7月,选派校党委统战部副部长王建富到双柏县人民政府挂职担任副县长,选派校团委宣传部部长董飞挂职妥甸镇和平村第一书记,选派第七批研究生支教团8名成员赴双柏县第一中学和妥甸中学支教。2020年,王建富和董飞继续留任挂职。7月,第八批研究生支教团8名成员赴双柏县第一中学和妥甸中学开展支教工作。

图6-7 支援双柏县第一中学的南京大学研究生支教团获评全国
"2016镜头中的最美支教团"(2016年)

智力扶贫 南京大学发挥综合性高校的学科和专业优势,选派不同研究方向的专家到双柏,开展讲学、调研及规划等活动,组织学生到双柏县开展各类社会实践,发挥"思想库"和"智囊团"作用,智志双扶。

2013年10月16~20日,南京大学城市规划设计研究院院长徐逸伦等4名专家进驻双柏县,帮助开展城乡规划工作。按照南京大学与双柏县商定的定点帮扶工作计划,对《双柏县城总体规划》修改和《双柏县村镇体系规划》编制工作提供专家咨询和技术指导,并帮助协调双柏县部分乡镇功能区划调整。

2014年,南京大学城市规划设计研究院帮助双柏县推进《双柏县城总体规划》《元双公路双柏县城过境段景观专项规划》编制工作。12月10日,城市规划设计研究院项目技术团队再次赴双柏县对《双柏县城绿化专项规划》《双柏县城镇特色专项规划》进行第二轮实地调研。

2015年,南京大学城市规划设计研究院帮助双柏县推进《双柏县城绿化专项规划》《双柏县城镇特色专项规划》《元双公路双柏县城过境段景观规划》3个规划方案的编制工作。6月19日,组织部分专家、学者共同研讨双柏县国民经济和社会发展"十三五"规划基本思路与相关问题。

2016年10月,双柏县人民政府常务副县长王景书一行到南京大学对接《元双公路双柏县城过境段景观规划》《双柏县城绿化专线规划》《双柏县城镇特色专项规划》编制工作,南京大学组织专家建言献策。

2017年,挂职副县长姜迎春组织双柏县多个部门组成调研组,对全县基层组织的党员教育、日常管理和脱贫攻坚双推进工作、选人用人工作等方面进行调研,形成并修订一批基层党建规章制度,推动双柏县基层党建制度建设工作。撰写《推动县域党建工作提质增效》调研文章,发表在中组部理论刊物《党建研究》2017年第3期。

2018年7月14日,南京大学知行社20位青年志愿者赶赴双柏县开展为期两周的支教活动。7月16~19日,南京大学团委副书记朱翰墨带领40多名研究生骨干组成的社会实践服务团到双柏县妥甸镇和平村,开展1个月的驻村精准扶贫工作。8月1日,社会学院党委书记徐愫、社会学院工作与社会政策系主任肖萍带领社会实践团队一行7人,到双柏开展社会治理与社会工作社会实践,在和平村成立南京大学社会学院社会治理与社会工作研究基地。

2019年1月14日,南京大学团委宣传部部长董飞带领大学生精准扶贫社会实践团队,到和平村开展为期两周的扶贫工作。7月20日,南京大学知行社20名青年志愿者在双柏县开展为期10天的支教活动。7月25日,南京大学团委科创部部长曲直带领学生社会实践团队,来到和平村开展为期3个星期的精准扶贫实践活动。2019年7~8月,南京大学教授杨达源、任黎秀一行两次到双柏调研生态环境和旅游文化,为爱尼山乡"康养+文化旅游"发展思路提出科学建议,指导帮助双柏县成功申报全国森林康养基地试点建设县。南京大学城市规划设计院专家曾新春等多次到双柏县爱尼山乡康养小镇和道地中药材科技示范园调研,并承担爱尼山康养小镇规划设计任务。11月,南京大学校友企业南京常力蜂业有限公司到双柏调研碍嘉蜂蜜产业发展和农产品销售情况。11月11~13日,南京大学发展委员会办公室主任方嘉、国内合作办公室干部邱俊一行到双柏督察指导南京大学帮扶项目落实情况。

2020年7月8~10日,南京大学国内合作办公室副主任古公亮一行到双柏县开展南京大学第二期"院长处长看双柏"活动,为双柏文化产业发展、消费扶贫等提出意见建议。8月17~20日,中国教育报新闻中心副主任柴葳、中国教育报记者焦以璇、新华日报记者杨频萍等到双柏开展南京大学文化教育、产业帮扶专题采访。

科技产业扶贫 结合双柏县地方资源特点和科技发展项目,南京大学发挥科技优势、人才优势、创新优势以及信息优势,推动双柏产业发展。

2013年8月4~8日,南京大学植物学专家卢山和"魔芋大王"何家庆带领4名学生到双柏县开展魔芋等特色农产品培育技术指导。9月27日,作为南京大学科技扶贫项目成果,双柏县人民政府与上海大振生化工业有限公司及禄丰县投资商签订"尿激酶"产品加工销售项目合作合同。12月1日,南京大学召开全球校友大会期间,邀请双柏县委副书记、县人民政府县长李长平率队赴南京大学开展重点招商推介活动。10~11月,南京大学推荐楚雄州、双柏县组队先后参加"沪港台科技产业交流研讨会"和"2013海峡两岸经济科技发展趋势研讨会",扩大招商影响。南京大学化学化工学院教授张志炳与双柏县重点企业美森源化工开展长期合作,促进"塔器分离技术"科研成果转化。

2014年5月16~18日,南京大学相关人员与双柏县委书记张晓鸣带队的招商考察团一行 15 人,先后赴山东、江苏考察,实地走访南京大学科技园发展有限公司。5 月 19~20 日,双柏县人民政府副县长吴应辉率领双柏县第五招商团成员、云南东和科贸有限公司等企业负责人一行到南京大学考察,对相关项目进行重点推介。

2015 年 11 月 9 日~13 日,双柏县人民政府副县长沈海燕一行 15 人参观南京大学苏州高新技术研究院、苏州工业园区和校友所办企业"一号农场",对相关生产技术和运营情况进行深入了解和探讨。在南京大学的沟通与协调下,北京东方国际财经资本管理公司出资,双柏县设立电子商务有限公司,推动"电子商务进农村"平台建设工作。

2016 年 3 月 5~7 日,南京大学科技处副处长、生命科学学院教授杨永华一行到双柏县开展生物产业产学研合作交流。12 月 27~28 日,南京大学云南校友会会长邓勇一行到双柏调研,对产业发展和白竹山景区开发提出建议。2017 年,推荐邀请双柏县组团参加各种科技产业论坛,帮助双柏县拓宽工作视野与对外交往渠道,支持双柏县宣传县情,提升民族文化影响力。11 月 20~24 日,接待双柏县赴江苏、浙江等地招商考察团,推介哀牢山国家公园建设项目等 4 个旅游项目。2018 年,帮助双柏县对接昆明最大的生鲜连锁超市"超尚鲜"平台,达成 5 000 万投资意向协议,为双柏县建设农产品集散场所 1 个,形成"合作社+企业"定单式合作模式。联系南京大学校友企业苏州爽飞投资有限公司在双柏投资农产品深加工厂的合作项目。

2019 年,南京大学围绕产业帮扶,推动组建公司、建设大学科技园、成立技术转移分中心三措并举。一是南京大学科技园发展有限公司全额投资成立注册资本 450 万元的"双柏南大励行科技园发展有限公司",派驻全职工作人员 2 人,在双柏招聘 1 人。公司直接对接双柏农户、合作社和小微企业,提升双柏农副产品的标准和层次。二是"南京大学国家大学科技园楚雄州双柏分园"在楚雄经济技术开发区落地。11 月 26 日,校长吕建与楚雄州委书记杨斌共同为园区揭牌。三是成立"南京大学国家技术转移中心楚雄分中心",围绕楚雄州主导产业发展需求,整合南京大学科技和智库资源,搭建技术合作、成果转化、招商引资、人才培养和科技企业孵化的双创平台。对外通过组织活动、介绍政策、提供平台等方式,吸引校内外专家、投资人和各类科技项目共同关注楚雄和双柏。2019 年为双柏县引进"云南工麻生物科技有限公司",由南京大学生命科学学院朱海亮教授团队提供技术支撑,南大系企业"江苏南大耐雀生物科技有限公司"等 3 家企业合资设立。9 月 29 日,该项目(一期)正式开工,项目总投资 3.2 亿元,占地面积 98 亩。截至 2019 年 12 月,到位资金 990 万元。

2020 年,南京大学持续深化产业帮扶。在 2 月召开的滇西脱贫攻坚部际联系会暨教育部直属系统扶贫工作推进会议上,云南省主要领导对南京大学引进的工业大麻产业扶贫项目予以充分肯定。3 月 25~29 日,南京大学国内合作办公室主任高新房、国内合作办公室干部周璐莹到双柏县实地考察产业发展,对后续产业帮扶、产销对接提出建议。7 月 21 日,南京大学云南校友会副会长朱洪儒等企业家一行赴双柏县开展产业调研及招商对接。2020 年上半年,双柏南大励行科技园发展有限公司在双柏县建立订单式农业生产基地,首批投资 50 万元订单,组织农户种植蔬菜,保价收购。在妥甸镇和平村投资 40 万元购买猪苗,扶持农户饲养,公司负责收购。8 月 22 日,南京大学校长吕建和中共双柏县委书记李长平共同为"南京大学订单式农业生产基地"揭牌,吕建为和平村建档立卡户发放首批40头猪苗。9月25日,南京大学牵头协调江苏省技术转移联盟相关单位,到双柏县开展科技扶贫、创聚楚雄双柏座谈会,架起江苏省科技成果和双柏企业的沟通桥梁。

消费扶贫　2013年以来,南京大学积极帮助双柏县解决产销对接问题。经过多年实践,探索出一条立体式产销对接模式。

2014年,南京大学组织连云港中复连众复合材料公司、连云港海大生物工程研究所负责人一行赴双柏妥甸酱油有限公司,对酱油生产技术改造及销售进行指导。2018年1~6月,南京大学帮助协调上海适汝需网络科技有限公司与双柏县人民政府签订战略合作协议,解决150吨滞销圣女果,达成2 000亩蔬菜销售协议。2018年7月,南京大学社会实践志愿服务团赴双柏县开展为期30天的社会调研,帮助双柏梳理84个村(社区)各类外销型农业作物品类、种植规模,指导"一户一策"农户生产,提升当地蔬菜品牌"双柏菜"在全国市场的竞争力。12月3~5日,在南京大学仙林校区举办定点帮扶双柏县农产品展销会,共计帮助销售农产品150万元。

2019年6月,南京大学分别在南大仙林校区、南大和园及南京仙林金鹰湖畔广场展销双柏地区农特产品,现场销售及销售订单总金额达153.5万元。8月,南京大学科技园发展有限公司全额投资成立"双柏南大励行科技园发展有限公司",直接对接双柏农户、合作社和小微企业,打造"情系双柏"和"情系滇西"两系列农特产品,开通公司公众号与网上商城,实际销售额超300万元。2019年全年,南京大学购买双柏农产品358.8万元,其中学校工会购买57.8万元农产品,后勤服务集团(食堂)采购农产品301万元。帮助销售楚雄州、双柏地区农产品250.95万元,通过双柏南大励行科技园发展有限公司帮助销售农产品203.69万元,引进企业云南双柏绿谷农业有限公司,销售双柏农产品35.75万元,举办春季展销会,现场销售楚雄州、双柏县农产品11.51万元。

图6‐8　消费扶贫采购物资样品查看(2020年)

2020年4月20日，双柏南大励行科技园发展有限公司在鼓楼、仙林两校区举办"2020年帮扶贫困地区农特产品展示试吃会"，向师生推介云南双柏特色农产品。5月，公司联合红旅品创基金在南京大学、楚雄师范学院、昆明学院招募消费扶贫公益直播学生志愿者1000多名，完成3场公益直播带货网络培训。6月18日，双柏南大励行科技园发展有限公司联合乔布谷文化传媒，开展"双柏县守望相助爱心互联"助农直播，南京大学挂职双柏县副县长王建富参与直播。7～12月，双柏南大励行科技园发展有限公司帮助贫困地区销售农产品突破700万元。2020年1～6月，南京大学直接购买农产品394.24万元，帮助销售农产品510.74万元。其中学校工会购买93.2万元农产品发放教职工福利；后勤服务集团（食堂）采购农产品301万元。工会采购贫困县产品184.6万元，双柏南大励行科技园发展有限公司销售贫困县产品97.3万元，帮助双柏县销售蔬菜、茶叶等90.9万元。

2013年至2020年8月，南京大学张锁庚、葛俊杰、李斌、黄曙萍、丁智阳、纪达夫、凌元元、尹三洪、任洪强、程大林、张建新、周元、王俊、张国慧、骆威、王云骏、赵清、张京祥、吴珩、张智、孙俊、贾叙东、韩晓冬、安同良、吴鹏程、沈苏南、许新鹏、时昱、周恒、周诗豪、初星宇、陈曦、王翔、龚跃、刘慧、刘宇杰、沈欣、张亚权、范峻恺、唐泽威、甄峰、黄春晓、朱海亮、王向前、吴国平、方嘉、李亦竹、卞建波、钱国兴、姜田，季青、刘立阳、郑称德、陈强、施鹏、佘治骏、韩顺平、钱祥升、倪培、花建民、姚远、杨金荣、周晶、朱晓东、黄继东、李向东、陆桑璐、杨雪、赵庆、戴伟、牛克昌、顾正彬、朱烜、戚红年、徐晓东、邵勇、芦红、李民、范赟、郭峰、张沁荃、于玥晗、张晓东、蔡颖蔚、牛力等教职工，以及校友代表、企业家代表杨永安、王琪、冯彦、柴林、张颂杰、韩振杰、马少辉、欧阳兴荣、许红卫、浩天、杨露、庄松寿、窦军、李林、罗宏明、王寅、徐峰、梁子卿、苏琴、秦建伶、阳正伟、从金林、宋雨等先后到双柏县调研考察，开展帮扶工作。

第二节　北京中医药大学定点扶贫

帮扶背景　开展中央单位定点扶贫工作，是中国特色扶贫开发事业的重要组成部分，是实现精准扶贫、精准脱贫的重要举措，对推动贫困地区脱贫发展进程，促进经济社会全面、协调、可持续发展发挥着越来越重要的作用。按照《中共中央办公厅 国务院办公厅关于进一步加强中央单位定点扶贫工作的指导意见》和中央扶贫工作推进会议精神及教育部部署，2019年11月，北京中医药大学作为新增定点扶贫高校，与南京大学采取"1＋1"定点扶贫模式帮扶双柏县。

2019年下半年来，北京中医药大学紧扣中央定点扶贫单位的工作职责，把定点帮扶双柏县作为落实习近平总书记关于精准扶贫系列重要讲话精神的一项重大政治任务来抓，高度重视、高位推进定点帮扶工作，校党委书记谷晓红、校长徐安龙直接担任帮扶工作领导小组组长,有力有效推进双柏县的定点帮扶工作。

互访沟通 北京中医药大学和双柏县始终把互访交流作为推进高质量帮扶的重要抓手,北京中医药大学党政主要领导、专家学者分别在 2019 年 11 月至 2020 年 8 月期间,先后 4 次到双柏检查指导定点帮扶工作;受新型冠状肺炎疫情影响,双柏县委、县人民政府主要领导与北京中医药大学党委书记、校长分别于 2020 年 3 月 24 日、4 月 17 日召开远程视频会议 2 次,县委、县人民政府主要领导进行全县脱贫攻坚工作情况和相关请示事项进行汇报。2019 年 11 月 23 日,县长梁文林、副县长普学昌在州人民政府的统一组织下,赴北京中医药大学开展脱贫攻坚工作汇报对接,和北京中医药大学就双柏县基础设施建设、人才培养、教育扶贫等方面进行沟通交流,并达成初步帮扶意向。2020 年 5 月 7～9 日,北京中医药大学校长徐安龙一行赴双柏县开展脱贫攻坚调研活动,走访 1 乡 1 镇 1 村、1 家建档立卡贫困户、1 处易地搬迁地点,考察 4 处种植基地和 4 所企业,调研 1 所中学、1 所小学、1 所医院,召开 3 次座谈会,签署 2 份合作协议,就深化定点帮扶进行详细对接,力争把当地资源转换成实在价值,让中医药造福双柏百姓,助力百姓脱贫致富。

图 6-9 北京中医药大学校长徐安龙到双柏县开展扶贫工作(2020 年)

组织领导 双柏县成立县委副书记任组长,县政协主席,县委常委、县委办主任,县委常委、县人民政府常务副县长,分管工信商务科技工作副县长,分管教育卫生工作副县长,分管扶贫工作副县长,政府办主任任副组长,各乡镇、县级相关部门主要领导为成员的北京中医药大学定点帮扶双柏对接事项工作推进领导小组,对 2020 年确定的生物医药和大健康产业发展规划编制、大健康重点招商引资、中医药人才队伍培养等 12 个帮扶事项进行分解,每个项目明确相关处级领导负责,加快推动北京中医药大学定点帮扶双柏对接事项的落实。

项目帮扶 北京中医药大学立足双柏资源禀赋和产业基础,依托大学专业、科技、专家、资金等方面优势,进一步发展壮大生物医药和大健康产业。截至 2020 年 8 月 30 日,北京中医药大学直接投入帮扶资金 100 万元,专项用于 500 亩云木香标准化种植、爱尼山道地中药材科技园建设、丫口村委会澳洲油茶种苗繁育基地建设、碓嘉药材加工厂建设产业项目;帮助引进知名药企收购双柏县中药材,达成 504.1 万元销售协议。从中药材种植、销售方面促进"一县一业"发展。北京中医药大学发动校本部及下属医疗单位直接购买 230.59 万元农产品,帮助双柏县销售 245.39 万元的农特产品;帮助完成教育部门"e 帮扶"平台建设,推动双柏县"妥甸酱油""哀牢山古树茶"等农特产品上线销售。投入 365 万元帮扶资金,用于师训教研信息中心建设项目、查姆小学附属项目以及大庄中心学校老教学楼改造、新建大门、教师宿舍楼附属设施建设。

图 6-10 北京中医药大学采购双柏县农特产品(2020 年)

智志帮扶 智志帮扶始终是北京中医药大学定点帮扶双柏县的重要抓手,在"进"上做文章,在"出"上下功夫,通过挂职任职、邀请专家、短期培训、委托培养等方式,加快双柏乡土人才、医疗卫生人才等的培养。2019 年 11 月 9~12 日,校党委办公室、校长办公室副主任高雪松,中药学院教授、中药学博士后、博士研究生导师孙志蓉,中药学院研究员、生态学博士后、博士研究生导师李卫东,党校办公室、校长办公室行政科负责人侯伟峰一行 4 人到双柏开展调研指导;2020 年 4 月 27 日,受教育部和北京中医药大学的委派,北京中医药大学中药学院副研究员、硕士研究生导师马涛到双柏县挂职副县长,中医学院团委书记韩雪到爱尼山乡海子底社区担任驻村第一书记,助力双柏中药材产业发展;2020 年 4 月 28 日至 5 月 3 日,北京中医药大学党委办公室、校长办公室副主任李天罡一行赴双柏就定点扶贫相关事宜进行对接,到学校、医院、中药材种植基地等开展调研;5 月 22 日,北京中医药大学挂职干部、双柏县人民政府副县长马涛到双柏一中与高三学子见面,宣讲北京中医药大学的招生政策,鼓励学生努力复习争取考出优异成绩;5 月 23 日,北京中医药大学挂职干部、爱尼山乡海子底社区第一书记韩雪以爱尼山乡中心学校为试点,开展"中医药文化进校园"首讲;5 月 27 日,副县长马涛在双柏县委党校以"阴平阳秘、精神乃至"为题向离退休老干部们宣讲中医药养生的基础知识和方法,并针对老年人常见的慢性病及其用药阐明相关常识;5 月 28 日,北京中医药大学招生办教师王鹰通过网络举办双柏一中线上专场招生宣介会,对北京中医药大学在云南省过去几年招生状况以及杏林计划做全面介绍;6 月 16～19 日,中药学院副院长魏胜利、中药化学系副主任刘永刚、中药化学系教研主任折改梅、中药化学系研究生第一党支部书记张薇一行 4 人赴双柏开展药材种植和加工产业调研,对《双柏县中药材种植和生产加工(生物医药和大健康)产业布局发展规划》及《爱尼山乡 10 万亩中药材科技园区产业发展规划》进行审查。6 月 20 日,中药学院副院长魏胜利通过网络视频会议,集中反馈双柏县中药材种植基地、科技示范园调研结果,与会人员充分讨论"中药资源产业的破局路径与双柏县中药产业的发展构想"。通过争取,2018 年"兴双人才"奖获得者,双柏县人民医院副院长、县中医院院长王景宏于 7 月 9 日到北京中医药大学第三附属医院进修学习 6 个月,重点对骨外科、行政管理等学科以及中医科科室发展状况进修学习深造。受新冠肺炎疫情影响,原计划进校培训计划改为线上授课,200 名基层干部、200 名医务人员于 6 月 12 日全部完成线上学习,200 名医务人员对中医药以及中医理疗技能得到全新掌握。9 月,帮助协调双柏县 12 名中医药骨干医护人员到云南省中医院开展为期 3 个月的进修学习。

图 6-11　北京中医药大学组织医药企业帮扶双柏(2020 年)

　　多方参与　为进一步扩大帮扶成效,挂职副县长马涛联系北京中医药大学科技处成果转化中心联合成果转化合作企业知岐药业(北京)有限公司向双柏县人民医院捐赠价值 39.1 万元的医疗物资(防疫艾条、雪莲红景天胶囊),助力双柏县医护人员防控疫情。北京中医药大学组织部号召广大党员干部捐款,共募集善款 22.77 万元,用于妥甸镇贫困户的短板补齐和贫困行政村发展村集体经济。校图书馆向双柏县中小学捐赠中医药图书 2 200 册,向中小学生广泛普及中医药知识。在北京中医药大学的各方协调下,社会各界力量源源不断地注入双柏。

图 6‑12　北京中医药大学向双柏县捐赠药品(2020 年)

第七章　东西部扶贫协作

第一节　上海市嘉定区对口帮扶

帮扶背景　东西部扶贫协作是推动区域协调发展、协同发展、共同发展的大战略，是加强区域合作、优化产业布局、拓展对内对外开放新空间的大布局，是打赢脱贫攻坚战、实现先富帮后富、最终实现共同富裕目标的大举措。既是一项重要政治任务，也是推进深度贫困地区加快发展、加快脱贫的重要机遇。1983 年，上海市嘉定区和楚雄州建立经济技术协作和对口支援关系。1996 年 5 月，国务院召开扶贫协作会议，部署经济较发达的 9 省（市）和 4 个计划单列市分别帮扶经济欠发达的 10 个省（自治区）。2016 年 12 月 7 日，中共中央办公厅、国务院办公厅印发《关于进一步加强东西部扶贫协作工作的指导意见》，对原有结对关系进行适当调整，加强云南、四川、甘肃、青海等重点贫困市州的帮扶力量，上海市继续帮扶云南省，上海市嘉定区确定对口支援双柏县。2017 年初，上海市嘉定区与云南省双柏县东西部扶贫协作正式启动。上海市嘉定区坚持"中央要求、双柏所需、嘉定所能"，真心实意付出、真金白银投入、真抓实干攻坚，主要领导率先垂范，各级各部门积极行动，社会各界广泛参与，给予双柏全方位、深层次、多领域精准帮扶。

组织领导　2017 年以来，双柏县委、县人民政府按照省、州党委政府的安排部署，深入贯彻习近平总书记关于扶贫工作的重要论述和中央关于东西部扶贫协作的决策部署，认真贯彻落实中央东西部扶贫协作银川座谈会精神、全国东西部扶贫协作推进会议精神，坚持精准扶贫、精准脱贫基本方略，坚持"面上协作全面开展、重点协作深度推进、携手帮扶率先小康"的工作思路，坚持"横向协同推进、纵向深化结对"的工作机制，全方位、深层次、多领域精准帮扶，沪滇扶贫协作取得了显著成效。上海市嘉定区委、区政府高度重视双柏县的脱贫攻坚工作，真心实意结对帮扶。在 2018 年国家东西部扶贫协作考核中，嘉定区—双柏县取得"较好"的考评成绩，2019 年云南省东西部协作成效评价综合成效评价为"好"等次。

2017 年 1 月 3 日，上海市嘉定区委书记马春雷一行赴双柏县调研脱贫攻坚工作开展情况，对双柏的贫困状况、社会发展、产业布局等情况进行全面深入了解。2017 年 3 月 2 日，双柏县成立以县委书记、县长为组长，县委副书记、分管副县长为常务副组长的双柏县沪滇扶贫协作工作领导小组，明确县级相关部门、各乡镇的工作任务，全力做好沪滇协作各项工作。6 月 9 日，中共双柏县委书记李长平率领双柏党政代表团一行赴嘉定考察，交流对口帮扶工作，和中共嘉定区委副书记、区长章曦等相关领导进行座谈，双方就深化产业合作、劳务协作、人才支持、教育及卫生支援、新型城镇化建设等方面工作进行会商。11 月，双柏县与嘉定区建立嘉定区—双柏县对口支援工作高层联席会议制度，每年由双方党政领导带队互访，召开联席会议商讨对口帮扶协作的重大事项，形成两地区县委统筹、各级乡镇和各行业部门推进、村（社区）结对帮扶的扶贫协作工作机制。双方围绕脱贫退出标准，签订嘉定区—双柏县沪滇扶贫协作战略协议，规划编制《沪滇扶贫协作三年行动计划（2018～2020 年）》，精准制定嘉定区社会帮扶实施细则、年度沪滇扶贫协作项目实施方案。

图 7-1　上海市嘉定区与双柏县召开扶贫协作高层联席会议（2018 年）

双柏县把加强高层互访作为推进高质量帮扶协作的重要抓手，主动争取上海市嘉定区委、区政府领导到双柏实地指导，精心组织策划党政代表团赴沪汇报工作，2017 年以来，两地党政领导互访、调研对接 11 次，就教育、卫生、科技方面达到协议 5 项。2017 年 4 月 23 日，上海市嘉定区委常委、副区长沈华棣与上海市 12 家企业负责人，赴双柏考察贫困地区企业和产业发展状况，对有合作意向的双柏企业进行实地了解，推进沪滇协作东西部企业之间的合作交流。2018 年 4 月 16 日,嘉定区副区长陆祖芳率党政代表团赴双柏深入基层检查指导沪滇扶贫协作工作,研究对口帮扶的具体措施;10 月 19～22 日,县委书记李长平随楚雄州党政代表团一行赴上海市汇报沪滇扶贫协作工作,对人才交流、产业合作、劳务协作等方面进行精准对接;10 月 29 日,嘉定区委副书记、区长陆方舟率嘉定区党政代表团到双柏县调研指导;12 月 13～15 日,县委副书记唐建平带队到嘉定区汇报对接沪滇扶贫协作工作,嘉定区副区长陆祖芳等领导参加座谈会。2019 年 1 月 7 日,县委副书记、县长梁文林带队前往嘉定区汇报对接沪滇扶贫协作工作,嘉定区副区长陆祖芳等领导参加座谈会;5 月 23 日,县委书记李长平赴嘉定区,双方在嘉定区区政府召开嘉定区—双柏县高层联席会议;8 月 28 日,嘉定区委副书记、区长陆方舟率嘉定区党政代表团赴双柏县就沪滇扶贫协作工作开展考察交流。2020 年 6 月 9～13 日,县委书记李长平率党政代表团赴上海嘉定区汇报对接工作,就结对帮扶、产业合作、卫生支援、消费扶贫等方面进行深度沟通对接。6 月 14～16 日,县长梁文林随州党政代表团赴上海汇报沪滇扶贫协作工作开展情况。9 月 2 日,上海嘉定区委书记陆方舟一行 22 人赴双柏县考察扶贫项目,并慰问建档立卡贫困户。

图 7-2　上海市嘉定区委书记陆方舟到双柏县开展扶贫工作(2020 年)

资金支持　截至 2020 年 9 月,上海市嘉定区共支持双柏县财政帮扶资金 1.04 亿元,分别用于实施产业发展、基础设施建设、劳务协作、社会事业发展等项目。2017 年,共投入沪滇扶贫协作项目资金 1120 万元,用于安龙堡乡清香树村委会洒冲点搬迁点项目建设(蔬果冷库建设、冬早蔬菜种植、软籽石榴种植、滇中黄牛养殖基地建设、生活垃圾设备建设、分类垃圾房建设、公厕建设、青香树小学篮球场建设、村级文化活动室建设、文化活动广场建设、村卫生室建设)、碍嘉镇中药材种、碍嘉镇肉牛养殖、碍嘉镇密架山猪养殖、安龙堡乡电商建设。2018 年,共投入沪滇扶贫协作项目资金 2 510 万元,用于安龙堡乡说全村黑山羊养殖基地建设、说全村畜禽交易市场建设、安龙堡乡中药材种植项目和碣嘉镇茶叶村委会农副产品加工厂建设、龙树村委会咖啡种植项目及大麦地镇饮水安全项目、妥甸镇新会村委会大多依树至新会村妥地扎道路硬化建设、安龙堡乡说全村塔埔道路硬化建设、妥甸镇村级光伏扶贫等产业发展、农村建设、社会事业类脱贫攻坚项目中。2019年,上海投入双柏县的沪滇扶贫协作项目资金共到位3 076万元(含州级统筹劳务协作资金100万元),其中市级项目资金2 779万元,区级项目资金107万元,镇村结对项目资金90万元。用于妥甸镇丫口和罗少2个村委会中药材基地建设,碣嘉镇老厂村委会沃柑种植,碣嘉镇麻旺村委会蔬菜种植,大麦地镇野牛村委会养牛产业,安龙堡乡安龙堡社区黄牛养殖,大庄镇普岩村委会虾蟹养殖,安龙堡乡柏家河村内户外道路硬化建设,沪滇教育帮扶试点,安龙堡乡村组道路硬化项目,创业致富带头人培训,妥甸镇马龙村委会道路硬化,妥甸镇丫口村委会村间连接主干道路硬化,碣嘉镇平掌村委会大平掌至彩碣路方向4个村村组道路硬化,大麦地镇峨足、野牛、河口3个村委会产业基础设施配套建设,大麦地镇河口村委会黄牛养殖场建设等项目。2020年,上海共投入双柏县的沪滇扶贫协作项目资金3 646万元,其中上海市市级资金3 446万元,上海市嘉定区区级资金110万元,镇村结对项目资金90万元。用于双柏县马龙河流域高端水产养殖,大庄镇普岩村加州鲈鱼养殖,法脿镇雨龙村乡村旅游产业扶贫,爱尼山乡海资底社区中药材产业发展,法脿镇、大麦地镇、安龙堡乡畜牧业养殖,大庄镇大庄社区蔬菜种植加工,大麦地镇河口村、峨足村蔬菜水果种植,大庄镇、大麦地镇、爱尼山乡村组产业道路硬化,爱尼山乡旧哨村委会林下万羽生态鸡养殖场建设,双柏县2020年贫困村党总支书记培训班,双柏县2020年行政村创业致富带头人培训班,安龙堡乡新街村委会青储玉米收购加工厂建设,安龙堡社区等3个中草药和5个澳洲油茶种植等项目。已实施的沪滇扶贫协作工作使全县11 152户31 999人受益,其中建档立卡贫困户3 970户12 923人。

图7-3 上海市嘉定区与安龙堡乡结对帮扶交流座谈会(2018年)

产业合作 立足双柏的资源禀赋和产业基础,依托上海嘉定企业密集、市场广阔等优势,强化产业合作,坚持效益带动,深入实施"沪企入双""双品入沪"工程。先后在安龙堡乡建设百亩冬早蔬菜种植基地、突尼斯软籽石榴种植基地、滇中黄牛养殖场基地，探索"公司＋基地＋合作社＋建档立卡贫困户＋村集体经济"发展模式，贫困群众通过资产收益、订单、务工等形式实现稳定增收，成功探索"委托帮扶型"沪滇产业扶贫模式，累计投入"委托帮扶型"产业扶贫资金 467 万元，带动 221 户建档立卡贫困户均增收 1 360 元，其中无劳动能力和无业可扶的"两无"贫困户 47 户。落实"沪企入滇"系列优惠政策措施，从税收减免、投资融资、用地用电等方面细化量化优惠政策措施，支持上海企业到双柏投资兴业、发展产业、带动就业。2018 年年底，云牧肉食品有限公司、天盛农业开发有限公司高端水产虾蟹生态养殖园等 5 个项目成功落户双柏，带动全县培育农业龙头企业 45 户、专业合作社 335 个、特色种养殖大户 2 787 户、家庭农场 18 个。组织开展"云品进社区、万家帮万户"精准扶贫进社区活动，双柏县"白竹山茶""妥甸酱油""密架山猪""佛手鸡""砂仁鸡"等系列优质产品进入上海市场。

图 7-4　双柏县的沪滇扶贫协作项目吸引县外客商前来考察（2020 年）

人才支援　把争取智力扶贫作为东西部扶贫协作的重要抓手，聚焦智力扶持、双向联动。通过采取挂职锻炼、短期培训、委托培养等方式，加大各类"走出去"培训学习力度。2017 年 7 月 26 日，上海科技干部管理学院赴双柏县举办为期 2 天的扶贫干部素质提升培训班，共培训双柏县党政干部 83 人。2017 年，嘉定区培训双柏县各类专业技术人才 21 人。先后选派 13 批 20 名党政人才和 30 名教育、医疗、卫生等专业技术人才到上海挂职和学习研修、培训。2017 年 9 月 13 日，上海瑞金医院、嘉定区中心医院和妇幼保健院专家组一行 12 人，到双柏县医院进行教学查房、坐诊和讲学，提高疑难病例诊治水平。2017 年 7 月，上海市嘉定区选派嘉定工业区工作部部长陈剑作为上海市第十批援滇干部到双柏县挂职中共双柏县委常委、副县长。2019 年 7 月，上海市嘉定区选派嘉定区科委副调研员姜自发作为上海市第十一批援滇干部到双柏县挂职中共双柏县委常委、副县长。2019 年 7 月和 8 月，黄敏医生和路戍亮老师先后来到双柏开展为期一年的卫生医疗及教育帮扶工作,进一步增强沪滇扶贫协作工作力量。2019 年 11 月,上海市嘉定区增派区市场监督管理局四级行政执法员邢永宁到双柏县挂职双柏县扶贫办党组成员、副主任,协助分管沪滇扶贫协作工作。2018 年,双柏县先后选派 13 批 20 名党政人才和 33 名教育、医疗、卫生等专业技术人才到上海挂职和学习研修、培训;组织 1 批 42 人次的校长、教师参加嘉定区、杨浦区赴楚雄开展特级校长、特级教师讲师团培训;选送 46 名贫困户子女学生到上海职业院校学习 3 年。2018 年,上海市嘉定区先后组织 21 名专家到县人民医院、县妇幼保健院开展讲座 6 场次、培训专业技术人员 334 人次;开展义诊活动 3 场次,为双柏县 620 名群众免费提供诊疗和健康体检服务(其中建档立卡贫困人口 439 人),开展扶贫干部、基层党组织书记素质提升、党务干部学习贯彻十九大精神暨专业素养提升培训,共培训双柏县党政干部 617 人。2019 年为双柏县组织 7 期培训班培训党政干部 15 人,组织 12 期培训班培训专业技术人才 524 人。2019 年 10 月 22 日至 2020 年 1 月,选派农业农村局党委书记李梅到上海市嘉定区跟班学习 3 个月。2019 年,嘉定区及上海市杨浦中心医院选派 11 名专业技术人才到双柏县开展对口帮扶,其中帮扶时间 7 个月以上的有医生 9 名,帮扶时间为 12 个月的医生和老师各 1 名。2019 年,双柏县共选派 7 名专业技术人才到上海进修,其中教师 3 名、医生 4 名。2020 年 6~7 月,先后举办双柏县 2020 年贫困村党总支书记培训和双柏县 2020 年行政村创业致富带头人培训,共培训村居委会干部 163 人和创业致富带头人 174 人。2020 年 7 月,选派统计局副局长丁忠海到上海市嘉定区跟班学习 1 年。2020 年 8 月,嘉定区选派嘉定区妇幼保健院陈奇医生和安亭中学于昊老师分别到双柏县妇幼保健院和双柏一中帮扶。

图 7-5 上海市嘉定区妇幼保健院李玉宏专家在双柏县妇幼保健院开展专题讲座(2019 年)

劳务协作 坚持把劳务协作作为推动贫困群众增收的重要渠道,发挥沪滇扶贫协作机制平台作用。2018 年投入劳务协作资金 190 万元,精准对接就业岗位,采取就业招聘、技能培训、转移就业、到沪就业等措施,组织 190 名建档立卡贫困劳动力开展对口支援职业技能培训,举办 5 场对口支援就业扶贫专场招聘会,组织嘉定区 40 多家企业参与,全县 593 名有转移就业意愿农村劳动力参加应聘,其中建档立卡贫困劳动力 85 人,达成协议并到沪稳定就业 16 人。2019 年,投入劳务协作资金 290 万元,举办 2 场对口支援就业扶贫专场招聘会,实现在上海稳定就业建档立卡户 15 人,组织 200 名建档立卡贫困劳动力开展对口支援职业技能培训。上海市嘉定区与双柏县的扶贫协作工作探索实践"委托帮扶型"的沪滇产业扶贫模式和"政企协作"促进残疾人就业扶贫模式。针对部分无劳动能力和无力可扶的贫困户,双柏县加强与上海嘉定区的对接,选择部分信誉好、实力强、技术先进的企业与"两无"(无劳动力、无产业可扶)贫困户家庭建立利益联结机制,采取"代种代养"方式,将上海市嘉定区的帮扶资金以农户为收益人的方式量化入股企业,由企业负责集中经营,通过签订协议约定报酬或分成、由贫困群众享受的模式,探索实践针对"两无"贫困户的"委托帮扶型"沪滇产业扶贫模式。2018 年以来,累计投入"委托帮扶型"产业扶贫资金 467 万元,带动 221 户建档立卡贫困户均增收 1360 元,其中无劳动能力和无业可扶的"两无"贫困户 47 户。利用沪滇资金帮助双柏建设扶贫车间 5 个,吸纳 140 人就业,其中建档立卡贫困户 69 人,帮助建档立卡贫困户在家附近就业和增收。双柏县以沪滇扶贫协作为契机,在上海嘉定区的大力支持下,针对不同残疾人身体的情况,先后开展量身定制培训方案,提高劳动技能,全县 33 名建档立卡贫困残疾人与京东华东区集团、上海亿森模具有限公司、上海嘉捷通电路科技有限公司 3 家企业签订劳动合同,每月可获得收入 1 936～2 420 元的工资,探索并走出残疾人贫困家庭脱贫致富的新路子,实现建档立卡贫困残疾人"就业一个人、幸福一家人"。

图 7－6　上海市嘉定区对口支援双柏就业扶贫专场招聘会(2019 年)

帮扶模式创新　双方探索结对共建新模式,深入开展深度贫困乡镇、村委会开展携手奔小康行动,探索"2 帮 1""1 对 1"结对帮扶。2018 年来,上海嘉定工业区管理委员会与安龙堡乡结对,上海嘉定工业区管委会下属的竹桥村民委员会与安龙堡社区结对、白墙村民委员会与柏家河村委会结对、赵厅村民委员会与法念村委会结对、三里村民委员会与说全村委员会结对、陆渡村民委员会与他宜龙村委会结对、朱家桥村民委员会与新街村委会结对、绿色经济发展有限公司与安龙堡乡青香树村委会结对、经济发展有限公司与安龙堡乡六纳村委会结对，上海华建集团下属的华东都市建筑设计研究总院与大麦地镇峨足村委会结对、华东设计研究总院与大麦地镇河口村委会结对、中共上海建筑设计研究院有限公司委员会与大麦地镇野牛村委会结对，全县11个深度贫困村实现村村或村企结对帮扶全覆盖。嘉定工业区人大工委、嘉定工业区总工会、嘉定妇幼保健院、嘉定中光中学和县人大常委会、县总工会、县妇幼保健院、双柏县第一中学建立结对共建关系。2018年以来，上海东方智慧十分孝心文化发展基金会、嘉西贸易有限责任公司、戴尔公司上海分公司、上海联影医疗科技有限公司、上海强邦印刷器材有限公司、上海嘉定工业园区管理委员会、华建集团、上海嘉定工业区福苑社区、嘉定工业区永盛社区、上海顺朴文化传媒有限公司、上海御浩保安服务有限公司、上海市嘉定百合书苑文化推广中心、上海旗嘉文化传播有限公司、上海嘉定工业区虹桥村委会、嘉定区红十字会、嘉定工业区总工会、嘉定区民政局、上海杨浦中心医院、大陆泰密克汽车系统（上海）有限公司、上海十方文教基金会、上海市老年基金会嘉定区分会、上海同羲科技有限公司、上海华建集团东都市建筑设计研究总院、上海华建集团华东设计研究总院、中共上海建筑设计研究院有限公司委员会、上海享物公益基金会、嘉定中光中学、嘉定工业区社会体育健身俱乐部、嘉定工业区科学技术协会、嘉定工业区商会、上海市嘉定区私营企业协会、上海珍仁堂药业有限公司、上海新园集团、上海南翔智地有限公司等企业和社会组织向双柏捐赠近1 500万元。

第二节　上海市杨浦区中心医院对口帮扶

帮扶背景　为认真贯彻落实国家医改方案中关于城乡医院对口支援工作的精神，切实做好上海市和云南省医院省际对口支援工作，上海市医院与云南省受援县级医院结成了长期稳定的对口支援和协作关系，帮助受援县级医院提高服务能力和水平，改善和加强管理。通过对口支援，争取帮助受援县级医院达到二级甲等医院的医疗水平，并持续改进和提高。这种对口支援工作坚持和体现了公立医院的社会责任和公益性，不以营利为目的，不增加受援地的经济负担。2016年6月，上海市杨浦区中心医院与双柏县签订为期5年的《上海市杨浦区中心医院与云南省双柏县人民医院对口援建工作框架协议》，主动担当对口支援与扶贫协作的责任和使命，因地制宜对双柏县人民医院开展对口业务帮扶和技术指导，从组织领导、技术提升、资金帮扶、机制协作、人才交流等方面开展系列支援帮扶，促进双柏县人民医院业务能力建设。

业务指导　2016年6月至2020年8月，上海市杨浦区中心医院共派出9批次43人次医疗专家支援帮扶双柏县人民医院，专业涉及心内科、神经内科、普外科、骨科、关节外科、肾内科、麻醉科、急诊科、感染科、泌尿外科等。每批下派专家对口帮扶时间为120～126天。专家进驻双柏后按照"对口支援、现场指导"的原则,根据专家的专业特长分别支援指导相应对口科室,采取"集中培训促提升"和"个案指导促专长"相结合的形式开展帮扶带教指导,达到理论水平整体提升、专业各有所长均衡发展的帮扶成效。帮扶期间,上海市杨浦区中心医院在双柏共开展学术讲座300余场,业务培训4 000余人次,对理论培训、技能提升、健康知识、健康素养起到推广普及的总提升成效。专家驻点科室参与查房、急危重症患者会诊抢救、疑难及重大病例讨论,指导骨干医师开展新技术新业务,指导科主任规范科室规章制度及诊疗流程修订等制度建设,完善科室管理。在双柏县人民医院共诊治患者2 500余人次,参与和指导手术1 300余例,手术示教300余次;累计开展会诊和疑难病例讨论400余人次,新技术新业务近20项,指导辅助检查600余人次,义诊咨询1 000余人次,实地教学查房200余次,因地制宜建立和完善医院规章制度建设30余项。上海市杨浦区中心医院自对口帮扶以来,共接收双柏县人民医院检验科、护理骨干、影像学骨干医师培训和跟岗培训进修累计9人次,为双柏县卫生技术人才业务能力提升和发展提供平台,培养双柏县卫生人才。

技术支持　在杨浦区中心医院等沪滇协作单位的帮扶下,双柏县人民医院拓展业务,新开设重症医学科、血透科、中医理疗科、妇科、儿科等科室,加快医院专科建设,使疾病达到专科专治,治疗更规范、更专业,最大限度地满足不同疾病患者就诊需求。沪滇协作对口帮扶以来,双柏县人民医院新开展了经皮肾镜取石手术、等离子前列腺电切术、关节镜手术、腹腔镜手术、宫腔镜下妇科手术、经B超引导下神经阻滞麻醉术、肝胆道穿刺引流、肾囊肿穿刺硬化、肝脓肿穿刺引流术,开展了双柏县人民医院第一例PTCD手术。上海市杨浦区中心医院与双柏县人民医院签署了筹建泌尿外科重点学科建设协议,援助价值40万元的离子电切治疗系统用于双柏县人民医院泌尿外科建设与

图7-7　上海市杨浦区中心医院援建双柏县人民医院重点科室建设签约(2018年)

发展,捐赠 10 万元资金用于放射科读片设备更新,投入 5 万元资金用于协助筹建远程医疗服务会诊中心,协助五官科配备采购价值 15 万元眼底照相机 1 台,组建医疗专家队为建档立卡贫困人口开展健康体检服务,投入群众受益资金 15 万元,开展大型学术讲座 6 场,并捐赠价值 6 万元的医疗器械、耗材及药品。结合双柏县人民医院发展实际,帮助双柏县人民医院加快医院信息化建设和促进设备更新,进一步强化双柏县人民医院软硬件化建设。通过上海市杨浦区中心医院对口帮扶,双柏县人民医院顺利通过胸痛中心建设评审,脑卒中项目稳步推进,远程医疗会诊中心建成使用,相关科室的建设及服务能力得到加强。

健康扶贫助推　根据沪滇协作对口支援健康扶贫开展健康体检工作相关要求,上海市杨浦区中心医院重点对建档立卡贫困户开展医疗帮扶。2018 年 5 月,上海市杨浦区中心医院选派内科、外科、检验、B 超等 13 名医疗专家为双柏县妥甸镇新会、和平、丫口 3 个村委会建档立卡贫困人口共 435 人开展免费健康体检服务,使双柏县的患者足不出户就能享受到上海医疗专家的技术和服务。帮扶工作开展的几年来,上海市杨浦区中心医院在双柏县各乡镇开展巡回医疗服务,对最基层的乡镇卫生院及村级卫生室开展业务培训,广泛开展义诊和卫生下乡诊疗服务。来自上海的医疗专家用心扶贫、用情服务,为贫困患者免费实施眼科白内障手术,示范带教开展腔镜等疑难重大手术,让贫困群众以最低的医疗成本享受到最优质的诊疗服务,重获健康。

图 7-8　上海市杨浦区中心医院专家在双柏县开展义诊活动(2019 年)

爱心助学　上海市杨浦区中心医院医务部主任郭旋组建了一支由同事、同济大学学生和朋友等 30 多人组成的爱心助学团队,对双柏县的贫困学生开展献爱心、助学圆梦活动。2017 年 9 月,郭旋爱心团队开始对双柏县妥甸镇建档立卡贫困学生按照小学生每月 100 元,初中生每月 200 元的标准开展资助。家住妥甸镇中山社区 13 岁的张某某,在 2017 年 8 月时突发疾病需做心肺移植手术。郭旋了解情况后立刻帮助她联系上海市儿童中心医院治疗并个人捐赠 2 万元、双柏县委书记李长平个人捐赠 1 万元、妥甸镇全体教职员工捐赠 3 万多元,共同鼓励患者全家替孩子进行手术。2020 年 6 月 2

日,郭旋爱心团队再次来到双柏回访慰问贫困学子,单独资助张某某1 000元;向妥甸镇中心小学捐赠价值2万元体育用品,向妥甸镇中山小学捐赠价值3万元学习用品。截至2020年8月,郭旋爱心团队共资助双柏县贫困家庭学生28名,累计捐赠学习、体育用品及人民币15多万元,用于贫困学子助学圆梦。

第八章　挂包帮、转走访

第一节　省级部门

一、云南省人大常委会办公厅

2015 年 8 月，云南省人大常委会办公厅开始挂包双柏县大庄镇。工作中，以"整乡推进"为载体和契机，坚持区域开发与精准扶贫相结合，整合各类资金、项目，紧紧瞄准规划、产业、项目、资金、贫困对象精确发力，协调省直部门、社会群团组织、港澳公益机构参与社会"大扶贫"，推动产业发展、危旧房改造、教育扶贫、基础设施提升等重点任务，坚持党建扶贫"双推进"和支部"双联系、一共建、双推进"，夯实农村基层治理基础，按期实现群众增收、农户脱贫和乡村脱贫摘帽目标。

全员结对　全省扶贫攻坚"挂包帮、转走访"工作动员会后，云南省人大常委会及时成立由一名常委会副主任任组长、秘书长和办公厅主任担任副组长、12 个厅级部门主要领导为成员的机关"挂包帮、转走访"工作领导小组，及时研究制定《机关干部"挂包帮、转走访"工作实施方案》。领导小组下设办公室，办公厅主任兼任办公室主任，1 名正处级干部担任专职副主任，负责机关挂钩扶贫工作的总体督促检查、协调落实和服务保障等工作。

先后由省人大常委会原党组副书记、常务副主任杨应楠,常委会副主任赵立雄分别挂联双柏县,挂包大庄镇、大庄社区,结对帮扶建档立卡贫困户3户。挂点领导发挥指导全县、推动全镇、抓好全村和挂联双柏县牵头部门的责任,多次深入双柏县调研指导全县的脱贫攻坚工作,组织常委会机关、楚雄师院、省水利勘测设计研究院3个省级挂联单位和省级相关厅局召开联席会,统筹各方资源,为双柏县协调33个项目2.46亿元资金,帮助解决重点难点问题77个,高位推动、强力推进双柏县脱贫攻坚工作。从机关办公经费中安排2 000万余元,用于挂钩帮扶乡镇、村(社区)基础设施建设、产业扶持、安居房建设等项目,最大限度地增强经济社会发展的软件和硬件支撑。常委会机关13个厅级部门共同挂包大庄镇及大庄社区和尹代箐村委会的37个村民小组,对贫困村挂包全覆盖。先后选派2名正处级干部担任双柏县新农村建设工作总队长,2名处级干部担任驻村工作队长兼第一书记,14名机关干部派驻2个村(社区)作为工作队员,负责机关扶贫工作的全面推进。

结合机关实际,按照省级领导、厅级领导和正处干部、副处级以下干部分别结对帮扶3户、2户、1户贫困户的原则,224名机关干部精准结对帮扶大庄社区和尹代箐村委会334户建档立卡贫困户,确保不漏一户、不漏一人。抓住精准识别贫困对象、规范建档立卡、实施动态管理等关键环节,严格按照相关要求,机关全体干部和驻村工作队配合镇、村开展精准识别"回头看"工作。

精准施策　常委会党组原副书记、常务副主任张百如,常委会原副主任赵立雄、秘书长白保兴、办公厅主任史政先后9次深入双柏县调研,紧盯建档立卡贫困人口,与双柏县委、县人民政府共同研究全县各贫困乡镇、贫困村(社区)的"脱贫摘帽"时间表,层层传导压力、级级压实责任,确保有序退出,增强发展后劲。

驻村帮扶工作队员与各村(社区)"两委"班子共同制定各村(社区)脱贫致富的产业规划、基础设施建设和具体帮扶明细计划,清晰脱贫线路图、作战步骤,做到脱贫目标上图、帮扶计划上图、工作措施上图,实行目标倒逼、任务倒排,责任到人、任务到肩,强力推进。节约机关办公经费177.5万元,用于大庄社区杨治河、麦地山村间道路硬化等11个项目建设。注重示范带动,以点带面,协调省民宗委在尹代箐村委会洛骂村民小组和大庄社区撒坡哈尼族村民小组分别投资100万元,建设民族团结示范村;在大庄社区黑普村,尹代箐村委会尹以村和尹外村规划2个"美丽宜居乡村"建设项目;协调建设大庄镇便民服务中心建设

图8-1　云南省人大常委会办公厅捐助大庄镇敬老院物资交接(2016年)

资金 200 万元。

机关各委员会、办公厅、研究室先后 2 次组织全体干部深入结对帮扶贫困户,与贫困户分析致贫原因、脱贫计划和措施。

产业推动 坚持"短平快"与"中长期"规划相结合,指导乡镇党委、政府合理规划符合本地自然条件和资源禀赋的主导产业,提出"养好猪牛羊,稳好烟豆粮;近抓美人椒,远抓青花椒;龙头来领路,致富有门路"的产业发展思路。从机关办公经费中安排资金 103.6 万元,按照结对帮扶贫困户产业脱贫计划,分别按 0.8 万元、0.6 万元、0.4 万元 3 个等次给予补助,用于种植青花椒、美人椒、早青蚕豆,养殖猪、牛、羊、驴等项目投入资金,实现经济效益和生态效益"双赢"。

根据贫困户的实际情况,开展文化知识和良种良法、特色产业技术培训,培养一批富有闯劲、懂技术、善经营、会管理的乡土人才、技术能手和致富带头人。组织镇村(社区)党员干部进村入户为群众开展扶贫相关政策、市场经济和文化知识培训,邀请有关专家开展黑山羊、美人椒、青花椒等种植、养殖技术培训 3 批 2 万余人次。

安排机关办公经费 42 万元,按每户 0.5 万~1 万元标准,用于不符合社会保障兜底范围,而生产生活又有特殊困难的贫困户子女入学、医疗资金补助;安排机关办公经费 55.3 万元,对考取大学、中专(高中)的 214 名学生分别给予 0.5 万、0.2 万元的助学补助。注重增强贫困地区造血功能和内生动力,变"输血式"扶贫为"造血式"扶贫。创新"产业发展互助资金"扶贫造血模式,按照"无偿投入、有偿使用、长期滚动、发展产业、受益群众"的原则,安排机关办公经费 100 万元、协调省民宗委支持资金 200 万元,在尹代箐村委会尹以村、新村、凹则力村等 6 个村民小组分别投入 50 万元,设立产业互助合作资金,制定互助实施方案、章程、管理办法,实行"自有、自用、自管",贫困户每年可申请 2 万元的产业发展资金,只需付 1% 的资金使用费。实行"龙头带动"模式,流转土地6 000 余亩,从重庆、浙江等地引进 15 家龙头企业落户大庄镇,实行"反租倒包",土地每亩年租金 0.12 万~0.2 万元,种植蔬菜、中药材、经济林果和规模养殖,吸纳当地劳动力 4 000 余人,月打工收入 0.2 万元左右。实行"大户带动"模式,培养 40 户种植、养殖大户,成为脱贫致富先进典型,激发贫困群众的致富愿望。

安居建房 指导挂钩点认真落实易地搬迁政策,对生存条件恶劣、重点生态保护、地质灾害隐患严重的建档立卡贫困户 314 户,非建档立卡贫困户 203 户实施易地搬迁。指导挂钩点认真落实农村危房改造和抗震安居房工程,对大庄社区和尹代箐村委会 83 户 335 人农村 D 级危房进行改造,落实住建部门相关补助政策,解决贫困群众住房差、人畜混居等问题。

安排机关办公经费 152.55 万元,对不在易地搬迁和 D 级危房改造范围、住房质量缺乏安全保障的 201 户建档立卡贫困户住房实行提升改造,给予每户贫困户分别按 2 万元、1.5 万元、1 万元 3 个等级资金补助,实现户户住房有保障的目标。

党建推动 安排机关办公经费资金 68 万元,协调省民宗委资金 50 万余元,分别将尹代箐村委会杞峨村村民小组、洛骂村村民小组和大庄社区撒坡村民小组、凹则力村民小组建设 4 个党员活动室,作为村民小组党小组、村民议事会、村民文艺活动、农村红白理事会的活动阵地,使农村党建活动阵地延伸到村民小组,夯实党在农村的执政基础。

机关老干部党总支组织 14 名厅处级离退休老干部，发扬老有所为、心系扶贫的精神，偕同香港等地爱心基金会，赴大庄镇的有关村组开展教育扶贫和卫生扶贫调研，争取境外项目资金 3.2 万美元(折合人民币约 20 万元)支持普妈村委会卫生室和校舍建设。

图 8-2　云南省人大常委会办公厅到大庄镇普妈村捐赠卫生室建设资金

探索和创新活动方式、内容，围绕"五个一"(共同上一次党课、共同过一次组织生活、共结一批帮扶户、共办一件惠民利民实事、共同开展一次送温暖活动)开展联谊活动，共同加强党员的学习教育，尽力为所联系党支部党员提供更多的理论学习、法律法规、农村实用技术培训机会，不断提高结对帮扶贫困党员带头致富的本领。

机关各党支部(总支)指导所联系党支部健全完善"三会一课"、民主评议党员等党内生活制度和"四议两公开""一事一议"等工作制度，健全完善听取民意、集中民智、凝聚共识的民主决策机制、民主监督机制，充分发挥基层党组织在脱贫攻坚中组织群众、动员群众的作用。指导创新党组织设置模式，在 2 个龙头企业建立党支部，发挥党支部在创业就业、技术服务、市场拓展中的引领作用。组织村党支部做好龙头企业合作社的产业种植、收购等方面的服务工作，公司支付一定的服务费用。

机关驻村工作队长结合村"三委"(党总支委员会、村民委员会、监督委员会)换届，协助镇党委选好配强村级班子和村民小组长、党小组长，一批思想好、作风正、能力强的优秀年轻干部充实到村级班子。推进"三培养"工作，先后把 2 个村(社区)200 多名党员中的 40 多人培养发展成为致富能手，把 10 多名致富能手培养发展成为党员，把 20 多名致富能手中的优秀分子培养成为村组干部，培养全镇"党员致富先锋"1 名。

2018 年 3 月，根据省扶贫开发领导小组对省级部门挂包点重新调整的安排，云南省人大常委会办公厅结束对双柏县大庄镇的挂包联系。

二、楚雄师范学院

楚雄师范学院于 2005 年定点挂钩扶贫双柏县。2005～2015 年,学校固定投入资金 90 万元,协调争取省、州项目资金 98 万余元,修建 9 个村民小组的村组公路投资 55 万元,解决了 350 余户农户、1 500 余人出行难的问题;用于建设村委会活动场所 45 万元,改善村委会工作条件;解决席草坝、河头村的人畜饮水项目资金 33 万元;与县、镇共同合资 10 万元为村委会建盖便民服务中心;推广魔芋种植,集体经济 10 万元;投入慰问资金 5 万余元,帮扶困难户 50 余人次;争取省科技厅太阳能取水扶贫项目解决河前村人畜安全饮水问题;2015 年,争取 35 万元整村推进项目改善河头村整体居住环境和螃蟹地村民小组饮水安全项目。十年来,学校共投入和争取资金 188 万元。

2015 年 8 月,州委确定楚雄师范学院继续挂联丫口村委会,多年来持续不断对双柏县和丫口村委会开展"挂包帮"工作。

图 8-3 楚雄师范学院党委书记何伟全到扶贫联系点看望驻村工作队员(2019 年)

组织领导 学校党委将脱贫攻坚工作列入班子年度目标任务,纳入党风廉政建设和干部年度工作考核。学校成立"挂包帮、转走访"工作领导小组,校党委书记任组长、党委副书记任副组长,领导小组下设扶贫办公室,负责日常工作。另设立 8 个扶贫工作小组,校级领导担任组长,分片负责统筹 54 名正处干部的"挂包帮、转走访"工作。学校按照"挂包帮、转走访"工作方案,编制了工作手册,按精准帮扶要求,将扶贫对象与处级以上干部一一结对,将任务分解到 8 个工作小组。2015 年,选派 3 名工作队员驻村开展工作。2016 年后,每年均选派 10 名工作队员组成驻村扶贫工作队。2018 年,学校派出的一名正处级干部担任双柏县扶贫工作队总队长,做到尽锐出战。加强对队员驻村纪律管理,成立驻村工作队临时党支部,认真执行"三会一课"制度,严格执行请销假制度。在办学经费异常困难的情况下,坚持每年预算出一定专项资金用于扶贫点基础设施建设。2015～2020年8月,投入经费400余万元,用于丫口村基础设施建设和扶持产业发展。

图8-4　楚雄师范学院与双柏县合作签约仪式(2019年)

遍访帮扶　学校组织全体挂联干部深入挂联贫困户家中了解生产生活情况,探讨贫困原因,建立相互沟通联系渠道。根据遍访掌握情况和上级要求,不断深入调查研究,与双柏县、镇、村领导就下一步的工作方法、内容和目标进行深入研究。在全面准确摸清7个贫困村民小组113户贫困户494人的基本情况基础上,及时梳理访谈问卷成果,完善帮扶结对卡内容,准确把握导致行政村、村民小组、农户贫困的原因,结合村民

图8-5　楚雄师范学院挂包干部走访联系点群众(2019年)

小组与贫困户实际需要,与双柏县妥甸镇细化完善建档立卡资料,实施精准扶贫信息动态管理。加强"全国扶贫开发信息管理系统"信息的动态管理,着力推进云南省"大数据系统平台系统"信息的动态维护,加大扶贫信息化建设和数据闭合。对贫困户分类研判,因户施策,界定贫困户扶持类型。提出扶贫项目和措施,与双柏县、妥甸镇和丫口村共同制定具体到村到户的产业、基础设施建设等扶贫规划。

产业帮扶 2014 年来,学校不断探索增强贫困村发展后劲的新举措新路子,以改善村(组)基础设施、生产生活条件、人居环境为重点,以助推产业发展为主线,促成县、镇、村与学校之间的融合互动,扶持推广适宜丫口村自然地理条件的种养殖业,共同推进脱贫攻坚工作。与龙头企业合作探索新兴产业种植示范基地建设,带动农户参与到产业发展行业中,形成多元的产业结构。结合丫口村土壤气候等条件,引进怒江福贡草果种植,邀请种植产业大户及专业技术人员到丫口村开展技术指导,成立合作社 1 个,共推广种植 5 万株;与云南森美达生物科技有限公司等企业合作,推广种植澳洲油茶 680 亩 54.4 万株;与天健农业公司等企业合作,推广种植贡菜 100 亩,种植豇豆 50 亩;与楚雄州科协等机构合作,推广种植魔芋 218 亩;推广种植富硒百合 30 亩,尝试工业专用型辣椒种植工作。形成"党总支+公司+合作社+农户"的产业发展模式,并促使新兴产业项目纳入县委、县人民政府规划,拓展了丫口村产业发展的新格局。成立丫口村生态养殖合作社,打造"雅口飞鸡"特色品牌,扶持建成养鸡场 1 个,养殖优良土鸡 1 万羽;组织专家为扶贫点村民培训,让贫困户掌握蜂王培育技术,胡峰养殖规模 300 群;大力推进合作社及"农户+现代企业"的长效利益联接机制等模式的新型经济体建设,实施"超群肉驴养殖场"项目,以合作社形式开展毛驴、黄牛等规模养殖,提高当地困难群众经济收入。加强丫口村基础设施建设,争取 35 万元资金,建设河头太阳能并网工程,以太阳能提水解决贫困村人畜饮水和部分生产灌溉用水难题。发挥互联网时代的信息优势,建立网上电商供货平台拓展土特产品外销渠道。对重点产业的推广和扶持,实现贫困人口可支配收入的逐年增长,促进村集体经济从无到有的突破并实现稳步增长。

图 8-6 楚雄师范学院院长王资到云南森美达生物科技有限公司调研(2020 年)

科技扶贫　针对丫口种养殖户技术短缺的问题,每年举办种植培训 1～2 期,为农户种植豇豆、澳洲油茶、魔芋等提供技术指导。举办外出务工人员技能培训 1 期,培训 200 余人次,让丫口劳动力就地就近转移。依托专家博士工作站、专家基层科研工作站等平台载体,组织 2 批次种植专业技术人员外出到姚安、怒江等实地学习考察。学校团委、物电学院师生组织志愿者开展"三下乡"社会实践活动,包含家电维修、美化村容村貌、大学生资助政策宣传等综合服务项目,开展语言文字推广、禁毒防艾宣传、科技兴农知识宣传、扶贫满意度调查等,多角度助力扶贫攻坚工作。组织学校部分专家参与申报"三区"服务项目,获批 23 项"三区"服务项目。与双柏县人民政府签订校县合作协议,在丫口村委会、云南彝双农业股份有限公司、爱尼山乡安龙哨、云南森美达生物科技有限公司等设立 5 个博士工作站。

教育扶贫　发挥学校人才、科研和教育教学资源优势,开展教研活动、学生实践实训活动、志愿者活动,把改善山区办学条件、资助困难学生和留守儿童作为帮扶的重要举措。学校积极争取上级立项,把双柏县列为"国培计划"项目县,组织实施促进双柏县县域内义务教育均衡发展研究项目;双方组成联合课题组,在大麦地镇中心学校组织实施"整合连贯型"教师教育模式的应用研究,组织师生有计划、分批次到县内相关学校进行教育教学实践和支教活动。学校教育学院到丫口国水小学捐赠 600 多册少儿读物及图书,与教师深入开展办学师资保障、课程安排、教师教学等教研交流活动。秋季学期学校组织 92 名即将毕业的实习生到双柏县开展实习,在妥甸中学设立体育人才培训基地。向上争取资金 10 万元,在国水小学建立留守儿童之家;对 10 名困难学生救助 0.3 万元;资助考取大学的困难学生 1.2 万元。

消费扶贫　在学校开设丫口村农特产品销售专柜,组织后勤服务部食堂与丫口村委会合作社对接,大宗采购丫口村生猪、"雅口飞鸡"、萝卜、核桃等农特产品;动员并组织教职工采购"雅口飞鸡"、百合、核桃等产品,拓宽丫口村农特产品的销售渠道。消费扶贫提高了丫口贫困人口依靠自身努力实现脱贫致富的积极性,促进了丫口产业持续发展。

爱心捐赠　学校捐赠 105 台电视机、35 张写字桌、80 台饮水机、88 套床、460 余套被服等价值 70 余万元物资并发放到农户家中;组织后勤总务部共向丫口完小捐赠毛毯 230 件,蚊帐 100 笼;号召全体机关党员干部为扶贫点的村民们奉献爱心,捐赠家中闲置的各类衣物 1 300 余件,捐赠行李 300 余件套。

文化扶贫　学校派出由美术学院师生组成的绘画组,到丫口村委会绘制党建宣传展板和标语;派出由音乐学院师生组成的表演团队,在丫口村参与"感恩党中央、脱贫奔小康"教育活动文艺演出。

党建扶贫"双推进"　加强指导党建引领,发挥学校各级党组织的优势与丫口村党总支部开展结对共建。学校各二级党组织与丫口村党总支部下属党支部联合组织各种形式的主题党日活动,驻丫口村扶贫工作队临时党支部安排党员结对联系 4 个片区党支部,帮助建立健全《丫口村党总支委员会职责》《丫口村党总支片区党支部职责》《丫口村"两委"例会制度》等议事决策制度和程序,推进村级组织活动场所的建设。开展"两学一做"和"不忘初心、牢记使命"学习教育,健全完善"三会一课"、民主评议党员等党内生活制度,规范 4 个片区党支部的组织生活,共同落实党风廉政建设责任制,抓好党员的教育管理。坚持"党建带扶贫,扶贫促党建"工作思路,把党建工作和扶贫工作的目标、责任、项目、机制有机融合,统筹协调创建"强化统领＋优化组织""精准扶智＋定向扶志""农村党员＋贫困对象""致富先锋＋困难群众""农村电商＋产业发展""教育提升＋民风建设"工作,形成基层党建和精准扶贫"双推进"的良好态势。编撰扶贫简报、信息 200 余份(条),撰写先进典型案例 30 余篇报送省教育厅和省扶贫办。利用楚雄师范学院校园网首页、校园网扶贫专题网站等校内平台,大力宣传脱贫攻坚取得的成效;举办以脱贫攻坚为主题的道德讲堂,由扶贫工作队员和丫口村民组成运动队参加学校运动会。主动邀请州、县相关媒体人员和作家艺术家深入脱贫攻坚一线开展采访活动,展示学校的良好社会形象。

三、云南省水利水电勘测设计研究院

2015 年 8 月起,云南省水利水电勘测设计研究院(后简称"设计院")挂包定点帮扶法脿镇六街村委会,成立扶贫攻坚工作领导小组及办公室,每半年召开 1 次扶贫攻坚工作领导小组专题会议,专题研究双柏县脱贫攻坚工作,并与双柏县签订《双柏县脱贫攻坚工作帮扶单位目标责任书》。每年选派 2～3 名技术人员长期驻村工作,全额保障驻村工作队工作经费和队员驻村补助;36 位干部结对帮扶 37 户 129 人,每年走访 2 次以上。确定水利帮扶、教育帮扶、产业帮扶和党建促扶贫 4 项扶贫措施;制定《挂帮干部考核办法》《驻村工作队员管理办法》《开展扶贫攻坚战责任落实纪律检查工作方案》《养殖贷款贴息管理办法》《党员爱心助奖学金管理办法》等制度。设计院扶贫办围绕制度抓落实,院纪委强化监督检查。截至 2020 年 8 月,设计院在双柏县主要开展以下帮扶工作。

水利帮扶　充分利用技术优势,组织专家为白水河水库免费提供技术咨询服务,协调建设资金落实,帮助推进工程建设,改变双柏县没有中型以上水库的历史;组织专业技术人员 10 余次深入双柏县调研,完成《六街村水资源调查报告》《六街村水利巩固提升报告》《六街村抗旱应急工程设计报告》《法脿镇水资源综合考察报告和建议》《双柏县水利十四五规划建议》等 10 余个技术报告。协调各级水利部门投入 40 余万元资金实施梅子箐防渗处理工程,解决六街村群众生活用水困难,争取 7.25 千米灌溉沟渠防渗处理工程,到位资金 140 万元;争取六街村坡耕地水土流失综合治理项目实施,下达资金 30 万元;争取 18 千米饮水管道及配套工程,到位资金 193 万元。协助双柏县查姆湖风景区申报、中小河流治理、坡耕地水土流失、新一批小二型除险加固等项目申报。

教育帮扶　设立六街村扶贫攻坚助奖学金,制定《党员爱心助奖学金管理办法》,截至 2020 年 8 月,共募集捐款 12 万余元资助 70 余人次贫困户学生。帮助在昆就读的学生提供勤工俭学机会,减轻家庭负担。捐赠 15 万余元为六街小学学生配置校服、文体用品、爱心牛奶、音响广播,修缮教职工宿舍等。开展"爱心传递,知识传承"为主题的图书长期捐赠活动,累计向六街小学捐赠图书 1 000 余册,帮助六街小学建立校园图书室。

产业帮扶　投入 17 万余元启动资金成立养殖合作社,带动村集体产业发展;为提

图 8 - 7　云南省水利水电勘测设计研究院到双柏开展捐赠活动(2020 年)

升贫困户"内生动力",解决贫困户发展产业资金难问题,制定《双柏县法脿镇六街村养殖贴息管理办法》,为贫困户全额贴息 10 余万元。为解决"养殖难、销售更难"的问题,设计院立足于职工食堂需求,制定《六街村牲畜回购管理办法》,采购六街村委会 50 余万元的农特产品,并在院内设点登记职工采购农特产品的需求,帮助贫困户直接将产品销售给职工。

党建帮扶　设计院各党支部与双柏县法脿镇六街村党总支签订"双联系一共建双推进"活动协议,强化基层党组织政治功能和服务功能,转变工作方式和活动方式,实现机关和农村基层党组织优势互补、资源共享、互促共赢、共同提高;邀请法脿镇、水务局干部参加设计院中层以上干部到武汉大学培训学习;邀请法脿镇班子成员、村委会成员到设计院考察,双方针对脱贫攻坚工作深入沟通,交换意见,形成合力;加强农村基层党员阵地建设,投资 40 万元修建党员活动室和"农家书屋";加强思想阵地建设,为六街村党总支购买 10 余类 100 多册书籍,党员每年募集捐款帮助在外求学的非义务教育阶段学生,帮扶干部捐资 20 余万元走访建档立卡贫困户。

第二节　州级部门

一、楚雄州人大常委会办公室

楚雄州人大常委会办公室 2015 年定点帮扶法脿镇古木村委会以来,成立定点帮扶工作领导小组,定期召开会议专题研究联系点脱贫攻坚工作,选派驻村扶贫工作队员,落实驻村工作经费,履行挂包责任。州人大常委会办公室有帮扶干部 24 人,挂点帮扶 70 户 239 人,定期开展"挂包帮,转走访"工作。2015～2020 年,古木村委会共实施道路、水利、住房、饮水等基础设施和产业发展项目资金 3 031.58 万元,局部改善群众出行难、增收难的实际困难。

2015～2020 年共投入产业扶持资金 727.99 万元,其中稻田养鱼扶持资金 40 万元;兑付到户资金 52.5 万元,引导扶持建档立卡贫困户发展生猪、黑山羊、毛驴、黄牛养殖;引导 54 户建档立卡贫困户投入 26.69 万元,与云南省双柏县法脿镇白竹山茶业责任有限公司形成利益链接机制;引进龙头企业发展香葱种植,投入 121 万元建成香葱加工厂;投入 320 万元实施 200 亩高标准农田开发项目,建成香葱出口备案基地;投入 25 万元建成 5 亩育苗大棚,2020 年 1～6 月,备案基地收割香葱 51.1 吨,合作社收割香葱 8.3 吨,产值 17.82 万元,公司生产干香葱 6 吨,产值 30 万元,支付就近务工工资 17 万元,土地流转资金 35 万元,成立双柏县富民种养殖专业合作社,并与全村 151 户建档立卡贫困户签订香葱销售协议、土地流转协议和务工劳务合同;利用办公大楼楼顶空地,架设太阳能光伏发电板 400 平方米,建设装机容量 48.8 千瓦,投入 38.1 万元建成光伏发电站,每年发电收入 4.9 万元;投入产业扶持资金 110 万元,发展大蒜种植 50 亩、青花椒 950 亩、青梅子 240 亩、早青豌豆 250 亩、绿皮蚕豆 525 亩、香葱种植 230 亩,烤烟 638 亩,大小春作物严格按照时间节令种植,帮助农户找商家、拓市场;认真落实烤烟种植面积,依托法脿镇综合服务烤烟专业合作社走"合作社＋公司＋农户"的产业发展模式,32 户种植烤烟的建档立卡贫困户与其签订合作协议。

2015～2020 年,共实施基础设施项目资金 2 303.59 万元。实施扶贫项目资金 462.63 万元,其中投资 40 万元硬化下村村间道路;投资 100 万元实施行政村整村推进项目;投资 56.23 万元实施阿底力、岔河州级自然整村推进项目及沟渠修复;投资 100 万元实施阿底力、冬梨树饮水管道、抽水站和村庄道路建设;实施农危改、原址拆除重建、易地搬迁项目 166.4 万元。实施交通建设项目资金 724.06 万元,其中投资 495 万元硬化晋云线岔路口至村委会至英雄水库 10.4 千米路面工程;投资 59.2 万元改扩村委会—岔河—沙地—四角田村组公路路基及防护工程,全长 17.4 千米;投资 23 万元古木村委会水泥路岔口至冬梨树村 1.5 千米公路开挖、架设涵桥及防护工程建设;实施村间道路硬化工程 146.86 万元(妥武四社村内道路硬化 8.68 万元、三家村村内涵桥建设 25 万元、旧地基村间道路建设项目 22.84 万元、冬梨树村间道路建设 28.36 万元、毕家坟村内道路建设项目 4.5 万元、盐箐河村间道路建设项目 37.08 万元、下村村间道路建设项目 20.4 万元)。实施水利建设项目资金 800.1 万元,其中实施妥武片区人畜饮水小坝工程建设项目 40 万元;实施沙地、四角田人畜饮水小坝新建工程 31 万元;实施鸡叫山小(二)型水库除险加固工程 185 万元;实施阿底力上社、下社,冬梨树 3 个村民小组 5.1 千米人畜饮水管道建设项目 18 万元;实施碾子房大沟的三面光建设工程,项目投资 13 万元;实施沙地水库集中供水管网建设项目 368 万元;实施省级重点村建设项目 90 万元,项目涉及三家村、阿底力上社、阿底力下社 3 个村民小组;实施山背后、崩山箐财政"一事一议"财政奖补项目 15.5 万元;实施爱心水窖 110 口 39.6 万元。实施村级活动场所建设项目 316.8 万元,其中投资 35 万元建设村卫生室和村委会综合办公用房 200 平方米;投资 30 万元的村委会林业观察哨所钢结构办公房建设项目;投资 116 万元的岔河等 8 个村民小组文化活动室;投资 45 万元的新建村卫生室;投资 15 万元的公厕建设项目;投资 10.8 万元建设 20 个村民小组垃圾池项目;投资 40 万元建设公共文化活动场所;投资 10 万元提升改造党员活动室、文化室及农家书屋建设;投资 5 万元维修改造瓦房箐会议室;投入 10 万元作为脱贫攻坚专项短板资金。

根据古木村委会的实际情况,州人大常委会领导每年到古木上党课 2 次,指导健全完善各项工作制度,狠抓村级组织建设。针对村班子带富能力不强、村组干部配备不全、党员作用发挥不充分等实际,帮助制定完善村组干部定期学习、公开承诺、议事决策等制度,组织实施村组干部素质提升行动,新选配村民小组长 3 名,培养党员致富带头人 3 名,促进工作规范化、制度化,提升村班子和党员带领群众脱贫致富的能力水平。

二、中共楚雄州委政法委

2015 年挂包扶贫大箐村委会后,州委政法委成立扶贫工作领导小组,主要领导任组长,一名副书记主抓扶贫工作,定期召开会议专题研究挂钩联系点扶贫工作,先后抽调 7 名干部驻村(其中处级干部 5 名),落实工作经费,严格执行《驻村扶贫工作队员管理办法》,认真履职。州委政法委 31 名干部结对帮扶大箐村委会建档立卡贫困户 55 户 205 人,涉及 11 个村民小组。通过深入走访调查,立足村情实际,科学编制全村特色产业发展规划,制定脱贫出列方案和贫困户增收计划。

2015 年,到省、州、县有关部门争取协调项目资金 321.7 万元(其中 65 万元实施中山村小组至老鹰山土路改造提升项目,实施上村—三转弯、岔河村—松树林 6 千米公路扩修,大箐—妥甸公路维修;投入 140 万元实施三岔河水库三面光沟渠烟水配套项目;投入 68 万元实施 9 个村小组饮水安全项目);投入 20 万元建设大箐村卫生室;投入 8.7 万元开展科技培训,下拨抗旱应急等资金 20 万元。2015 年 8 月筹集经费 2.4 万元,为每户建档立卡贫困户发放节能灶;春节期间,走访慰问 12 名困难党员,发放慰问金 0.36 万元。

2016 年投入资金 46 万元(其中产业发展资金 20 万元,修路资金 10 万元,培训费补助 5 万元,人畜饮水项目建设 4 万元,慰问物品折合资金 3.5 万元,春耕备耕物资 2 万元,落实驻村工作队员工作经费 2 万元)。同时,州委政法委到省、州、县有关部门跑项目、争资金,累计落实大箐村项目资金 360 万元,实施水利、交通、卫生、产业发展等项目 34 个,新修或扩建小坝塘 7 座,架设饮水管道 16 千米,扩修道路 18 千米,硬化村外道路 1 千米,硬化村庄道路 3 千米,新建卫生室 1 个,村民文化活动室 1 个。2016 年年末,投入 15 万元给予 55 户建档立卡贫困户每户 2 000～4 000 元产业扶持资金发展产业,筹集经费 2 万元为 55 户贫困户发放毛毯、电饭锅。大箐村委会于 2016 年按期实现脱贫出列。

为巩固脱贫成果,2017 年,州政法委投入产业发展资金 20 万元,采取"以奖代补"

方式,发展特色养殖和中药材种植。在凹子村示范种植特色山药 4 亩,户均补助 3 000 元;从山东购买 1.2 万株核桃苗发放给中山村 30 户农户改良核桃品种,发展水蜜桃 160 亩;补助 6.3 万元资金在村委会和中山村建设大棚 3 个,订单式发展金耳种植;落实上级产业扶持政策,争取专项项目鼓励贫困户养殖仔猪或山羊,55 户建档立卡贫困户共增收 44.23 万元。为联系户发放棉被、毛毯等物资折合资金 1.5 万元;购春耕备耕物资折合资金 2 万元。

2018 年,投入 68 万元(其中产业发展资金 20 万元,村党员活动室建设资金 15 万元,平安乡村建设资金 10 万元,村民小组活动室配套设施建设 9 万元,培训费补助 5 万元,村委会改造 3 万元,人畜饮水项目建设 2 万元,慰问物品折资 2 万元,春耕备耕物资折合资金 2 万元),帮助村委会建设中药材种植合作社一个,与 50 户建档立卡贫困户建立利益链接机制,带动贫困户增收。2019 年,州委政法委投资 25 万元作为脱贫攻坚成果巩固项目资金,其中投入 3.5 万元实施明亮工程、投入 1 万元帮助凹子村民小组提升改造人畜饮水工程、投入 1.5 万元对力武租村民小组提升改造、投入 2.5 万元入股双柏县鸿鹄食用菌种植合作社(用于解决未脱贫经济增收)、投入村委会工作经费 3.5 万元,帮助村委会抓好林下中药材种植示范基地建设,鼓励种植人工菌带动群众增收致富。春节期间,为联系群众购买年货折合资金 1 万元;在爱尼山乡大箐村委会和法脿镇者柯哨村委会各安排驻村工作经费 1 万元;在者柯哨村委会投入 10 万元的产业发展资金。2020 年上半年,州委政法委投入扶贫资金 13 万元。其中危房改造 3.4 万元、产业发展和科技培训 6.6 万元、助春耕资金 1 万元、工作经费 2 万元。

在帮扶工作中,2 次聘请州中医院药材种植专家、州畜牧站专家等技术人员,深入大箐村委会到田间地头,实地讲解重楼、天麻、茯苓等药材种苗选育、中期管理、病害防治等知识,举办生猪、黑山羊、家禽养殖和水蜜桃种植等培训班;组织 29 个村组干部及扶贫工作队员 49 人到姚安、大姚、永仁、元谋考察学习,依托双柏县科协和云南睿博职业培训学校,举办生猪、黑山羊、家禽养殖和中药材、蔬菜种植管理等培训班,提高贫困户科技应用能力和水平。2015~2020 年 8 月,累计投入 6 万元资金为定点帮扶联系户购买农膜、化肥等农资,开展助春耕活动。每年春节前夕,累计筹集经费 5 万元为贫困户发放棉被、毛毯等春节慰问品;引导贫困户 139 户 564 人,爱心人士 200 人,用好中国社会扶贫网,参与献爱心活动,搭建爱心平台,帮助贫困群众解决实际困难问题。

三、楚雄州中级人民法院

2012 年来,楚雄州中级人民法院挂钩扶贫碙嘉镇麻旺村委会。调整充实州中级人民法院扶贫工作领导小组,制定工作方案,组建下派扶贫工作队,定期召开会议研究挂包工作。院领导班子和党员干警向联系户、结对帮扶户捐款 8.31 万元,捐物折价 6 万余元。

2012~2015 年,州法院选派新农村建设指导员和驻村扶贫工作队员 16 人到碙嘉镇驻村工作。争取实施整村推进项目 3 个,争取资金 45 万元。争取一事一议项目 8

个,争取资金 80 万元;组织协调实施州扶贫办扶持建设资金 4 万元;协调山羊扶持资金 3 万元,扶持养羊户 2 户,用办公经费支持整修村组公路 13.8 千米,其中硬化 800 米,支持资金 19 万元;帮助修建村组文化活动室 3 个,支持资金 6 万元;帮助实施人畜饮水工程 1 个,支持资金 3.5 万元;组织党员干警捐款 8.31 万元,捐物折价 6 万余元;投入麻旺村卫生室建设缺口资金 2.4 万元;硬化麻旺河村组 3.5 千米路面,投入缺口资金 15 万元,投入 1 万元改善村委会办公条件,单位投入扶贫资金共计 61.31 万元。全院干警共建立结对帮扶贫困户 167 户 561 人,组织全院党员干警为结对特殊困难户捐款 1.7 万元,联系上海有关单位向结对户捐款 2 万元。

2016 年,选派 3 名干警脱岗到双柏县碍嘉镇麻旺村开展定点精准扶贫工作,落实工作经费 10 万元,公务用车改革前,为驻村扶贫工作队配备专用车辆 1 辆。拨付资金 8 万元,解决村卫生室附属工程建设资金不足的问题;向州移民局协调 30 万元资金解决 1 千米村组道路硬化;协调 30 万元整村推进项目资金解决大丫口村民小组整村推进。落实产业扶贫政策,除帮助符合条件的建档立卡户争取 5 000 元产业发展资金巩固传统产业外,重点发展甘蔗、中药材、蔬菜产业,共发展甘蔗 900 亩、中药材 200 多亩、蔬菜 500 多亩;兑付贫困户产业发展资金 77.6 万元;发放小额贴息贷款和特色产业贷款 900 多万元。帮助新成立无公害生态蔬菜种植、养殖农民专业合作社各 1 个。

2017 年,争取资金 35 万元;州中级人民法院给予村资金支持 43 万;组织干警为建档立卡户捐款 4.38 万元。帮助成立麻旺村委会扶贫产业互助社,筹措资金 51 万元(双柏县政府投入 30 万元,州法院投入 19 万元、州法院联系社会捐款 2 万元),22 户深度边缘贫困户入社,发放贷款 30 万元作为资金入股蔬菜种植合作社,年末按 7% 的利润分红。

2018 年,协助麻旺村多方争取到 180 余万元资金支持。2017～2018 年,派出 10 名干警脱岗村驻村,2017 年落实工作经费 10 元,2018 年下拨工作经费 14 万元,为麻旺小学学生捐赠校服 260 套,价值 3 万余元;为 174 户贫困户购买宣传画、对联 174 套,价值 0.87 万元。

2019 年 7 月,抽调 4 名党员干警对驻村工作队进行轮换补充,全院干警结对帮扶 195 户建档立卡贫困户。落实工作经费 7.7 万元,列支 0.42 万元给予所挂包卡户的 7 名新生入学补助、0.2 万元给予 1 户卡户修缮房屋、1.95 万元为挂包的卡户购买扶贫救助险、0.3 万元给予 2 户因医疗支出过大有返贫风险的贫困户用于医疗开销,组织动员干警及其他社会爱心人士为该 2 户众筹资金 0.24 万元。下达资金 3 万元建设脱贫攻坚成就展厅和麻旺村村史馆。截至年底,先后帮助麻旺成立 8 家专业合作社,其中猪牛养殖专业合作社 5 家,蔬菜专业合作社 3 家。全村蔬菜种植 5 亩以上的大户 46 户,有冷库 2 个,麻旺河蔬菜知名度不断提高,在碍嘉镇、双柏县城、昆明均设有销售点。突出畜牧、核桃、甘蔗、花椒等主导产业,以企业、农业专业合作社、种养殖大户为引领,推进农业生产集约化、组织化、规模化发展。

2020 年,州中级人民法院给予 0.56 万元经费用于易地搬迁拆旧。2020 年 6 月,1 名队员驻村期满,及时抽调另 1 名年轻干警充实驻村力量。

2019～2020 年,组织开展以购代扶、消费扶贫工作,动员单位干警陆续向麻旺村民购买 7 万余元的农副产品。

四、中共楚雄州委 610 办公室

2015 年 9 月,中共楚雄州委 610 办公室调整挂包帮扶点到法脿镇者柯哨村委会,严格按照州委、州人民政府对扶贫攻坚工作的安排部署,成立 610 办公室扶贫工作领导小组,定期召开脱贫攻坚工作会议,制定年度帮扶计划和巩固提升计划,选派 2 名干部驻村开展工作,落实驻村工作队工作经费,严格管理下派驻村工作队员。者柯哨村委会自 2014 年精准识别以来,共有建档立卡贫困户 103 户 342 人,州委 610 办干部职工挂包帮扶 21 户。

2015 年,解决扶贫联系点工作经费 2 万元,投入 0.56 万元走访结对联系户;2016 年,协调争取科技培训资金 3 万元,组织 2 场种养殖技术培训,为贫困户提供产业技术支持。投入 4 万元改善村委会办公条件及环境卫生治理,干部职工捐资 0.72 万元,帮助贫困户购买化肥、仔猪仔鸡、被褥衣服等生产生活物资;2017 年,参与协调争取 1 000 万元资金实施者柯哨村—大罗笙广场路面硬化项目,投资 1 万元资金租用 5 亩农户土地种植 5 亩半夏中草药,投入 2.3 万元资金购买 1 500 千克鱼苗放养,帮助村委会发展壮大村集体经济;2018 年,解决驻村工作经费 2 万元,发挥种养殖协会功能,与云南通海润思雅绿色食品公司签订美人椒、小米辣种植合同面积 130 亩。2019 年 5 月,因机构改革,州委 610 办公室机构及其职能划归中共楚雄州委政法委,挂包帮工作随同州委政法委共同开展。

五、共青团楚雄州委

2015 年挂包联系妥甸镇马脚塘村委会以来,共青团楚雄州委定期召开会议专题研究脱贫攻坚工作,先后共选派 3 名干部驻村开展脱贫攻坚工作,整合各方资源,因村因户制定精准脱贫措施,共结对帮扶建档立卡贫困户 26 户 97 人。2015 年,落实扶贫工作经费 0.5 万元,落实技术培训经费 1 万元。2016 年,团州委落实扶贫工作经费 1 万元,落实种养殖技术培训费 2 万元,春节慰问贫困户和建党节看望慰问困难老党员 36 户,发放慰问物资折价 1.08 万元。2017 年,团州委落实扶贫工作经费 1 万元,落实劳动技能培训费 2 万元,落实文化活动室征地补助资金 4 万元,春节慰问贫困户和建党节看望慰问困难老党员 36 户,发放慰问物资折价 0.55 万元。2018 年,团州委落实扶贫工作经费 2 万元,落实 C、D 级危房改造资金 3 万元,党团活动建设经费 1 万元,春节慰问贫困户、非卡户及建党节看望慰问困难老党员 36 户,发放慰问物资折价 0.72 万元,资助考上大学建档立卡贫困户子女 2 名,发放助学金 1.1 万元。2019 年,团州委落实扶贫工作经费 1 万元,帮助解决学习培训工作经费 2 万元用于到四川攀枝花学习考察杞果种植技术,春节慰问贫困户、非卡户及建党节看望慰问困难老党员 87 户,发放慰问物资折价 1.74 万元。2020 年,团州委落实扶贫工作经费 2 万元,协调争取 2020 年上

海市对口帮扶项目,在马脚塘村委会投入 245 万元实施虾蟹养殖示范项目。

共青团楚雄州委采取措施,推进脱贫攻坚工作深入开展。2016 年,向上争取 12 万元资金实施三排村村庄道路路面硬化项目,向上争取 25 万元实施半坡田村村庄道路路面硬化项目。按照"一村一品"原则,采取"长短结合"的方式,继续巩固提升粮烟等传统优势产业,探索推进特色产业,对已脱贫建档立卡贫困户给予每户 0.5 万元产业发展扶持资金。以万年青、马脚塘、半坡田 3 个村民小组为试点,推进辣木种植项目,提升贫困村组产业增收渠道。2017 年,团州委整合社会资源,与北京博友公益团队及中国儿慈会合作,实施"访贫助学 脱贫攻坚"博友公益行活动,资助双柏县困难学生 50 人共计 6 万元。2019 年,募集社会资金 1.8 万元,购买 10 个 3 立方米储水罐捐赠给马脚塘村委会万年青村民小组 10 户贫困户,解决人畜饮水困难问题。开展农村劳动力培训及转移就业工作,举办优秀外出务工青年经验分享交流活动和农村青年外出务工专场招聘会,实施农村青年致富带头人"领头雁"培养计划,深入实施"贷免扶补"、创业担保贷款、青年创业循环金、"青创 10 万+"等工作,帮助有创业意愿的贫困青年实现创业梦。

六、楚雄州科学技术协会

2015 年挂点妥甸镇马龙村委会以来,楚雄州科协把扶贫攻坚工作作为科协重点工作,定期召开党组会议专题研究扶贫工作,成立以党组书记、主席为组长,党组成员、副主席为副组长,相关领导为成员的领导小组,形成领导亲自抓,全体干部职工共同参与的扶贫工作机制,从组织领导、人力、物力方面给予保障。

楚雄州科协立足部门优势,帮助扶贫联系点成立合作社,建立专家服务站,加大科技培训力度,提高群众科技运用水平,加快基础设施建设等措施发展种养殖业。2016年,州科协解决 4 万元资金修缮村委会,建蓄水池及科普宣传栏;帮助马龙村委会成立双柏县马龙绿色种植营销协会,拨款 2 万元资金作为运行经费。在州、县科协共同帮助下,同年 3 月成立双柏县马龙生态养殖营销协会,在册会员 102 户。2017 年 6 月,在州县科协共同协调下,马龙村委会绿色种植营销协会与楚雄德尔思紫胶有限公司签订紫胶产业发展协议,以马龙村委会作为原料生产基地向公司供应原料,争取妥甸镇人民政府扶持楚雄州科协联合德尔思紫胶有限公司 25 万元资金,在马龙村委会厂大村、大平地建设 200 亩紫胶示范种植基地,在马龙村委会大地梗、歇牛场、大箐、马家田 4 个村民小组推广紫胶种植产业,发展种植面积 200 余亩。

2017 年 5 月,楚雄州科协协调组织马龙村委会干部、村民代表、协会成员、驻村工作队员到永仁顺云牧业发展有限公司、永仁黑山羊养殖协会考察学习。2017 年 6 月,邀请永仁顺云牧业发展有限公司实地考察马龙黑山羊养殖情况,并与双柏县马龙生态养殖营销协会签订合作协议,为马龙养殖业打开市场通道。州科协投入 2.33 万元改良猪种和羊种,投入 2.6 万元改进畜厩,投入 0.6 万元引导农户养殖本地黄牛;向上争取中国科协"科技助力精准扶贫"项目资金 25 万元,向马龙村委会建档立卡贫困户发放撒坝种公、母猪 135 头;在州科协的协调下,与双柏县宴霸食品有限公司、双柏糖多多有限公司会谈,引导农户种植"坤太一号"小米椒 100 亩、甘蔗 500 亩、紫胶 450 亩,带动农户发展特色种植业增收。州科协与县交通局、水务局、扶贫办、人寿保险公司共同争取资金 170 万元,实施歇牛场入村公路及大地埂入村公路扩建工程,解决 5 个自然村 600 多人的出行难问题;2018 年,州科协向上级部门争取美丽乡村建设项目资金 45 万元,建设 96 平方米的文化活动室、卫生厕所、垃圾房、污水处理、亮化工程等项目,完成歇牛场村公共服务设施建设,完善村卫生设施,改善人居环境。

2016 年来,州、县科协在马龙开展科技培训活动,组织省、州、县各类专家对马龙村委会群众开展培训 20 多场次,受培训 1 000 人次,为马龙村委会精准扶贫工作提供智力支持;聘用 12 名专家,成立马龙专家工作服务站,为马龙村群众提供技术咨询服务;州、县科协把科普和扶贫结合起来,开展形式多样的科普活动。2017 年 2 月,州科协组织挂包联系户 21 人参观楚雄州科技馆,2016~2017 年连续 2 年组织科普大篷车进校园活动,为马龙小学贫困学生发放文体用品、衣物。

七、楚雄州归国华侨联合会

2015 年,楚雄州侨联成立脱贫攻坚"挂包帮、转走访"工作领导小组,定期召开会议专题研究挂包联系点脱贫攻坚工作,制定《罗少村委会精准脱贫规划》《罗少村委会 15 个村民小组脱贫规划》《贫困户脱贫计划》,选派 2 名干部分别担任第一书记兼驻村工作队长、工作队员,并按要求落实驻村工作经费,党组书记每年至少 4 次带领全体挂包干部深入联系村委会、村民小组及贫困户家中开展调研、遍访、政策宣传、解决矛盾纠纷、培训、组织产业考察、走访慰问及党建共建等活动。

2015 年,罗少村委会有建档立卡贫困户 88 户 368 人,州侨联 4 名干部挂包 10 户51 人。当年投入工作经费、慰问资金 1.27 万元;2016 年,投入水利建设项目经费、工作经费、培训及慰问经费 8 万余元;2017 年,投入工作经费 3 万元,帮助罗少小学争取 1 套价值 2 万元的多媒体教学设施;2018 年,投入工作经费、培训及慰问经费 2 万元。2018 年 10 月起,单位 5 名干部挂包 14 户 58 人;2019 年,投入工作经费 1 万元,帮助贫困户尹红祥协调落实住院费用 8 万余元。五年来,组织罗少村委会村组干部到禄丰县考察中药材、蔬菜种植产业;协调争取州水务局项目资金 5 万元,修缮村委会梅子箐坝塘,改善当地群众土地灌溉问题;邀请州农科院、州农校、县畜牧局专家到罗少村委会开展小米辣、中草药、养殖等农村实用技术培训;州侨联党支部与罗少村党总支开展党建共建活动 5 次。

八、楚雄州交通运输局

2015 年定点帮扶大庄镇代么古村委会以来,楚雄州交通运输局按照楚雄州扶贫开发领导小组的安排,选派单位骨干力量到代么古村担任驻村扶贫工作队员,落实驻村工作经费,制定单位对驻村工作队员管理办法,定期召开会议专题研究挂包联系村脱贫攻坚工作。深入调查代么古村贫困现状,分析贫困原因,制定脱贫攻坚帮扶计划,采取找产业、落项目、多对接等工作措施。

楚雄州交通运输局发挥部门优势,紧抓挂点村交通、水利两大主要短板,因村施策,采取有效措施开展定点挂包帮扶工作。向水利部门争取扶贫项目资金690.6万元,实施依娜呢、上村、下村3个村民小组1780亩坡耕地治理项目。投资46万元完成哨田、凹郎地2个小(二)型水库除险加固项目工程。争取投资5236.52万元,实施新建平掌河小(一)型水库,争取投资200万元对沙甸河部分河道进行治理。整合资金100多万元完成代么古大村2.8千米灌溉沟渠三面光工程,架设自来水18.7千米及发黑村机井、管道提升等工程,全村316户全部通自来水,人畜饮水困难得到解决;争取项目资金780万元,于2018年年末实施完成7个村民小组8.34千米进村道路改扩建及路面硬化,在全州率先实现村村通硬化路目标,同时投入30余万元对进村道路安防工程进行完善;争取扶贫项目资金117万元,实施发黑、大村、大平掌、依那尼4个村民小组公共文化活动场所建设项目,整合资金30余万元建成小村、小平掌两个村活动室;争取扶贫项目资金8万元新建公共卫生厕所1座;争取扶贫整村推进项目资金130.3万元,实施村内入户道路硬化工程;争取扶贫项目资金3.5万元,新建垃圾焚烧房7座;争取项目资金5万元,实施上村农村电网提升改造工程,新安装100千伏变压器1台,更换部分线路及设备;争取15万元资金对依那尼村民小组房下坝实施雨污分离处理,提升居住环境。配合完成平掌河水库、沙甸河河道改造等项目实施。整合资金近20万元为小村建设机耕道路1条0.48千米,为大村修复损毁灌溉沟渠3段,为密马郎上村修复损毁沟渠1段,为依那尼村解决进村道路过窄问题,解决密马郎下村进村道路和村内道路硬化提升工程;为大村争取活动场所建设项目1个,投入资金16万元建设篮球场1个,按照要求配齐相关设施,为小村增配广播音响设备1套;规划建设沙甸河桥至桃园村委会公路,解决桃园村委会与彩碉公路连接问题,解决桃园、麻栗树等周边村民出行问题。计划列入国家公路网电子地图,争取自然村硬化项目完成路面建设。投入工作经费40万元,整合公路建设项目资金50万元,并多方募集社会捐款近20万元,全部用于解决群众房屋、生活困难、因病因灾等特殊问题以及群众急需解决的问题;争取上级支持对经济林果进行品种改良,巩固壮大经济林果673.5亩。引导群众种植青花椒、美人椒等特色种植。实施产业扶持160户,其中扶持种植青花椒125户,共计673.5亩;扶持种植美人椒39户,共计165.5亩;扶持畜牧养殖91户(其中提供补助养殖种母猪29户30头;提供补助养殖种母羊62户310只)。成立大庄镇代么古村委会农兴专业合作社,采取"党支部+合作社+贫困户+基地+大户"的模式,通过强基惠农合作股份方式,土地、山林等资产出租和为企业提供服务,村集体经济收入稳定在6.5万元。

九、楚雄州民族宗教事务委员会

2015年,楚雄州民族宗教事务委员会定点帮扶安龙堡乡柏家河村委会。成立以主要领导为组长的"挂包帮、转走访"工作领导小组,定期召开会议研究定点帮扶工作,选派驻村工作队员,解决驻村工作经费,落实驻村工作队员生活、工作、学习及安全基本保障。截至 2020 年 8 月,楚雄州民族宗教事务委员会争取支持双柏县脱贫攻坚资金 4 690 万元,其中安排到柏家河村委会项目资金 1 200 万元,实施大平掌、麻栗树、松树林、龙呼甸等 9 个民族团结进步示范村建设项目,补齐柏家河村委会交通出行、人畜饮水、农田水利、产业发展、人居环境、民族文化、公共服务等短板。编制柏家河村产业发展计划,实行合作社挂联产业规划园区制度,重点打造特色种养基地和产业发展示范村,全村建档立卡贫困户种母猪养殖 73 户 252 人、种母羊养殖 31 户 99 人,本地黄牛养殖大户 6 户;培植香瑞山驴养殖合作社养殖肉驴 30 头,培植力驰生态种养合作社建立生态放山鸡养殖基地,规模养殖山鸡 2 500 只,带动卡户 118 户,培植胡蜂养殖合作社养殖胡蜂 150 群,培植水禾合作社种植冬早蔬菜 70 亩,建设生猪养殖小区 3 个;实施核桃提质增效 5 100 亩,青花椒提质增效 1 150 亩,茶叶提质增效 200 亩;实施香橼种植 1 102.2 亩、早青豌豆 300 亩、烤烟 936 亩、辣椒 100 亩、中药材 168 亩、澳洲油茶 200 亩;建设下岔箐易地搬迁点、龙呼甸地质灾害搬迁点 2 个生猪养殖小区。按照县乡统一规划,省级安排 2018 年柏家河资产收益扶贫项目 1 个,投入资金 140 万元,118 户建档立卡户户均资产收益 577 元,村集体经济资产收益 6.8 万元;协调安排 2019 年沪滇协作资产收益扶贫项目 5 个,投入资金 800 万元,118 户建档立卡户户均资产收益 692 元,村集体经济资产收益 8.2 万元。13 个自然村 16 个村民小组,共有 11 个自然村 14 个村民小组通村组硬化路,8 个自然村 11 个村民小组架设产业灌溉用水管道,9 个自然村 12 个村民小组安装太阳能路灯 81 盏,实施固定宽带和 4G 通信中心村全覆盖;安装 42 口节能灶,24 座太阳能热水器,建垃圾池 36 个,改厕 114 厕,对有条件的村组开展排污建设,建垃圾填埋点。

十、楚雄州应急管理局

楚雄州应急管理局自 2012 年起定点帮扶爱尼山乡力丫村委会。2019 年 2 月,在政府机构改革中,不再保留楚雄州安全生产监督管理局,组建楚雄州应急管理局仍然挂包力丫村委会扶贫工作。几年来,州应急局成立精准扶贫工作领导小组,定期召开专题会议研究部署帮扶工作,每年选派 1 名实职正科以上干部驻村担任工作队长,34 名干部职工先后结对帮扶贫困户 63 户 247 人。在摸清村情的基础上,2017 年修订《力丫精准扶贫脱贫工作规划(2015~2020)》,制定各年度精准扶贫工作计划和"挂包帮、转走访"工作实施方案,结合贫困户家庭实际和群众意愿,因户因人施策。

2012 年,协调 15 万元立项力丫村委会瓦房村民小组"整村推进"和"一事一议"项目,单位筹集 1.5 万元资金修缮力丫村委会危房,帮助村委会开通互联网、安装路灯,新添厨房用具、文化用品等。协调 18 万元打造海子底村委会党建、廉政 2 个示范点,购买办公设备,硬化村委会街道路面并安装路灯,偿还村委会历年欠账。2015 年,争取 8 万元资金解决村委会及周边群众生产生活用水问题。协调 3 万元抗旱资金新修力丫村委会酸梨树村民小组 15 立方米蓄水池 1 个,架设管路 2.4 千米,串户钢管 400 米。协调 1 万元扶贫资金改造力丫村委会大箐边村民小组人畜饮水工程。2016 年,争取上报公路建设 18 项 1797 万元,电力建设项目 1 项 60 万元,农田建设项目 5 项 596.84 万元,水利工程项目 22 项 592.94 万元,经济发展项目 2 项 50.9 万元。2017 年,在州、县安监局的多方协调下,争取到省财政厅 30 万元、州财政局 6 万元、州安监局 5 万元、县纪委 4 万元项目资金搬迁村委会。州、县安监局帮助村委会争取到太阳能 1 套、旧复印机 1 台、旧电脑 3 台。全年参与协调到位资金(含物资折旧)50.67 万元。2019 年,再次投入 18 万元支持爱尼山乡及力丫村委会脱贫攻坚工作,支持力丫村委会电脑 3 台、打印机 1 台、洗衣机 1 台。2020 年 5 月,支持爱尼乡政府 3.31 万元、力丫村委会 0.69 万元。

通过招商引资引进龙头企业,2016 年,引进双柏稼精楼生物科技有限公司在一把伞村、三棵树村租用林下地 500 亩种植芍药,引进云南联首生态农业开发有限公司在石头村租用土地 200 亩种植甘蔗,为贫困户就地打工增加收入拓宽渠道。在当地脱贫意愿强烈的贫困户和具有一定规模种植养殖户中培育种植养殖户 50 户,创办胡蜂养殖基地 1 000 亩;规划新增山羊养殖 100 头以上 20 户,新增 10 头以上养牛户 10 户,新增养猪 100 头以上 5 户;种植茯苓、烤烟、山药、魔芋、佛手、重楼、续断、工业辣椒等药材和经济作物 24 户。全村种植工业辣椒 180 亩,带动 33 户农民(其中建档立卡户 19 户)增收 80 余万元,全村猪牛羊等大牲畜存栏数量 1.1 万头(只),年出栏收入 400 多万元。扶持松脂收购和野生菌收购经营户各 1 户,达到有产品、有收购主体,建立长期稳定的生产销售体系,增加群众收入。2016 年 8 月 22～23 日,组织村"两委"干部、片区书记和村民小组长共 28 人分别到姚安县和楚雄市学习山药、大棚蔬菜种植和肉兔、肉牛养殖技术。协助村委会举办种养殖、烤烟栽培管理、劳动力转移就业等培训班 4 期 335 人次。

2012～2015 年,州安监局干部职工 60 多人次进村入户,为 59 户贫困户送去价值 6 万多元慰问品,为贫困户解决就学、就医、生产生活等困难 42 件次。2016 年,州安监局干部职工捐款 1.89 万元帮扶 63 户贫困户,为贫困户购买化肥、农药、种子、鸡苗、猪仔等扶贫物资,并帮助贫困户推销猪、牛、羊、鸡、野生菌等农副产品,增加贫困户收入。走访慰问 13 名困难党员和 12 户困难群众,发放慰问金 0.36 万元。2017 年,分 8 批次 88 人次组织州、县安监局和县政协帮扶干部深入村组看望慰问困难群众,发放慰问金 4 万元、物品 0.5 万元。2018 年,州应急局走访贫困群众 47 户、困难党员 10 人,发放慰问金 1.71 万元。2019 年,州应急局走访贫困群众 47 户、困难老党员 18 人,发放慰问金 1.95 万元。

十一、楚雄州农科院

2015 年 9 月,楚雄州农科院扶贫联系点从大麦地镇蚕豆田村委会调整到妥甸镇新会村委会。几年来,州农科院认真贯彻中央和省、州党委、政府精准扶贫、精准脱贫的决策和工作部署,加强组织领导,集中人力、物力、财力,用心用情用力开展"挂包帮"定点扶贫工作。

楚雄州农科院成立由党总支书记、院长任组长,分管院领导任副组长,各所站科室负责人为成员的"挂包帮、转走访"工作领导小组。2015年来,院主要领导24次深入挂包村开展调研工作,研究解决实际问题。州农科院72名干部职工,挂包新会村委会建档立卡贫困户64户238人。选派6名政治素质过硬、业务精的干部驻村扶贫,每年落实下拨6万元工作经费。按规定标准给予工作队员足额报销驻村生活补助和往返差旅费。为工作队员购买意外伤害险,每年组织驻村工作队员进行1次体检。

2015～2018年,州农科院共投入产业扶持资金、驻村队员工作经费及职工捐款捐物156.35万元。其中争取筹集农业产业扶持资金95.32万元;投入工作经费18.5万元;基础设施建设资金10万元(桥头塘道路硬化);投入教育扶贫资金0.76万元;报销工作队员和职工差旅费补助21.51万元;发放困难党员慰问金、驻村队员慰问金1.1万元;单位职工捐款捐物折资9.16万元。引进江苏省农科院专家到双柏一中捐资助学4.6万元,引进社会扶贫资金108.8万元。为驻村工作队配置台式电脑1台、笔记本电脑2台、传真打印复印一体机1台和打印机1台。

几年来,通过补贴农户种苗、化肥、农药、地租等形式,先后实施早春甘蓝示范90亩、稻田种养示范356亩、玉米高产创建示范150亩、长寿仁豌豆种植核心示范200亩、优质油菜高产高效示范样板300亩、"光伏+种植业"示范100平方米等示范、样板,种植突尼斯软籽石榴100亩,种植甘蓝、大青菜、黄花菜、粉杆青菜、荷兰豆等特色蔬菜263亩。协助村委会引进、组建成立覆盖全村所有贫困户的种养殖专业合作社,协调与就近的大庄镇企业合作组织贫困户种植蔬菜,由企业合同约定价格收购价;引进石林丰卉蔬菜园企业到新会村以订单方式带动荷兰豆种植。争取项目,对贫困户在种子、化肥、技术培训等方面给予补助,企业的引进,为培植增收产业、壮大村集体经济打下坚实基础。结合挂包村产业培植重点,挂包干部"一对一"进行技术指导,并开展蔬菜、果树、油菜、食用菌、玉米、稻田综合种养等方面实用技术培训。州农科院投资10万元为新会村委会建设光伏大棚,并投入综合利用,每年可增加村集体经济收入3万元。

十二、中国农业发展银行楚雄州分行

自2014年结对帮扶安龙堡乡安龙堡社区以来,农发行楚雄州分行突出行业特色,持续加大挂钩扶贫点的帮扶力度,共选派驻村工作队员7批13人。落实专项贷款及国家重点建设基金,支持安龙堡乡集镇供水项目100万元,地方政府债务资金741万元;2016年专项建设基金235万元,2016年专项贷款28.2万元。2017年专项建设基金145万元。

2014年,州分行党委确定由1名副行长兼任扶贫工作领导小组组长,由州分行人力资源部、监察室和办公室具体负责落实挂钩扶贫工作,进一步落实州分行与安龙堡村委会签订的《单位挂钩帮扶承诺书》,4名行领导分别与3个自然村15户困难群众挂钩联系,州分行为挂钩扶贫点捐桌椅、窗帘、计算机等物资折合人民币1.5万元,向省分行争取公益性捐赠款1.5万元,帮助扶贫点争取财政资金1万元。

2015年,州分行机关干部职工与安龙堡8个自然村62户建档立卡贫困户进行挂钩联系,明确帮扶责任人,共结对帮扶250名困难群众。保证工作队员工作经费,对驻村工作队员进行看望慰问,力所能及为群众解决困难,为联系点捐助办公桌椅80套,折合人民币2.4万元,为扶贫点捐款3万元。

2016年,严格按照州委、州人民政府的要求,开展单位挂点、干部职工包户的"一对一"帮扶工作。为挂钩联系的双柏县安龙堡乡60户结对建档立卡贫困户、288名困难群众筹集资金3.2万元,向上争取资金5万元。

2017年,为扶贫点捐款3万元,捐赠价值3.11万元的办公桌椅,解决修路、工作经费3.06万元,机关28名职工与60户建档立卡贫困户结对,进村入户认真核对贫困村、贫困户信息,找准帮扶办法,落实增收措施,为222名贫困群众送去1.8万元慰问金、60袋大米和60桶油。

2018年,重视"结对"扶贫工作,领导和驻村队员人均帮扶3户,中层干部人均帮扶2户,职工人均帮扶1户,对贫困村、贫困户实现全覆盖帮扶,州分行机关30名职工与58户贫困户结对,挂包职工为挂钩农户春耕生产购买化肥、籽种捐款1.8万元,为扶贫点捐赠价值3万元的物资、捐款3.2万元,解决工作经费2万元。协助社区引进农业龙头企业和种养殖大户,通过技术推广和签订订单,重点推进中药材、细黄姜、小米椒、青花椒、佛手、蔬菜、青储饲料等产业,挂包的58户建档立卡贫困户有57户通过州级脱贫初验。

2019年,干部职工共计向挂包农户送去价值1.16万元的慰问品,在"以购代扶"消费扶贫工作中购买价值0.18万元农副产品,为社区购买2万元的桶装饮用水,为易地搬迁点石头村解决活动室捐赠物品约人民币1万元。拨入工作队员工作经费2万元。为挂钩农户捐款萝卜产业发展资金0.58万元,购买扶贫救助保险捐款0.58万元,为挂包村委会落实捐赠款10万元。同时,运用公司自营、PPP等模式加大营销力度,加大对脱贫攻坚的支持。

2020年,对挂包的安龙堡社区包括非卡户在内的全部村小组、村民实行挂包责任制度,认真落实"四不摘"要求,着力巩固脱贫成果。组织党员深入安龙堡社区石头村民小组举办支部联建活动,增派3批次工作人员深入挂包村对农户生产、生活情况进行再摸排、再核实,确保农户"两不愁、三保障"目标实现。

十三、中国农业银行楚雄州分行

2015年8月,农行楚雄分行挂包联系点从法脿镇法甸村委会调整到铺司村委会,成立中国农业银行楚雄分行"挂包帮、转走访"工作领导小组,定期召开会议研究挂点联系村脱贫攻坚工作,严格选派驻村工作队员,落实工作经费。农行楚雄分行48名员工结对帮扶83户建档立卡贫困户。

2015年,为挂包村脱贫攻坚投入资金13.4万元,其中10.5万元用于改善法甸村委会办公条件,2 万元购买铺司村挂包贫困户春耕生产农资,解决铺司村委会 0.9 万元办公经费。2016 年解决驻村工作经费 2 万元,全行员工捐款 1.5 万元购买物资资助建档立卡贫困户。分行组织法脿镇相关人员到楚雄市洽谈辣椒种植收购合作。2017 年,落实办公经费 2 万元,捐赠价值 1.65 万元的化肥 17.4 吨和价值 2.61 万元的一批衣服被褥。在铺司村委会开展金融精准扶贫示范点创建工作,为种养殖户提供信贷政策支持。2018 年,落实办公经费 2 万元,领导每季度调研走访捐款 0.3 万元,发放建档立卡贫困户小额扶贫贷款 27 户 135 万元,投入 14.75 万元资金新建铺司村党员活动室,购置桌椅、办公室用品等附属设施。投入 5 万元资金更换铺司村田间生产公路涵管,投入 5 万元解决建档立卡贫困户发展种养殖业。挂包干部捐款 5.2 万元,员工捐物折合 5.54 万元,单位捐物折价约 5.77 万元,员工捐资 2.2 万元,为 46 户建档立卡户添置衣柜、沙发、床等生活必需品。2019 年,投入资金 14.62 万元,其中员工捐款(物)3.14 万元、单位捐赠大米 1.98 万元、落实办公经费 2 万元、捐资 7.5 万元用于全额出资修缮铺司村委会大龙树 2 个人畜饮水池塘。开展消费扶贫,发动本单位干部员工自愿购买农户的副产品,合计购买 7 万元;依托农行掌上银行"扶贫商城"电商扶贫销售平台,帮助上线双柏县法脿镇楚银顶茶厂茶叶,加强电商扶贫、牵线搭桥引进市场流通主体购销农产品。农行楚雄分行于 2019 年被州委、州人民政府授予楚雄州脱贫攻坚工作"扶贫先进单位"荣誉称号。2020 年,接续铺司村脱贫摘帽成果巩固提升,投资 30 万元帮助发展铺司村村集体项目 1 个。2020 年 8 月,农行向铺司村建档立卡贫困户发放小额扶贫贷款 135 万元;每年坚持"送金融扶贫服务下乡",在铺司村设立普惠金融服务站,开展农户信息建档和掌银示范村建设,为农民群众办理金融业务、宣讲金融知识、防范非法金融活动。开展脱贫攻坚公益活动,学校举办学习成长经验分享交流会,向孩子们赠送书籍和学习用具。

十四、楚雄州开发投资有限公司

楚雄州开发投资有限公司挂包扶贫联系大庄镇普岩村委会,成立扶贫工作领导小组,选派 2 名工作队员驻村开展工作。2014 年,公司帮助联系点解决资金 17.25 万元(协调到位项目资金 11 万元,公司自筹 4 万元实施崖子角自然村 360 米公路项目;员工捐款 0.45 万元,公司筹措 1.8 万元走访慰问 30 户五保户、留守户、老党员户、残疾户和困难户)。

2015 年 8 月,楚雄州开发投资有限公司挂钩扶贫联系点调整到双柏县妥甸镇和平村委会,挂包建档立卡贫困户 31 户。制定《楚雄州开发投资有限公司五年扶贫攻坚工作总体实施方案》《楚雄州开发投资有限公司脱贫攻坚年度实施计划》。当年,公司共为联系点帮助解决资金 18.45 万元,其中协调到位资金 6.4 万元,员工捐款 1.26 万元,筹措资金 10.79 万元。

2016 年,共为联系点帮助解决资金 53.1 万元,其中协调到位资金 44.5 万元,员工捐款 0.37 万元,筹措资金 8.23 万元。开展春节送温暖活动,为困难群众捐款 3 700

元，公司筹措资金 4 700 元，走访慰问 28 户结对户；年公司自筹资金 5 600 元，为 28 户困难群众购置化肥一批，帮助困难群众解决春耕生产困难。争取到位资金 15 万元建设黑谷田村与主公路 226 线相距 1.7 千米的公路，争取到位资金 15 万元修复加固大龙箐坝、大独田坝塘；争取到位资金 10 万元实施闪片、大岭岗村人畜饮水项目；争取到位资金 4.5 万元建成文化活动室。筹集资金 7.2 万元，补助 24 户建档立卡贫困户户均 3 000 元，作为家畜种苗购置资金，实现户均增收 5 000 元。

2017～2018 年，公司与其他帮扶单位、驻村工作队一同协助村委会推进"互联网＋"社会扶贫相关工作，和平村所有建档立卡户均在规定时限内完成"社会扶贫"App 贫困户注册，公司干部职工完成爱心人士注册，对村内因学、因病导致生产生活存在困难的贫困户，协助其在"社会扶贫"App 上发布相应需求，并组织公司干部职工对接，确保其稳定脱贫。在南京大学派驻和平村工作人员牵头下，公司配合参与电商平台销售本村及双柏县农副产品。

2019 年 10 月，组织公司 30 余名干部职工在和平村委会采购土鸡蛋、土鸡、鹅、蜂蜜等农副产品 5 630 元，人均采购 200 余元。11 月 19 日，组织干部职工开展挂包户扶贫救助保险参保工作，共捐款 3 000 元，投保 30 户。2020 年 1～6 月，组织员工进行扶贫捐款，全体挂包帮干部参加回访建档立卡贫困户暨春节慰问活动，自筹 0.5 万元资金扶持贫困户发展养殖业；春耕期间，全体干部职工捐款 0.92 万元资金解决贫困户饮水管路架设、产业发展和房屋修缮等困难问题。

十五、中国人寿楚雄分公司

2018 年，中国人寿楚雄分公司定点帮扶法脿镇麦地村委会，挂包联系该村 7 个村民小组 52 户贫困户。脱贫攻坚工作以来，中国人寿楚雄分公司及时调整充实脱贫攻坚工作领导小组，定期召开会议研究定点挂钩扶贫工作，公司选派 2 名员工分别驻麦地村委会和烂泥村委会开展工作，落实工作经费 2 万元。楚雄分公司从办公经费中核支 3 万元资金，作为麦地村委会"惠农农民专业合作社"成立启动资金；拨付 1 万元资金，帮助麦地村委会购买冰箱、洗衣机等生活用具。2018 年春节前，全体员工慰问麦地村委会工作人员，员工共出资 5 720 元为 52 户贫困家庭每人办理 1 份意外伤害保险，并送价值 1 万元的春节慰问礼品；2018 年 5 月，公司 52 名员工每人出资 200 元，为贫困家庭采购生产用品。结合村情制定各项产业扶贫政策要求，逐村逐户落实产业，打造新的产业扶贫亮点。发展黄精种植 25 亩、党参 50 亩作为后续巩固产业，推广 200 亩工业辣椒种植，与种植农户签订购销合同，建立购销利益链，建立贫困户与各合作社之间的利益链接机制，培育发展建立"一村一品""一村多品"特色产业和可持续发展循环农业体系，确保贫困群众走上长久脱贫、巩固提升的致富之路。

第三节　县级部门

一、中共双柏县委办公室

县委办公室在脱贫攻坚中挂包安龙堡乡新街村委会,2017年新增妥甸镇麦地新村委会。2019年年末,新街村委会建档立卡贫困户减少至6户14人,贫困发生率降至1.7%;麦地新村委会建档立卡贫困人口全部清零。2019年3月,因县档案局机构划转到县委办公室,原县档案局挂包的大庄镇尹代箐、代么古村委会脱贫攻坚工作同时并入县委办公室。

认真落实脱贫攻坚工作责任制,成立脱贫攻坚工作领导小组,统筹协调解决抓好各项工作。先后选派4名科级干部、4名股室长作为驻村扶贫工作队员脱岗驻村负责联系点脱贫攻坚工作,47名干部挂包建档立卡贫困户57户。2016年起,每年投入20万元用于挂包村委会脱贫攻坚工作经费,建设运营中共双柏县委办公室精准扶贫安龙堡乡农特优产品营销中心,解决挂包联系村委会农民群众农特产品销售难问题。

围绕脱贫退出指标和贫困村、贫困户后续发展需求,争取资金60万元对安龙堡乡新街村委会至二塘村14.2千米公路进行改扩建,争取东西部扶贫协作资金40万元,完成新街村委会至丁家、山后2个村民小组6.97千米村组公路和二塘、对门2个村民小组村间道路硬化,改善沿路4个村民小组通行状况;争取30万元资金建成麦地新村委会草堵河小康桥,争取涉农整合项目资金56.3万元,对麦地新村委会亦租扎村民小组实施村间道路硬化,解决3个村民小组群众出行难、交易难等问题;帮助麦地新村委会争取高产农田建设项目资金125.3万元、烟田建设项目资金416.3万元,建设高标准农田183亩,烟田建设项目受益面积1800亩,群众受益面70%;帮助新街村委会协调烟田水窖建设项目资金48.4万元、"爱心水窖"资金16.6万元,建设烟田水窖121口;完成新街、对门、二塘、定味母、新丁家人畜饮水建设;争取项目资金50万元,用于新街村委会新街村老年活动室建设。

指导挂包联系的2个村委会制定产业发展规划,巩固好烤烟、粮食等传统种植业和牛、羊、生猪等传统养殖业,发展中药材种植,推动劳动力转移就业,推行"企业+基地+村委会+贫困户"模式,把麦地新村委会纳入"大麦桂"片区产业发展中心点进行产业发展谋划布局,2020年,引进工业大麻种植175亩,种植工业椒、小米椒360亩,油茶56亩,茯苓2600亩,贡菜93亩;协调企业捐赠资金12万元建设新街村委会中药材示范园,实现联系村委会建档立卡贫困户利益链接机制全覆盖。

在新街村委会建设 1 个易地搬迁集中安置点、1 个地质灾害滑坡搬迁点,实施 34 户易地扶贫搬迁、8 户地质灾害搬迁、11 户危房改造拆除重建、2 户危房加固改造,在麦地新村委会实施易地扶贫搬迁 6 户、地质灾害搬迁 9 户、危房改造拆除重建 1 户、危房加固改造 30 户。动员干部职工为特殊困难群众捐资捐物 25 万余元,对麦地新村委会的 1 名贫困大学生进行帮扶;对新街村委会 1 名身患脑白质病变的建档立卡贫困学生进行医疗捐助;向产业发展困难户捐赠产业发展资金;牵头为安龙堡乡高中以上学历贫困学生捐赠爱心教育资金 70 万元。

二、双柏县人大常委会办公室

2014 年以来,县人大常委会办公室先后挂点联系大庄镇尹代箐村委会和普妈村委会。县人大常委会主任和 4 名副主任、3 名处级非领导职务干部共挂包 18 个村委会。

2014 年,县人大办选派 1 名干部担任尹代箐村新农村建设指导员,落实工作经费 4 万元。帮助大庄镇尹代箐村争取项目资金实施财政奖补"一事一议"项目 1 个,投资 7.7 万元;组织实施村级文化活动场所建设项目 2 个,投资 8.7 万元;帮助协调实施洛骂村村民小组安装村庄道路涵管 6 道,投资 0.5 万元;争取实施尹代箐村卫生室建设项目 1 个,补助资金 26 万元,建筑面积 210 平方米;争取实施尹代箐以村民小组扶贫整村推进项目 1 个,补助资金 15 万元;组织实施尹代箐村委会尹以村、尹外村、杞峨村 3 个村民小组人畜饮水项目 2 件,投资 7 万余元,争取县级相关部门资金 9 万元,解决村委会办楼建设缺口资金。

2015 年,县人大办选派 1 名干部担任尹代箐村新农村建设指导员,落实工作经费 2 万元,向州人大常委会争取尹代箐片区人大代表工作站工作经费 2 万元。8 月,扶贫联系点调整到普妈村委会后,新派 1 名驻村扶贫工作队员驻普妈村委会;并牵头筹集 9 万元资金(县人大办筹集 4 万元、县政研室筹集 3 万元、县路政大队筹集 2 万元)帮助普妈村委会改造党员活动室,配置村委会相关办公设施。

2016 年,县人大办选派 2 名干部担任普妈村驻村扶贫工作队员,落实工作经费 4 万元;协同县委政研室争取资金 9.2 万元,租赁 35 亩荒山种植青花椒,为村委会解决集体经济"空壳"的问题。协调扶贫整村推进工程 1 个,投资 90 万元;中央资金"五小水利"工程项目 1 个,投资 800 万元;建设村卫生室 1 个,投资 35 万元;村委会便民服务综合楼建设项目 1 个,投资 48 万元;扩建普妈村委会至杨治河 9.8 千米公路,投资 52 万元。采用单位和挂帮干部共同出资的办法,为每户贫困户筹集产业发展资金 500 元。

2017 年,县人大办选派 2 名干部担任普妈村驻村扶贫工作队员,落实工作经费 4 万元,帮助普妈村协调争取实施投资 400 万元大罗块—木杵郎 6.4 千米路面扩建和硬化工程。采用单位和挂帮干部共同出资的办法,为每户贫困户筹集产业发展资金 500 元。

2018 年,县人大办选派 2 名干部分别担任大庄镇普妈村和尹代箐村驻村扶贫工作队员;为普妈村落实工作经费 2 万元,为普妈村解决党员活动室安装电子显示屏所需经费 0.6 万元；为尹代箐村落实工作经费 1 万元；抽调 3 名机关干部分别担任妥甸镇、大庄镇和安龙堡乡脱贫攻坚观察员；4 月，协调县科技局到普妈村开展中草药种植培训 1期，参加培训农户 60 户 60 人；8 月，抽调 3 名机关干部全脱岗到县扶贫办工作；9 月，通过上海嘉定区人大常委会工业区工作委员会协调格朗吉斯铝业（上海）有限公司工会委员会向大庄镇普妈村委会捐赠 5 万元帮扶资金；10 月，增派 3 名脱贫攻坚动态管理工作队员，进驻大庄镇普妈村委会协助开展脱贫攻坚动态管理工作，为普妈村委会落实小米椒专用化肥 120 包，价值 1.86 万元。12 月，协调农村饮水项目资金 30 万元，解决部分村民小组安全饮水问题。5 月以后，落实每周六"扶贫专题日"工作要求，组织机关干部职工进村入户 36 批 350 余人次，38 名机关干部为普妈村特困户上学子女捐款 0.8万元。为常委会领导包保联系的妥甸镇格邑、碍嘉镇旧丈、法脿镇法甸、独田乡独田和大水田 5 个行政村解决扶贫工作经费 4 万元。

2019 年 1～6 月，县人大常委会办公室继续选派 2 名干部分别担任大庄镇普妈村和尹代箐村驻村扶贫工作队员，为普妈村和尹代箐村各落实工作经费 1 万元。继续抽调 4 名干部分别担任妥甸镇、大庄镇、安龙堡乡和碍嘉镇脱贫攻坚观察员；抽调 3 名机关干部全脱岗到县扶贫办开展工作。7 月，新派 4 名干部分别担任大庄镇普妈村、各三郎村和碍嘉镇龙树村驻村扶贫工作队员；8 月又增派 1 名干部到大麦地镇邦三村担任驻村扶贫工作队员。为大庄镇普妈村落实工作经费 2 万元；为大庄镇各三郎村、碍嘉镇龙树村和大麦地镇邦分别落实工作经费 0.5 万元。10 月，县人大常委会机关组织干部职工深入普妈村开展定点扶贫"以购代扶"活动，购买农副产品金额 9 751 元。

2020 年，县人大常委会办公室继续选派 4 名干部继续担任大庄镇普妈村委会、各三郎村委会和碍嘉镇龙树村委会驻村扶贫工作队员。为普妈村协调村集体经济项目 1个，投入资金 89.7 万元。县人大常委会机关 45 名干部职工开展脱贫攻坚专项捐款3.58 万元，用于支持贫困户稳固脱贫。

三、双柏县人民政府办公室

2014 年以来，双柏县人民政府办公室先后挂点联系妥甸镇马龙村委会、中山社区、马脚塘村委会和大麦地镇野牛村委会，按照"稳基础、培产业、强党建、促增收"的帮扶思路，不断加大人力、物力、财力投入力度，帮助帮扶对象增加收入，改善生产生活条件。

成立脱贫攻坚工作领导小组，明确班子成员的包保责任和干部的帮扶责任，先后选派 2 批驻村扶贫工作队员 6 人，全面落实帮扶工作经费，研究制定脱贫攻坚工作方案，细化分解工作任务。始终把贫困群众当亲人，全面准确摸清 60 户 345 人贫困户的基本情况，有针对性地制定发展生产计划、增收致富措施。在产业发展方面争取投入资金20 万元，帮助马龙村委会种植澳洲油茶示范基地 20 亩、紫胶 150 亩、人参果 56 亩，示范带动马龙村贫困户和群众种植澳洲油茶 40 亩，紫胶 327 亩，人参果 150 亩，甘蔗1 000 亩，香橼 152 亩。争取科技助力精准扶贫支持，在马龙村成立州科协专家工作服务站，引进经济效益更高的撒坝种猪，发放种母猪 144 头。在基础方面帮助协调争取

400余万元实施歇牛场入村公路、大地埂入村公路拓宽工程、硝井入村公路,解决沿线9个自然村800多人的出行问题,促进当地低热河谷地区370多亩土地开发;争取2017年博爱家园项目资金30万元(其中基础设施建设资金15万元,生计资金15万元),争取上海市嘉定区帮扶资金5万元,北京中医药大学捐赠资金22.78万元,用于补齐马龙村委会、马脚塘村委会、中山社区基础设施短板。争取资金501万元,在马龙村委会实施"四位一体"项目1个,实施4个村村间道路硬化3.6千米,中箐脑村民小组村组道路4千米,为15个村民小组安装路灯36盏,新建排污沟1条130米,实施无公害水面养殖项目1个,新建冷库1个,村级文化活动室及附属工程4个,投入资金7万元,积极开展乡村精神文明创建和乡村治理体系建设。投入资金1万元,为村委会配备空调4台,落实工作经费3万元。在培训方面先后协调组织使用技术培训5场次,培训人员500人次,组织部分贫困户及子女共21人参观楚雄州科技馆,连续2年组织科普大篷车进校园活动,为挂包的每一户贫困户购买1份"返贫险"。县政府办公室坚持扶贫与扶智、扶志相结合,深入开展"自强、诚信、感恩"教育活动和组织党的十九大精神、脱贫攻坚政策宣讲,引导群众讲真话、干实事,消除争贫守贫安贫思想,着力改善贫困群众的生产生活陋习。始终要求全办干部以最好的精神状态、最实的工作作风,做到用脚行走、用心丈量、用爱帮扶,勠力同心推动各项政策措施落实落地。

至2020年8月,马龙、马脚塘、中山和野牛4个村的基础设施得到改善,产业发展初见成效,贫困群众生活水平不断提高。马龙村贫困人口从2014年的135户559人下降至2019年年底的1户2人,贫困发生率从29.91%下降至0.10%。马脚塘村贫困人口从2014年的74户258人下降至2019年年底的1户4人,贫困发生率从26.60%下降至0.41%。中山的贫困人口从2016年的14户34人下降至2019年年底的5户17人,贫困发生率从18.10%下降至0.62%。野牛村贫困人口从2014年的27户91人下降至2019年年底的7户11人,贫困发生率从11.10%下降至1.24%。所有脱贫户均无返贫,实现高质量脱贫目标。

四、双柏县政协办公室

2014年来,县政协机关压紧压实挂包帮扶责任,严格坚持"脱贫攻坚专题日"制度,用心用情用力做好脱贫攻坚"挂包帮、转走访"工作。县政协领导和县政协机关共挂包帮扶18个村(社区),其中县政协主席挂包大麦地镇担任总召集人,4名副主席、3名州委管理领导干部担任大庄、碨嘉镇、法脿、爱尼山4个挂包乡镇召集人;县政协机关挂包爱尼山乡大箐、旧哨2个村委会,39名干部职工结对帮扶建档立卡贫困户103户371人(其中旧哨村委会8户15人,大箐村委会41户146人)。县政协机关先后选派12名政治素质好、工作能力强的党员干部担任驻村扶贫工作队员,选派1名机关干部驻乡镇担任脱贫攻坚观察员,严格落实与单位工作脱钩要求,抽调3名机关干部到县扶贫办工作,安排1名专委会副主任参与脱贫攻坚专项纪律巡访工作,2017年、2018年分别派出贫困对象动态管理工作队员10名和3名。加大支持保障力度,及时安排机关驻村扶贫工作队员经费,全面落实健康体检、意外伤害保险、座谈慰问等关怀措施,全力保障工作队员安心驻村工作。

坚持把助推脱贫攻坚作为履职优先任务,深入调查研究、广泛协商议政、积极建言献策,为打好打赢脱贫攻坚战建真言、献良策。发挥专门协商机构作用,广泛听取全县各族各界人士对脱贫攻坚工作的意见建议,以协商为纽带及时反映社情民意,"关于在农村民居拆旧中保留部分特色民居建筑的建议"等社情民意得到县委、县人民政府主要领导批示,推动相关问题的解决。紧紧抓住脱贫攻坚的重点和关键问题,组织政协委员对"五网"建设、重点产业发展、生态文明先行示范区创建、易地扶贫搬迁、义务教育均衡发展、城乡居民基本医疗保险、电子商务发展等工作开展视察调研、协商监督,配合农工党省委、州委开展脱贫攻坚民主监督,配合州政协开展深度贫困地区脱贫攻坚调研,综合运用多种履职方式,积极为助推脱贫攻坚献计出力。

坚持以"九个助推行动"为工作重点,以"九个一"活动为载体,研究制定《双柏县政协系统开展脱贫攻坚助推行动实施意见》,分解细化年度工作安排,认真做好统筹协调和组织服务工作,为委员参加助推行动创造条件、搭建平台。县政协主要领导带头参与助推行动,积极为解决基层和贫困群众实际困难问题奔走呼吁、牵线搭桥,仅 2018 年就先后协调联系爱心企业捐款捐物 41.6 万元。县政协领导班子成员和机关干部职工全力支持参与脱贫攻坚助推行动,抽调重点项目建设指挥部的县政协领导协调项目施工企业,力所能及地为困难群众办实事;县政协专委会牵头组织各界别委员深入一线,积极开展"送医送药、送教下乡、文化下乡、法润脱贫"等活动;机关干部职工购买结对贫困户农副产品 1.5 万元,向县红十字会贫困风险防控救助资金专管账户捐款 2.74 万元。

积极向上级部门协调争取工作经费,安排资金帮助挂包联系村解决实际困难问题。2017～2019 年,县政协机关分别安排挂包联系村脱贫攻坚工作经费 12.3 万元、15.6 万元、6.3 万元,2020 年上半年安排工作经费 2 万元。积极协调争取"一事一议"财政奖补、高原特色农业、基层组织建设、"五小"水利建设、农村环境综合整治等项目资金 500多万元,先后组织实施大箐村委会片区供水、村庄道路硬化工程、村组公路扩修、村卫生室搬迁新建、村民小组活动室等项目,扶持发展黑山羊养殖、中药材、魔芋、小米椒种植等特色产业,2016 年顺利实现整村脱贫出列;2017 年,协调落实大箐村党总支党员活动室建设缺口资金 5 万元;2018 年,协调争取旧哨村委会彩票公益金项目资金 30 万元,协调落实旧哨村委会为民服务站、厨房建设资金 7 万元;2020 年,协调落实沪滇协作马龙河高端水产养殖项目,每年为旧哨村委会增加村级集体收入 15 万元。

五、双柏县纪委、县监委

2014 年来,双柏县纪委、县监委挂包联系大庄镇木章郎村委会。双柏县纪委、县监委按照精准扶贫各项要求,成立由主要领导任组长的挂包帮工作领导小组,明确 1 名领导分管扶贫工作,由县纪委监委组织部负责具体工作,形成主要领导负总责、分管领导亲自抓、分管部门牵头抓、工作队员具体抓、帮扶干部一对一挂钩联系抓的工作格局,加强精准扶贫工作组织领导。定期召开县纪委常委会议专题研究挂包帮扶工作,制定年度"挂包帮、转走访"脱贫攻坚工作计划,坚持县纪委常委会议每月专题听取1次驻村工作情况汇报,研究解决扶贫工作中存在的困难和问题。增派3名纪检监察干部到县联席办参与脱贫攻坚工作,每年选派6名纪检监察干部驻村开展工作。从2014年开始,先后投入扶贫联系点工作经费共28.5万元,按月报销工作队员驻村生活补助;从2018年起,每年为驻村工作队员购买人身意外伤害保险,每年组织驻村工作队员进行1次体检。

　　双柏县纪委、县监委围绕脱贫退出标准,协调有关部门投入1 975.87万元资金实施23个村民小组8 700多亩土地整理项目,协调有关部门投入520万元资金实施9个村民小组村庄道路硬化项目,帮助扩宽进村委会道路、开挖停车场,新建30立方米蓄水池1个,改造管路350米,协调争取居家养老服务中心项目1个,总投资60万元,新建2层砖混结构居家养老服务中心。向水利部门争取扶贫项目资金550多万元建设五小水利项目小坝塘除险加固13个和辖区内部分灌溉沟渠修复工程3条;2014年来投入项目资金113.96万元,完成10个村民小组的饮水工程建设,人畜饮水困难得到彻底解决。争取扶贫项目资金49万元,实施1个自然村公路硬化、1个(小组)自然村部分道路硬化工程。争取扶贫项目资金215万元在小组(自然村)新建7个公共文化活动场所。争取扶贫项目资金19.2万元,新建垃圾焚烧房24座。争取项目资金19.45万元,在全村实施农村电网改造、提升工程,新安装10千伏变压器1台。2018年末全村17个自然村21个村民小组村内户外道路实现全部硬化,全村100%通生活用电,全村100%通广播电视,宽带网络覆盖到行政村,全村人畜饮水得到保障,自然村公共活动场所实现全覆盖,群众生产生活条件得到改善。组建村级"爱心屋"。整合社会扶贫资源,加强社会保障力度,建立木章郎村委会"爱心屋",群众通过积攒"爱心积分"到"爱心屋"换取所需物品,鼓励村民们互相帮助,爱护环境,树立良好的村风民风。

六、中共双柏县委组织部

　　自2014年脱贫攻坚工作开展以来,县委组织部根据安排挂包帮扶法脿镇铺司村委会,2018年增加挂包帮扶法脿社区。铺司村委会和法脿社区脱贫攻坚工作均于2018年通过省委、省人民政府的考核验收,实现整村脱贫出列。2019年机构合并后,县委老干部局6名干部职工继续挂包帮扶大庄镇各三郎村委会和尹代箐村委会。截至2020年8月,县委组织部29名干部职工共在6个乡镇挂包帮扶贫困群众79户,其中妥甸镇2户、大庄镇25户、法脿镇45户、大麦地镇3户、安龙堡乡2户、独田乡2户。县委常委、组织部部长作为法脿镇总召集人负责牵头组织开展脱贫攻坚相关工作。

　　县委组织部成立扶贫工作领导小组,定期召开脱贫攻坚专题会议和干部职工会研究"挂包帮、转走访"工作。组织全体干部职工向贫困户帮扶慰问,以支部"1+1"结对共建为抓手,采取"支部主题党日+脱贫攻坚日"的方式,深入法脿社区和铺司村党总支联合开展春节慰问、助春耕、爱路护路、拆旧建新、环境整治、纪念建党节等系列主题党日活动。2015 年至今,班子成员每年走访贫困户 400 余人次,干部职工每年走访贫困户 3 000 余人次。

2015 年,帮助落实挂点联系村(社区)各项经费 8 万余元,向贫困户捐款捐物共 8 万余元。2016 年,投入村级活动场所建设、党建示范点建设等党建工作经费 19.7 万元,铺司村党总支先后获评全县"基层党建红旗村""平安和谐红旗村",村党总支书记被评为 2020 年全县"虎乡好支书";投入产业发展扶持资金 4.88 万元,举办各类技术培训 20 余期。2018 年,部领导协调联系鹤岚中草药种植有限公司在铺司村建设中草药种植基地;帮助协调争取用于树林脚修建田间公路的资金 8 万元;协助解决铺司村集体经济建设资金 50 万元,进一步推进位于法脿集镇的"铺司大酒店"项目建设,解决装修资金 30 万元;成立双柏县法脿镇铺司惠农农民专业合作社,并促成与云南海润思雅绿色食品有限公司签订收购合同,推广小米椒种植;与森美达公司签订澳洲油茶种植合作协议,在九干箐片区试种油茶 10 余亩;与秧田箐茶厂沟通协调,出租茶厂 1 个。法脿社区则通过建设、转让、租赁等多种形式,进一步开发集体资源、盘活集体资产、发展壮大村集体经济,2019 年铺司村村集体经济收入 8.2 万元,法脿社区 9 万元。2019 年来,帮助铺司村委会秧田箐打造人居环境提升示范点,开展环境集中整治 50 余次;协调县级有关部门推动铺司村委会下九干箐片区土地整理开发项目落实,进一步抓实产业发展。2020 年 7 月,县委组织部所挂包帮扶的村(社区)及贫困户均顺利通过州级普查验收。

七、中共双柏县委宣传部

县委宣传部 2014 年开始挂包联系安龙堡乡说全村委会,2015 年 9 月调整联系安龙堡新街村委会,2015 年 12 月调整联系妥甸镇和平村委会。9 名干部职工在和平村委会帮扶 37 户,在丫口村委会帮扶 2 户。脱贫攻坚工作开展以来,县委宣传部成立扶贫工作领导小组,定期召开专题会议研究扶贫工作,制定年度脱贫攻坚帮扶工作方案,明确年度重点工作任务,扎实开展"挂包帮、转走访"工作。2015 年来,每年选派 1 名干部到挂包村开展脱贫攻坚工作,落实驻村工作队员按照每天 50 元的生活补助和通信补贴,为驻村工作队员购买保险。

2014~2015 年,挂包联系安龙堡乡说全村委会及新街村委会,解决柏家河、新街村委会 0.5 万元工作经费,投入安龙堡乡智力扶贫发展基金 0.5 万元,向省级部门争取民族文化广场建设项目资金 50 万元。2015~2020 年,挂包联系妥甸镇和平村委会,每年给予和平村委会 0.5 万元工作经费。2017 年,为和平村委会争取 12 万元的活动室建设资金以及 5 万元的产业扶持资金,为丫口村委会争取 3 万元的产业扶持资金。2018 年 12 月,为和平村委会村民小组制作村规民约宣传栏 29 块,脱贫攻坚、扫黑除恶宣传标语 12 条,累计费用 8.66 万元。2018 年 12 月,联系云南省济南商会向和平村委会 320 户群众每户捐赠 1 套桌椅,累计价值 10 万元。2019 年给予和平村委会党建工作经费 0.3 万元。2015~2020 年,全体干部职工看望慰问联系户及为挂包联系户配置"十有",共投入约 8.68 万元。

县委宣传部研究制定《双柏县村寨文化氛围营造工程工作方案》《双柏县脱贫攻坚宣传氛围营造方案》等文件,营造全社会共同关注、支持和参与脱贫攻坚工作的舆论氛围。持续深入开展"感恩党中央、脱贫奔小康""自强、诚信、感恩"主题实践活动。结合实施"美丽乡村""七改三清"整治,引导广大村民移风易俗,改变陋习。深化文明村创建工作,组织开展身边好人、道德模范、脱贫致富带头人、文明家庭评选活动,加强对群众的文化引导,提振群众精气神,激发群众自强不息、诚实守信、脱贫光荣的思想观念和感恩意识。2014 年来,累计组建县级宣讲团 16 个,组建乡镇宣讲团 336 个,宣讲团开展"六进"(进机关、进农村、进社区、进学校、进医院、进企业)累计集中宣讲 24 000 场次。全县悬挂、刷写脱贫攻坚标语 3 970 条,制作党的十九大、核心价值观等户外公益广告牌 548 块,制作宣传栏 374 块,发放、张贴村寨文化招贴画 26 070 份,开展送戏下乡 609场。在省州主流媒体《云南日报》《楚雄日报》累计脱贫攻坚用稿 455 篇,县广播电视台采访报道脱贫攻坚新闻信息 467 余条,播放脱贫攻坚标语及公益广告 106 条。

八、中共双柏县委统战部

2014 年,县委统战部挂包联系法脿镇六街村委会,2015 年下半年调整联系大庄镇麻栗树村委会,8 名干部挂包联系甲地左 19 户建档立卡贫困户。2018 年 2 月,新增挂包联系大庄镇大庄社区,6 名干部挂包联系社区二组 8 户建档立卡贫困户。

2015 年,县委统战部把"挂包帮、转走访"工作作为部门重点工作,成立领导小组,选派驻村工作队员 1 名,协调安排工作经费 2 万元。先后派驻帮扶工作组 4 批次 23 人次驻村开展工作,形成《双柏县大庄镇麻栗树村委会扶贫攻坚"挂包帮"帮扶工作调研报告》《双柏县大庄镇麻栗树村委会扶贫攻坚规划(2015—2017)》。

2016 年,为麻栗树村委会解决工作经费 0.5 万元,配备办公用电脑 1 台,价值 0.25万元。配备复印机 1 台,价值 0.3 万元;帮助争取资金 10 万元,用于修缮甲地左文化活动室和篮球场建设;协调争取 1 个投资 150 万元的农业产业项目,3 个共计 10.5 万元的产业发展及培训项目。

2017 年,增派 2 名干部驻麻栗树村开展扶贫动态管理工作,协助麻栗树村村委会制定《双柏县大庄镇麻栗树村委会扶贫攻坚规划(2015~2020)》,撰写《双柏县大庄镇麻栗树村委会扶贫攻坚"挂包帮"帮扶工作调研报告》,8 名挂包干部为 19 户联系户购买物资价值 0.44 万元。为麻栗树村委会解决工作经费 2.5 万元,配备电脑 1 台,价值0.4 万元。帮助协调争取资金 1.8 万元,为村委会争取到州民宗委产业发展资金 5 万元,为村委会搬迁建设协调解决缺口资金 5 万元。

2018 年,为新增挂包联系大庄镇大庄社区解决工作经费 0.2 万元,为麻栗树村委会解决工作经费 2 万元,协调争取篮球架 1 套,价值 0.8 万元;协调争取"同心工程"助学金 1.2 万元,资助 13 名在校学生;5 名挂包干部为 6 户联系户购买生活用品价值0.47 万元。

2019 年,为麻栗树村委会解决工作经费 1 万元,配备电脑 2 台,价值 0.9 万元,协调辖区企业解决村集体经济资金 2 万元。挂包干部分别深入大庄镇麻栗树村委会和大庄社区二组,向挂包村、挂包贫困户购买价值 0.2 万元的大米、土鸡等农副产品。

2020 年,为麻栗树村委会解决工作经费 0.5 万元,9 名统战干部开展扶贫济困捐款活动,向贫困群众捐款 0.61 万元。

县委统战部引导和帮助村民学科技、用科技,多渠道拓展群众增收途径以提高收入,推进贫困村经济建设,扶持麻栗树村委会种植青花椒 287 户、721.5 亩;扶持种植美人椒 40 户、87 亩;扶持畜牧养殖 143 户(其中提供补助养殖种母猪 91 户 97 头;提供补助养殖种母羊 52 户 263 只)。协调落实 10 户 10 人为生态护林员,1 户 1 人为第二期天然林保护护林员。

截至 2020 年 8 月末,累计派出 3 名干部到挂包村开展脱贫攻坚工作,2019 年,增派 1 名副部长驻麻栗树村任第一书记,并落实驻村工作队员生活补助、健康体检、意外伤害保险等保障。

九、中共双柏县委政法委

2014 年,县委政法委扶贫联系点为碌嘉镇碌嘉社区,下派 1 名班子成员担任新农村建设指导员。组织干部职工走访慰问联系户 2 次,向每户联系户发放价值 200 元的春节慰问品。协调帮助碌嘉社区争取居家养老项目 1 个。

2015 年,县委政法委挂包联系点从碌嘉社区调整到新树村委会,共挂包帮扶 42 户(新树村委会 40 户、红山村委会 2 户),落实工作经费 2.46 万元(新树村委会 0.8 万元、红山村委会 0.56 万元、碌嘉社区 1.1 万元)。

2016 年,落实工作经费 0.5 万元,为联系村委会添置价值 1 万多元的档案柜、办公桌椅、厨具等用品。抓产业扶持,结对帮扶的贫困户落实产业扶持资金 4.3 万元(新树村委会 40 户共 4 万元、红山村委会 2 户共 0.3 万元)。组织全体干部开展贫困村贫困户遍访活动 3 次,组织干部职工捐款捐物,向 42 户联系户发放价值 5175 元的慰问品。落实工作经费 2.46 万元(新树村委会 0.8 万元、红山村委会 0.56 万元、碌嘉社区 1.1 万元)。

2017 年,开展"挂包帮、转走访"100 多人次,每户发放慰问金 200 元。落实工作经费 5 万元(碌嘉镇 2 万元、新树村委会 1.5 万元、麻旺村委会 0.3 万元、红山村委会 0.2 万元、东风村委会 0.5 万元、碌嘉中学 0.5 万元)。帮助协调解决新树八良田—山尾巴公路建设项目资金 2 万元。动员新树村委会群众发展甘蔗种植 450 亩,贫困户户均 1.5 亩,每户增收 0.33 万元。

2018 年,组织开展脱贫攻坚专题日活动,走访 50 户 1000 多人次,帮扶贫困户物品及资金每户 300 元。落实工作经费 5.1 万元(碌嘉镇 1 万元、碌嘉社区 1.1 万元、新树村委会 1.5 万元、红山村委会 0.6 万元、龙树村委会 0.4 万元、碌嘉镇卫生院 0.5 万元)。建档立卡户住房全部达到安全稳固标准,适龄青少年 100% 就学,符合条件家庭成员 100% 缴纳社会养老保险费,家庭成员 100% 参加基本医疗和大病保险。

2019年,县委政法委挂包帮扶50户(新树村委会41户、碙嘉社区7户、红山村委会2户)。落实工作经费5.3万元(碙嘉镇2万元、碙嘉社区0.5万元、新树村委会0.5万元、红山村委会0.3万元、驻村工作队经费2元)。坚持脱贫攻坚日制度,巩固提升措施的落实,开展感恩宣传教育,当年帮扶干部走访50户500多人次,集中宣讲10场次1000多人次,帮扶贫困户物品及资金每户500元。开展"工作大排查,问题大整改",抓好迎国检各项准备工作,找准存在问题,补齐各项短板。同年年末,49户建档立卡户所有脱贫指标均达标。开展消费扶贫,挂包干部向联系户购买各类土特产品价款0.92万元。

2020年,县委政法委挂包帮扶53户(新树村委会44户、碙嘉社区7户、红山村委会2户)。落实工作经费4.7万元(碙嘉镇1.5万元、新树村委会1.2万元、旧丈村委会0.5万元、红山村委会0.5万元、义隆村委会0.5万元、密架村委会0.5万元),帮扶贫困户物品及资金每户200元。

十、中共双柏县委政策研究室

2014～2015年,中共双柏县委政策研究室共有干部职工7人,结对帮扶妥甸镇九石村委会13户贫困户;2016～2020年,共有干部职工7人,结对帮扶大庄镇普妈村委会20户建档立卡贫困户。为抓好挂包帮扶工作,及时调整充实由县委政策研究室主任为组长的精准扶贫工作领导小组,并定期或不定期召开会议研究挂包扶贫工作。

2014～2020年,分别派出有农村工作经验的3名干部担任驻村工作队员,其中2014～2015年派驻妥甸镇九石村委会,2016～2017年派驻大庄镇普妈村委会,2018～2020年派驻大庄镇尹代箐村委会。同时,每年增派1名脱贫攻坚动态管理工作队员协助挂包村委会开展脱贫攻坚动态管理工作。2014～2020年,为挂包联系村委会筹措工作经费13.1万元,全体干部职工为挂包联系户捐款捐物共计3.9万元。2015年筹集9万元资金(县人大常委会办公室筹集4万元、县委政策研究室筹集3万元、县路政大队筹集2万元)实施村委会党员活动室改造工程,配置相关办公设施。2016年县委政策研究室与县人大常委会办公室共同争取9.2万元资金,租赁35亩荒山种植青花椒,为普妈村委会解决集体经济"空壳"的问题。同县人大常委会办公室等帮扶单位共同努力,协调扶贫整村推进工程1个,投资90万元;中央资金"五小水利"工程项目1个,投资800万元;争取46万元建设村卫生室1个;争取10万元建设村运动场1个;村居家养老服务站建设项目1个,投资80余万元(其中县委政研室筹集2.5万元);大普妈至杨治河公路扩修工程项目1个,投资80万元,直接受益6个自然村7个村民小组。县委政策研究室帮助九石村委会和普妈村委会实施人畜饮水改造工程,解决资金0.6万元;为普妈村委会安排5万元项目经费修建漫水桥1座,解决大普妈村,上、下只扎峨3个村民小组45户160名群众出行难问题。截至2020年8月,县委政策研究室挂包普妈村委会的者必力村、中村、小普妈村和龙打坝村4个村民小组20户87人实现脱贫。

十一、中共双柏县委党校

2014年来,中共双柏县委党校定点帮扶大麦地镇河口村委会。7年来,16名教职工全部参与到脱贫攻坚工作中帮扶贫困户31户,选派综合素质好、工作能力强的2名工作队员长期驻村,1名主要领导和1名分管领导分片包保9个自然村,全校教职工分片包村包组,共选派驻村扶贫工作队员9人次,增派工作队员15人次。2014年来,落实驻村工作队员工作经费5.5万元,支持河口村床单被套30件、新购买电脑2台、打印机1台、打印用A4纸10件、净水机1台、档案柜1组、冰箱1台、消毒柜1台、会议桌椅1套、全自动洗衣机1台等办公及生活用品,合计折资4.2万余元。干部职工结对帮扶联系户购买家具、化肥、日用品等折资3.9万余元。

持续改善挂包联系点基础设施,协助争取人畜饮水项目资金11万余元,帮助河口村委会架设饮水管道3.3千米,完成辖区内全部农户通自来水,人畜饮水困难得到彻底解决。引入村级活动场所建设项目1个,自然村公共文化活动场所3个,村级活动场所和阵地建设得到全面的改善。县委党校协调和支持产业扶持资金8万余元,开展"小米椒""澳洲油茶"培训2期并推广种植,牵头带领村干部和致富带头人外出考察学习产业发展2次,累计推广和发展小米椒0.12万亩,实现农户创收200多万元。参与村种养殖合作社建设,培育发展覆盖75户建档立卡263人的中草药种植专业合作社和双柏田源黄牛养殖合作社,壮大河口村集体经济收入,增加贫困户家庭经济收入。发挥县委党校自身优势,开展脱贫攻坚专题培训、产业发展培训、劳动力转移就业等培训6期,帮助解决培训资金1.5万余元,全体干部职工分片包村开展脱贫攻坚政策和"自强、感恩、诚信"主题教育宣讲2轮,结合"大走访""遍访",深入开展"七净"工作,引导广大村民移风易俗、改变陋习,激发贫困群众脱贫奔小康内生动力。

十二、中共双柏县委机构编制委员会办公室

根据县委和县"挂包帮、转走访"工作联席会议办公室的安排部署,县委编办自2014年开始挂包联系大庄镇柏子村村委会开展脱贫攻坚工作,柏子村村委会挂包20户74人,同时于2018年增派联系大庄镇大庄社区挂包9户27人,2019年增加挂点联系大麦地镇峨足村委会,共结对帮扶贫困户29户101人。脱贫攻坚工作开展以来,中共双柏县委机构编制委员会办公室成立脱贫攻坚工作领导小组,明确工作人员负责具体抓脱贫攻坚工作,自2014年起,每年选派1名年轻干部驻村参与脱贫攻坚工作,其中2019年7月选派1名优秀干部到武定县支援脱贫攻坚工作。2014年至今,共解决村委会工作经费7.6万元。逢年过节,县委编办干部均自费购买大米、食用油、衣服、化肥等生产生活物资看望帮扶对象。2020年年初,县委编办积极组织全体干部职工捐款0.49万元,巩固脱贫成效。

结合柏子村实际,到相关职能部门争取项目支持 20 万元,为白玉村村民小组协调争取了长 403 米村庄道路硬化建设项目,改善该村 26 户 92 人出行条件;协调争取修建 4 米深水井 1 口,解决了该村群众和大牲畜饮水困难问题。组织柏子村、大寨等 12 个村民小组实施土地整理工程项目 1 500 亩。协调配合争取其他部门的资金支持,共为村委会争取项目资金 4 万元。

引导和帮助村民学科技、用科技,引导群众发展青花椒种植和美人椒种植。引进青花椒种植龙头企业双柏县一禾公司,种植高产示范花椒 1 500 亩,发动群众种植青花椒 2 300 亩(其中建档立卡户种植 181 户 780 亩);2018 年,种植美人椒 27 亩,投入扶贫开发整村推进项目产业发展资金 52.35 万元,扶持种母猪养殖 35 户 70 头,扶持种母牛养殖 37 户 38 头,扶持种母羊养殖 23 户 253 只,扶持种母驴养殖 2 户 3 头。

十三、中共双柏县委老干部局

2014～2016 年,中共双柏县委老干部局 6 名干部职工挂包帮扶大庄镇各三郎村委会 3 个村民小组 18 户贫困户;2017 年 9 名干部职工挂包各三郎村委会 4 个村民小组 22 户建档立卡贫困户;2018 年来 10 名干部职工挂包各三郎村委会、尹代箐村委会、木章郎村委会共 6 个村民小组 34 户建档立卡贫困户。开展脱贫攻坚工作以来,县委老干部局成立挂包帮扶工作领导小组,明确帮扶责任,形成主要领导亲自抓、全面抓,分管领导具体抓,全体干部职工共同抓的工作格局。2014～2018 年,下派 2 名领导担任挂包帮扶村第一书记、工作队长,落实驻村工作队员各项保障,解决村委会办公经费 2.8 万元。

2014 年来,县委老干部局帮助各三郎村委会向各级各部门、社会爱心人士争取项目资金 6 个 35.5 万元,老干部局直接投入帮扶资金 6.56 万元,举办种养殖技术培训班 6 期 488 人次,投入物资折合人民币 4.94 万元,挂包干部投入贫困户帮扶资金物资共 6.94 万元,帮助贫困户联系解决旧房拆除后旧木料出售、玉米出售、银行卡挂失、住院联系等实际问题 34 件。争取到 7 万元资金、村委会投入 2 万元,建立 70 亩青花椒种植基地,套种美人椒、小米椒、中药材,建立发展村集体经济的实体产业。2018 年以后,各三郎村委会村集体经济收入稳定超过 5 万元。利用农村电商平台和微信朋友圈等多种方式宣传推介各三郎村委会向农户收购的土鸡蛋,开展线上线下销售。2019 年机构改革并入县委组织部后,原老干部局干部职工继续挂包帮扶大庄镇各三郎村委会和尹代箐村委会,并根据县委组织部安排开展有关工作。

十四、双柏县人民武装部

2014～2016 年,双柏县人民武装部挂包帮扶独田乡大水田村委会,2017 年年末,又新增挂包帮扶联系点大麦地镇普龙社区。安排 15 名干部职工一对一帮扶独田乡大水田村 10 户建档立卡贫困户和大麦地镇普龙社区 5 户建档立卡贫困户。开展精准扶贫工作以来,双柏县人民武装部成立挂钩帮扶工作领导小组,定期召开班子会议,研究部署 2 个村委会扶贫工作,明确人武部职工李华为扶贫工作队队员,长期蹲点驻村开展工作,制定工作计划和帮扶措施。2014~2018 年,共计投入资金 20 余万元用于脱贫攻坚基础设施建设、办公条件改善、教育扶贫和健康扶贫等工作,帮助 2 个挂点联系村协调 3 个民生工程立项问题。

2019 年来,根据实地情况制定切实可行的帮扶计划,引导农户发展农业生产和经济建设,组织人员外出务工 50 人次,基本实现户均外出务工 2 人次以上,共帮助 5 户群众实现牛羊养殖户均 2 头以上,推广种植茯苓、当归、重楼等经济林木;帮助群众解决实际困难,走访困难群众了解情况,针对特殊困难群众,因人而异有针对性地实施特别困难帮扶政策,协调相关部门给予政策优惠,帮扶 2 名重病贫困户解决就医问题。帮助解决 2 个挂包扶贫点需求项目配套设施建设经费共计 7 万元,其中独田乡大水田村委会生猪养殖集散地项目建设需求经费 4 万元、大麦地镇普龙社区杧果种植基地灌溉设施及基地外围围栏建设需求 3 万元。

十五、双柏县人民法院

双柏县人民法院定点帮扶碍嘉镇麻旺、阳太村委会以来,成立院脱贫攻坚工作领导小组,定期召开会议研究挂包联系点脱贫攻坚工作,先后选派 18 名党员干部担任驻村工作队员及动态管理工作队员,严格落实驻村生活补助、健康体检及挂包村委会工作经费。

结合联系点村组区位特点,制定产业发展措施,协调指导贫困户发展有种养殖传统、有市场前景、有潜力的特色产业,构建"合作社+基地+农户""帮扶干部+贫困户"的发展模式,延伸产业链条,发展核桃、花椒、蔬菜、冬青油、蜜蜂、中草药及新品种黄牛、羊等具有特色的多元富民增收产业。2018 年,双柏县人民法院自筹及协调帮扶资金 49.18 万元,帮助麻旺村委会成立麻旺河蔬菜种植农民专业合作社,发展蔬菜种植 377 亩,受益群众 251 户 853 人,成立金旺甘蔗种植合作社,发展甘蔗种植 500 多亩,成立骏发黄牛养殖合作社,发展新品种黄牛养殖 80 多头;帮助阳太村委会建成 150 平方米黄精种植大棚 1 个,发展黄精种植 12 亩、南瓜种植 17 亩产值 5 万元、反季节蔬菜种植 12 亩产值 2.4 万元。争取政策、协调项目资金 56 万元,完成村组公路硬化 6 千米、村间道路硬化 26 条;协调帮助建成易地搬迁点 2 个,安置农户 31 户,村级活动室 2 个、卫生室 1 个、篮球场 2 个;完成危房改造 185 户、饮水提升工程 26 个。2020 年 5 月,组织干警爱心捐款 1.78 万元。发挥法律工作专业优势,立足于精准扶贫、精准普法,组织干警 400 余人次深入挂包联系点、户籍所在地村组开展"大走访""扶贫夜谈""干部大返乡"等活动,通过主题党日重温入党誓词、领导干部讲党课等形式,开展脱贫攻坚政策宣讲,激发贫困群众脱贫奔小康的内生动力。

十六、双柏县人民检察院

双柏县人民检察院自 2015 年调整联系大庄镇柏子村村委会,认真落实挂包帮各项工作任务。成立院脱贫攻坚工作领导小组,定期召开专题会议研究"挂包帮、转走访"工作,制定年度工作计划、实施方案。先后选派 12 名政治素质好、工作能力强的检察人员驻村开展工作,选派 20 名检察干部下村开展动态管理工作,及时落实驻村队员工作经费。

在工作开展中,县检察院严格要求挂包干部开展好贫困人口精准识别、精准帮扶、精准退出工作,按照相关工作标准,精准识别确定贫困户数。参与拟定脱贫规划计划,实现挂包行政村、组、户、人 100％全覆盖。通过加大基础设施建设、落实发展产业等措施精准帮扶。柏子村、大寨、白玉村、罗家村、扣家村等 12 个村民小组实施土地整理工程项目 1 500 亩。帮助落实完成 C、D 级危房改造 228 户,帮助落实享受易地搬迁政策 23 户。帮助锅底塘、瓦拖、大松平村民小组建成活动室;安郎箐、阿者至、大寨村庄道路硬化完成;帮助协调解决柏子村、大寨、白玉村、罗家村、扣家村、田房箐人畜饮水项目建设。

引进青花椒种植龙头企业双柏县一禾公司,共种植高产示范花椒 1 500 亩,动员农户种植 2 300 亩,其中建档立卡户种植 181 户 780 亩;动员发展美人椒种植,2017 年种植 150 亩,2018 年种植 27 亩。帮助争取整村推进项目产业发展资金 52.35 万元,扶持种母猪养殖 35 户计 70 头;扶持种母牛养殖 37 户计 38 头;扶持种母羊养殖 23 户计 253 只。

充分发挥党建力量,带领党员、干部、群众在脱贫攻坚征程上同频共振、同心同向。以党组书记带头讲党课、道德讲堂进基层、主题党日促春耕、主题党日和脱贫攻坚专题日结合等各种形式多样、内容丰富的活动为载体,将基层党建与脱贫攻坚目标任务有机融合,鼓励党员争做脱贫致富"领头羊"。延伸法治扶贫触角,有效整合法律资源,充分发挥检察职能,将送法进基层、法治小课堂,将人民监督加强联络基层代表、公益诉讼回头看、司法救助等职能职责延伸到脱贫攻坚工作中。

十七、双柏县工商业联合会

2014 年,双柏县工商联挂包定点帮扶碌嘉镇义隆村委会,2015 年新增加碌嘉镇平掌村委会作为帮扶联系点。

2014 年,解决义隆村委会党建和"五小设施"建设经费 1.2 万元,购置电脑 2 台。2015 年,解决义隆村委会党建经费 1 万元,争取"一事一议"、农田水利、人畜饮水、篮球场建设等项目资金 50 万元。送上教师节慰问金 0.1 万元,送上慰问金 1 000 元。2016 年,贯彻落实"万企帮万村"精准扶贫行动,动员全县 61 户非公企业结对帮扶 55 个村民小组,全县非公企业投入产业扶贫资金 108 302.6 万元,从农村购买商品和服务投入资金 627.3 万元,公益及社会捐助款物投入 275.1 万元。

2017 年,组织动员 9 户企业结对帮扶碣嘉镇 10 个村民小组(其中建档立卡贫困村 6 个)、21 户(名)非公企业和非公经济人士结对帮扶 23 户贫困户。2017 年末,碣嘉镇帮村联户非公企业投入产业扶贫资金 320 万元,从农村购买商品和服务投入资金 23.8 万元,安置就业 92 人,年度发放工资 258.36 万元,其中安置建档立卡贫困人口 9 人,年度发放工资 30.6 万元,公益及社会捐助款物投入 5.54 万元。每年安排办公经费 1.5 万元,对联系的贫困户进行帮扶,20 户联系户每户不少于扶持资金 1200 元,直接扶持贫困户发展种养殖业。2016~2018 年,为村委会解决工作经费 6 万多元、工作队员经费 4.5 万元、村集体经济发展扶持资金 5 万元,争取落实村委会便民服务厅项目建设资金 20 万元。全县参与帮扶企业共投入产业扶贫资金 133 075.68 万元、商贸扶贫投入 2 504.43 万元、消费扶贫投入 1 535.28 万元、公益捐赠物资 745.2 万元,吸纳贫困人口就业 361 人,科技扶贫培训群众 116 场 3 466 人次。

2019 年,在县工商联主席挂包联系碣嘉镇平掌、义隆、老厂村委会的同时,做好平掌、义隆村委会的单位挂包工作。年内,县工商联党组书记先后在平掌、义隆村委会 2 个村委会驻村,帮助引进昆明农昌农作物种植有限公司,以订单保底收购方式发展种植土豆 120 亩,为村委会协调争取到位产业发展扶持资金 4.5 万元,为 3 个村委会分别落实工作经费各 6 000 元。

2020 年,县工商联选派 1 名党组班子成员到义隆村委会驻村,为村委会协调落实工作经费 1.4 万元,协调为义隆小学新建校舍捐赠教师办公桌椅。

十八、双柏县总工会

2014 年来,双柏县总工会挂包联系妥甸镇格邑村委会。县总工会及时成立脱贫攻坚领导小组,定期研究精准扶贫工作,指导帮扶措施,每年抽调 1 名班子成员驻村开展工作。

县总工会 9 名干部职工挂包格邑村 26 户 107 名建档立卡贫困户,先后选派驻村扶贫工作队员 5 人次,增派工作队员 12 人次;每年安排扶贫工作经费不少于 6 万元,累计帮扶格邑村委会投入资金 36.9 万元,用于解决驻村扶贫工作经费,部分易地搬迁户生活用电、村委会党建工作经费、贫困学生救助、贫困户生活救助、贫困劳动力就业培训、村级基础设施改善、新冠肺炎疫情防控经费等。

在中树尾村发展云南红梨 234 亩,指导帮助格邑建成中树尾养殖小区,分别建立 1 个生猪养殖场和 1 个山窝鸡养殖基地,2019 年实现村集体经济增收 5.01 万元,2020 年上半年实现增收 7 万元。指导成立格邑生猪养殖合作社、邑祥源种植专业合作社 2 个合作社,覆盖全村 76 户贫困户及 7 户养殖大户。采取"企业＋合作社＋基地＋贫困户"经营模式,2018 年来引进云南彝人农夫养殖有限公司与全村 67 户建档立卡贫困户合作,发展山窝鸡 1.22 万羽,农户养殖山窝鸡产业增收 43.54 万元。2019 年引进贡菜种植并支持联系户发展贡菜 30 亩,户均增收 0.32 万元。2020 年支持格邑下村村民小组

18户农户发展谷花鱼养殖30亩,增收1.8万元;发展贡菜种植200亩,新引进试种云木香中草药48.8亩。在格邑建立1个农民工服务站,累计组织农村富余劳动力开展砌筑工、红梨种植管护、畜禽养殖技术、贡菜种植技术、家政服务等各类培训班共7期,参训385人次,确保贫困户户均有1人接受技能培训,并引导劳务输出,确保稳定就业。

在开展"挂包帮"工作的同时,县总工会全力完成城镇困难职工解困脱困工作任务。通过送温暖帮扶救助困难职工3302人次,发放慰问金251.38万元;通过开展金秋助学活动帮助困难职工家庭子女197人次,发放救助资金31.9万元;有211户享受民政部门的城镇低保;113户315人住进廉租房和公租房;全部困难职工家庭都参加城乡居民医疗保险或职工医疗保险,符合条件的享受国家就医就学政策。截至2020年8月,有397户1180人实现"两有五保障",困难职工由2017年的403户1201人减少到6户21人。通过省总工会第三方质效评估验收,正准备接受全国总工会的评估验收。

十九、共青团双柏县委员会

2014年来,共青团双柏县委员会帮扶联系妥甸镇马脚塘村委会,每年选派1名干部职工担任驻村工作队员,至2020年8月,团县委共为挂包联系点选派驻村扶贫工作队员5批8人次,直接投入扶贫资金18.16万余元;在全县捐资助困中投入各帮扶物资、资金合计100万余元。

共青团双柏县委员会以精准扶贫为目标、智力扶贫为重点。开展创业贷款、组织创业培训、引导贫困青年参与电子商务服务、特色农业等产业扶贫项目,培养一批青年创业致富带头人。2014~2020年8月,共2700余名青年及农村致富带头人参加各类培训,其中含691名建档立卡贫困户劳动力,200余名青年创业就业。共青团双柏县委整合资源,发挥希望工程品牌和群团组织桥梁纽带作用,在学业辅导、自护教育、爱心捐赠等方面加强工作力度,邀请多家企业团组织参加活动,为学生送科技、送知识、送温暖、送爱心。团县委多方筹措"关爱农村留守儿童,助力精准脱贫攻坚"助学物资、暖冬助学金、博友公益助学金、爱心圆梦助学金共97.5万元,援建希望小学4所共177万元,资助贫困学生1300余人,帮助更多贫困学子圆学梦。共发放创业贷款和小微企业帮扶资金3228万元,扶持创业284户,覆盖建档立卡贫困户比例和规模大幅增长,贷款满意率明显提高。团县委根据马脚塘村委会实际情况,引导78户贫困户种植840.4亩香橼和80亩人参果,以点带面地推动周边群众发展产业增加收入。与村"两委"班子研究,通过村集体土地出租、养殖基地出租、新型经济主体资产收益分红等方式,壮大村集体经济。

二十、双柏县妇女联合会

双柏县妇女联合会定点帮扶妥甸镇罗少村委会,6名干部职工挂包联系28户建档立卡户。2014 年来,双柏县妇联成立开展"挂包帮、转走访"工作领导小组,定期召开专题会议研究脱贫攻坚工作,先后选派熟悉农村基层工作的 3 名干部驻村开展脱贫攻坚工作,落实驻村工作队员基本保障。

2014～2020 年 8 月,双柏县妇联开展种植、养殖、普法、禁毒、防艾等各类劳动力培训 5 792 人,发放创业担保贷款 466 户、带动就业 1 218 人。争取贫困妇女无房户建房 2 户,兑现援建资金 2 万元。2017 年,帮助罗少村委会贫困村组和贫困户争取项目资金扶持,夯实农村基础设施,改善群众生产生活条件。2018 年,命名云南祥鸿农牧业有限公司为省级巾帼脱贫示范基地,2019 年,为 2 个巾帼示范基地分别争取 1 万元培训经费。2018～2019 年,发放全国贫困母亲"两癌"慰问金 3 万元,发放省级贫困妇女"两癌"慰问金 2.6 万元。

2014 年,县妇联出资 0.4 万元,对 30 户贫困户进行春节慰问。2015 年,县妇联 10 名干部职工每户帮扶现金 200 元,慰问贫困女童 2 人,各发放慰问金 200 元。2016 年,县妇联为所联系的 28 户建档立卡贫困户送去了各 200 元慰问金和米、油等日常用品。"六一"儿童节期间,为九石小学 50 名贫困学生发放"音乐之声"项目款 4 万元。2017 年 3 月,组织全县 70 多家县级单位和 8 个乡镇 375 名巾帼志愿者,深入 698 户扶贫联系户家开展巾帼志愿者送温暖活动,送去慰问金 15.93 万元,送去慰问品折资 5.37 万元。2017 年 6 月,携手中狮联云南管委会红嘴鸥服务队 25 名志愿者,为罗少和新会 2 所学校 153 名贫困儿童送去价值 3.5 万元的校服、图书和文具等物品。县妇联组织驻村扶贫工作队员深入 100 名贫困儿童家中慰问,送上价值 100 元的爱心书包。2018～2020 年的"六一"儿童节,每年均看望慰问罗少小学学生 1 次,合计发放价值 0.6 万元的文具、小书包。2014～2020 年 8 月,县妇联组织干部职工自愿为贫困户捐款、捐物折合人民币共计 2.5 万元。

自脱贫攻坚工作开展以来,先后深入挂包村民小组召开户长会议 20 次,引导动员群众做好"七净"工作,带领群众开展村庄环境卫生整治 8 次,争取群众危房改造项目 1 户,开展"美丽庭院"创评活动 2 次。

二十一、双柏县科学技术协会

2014～2017 年 9 月,双柏县科学技术协会挂包妥甸镇马龙村委会,2017 年 10 月至 2020 年挂包妥甸镇窝碑村委会、马龙村委会。共结对帮扶建档立卡贫困户 18 户 48 人,其中妥甸镇马龙村委会 14 户 37 人、妥甸镇窝碑村委会 3 户 9 人、大庄镇普妈村委会 1 户 2 人。

双柏县科学技术协会定期研究脱贫攻坚工作,加强和挂包村委会、驻村工作队的统筹协调,落实挂包单位、驻村工作队、挂包帮扶责任人工作责任。2014～2020 年每年选派一名驻村工作队员,保障驻村工作经费、差旅费、体检费、保险费等相关经费。

双柏县科学技术协会立足行业优势,围绕脱贫攻坚工作任务,向上争取项目资金,以贫困行政村为重点,精准实施科普项目,举办科技培训和云南省农村致富技术函授大学。科技培训和农村致富技术函授大学办学涉及种植业和养殖业,全力推进科技助力精准扶贫。2014~2020年,共争取项目资金467.74万元。其中科普项目57个共376万元;农函大培训费25.98万元,培训8 220人次;科技培训培训费65.76万元,培训19 415人次。为窝碑村委会争取2018年云南省科普惠农兴村计划项目1个,项目总投资10万元,项目实施内容为协会规范化建设、科技培训、新品种试验示范和科普基础设施建设。2018年,协助镇村干部抓好窝碑村委会赤可郎村民小组村间道路硬化、大村党员活动室、窝碑村土地开发整理项目,协调县农业农村局科技人员在窝碑村委会举办辣椒种植技术、养猪技术培训2期。帮助窝碑村委会成立协会1个、专业合作社2个,构建贫困户与农民专业合作组织的利益联接机制。帮助马龙村委会帮扶户加入养殖专业合作社,与云南祥鸿牧业有限公司形成利益连接机制。2016~2018年争取项目资金35万元,州县科协为马龙村委会建档立卡贫困户发展生猪养殖发放种猪142头,投入经费0.5万元,在马龙村委会举办养猪、养羊培训班1期。在马龙村委会建专家服务站2个,从县农业农村局等部门聘请科技专家12名,开展种植业、养殖业科技培训和科技咨询服务。

二十二、双柏县文学艺术界联合会

　　2014年来,双柏县文联成立脱贫攻坚工作领导小组,明确工作职责,定期召开会议专题研究脱贫攻坚工作,制定下发《双柏县文学艺术界联合会年度扶贫计划》。2014年,7名干部联系法脿镇双坝村委会15户建档立卡贫困户。2015~2020年8月,8名干部挂包碑嘉镇16户、爱尼山乡2户、安龙堡乡4户共22户建档立卡贫困户,同时联系碑嘉镇新厂村201户非卡户804人。截至2020年8月,共选派驻村扶贫工作队员5人次,增派工作队员3人次,到联系点开展脱贫攻坚工作88多人次,投入脱贫攻坚工作经费10万元,为9名贫困大学生争取到帮扶资金4.58万元,为100名贫困儿童争取到帮扶资金5 000元,全面落实挂包帮扶责任。选派精干力量分别到碑嘉镇新厂、红山驻村开展工作,优先保障工作队员工作经费、生活补助及意外伤害险,安排驻村工作队员每年到正规医院体检1次。县文联组织建档立卡贫困户劳动力在红山举办5期"乡村科技讲堂",邀请专家开展甘蔗、当归种植培训班,增强群众种植技术,提高致富能力。依托县妇联、县科协、县人社局等部门,加大劳动力转移用工信息宣传力度,先后举办各类培训班,确保贫困户户均有1人接受技能培训,有条件的贫困户掌握3项实用技术。

　　县文联发动文联下属各文艺家协会,各展所长,营造"喝水不忘挖井人,致富不忘共产党""扶贫先扶志"的文化氛围。利用节假日深入中小学院校、广场参与宣传活动,赠送县刊,春节期间到联系点红山、新厂2个村委会开展送春联慰问活动,"六一"儿童节为2个联系村委会的100多名小朋友送去价值5 000元的小书包、彩笔、笔记本、文具盒等学习用品,为红山村委会争取价值近万元的乒乓球桌2套及音响设备1套。

二十三、双柏县残疾人联合会

双柏县残疾人联合会挂包大庄镇普岩村委会。截至 2020 年 8 月末,普岩村委会建档立卡贫困户从 2014 年的 117 户 459 人降至 9 户 28 人。

县残联成立挂包帮工作领导小组,定期召开会议研究脱贫攻坚工作,制定挂包工作计划和工作措施,先后选派 2 名干部担任驻村工作队员,落实工作经费。将挂包的 33 户建档立卡贫困户划分给 10 名干部职工进行帮扶,分别制定帮扶措施,责任到人。立足残联工作实际,首先对卡户中的残疾人户给予重点关注,做到农村实用技术培训全覆盖、就业年龄段内有就业能力残疾人推荐就业全覆盖、辅具适配全覆盖、贫困重度残疾人家庭无障碍改造全覆盖。2014～2020 年 8 月,共在普岩村举办残疾人种养殖技术培训班 4 期,培训残疾人 250 人次。利用沪滇协作扶贫契机,安置普岩村委会 11 名建档立卡贫困残疾人到上海爱心企业就业。培育大庄镇生态虾蟹产业园作为全县残疾人就业创业示范基地,鼓励企业吸纳残疾人就业。对有辅具需求的残疾人,量体裁衣进行适配。几年来,共在村内适配辅助器具 125 件,对普岩村委会 10 户残疾人户实施贫困重度残疾人家庭无障碍改造项目。重点关注非残疾户的建档立卡贫困户,因户施策进行帮扶。对存在"等、靠、要"思想的反复进行教育,做通其思想工作;缺劳力的,组织干部职工在农忙时节帮助生产劳动,做到"同吃、同住、同劳动";因病、因学致贫的,除帮助他们享受医保、教育各项扶持政策外,干部职工还自筹资金,给予他们力所能及的帮助;缺资金、缺技术的,帮助解决小额扶贫贷款,鼓励其参加培训。

二十四、双柏县红十字会

2014 年来,双柏县红十字会先后挂包联系法脿镇麦地村委会和妥甸镇罗少村委会,4 名干部共挂包建档立卡贫困户 15 户 73 人。2014～2020 年,每年选派 1 名干部到挂包联系村委会长期驻村开展扶贫攻坚工作,帮助罗少村委会解决工作经费共 3.6 万元,落实驻村工作队员生活补助、健康体检、意外伤害保险等经费保障。5 年来共派驻工作队员 3 批次,派出工作队员 3 名,增派工作队员 2 人次。发放扶贫救助物资 5.8 万多元,干部自筹 1.4 万元,争取到罗少村委会麦地村民小组活动室修缮项目 1 个、资金 5 万元。2018 年 12 月,新增 1 名工作队员派驻爱尼山大箐村委会。向州红十字会争取价值 3.8 万元的棉被和毛毯 200 床(条),看望慰问特困群众,扎实开展红十字"博爱送万家"活动,助推贫困群众脱贫工作;帮助 23 名(先天性心脏病 16 名、白血病 7 名)患儿申请天使阳光和小天使基金救助,其中 3 名先心病及 2 名白血病患儿得到各 0.8 万元及 3 万元的救助金。2019 年争取到上海市红十字会援建双柏县碦嘉镇义隆小学教学综合楼援建项目和中国红十字会人道基金援建妥甸镇中山社区"博爱家园"项目 2 个,总投资 90 万元。2020 年,县红十字会完成县委、县人民政府安排的贫困风险防控救助工作。截至 8 月 30 日,通过乡镇上报、部门比对、领导小组办公室初审、领导小组审定等程序,救助因病、因灾、因学、因房及其他困难农户 130 户,发放救助款 105 万元。

二十五、双柏县发展和改革局

2014 年,双柏县发展和改革局联系安龙堡乡安龙堡社区,2015 年 9 月起,调整挂包帮法脿镇者柯哨村委会,2017 年 11 月,增加挂包法脿镇雨龙村委会。32 名干部职工挂包者科哨村委会建档立卡贫困户 41 户,雨龙村委会 22 户。成立挂包帮工作领导小组,定期召开会议专题研究挂包联系点脱贫攻坚工作,制定《精准脱贫帮扶计划》《"挂包帮、转走访"工作实施方案》《驻村工作队员管理办法》,选派 4 名干部职工分别到者柯哨、雨龙、烂泥 3 个村委会驻村担任第一书记、工作队长,选派 1 名科级领导到法脿镇担任脱贫攻坚观察员,落实定点帮扶村委会工作经费及驻村工作队员生活费。2014~2020 年 8 月,通过争取项目、部门经费、干部出资、社会帮扶,共投入各类扶贫资金 1 189.97 万元。其中争取上级项目 5 个资金 1 120 万元、部门经费 65.15 万元、干部出资 1.8 万元、社会帮扶 2.53 万元。

实施大庄镇木章郎村—法脿镇者柯哨村委会 8 千米的道路硬化,完成 1 件涉及 13 个村民小组的片区供水工程,新建小坝塘 1 座,建成文化活动室及场所 12 个、村卫生室 1 所,完成农村电网改造工程 1 项,实施易地扶贫搬迁项目 15 户,完成农村危房改造工程 28 户,实施产业发展项目 64 户。实施雨龙村委会村级便民服务中心建设项目,易地扶贫搬迁工程 10 户,农村危房改造工程 127 户,村民小组道路修复工程 17 千米,整村推进项目 1 个,垃圾池建设 48 个,人畜饮水工程 3 千米,村民小组文化活动室 1 个。争取上级项目资金 5 万元实施法脿镇者科哨村委会人畜饮水项目、争取 225 万元资金实施法脿镇九干箐农村扶贫公路建设项目,争取 260 万元资金实施安龙堡乡安龙堡村以工代赈片区综合开发项目,争取 30 万元资金实施安龙堡乡洒冲点大桥建设项目,争取 600 万元资金实施安龙堡乡本当母—新河村 2017 年农村扶贫公路项目。

二十六、双柏县工业信息化商务科学技术局

2014 年来,双柏县工业信息化商务科学技术局成立脱贫攻坚工作领导小组,定期召开党委会议专题研究脱贫攻坚工作,建立《脱贫攻坚分组包片联系制度》,班子成员带头落实扶贫工作责任、包保责任,带头抓工作落实。2015~2017 年,选派 2 名驻村工作队员,解决安龙堡乡柏家河村委会工作经费 5.5 万元,单位及干部职工捐款智力扶持基金 1.41 万元,赠送扶贫联系村养殖户 1.25 吨配合饲料。2018 年,选派 5 名驻村工作队员,到柏家河村委会、妥甸镇九石村委会、大麦地镇邦三村委会驻村工作,落实驻村队员工作经费 2 万元,教育捐赠 1.3 万元,解决非卡户建房、修缮补助资金 1.5 万元,落实驻村扶贫队员生活补贴和支出下乡补贴 8 万元,派出 1 辆公务用车支持柏家河村委会

开展扶贫工作,干部职工为贫困户捐助现金 4.46 万元,捐物折资 4.54 万元。2019～2020 年 8 月,选派 3 名驻村工作队员,脱产到柏家河村委会、九石村委会驻村工作,落实驻村队员工作经费 1.5 万元,教育捐赠 0.3 万元,落实驻村扶贫队员生活补贴、健康体检、意外伤害保险、下乡补贴 10.5 万元,干部职工为贫困户捐助现金 0.3 万元,捐物折资 4.6 万元,为村委会订阅报刊 0.5 万元,大返乡支出 0.4 万元。县工信商务科技局投入挂包贫困村资金 38 万元,实施帮扶项目 2 个(争取 30 万元项目资金投入基础设施建设,投入产业扶贫项目 8 万元推进澳洲油茶种植)。

二十七、双柏县教育体育局

2015 年 8 月起,双柏县教育体育局挂钩帮扶法脿镇古木村。2018 年,新增挂包法脿镇折苴村。共选派 2 名驻村工作队员,其中 1 名派驻大麦地镇峨足村、1 名派驻法脿镇折苴村。2018 年 8～9 月,派出动态管理队员 1 名。

2015 年来,落实驻村扶贫工作队员工作经费 8.5 万元,其中峨足村 2 万元、古木村 4 万元、折苴村 2 万元、桃园村 0.5 万元,落实 2019 年驻村工作队员生活补助经费 3.3 万元。截至 2020 年 8 月,双柏县教育体育局累计派出 50 余批 513 人次深入村户,开展协助贫困户发展产业、房屋危改、旧房拆除、收入测算、"三卡"上墙等工作,针对贫困户"十有""七净"要求,逐样解决问题;认真落实"脱贫攻坚日"工作,完成联系户易地搬迁任务;组织全体干部职工对 56 户建档立卡联系户开展节日慰问、春耕助农、"以购代扶"等活动,截至 2020 年 8 月,为联系点争取项目资金 53 万元,全局干部累计为联系户捐款 3.67 万元,捐物折款 1.7 万元;投入资金 1.5 万元,对 150 户非卡户开展走访慰问。

突出抓好产业扶贫工作,引进龙头企业、成立双柏县富民种养殖专业合作社等经营主体,带动古木、折苴种植香葱 120 亩,发展稻田养鱼 200 亩,发展群众种植优质稻(楚粳 39 号)150 亩,协助古木发展黑山羊养殖专业户 27 户、养殖黑山羊 1 300 余只,壮黄牛养殖专业户 41 户、养殖壮牛 200 余头,生猪养殖专业户 31 户、养殖生猪 600 余头。持续巩固传统种植业,发展青花椒、青梅子、早青豌豆、绿皮蚕豆种植,带动贫困村、贫困户发展产业实现脱贫增收。两个村均结合户情,制定"一户一策"脱贫计划表,配套产业扶持资金,与云南省白竹山茶业有限责任公司签订利益连接协议,以资金入股的形式进行利益分红。

2015～2020 年 8 月,县教育体育局与其他帮扶单位一起,帮助协调整合项目资金,用于古木和折苴 2 个村委会的交通、水利、电力、新农村、活动场所等基础建设。至 2018 年年末,两个村均实现自然村道路互通互达,促进村内群众的交流和发展;饮水安全农户达 100%;通动力电的自然村达 100%;所有农户广播电视全覆盖;村委会和卫生室通网络宽带达 100%,移动、电信信号网络全覆盖;部分村民小组修建有 300 平方米的活动场地;两个村有标准化村卫生室,有专职医务人员 2 名;义务教育阶段适龄人口全部入学,无辍学学生;成立折苴种养殖专业合作社,在古木村委会新建香葱加工厂,优化产业结构。全面消除 C、D 级危房,各类惠民政策、扶贫政策得到有效落实。

二十八、双柏县公安局

2014年来,双柏县公安局挂包联系安龙堡乡法念村委会和碍嘉镇密架村委会95户建档立卡贫困户,涉及贫困人口352人,其中法念村委会81户302人、密架村委会14户50人。

在脱贫攻坚工作中,双柏县公安局党委制定《双柏县公安局实施"精准扶贫"工作计划》《双柏县公安局实施"精准扶贫"工作考核办法》,成立由县人民政府副县长、县公安局党委书记、局长任组长,县公安局党委副书记、政委任副组长及其他班子成员为成员的扶贫工作领导小组。明确由1名副局长专门负责定点挂包帮扶工作,局机关43名实职副科以上领导干部分别挂包联系95户建档立卡贫困户,全方位推进"精准扶贫"工作。

县公安局党委把脱贫攻坚工作纳入局科室年终综合绩效考核内容,与各派出所、局属各部门及帮扶民警签订了脱贫攻坚责任书,细化班子成员、各部门及民警的包保责任,将每周六确定为脱贫攻坚日,全体干部职工进村入户抓脱贫攻坚,依照村内贫困户的致贫原因,制定脱贫致富方案。2015年8月,县公安局党委选派1名副局长在法念村委会驻村,指导成立椒玫农民专业合作社,采取"党支部+合作社+贫困户+基地+大户"的模式,协助村民开展种植烤烟、豌豆、甲豆、小米椒、萝卜、小黄姜、黄精、重楼、玫瑰花及黑山羊养殖产业,通过强基惠农合作股份的方式,利用土地、山林等资产出租为企业提供服务,实现村集体经济收入稳定在4万元以上。2016年2月1日,在县公安局协调下,理想科技集团弘晟圆梦体系勤总经理一行19人走进法念村,把价值3万余元的大米、棉衣、棉被和菜油捐助给困难群众。2017年6月22日,局党委全体班子成员到法念村委会召开专题党委会议,帮助村民理清发展思路,支持法念村1万元资金用于发展玫瑰花种植产业,鼓励村民依托石碑山天然草药丰富的优势,发展种植中草药、佛手、桔梗、樱桃等作物,增加村民收入。2018年,县公安局挂包联系村委会有1名残疾卡户孩子身患先天性心脏病,挂包民警积极协调帮助向银行申请贴息贷款5万元,护送患病儿童前往昆明市延安医院就诊,并通过"水滴筹"平台向社会募捐为小男孩治病。

2014～2020年8月,县公安局共召专题研究扶贫工作会议24场次、核查贫困户信息14万余条、开展脱贫业务培训16场次、召开群众会议389场次、开展感恩教育21场次、制作宣传标语36条、主要领导为扶贫点党员上党课12场次、开展法制宣传培训18场次、先后派出驻村工作队员40余人、向困难群众捐款21万元、救助大米5万千克、每年派出不少于6名驻村工作队员长期驻村、下拨驻村工作经费30余万元、投入扶贫工作经费124万元。县公安局全体民警深入扶贫联系点,为9个村民小组争取了通组公路硬化项目,实施安全饮水巩固提升工程2个、实施村民小组活动室建设4个。

二十九、双柏县民政局

2015年,双柏县民政局定点挂包大庄镇各三郎村委会,28名干部职工挂包96户建档立卡贫困户。成立精准扶贫工作领导小组,定期召开专题会议,制定具有针对性和可操作性的《双柏县民政社会保障兜底精准扶贫行动计划》,细化目标任务,明确2名领导分别负责行业部门扶贫工作和联系点挂包帮扶工作。按照驻村工作队员选派管理实施细则要求,先后选派3名素质好、能力强、作风实的干部担任驻村扶贫工作队员。及时落实驻村工作队员生活补助,2015～2017年,每年落实驻村工作经费0.5万元;2018～2019年,每年落实驻村工作经费1万元。

县民政局、大庄镇党委政府和各三郎村委会共同努力协调,为联系点解决实际困难。向水利部门争取扶贫项目资金,全村350户全部通水,2019年,规划利用60万抗旱资金完成小石桥水库引水工程,并修复改善维山田、白石岩、香树坡、炭山人畜饮水。协调玉楚高速公路建设方,争取价值15万物资,完成长山水库引水工程;争取154.52万元扶贫项目资金,实施炭山、下各三郎、向阳村、各三郎三组、田房、维山田、香树坡村组道路硬化工程;争取135万元扶贫项目资金新建岔河、田房、向阳村村民小组3个公共文化活动场所;争取扶贫项目资金19.83万元,新建砖混结构卫生室;争取扶贫项目资金8万元新建公共卫生厕所1座;争取扶贫整村推进项目资金138.1万元,实施安居房工程、特色产业发展工程;争取14.4万元扶贫项目资金,实施人居环境提升工程,新建垃圾房18座;争取5万元项目资金,实施各三郎大月箐坝修复;争取整合90万元项目资金,建设村级文化活动中心及养老互助服务站。

在政策内积极争取民政资金,用心用情用力做好挂包帮工作。2016年,争取3万元农村幸福院建设项目资金。2017年,争取2万元老年协会项目资金。2018年,争取40万元居家养老服务中心建设项目。2019年,争取3万元资金建设村级儿童之家,争取20万元养老互助服务站建设项目,并为村委会配备价值2.8万元的电脑、被子、床架等办公和生活设施,全体挂包干部捐款1.84万元。2020年8月末,全村未脱贫5户17人,全村贫困发生率1.49%,贫困人口、贫困村达到退出标准,已脱贫户各项指标达到"两不愁、三保障"目标。

三十、双柏县民族宗教事务局

2014年1月至2015年9月,双柏县民宗局挂包联系大麦地镇光明村委会,派出挂包干部1人,2014年2月投入民族专项资金10万元为光明村委会新村坝村民小组解决人畜饮水困难问题,并解决村委会工作经费0.5万元。2015年10月以来,双柏县民宗局挂包安龙堡乡柏家河村委会,2018年3月增挂大麦地镇邦三村委会,至2019年3月增挂结束。为做好所挂包行政村的精准帮扶工作,县民宗局共派出驻村工作队5人,解决柏家河村委会工作经费 6 万元,邦三村委会工作经费 1 万元,解决产业发展资金 4 万元,扶持生猪养殖发展村集体经济。

从 2016 年 3 月至 2020 年 8 月,县民宗局为柏家河村委会争取并累计投入中央少数民族发展资金、省级民族宗教专项资金、州级民族机动金、产业扶持资金等项目资金 1 500 万元,实施 7 个省级、8 个州级民族团结进步示范村建设项目,实施村组公路硬化、生产公路建设、村级活动场所(场地)建设、人畜饮水管路建设、村庄道路硬化、太阳能路灯安装、产业扶持等项目建设。抓实技能培训,增强脱贫致富本领。县民宗局发挥组织、人才、资源等方面优势,按照技能培训与产业结合、与就业结合的思路,开展种植养殖、电子商务等实用技术培训,开展劳动力转移就业定向输出订单培训。2015 年 10 月至 2020 年 8 月,双柏县民宗局在柏家河开展种养殖业技能培训 15 期 1 662 人次;劳动力转移技能培训 3 期 144 人次;输送符合条件的建档立卡贫困户家庭子女 15 人到上海、昆明等职业技术学院(校)参加就业技能培训。在邦三村委会开展生猪养殖技能培训 1 期 86 人次;开展邦三红糖生产、加工、销售知识培训 1 期 74 人次;开展农村劳动力转移技能培训 1 期 72 人次。以成立合作社和盘活现有合作社经营等方式建立利益共享协作机制,多渠道增加村集体经济收入。2019 年,柏家河村集体经济收入 7.2 万元,柏家河村被县委、县人民政府评为"脱贫攻坚红旗村"。

三十一、双柏县司法局

2015 年来,双柏县司法局定点挂包帮扶碌嘉镇东风村,选派 2 人驻村工作队,其中 1 名副局长担任第一书记兼工作队长,增派 3 人脱贫攻坚工作动态管理员驻村工作,司法局 16 人在职干部结对帮扶 54 户贫困户。自开展"挂包帮"工作以来,县司法局抓早动快、组织有序、工作得力,脱贫攻坚各项工作稳步推进,及时成立、调整、充实扶贫工作领导小组,负责所挂包的碌嘉镇东风村脱贫攻坚工作。2015～2018 年,解决村委会工作经费 2 万元,落实驻村干部基本保障,单位每年安排 3 万元经费用于东风村开展脱贫攻坚工作。县司法局干部开展送温暖活动,帮助困难群众解决实际问题,为贫困户共送去慰问金 4 万元,送去农资生产资料、生活用品、慰问品 2 万元。

协助规划东风村种养殖业计划,通过与新平县恒诚糖厂合作,签订甘蔗长期合作种植协议,与"双柏青山绿宝种植专业合作社"合作,签订黄精育苗 15 万株的合作协议,与"东慧生猪产业协会"合作,签订合作协议,带动东风村种养殖业的发展,协助镇村抓好技能培训帮扶。整合劳动力转移培训、职业教育等培训资源,为贫困户提供免费技能培训,使每户扶贫对象至少掌握 1 项就业技能或实用技术,促进稳定就业、增收脱贫,协助镇村抓好基础设施建设项目。2018 年,组织全局 29 名干部为东风村委会发展村集体经济捐款 1.36 万元;协调争取扶贫资金已超过 5 万元。协助镇村抓好东风村委会村组道路硬化、人畜饮水管道、文化活动室等项目实施。县司法局干部"以购代扶"扶贫消费累计 2 万元,助推贫困户增收。

为满足贫困户的法律需求,围绕法律服务、法治宣传、法治保障作用,司法局干部开展送法"进村组、进家庭、进个人"法治宣讲活动,积极为困难群众办理法律援助。全县累计为贫困户开展法律咨询 3 000 余人次,办理法律援助案件 50 件,法治宣讲 100 余场次,受教育群众 10 000 余人次。群众的法律意识和法律素质进一步提高,农村法治环境进一步和谐稳定,民主法治建设进一步巩固夯实,群众办事依法,遇事找法,解决问题用法,化解矛盾靠法的法治良序自觉形成。

三十二、双柏县财政局

2015 年 9 月,双柏县财政局脱贫攻坚挂包联系点由妥甸镇羊桥村委会调整到妥甸镇马脚塘村委会,对马脚塘村委会冷风箐、平地窑、柳树坝等 10 个村民小组 58 户贫困户 218 人进行帮扶。2017 年动态管理识别后新增挂包箐口村委会,以及爱尼山乡六合村委会,其中箐口村委会有联系户 12 户。2014 年马脚塘村委会脱贫 3 户 11 人,2015 年脱贫 4 户 12 人,2016 年脱贫 1 户 4 人,2017 年脱贫 4 户 16 人。2018 年箐口村委会 12 户、马脚塘村委会 34 户如期脱贫。县财政局先后派出驻村干部 7 人,其中有 3 人担任驻村工作队队长,1 人担任脱贫攻坚观察员。落实驻村工作队员的生活补助,以及挂包村委会每年 2 万元的工作经费。2014 年来,共解决挂包村委会工作经费 18 万元,解决挂包村委会缺口资金 62 万元,干部职工帮扶捐资 20 万元。

2014 年脱贫攻坚工作开展以来,县财政局围绕脱贫攻坚"两不愁、三保障"目标要求,强化组织领导,狠抓工作落实,制定并落实产业帮扶措施。2016 年,贫困户发展到户产业 43 户,发放补助资金 21.5 万元;2017 年,贫困户发展到户产业 49 户 180 人,发放补助资金 20.5 万元。发展特色种养殖业,走"一村一品""长短结合"产业发展路子。引导贫困户在退耕还林政策的扶持下发展香橼种植 318.4 亩,种植黑附子 96 亩;黑山羊养殖 19 户,生猪养殖 26 户。2018 年,建档立卡贫困户 12 户种植烤烟 61 亩;引导 39 户建档立卡贫困户种植何首乌 39 亩。帮助协调扶贫小额信贷发展产业,2017 年来,共协调发放扶贫小额信贷 36 户 180 万元,发展金耳种植,猪、鸡养殖等产业。县财政局协调相关部门,举办科技及劳动力转移就业培训。通过挂包干部的协调,县城安康小区安置的 19 户建档立卡贫困户,每户至少有 1 名务工人员,实现稳定就业。县财政局以"一对一""帮扶+定点"认购,发动本机关、本单位党员干部职工按照"量力而行、尽力而为"的原则,认真统计单位党员干部职工所需农副产品的品种、数量,采取上门购买、集中购买、分别配送等方式,购买包保户的农副产品。2015 年,争取一事一议项目资金 28 万元,实施冷风箐路面硬化工程 1.8 千米。2017 年,争取一事一议项目资金 80.1 万元,完成大树、九架村、大箐、大龙潭、豹子圈 5 个村路面硬化。争取 30 万元项目资金,新建马脚塘村委会党团活动综合楼,协调彩票公益金 40 万元,新建箐口村委会办公楼,于 2019 年 4 月竣工投入使用。截至 2020 年 8 月,县财政局联系的箐口村委会、马脚塘村委会除柳树坝村民小组外,全部村民小组均完成了村间道路硬化。

三十三、双柏县人力资源和社会保障局

　　双柏县人力资源和社会保障局挂包联系大庄镇洒利黑村委会和大庄居委会，23 名干部职工结对联系 77 户建档立卡贫困户。开展脱贫攻坚以来，县人社局成立扶贫工作领导小组，明确技能培训扶贫、社保扶贫等各项工作责任人，建立脱贫攻坚"班子领导分片负责、队员驻村、干部包户"责任机制，按要求选派 2 名干部到洒利黑担任工作队员，增派 1 名干部到大庄社区长期担任工作队员。严格落实驻村工作经费，解决驻村工作队员相关保障问题。2014～2020 年 8 月，县社会局共向 2 个定点帮扶村居委会投入挂包贫困村资金 13.03 万元。

　　向水利部门争取扶贫项目资金 210 万元，完成洒利黑辖区内部分灌溉沟渠修复工程，架设自来水 19.6 千米，全村 421 户人畜饮水困难得到解决；为解决抗旱保民生问题，帮助直牛郎架设抽水站 1 个、架设以外半坡饮水管路，共争取资金 5.6 万元，现项目已投入使用；争取小（二）型水库除险加固项目 1 个，投入项目资金 119 万元，解决 5 个村民小组 147 户 547 人人饮灌溉问题。争取扶贫项目资金 258 万元，实施 5 个村组道路硬化 9 个自然村部分道路硬化工程；争取扶贫项目资金 90 万元，新建 2 个公共文化活动场所；争取扶贫项目资金 8 万元，新建公共卫生厕所 1 座；争取扶贫项目资金 46 万元，新建垃圾房 14 座，安装太阳能路灯 8 盏；争取项目资金 34 万元，实施农村电网改造、提升工程，新安装 30 千伏变压器 2 台。争取扶贫项目资金 50 万元，同县人民医院合作村集体项目 1 个，提高村集体经济收入。全村 14 个自然村 14 个村民小组的村内户外道路实现全部硬化，全村 100％通生活用电，全村 100％通广播电视，宽带网络覆盖到行政村及行政村所在地卫生室，全村人畜饮水得到保障，自然村公共活动场所实现全覆盖，群众生产生活条件得到改善。

　　以农业专业合作社、种养殖大户为引领，推进农业生产的集约化、组织化、规模化和现代化建设。洒利黑村委会巩固烤烟种植面积 854 亩，培植畜牧产业，培育肉牛、黑山羊、生猪养殖、畜禽养殖大户，年出栏 9 498 头（只）。加大核桃、梨、桃等经济林果修枝整形等技术培训，争取上级支持对经济林果进行品种改良，巩固壮大核桃、青花椒经济林果 1 700 亩。引导群众种植党参、重楼、续断等中药材和魔芋等特色种植业。实施产业扶持 135 户，其中扶持种植小米椒、美人椒、魔芋等蔬菜 52 户，共计 121 亩；扶持畜牧养殖 245 户。协助洒利黑村党支部成立裕民农业综合服务社，采取"党支部＋合作社＋贫困户＋基地＋大户"的模式，通过强基惠农合作股份方式，土地、山林、矿山、房屋、水库等资产出租为企业提供服务，村集体经济收入稳定在 5 万元以上。

　　2018 年来帮助联系点实施雨露计划 50 人，争取教育扶贫财政专项资金、沪滇协作资金共计 10.5 万元。

三十四、双柏县自然资源局

2015年7月,双柏县自然资源局扶贫联系点从大庄镇柏子村调整到法脿镇六街村委会,2018年3月,增加扶贫联系点法脿镇石头村委会。县自然资源局成立扶贫工作领导小组,把各项目标任务落实到干部职工,选派熟悉基层工作的干部担任驻村扶贫工作队员,全力开展脱贫攻坚工作,并形成长期帮扶机制。

自2015年开展挂包工作以来,截至2020年8月,县自然资源局共安排驻村工作队员7名,落实工作经费11万余元;定期组织42名局机关干部职工下村开展政策宣传、CD级危房核查、中国社会扶贫网注册、抗旱助春耕、易地扶贫搬迁建新拆旧复垦复绿宣传动员等工作,确保挂包联系80户(其中六街村委会55户、石头村委会25户)如期脱贫。累计深入联系点200人次以上,走访5 000余人次,捐赠款物10万余元;2019年5月,组织干部职工深入挂包的村组户开展助农抗旱促春耕活动,切实为群众解决实际困难问题,抓好春耕生产。用活自然资源部、省级扶持易地扶贫搬迁政策支持脱贫攻坚,多举措保障易地扶贫搬迁用地,保障全县21个易地扶贫搬迁项目用地370亩;严格落实自然部、省、州党委、政府土地增减挂钩保障精准脱贫攻坚政策要求和文件精神,组建增减挂钩领导小组,加强增减挂钩项目实施管理,盘活存量建设用地,优化用地结构,节约集约利用土地资源,发挥城乡建设用地增减挂钩对脱贫攻坚工作的支持和促进作用。共编制上报4个增减挂钩实施方案,获批2个,项目区总面积19 262亩,建设规模1 911亩。可节余指标938.65亩,取得预售证书223亩,获指标流转收益5 575万元。2018年,为扶贫联系村委会争取土地整治项目2个,建设规模9 974.59亩,投资2 318.9万元,两个项目于2019年2月20日开工,2019年6月30日完工,项目实施后改善了农村生产生活条件和发展环境,促进农民增产增收,为脱贫攻坚工作奠定生活基础;加强地质灾害防治工作,推进地质灾害搬迁避让项目的实施。2014～2017年,全县共争取实施地质灾害搬迁避让486户(其中集中搬迁361户,零散搬迁125户)2 048人,已入住314户,在建120户,搬迁避让资金共3 054万元(其中省、州配套2 082万元,县级配套972万元),省、州、县下达2 248万元(省、州1 850万元,县级配套398万元)。协调企村结对帮扶,2018年10月30日,楚雄市红旗房地产开发有限责任公司为双柏县自然资源局挂包的石头村委会20户建档立卡贫困户捐赠电视、沙发等物资20件。

三十五、楚雄彝族自治州生态环境局双柏分局

县环保局于2019年3月10日更名为楚雄彝族自治州生态环境局双柏分局。全局干部职工27人,挂包联系的大庄镇麻栗树、尹代箐两村委会共8个村民小组60户198人的扶贫帮困工作,其中麻栗树39户128人,尹代箐21户70人。2019年年末,有59户194人脱贫出列。

坚持"发展青花椒产业和辣椒产业,推进发展畜禽养殖业"发展思路,结合联系户家庭成员实际和现有土地、劳动力结构状况,制定脱贫计划和脱贫帮扶措施,筹措发展资金。2014～2020年8月,单位及挂包干部共为60户联系户送上帮扶物资及资金14万余元。实施麻栗树村民小组农村环境整治项目1个,投资50万元,为联系村群众办实事60余件。通过6年的帮扶,麻栗树村种植青花椒1108.5亩,种植美人椒380.5亩,种植小米椒623亩,新增畜禽养殖大户3户,增加当地群众收入,助推脱贫攻坚。开展以环境保护进社区、进家庭、进机关、进农村、进公共场所为重点的绿色创建活动,自2015年启动省级生态文明县创建工作以来,全县共创建8个省级"生态文明乡镇",56个州级生态文明村(社区),全县共命名省级绿色学校6所,省级绿色社区2个,州级绿色学校13所。争取绿汁江流域农村环境综合整治项目1个,投资2300万元,涉及大庄镇、大麦地镇等贫困村乡镇。

三十六、双柏县住房和城乡建设局

双柏县住房和城乡建设局2014年挂包联系妥甸镇西城社区,2015年8月初调整为妥甸镇丫口村委会,2015年8月末调整为法脿镇法甸村委会,2018年1月增加挂包联系大麦地镇光明村委会。县住房城乡建设系统63名干部职工结对帮扶法脿镇法甸村委会96户328人、大麦地镇光明村委会25户73人建档立卡贫困户和包保非卡户,原则上做到领导干部结对联系4户,职级干部、股所级干部结对联系2～3户,普通干部职工联系1～2户。

县住房和城乡建设局成立脱贫攻坚工作领导小组,从县住房城乡建设系统抽调13名职工,从2015～2016年6月到法脿镇法甸村委会、大麦地镇光明村委会轮流驻村,其中1人任法脿镇法甸村委会驻村工作队长、第一书记、观察员,2人任大麦地光明村委会驻村工作队长。

双柏县住房和城乡建设局按照扶贫项目程序合规、扶贫资金使用透明的原则,在法甸村委会落实驻村工作队工作经费4万元;协调争取资金10万元,完善挂包村委会的厨房、围墙等基础设施建设;向企业家筹集资金1.9万元,建成停车场1个;协调万绿科技有限责任公司为法甸捐赠价值约1.8万元的太阳能路灯3盏,争取建设资金5万元,建成法甸村篮球场1个;筹措资金2.1万元,开展慰问老党员、困难群众等送温暖活动;筹措资金1万元,配置村委会办公电脑、窗帘等办公室设备;争取资金6万元对村委会办公楼外立面进行特色风貌改造;争取10个村人畜饮水项目1个,投入资金308万元;协调争取法甸小流域土地整理项目1个,投入资金1000多万元;协调楚雄新联供销农资科技有限公司为法甸村委会捐赠化肥4吨,价值0.3万元;协调云南诚缘装饰工程有限公司为法甸村委会会议室安装电子显示屏1块,价值0.35万元;争取法甸新村人居环境提升改造项目1个,投入资金140万元;为法甸村委会解决挡墙维修资金1万元。

同时,落实大麦地镇光明村委会驻村工作队工作经费2万元;筹措资金2万元,购买容量240升的垃圾桶50只;筹措资金1万元,对光明村委会档案室进行提升改造;协调建设光明—普龙酸角树公路扩建 19.8 千米,投入资金 250 余万元;争取光明农田水利饮水项目工程 1 个,投入资金 200 余万元;争取光明、新村坝、迷此母自来水到户项目 1 个,投入资金 50 万元;各自然村村内主干道路硬化,投入资金 60 万元;新建垃圾池 19 个,卫生厕所改造 5 个,投入资金 40 万元。

三十七、双柏县交通运输局

2014 年来,双柏县交通运输局在脱贫攻坚中挂包大庄镇代么古村委会。2018 年,增加扶贫联系点法脿镇红栗村委会。先后 33 名干部职工结对挂包联系代么古村委会大村、发黑村贫困户 56 户 201 人,法脿镇红栗村委会水箐、黄草滩等村挂包联系的 11 户 31 人。

2015～2020 年,下派工作队员 3 名,其中 2019 年增派工作队员 2 名,派驻红栗村委会。2015～2020 年,解决定点扶贫联系村委会解决工作经费 6.5 万元,为 3 名驻村工作队员购买意外伤害保险,落实驻村工作队员驻村生活补助,解决挂包联系村委会和农民群众的实际困难。

围绕“6105”脱贫退出标准和贫困村、贫困户后续发展需求,持续改善挂包联系点基础设施,着力突破发展瓶颈,向省、州交通运输部门争取项目资金 510 万元,帮助代么古村委村组公路硬化 8.34 千米,336 户 1284 人受益,同时投入 30 余万元对村道路安防工程进行完善,解决出行难问题。在实施整乡推进项目的同时,协调有关部门多方争取项目资金 177 万元,完善标准化卫生室建设和 4 个新建活动室的配套设施。协调争取村委会党员活动室 1 个,总投资 46.8 万元,向水利部门争取扶贫项目资金 736.6 多万元建设五小水利项目小坝塘除险加固 2 个和辖区内部分灌溉沟渠修复工程 2.8 千米,架设自来水 18 680 米,全村 336 户全部通了自来水,人畜饮水困难得到了彻底解决。组织干部职工开展“扶贫济困献爱心”活动,共捐款 82 356 元,帮助挂包联系户解决生产生活、保学就医等困难问题。33 名干部职工挂包联系代么古村委会大村、发黑村贫困户 56 户 201 人,法脿镇红栗村委会水箐、黄草滩等村挂包联系的 11 户 31 人。2020 年,挂包帮扶 67 户 232 人如期实现脱贫。确保实现“零漏评、零错退”,综合贫困发生率 1.56%,群众满意度 100%。先后组织本单位双柏户籍干部职工开展“干部大返乡”活动 6 次。多部门联动参与,共培训创业致富带头人 8 人次;举办劳务输出培训班 6 期,培训 245 人次,其中劳务就业培训 2 期,农业实用技术培训 6 期;帮助建档立卡贫困户实现劳务就业 35 人,实现劳务收入 14 万元;直接投入扶贫资金合计 1.98 万元,其中资金投入 1.84 万元,物资折款 0.64 万元;实施帮扶项目 7 个(种植辣椒、青花椒、魔芋、葛根、养猪、养羊、住房改造),其中扶持种植青花椒 125 户,共计 673.5 亩;扶持种植美人椒 39 户,共计 165.5 亩;扶持种植小米椒 3 户,共计 20 亩。扶持畜牧养殖 91 户(其中养猪 29 户 30 头、养羊 62 户 310 只)。

三十八、双柏县农业农村局

2014 年来,双柏县农业农村局先后挂包联系大麦地镇蚕豆田村委会、独田乡独田社区、妥甸镇马龙村委会、大庄镇洒利黑村委会、安龙堡乡安龙堡社区、他宜龙村委会和妥甸镇羊桥村委会。在扶贫工作中,确保每个村都有领导挂联,每户贫困户都有干部职工结对帮扶。2016~2020 年 8 月,全局 136 名干部职工共结对挂包帮扶 3 个村委会(社区)50 个村民小组的 158 户贫困户 556 人,其中安龙堡社区共挂包 25 个村民小组 89 户 330 人,他宜龙村委会挂包 12 村民小组 62 户 200 人,妥甸镇羊桥村委会挂包 13 个村民小组 7 户 26 人。

县农业农村局先后向挂包联系的蚕豆田村委会、独田社区、马龙村委会、洒利黑村委会、安龙堡社区、他宜龙村委会和羊桥村委会共选派 24 名驻村扶贫工作队员,选派 2 名干部到爱尼山乡、妥甸镇担任脱贫攻坚观察员。工作队员从下派开始工作与单位彻底脱钩,及时落实驻村扶贫工作队员每人每年 0.5 万元工作经费和每月生活补贴,尽可能解决驻村扶贫工作队员的困难;按照要求为驻村工作队员办理人身意外伤害保险,及时安排驻村扶贫工作队员到县医院进行体检。

2014~2016 年,全局挂包干部为联系贫困户每年人均捐款捐物在 500 元以上,2017~2019 年全局挂包干部为联系贫困户每年人均捐款捐物在 0.1 万元以上,同时开展消费扶贫,购买贫困户农副产品 6 万多元。联系协调有关部门,为扶贫联系点安龙堡社区 158 户贫困户、他宜龙村委会 95 户贫困户争取到救济粮 1 万千克。

截至 2020 年 8 月,县农业农村局帮助联系村委会协调落实科技增粮项目、畜牧养殖项目资金共计 382 万元,安排办公经费共 27 万元帮助村民小组修路和村委会建设,为贫困户购买化肥共计 23.7 吨,动员全体干部职工捐款共计 8.5 万元支持帮助建档立卡户发展产业,全局干部职工为安龙堡社区、他宜龙村委会、羊桥村委会贫困户交纳 1.53 万元的保险费。每年单位安排办公经费 3 万元在挂包的各个村委会举办实用技术培训,每年每个村委会不少于 3 场次。

三十九、双柏县林业和草原局

2014 年来,双柏县林业和草原局定点挂包碍嘉镇新树村委会,严格按照县委、县人民政府"挂包帮、转走访"工作的统一安排部署和精准扶贫各项工作要求开展工作。

县林业草原局成立扶贫开发领导小组,78 名干部职工对挂包的 219 户贫困户 788 人进行结对帮扶,派出驻村干部 17 人,其中有 4 人先后担任驻村工作队队长,1 人担任脱贫攻坚观察员。增派动态管理工作队员 35 人次,落实驻村工作经费 11.5 万元,工作队员生活补助 37.6 万元,干部职工帮扶捐资 65.4 万元,解决挂包村委会缺口资金 6.2 万元,为村委会购买 6 套被褥、1 台 48 寸全智能夜间电视、2 套农村科技致富光盘。修建卫生间 1 间,修复水弥线至二道箐村组公路约 2 千米。

通过深入开展走访调查,结合实际情况,"一对一"制定具体帮扶计划,采取有效措施,整合资源,开展抓住房安全、饮水安全,抓产业增收,抓教育扶贫,抓健康扶贫,抓生态扶贫,抓金融扶贫,抓社会扶贫,抓基础设施建设,抓兜底保障,抓扶志扶智,抓人居环境提升和推进扶贫攻坚步伐。加强对已脱贫户的持续帮扶和动态监测,确保已脱贫户稳定脱贫不返贫。围绕《乡村振兴战略规划》《脱贫攻坚项目库》《脱贫攻坚三年行动计划》,抓好扶贫政策措施宣传,抓好企业、合作社、种养大户扶持培育,加大农村劳动力培训和组织化转移工作力度,不断拓宽贫困群众的增收渠道。

截至 2020 年 8 月,新树村委会 2014 年脱贫退出 11 户 42 人,2015 年脱贫退出 32 户 138 人,2016 年脱贫退出 25 户 95 人,2017 年脱贫退出 67 户 257 人,2018 年脱贫退出 132 户 442 人,2019 年脱贫退出 4 户 17 人,已全部实现"两不愁、三保障"。

四十、双柏县水务局

双柏县水务局自履行"挂包帮、转走访"工作责任以来,局党委明确 1 名熟悉基层工作的副局长分管扶贫工作,建立 3 名班子成员分片包保,4 名工作队员长期驻村。至 2020 年 8 月,共向挂包村说全村委会派遣精干工作队员 6 批次 12 人,按照要求增派动态管理工作队员,成立 15 个小分队分包到组,69 名干部职工帮扶到户。

在落实扶贫工作日制度中,由负责片区的班子成员统筹、小分队长召集,带领干部职工深入村组,深入农户了解组情、户情,讲解脱贫攻坚政策,帮助贫困户制定脱贫计划,参与上级各种检查考核工作。"六一"儿童节班子成员带队到说全小学慰问学生,"七一"建党节为党员上党课,"教师节"慰问教师。通过社会扶贫网 App 客户端成功帮扶 134 户建档立卡贫困户解决一些实际困难,落实"以购代扶"消费扶贫活动,组织职工与包保的贫困户 134 户 434 人购买农产品,增加贫困户收入来源。

实施总投资 575 万元说全(法土克)水土保持治理项目,实施总投资 1 307.42 万元他此河小流域坡耕地水土流失综合治理工程,实施投资 46.2 万元说全大村农村饮水提升巩固工程,实施投资 152 万元说全片区山区小水网建设项目,实施投资 22 万元法土克、塔埔农村饮水水质提升净水设施工程,全部完工交付使用。

四十一、双柏县文化和旅游局

双柏县文化和旅游局"挂包帮、转走访"联系点为大庄镇桃园村委会和大麦地镇底土村委会,大庄镇桃园村委会有建档立卡户 175 户 585 人(其中,双柏县文化和旅游局负责挂包联系 84 户),大麦地镇底土村委会有建档立卡户 18 户 45 人(其中,双柏县文化和旅游局负责挂包联系 10 户 25 人)。自"挂包帮、转走访"工作开展以来,双柏县文化和旅游局成立了以局长任组长、副局长任副组长、各股室长为成员的"挂包帮、转走访"工作领导小组,明确由1名副局长主抓,1名业务人员具体负责相关工作。制定脱贫攻坚工作方案,明确工作目标、任务和要求,有针对性地开展"挂包帮、转走访"工作,形成主要领导亲自抓、分管领导具体抓、干部职工真心帮,联系点有班子成员包干联系、村民小组有股所负责人牵头负责、建档立卡户有干部帮扶的工作格局。县文化和旅游局44名干部职工对94户建档立卡贫困户开展结对帮扶,由主要领导亲自带头,严格执行"扶贫日"工作制度。2015~2020年,县文化和旅游局相继派出驻村工作队员11名、落实扶贫驻村工作队员工作经费11万元,协调争取项目资金14.5万元建设村民小组文化活动室3个,协调争取项目资金20万元建设篮球场2块,落实桃园村委会建设和修缮资金14.5万元,出资20万元支持桃园村委会新建厕所1个,帮助桃园村委会解决村委会搬迁等专项工作经费16万元,出资支持底土村委会修缮村委会、新建村史馆、加快刺绣产业发展。截至2020年8月,县文化和旅游局挂包联系的建档立卡户已全部实现"两不愁、三保障"目标。

四十二、双柏县卫生健康局

双柏县卫生健康局定点扶贫联系妥甸镇新会村委会和小村社区。自2015年开展挂包帮扶工作以来,县卫生健康局把脱贫攻坚列入重点工作来抓,及时成立县卫生健康局扶贫开发工作领导小组,组建6名班子成员分片包保、2名工作队员长期驻村、7个小分队分包到组、34名干部职工(含妇幼保健院4名)帮扶到户的工作机制。下派2018年度动态管理期间,增派6名工作队员到新会村和小村社区驻村开展定点帮扶工作。

截至2020年8月,县卫生健康局与村"两委"班子共同制定村组贫困户脱贫工作规划、年度脱贫计划,明确帮扶人员工作责任,制定符合贫困户家庭实际的脱贫计划和巩固提升措施。联系云南济南商会对旧村、麦地冲村民小组6千米土路进行修建,解决群众出行难问题。单位挂包干部共向贫困户捐款1.1万元、捐物折款3.6万元、消费扶贫1.5万元,协助新会村委会和小村社区完成集体经济收入目标。

围绕健康扶贫目标,解决建档立卡贫困人口因病致贫、因病返贫问题。借助上海嘉定区到双柏县开展免费义诊活动契机,组织新会村委会186人建档立卡贫困人口到县医院进行免费体检,组建医疗队12次深入各村开展义诊和免费送药活动;每年为全村65岁以上的老人免费开展1次健康体检,对高血压、糖尿病、重性精神病障碍、肺结核等患者,提供公共卫生、慢病管理、健康咨询和中医干预等综合服务,并逐步扩大病种。建档立卡贫困人口签约服务率100%;核实核准新会村建档立卡患病人员124户183人,落实四重保障机制,缓解群众"看病难、看病贵"问题。

四十三、双柏县医疗保障局

双柏县医疗保障局从2019年开始挂包帮扶法脿镇烂泥村委会,选派1名队员到法腊镇烂泥村委会担任驻村扶贫工作队长。

县医保局挂包帮扶烂泥村委会期间,每年落实 0.5 万元工作经费,帮助烂泥村委会协调和落实资金项目,改善该村基础设施建设。2019 年来,烂泥村委会争取 2.3 万元资金,实施木扎雄土地整治项目,挖机耕路平整土地 7 千米;争取 75 万元资金,修通打磨箐到杨柳树饮水管道 7.5 千米;争取 90 万元资金对茂宜丹村民小组进行人居环境整治,排污沟、垃圾池建设;争取 50 万元资金修建面积为 50 平方米的"乡村大舞台"1 个;争取 11 万元资金改造提升厕所 133 个,推进"厕所革命"工作实施,补齐影响群众生活品质的"短板"。

2019 年来,县医保局根据致贫原因,围绕贫困群众"两不愁、三保障"脱贫目标,与镇、村和帮扶联系干部形成合力,结合全县已出台的脱贫政策,对应选择教育资助、医疗救助、产业补助、技能培训等精准措施,及时落实相关项目和资金。在 2019 年动态管理工作中,烂泥村委会脱贫退出贫困人口 7 户 27 人,贫困发生率降至 0.57%,脱贫退出取得新实效。

2019 年年末,烂泥村实现村集体经济收入 5.9 万元,在 2018 年 5.62 万元的基础上有所上升,全村实现农村居民总收入 3 235.8 万元,人均纯收入 11 070 元。自脱贫攻坚工作开展以来,全村 17 个村民小组中,有 15 个小组村内道路已硬化,全部村民小组已通自来水和 10 千伏动力电,广播电视全覆盖,宽带网络覆盖行政村。建设有多功能活动室 1 个,篮球场 1 个 430 平方米,农家书屋 1 个,服务室 1 个,村卫生室 1 个(病床 3 张),村民小组活动室 7 个,"乡村大舞台"1 个 50 平方米,农民生产生活条件得到改善。

四十四、双柏县审计局

双柏县审计局自 2015 年 10 月定点挂包碌嘉镇红山村委会以来,全面落实脱贫攻坚挂包部门责任,成立脱贫攻坚工作领导小组,定期召开扶贫工作领导小组会议,专项研究扶贫工作,累计选派 3 名干部担任驻村扶贫工作队长、第一书记,落实驻村工作经费 5 万元,21 名干部职工联系建档立卡户 50 户 173 人。

6 年来,县审计局用心用情用力地投入联系村委会和贫困群众的结对帮扶中,2019 年被县委、县人民政府通报表扬为"扶贫先进单位"。针对红山村委会办公场所陈旧狭窄、屋顶漏雨、办公设施落后等问题,审计局自筹工作经费 30.23 万元,修缮村委会和添置办公设备。争取协调项目资金 1 323 万元,新建活动室 8 个、公厕 1 座,新建麻底田生产公路 7.3 千米,13 个村民小组村组道路全部硬化,直接受益人口 810 人,在全县 85 个村居委会中率先实现村组道路硬化全覆盖。县审计局建立贫困助学救助资金制度,帮扶以来共发动干部职工资助建档立卡大学生 7 人、高中生 2 人,为 90 多名适龄儿童购买书包、文具等学习用品累计投入 1.38 万元,村委会辖区未出现 1 名义务教育阶段辍学人员;投入资金 1 万元资金支持村委会种植当归 5 亩,入股双柏青山绿宝有限公司专业合作社 2 万元搭建利益联结机制,2019 年红山村委会实现村集体经济收入 5.3 万元。在春节、建党节、中秋节等重要节日开展"献爱心、送温暖"活动,对困难群众、困难家庭、困难母亲、困难党员进行走访慰问，累计投入资金 18.79 万元。加大扶贫政策宣传力度，激发群众内生动力，促进群众听党话、感党恩、跟党走。在 2020 年迎接国家扶贫成效考核过程中，红山村建档立卡贫困户满意率 100％。

四十五、双柏县统计局

2014 年来，双柏县统计局联系大庄镇干海子村委会，挂包帮扶建档立卡贫困户 44 户 179 人。动态调整后，又增加大庄社区帮扶建档立卡贫困户 16 户 65 人，15 名干部职工共结对帮扶贫困户 60 户 244 人。脱贫攻坚工作自开展以来，双柏县统计局成立脱贫攻坚工作领导小组，制定实施方案，实行脱贫攻坚主要领导责任制。同时，与国家统计局双柏调查队联合制定《行业扶贫五年规划》，按照住户收支与生活状况调查方案、农村贫困监测调查方案，扎实开展贫困户收入调查。

先后选派 3 名工作队员驻干海子村委会，增派 1 名工作队员驻独田乡独田社区，开展脱贫攻坚工作，按照要求落实驻村工作队员工作经费、生活补贴。开展"挂包帮、转走访"工作以来，累计为挂包村、贫困户投入扶贫资金 20 余万元。

四十六、双柏县应急管理局

双柏县应急管理局是 2019 年 3 月机构改革新组建成立的政府部门。双柏县应急管理局（县安监局）自 2014 年定点挂包帮扶联系爱尼山乡力丫村委会以来，认真制定扶贫工作计划和帮扶措施，落实定点挂包帮扶主体责任，先后派出 4 名干部深入挂包扶贫联系点开展工作，全面抓实挂包扶贫和脱贫攻坚工作。

脱贫攻坚工作开展以来，双柏县应急管理局 16 名干部职工与 19 户 70 人建档立卡贫困户结对帮扶，共组织干部职工深入挂包联系户开展帮扶活动 386 人次；组织挂包干部每年至少慰问结对户及力丫村困难党员、老党员 1 次，为贫困户捐款 4 次。2014～2020 年 8 月，16 名帮扶干部捐款捐物等帮扶资金共 10.08 万元，共投入扶贫工作经费 7.5 万元、帮扶项目资金 26.5 万元。坚持突出烤烟、畜牧养殖、中草药种植、经济林果、松脂采割、野生菌采收以及玉米、小麦种植主导产业，发展肉牛、黑山羊、生猪养殖、畜禽养殖和中草药种植等产业，促进农民增收。发展壮大村集体经济，成立 5 个农民专业合作社；采取"党支部＋合作社＋贫困户＋基地＋大户"的模式，打造培育种植、养殖专业村民小组 4 个。2019 年，力丫村实现 5 万元集体经济。

多年来，通过加大资金投入，实施建设项目，村内基础设施得到明显改善。建设草坝子水库引水工程，全村 261 户全部通自来水；实施 1 个自然村村组道路硬化、6 个自然村部分道路硬化工程；15 个村民小组新建公共文化活动场所；新建卫生厕所 22 座；实施 16 村民小组村间入户道路硬化工程；实施人居环境提升工程，新建垃圾焚烧房 19 座、安装太阳能路灯 15 盏；争取国家级扶贫资金 60 万元，建成太阳能光伏电站 1 座，装机容量 100 千瓦,并于 2019 年并网发电,截至 2020 年 8 月,获得发电收入 5 万元,增加村委会集体经济收入;实施村组道路路面硬化、人畜饮水工程、整村推进扶贫项目以及村委会整体搬迁等 80 余个项目,全村 18 个村民小组中有 16 个村的户外道路实现全部硬化,全村 100%通生活用电,全村 100%通广播电视,宽带网络覆盖到村委会及村卫生室,全村人畜饮水得到保障,自然村公共活动场所实现全覆盖。

四十七、双柏县市场监督管理局

双柏县市场监督管理局从 2014 年开始挂包帮扶法脿镇麦地村委会,共联系 105 户建档立卡贫困户,2019 年新增大麦地镇邦三村委会,在原挂包的基础上增加 10 户,共挂包帮扶 115 户联系户。自脱贫攻坚工作开展以来,县市场监督管理局认真履行挂包责任,及时成立扶贫工作领导小组,定期召开脱贫攻坚专题会议研究"挂包帮、转走访"工作,2014～2020 年,先后选派 12 名干部到扶贫联系点驻村开展工作,其中 5 人担任麦地村委会党总支第一书记、工作队长,2 人担任邦三村委会党总支第一书记、工作队长。

2014～2020 年 8 月,县市场监督管理局挂包麦地村委会,先后协调道路硬化 7.5 千米,解决下村等 5 个村民小组 156 户群众出行难问题;协调扩修狮子口东大沟(三面光沟)8.95 千米生产用水工程,解决 10 个村民小组,305 户群众的生产用水;协调资金 810 万元,架设麦地引水工程,解决 20 个村民小组的人畜饮水问题;下拨扶贫工作经费 16.5 万元,科技培训经费 1 万元,举办培训班 3 期,培训 260 余人次;投入 3.8 万元,购买电脑 3 台、办公桌椅 12 套、茶几 5 套、档案柜 6 组。县市场监督管理局结合村情和联系户主要致贫原因,按照宜种则种、宜养则养、宜商则商的原则,进行精准帮扶。实施易地扶贫搬迁 12 户、危房改造拆除重建 6 户、危房加固改造 36 户,小额信贷 27 户 135 万元,协调外出务工 16 户 27 人,扶持个体工商户 6 户;动员干部职工为特殊困难群众捐资捐物 6.21 万元,为联系户捐款捐物 16.1 万元。发展黄精 25 亩、党参 50 亩中药材种植,为村委会解决集体经济"空壳"的问题;建立合作社与贫困户利益联结机制,发展专业合作社 2 个。

2019 年年末,麦地村委会如期实现整村脱贫,单位挂包 115 户联系户实现稳定脱贫。2020 年,县市场监管局继续加大脱贫帮扶力度,持续巩固脱贫攻坚成果。

四十八、双柏县投资促进局

2014 年来,县投资促进局挂包安龙堡乡青香树村委会,9 名干部职工挂包联系 15 户建档立卡贫困户。坚持主要领导亲自抓、分管领导具体抓的工作机制,成立扶贫工作领导小组,每月定期召开会议专题研究部署脱贫攻坚工作,先后选派 5 名干部驻村帮扶,其中有 2 人担任驻村工作队第一书记、工作队长,每年按要求落实工作经费,组织工作队员体检、落实生活补助。2014 年来,干部职工累计捐资 3.6 万元,为挂包联系户添置衣柜、被子,购买大米、食用油等生活物资;为村委会解决价值 2.2 万元的空调、电脑、价值 1.4 万元的生活用品和办公物资;投入 3 万元工作经费给信么朱村架设水管、购买抽水设备等,帮助该村发展产业。

截至 2020 年 8 月,县投资促进局围绕"两不愁、三保障"脱贫目标,强化组织领导,狠抓工作落实,精准施策帮扶。动员搬迁集中安置农户 91 户,其中卡户 43 户、同步搬迁 45 户、农危改 3 户,确保群众住房安全。引进企业到信么朱村投资种植人参果,租赁群众土地发展种植基地,带动群众就近务工,信么朱村 2018 年人均增收 0.2 万元。发展冬早蔬菜种植,全村西红柿、姜柄瓜、夹豆、小米椒、大青枣种植已超过 2 000 亩,2019 年人均增收 0.3 万元。宣传义务教育阶段"两免一补"、助学贷款、雨露计划等政策,5 名大学生享受助学贷款、3 名职高学生享受雨露计划、50 余名义务教育阶段学生享受"两免一补"政策。

四十九、双柏县退役军人事务局

2019 年,新成立的双柏县退役军人事务局开始挂包法脿镇双坝村委会。根据工作要求,成立挂包帮工作领导小组,召开专题会议研究部署精准扶贫工作,制定《双柏县退役军人事务局开展"精准扶贫"工作计划》《双柏县退役军人事务局开展"精准扶贫"工作考核办法》,明确 1 名领导负责定点挂包帮工作,选派 1 名驻村工作队员长期驻村开展帮扶工作。

2019 年 6 月以来,双柏县退役军人事务局落实驻村工作队员驻村生活补助,解决挂包联系村委会工作经费 0.5 万元,围绕"两不愁、三保障"向群众详细讲解各项民生政策,增强群众脱贫致富的信心和决心。召开村民小组长和党员大会,学习中央和省、州、县关于脱贫攻坚的政策举措,把握好脱贫攻坚政策的精髓,做好政策的宣传和解释工作。局机关干部职工和村委会干部职工深入村组,召开群众会,向群众逐户发放《扶贫政策宣传手册》《致建档立卡贫困户的一封信》《双柏县易地扶贫搬迁政策宣传资料》等资料,现场宣讲脱贫攻坚的政策,共召开村委会干部职工会 4 次、群众会 14 场次。组建工作组,在公路沿线、村子显眼位置刷写脱贫攻坚的政策宣传标语,共刷写固定标语 2 块、张贴宣传标语 14 条。向县科学技术协会争取产业扶持资金 2 万元帮助双坝村建成云木香和葛根种植基地,成立双柏县法脿镇绿源中药材种植协会,法脿镇双坝村委会种植专业合作社,促进贫困群众稳定增收脱贫。2019 年,双坝村委会有建档立卡贫困户 11 户 26 人(其中 2017 年识别纳入 3 户 4 人,2018 年识别纳入 6 户 17 人,2019 年识别纳入 2 户 6 人),2020 年 8 月末,全部实现"两不愁、三保障"目标。

五十、双柏县地方志编纂委员会办公室

2014 年,双柏县地方志编纂委员会办公室联系安龙堡乡法念村委会,投入扶贫资

金 3 万元。2015~2020 年,双柏县地方志编纂委员会办公室定点帮扶独田乡独田社区居委会,落实挂包定点扶贫工作责任,成立"挂包帮、转走访"工作领导小组,定期召开会议专题研究定点帮扶联系点精准扶贫工作,制定年度帮扶计划和帮扶措施,选派驻村工作队员,解决联系点工作经费,落实驻村工作队员生活、学习、工作等基本保障。2015~2020 年,共选派工作队员 3 人次,增派驻村工作队员 3 人次,共落实驻村工作经费 8 万元,其中解决社区居委会工作经费 4 万元,给予乡政府产业扶持资金 4 万元。购置价值 0.6 万元的办公用品;开展节日慰问、春耕生产、技能培训、政策宣讲、农业保险购置等帮扶结对联系户活动,投入价值 2.5 万元的生产物资。协调争取培训经费 0.6 万元,组织开展 2 期种养殖业技术培训。2016 年,向上级扶贫部门为挂包联系户协调争取产业扶持资金 3 万元,重点扶持 6 户黑山羊养殖户;2018 年,向信用社协调小额扶贫贴息贷款 10 万元,扶持 2 户建档立卡贫困户发展滇黄牛养殖;协调争取 3 户建档立卡贫困户退耕还林扶持政策;邀请双柏县虎笙传承演艺有限公司到独田乡集镇、独田社区居委会黑蛇上下村开展"自强、诚信、感恩"主题文艺演出。2020 年,投入 0.5 万元资金,解决易地扶贫搬迁项目危旧房拆除及群众饮用水、生活用电线路改造等经费。

五十一、双柏县人民政府扶贫开发办公室

按照县委、县人民政府统一安排部署,县人民政府扶贫开发办公室 2014 年挂包联系大麦地镇底土村委会,2015 年 9 月调整联系安龙堡乡青香树村委会,2018 年又新增挂包联系妥甸镇大敌鲁村委会。自开展脱贫攻坚以来,县扶贫办承担县扶贫开发领导小组办公室相关职责职能,单位领导带头研究挂包工作,定期召开专题会议研究安排部署相关工作,选优配强驻村扶贫工作队员,先后派出 6 人作为驻村扶贫工作队员到挂包联系村开展驻村帮扶工作。

在挂包联系安龙堡乡青香树村委会期间,先后派出 4 名干部职工驻村进行帮扶,根据工作需要适时增派工作队员参与挂包村阶段性工作,全村 51 户 204 人建档立卡贫困户中,县扶贫办干部职工 16 人挂包联系贫困户 25 户 97 人。2015~2020 年,每年给予挂包联系村委会 2 万元工作经费,先后牵头组织村委会致富带头人 40 人次外出参观学习产业扶贫经验,挂包职工向贫困户购买 0.5 万余元农副产品。县扶贫办充分发挥部门优势,配合村委会向水利部门争取扶贫项目资金 600 多万元,建设迷此母、洒冲点 2 座抽水站,修建阿古黑小坝塘 1 座,修建迷母灌溉沟 1 条;争取扶贫项目资金 128 万元,架设自来水 25 千米,全村 197 户全部通自来水,人畜饮水困难得到彻底解决;争取扶贫项目资金 30 万元在洒冲点新建公共文化活动场所 1 个;争取扶贫项目资金 30 万元在洒冲点新建公共卫生厕所 3 座;争取扶贫整村推进项目资金 198 万元,实施坡代和党味自然村通组道路硬化和全村 8 个自然村村内户外道路硬化工程;争取扶贫项目资金 50 万元,新建标准化村卫生室 1 所;争取沪滇协作项目资金 800 万元,建设标准化滇中黄牛养殖场 1 个、蔬果冷库 1 个,种植无籽石榴 500 亩;争取洒冲点少数民族村寨保护项目资金 100 万元,新建卫生公厕 1 个,安装太阳能路灯 80 盏,安排洒冲点村产业发展互

助资金 20 万元;争取项目资金 463 万元,新建青香树完小教学楼;争取扶贫项目资金 130 万元,新建青香树村委会为民服务中心;争取扶贫项目资金 935 万元,用于洒冲点易地搬迁集中安置点安置建档立卡贫困户 43 户 181 人;完成农危改 16 户(其中拆除重建 4 户、修缮加固 12 户)。先后引进双柏山乡养牛有限公司、云南益新农业有限公司、云南省玉溪市峨山县源丰果业有限公司、双柏云滇农业有限公司等企业,发展青枣、沃柑、软籽石榴、葡萄、人参果、澳洲油茶种植,养殖滇中黄牛、撒坝猪、黑山羊。至 2019 年年末,全村共 51 户 204 人贫困人口,50 户 202 人实现稳定脱贫,全村综合贫困发生率为 0.27%。

县扶贫办于 2018 年开始挂包帮扶妥甸镇大敌鲁村委会,先后选派 3 名干部到大敌鲁村委会驻村,1 名任驻村工作队长,共有 5 名干部挂包 5 户贫困户。2018 年起,每年给予挂包联系村委会 2 万元作为脱贫攻坚工作经费。根据贫困户后续发展需求,持续改善挂包联系点基础设施,协助村委会争取资金 34.05 万元对段家、尹家 2 个村民小组的村内道路进行硬化,争取资金 93.3 万元对大敌鲁片区饮水工程进行改造,争取资金 45 万元建设标准化卫生室,争取资金 120 万元新建田房、杨家、小水井 3 个村民小组文化活动室,争取资金 230.83 万元新建大敌鲁片区农田用水官网改造项目,争取资金 263 万元实施大敌鲁片区高标准农田改造项目。

五十二、双柏县供销社

2014 年来,双柏县供销社按照县委、县人民政府"挂包帮、转走访"工作安排部署,挂包帮扶碨嘉镇旧丈村委会,认真落实精准扶贫各项要求,成立工作领导小组,定期召开脱贫攻坚工作专题会,制定挂包帮扶计划及措施,选派 3 名干部先后到旧丈村委会担任驻村工作队长(第一书记),1 名驻村工作队员受到县委、县人民政府表扬。落实工作队员驻村生活补助,解决挂包村委会工作经费 5.6 万元,改善办公设施投入资金 2.3 万元。双柏县供销社干部职工 15 人,共结对帮扶 64 户 203 人。

县供销社结合工作实际争取项目,不断完善基础设施建设短板。2018 年年末,全村农村经济总收入 1 342.94 万元,粮食总产量 51.5 万千克,人均有粮 420 千克,农村常住居民可支配收入 0.77 万元。村集体经济收入 7.01 万元,旧丈村实现贫困行政村退出。2019 年来,县供销社继续强化责任意识,做到摘帽不摘责任,脱贫不脱帮扶,全面巩固提升脱贫成效。实施大坝岭岗养殖小区建设产业发展项目,投资 20 万元,建设标准化牛舍 800 平方米,带动 8 户建档立卡贫困户参与建设,户均建设标准化牛舍 100 平方米;县供销社 12 名挂包干部个人为 53 户贫困户购买保险 0.53 万元;动员引导外出务工及就近务工 169 人,实现务工收入 232 万元。通过动态管理,符合退出标准 1 户 3 人脱贫退出。

至 2020 年 8 月,共帮助旧丈村委会硬化村间道路 41 条 3.44 千米,支砌挡墙 24 道,新修沟渠 7 条 1.41 千米,维修原有公路 5.6 千米,硬化村组公路 5.54 千米。12 个村民小组村内道路全部硬化;架设引水管道 7 千米,解决麻赖山片区 6 个村组 165 户

603 人安全饮水问题,全村 361 户全部接通自来水,人畜饮水安全问题得到解决;争取资金 21 万元,修复大沟 3 千米,改善旧丈村的灌溉和人居环境;建设标准化卫生室 1 个 230 平方米;建设村民小组活动室 10 个 940 平方米、活动场 7 个 3 622 平方米,公共活动场所实现全覆盖;建设村委会办公楼 391 平方米,12 个村民小组全部通动力电,广播电视 100% 全覆盖,村委会、卫生室有网络宽带。帮助全村共实施安居房建设 143 户,C、D 级危房实现"清零",扎实开展"村村畅净""十有七净"工作,建垃圾池 13 个、公厕 1 座。县供销社机关 12 名挂包干部个人为 53 户贫困户购买保险 0.53 万元,扶贫捐款 0.68 万元,消费扶贫购买农产品 1.96 万元,看望慰问联系户支出 4.6 万元。指导帮助发展农民专业合作社 12 个,与合作社签订产品购销协议并建立利益连接机制 224 户,促进产业发展和农民增收。

五十三、双柏县开发投资有限公司

2014 年来,双柏县开发投资有限公司与南京大学、县残联 3 家单位共同帮扶大庄镇普岩村委会。县开投公司全体职工分别联系普岩村委会 22 户贫困户,2018 年新增联系大庄社区杨治河村 11 户贫困户,共计 33 户。2014 年开展"挂包帮"工作以来,县开投公司成立由总经理任组长的扶贫工作领导小组,先后选派 4 人次担任驻村扶贫工作队员。2017 年贫困对象动态管理工作开展期间,增派 3 名工作人员驻普岩村委会开展动态管理工作;2018 年,增派 1 名工作人员驻普岩村开展相关工作。2018 年 11 月,县开投公司全面推进融资平台体制转型,原公司(事业单位)终止所有业务,新公司(国有企业)正式运营,原来的 33 户联系户中,30 户联系户同原开发投资公司职工一起分到其他单位后,县开投公司共有联系户 3 户,为大庄社区居委会杨治河村 1 户、普岩村委会 2 户。2019 年 1 月,按照县委安排部署,县开投公司挂包联系点由大庄镇普岩村委会调整联系安龙堡乡说全村委会,新派 1 名工作队员到说全村委会驻村开展相关工作。2019~2020 年,解决驻村工作经费 1 万元;落实驻村扶贫队员生活补贴和下乡补贴 2.88 万元,购买驻村工作队员意外伤害险,报销驻村工作队员每年 1 次体检的相关费用。

2014 年来,每年足额拨付工作经费,保障扶贫工作队员各项工作开展,共计投入资金 37.63 万元,项目资金 155 万元。2014~2015 年,为普岩村委会服务大厅建设解决 1.8 万元办公桌椅,为大罗块村民小组出资 0.2 万元解决配套抽水设备,协调各方为平掌子、土城哨村民小组打机井 2 口,全年共计投入资金约 2.5 万元。2016 年,春耕生产期间为联系户送去 0.36 万元的生产资金,为普岩村委会解决办公经费 0.5 万元、资助教育基金 0.2 万元,全年共计投入资金 1.06 万元。协助村"两委"实施投资 50 万元的老郭家等 3 个自然村整村推进项目。2017 年,拨付普岩村委会 2 万元扶贫工作经费,并为村委会购置价值 0.5 万元双开门冰箱 1 台;春节前期,为每户贫困户送上大米、香油等慰问品及慰问金 0.44 万元;筹措资金 6.7 万元用于普岩村委会村级场所基础设施建设,全年共计投入资金 9.64 万元。协调争取项目资金 105 万元用于普岩大沟修复工程建设。2018年,拨付普岩村委会2.3万元扶贫工作经费,拨付大庄社区杨治河村民小组1.3万元扶贫工作经费,拨付爱尼山乡海子底社区扶贫工作队员1万元扶贫工作经费;春耕生产期间为每户送去200元的生产资金,共计0.7万元;中秋、春节前期,送去价值2万元的慰问品及慰问金,全年共计投入资金7.3万元。2019年教师节,购买价值1080元的毛毯对安龙堡乡说全村所有在职教师进行慰问;为3户联系户购买意外险300元;在春节、中秋节、春耕生产期间为3户建档立卡贫困户送慰问品及慰问金,价值0.72万元。2020年,双柏县开发投资有限公司协调中雄融信基金管理公司为安龙堡乡捐赠扶贫资金12万元,公司筹措资金0.6万元为挂包联系点说全村委会购置2台电脑。7月,为3户联系户送上合计价值600元的慰问品;9月,投入0.2万元对联系点说全小学全体师生进行慰问。

五十四、双柏县地震局

2014年来,县地震局挂包帮扶大麦地镇大麦地村委会。县地震局坚持主要领导亲自抓、分管领导具体抓脱贫攻坚工作,每月召开专题会议研究部署脱贫攻坚工作。2014~2020年,共选派3人次干部担任驻村工作队员,增派2人次工作队员助推脱贫攻坚工作,累计落实驻村工作经费3.5万元、工作队员生活补助7.2万元以及健康体检、意外伤害保险等保障。在编6名干部职工与结对联村14户贫困户建立结对帮扶,挂包干部自筹8.4万元开展慰问活动,帮助解决种子、化肥、薄膜等农资;帮助成立大麦地中草药种植合作社,争取到5万元产业扶持资金,种植续断500亩、木香20亩、白术10亩,健全完善合作社与建档立卡贫困户利益联结机制,全村卡户每年均分到1680元的分红,实现产业扶贫增收;协助危房改造工作,先后有39户贫困户完成危房改造任务,29户农户完成提升改造,经住建部门鉴定全部合格验收,保障住房安全;参与组织协调修建上莫且法小坝塘加固修复建设项目,上莫且法生产用水管道工程项目;三折迷入村道路改扩建项目;投资72万元的战斗、利支河、下莫且法3个自然村村级活动室建成并投入使用,丰富群众业余生活;累计争取到4.2万元科技培训经费举办7期科技培训班,协助大麦地村委会建设中草药基地1个;坚持扶贫开发与乡村建设相结合,推进新村聚居点建设,帮助11户贫困户搬迁入住添置家具、厨具等折价2.8万元。

五十五、双柏县森林公安局

2014年,双柏县森林公安局联系礓嘉镇密架村委会,投入扶贫资金2万元。2015~2020年,双柏县森林公安局定点帮扶大麦地镇野牛村委会。成立由局长为组长、政委为副组长的"挂包帮、转走访"工作领导小组,定期召开专项工作会议研究帮扶工作,实行分片区包村包组包户制度,立足实际制定脱贫计划和帮扶措施。累计派出7名驻村扶贫工作队员,25名民警挂包52户建档立卡贫困户,落实驻村工作经费共计16.3万元。

2015~2020年8月,双柏县森林公安局全体民警共筹资7.8万余元,购买化肥、电器等生产生活物资,对建档立卡贫困户进行慰问,帮助解决生产、生活困难问题。通过驻村工作队员和挂包民警的共同努力,在种养业方面,对建档立卡贫困户中已确定的25户发展生产对象给予重点扶持;发挥农牧业龙头企业、专业合作社、种养殖大户的带动作用,动员52户建档立卡贫困户加入专业合作社进行产业扶持。动员缺少发展生产资金的建档立卡贫困户申请小额信贷发展产业,34户建档立卡贫困户享受政府贴息小额贷款每户5万元。鼓励发展林下经济和后续产业,8户建档立卡贫困户进行退耕还林,32户建档立卡贫困户领取公益林补偿金,聘用天保护林员和生态护林员共7人,每人每年工资1万元,实现7户24人稳定脱贫。劳务输出实现稳定脱贫,建档立卡贫困户长年外出工91人,其中省外务工16人、省内县外务工9人、乡外县内务工66人。优先聘用有劳动能力的建档立卡贫困户家庭成员为河库渠巡查保洁员、乡村公路管理员、农村人居环境保洁员等公益性岗位,解决19户22人就地就业,实现稳定脱贫。

五十六、双柏县公安局交通警察大队

2013年,双柏县公安局交通警察大队定点联系安龙堡乡六纳村,2013~2020年,累计派驻10名业务骨干到六纳村担任驻村扶贫工作队长、工作队员。2014年,投入扶贫抗旱引水资金10万元,2016~2019年,落实村委会经费18.6万元,单位民警捐资4万元帮扶贫困户。

参与乡党委、乡政府争取上级项目资金,实施产业扶持85户,其中扶持种植金边玫瑰、萝卜、小黄姜等57户,共计86亩;扶持畜牧养殖85户(其中养撒坝猪46户138头;养黑山羊39户585只;养滇中黄牛25户310头)。协助六纳村成立特色地方猪养殖农民专业合作社,通过强基惠农合作股份方式,出租土地、房屋、水库等资产,为企业提供服务增加收益。2018年实现村集体经济收入6.6万元。开展农村实用技术、农村劳动技能和劳动力转移就业等培训,聘请县、乡科技人员就有关知识进行培训。举办种养殖技术和原料初加工专项能力职业技能培训班,贫困户户均1人接受职业教育或技能培训,掌握1~2项实用技术。加强外出务工人员就业培训,全村共有外出务工家庭96户181人,其中长年全户外出务工8户14人。

五十七、双柏县信访局

双柏县信访局定点帮扶安龙堡乡新街村委会,6名干部结对帮扶新街村委会二塘村建档立卡贫困户9户23人。双柏县信访局成立脱贫攻坚工作领导小组,明确结对帮扶贫困户,定期召开会议专题研究精准扶贫工作,每年选派1名干部驻村开展脱贫攻坚工作,解决新街村委会扶贫工作经费共2.5万元,严格按照每天30元标准报销驻村工作队员生活补助,为驻村扶贫工作队员购买意外伤害险。协调争取40万元资金实施二塘村间道路硬化项目,解决二塘村建房修路资金 0.5 万元,落实教育捐款 1.9 万元,帮扶干部向贫困户捐款 0.2 万元,捐物折资 1 万元,抓好脱贫增收烤烟支柱产业,推广科学种植技术,改变传统种植方式,提高烤烟种植、管理、烘烤技术,提高烟叶质量,实现稳步增收。

2019 年来,双柏县信访局继续对新街村委会加强脱贫攻坚定点帮扶,派出工作队员担任村委会第一书记,组织干部职工开展"购帮扶"活动,先后 3 次向联系户购买农特产品合计 1.08 万元。2019 年 8 月,增加妥甸镇中山社区为信访局的挂包村联系点,由局长担任工作队员,对中山社区 31 个村民小组、35 户贫困户进行走访,制定因户施策措施,针对中山在脱贫攻坚中存在的短板和弱项开展定点扶贫工作。2020 年来,信访局结合中山社区和新街村委会的农户实际情况,围绕迎接国家普查对标对表,对各级各部门在检查中发现的问题开展补短板、强弱项工作。

五十八、双柏县政务服务管理局

双柏县政务服务管理局 2014 年挂包大麦地镇大麦地村委会,2015 年 9 月调整挂包安龙堡乡安龙堡社区,2015 年 12 月调整挂包妥甸镇马龙村委会,2019 年 7 月调整挂包大庄镇杞木塘村委会。2019 年 4 月新成立行政审批局,从相关行业主管部门划转人员 28 名,全局 46 名干部职工结对帮扶 100 户贫困户,结对帮扶的 100 户贫困户分布在 7 个乡镇、22 个村(社区)、47 个村民小组。

2014 年来,双柏县政务服务管理局认真落实脱贫攻坚工作责任制,成立脱贫攻坚工作领导小组,围绕脱贫退出标准和贫困村、贫困户后续发展需求,定期召开脱贫攻坚专题会议研究"挂包帮、转走访"工作,协调解决"挂包帮"中存在的困难和问题,制定年度脱贫攻坚帮扶工作方案,明确年度重点工作任务。先后选派 9 名干部到大麦地村委会、安龙堡社区、妥甸镇马龙村委会、中山社区、桂花井村委会、安龙堡乡青香树村委会驻村开展脱贫攻坚工作,抽调 1 名干部到县扶贫办工作,每年投入 12 万余元资金用于挂包村委会及驻村工作队员作为脱贫攻坚工作经费,解决挂包联系村委会和驻村工作队员的实际困难。围绕帮扶村地理条件,引导联系户发展冬早蔬菜、牲畜养殖、中药材种植产业,协调鼓励剩余劳动力外出务工,实现群众稳步增收。

五十九、双柏县融媒体中心

2015 年来,双拍县融媒体中心挂包大庄镇桃园村委会,35 名干部职工帮扶 45 户建档立卡贫困户,6 年来,分别向妥甸镇格邑村委会、安龙堡乡他宜龙村委会、碍嘉镇碍嘉社区、大庄镇桃园村委会选派驻村扶贫工作队员 4 人,增派动态管理工作队员 16 人次,按照标准报销驻村工作队员生活补助,为驻村扶贫工作队员购买意外伤害险。2015~2020 年,共投入帮扶资金 7.4 万元,其中桃园村委会 5.8 万元,他宜龙村委会 0.8 万元,碍嘉社区 0.8 万元。

根据贫困户贫情分类,发展产业脱贫 18 户,培训转移脱贫 5 户,易地搬迁安置或安居工程建设 7 户,社会保障兜底 8 户,生态补偿脱贫 5 户。在"挂包帮、转走访"工作开展中,每名在职干部挂包 2～3 户建档立卡贫困户,不定期入户走访,开展节日慰问和生产物资帮扶。持续开展感恩教育,激发群众自强不息、诚实守信、脱贫光荣的思想观念和感恩意识。结合实施"美丽乡村""十有七净""七改三清"整治,引导村民移风易俗、改变陋习。开展广播电视设施使用维护培训,为群众修理广播电视信号接收设备,调试接收设施信号 1 000 多次。

六十、双柏县卫生监督所

2014 年来,双柏县卫生监督所联系大麦地镇邦三村委会。截至 2020 年 8 月,先后派出 5 名工作队员到邦三村委会开展工作,围绕"两不愁、三保障"脱贫标准,紧扣"六个精准"要求,累计投入项目资金 37.25 万元,以交通、水利、产业、公共服务等扶贫项目实施为重点,新建村组公路 2.6 千米,扩建公路 8.2 千米,镇村公路硬化 27 千米,硬化村间主干道 1.83 千米,串户道 5.53 千米,涉及 14 个村组,229 户 853 人,解决了群众出行难、农产品交易难的问题;投入资金 100 万元,建设邦三红糖加工销售专业合作社标准榨房 280 平方米,办公用房及红糖储存室 130 平方米,通过引进新品种、社企合作、新技术推广、电商和订单销售等方式,帮助群众发展"邦三红糖"特色产业增加收入。发挥群众主体地位,对村庄道路、环境卫生进行修补清扫,查缺补漏,确保村组卫生清洁,人居环境、村容村貌得到提升。利用党组织开展"三会一课""主题党日"的契机,开展主题宣讲、民情访谈、技能培训等各项工作,把党的路线、方针、政策的宣传和群众教育引导工作融入日常活动中,引导群众自力更生,增强感恩情怀。

六十一、双柏县疾病预防控制中心

2014～2020 年,双柏县疾病预防控制中心先后挂包法脿镇折苴村委会、大麦地镇蚕豆田村委会。2015 年来,按照省、州、县开展"挂包帮、转走访"要求,成立县疾病预防控制中心扶贫开发工作领导小组,主要领导负总责、亲自抓脱贫攻坚工作。蚕豆田村委会有共有建档立卡贫困户 41 户 132 人,双柏县疾病预防控制中心挂包建档立卡贫困户 38 户 120 人,选派轮换驻村工作队员 5 名。干部职工共帮扶贫困联系户慰问资金和物品 6.32 万元,单位帮扶各种资金、物资合计 16.88 万元。2017～2019 年,单位无偿提供一辆越野车支持村委会,燃油费 3.94 万元。

结合行业优势,把加强地方病、慢性病、传染病等重点领域的健康教育工作作为实施精准扶贫的重要内容,开展国家基本公共卫生免费服务政策、中国公民健康素养等宣传,倡导健康生活方式。督促乡卫生院与村卫生室人员优先保障贫困群众的健康服务,让群众享受国家基本公共卫生服务。购买音响、花鼓等文体器材,帮助村委会组建 1 支

12 人的文艺队伍。提供 1 间位于县城中心临街的办公室,打造大麦地生态农庄,以"农村致富带头人＋合作社＋直销店"＋"互联网＋"电商工作模式,全镇 386 户建档立卡贫困户参与农产品代销,每年实现不少于 3 万元的村集体经济收入。参与合作社的蚕豆田村委会 41 户建档立卡贫困户,通过合作社收入按比例分红等方式,为贫困户搭建购销平台及增收渠道。干部职工帮助贫困户注册中国社会扶贫网,发布爱心需求 22 户,完成筹集资金目标金额对接 22 户,筹集社会爱心人士捐款 0.66 万元。

六十二、双柏县人民医院

2014 年至 2020 年 8 月,县人民医院共挂包帮扶碍嘉镇龙树、妥甸镇新会、独田乡大水田、大麦地镇蚕豆田、安龙堡乡六纳 5 个村委会。截至 2020 年 8 月,共计帮扶资金 35.56 万元,为贫困户患者免除救护车费和出诊费 1.1 万元。

2014 年 1 月至 2015 年 8 月,派出 1 人到碍嘉镇龙树村委会驻村开展扶贫工作。拨付扶贫经费 3 万元,其中拨付日常工作经费 0.4 万元,拨付建设便民服务站补助 1.5 万元,拨付建设"六小配套设施小厨房"建设补助 0.4 万元,拨付助春耕生产发放化肥价值 0.2 万元,拨付修复龙树生产生活用水大沟建设补助 0.5 万元。

2015 年 8 月至 2020 年 8 月,先后派出 6 人到妥甸镇新会村委会驻村开展扶贫工作。70 名干部职工挂包 73 户贫困户,拨付扶贫经费 12.75 万元,其中拨付日常工作经费 6.48 万元,拨付办公楼及食堂修缮资金 6 万元,支付上村饮水工程购水泵款 0.27 万元。为新会村委会建档立卡贫困户患者免除救护车费和出诊费 0.38 万元。

2018 年 3 月至 2019 年 7 月,先后派出 4 人到独田乡大水田村委会驻村开展扶贫工作。拨付扶贫经费 15.21 万元,其中拨付日常工作经费 1.5 万元,拨付食堂建设项目资金 1.5 万元,拨付大水田村委会主干线大村片区公路修缮保通工作经费 10 万元,拨付壮大村集体经济发展启动资金 2 万元,解决茅铺子村民小组活动室价值 0.21 万元的办公桌椅。为独田乡建档立卡贫困户患者免除救护车费和出诊费 0.72 万元,组织医疗鉴定专家团队到独田乡免费为辖区内残疾人做残疾鉴定 60 余人次。

2019 年 10 月至 2019 年 12 月,派出 1 人到大麦地镇蚕豆田村委会驻村开展扶贫工作。拨付扶贫经费 2.5 万元,其中拨付日常工作经费 0.5 万元,拨付职工宿舍改造资金 2 万元。

2019 年 10 月至 2020 年 8 月,先后派出 2 人到安龙堡乡六纳村委会开展扶贫工作。拨付扶贫经费 2.1 万元,其中拨付日常工作经费 1.5 万元,拨付驻村工作队员购买办公桌椅 0.5 万元,慰问村委会干部及驻村工作队员 0.1 万元。

六十三、双柏县职业高级中学

根据县委、县人民政府精准扶贫安排部署,双柏县职业高级中学联系帮扶古木村委会,开展"挂包帮、转走访"工作以来,双柏县职业高级中学成立工作领导小组,定期召开会议研究挂包帮扶工作,选派驻村工作队员,落实挂包帮工作责任。2015~2018年,开展节日慰问活动,共为联系户送去价值1.5万元的慰问品,帮扶贫困户价值2万元的生产物资,帮助贫困户解决住房修缮资金1.6万元。为建档立卡贫困户办理"雨露计划",落实学生助学金和"两免一补"政策。

六十四、双柏县税务局

2018年7月,原双柏县国家税务局、双柏县地方税务局落实国务院税收征管体制改革,两家税务机构合二为一成立国家税务总局双柏县税务局。新税务机构继续履行职责,持续抓好大庄镇杞木塘村委会、大麦地镇峨足村委会、碌嘉镇平掌村委会、碌嘉镇老厂村委会的198户建档立卡贫困户的挂包帮扶。其中,大庄镇杞木塘村委会16个村民小组94户建档立卡贫困户,大麦地镇峨足村委会8个村民小组户建档立卡贫困户20户,碌嘉镇平掌村委会11个村民小组户建档立卡贫困户74户,碌嘉镇老厂村委会5个村民小组户建档立卡贫困户13户,共有建档立卡贫困户201户728人。

原双柏县国家税务局先后挂点联系妥甸镇马脚塘村委会和窝碑村委会,原双柏县地方税务局先后挂点联系大庄镇干海子村委会、杞木塘村委会。通过党建工作经费等形式直接或间接给予所联系村委资金帮扶5.3万元、以报刊征订赠阅及学生学习用品实物捐赠等形式实施智力扶贫折资约2.1万元。2016~2018年,原双柏县国家税务局联系碌嘉镇平掌村委会和老厂村委会,原双柏县地方税务局联系大庄镇杞木塘村委会和大麦地镇峨足委会,实行领导挂点、部门包村、干部帮扶模式,每名在职干部挂包1~3户建档立卡贫困户,慰问联系户折资累计5.9万元。2018年7月,原双柏县国家税务局、双柏县地方税务局落实国务院税收征管体制改革,两个税务机构合二为一成立国家税务总局双柏县税务局。新税务机构继续履行职责,持续抓好3个乡镇4个村委会198户建档立卡贫困户精准帮扶。2019年1月~2020年8月,组织干部职工为贫困户捐款1.94万元,通过"以购代扶"的形式向贫困户购买1.6万元的农产品,给予挂包联系点3.2万元帮扶经费。2014~2020年8月,双柏县税务局共选派35名党员干部深入扶贫联系点开展驻村工作,落实驻村工作经费25万元。落实国家税务总局关于脱贫攻坚有关税收优惠政策,共减免7454.5万元。

六十五、双柏县气象局

2014年来,双柏县气象局定点帮扶大庄镇桃园村委会,2018年增加大庄社区帮扶联系点,7名在职工作人员共挂包帮扶27户99人。双柏县气象局落实挂包帮扶责任,印发《双柏县气象局脱贫攻坚工作挂包帮扶实施方案》,2014~2019年7月,每年派驻桃园村工作队员1名,根据工作需要加派动态管理工作队员驻村,2019年7月~2020

年8月,派驻安龙堡乡他宜龙村委会驻村工作队员1名。挂包联系干部多次到大庄社区和桃园村委会走访调研,深入帮扶联系户了解贫困户产业发展、家庭变化等基本情况,完善建档立卡贫困户"一户一档"资料。

2014～2020年8月,共投入桃园村委会和大庄社区工作经费6万元,挂包干部共向贫困户购买保险0.27万元;购买家具、厨具折资0.8万元;购买大米、香油等生活物品慰问贫困户折资3万元。引导当地群众,采取发展短期产业和长期产业相结合的产业扶持模式,参与其他挂包单位推广烤烟和青花椒、美人椒、小米椒种植。

六十六、中国人民银行双柏县支行

2014年来,中国人民银行双柏县支行负责爱尼山乡麻海村委会和把租村委会"挂包帮、转走访"精准扶贫工作。人行双柏县支行成立由行长任组长的中国人民银行双柏县支行扶贫工作领导小组,每年选派1名党员干部进驻麻海村委会开展驻村扶贫工作,并落实每年0.5万元的驻村工作经费。2014～2020年,支持春耕生产工作发放贫困户化肥41袋,扶持17户贫困户发展工业辣椒59亩,发放种植补贴2.95万元,开展遍访联系户慰问活动,发放慰问金1.58万元,解决麻海村委会1.3万元的办公设备,争取2万元修缮食堂,提供餐桌5套、圆凳40条、靠背椅子25条;为把租村委会购置价值2万元的复印机、打印机、会议桌椅等办公设施。支持麻海村委会村集体经济产业蚂蚱大棚养殖产业资金3.5万元。为麻海村委会争取依么口村"一事一议"整村推进财政奖补项目资金25.54万元。解决把租村委会基础建设水泥50吨,办公桌椅30套,解决购买油烟机、消毒柜、单人床等费用1万余元。2019年,支行17名干部职工为建档立卡户41户交纳保险0.41万元,防范脱贫家庭返贫风险。深入爱尼山乡政府、麻海村委会、把租村委会开展贷款政策、假币识别、反洗钱、征信等基础金融知识及消费者权益宣传20余次,提升群众对金融服务的认知度和满意度。

六十七、双柏县农村信用合作联社

2014年来,双柏县农村信用合作联社定点联系安龙堡乡六纳村委会,认真落实挂包帮扶责任,成立由党委书记、理事长为组长的扶贫工作领导小组,定期召开会议专题研究定点帮扶工作,选派驻村工作队员,落实驻村工作队员工作经费、生活补贴等基本保障。建立脱贫攻坚"领导挂点、部门包村、干部帮户"长效机制,做好相关金融服务工作。2015～2020年8月,累计派驻4名业务骨干到六纳村担任驻村扶贫工作队长、工作队员,解决六纳村委会办公经费6万元,捐赠办公用房改造资金8万元,厨房改造、饮水水池建设资金5万元;先后开展慰问活动15次,共投入慰问金15.1万元。双柏县农村信用合作联社协助村委会向州财政局争取资金500万元(其中用于产业发展资金200万元,人居环境改造200万元,其余用于村集体经济发展、村委会建设等100万元)。向六纳村发放小额扶贫贴息贷款 67 笔 319.7 万元,发放产业扶贫贷款 258 笔 1 440.41 万元。向天蓬养殖相关企业整体授信 1 500 万元,发展生态养殖业,带动当地 100 多户农户脱贫致富。

改善六纳村金融服务环境,建成普惠金融服务站 1 个,推广手机银行运用,实现"机到村、卡到户、钱到账"的目标,满足农户日常生产、生活、消费及小额取现等基本金融服务需求。整合资源,推进信用户、信用村、信用乡镇评定工作。2017 年,双柏县人民政府授予安龙堡乡"信用乡"荣誉称号,授予六纳村"信用村"荣誉称号。

六十八、云南省烟草公司楚雄州公司双柏县分公司

2014 年来,双柏县烟草分公司挂包帮爱尼山乡大箐、六合 2 个村委会,涉及 18 个村民小组 44 户建档立卡贫困户 152 人,其中大箐村委会 7 个村民小组 25 户 103 人,六合村委会 11 个村民小组 19 户 49 人。通过产业扶贫、项目扶贫,改善基础设施,巩固提升烟草产业发展水平。

双柏县烟草分公司成立以主要负责人为组长的"挂包帮、转走访"工作领导小组,明确党群办公室为职能部门,派出驻村工作队员 1 人。形成领导负责,股室、烟叶站协调,专人落实的分级负责制。具体对结情况为:分公司班子成员分别结对帮扶 3 户建档立卡贫困户,股室、爱尼山烟叶站负责人各结对帮扶 2 户贫困户,其他人员各结对帮扶 1 户贫困户。2014 年来,烟草行业产业扶贫捐赠资金 28 万元,用于大箐村委会建设及大箐、六合村委会道路扩宽、维修建设。

六十九、双柏供电局

2015 年来,双柏供电局结对帮扶碍嘉镇麻旺村委会建档立卡贫困户 19 户 61 人,2017 年新增茶叶村委会建档立卡贫困户 13 户 43 人。脱贫攻坚工作开展以来,双柏供电局落实扶贫工作党政主要领导负总责,明确党总支书记负总责,局长负同责,副局长各司其职的扶贫工作领导小组,细分 2 个扶贫工作组,党建人事部负责定点扶贫,计划建设部负责行业扶贫。2014 年来,累计召开扶贫专项工作推进会 18 次,轮换驻村工作队员 5 名,选派动态管理人员 14 人次协助镇村开展扶贫工作,累计下达驻村工作经费 3 万元。2018 年 12 月,双柏供电局共捐赠麻旺、茶叶 2 个村委会定点扶贫资金 12.39 元。2019 年,捐赠 2 个联系村委会扶贫资金 3 万元,帮助贫困户发展产业,实现稳定增收。

双柏供电局投入 8.79 万元,帮助联系点 32 户贫困户入股本地经营成熟的种植合作社,每年根据合作社经营情况进行分红,增加贫困户收入。实施"农产品"采购模式,分局驻村工作队员负责与挂包的贫困户联系,根据食堂和员工个人需求,安排鲜活农副产品采购。2018 年年末,共向扶贫点采购火腿、大豆、土豆、蓑衣、木艺制品等,每户增

收 0.6 万元。分局帮扶干部主动帮助贫困户联系工作 3 人,实现"转移一人、致富一家"的目标。开展"自强、诚信、感恩"主题教育活动及感情交流活动 4 次,双柏供电局成立党员扶贫服务队 1 支、青年团员服务队 1 支,先后组织 200 多人次到扶贫联系点开展志愿者服务,改善村容村貌、居住环境,处理贫困户用电安全隐患 13 处。为麻旺村委会党员活动室购置桌椅等硬件,在村委会办公区域购置休息椅;帮扶干部在每年春节、中秋节等节日开展走访慰问,捐赠现金累计 3.21 万元,捐赠价值 4.66 万元的生产物资。

七十、国家统计局双柏调查队

2014 年来,双柏调查队认真落实好挂包联系碌嘉镇东风村委会的挂包帮扶工作。成立由主要领导任组长,分管领导任副组长,股室长为成员的脱贫攻坚工作领导小组,定期召开会议研究"挂包帮"工作,每年选派 1 名队员到东风村委会开展驻村帮扶工作,在动态管理、脱贫迎检等重要工作中根据村委会需要随时增派工作人员到村开展工作,全力配合镇村落实好教育、健康、低保、生态、易地搬迁、农村危改等脱贫攻坚各项工作。

全队干部职工 6 人结对帮扶东风村委会 30 户贫困户,为联系户解决生产生活中的各种困难,为联系户购买电视、桌椅等物品,每年春节、中秋节等节日开展走访慰问,累计支出 4.5 万元;2014～2015 年,解决东风村委会 0.4 万元办公经费。2016～2020 年,落实村委会工作经费 6.6 万元,职工为东风村委会发展村集体经济捐款 0.3 万元;捐助贫困风险防控资金 0.26 万元。

七十一、双柏县交通运政管理所

双柏县交通运政管理所定点帮扶爱尼山麻海村委会,2014～2020 年 8 月,先后选派 5 名驻村干部,8 名干部职工挂包帮扶 22 户建档立卡户,包保 5 个村民小组,解决村委会工作经费 5 万元,落实驻村工作队员驻村生活补助,每年安排 1 次体检,并为其购买人生意外伤害保险。帮助村委会建成新时代文明实践所 1 个,解决村委会发展中草药示范园建设资金 2.5 万元,并捐赠价值 1.3 万元的物资。协调 2 家企业与村委会合作并给予帮助指导,在村集体经济创收项目上给予一定的资金扶持,村集体经济实现年收入 5 万元目标。打造专业村 16 个,培养致富带头人 120 人,协助成立合作社发展种植中药材、种植业和养殖业。实现村容村貌改善、人居环境提升、社会风气良好、人民群众富裕的小康之路。

七十二、双柏公路路政管理大队

2014 年来,双柏公路路政管理大队挂钩帮扶大庄镇普妈村委会 15 户贫困户。双柏公路路政管理大队与县人大常委会机关、县委政策研究室主要领导定期、不定期召开会议研究精准扶贫相关工作,解决扶贫工作存在的困难和问题。2018年,双柏路政大队又新增联系大庄镇大庄社区4户,路政大队共挂钩联系帮扶大庄社区和普妈村委会贫困户19户65人。先后选派4人次干部职工驻村担任工作队员,落实驻村工作经费5.4万元,按照规定报销驻村补贴,解决驻村工作队员保障问题。2015年双柏公路路政管理大队与县人大常委会机关、县委政策研究室3家挂联单位共筹措资金9万元,重新装修村委会会议室、接待室,购置相关办公设备;2016~2017年为建档立卡贫困户每户解决0.1万元产业发展资金;2018~2019年春节期间职工为每户慰问200元的物品;每年春耕生产期间,组织干部职工到联系户中开展"助春耕"活动,每户解决1包化肥。

七十三、双柏县消防救援大队

双柏县消防救援大队挂包碌嘉镇旧丈村委会大芝麻地上组、大芝麻地下组、麻赖山村民小组、大坝岭岗村4个村民小组,共结对联系建档立卡贫困户21户73人。双柏县消防救援大队党委成立扶贫工作领导小组,定期召开专题会议研究扶贫工作,制定扶贫计划,明确年度重点工作,并选派驻村工作队员2人。

自扶贫工作开展以来,双柏县消防救援大队领导多次赴碌嘉镇参与扶贫工作会议,总结工作方法,提高工作成效。双柏县消防救援大队投入扶贫资金10万余元,提供就业机会10余人次,落实控辍保学责任,帮助贫困危房户争取危房改造、安居房建设等项目。结合扶贫村的实际情况,双柏县消防救援大队与旧丈村委会因地制宜,制定"近抓甘蔗、黄牛、木香,远抓核桃、咖啡、茶叶"的产业发展思路。

在双柏县消防救援大队及其他帮扶单位的共同努力下,硬化村间道路41条3.44千米,支砌挡墙24道,新修沟渠7条1.41千米。新修生产公路7千米,维修原有公路5.6千米,实施硬化2.5千米。协调相关部门帮助旧丈村委会建成长7千米的人畜饮水工程,解决6个村民小组167户675的人饮问题。帮助旧丈村委会购置一批价值1万元的办公桌椅、办公用具。向县人民政府争取扶贫专项资金用于开展扶贫工作,并将村委会扶贫经费从0.5万元调至1万元,截至2020年8月,双柏县消防救援大队扶贫经费投入超过10万元。

七十四、双柏县国有林场

2018年6月,县国有林场成立后,15名事业编制干部职工挂包大麦地镇峨足村委会3个村民小组12户建档立卡贫困户49人。选派9名驻村工作队员参与帮扶。截至2020年8月,县国有林场结合卡户实际困难,为12户卡户安排公益性护林员岗位,发放800~1200元每人每月不等的管护承包费;为峨足村委会安排10个生态公益性护林员岗位,发放劳务费500元每人每月;2018~2019年落实大麦地镇扶贫工作经费8

万元;给予村委会村史馆建设资金 0.3 万元,协调妥甸森林管护所给予村委会一批价值 2 万元的绿化苗木。2018~2020 年 8 月,双柏县国有林场累计投入帮扶资金和工作经费超过 30 余万元。

七十五、双柏公路分局

双柏公路分局定点帮扶双柏县法脿镇麦地村委会,挂包帮扶建档立卡贫困户 6 户 25 人。2019~2020 年 6 月,选派安龙堡乡青香树村委会驻村工作队员 2 人,解决驻村工作经费,落实驻村工作队员驻村保障问题。双柏公路分局投资 29 万余元,重铺法脿镇雨龙街街道沥青混凝土路面 1 千米;修建妥甸镇和平村委会大岭岗村民小组"双柏鹤岚中草药种植有限公司"道路 3 千米;改善妥甸镇丫口村委会上杨家村民小组杨华仁户道路环境。投入 1.5 万元购买教学用具,在法脿中心完小开展"大手拉小手"捐资助学活动。

七十六、中国电信股份有限公司双柏分公司

中国电信双柏分公司定点帮扶大庄镇洒利黑村委会,公司 27 名员工联系帮扶洒利黑、木九郎、直牛郎、大麦地冲、多依树、六拉埂、河边、树迷扎等村民小组共 48 户贫困户 169 人,2018 年增加挂包帮扶联系点爱尼山乡把租村委会。2014 年来,中国电信双柏分公司每年派出 2 名工作队员驻村开展脱贫攻坚工作。实时增派工作人员参与贫困对象动态管理等工作,开展调查、走访、信息核对、易地搬迁、危房改造、产业扶持等工作,与贫困户共同制定脱贫计划,并按帮扶措施持续跟进,累计筹集资金 7.83 万元帮扶贫困村及贫困户,其中员工向贫困户捐款捐物价值 5.65 万元。

七十七、中国移动通信集团云南有限公司双柏分公司

2014~2015 年 8 月,中国移动双柏分公司挂点大庄镇洒利黑村委会。2015 年 9 月,调整挂包大庄镇杞木塘村委会,公司 27 名干部职工结对帮扶大庄镇杞木塘村委会杨维庄、陈万庄、独家村等 5 个村民小组 47 户 147 人建档立卡贫困人口,选派 2 名驻村工作队员到联系点脱产开展驻村帮扶工作。2018 年,增加挂点大麦地镇光明村委会后,调整 1 名驻村工作队员到大麦地镇光明村委会开展驻村扶贫工作,适时增派驻村工作队员参与贫困对象动态管理工作。2014 年来,每年足额下拨工作经费,落实驻村工作队员生活补贴、交通补贴、通信补贴等费用,为驻村工作队员购买意外伤害险,定期安排驻村工作队员参加体检,保障驻村工作队员各项工作顺利开展。

截至 2020 年 8 月,全县共建成移动 4G 基站 496 个,85 个行政村 4G 网络覆盖率 100%;全县建成投入使用的移动光纤宽带社区有 470 个,覆盖用户数 15 000 余户,光

纤宽带已 100% 覆盖至全县 85 个行政村（社区）。推进"宽带乡村"工程建设，2014～2020 年 8 月，全县累计投入 890 万余元用于宽带社区建设，投入 7 120 万元用于基站建设。向州公司争取经费，帮助贫困村征订党报党刊、修缮村庄道路、购置办公用品、生活用具等，为适龄儿童购买书包、文具等学习用品，累计投入帮扶资金 12 万余元。在春节、中秋节等重要节日，对困难群众、困难家庭、困难学生进行慰问，单位干部职工累计向贫困户捐款 2.8 万元、捐物折款 2.5 万元、消费扶贫 1.7 万元。定期组织挂包干部到杞木塘村开展村容村貌整治活动，清垃圾、清污水、清"三堆"，帮助贫困户打扫庭院卫生等，带动广大群众积极参与，村容村貌得到改善，人居环境得到提升。

七十八、云南广电网络集团有限公司双柏支公司

2015 年起，云南广电网络集团双柏支公司定点帮扶安龙堡乡新街村委会，公司共有干部职工 11 人，结对帮扶新街村委会贫困户 4 户 11 人。每年派出 1 名工作队员驻村开展"挂包帮"工作，落实驻村工作经费及驻村工作队员补贴共 8.8 万元，严格按照标准为驻村工作队员报销生活补助，为驻村扶贫工作队员购买意外伤害险，解决驻村工作队员驻村保障问题。每年召开双柏支公司办公室领导班子会议不少于 5 次，专题研究精准扶贫工作，干部职工会议至少 3 次，精准扶贫业务培训会议至少 2 次。按县委、县人民政府相关安排，增派工作人员参与贫困对象动态管理等工作，开展调查、走访、信息核对、易地搬迁、危房改造、产业扶持等工作，与贫困户共同制定脱贫计划，并按帮扶措施持续跟进帮扶。

七十九、人保财险双柏支公司

2014 年来，人保财险双柏支公司挂包联系大庄镇麻栗树村委会。2018 年增加联系大麦地镇河口村委会，公司 2 名工作队员常年驻村开展扶贫工作。2014～2018 年年末，为 20 户贫困户发放慰问品价值 0.98 万元。2016 年，解决挂包村委会工作经费 0.45 万元，捐赠大庄镇教育扶贫资金 0.2 万元，扶贫工作队员为 14 户贫困户给予每户 200 元慰问金。2017 年，落实驻村工作经费 0.5 万元，麻栗树小学教师节慰问 0.3 万元，扶贫工作队员为 20 户贫困户每家给予 300 元现金。2018 年，解决麻栗树村委会工作经费 1 万元，落实麻栗树村委会搬迁经费 1 万元，麻栗树小学教师节给予慰问 0.2 万元，扶贫工作队员为联系户捐赠价值 0.56 万元的桌椅 20 套，解决大麦地镇河口村委会办公经费 1 万元。

2019 年，人保财险双柏支公司全年共为麻栗树村委会、河口村委会投入各项扶贫资金及物品折合人民币共 6.4 万元。年内，公司推出政府防贫救助保险项目，为全县 6 879 户贫困户提供自然灾害、意外事故、重大疾病保障及教育救助保障。2020 年 1～6 月，公司为 19 户贫困户购买春节慰问品价值 0.2 万元，捐赠物资价值 2.16 万元，组织帮扶队员捐赠贫困风险防控救助资金 0.28 万元。2020 年 8 月，16 户贫困户赔付因疾

病、意外、自然灾害、就学扶贫救助保险赔款共计 26.5 万元,无偿为双柏县 181 户贫困户儿童提供总保额 27.84 万元的"无忧计划——儿童保险礼物"保险,为全县可能因病、因灾、就学致贫返贫的人群提供防范保障。

八十、中国人寿双柏县支公司

中国人寿双柏县支公司挂点联系法脿镇麦地村委会,共结对帮扶建档立卡贫困户 7 户 32 人。成立由县支公司经理任组长的精准扶贫工作领导小组,建立健全单位脱贫攻坚工作机制,形成单位包村、小组包片、个人包户的挂包联系全覆盖工作格局。选派具有农村工作经验的 2 名员工驻村开展定点帮扶工作,解决驻村工作队员驻村保障问题,落实麦地村委会办公室经费 1 万元。

公司员工为结对家庭成员办理人均 30 元 1 份的农村小额意外伤害保险,为挂钩帮扶的 7 户贫困家庭 32 人提供 57 万元的保险保障。研究制定村集体经济增长措施,建立合作社与贫困户利益联结机制,发展黄精、党参等中药材种植,为贫困群众稳步增收创造条件。协助村委会成立辣椒种植专业合作社,投入资金 3 万元确保辣椒种植专业合作社正常运转。开展技能知识培训,向贫困户推广工业辣椒种植、摩托车修理、牲畜养殖等技术,与种植农户签订购销合同,建立购销利益链,制定完善村级后续产业发展规划,建立贫困户与各合作社之间的利益链接机制。

第九章　各界帮扶

第一节　人大代表帮扶

　　2014年来,双柏县各级人大代表全员参与、广泛汇聚智慧力量,投身到脱贫攻坚工作中,履行人民代表在精准脱贫方面的监督职责,展示作为、彰显风采、做出贡献,为脱贫攻坚凝集正能量。

　　人大监督　县人大常务委员会机关2名常委会领导担任2个乡镇脱贫攻坚工作总召集人,常委会领导和3名原县人大常委会副主任共联系18个村委会脱贫攻坚工作,抽调脱贫攻坚观察员4名、驻村工作队员2名、县扶贫开发领导小组办公室工作人员3名、动态管理工作队员3名。开展工作监督、执法检查,组织县乡人大代表对扶贫重点产业,C、D级危房改造等视察调研,听取脱贫攻坚工作报告。多次在县人大常委会专题会议上听取全县脱贫攻坚工作报告并做出审议意见,发出《关于在州、县、乡人大代表小组活动中开展献计脱贫攻坚活动的通知》《在县乡人大干部和各级人大代表中开展"扶贫政策大学习、精准帮扶全参与、脱贫摘帽齐推进"专项活动的通知》《县乡人大干部和人大代表脱贫摘帽齐推进的倡议书》。

　　代表"五个一"活动　即为脱贫攻坚献一策、联系一次建档立卡贫困户、为人大工作建一言、为人民群众办一件实事、树立一批代表脱贫攻坚先进典型进行宣传报道。组织代表深入辖区产业扶贫项目点、边远贫困村社区生产一线听取民情、反映民声、解决民忧,发出人大好声音,为打赢脱贫攻坚战汇聚民智。

　　2014 年 9 月 11～12 日,县人大常委会组织部分州、县人大常委会代表对妥甸镇、法脿镇、大麦地镇、安龙堡乡、爱尼山乡和独田乡部分畜牧企业、养殖大户、养殖合作社、种草养畜项目进行实地察看。2015 年 3 月 19 日,县人大常委会组织部分州、县人大常委会代表对全县高原特色农业产业发展情况进行视察。视察组分别深入云南东昕农业科技有限公司法脿镇花椒及砂仁种植基地、佛手种植基地、大庄镇花椒和金丝小枣种植基地,法脿镇阿达依蔬菜产销专业合作社,楚雄天福源生物科技有限公司、双柏县强盛农业发展有限公司蔬菜示范基地、大庄镇阿里郎千头滇中黄牛养殖场、云南顶臻食品有限公司大庄镇有机蔬菜种植基地进行实地察看,并在大庄镇政府会议室集中听取县政府关于双柏县高原特色农业产业发展情况的汇报,形成视察报告。2015 年 9 月 29 日,组织部分州、县人大常委会代表对全县通村路面硬化工程实施情况进行视察。视察组分别实地察看妥甸镇罗少、新会,大庄镇普妈、尹代箐、各三郎、洒利黑,法脿镇铺司、六街、烂泥、双坝等通村路面硬化工程实施情况,并在法脿镇政府会议室听取县人民政府关于双柏县通村路面硬化工程实施情况汇报,形成视察报告。2016 年 9 月 27 日,组织部分州、县人大常委会代表对全县易地扶贫搬迁集中安置点推进情况进行视察。视察组实地察看大庄镇大罗块、大庄集镇、果合么,安龙堡乡丁家村、洒树依,法脿镇法脿新村易地扶贫搬迁集中安置点,并在大庄镇大会议室听取县人民政府关于双柏县易地扶贫搬迁工作情况汇报,形成视察报告。2017 年,组织人大常委会组成人员和乡镇人大主席团主席,以《关于乡镇脱贫攻坚的思考》《在产业发展中如何发挥人大代表的作用》为题开展调研,形成调研报告。2018 年,县人大常委会激励全县人大常委会干部和各级人大代表投身脱贫攻坚,全县 29 个代表工作站召开座谈会 32 场次,围绕脱贫攻坚提出意见建议 93 条,各级人大代表在走访中收集群众意见建议 282 条,并将代表提出的意见和建议反馈给当地党委、政府,为打赢脱贫攻坚战献计出力。5 月 11 日,组织部分州、县人大常委会代表对全县交通、水利等重大项目建设情况进行视察。12 月 7 日,组织部分州、县人大常委会代表对全县产业招商和规划建设情况进行视察。2019 年 11

图 9-1　县人大常委会组织部分人大代表开展重点项目建设推进情况视察(2019 年)

月 27 日,组织部分州、县人大常委会代表对全县"四好公路"进行专题视察。11 月 29 日,组织州、县人大常委会代表对双柏县"美丽县城"建设情况进行视察。2020 年 7 月 9～10 日,组织州县人大常委会代表对全县乡村振兴"五个一"情况进行专题视察。7 月 13 日,组织部分州、县人大常委会对双柏县"1＋5"产业发展情况进行视察。脱贫攻坚 开展以来,各级人大代表用"周六脱贫攻坚日"进村入户开展挂包帮扶、村容村貌整治、 化解纠纷、"十有七净"等工作。在乡镇人大工作座谈会上,将各乡镇开展脱贫攻坚工作 的简报编印成册,相互学习交流,为打赢脱贫攻坚硬战献计出力。

　　代表参与　在脱贫攻坚中,代表成为脱贫攻坚政策"明白人"、感恩教育"辅导员"、 扶贫政策"宣传员"、社情民意"收集员"和工作落实"监督员",自觉践行"我履职、我参 与、我带动",把助推脱贫攻坚落实到履职行权、联系群众中,使代表全员参与脱贫攻坚, 切实践行"人民选我当代表,我当代表为人民"的诺言,让代表在脱贫攻坚工作中"是代 表、像代表、能代表",实现县乡人大干部和各级人大代表在脱贫攻坚中的作用更加凸 显,代表履职能力和群众对脱贫攻坚的满意度进一步提升。各级人大代表在履职中助 力脱贫攻坚工作监督,出实招、献良策,办实事、求实效,发挥代表正能量。2020 年 5 月,县人大常委会在县人代会期间向全县人大代表提出倡议,为脱贫攻坚捐款献爱心。 149 名县人大代表向贫困群众捐款 5.69 万元,83 名乡镇人大代表为贫困群众捐款 1.35 万元,合计捐款 7.04 万元。

图 9－2　村级人大代表联络室活动(2018 年)

　　培树代表典型　2018 年,县人大常委会从全县 630 多名县乡人大代表中,对李泽 荣、罗世庄、郭旺全、施政强、李泽慧等 16 名在脱贫攻坚中履职较好的县、乡人大代表, 在双柏县电视台进行宣传报道,彰显人大代表的风采。2019 年,对饶红金、王晓艳等 16 名在脱贫攻坚中心系群众,为民办事、带头致富的县、乡人大代表进行公开宣传报道。

第二节　政协委员助推

为贯彻落实中央和省委关于打赢精准脱贫攻坚战 3 年行动的决策部署，2018 年 8 月，省政协号召全省三级政协组织和政协委员深入开展脱贫攻坚助推行动，全力帮助贫困群众解决生产生活中的实际困难。双柏县政协响应省、州政协的号召，认真贯彻落实省政协主席李江赴双柏调研期间提出的"三个助推"要求，及时动员部署，加强统筹协调，充分发挥各界别委员的独特优势，以培树典型，扩大示范带动效应，组织广大政协委员和政协机关干部投身脱贫攻坚主战场，为打赢脱贫攻坚战不断汇入政协的智慧和力量。

主动履职　按照省、州政协确定的脱贫攻坚助推行动指导思想、行动时间、参与范围、基本原则、方法步骤和工作要求，结合 2018 年双柏整县脱贫摘帽的实际，以"九个助推"行动为工作重点，以"九个一"活动为载体，制定《关于全县政协系统开展脱贫攻坚助推行动的实施意见》，并第一时间向县委、县人民政府主要领导请示汇报，县委书记李长平作出"脱贫攻坚必须聚合起全县各方面力量，今年克期完成脱贫攻坚目标任务，是我们最大的政治任务。目前只剩下 100 天时间，要以过硬的作风和强有力的举措扎实推进。县政协开展脱贫攻坚助推行动，是一件大好事，要精心准备，有效开展。工作中要总结提升典型经验，展示新时代政协风采"的批示，并由县委办公室转发全县各乡镇、各部门，政协系统脱贫攻坚助推行动得到县委、县人民政府的肯定和支持。

图 9 - 3　开展生态文明建设示范县专题协商(2017 年)

协调助动　紧扣助推产业发展、助推贫困群众就业、助推农产品消费的"三个助推"要求,切实履行好县政协在脱贫攻坚助推行动中的组织领导和统筹协调职责,牵头召集县级相关职能部门修订完善《双柏县产业扶贫实施方案》《双柏县农村劳动力培训及转移就业精准扶贫实施方案》,研究制定《双柏县关于加强消费扶贫工作的实施意见》《双柏县酒店餐饮行业"三个助推行动"实施意见》。发挥酒店与餐饮业协会等行业协会优势,主动做好与相关职能部门协调联系工作,加大宣传引导力度,支持和服务非公经济领域政协委员结合自身的优势和特长,因地制宜开展产业扶贫、定向采购农产品、吸纳就业等帮扶活动,进一步扩大贫困群众受益覆盖面,实现企业、贫困户、社会三方"共赢"。

典型示范带动　教育引导政协常委、党员委员发挥带头表率和示范引领作用,投身脱贫攻坚第一线,力所能及地开展帮扶工作,在脱贫攻坚助推行动中当标杆、做表率。注重培树先进典型,宣传报道政协委员参与助推行动的感人事迹,扩大典型示范引领效应,影响和带动更多的社会爱心人士支持参与脱贫攻坚工作。2017年来,州级以上新闻媒体采用双柏县政协宣传稿件均在200篇以上,《云南政协报》发稿量持续位居全省前列,其中宣传报道政协系统脱贫攻坚助推行动的新闻稿件占较大比例。州、县政协委员苏光平结合个人经营的酒店餐饮企业用工需求大、农产品消费量大的行业特点,通过吸收贫困户就业和高出市场价格定点采购贫困村、贫困户农产品的方式,示范带动全县酒店与餐饮业协会会员企业与贫困户建立长期稳定的定向采购帮扶机制,走出一条"酒店餐饮企业+农民专业合作社+基地+建档立卡贫困户"的帮扶路子,仅定向采购合作的双柏县碍嘉镇麻旺河蔬菜种植合作社,就有253户贫困户直接从中受益。县政协常委、云南祥鸿农牧业有限公司总经理尹世祥,以扶持黑山羊养殖、带动发展饲草种植、吸纳就业等方式,帮扶企业周边贫困群众增收致富,2018年,与360户建档立卡贫困户建立扶贫产业利益联结机制,促进贫困群众稳定增收脱贫。

服务保障　县政协领导班子成员和各委室认真履行脱贫攻坚助推行动组织服务职责,为委员参加助推行动创造条件、搭建平台、精心服务,主动做好贫困村、贫困户实际需求与政协委员、社会各界爱心人士所想所能的信息对接工作,架起信息"直通车"和联系困难群众的"连心桥",引导各方面的帮扶力量有序高效地投入精准扶贫、精准脱贫主战场,发挥出助力脱贫攻坚的最大效益。县政协主要领导率先垂范,进村入户、走访调研,准确掌握贫困群众帮扶需求并牵线对接,广泛发动各界别委员和广大非公经济领域爱心人士支持参与脱贫攻坚,仅2018年就先后组织爱心企业捐款捐物41.6万元助力脱贫攻坚,帮助贫困山区学校、基层组织和贫困群众解决实际困难和问题。

政协优势发挥　发挥专委会基础作用,县政协各专委会主动承担联系服务政协委员开展助推行动的职责,引导和组织所联系的政协委员各显其能、各尽其责,深入"政策宣传、送医送药、送教下乡、文化下乡、法润脱贫"等助脱贫活动,整合各类帮扶载体和平台,加强统筹协调,形成工作合力,更好地助推打赢打好脱贫攻坚战。政协参加单位县工商联以全国"万企帮万村"精准扶贫双柏行动为载体,动员广大非公经济人士助力脱贫攻坚,2018年,先后组织2批160户企业结对帮扶47个村委会、420户贫困户,捐赠各类物资407.4万元,吸纳贫困人口就业216人;2019年,全县结对帮扶企业公益捐赠物资 280.32 万元,资助贫困学生 100 人,吸纳贫困人口稳定就业 361 人;至 2020 年 8 月末,全县参与结对帮扶企业公益捐赠物资 420.89 万元,资助贫困学生 31 人。发挥政协委员主体作用,加强宣传发动和教育引导,组织广大政协委员投身脱贫攻坚工作,以委员的实际行动影响和带动更多的力量参与帮扶,汇聚起助推脱贫攻坚的强大合力。

图 9-4　组织政协委员开展交通基础设施建设调研活动(2020 年)

自 2018 年 9 月政协系统脱贫攻坚助推行动启动以来,全县 157 名县政协委员共挂包联系 8 个乡镇 82 个村(社区),结对帮扶贫困户 384 户 1377 人;县政协主席担任挂包乡镇总召集人,4 名副主席、3 名州委管理领导干部担任挂包乡镇召集人;县政协机关 39 名干部结对帮扶贫困户 103 户 371 人;多次组织教育、科技、文化、医药卫生等界别委员开展捐资助学、送教下乡助脱贫、送医送药助推健康扶贫、送戏下乡等帮扶活动,政协委员和县政协机关干部帮助联系或直接捐资捐物累计折合资金 500 多万元。

第三节　工商联(总商会)"万企帮万村"

在脱贫攻坚战中,双柏县采取"一对一"或"一对多"的"村企共建、企户结对"方式精准帮扶,动员全县 138 户民营企业负责人与 45 个村委会 408 户贫困户"结对认亲"。广大民营企业在"万企帮万村"精准扶贫双柏行动中不当"旁观者",勇当"主力军"。

力量统筹　双柏县委、县人民政府成立"万企帮万村"精准扶贫行动领导小组,县里主要领导多次深入企业调研,把企业助力精准扶贫的重要意义讲清讲透。双柏县工商联制定《全国"万企帮万村"精准扶贫双柏行动方案》,结合企业行业特点,明确县农业局、县招商局、县经信局、县文体广电旅游局等作为协调服务部门,县工商联做好 76 家参与"百企帮百村"精准扶贫双柏行动的民营企业和非公有制经济人士的沟通协调服务工作,形成县工商联筑台、各部门周密服务、企业参与的工作格局。按照精准识别、分类帮扶、先急后缓、因户制宜、量力而行原则,引导企业明确"为何帮、帮什么、怎么帮",充分利用非公企业技术、资金、资源、人才等优势,探索构建"村企共建、共同发展"的帮扶工作机制。按照产业带村、项目强村、招工兴村、资金扶村要求,进村入组了解发展瓶颈,深入开展带动一批项目、带强一批产业、带活一批市场、带建一批基础设施"四带"帮扶行动,形成从党委、政府到有关部门,从企业到贫困村、贫困群众共同登台,合力打好脱贫攻坚战的良好局面。

图 9 - 5　全国"万企帮万村"精准扶贫双柏行动工作座谈会(2019 年)

企业结对　企业根据自身发展的需求,与精准扶贫资源相结合。非公经济人士带着"真金白银"和大米、香油等生活用品进村入户,与联系村委会共商扶贫方案和措施,与联系户促膝谈心,尽其所能真情帮扶,用实际行动入户访贫查贫"认亲"。通过企业"认亲",双柏县涌现出企业参与精准脱贫的强劲阵容。探索构建"企业与乡镇结对、企业与村结对、企业与村民小组结对、企业与贫困户结对"的帮扶工作机制,开展"产业带村、项目强村、招工兴村、资金扶村"的帮扶行动。截至 2019 年 4 月,全县 76 家民营企业与 8 个乡镇 65 个村(居)委会 156 个村民小组 209 户特殊户结对,其中建档立卡贫困户 76 户,因病、因学、因意外、因残等原因致贫的特殊户和困难户 133 户。76 家民营企业投入 1855.1 万元从农村购买商品和服务,投入 223 万元为结对帮扶贫困户购买种苗、化肥,投入 45 万元购买其他物资,发放慰问金 7 万多元。

产业带动　推广"主导产业+龙头企业+合作社+贫困户""龙头企业+土地(林地)流转(入股)+务工+租金(分红)"等经营模式,精心开展"一村一品""一村一业"行动,坚持走长短结合、种养互促、三产融合的路子,推动企业发展,带动群众脱贫致富。扶持发展上海牧粮集团 20 万只黑山羊精深加工、云南滇鲁农业科技有限公司 10 万头肉驴养殖、云南森美达生物科技有限公司香精香料加工和双柏县文峰生物科技有限责任公司中药饮片加工等农业龙头企业 45 户,发展特色种植养殖大户 2787 户、家庭农场

18个,创办各类合作社335家,带动全县黑山羊、肉驴养殖、中药材、青花椒、小米椒、澳洲油茶、生态蔬菜、密架山猪等20多个种植养殖产业。以产业项目为抓手,3年来全县参与帮扶企业共投入产业扶贫资金133 075.68万元、商贸扶贫投入2 504.43万元、消费扶贫投入1 535.28万元、公益捐赠物资745.2万元,吸纳贫困人口就业361人。

解难济困　企业针对贫困户情况有针对性地进行帮扶,如安云农业为无力发展产业的贫困户捐赠种羊、三江葡萄公司向16名贫困大学生发放48 000元助学金。妥甸酱油公司、红旗地产、中都地产、长晟地产、美森源等10户企业向安龙堡乡捐赠帮扶资金34万元。非公有制经济人士与全县干部职工一起参与"脱贫攻坚专题日"活动,在贫困户家中时常能看见企业经营者的身影。他们走村串户,帮助贫困群众谋划发展路子、慰问留守儿童、陪伴留守老人、送去种植养殖技术,帮助贫困群众树立和增强共同奋斗过上好日子的信心。

培树典型　双柏县建立"百企帮百村"精准扶贫先进典型推广机制,以典型的力量感召全县民营企业投身"百企帮百村"精准扶贫行动。扎根双柏的农盛农业、吉安混凝土、双柏县建筑业商会等43家企业(商协会),获得全国"万企帮万村"精准扶贫行动楚雄彝族自治州示范企业授牌。1家企业获得省级企业技术中心认定,4家企业通过州级认定,1家企业被认定为第十批农业产业化经营州级重点龙头企业,4个商(协)会荣获州级"四好"商会荣誉称号,1个商会荣获省级优秀商会荣誉称号,2家企业获得省级民营企业调查点工作示范企业荣誉称号;双柏县祥鸿农牧业有限公司总经理尹世祥荣获"全国科技助力精准扶贫工作先进个人"荣誉称号。双柏县委、县人民政府宣传报道先进典型精准扶贫帮扶实绩,激发企业家的帮扶劲头,提升企业的社会影响力。

图9-6　云南祥鸿农牧业发展有限公司脱贫攻坚青饲料收购款集中兑付现场(2017年)

工作实效　2018年末,双柏县虽实现脱贫摘帽,但各爱心企业"帮扶的脚步"并没有停歇,正按照"脱贫不脱帮扶""脱贫不脱责任"的要求,为脱贫攻坚持续加油助力。

2019年,全县共有138户企业参与精准扶贫行动。其中59户企业结对帮扶45个村委会,138户企业负责结对联系408户贫困户1369人。全县参与结对帮扶企业2019年共投入产业资金11230.12万元、商贸扶贫投入1212.11万元、消费扶贫投入643.21万元、公益捐赠物资280.32万元,资助贫困学生就学100人,对群众进行技能提升培训38场1233人次,实现贫困人口稳定就业361人。截至2020年8月31日,全县参与结对帮扶企业共投入产业资金2167.12万元、商贸扶贫投入272.13万元、消费扶贫投入213.6万元、公益捐赠物资420.89万元,全县112户企业、279户个体工商户及社会人士捐赠新冠病毒肺炎疫情防控资金(物资)总价值405.99万元,其中资金160.68万元、物资245.31万元;资助贫困学生就学31人,对群众进行技能提升培训17场173人次,实现贫困人口稳定就业25人。

自双柏县"万企帮万村"精准扶贫行动组织开展以来,企业累计投入产业扶贫资金136365.92万元、商贸扶贫投入3988.67万元、消费扶贫投入2392.09万元、公益捐赠物资1446.41万元,资助贫困学生就学175人,对群众进行技能提升培训133场3639人次,吸纳群众实现临时就近务工及就业3500多人次,实现贫困人口稳定就业1386人;企业结对帮扶的16个贫困行政村年均集体经济收入超过3万元、29个非贫困行政村超过5万元。

第四节　统战系统"同心工程"

楚雄州统战系统认真贯彻落实中共中央统战部和各民主党派"同心同德、同心同向、同心同行"宗旨,做出"双柏不脱贫,统一战线不脱钩;双柏脱了贫,统一战线不断线"的工作决定,齐心协力助推双柏县脱贫攻坚工作。

工作组织　2018年,为期3年的全州统一战线"同心工程·助力双柏脱贫攻坚"帮扶项目落地双柏。帮扶项目以贫困乡镇安龙堡为主,辐射全县。楚雄州各民主党派、工商联、无党派人士切实把思想和行动统一到中共楚雄州委、州人民政府的决策部署上来,深入开展调查研究,积极建言献策,整合党派资源,发挥人才、智力、技术、联系面广的资源优势,着力打造"同心"品牌,助力双柏县经济社会发展和脱贫攻坚工作。

2018年3月27日,州委统战部组织州级相关部门和各民主党派到双柏县开展调研。5月29日,州委常委、州人民政府副州长王大敏出席在双柏县召开的"同心工程·助力双柏脱贫攻坚"启动仪式和座谈会。中共双柏县委成立工作领导小组,领导小组办公室设在县委统战部,负责具体日常工作。至2020年8月,县委3次听取领导小组办公室关于"同心工程·助力双柏脱贫攻坚"工作情况汇报,同时就如何谋划、上报项目,密切配合州级有关单位提出工作意见和具体要求,有力促进"同心工程·助力双柏脱贫攻坚"工作的有序开展。

图 9-7　楚雄州统一战线实施"同心工程·助力双柏脱贫攻坚"启动仪式(2018 年)

双柏县"同心工程·助力双柏脱贫攻坚"工作领导小组办公室健全完善联席会议工作制度,每个季度定期召开一次会议,通报实施"同心工程·助力双柏脱贫攻坚"工作推进情况,对工作推进中的重大事项、重要问题及时进行研究和安排。领导小组办公室加强具体工作统筹协调,对帮扶乡镇重点项目工作进行梳理,及时向"同心工程"相关成员单位汇报和沟通,对安龙堡乡 8 个村委会就易地扶贫搬迁、产业就业、教育扶贫、健康扶贫、素质提升、贫困村振兴 6 个方面进行项目规划、编制,上报帮扶项目 14 个,资金688.25 万元。切实解决部分村组急需解决而村组又无力筹资解决的民生工程项目。

项目实施　"同心工程·助力双柏脱贫攻坚"工作得到州级各相关部门、各民主党派的倾力支持和真情帮扶。2018 年,州委统战部帮助解决"同心工程·助力双柏脱贫攻坚"建设工作经费 5 万元,向云南省海外联谊会协调争取资金 20 万元,用于安龙堡小

图 9-8　上海市嘉定区委统战部、嘉定区佛教协会向双柏县捐赠学校建设资金(2019 年)

学教学楼建设缺口资金。2019 年 5 月 22 日,经州委统战部协调争取,上海市嘉定区委统战部副部长、区民宗办主任邓惠娟带领区委统战部、区民宗办、区佛教协会一行 10 人,到双柏县安龙堡乡开展扶贫工作暨青香树村小学爱心捐赠活动,向青香树小学捐赠 20 万元学校搬迁建设资金。

2018~2019 年,州民宗委共下达双柏县民族宗教专项资金 1 447 万元,实施 1 个省级民族团结进步示范乡镇建设项目,7 个省级民族团结进步示范村建设项目,2 个省级少数民族特色村寨建设项目,3 个省级民族文化建设项目,11 个州级民族机动金项目,4 个宗教场所修缮项目。2018 年,州民宗委联系省、州佛教协会到安龙堡乡柏家河村委会和安龙堡乡敬老院开展慈善慰问活动。佛教协会向柏家河村委会 5 个村民小组文化活动室捐赠价值 4 万余元的桌凳和炊具,向 118 户贫困户捐赠大米、食用油、被子等共计 13 余万元的生活物资,向安龙堡乡敬老院 16 位老人捐赠大米、香油、面条等生活物资,同时发放慰问金。3 月,州民宗委协调 40 万元帮助建设柏家河居家养老服务中心。9 月,州民宗委干部职工捐款 2.14 万元助力安龙堡乡发展产业,为所联系贫困户购买电视机、衣柜等物品,折合人民币 4.6 万元。

2019 年 1 月春节前,州民宗委干部职工走访慰问贫困户,为贫困户购买价值 4 万元的米、油等物资。5 月,干部职工捐款 1.32 万元,为柏家河村结对帮扶的 58 户建档立卡贫困户购买化肥。看望慰问柏家河完小师生,送去 9.92 万元的大米、食用油、书包、笔等生活和学习用品。

2019 年 6 月 17 日,楚雄州工商联为安龙堡中学解决学生洗澡间修缮资金 3 万元,改善学生生活条件。

2018 年,州党外知识分子联谊会为安龙堡乡法念村委会贫困户安排 5 万元中药材种植种苗补助,向马龙河村委会农户捐赠价值 17 万元的南岭黄檀树苗 2.7 万株,建成示范种植基地 600 亩;争取中央预算内资金 0.5 万元,支持双柏县改善教育卫生基础设施建设。

2017 年,州侨联牵线香港惩教社教育基金会,推荐双柏县义务教育阶段 2 名英语骨干教师到河南师范学院接受为期 10 天的培训;牵线浙江省新华爱心教育基金会,从 2017 年 9 月开始,每年在双柏一中开办 1 班“珍珠班”,每年招收 50 名新生,每生每年补助 0.25 万元,截至 2019 年 9 月,共招收 3 个班,合计到位资金 75 万元,并免除“珍珠班”学生学费及住宿费。2019 年 6 月,州侨联牵线美国妈妈联谊会,捐赠各基层学校多媒体设备 5 台,每台 2.4 万元,共计价值 12 万元。

2018 年 9 月 8 日,民革楚雄州委为安龙堡小学 20 名困难学生捐资每人 500 元助学金。2019 年 10 月 11 日,民革楚雄州委到双柏县大庄镇麻栗树村委会,开展金秋助学活动,向麻栗树村的 20 名贫困学生每人发放爱心助学金 500 元,共计 1 万元。

2018 年 9 月 15 日,民盟楚雄市总支赴大庄中学开展捐资助学活动,为 20 名困难学生每人捐助 0.1 万元,共 2 万元;11 月 13~14 日,组织楚雄州移动博物馆到双柏一中和妥甸中学开展巡展。

2018 年 8 月 9~10 日,民建楚雄州委先后深入安龙堡乡丁家易地扶贫移民搬迁点,安龙堡乡卫生院、新街村委会及卫生室,安龙堡社区调研,详细了解安龙堡乡在脱贫

图 9 - 9　民盟楚雄市支委到双柏开展活动(2018 年)

攻坚、产业发展、基础设施、社会事业等方面的工作情况,并对民建楚雄州委 2017 年 8 月 18 日转赠乡卫生院的"思源救护车"使用情况进行督查跟踪问效。9 月 7 日,民建楚雄州委"同心工程·营养基础教育—中国行"活动在双柏县人民医院举行,开展临床医疗业务知识培训,来自费卡华瑞制药有限公司肠外事业部的专家王文超、大理医学院楚雄教学医院放射科教授鲍军保和楚雄州人民医院普外二科主任王亚明,为双柏县人民医院、双柏县妇幼保健院和妥甸镇卫生院的临床医务人员讲解临床营养、急腹症治疗知识,分享肠瘘患者病例诊疗心得和经验。9 月,向民建省委争取 3 万元安龙堡乡脱贫攻坚帮扶资金。2019 年 5 月 10 日,到大庄镇麻栗树小学开展专题调研。2019 年 8 月 30 日,向麻栗树小学的 77 名小学生捐赠价值 2.7 万元的被褥和价值 0.4 万元的月饼。2020 年 1 月 9 日,民建楚雄州委携手昆明众邦营销策划有限公司到双柏县大庄镇普岩小学开展爱心捐赠活动,为普岩小学捐赠价值 3 万元的太阳能路灯。

民进楚雄州委于 2018 年 8 月 11～13 日,组织民进楚雄州委开明画院和双柏县美术家协会,到双柏开展文化联谊活动。12 月 12 日从工作经费中列支 1 万元,分别支持安龙堡乡彝族刺绣协会 5 000 元和安龙堡小学购买民族乐器补助经费 5 000 元。

2018 年开始,农工党云南省委和农工党楚雄州委先后 2 次深入双柏县开展脱贫攻坚民主监督调研,对双柏县脱贫攻坚工作中存在的问题提出较好的意见建议。5 月 29 日,农工党楚雄州委牵头与九三学社州委一道组织州医院、州中医医院医疗专家为离退休老干部、城区群众和医院患者开展健康知识讲座、专家义诊和带教查房等活动。2019 年 3 月 7 日,在安龙堡乡举行"农工党楚雄州委同心健康扶贫示范基地"建设启动仪式,争取到农工党云南省委支持 17 万元,农工党楚雄州委协调安排 10 万元,协调争取云南溢森缘生物发展股份有限公司出资 20 万元,合计 47 万元,向安龙堡乡卫生院和 8 个行政村捐赠 10 套便携式巡诊体检包,举办首期"农工党楚雄州委同心健康扶贫乡村医生培训班"。

2019 年 8 月,农工党楚雄州委通过农工党云南省委协调争取农工党中央和中国初保基金会支持,向大庄镇中心卫生院捐赠 1 台价值 18 万元的救护车。

2018年8月18日,中国致公党楚雄市基层委员会到大庄镇开展义诊和免费送药、义务法律咨询、健康知识宣传等活动,为麻栗树村委会贫困家庭学生捐资助学2万元。

2018年5月23日,九三学社楚雄州委机关和九三学社楚雄州委社员、楚雄伍鹏口腔门诊部主任伍鹏带领医务人员,到安龙堡乡中心小学开展献爱心活动,向全校143名学生发放0.8万元的书包、文具和洗漱用品,为师生讲授口腔健康知识和做口腔检查。

2018年6月9日,九三学社楚雄州委派出专家,为双柏县林业系统培训"一颗印章管审批"改革业务人才。2018年12月2日,九三学社云南省委"九三科技之光"科技帮扶示范基地挂牌仪式在安龙堡乡举行,为说全、六纳2个村卫生室捐赠价值5万元的医疗设备。

2019年5月30日,九三学社楚雄州委机关和九三学社楚雄州委社员、楚雄伍鹏口腔门诊部,到双柏县妥甸镇中山小学开展献爱心活动,向全校147名学生发放0.52万元的学习用品、口腔保健用品和0.1万元的篮球和羽毛球及球拍,为师生讲授口腔健康知识并做口腔检查。2019年7月24～26日,九三学社楚雄州委牵线搭桥,西南林业大学大数据与智能工程学院到妥甸镇中山社区、双柏县苗苗幼儿园、妥甸中学开展以脱贫攻坚社会实践调研活动为主题的暑期"三下乡"活动。

2020年5月27日,九三学社楚雄州委、楚雄伍鹏口腔门诊部到双柏县妥甸镇新会小学开展献爱心活动,为学生捐赠0.35万元的学习、生活用品,为师生开展口腔检查。

图9-10　九三学社楚雄州委、楚雄伍鹏口腔门诊部到双柏开展活动(2020年)

截至2020年8月31日,楚雄州统一战线实施"同心工程·助力双柏脱贫攻坚"工作,争取协调投入项目资金和物资6810.66万元。

第五节　文艺文化行动

在全县上下全力投入脱贫攻坚的关键时刻,双柏县文艺文化部门推出一批鼓舞人心、激励斗志的文艺作品,为共同打赢脱贫攻坚战提供精神力量。

有奖征文　为全面反映双柏县脱贫攻坚战略实施情况,展现精准扶贫、精准脱贫的显著成效,营造更加浓厚的脱贫攻坚工作氛围。2018年11月,双柏县开展"脱贫攻坚 笔听惊雷"有奖征文活动。

征文活动由县委宣传部、县扶贫办、县文联、县作家协会主办,围绕"笔尖下的脱贫攻坚 我眼中的山乡巨变"主题,向全县各级各部门干部职工、驻村扶贫工作队员、各行各业奋战在脱贫攻坚第一战线的广大干部群众以及双柏县各级作家协会会员、新文艺群体及社会各界人士进行征稿。

县文联根据活动安排,制定发出征稿方案。在全县干部群众参与下,经过一个多月的时间,共征集到小说、散文、诗歌、人物通讯、纪实散文、曲艺、小品等各类作品110件。对照征文主题及要求做初步梳理、审核登记后,以无记名编号的形式送编审委员会。编审委员会成员按照先个人后集体的方式三审三定(一审压缩稿件至50件,二审每名评审推荐一等奖1名,二等奖、三等奖2~3名,优秀奖12名进入终审,终审召开会议进行评奖)汇总评审意见。2019年1月31日,评出一等奖1名,二等奖5名,三等奖10名,优秀奖20名。

征集的稿件作品主题鲜明,感情真挚、饱满,全方位表现在脱贫攻坚国家行动战略中涌现出来的人、情、事、理,反映广大干部群众为脱贫攻坚所做的奉献与努力,以及他们所开辟的具有双柏县特色的脱贫之路,在突出文化特色的同时,传播正能量。所征集到的优秀作品,有36件收录在《双柏县"脱贫攻坚 笔听惊雷"获奖作品集》中,其余优秀作品在《哀牢山文艺》《彝乡文化》刊物上刊出。

美术书法摄影作品展　为展示党的十八大以来双柏县脱贫攻坚所取得的成绩,2018年12月,双柏县在中国·双柏2019彝族虎文化节期间,举办"决战脱贫攻坚 见证美丽双柏"双柏县美术书法摄影作品展。活动由中共双柏县委宣传部、双柏县文学艺术界联合会主办,双柏县美术家协会、双柏县书法家协会、双柏县摄影家协会承办。所有作品从2018年12月20日起开始征集,至2019年2月20日结束,共征集到书法、美术、摄影作品86件。

2019年3月15日至5月3日,"决战脱贫攻坚 见证美丽双柏"双柏县美术书法摄影作品展分别在双柏县文化馆和双柏县图书馆举办,共有书法作品24件、美术作品20件、摄影作品20件展出。参加中国·双柏2019彝族虎文化节社会各界来宾和双柏广大干部群众,从作品中深切感受双柏县自脱贫攻坚工作开展以来的巨大成就和面貌变化。

扶贫画册出版　2014年以来,双柏县涌现出一大批脱贫攻坚的感人故事。结合深入学习宣传贯彻党的十九大精神和习近平总书记关于扶贫工作重要论述,按照中央、省、州和双柏县委关于在脱贫攻坚中深入开展"自强、诚信、感恩"主题实践活动的总体部署,聚焦双柏县脱贫攻坚主战场,针对各级干部走村入户开展扶贫工作的画面、驻村扶贫工作队员的精神风貌、各族群众投入脱贫攻坚的精彩画面、农村基础设施和产业发展新变化、各族群众的获得感幸福感和对幸福生活的美好憧憬,2018年12月,由县委、县人民政府主办,县扶贫办、县文体广电旅游局承办,县文化馆、县图书馆协办的"镜头里的扶贫故事"摄影展开始征稿。全县共收集到摄影作品 1 120 件,经评选确定 213 张摄影作品入选参展。

经过对作品的梳理,形成"党的政策暖民心、爱心传递无止境、干部群众一家亲、产业发展促增收、富裕祥和展新姿"5 个专题。镜头里的扶贫故事,展示各级各部门"心往扶贫想、劲往扶贫使"的精神风貌,再现乡村干部扎根基层,勇于担当的精神面貌,体现农村群众"听党话、感党恩、跟党走"的朴素情怀。2019 年 3 月 15 日,"镜头里的扶贫故事"摄影作品展在双柏县图书馆展出并举行开展仪式。为更好地宣传脱贫攻坚所涌现的感人事迹,激发人民群众感恩党中央的情感,展览还先后深入到妥甸中学、独田乡等乡镇进行巡回展出。2019 年 3 月末,为在"镜头里的扶贫故事"摄影作品展结束之后,继续把这些感人的故事永远定格,双柏县图书馆把"镜头里的扶贫故事"的所有作品,按照摄影展的专题分类,编成画册专辑出版。

文艺下乡　双柏县在脱贫攻坚工作开展中,紧扣政策宣传主题,组织双柏彝族老虎笙传承演艺有限公司的文艺工作者,常年深入村委会和社区开展文艺演出活动,将脱贫攻坚政策宣传和"自强、诚信、感恩"教育的内容,融入一个个农村群众喜闻乐见、易于接受的文艺节目之中,极大地激发群众的脱贫内生动力。

为确保文艺节目能够符合宣传主题,县演艺公司全体演职人员不断提升创作水平、更新脱贫攻坚题材的演出节目内容,创作编排上演彝剧小戏《彝家小店》、彝族说唱《扶贫政策暖人心》、彝剧小品《阿舅的心事》《帮扶》《脱不脱》《脱贫计划》、歌舞《情洒扶贫路》《盛世欢歌》等节目,深入到全县各村委会、社区进行脱贫攻坚主题演出。节目政治导向性强、乡土人文色彩浓厚、富有艺术表现力,从不同侧面、不同层面全面展示党中央关于精准扶贫、精准脱贫的重大决策部署,反映广大干群投身脱贫攻坚伟大战役的热情与坚守,反映人民群众努力奋斗、追求美好生活的火热实践。共开展文化惠民演出 545 场次,其中 2014 年演出 100 场、2015 年 74 场、2016 年 71 场、2017 年 97 场、2018 年 108 场、2019 年 95 场。通过开展文艺演出方式,及时宣传脱贫攻坚的政策,鼓舞全县广大干部群众克难奋进、决战脱贫攻坚和高质量脱贫摘帽的士气,从精神鼓舞、文化发展、营造氛围等层面,发挥文艺在扶贫工作中的助力作用。

图 9-11　脱贫攻坚政策宣传文艺演出(2018 年)

第十章 脱贫摘帽

第一节 贫困退出

一、脱贫标准及程序

2015年9月17日,云南省人民政府扶贫开发办公室印发《云南省扶贫对象(贫困户)动态管理工作方案》的通知,明确贫困户脱贫标准和程序。

年度贫困户农村常住居民人均可支配收入高于(或等于)当年国家扶贫标准2 800元(2014年现价),退出对象原则坚持为扶贫项目扶持到户的贫困户优先退出、扶贫项目覆盖到的贫困户优先退出、涉农项目覆盖到的贫困户优先退出。

贫困户退出要求整户识别,不允许拆户、分户。本着贫困人口退出与识别程序相一致的原则,以农户收入为基本依据,综合考虑住房、教育、健康等情况,通过农户申请或认可、民主评议、公示和逐级审核的方式和流程进行整户识别,并充分利用首轮贫困对象建档立卡数据对贫困户实行"脱贫即出"更新管理。贫困户所在乡(镇)人民政府是贫困户减贫验收的责任主体。

达到脱贫标准的贫困人口按照"初选退出对象,民主评议退出对象,对退出对象进行审核、备案,脱贫销号"程序退出贫困人口行列。

2016 年 2 月 25 日,双柏县扶贫开发领导小组根据《云南省人民政府扶贫开发办公室关于开展 2015 年度扶贫对象动态管理工作的通知》和《楚雄州人民政府扶贫开发办公室关于开展 2015 年度扶贫对象动态管理工作的通知》文件精神,印发《双柏县扶贫开发领导小组关于开展 2015 年度扶贫对象动态管理工作的通知》,明确贫困户脱贫标准和程序。

围绕国家"两不愁、三保障"的扶贫总体目标,设置"八有四无一超一受益"指标作为贫困户脱贫标准。"八有":有稳固住房,有饮用水,有生活用电,有电视,有路通自然村,有义务教育保障,有医疗保障,有收入来源或最低生活保障;"四无":脱贫户无重病人,无重度残疾人,无住危房,无重灾户;"一超":2015 年度贫困户家庭常住居民人均可支配收入稳定,超过国家扶贫标准 2 300 元(2010 年不变价)、2015 年现价 2 855 元;"一受益":贫困户得到过扶贫项目和帮扶政策的支持,或通过整村推进、整乡推进、产业扶贫等帮扶措施的覆盖而受益。

在 2015 年全省建档立卡"回头看"工作基础上,对扶贫对象进行动态调整,贫困户脱贫退出要求整户识别,不允许拆户、分户。按照入户认定、村评议公示、乡镇审核公示、县审定公告等程序对贫困户认定脱贫销号。

2016 年 6 月 17 日,中共云南省委办公厅、云南省人民政府办公厅印发《云南省贫困退出机制实施方案》的通知,明确贫困人口退出、贫困村退出、贫困县退出标准和程序。

贫困人口退出标准和程序 贫困户人均可支配收入稳定超过国家扶贫标准(按当年国家公布的现价标准),达到不愁吃不愁穿的水平;住房遮风避雨,房屋结构体系整体基本安全;义务教育阶段无辍学,初中毕业后不因贫困影响继续接受高中或职业院校教育,高中毕业后不因贫困影响继续接受大学或职业院校教育;家庭成员百分之百参加新农合或城镇居民医疗保险,符合条件的参加大病统筹。社会养老有保障,享受到易地扶

图 10-1 贫困退出收入核算(2018 年)

贫搬迁、农村危房改造、产业带动、教育帮扶、资产收益、就业培训、有序转移就业、金融扶持和生态扶持等一个以上资金项目帮扶。贫困人口按照"入户调查、村两委商议、村评议公示、乡(镇)核查公告、县审定销号"程序脱贫退出。

贫困村退出标准和程序 贫困村贫困发生率降至3%以下;县城、乡(镇)到行政村通硬化道路,且危险路段有防护措施;贫困村通10千伏以上的动力电;贫困村广播电视覆盖率达99%;网络宽带覆盖到行政村、学校和卫生室;农村通自来水或饮水安全有保障,取水半径不超过1千米;建有标准化农村卫生室,每千常住人口医疗卫生机构床位数1.2张,每千服务人口不少于1名的标准配备乡村医生,每所村卫生室至少有1名乡村医生执业;行政村有公共服务和活动场所;贫困家庭适龄儿童义务教育入学率达到国家规定标准;按"村申请、乡(镇)审核、县(市、区)审定公告"程序脱贫退出。

贫困县退出标准和程序 贫困县贫困发生率降至3%以下;农村常住居民人均可支配收入增幅高于全省农村常住居民人均可支配收入增幅;扶贫政策、项目、资金精准到户。易地扶贫搬迁、农村危房改造、产业带动、教育帮扶、资产收益、就业培训、有组织的劳务输出、金融扶持和生态扶持等项目、资金至少有一项对建档立卡贫困户进行扶持,实现扶贫政策、项目、资金对建档立卡贫困户百分之百覆盖;实现县城义务教育均衡发展,并通过国家督导评估。达到国家义务教育均衡发展评估验收标准;义务教育阶段学生辍学率在国家规定范围内。

贫困县退出程序:县级申请、州(市)初审、省级核查、批准退出。

2017年11月10日,楚雄州扶贫开发领导小组办公室印发《楚雄州扶贫开发领导小组办公室关于做好2017年度扶贫对象动态管理工作的通知》,明确贫困人口脱贫退出、贫困村退出、贫困乡(镇)退出、贫困县退出标准和程序。

贫困人口退出标准和程序 人均纯收入2017年按3200元计算,确保收入有稳定性、持续性项目支撑。经过帮扶和自身努力,家庭人均纯收入稳定超过国家现行扶贫标准。有必需的口粮、四季衣服和达标饮水。无住C、D级危房情况(易地扶贫搬迁和农村危房改造以入住为准);易地扶贫搬迁住房建设符合标准,建房自筹资金控制在1万元以内,无建房举债。子女义务教育阶段无辍学情况;对因学致贫、因学返贫家庭,把精准持续资助高中以上(含高中)学生就学作为脱贫措施,扣除就学负担后家庭年人均纯收入仍达到脱贫标准。100%参加基本医疗和大病保险;家庭医生签约服务率达100%;28种疾病门诊政策范围内报销比例达80%;符合转诊转院规范的住院治疗费用实际补偿比例90%;确保个人年度支付的符合转诊转院规范的医疗费用不超过当地农村居民人均可支配收入;有9类15种大病优先得到全面救治;县(市)级医院先诊疗后付费政策全面落实,县(市)内医院就诊无垫支医药费。符合条件的家庭成员100%参加养老保险。得到易地扶贫搬迁、农村危房改造、产业带动、教育帮扶、资产收益、就业培训、有序转移就业、金融扶持和生态扶持等一个以上资金项目帮扶,完整录入全国扶贫开发信息系统和省精准扶贫大数据管理平台。

贫困人口退出程序:入户调查、村"两委"商议、村评议公示、乡(镇)核查公告、县(市)审定销号、系统标识脱贫。

贫困村退出标准和程序 建档立卡贫困户资料、数据、信息真实可靠,考核评估、实地检查、大数据系统抽查和电话抽查无差异。漏评率、错评率控制在 1% 以内,确保综合贫困发生率控制在 2% 以内;行政村到乡(镇)、县(市)城通硬化道路,且危险路段有防护措施;贫困村通 10 千伏以上的动力电;贫困村广播电视覆盖率达 99%;网络宽带覆盖到行政村、学校和卫生室;农村通自来水或饮水水源有保障,人力取水半径不超过 1 千米;以县为单位,每千服务人口不少于 1 名的标准配备乡(镇)村医生,建有标准化农村卫生室,每所村卫生室至少有 1 名乡(镇)村医生执业;行政村有公共服务和活动场所,党员 10 人以上或人口 200 人以上的村民小组有活动场所;贫困家庭适龄儿童少年义务教育入学率达到国家规定标准;贫困村出列当年集体经济收入 2~5 万元以上。

贫困村退出程序:村申请、乡(镇)审核、县(市)审定公告、系统标识出列。

贫困乡(镇)退出标准和程序　贫困乡镇贫困发生率降至 3% 以下;贫困乡镇农村常住居民人均可支配收入增幅高于所在县(市)农村常住居民人均可支配收入增幅;辖区内的贫困户达到住房遮风避雨,房屋结构体系整体稳固安全;贫困村脱贫出列达 90% 以上(含 90%);贫困户得到易地扶贫搬迁、农村危房改造、产业带动、资产收益、就业培训、劳务输出、金融扶持和生态扶持等一个以上资金项目精准帮扶措施,完整录入全国扶贫开发信息系统和省精准扶贫大数据管理系统;有标准的乡镇卫生院,有 1 名以上全科医生,每千常住人口医疗卫生机构床位数 1.2 张;有通乡油路,行政村通硬化道路;有文化服务中心,有完善的文化服务体系;乡镇村委会的人畜饮水有保障,农业生产有水浇,乡镇、行政村通广播电视、网络宽带;行政村村集体经济年收入 2~5 万元以上;适龄儿童义务教育入学率达到国家规定标准,义务教育阶段学生辍学率在国家规定范围内;贫困人口城乡居民医疗保险参合率达 100%,符合条件的贫困人口农村养老保险参保率达 100%,无业可扶、无力脱贫的纳入政策兜底。

贫困乡(镇)退出程序:乡(镇)申请、县(市)审核公示、州审定批准退出。

贫困县退出标准和程序　贫困人口漏评率、错退率均低于 2%,综合贫困发生率低于 3%,群众认可度(满意度)达 90% 以上;贫困县(市)农村常住居民人均可支配收入增幅高于全省农村常住居民人均可支配收入增幅;相关扶持到户措施(易地扶贫搬迁、农村危房改造、产业带动、教育帮扶、资产收益、就业培训、有组织的劳务输出、金融扶持和生态扶持等项目、资金至少有一项对建档立卡贫困户进行扶持,实现扶贫政策、项目、资金对建档立卡贫困户百分之百)全覆盖,适时准确录入全国扶贫开发信息系统和省精准扶贫大数据管理平台;达到国家义务教育发展基本均衡评估验收标准,义务教育阶段学生辍学率在国家规定范围内;2017 年退出的贫困县当年贫困村退出比例必须达到 90%以上。

贫困县退出程序:县级申请、州初审、省级核查、批准退出。

2019 年 4 月 26 日,中共云南省委办公厅、云南省人民政府办公厅印发《关于进一步完善贫困退出机制的通知》,对贫困退出标准和程序进行修订完善。

贫困人口退出标准和程序　贫困人口退出以户为单位,贫困户年人均纯收入稳定超过国家扶贫标准(按当年确定的标准),达到不愁吃、不愁穿的水平;住房遮风避雨,保证正常使用安全和基本使用功能;义务教育阶段适龄儿童少年无因贫失学辍学;建档立卡贫困人口参加基本医疗保险、大病保险,符合条件的享受医疗救助;水量、水质、取水方便程度和供水保证率达到规定标准。

贫困人口退出程序：入户调查、村"两委"商议、村评议公示、乡（镇）核查公告、县（市）审定销号、系统标识脱贫。

贫困村退出标准和程序　贫困发生率低于3%；建制村到乡镇或县城通硬化路，且危险路段有必要的安全防护设施；通动力电；广播电视信号覆盖率达到99%以上；网络宽带覆盖到村委会、学校和卫生室；有标准化卫生室；有公共服务和活动场所。

贫困村退出程序：村申请、乡（镇）审核、县（市）审定公告、系统标识出列。

贫困县退出标准和程序　综合贫困发生率低于3%（建档立卡未脱贫人口、错退人口、漏评人口三项之和，占申请退出贫困县的农业户籍人口的比重低于3%）；脱贫人口错退率低于2%（抽样错退人口数占抽样脱贫人口数的比重低于2%）；贫困人口漏评率低于2%（调查核实的漏评人口数占抽查村未建档立卡农业户籍人口的比重低于2%），原则上群众认可度达到90%。

贫困县退出程序：县级申请、州（市）审核、省级核查和实地评估检查、公示审定、批准退出。

二、专项活动

2018年11月，双柏县进一步补齐全县脱贫摘帽存在的短板和弱项，全面提升脱贫攻坚工作成效，开展脱贫攻坚"村村畅净、户户达标"专项活动。

村村畅净　围绕"美丽乡村"建设的要求，通过进村入户组织和动员群众开展村容村貌整治，确保实现道路畅通、村容村貌显著改善的目标。

对所有进村道路的情况进行全面排查，督促乡村公路管理员等管护人员切实履行管护保洁责任。对能够通过维护修缮的路面进行填补修缮，对因日常管理不到位造成的局部、小范围损毁的道路，组织群众进行保通维护，确保进村道路畅通，对进村道路损毁严重的由乡镇党委、政府、县交运局联动负责进行修缮保通。

动员组织群众在全县所有行政村所属自然村（组）开展"四治""七美""美化"行动，即治理污水乱排、垃圾乱倒、建筑材料乱堆、柴草乱堆；清垃圾、清水沟、

图10-2　群众集中打扫村间卫生（2018年）

清臭水塘、清柴堆、清粪堆、清残垣断壁、清障碍,全面清除影响村容村貌的不和谐因素;美化绿化净化村间环境,全面提升村容村貌。结合各村实际,每周至少组织1次环境卫生大扫除,做到道路干净,环境整洁。督促各村人居环境保洁员履行职责,做好日常保洁工作。全面开展房屋标识,对闲置用房、生产用房、畜圈、无人居住的房屋用醒目字样进行标识,对无人居住的危旧房动员拆除。

户户达标 围绕建档立卡贫困人口退出标准、非贫困户收入稳定超过国家扶贫标准、住房安全稳固的要求,查缺补漏,全面补齐短板和差距,确保户户达标。教育引导农村群众养成健康、卫生、文明的生活习惯,对因智力原因的特殊人群做到有人看管和监护。

针对建档立卡贫困户达标方面,围绕贫困户收入、住房、保障义务教育、保障基本医疗、保障养老、政策扶持情况、省州反馈的信息数据闭合等脱贫标准进行全面核实。

贫困户实现"十有":客厅有1套必备的家庭用具、1套沙发或者凳子,卧室有睡觉的床,1套干净整洁的被褥,有1个衣柜,每人至少有4套换洗衣服,确保每个季节有每个季节的衣服穿,有牙膏、牙刷、漱口杯、毛巾、脸盆等洗漱工具,有足够的口粮、主食能吃饱、至少每个月吃1次肉、蛋、奶、豆制品中的任何一类,家庭中有一定存粮,有1套炊具碗筷,有1套吃饭桌椅,有1个厨柜。

贫困户实现"七净":按照"庭院、客厅、卧室、厨房、厕所、房前屋后及个人卫生干净整洁"的要求,教育村民自觉增强改善家居环境和改善生产生活条件的意识,主动参与改善生产生活环境,引导村民养成良好的生活和行为习惯,每周至少开展1次大扫除行动,每天开展日常打扫和保洁,切实改善家居环境。

针对非建档立卡户方面,主要实现全县所有农村非建档立卡贫困户均有稳定的收入来源且稳定超过国家扶贫标准,房屋住房均稳定达到"安全稳固、遮风避雨"的要求,无居住C、D级危房的情况,且有住房安全等级认定证书。

重点关注低保户、危房户、重病户、残疾人户、五保户、"两无户"等,做好动态监测。

紧紧围绕"人人都是参与者,个个都是先锋队"的要求,通过加强政策学习、政策宣传、群众引导等方式,提升干部掌握政策的精准度,群众对脱贫攻坚政策的认可度和满意度。

三、迎考准备

2018年11月,双柏县的脱贫攻坚工作进入"百日冲刺"的最后阶段。全县各级各部门以"战鼓催征、令行即胜"的责任使命,以对党忠诚、为党分忧、为民造福的政治担当,把脱贫攻坚当成检验"四个意识"强不强的试金石,把脱贫攻坚作为检验"两个坚决维护"到不到位的硬指标,高质量完成好百日冲刺各项工作任务。

县委、县人民政府提出"脱贫攻坚战没有旁观者,人人都是主力军,个个肩上有责任,不允许任何人撂挑子、当逃兵"的要求,全县广大干部弘扬新时代双柏扶贫攻坚精神,进一步压紧压实责任,以守土有责、守土负责、守土尽责的责任担当,以一流为目标,一村一村排查、一户一户对账、一项一项补齐,做实做精做优每项工作。

短板补齐 各乡镇和县级各行业部门对标户脱贫、村出列、县摘帽的相关标准,全面系统盘点针对贫困地区和贫困群众落实多少项目、投入多少资金、完成多少任务,教育扶贫、医疗救助、医疗保险、养老保险、保障兜底、转移就业、危房改造等政策有没有落实到位。各单位对照考核指标列出任务清单,明确仍需落实的具体工作,确保全面补齐工作短板。

基础夯实 抓好动态管理信息采集和信息数据精准闭合,健全完善档案台账,对照户档、村档、乡档资料清单,做到内容统一、收集完整、归档准确、整理规范;对贫困户信息填写不准确、贫困家庭人口变化、贫困人员收入变化、新增帮扶措施等内容及时进行更正和补充,县级各行业扶贫部门对已脱贫出列的贫困行政村和建档立卡贫困户的指标达标情况开展全面认定,确保贫困户各类信息准确无误。

工作细化 各乡镇、各村(社区)和县级各行业扶贫部门结合单位的实际,高质量准备好县、乡、村和行业部门的相关材料。县乡村准备好本辖区内的卡户、非卡户、低保户、残疾户、重病户、"两无户"和建档立卡人口中的农转城人口名册,各行业部门对行业扶贫的档案台账资料进行全面的整理归档,以备考核检查评估组调用。

农村人居环境整治 继续深入开展好"四治""七美"美化行动,将村内道路、活动场所等区域包干到户、到人,定期开展环境卫生大扫除,村内设有人居环境保洁员的,督促其认真履行职责、发挥作用,做到道路干净、环境整洁。对照贫困户"十有""七净"的要求,动员和引导群众对自家房前屋后、屋中、院落、卧室、客厅、厨房、厕所环境卫生进行大扫除和日常保洁,生活垃圾定点堆放,做到干干净净、整整洁洁。教育引导其养成良好的生活和行为习惯,做到着装整洁干净,家具、衣服、被子、生活用具摆放整齐,保持个人衣着卫生、干净、整洁,切实改善家居环境。

图 10-3 村民自发组织清扫村庄卫生(2019 年)

氛围营造　全县干部深入挂包村组和出生地开展惠民生、解民忧工作,继续开展"干部大返乡、政策大宣讲"活动。牢牢把握方向,紧扣时代主题,认真做好脱贫攻坚宣传工作,做到人人知晓、户户参与,在全县营造浓厚的迎检氛围。继续通过网络、电视、微信、宣传栏、电子显示屏、展板、文艺演出等形式全方面、多角度地展示全县脱贫攻坚的成果,营造浓厚的迎检氛围。深入宣传自力更生、艰苦奋斗的脱贫典型,宣传带领群众真抓实干、克难攻坚的扶贫典型,宣传社会各界支持脱贫攻坚的奉献典型。

四、县乡村三级贫困退出

2014 年,全县脱贫退出 1 564 户 5 219 人,年末有建档立卡贫困户 6 939 户 24 545 人,贫困发生率 20.76%。

2015 年,全县脱贫退出 1 131 户,减少贫困人口 4 377 人,贫困发生率 12.99%。其中大庄镇减少贫困人口 1 951 人,安龙堡乡减少贫困人口 288 人,妥甸镇减少贫困人口 498 人,碉嘉镇减少贫困人口 473 人,法脿镇减少贫困人口 455 人,爱尼山乡减少贫困人口 232 人,大麦地镇减少贫困人口 323 人,独田乡减少贫困人口 157 人。

2016 年,全县脱贫退出 1 438 户 5 544 人,贫困发生率 10.36%。其中大庄镇减少贫困人口 2 227 人,安龙堡乡减少贫困人口 947 人,妥甸镇减少贫困人口 777 人,碉嘉镇减少贫困人口 667 人,法脿镇减少贫困人口 352 人,爱尼山乡减少贫困人口 574 人。

2017 年,全县脱贫退出 1 930 户 6 923 人,贫困发生率 4.56%。其中大庄镇减少贫困人口 1 873 人,安龙堡乡减少贫困人口 859 人,妥甸镇减少贫困人口 1 161 人,碉嘉镇减少贫困人口 1 001 人,法脿镇减少贫困人口 1 474 人,爱尼山乡减少贫困人口 555 人。

2018 年,全县脱贫退出 1 416 户 4 533 人,贫困发生率 1.56%。其中大庄镇减少贫困人口 209 人,安龙堡乡减少贫困人口 729 人,妥甸镇减少贫困人口 877 人,碉嘉镇减少贫困人口 1 167 人,法脿镇减少贫困人口 501 人,爱尼山乡减少贫困人口 235 人,大麦地镇减少贫困人口 713 人,独田乡减少贫困人口 102 人。

2018 年 1 月 8 日,楚雄州扶贫开发领导小组经过州级考评认定,双柏县大庄镇脱贫攻坚成效明显,贫困

图 10 - 4　群众表决同意村中贫困户退出(2018 年)

人口大幅减少,贫困乡生产生活条件显著改善,综合贫困发生率等各项指标均已达到贫困退出材料,同意大庄镇在2017年度退出贫困乡。

2019年,全县脱贫退出329户1032人,贫困发生率降至0.76%。至2019年末,40个贫困村全部脱贫退出。其中:2016年脱贫退出5个(法脿镇古木村、妥甸镇罗少村、格邑村,碌嘉镇东风村,爱尼山乡大箐村);2017年脱贫退出7个(妥甸镇新会村、丫口村,法脿镇者柯哨村、六街村,碌嘉镇麻旺村,爱尼山乡力丫村、麻海村);2018年脱贫退出26个(妥甸镇麦地新村、和平村、马脚塘村、马龙村,法脿镇石头村、铺司村、麦地村、法甸村,碌嘉镇茶叶村、红山村、旧丈村、龙树村、老厂村、平掌村、新树村,大麦地镇邦三村、野牛村,安龙堡乡安龙堡社区、柏家河村、他宜龙村、新街村、法念村、说全村、六纳村、青香树村,爱尼山乡海子底村);2019年脱贫退出2个(大麦地镇河口村、峨足村)。

2019年1月4日,楚雄州扶贫开发领导小组发布公告:安龙堡乡整乡贫困退出。

2019年4月30日,中共云南省委、云南省人民政府在昆明召开新闻发布会,宣布双柏在内的全省33个贫困县脱贫摘帽,双柏作为6个脱贫成效较好的县市之一,在会上作交流发言。当日,云南省人民政府向社会公开发布《云南省人民政府关于批准东川区等33个县(市、区)退出贫困县的通知》。通知指出,经过县级申请、州市审核、省级核查和实地评估检查、公示公告等程序,双柏县达到贫困县退出有关指标,符合退出条件,经省委、省人民政府研究,批准退出贫困县。

2020年6月,全县最后剩余的318户898人贫困人口全部达到脱贫退出标准,具体为妥甸镇32户97人、大庄镇75户214人、法脿镇68户187人、碌嘉镇53户148人、大麦地镇29户85人、安龙堡乡29户65人、爱尼山乡18户63人、独田乡14户39人。

五、脱贫人口"回头看"

2019年8月,根据上级党委、政府的安排,双柏县在全县范围内开展脱贫人口"回头看"工作,对2014年来的全县6311户22736人脱贫人口的脱贫成效和帮扶措施进行一次大检视、大排查,查缺补漏、补齐短板,确保脱贫质量,通过"回头看"、开展数据比对分析、分类筛查,形成脱贫人口"回头看"重点核查清单。

工作开展中,双柏县紧紧围绕脱贫户"两不愁、三保障"和家庭收入及结构、生产经营、家庭成员等情况,从"产业带贫机制强不强、就业是否持续稳定、家庭收入是否稳定达标、饮水是否达标安全、住房是否安全稳固、义务教育是否有辍学、基本医疗是否有保障、内生动力是否有效激发、兜底保障准不准(实不实)"9个方面,开展数据比对、强化分类施策。对已稳定脱贫的,明确致贫原因是什么、帮扶措施有什么,稳定脱贫的支撑是哪些;对需巩固提升的,明确返贫的风险点、帮扶的切入点,分别采取针对性的巩固提升措施;对返贫的,明确返贫原因,及时纳入帮扶,缺什么、补什么,解决好"两不愁、三保障"突出问题。重点关注收入的持续性、易地扶贫搬迁后续帮扶措施落实。

2020年2月,双柏县为精准掌握当前脱贫攻坚中存在的突出问题,全面补齐短板弱项,确保在脱贫攻坚普查前将所有问题全面清零,打赢脱贫攻坚收官战,在全县开展脱贫攻坚问题大排查工作。排查内容主要为排查特殊户、排查问题短板、排查不稳定因素。

特殊户排查 在 2019 年 10 月"问题大起底、大排查"的基础上,对未纳入"边缘监测户"但有致贫风险的非建档立卡户、未纳入"脱贫监测户"但有返贫风险的已脱贫户、2020 年脱贫难度较大的未脱贫户进行精准摸排,特别关注对自 2019 年 11 月 30 日后,因家庭发生重大事故、重大灾害、重大疾病等造成家庭入不敷出的特殊户进行摸排上报。严格对照"两不愁、三保障"目标要求,按照贫困户脱贫退出标准,年人均纯收入稳定性、有持续性项目支撑,达到不愁吃、不愁穿的水平;住房遮风避雨,无住 C、D 级危房;义务教育阶段适龄儿童少年无因贫失学辍学,控辍保学措施落实;建档立卡贫困人口参加基本医疗保险、大病保险,符合条件的享受医疗救助;饮水安全有保障,水量、水质、取水方便程度和供水保证率等。对特殊户在收入、医疗、教育、住房、安全饮水等方面进行精准摸排,精准掌握潜在的影响脱贫攻坚普查质量的一切问题。

问题短板排查 围绕贫困村退出标准,对 82 个有贫困人口的行政村开展问题摸排。贫困发生率低于 3%,年末实现贫困发生率降至零;建制村到乡镇或县城通硬化路,且危险路段有必要的安全防护设施;所辖自然村通动力电;广播电视信号覆盖率达 99% 以上;网络宽带覆盖到村委会、学校和卫生室;有标准化卫生室;有公共服务和活动场所达标等方面存在问题;村集体经济收入 2019 年贫困村达到 3 万元、非贫困村 5 万元。

第二节　巩固提升

经过全县干部群众 5 年的不懈努力,双柏县贫困户退出、贫困村出列、贫困县摘帽指标全面达标。2019 年 4 月 30 日,云南省人民政府批准双柏县退出贫困县。但县委、县人民政府也清醒地认识到,这只是迈出全面建成小康社会的关键一步,巩固提升脱贫成效、全面建成小康社会、实现乡村振兴仍然任重道远,还有许多困难和问题需要全县各级领导干部和广大干部群众认真加以解决:农村发展条件仍需改善,虽然双柏县加大投入力度实施一大批补短板项目,但全县山区面积大、群众居住分散、县财政财力有限,农村发展条件离群众的期盼还有差距,农村基础设施仍需持续投入和夯实;贫困户参与特色产业发展不够充分,发展特色产业大多投入较大,见效周期较长,全县可供贫困户参与发展的特色产业大都处于起步阶段,经济效益才开始显现,带动脱贫示范效应还不强;贫困群众自我发展能力仍待提升。部分贫困群众思想观念滞后,脱贫致富的内生动力仍然不足,"智志双扶"仍需持续用力。

为切实解决这些问题,县委、县人民政府摘帽不摘责任、摘帽不摘政策、摘帽不摘帮扶、摘帽不摘监管,全面巩固和不断提升脱贫攻坚成果。

一、脱贫成果巩固

2019年4月24日,县委办公室、县人民政府办公室印发《双柏县全面巩固脱贫成果、提升脱贫质量的实施意见》,提出双柏县要在脱贫攻坚期内稳定和完善健全脱贫政策措施、不断巩固提升脱贫质量,使全县的脱贫成效得到群众认可,经得起历史检验,确保到2020年所有建档立卡贫困人口在现行标准下全部稳定脱贫,实现"两不愁、三保障",稳定持续增收,自我发展能力全面提升。

制度创新　以脱贫人口不返贫、退出贫困村不滑坡为目标,以长效机制的形成和落实,推动巩固提升各项工作。制定《坚决打赢打好脱贫攻坚三年行动的实施意见》《贫困退出后续精准帮扶巩固提升工作实施方案》,以及产业扶贫、就业扶贫、教育扶贫、健康扶贫、社会保障、生态扶贫等18个后续扶贫巩固提升实施方案,方案对责任落实、工作任务、工作目标、工作措施进行明确,按照"一户一方案"的要求,制定未脱贫户帮扶计划和已脱贫户后续扶持巩固措施,形成多领域、多层次的后续巩固提升长效机制。

项目库建设　紧紧围绕"两不愁、三保障"指标,突出到户措施,根据脱贫户致贫原因、基础条件、资源情况和需求,缺什么补什么、什么不稳固补什么,量身定制具体到户、到人巩固提升帮扶项目,及时将已脱贫人口和未脱贫人口脱贫措施纳入项目库,实行扶贫资金定到项目、计划定到项目、审批一次定到项目、公示公告定到项目、责任定到项目、督查考核指向到项目的"六定"原则,以项目库支撑脱贫攻坚巩固提升,并围绕年度目标任务及时调整,实现项目库与巩固提升目标任务相匹配。

产业发展　发展产业是巩固提升脱贫成效的治本之策。双柏县按照"村有主导产业、户有增收渠道"的要求,充分发挥绿色生态、特色文化、资源等比较优势,加强产业规划、产业选择、招商引企、市场开拓、品牌培育、技术支持等方面的指导帮扶,为所有出列村、脱贫户量身定制全面巩固提升脱贫成果的措施。因地制宜制定《双柏县产业扶贫巩固提升实施方案》,切实增强已脱贫农户发展生产、增收致富和自我脱贫的能力。《方案》明确提出,确保每年实施1万亩高端特色烟叶开发项目,带动种烟贫困户户均种植3亩以上;每年发展优质生态蔬菜、鲜食水果等订单农业7.8万亩,带动有能力种植的贫困户户均种植1亩以上;发展黑山羊、滇中牛、生猪、肉驴等特色养殖,推进规模化养殖、合作化经营,带动每个贫困户每年出栏3头以上生态牲畜;整合退耕还林、陡坡地生态治理、低效林改造等项目资金,打造百万亩核桃、5万亩青花椒、10万亩中药材等重点产业,带动贫困户户均种植1～2亩经济林果及中药材;建设"中国彝乡民宿经济示范区",扶持打造一批乡村旅游休闲农家小院,把双柏建成滇中旅游线上一流的"健康生活目的地",让贫困群众在参与旅游扶贫项目中增加收入。

创业就业　转移就业是贫困群众最直接最现实最重要的脱贫手段。双柏县紧扣"一人就业创业、一户脱贫致富"的目标,以贫困劳动力转移就业、创业帮扶为重点,细化落实就业创业扶持措施,确保每年新增转移就业不少于2 100人。深化东西部协作机制,与省外开展劳务协作;依托楚雄彝族自治州内、双柏县内各类园区和企业,积极开发公益性岗位,吸纳就近就地转移就业人口。按照"脱贫不脱钩"原则,持续推进"万企帮万村"精准扶贫双柏行动、户企结对帮扶行动,建设一批就业"扶贫工厂""扶贫车间",增加群众打工收入。通过实施技能培训补贴、稳定就业补贴、就业服务补助等举措,把转移就业政策落到实处。建立健全多个部门各司其职、密切配合的协调机制,推动就业扶贫工作开展。

利益联结　围绕"公司＋基地＋合作社＋贫困户＋加工厂"收益共享型、"公司＋合作社＋贫困户"产业合作型、"公司＋贫困户"委托帮扶型、"公司＋互联网＋订单"营销带动型、"公司＋贫困户＋务工＋提成"分享收益型 5 个具有双柏特色的帮扶模式,培育打造示范企业和示范基地,突出龙头、基地、大户带动,实现贫困户与新型经营主体建立紧密、稳定、长效的利益联结机制,确保稳定脱贫、持续增收。

图 10-5　双柏县大庄镇贫困户在企业入股分红(2018 年)

扶智扶志　以提升就业素质能力、实现职业技能培训全覆盖为目标,进一步加强职业技能培训,着力阻断贫困代际传递。建立以村为单位的贫困劳动力实名制登记数据库,准确掌握脱贫户劳动力资源信息、技能状况和培训需求。全面落实就业前免费技能培训和技能提升补贴政策,整合各部门培训资源,形成培训合力。实行分类施策,精准培训,确保建档立卡贫困劳动者至少掌握一门就业所需技能,打造特色劳务品牌。通过移风易俗和乡风文明建设,进一步解决思想认识问题,激发脱贫对象内生动力。通过开办"脱贫攻坚乡村讲坛",扎实开展"自强、诚信、感恩"主题实践活动,评选表扬一批"脱贫致富先锋红旗村组"、一批自力更生率先脱贫的"脱贫光荣户",挖掘一批脱贫先进典型,加强政策引导、教育引导、典型引导,促进贫困群众转变思想观念。通过深入实施美丽乡村建设,持续推进农村"七改三清"人居环境提升行动,教育引导群众树立文明新风,以村规民约形成村民自管、自治新格局。通过宣传脱贫攻坚成果、经验做法和先进典型,营造全社会关注扶贫、支持扶贫、参与扶贫的浓厚氛围,形成脱贫攻坚比学赶超的良好局面。

二、产业发展示范

　　双柏县把产业兴旺作为解决农村一切问题的前提,紧紧围绕发展现代农业,推动农村一二三产业融合发展,着力打造"一村一主导、一村一特色、一村一品牌"的产业发展格局,以培育行政村主导产业为抓手,以实现"让每一个行政村都成为产业发展示范村"为目标,打造产业发展新集群,推动农业全面升级、农村全面进步、农民全面发展,谱写新时代双柏乡村振兴战略新篇章。具体目标任务为:全县 2019 年建成产业发展示范村26 个,2020 年建成产业发展示范村 27 个,2021 年建成产业发展示范村 18 个,2022 年建成产业发展示范村 13 个。

　　农业农村基础设施提质　以划定并严守生态保护红线和粮食生产功能区、重要农产品生产保护区为指引,实施耕地质量保护和提升行动,加大涉农资金整合力度,推进农村土地整治和农田建设;全面推进"四好农村路"建设和农田水利、高标准农田建设、高效节水灌溉、中小河流治理、水土保持等水利基础设施建设;加快电力通信基础设施建设,实现电力通信网络全覆盖,做到基础设施建设与产业发展相配套。到 2020 年,新建高标准农田 3 万亩,土地开发整理 11.3 万亩;新增供水量 8 141 万立方米,增加灌溉面积 6.2 万亩,改善灌溉面积 13.8 万亩,治理水土流失面积 240 平方千米、河道治理112 千米;实施 20 户以上村组公路通畅率 30% 以上,绿汁江、马龙河流域等产业集聚区农村公路达到四级以上。

　　特色产业发展到村到户　全面完成农村土地承包经营权确权登记颁证工作后,以市场为导向、效益为核心、家庭经营为基础、新型经营组织为主体、土地承包经营权有序

图 10 - 6　贫困户发展畜牧养殖增加收入(2019 年)

流转为关键,通过家庭农场、专业合作、股份合作、土地入股、土地流转、土地租赁、土地托管等多种方式发展适度规模经营。在充分尊重农民意愿的基础上,按照不同产业发展规律,合理推进适度规模经营。引导鼓励社会资本发展适合产业化经营的现代种养殖业,加强社会资本租赁农地监管和风险防范,维护农户权益。立足资源优势、产业基础、市场需求、技术支撑、环境容量、新型经营主体带动能力和产业覆盖面,因地制宜发展“一村一品”专业村,每个产业发展示范村有 1～3 个规模生产经营示范样板基地,每个规模生产经营示范样板基地 50 亩以上。

新型经营主体培育壮大　坚持以家庭农户为基本单元的经营主体地位,改善小农户分散耕种、自给自足的状态,促进小农户向专业化、规模化、集约化转变,使小农户生产和现代农业发展有机衔接,将千家万户小农户培育成为家庭农场等新型经营主体。深入推进农民专业合作社规范化建设,鼓励引导农民专业合作社在自愿和优势互补的基础上组建联合社。以龙头企业为基础,以原料保障、技改扩能、市场拓展、融资体系、产业集聚等为重点环节,培育一批龙头企业,聚焦各行政村的特色优势产业。到 2020年,每个产业发展示范村培育或引进 1 个以上县级以上龙头企业,培育 3～5 个专业合作组织、1～5 个家庭农场、10～100 户专业大户等新型经营主体,形成“企业＋合作组织＋基地＋农户”等生产经营格局。

农业科技创新体系改革　加快完善农业科技创新体系建设,加强耕地土壤管理,严格水资源管理,全面推进节水农业建设,完善农田排灌设施,推广节水技术,深入实施化肥农药减量增效行动,推行测土配方施肥、精准施药和科学用药,加大病虫害绿色防控力度,推进全县农产品绿色化生产;加快农业面源污染治理,推进秸秆和畜禽养殖废弃物资源化利用以及废旧地膜和包装废弃物回收处理等关键核心技术攻关行动,落实农业科技创新专项计划,加强生态种养、农产品精深加工、生态农业精准提升等农业林业关键技术攻关。推进产学研协同创新体系建设,充分借助院士工作站、省人大常委会机关、南京大学、北京中医药大学、上海嘉定区、楚雄师院帮助双柏的机遇,加快农产品开发创新和技术攻关,积极探索农工一体、农游一体、农光一体、农商一体发展经营方式,把创新成果转化为新产品、新项目、新业态、新模式、新产业,延展产业链、提高附加值、形成新的增长点。加强基层农技推广服务体系建设,健全完善县乡村科技特派员、指导员制度,鼓励新型经营主体开展农企合作、校企合作、自主创新,探索“人才＋项目＋团队”“人才＋基地”等人才培养模式,力求实现引进一个人才、带好一个团队、做强一个企业、带动一个产业;力争到 2020 年,有规模较大和水平较高的高新技术企业 2～3 户。

名特新优产品品牌打造　结合各行政村地域差异、品种特性,创建具有文化底蕴、鲜明地域特征“小而美”的特色农产品品牌。鼓励龙头企业、农民专业合作社依法争创驰名商标、名牌产品、生态原产地产品和农产品地理标志产品。开展名优企业、产品、品牌等评选活动并进行奖励。充分利用各种媒体媒介讲好品牌故事,全面扩大“绿色食品牌”国内和省内影响力。到 2020 年打造一批全国知名、省内驰名、全州闻名的绿色环保双柏特色产业品牌,培育 5 个以上全省驰名、全国知名的产业品牌;绿色食品认证 38个、有机食品认证 15 个、地理标志产品认证 3 个。

图 10‑7　白竹山万亩茶园种植基地(2019 年)

农业产业融合发展示范　发展加工业,将农业生产、加工、物流、研发和服务相互融合,推动产前、产中、产后一体化发展,统筹农产品初加工、精深加工、综合利用加工协调发展,实现农产品多层次、多环节转化增值。加快发展农村电子商务,发展农超、农社、农企、农校等产销对接的新型流通业态。发展民宿经济,充分利用好农村森林景观、田园风光、村落民俗、山水资源、农耕文化、民族特色和乡村文化,推进农业与旅游、教育、文化、健康养生养老等产业融合,让产区变景区、田园变公园、农房变客房、产品变商品,促进农村生态、景观等资源优势转化为产业经济优势。建设特色产业基地、生态宜居美丽乡村等,打造农村产业融合发展的平台载体,促进农业内部融合、农业产业链延伸、农业多种功能拓展、农村新型业态等多模式融合发展。培育特色村庄,带动形成农村产业融合发展集群。采取"订单收购＋分红""土地流转＋优先雇用＋社会保障""农民入股＋保底收益＋按股分红"等多种利益联结方式,支持龙头企业通过领办或参与农民合作组

图 10‑8　大麦地镇普龙村委会流转土地种植蔬菜(2017 年)

织、为农户提供信贷担保、共同开展农产品销售和品牌运作等多种形式,与农户建立稳定的订单和契约关系,让农户更多参与并分享产业融合发展的增值收益。鼓励农村集体经济组织挖掘集体土地、房屋、设施等资源和资产潜力,依法通过股份制、合作制、股份合作制、租赁等形式,参与产业融合发展。

三、小康庭院建设

围绕"让每一户农舍都建成美丽的小康庭院"的目标,以家庭为主体,始终聚焦解决"两不愁、三保障"的突出问题,全面巩固脱贫攻坚成果,补齐农村基本公共服务和人居环境短板,全面改善提升农村生产生活条件,全力推进乡村和美、乡风文明。根据全县农户总数,"小康庭院"建设目标为:2019 年完成建设 10 920 户,占全县农户总数的30%;2020 年完成建设 10 920 户,占全县农户总数的 60%;2021 年完成建设 7 280 户,占全县农户总数的 80%;2022 年完成建设 7 280 户,全县实现 100% 的"小康庭院"建设目标。各乡镇党委政府根据辖区内农户数,围绕目标任务,分年度推进,确保到 2022 年全县实现"小康庭院"建设目标。

图 10 - 9　环境优美的农家小院(2018 年)

生活美　聚焦"两不愁、三保障"脱贫退出标准,扎实开展好贫困人口"回头看"和动态管理工作,建档立卡贫困户衣食住行等指标高质量达到国家标准,非贫困户生产生活水平得到进一步提升。完善实施脱贫攻坚"项目库"、涉农项目资金整合,集中全力做好农村饮水、住房安全、产业扶贫、义务教育、医疗社保、农村公路、人居环境等基础设施项目和民生工程,补齐农村公共服务短板,巩固提升脱贫成果。实现农村产业稳定发展、农民收入稳步增加、基础设施不断改善、社会保障全面覆盖,生活质量明显提高,达到物质生活充实富裕、精神生活健康怡美。

环境美　按照形态、业态、神态、生态"四态兼备",特质、品质、价值、颜值"四质(值)兼具",净化、绿化、亮化、美化"四化齐抓"的要求,推进"多规合一",统筹农村生产、生活、生态布局。集中清理整治农村生活垃圾、畜禽粪污、村间卫生、门前三包,建立村庄保洁长效机制;加大农村污水治理力度,实施雨污分流排放,推动开展村庄水体清理,消除农村黑臭水体。加快推进农村公厕和农村无害化卫生户厕改造建设,并同步实施厕所粪污治理,到 2020 年,农村卫生户厕覆盖率达 85% 以上,其中无害化卫生户厕覆盖率 50% 以上。以县内重点交通干线特色风貌线、绿色生态线、景致景观线"三线"打造为重点,围绕"小康庭院"建设目标,创建园林乡镇和绿色村庄,打造一批旅游特色型、美丽宜居型、提升改善型、自然山水型、卫生清洁型"五型"农村人居环境整治典型;推进美丽宜居乡村建设行动计划,每年推进 10 个以上美丽乡村县级重点建设村。全面推广浙江"千村示范、万村整治"工程经验,持续推进农村"七改三清"人居环境提升,开展最美村庄评选活动。强化农户居家卫生意识教育,巩固"十有七净"成果,美化净化庭院户外,居家物品卫生整洁,人员住宅清爽干净,畜禽菜园隔离种养。维护田园生态环境,切实推进农田农药化肥的减量增效、地膜回收处理及土地质量提升工作。

图 10-10　交通便捷、环境优美的山区村落(2018 年)

人文美　加强舆论宣传教育力度,深化公民道德建设,扎实开展形式多样的各种志愿服务,组织开展"传播文明、传递关爱"活动,开展好文明村组创建,持续推进"文明乡村行动",深入开展"感恩党中央、脱贫奔小康"教育活动,深化"信用双柏"建设宣传。加强农村文化活动室、农家书屋和村史馆的建、管、用,形成集中统一的乡村文化展示传播区,打造一批集文化服务、文化活动和文化消费为一体的乡村"文化超市",继续推行文艺节目乡村巡演,培育扶持民间文艺表演队伍。申报国家、省、州级历史文化、民族文化名村,促进民族文化、历史文化、地域文化协同发展,发掘古树古迹、名人故事、人文风光,提炼乡村文化特色,提升乡村人文品质。构建优秀民族文化传承体系,加强保护传承和研究开发工作,保持民族特色元素,融合农耕文化、村寨文化、新乡贤文化,丰富民族文化内涵,推动民族文化产业发展。深入推进文化惠民工程,实施"现代公共文化服务体系建设三年行动计划",推进基层综合性文化服务中心建设,实现乡村两级公共文化服务全覆盖。

家风美 以家风美,带动民风美。抓实村规民约的建立、完善和执行,发挥村规民约在村民议事、道德评议、禁毒禁赌、红白理事中的规范约束作用,让村规民约成为农村家庭、农民的自觉遵循。以星级文明户、文明家庭等群众性精神文明创建活动为载体,强化农村良好家风、家教、家德的培树,引导农民向上向善。改变借红白喜事等名目,大操大办、铺张浪费、搞人情攀比。秉承中华民族传统美德,尊老爱老养老,提倡厚养薄葬,落实绿色殡葬;注重日常细小,从思想政治、道德修养、为人处世、文化学习等方面加强对子女的管教,夫妻间互信互爱互助,同心同向同行,认真开展好媳妇、好儿女、好公婆等评选表彰活动。村民之间相互谦让、诚实守信,邻里互助、相互感恩,公道正派、团结和睦。

和谐美 实施党建引领"一部手机治理通"推进基层治理体系和治理能力现代化建设,提升基层治理能力和水平。健全完善人民调解组织体系,强化人民调解工作保障,充分发挥各级人民调解组织的作用,化解各类矛盾纠纷。通过"七五"普法、巡回法庭等形式,深入开展农村法治宣传教育,不断提高农民法律素养,努力营造尊法、学法、守法、用法的良好氛围。深入开展扫黑除恶专项斗争,彻查村民反映突出的人和事,坚决深挖打击"保护伞"。全民动员维护农村社会和谐稳定,在开展平安乡村创建、扫黑除恶、打击邪教、禁种铲毒等方面发挥村民的作用,抓紧抓实农村治安、消防、道路交通安全、农机安全、缉枪治爆等工作。

四、新型职业农民培育

双柏县以实现"让每一名农民都成为新型职业农民"为目标,坚持以"提高农民、扶持农民、富裕农民"为方向,以吸引年轻人务农、培养职业农民为重点,通过培训提高一批、吸引发展一批、培育储备一批服务高原特色现代农业发展的中坚力量,构建一支有文化、懂技术、善经营、会管理的新型职业农民队伍,为全县乡村振兴战略实施提供人才保障与智力支撑。以质量兴农、绿色兴农、品牌强农

图10-11 2016年4月9日,双柏县开展首届电商培训

为导向,根据乡村振兴对不同层次人才的需求,实施精准遴选、分级培训、认定管理、政策扶持"四位一体"培育工作机制,从 2019~2022 年,各乡镇组织 18~55 周岁年龄段的农民开展教育培训,实现原则上每年每人培训不少于 1 次。全县农民教育培训 2019 年不少于 1 万人次,2020 年 2.4 万人次,2021 年 3.2 万人次,2022 年达 4.4 万人次。县级每年开展新型职业农民培育认定不少于 0.1 万人,到 2022 年达到 0.4 万人以上,其中到 2022 年,通过州级以上认定的新型职业农民达 500 人以上。

对象遴选 紧扣全县高原特色现代农业、旅游文化产业、生物医药和大健康产业、绿色食品加工与消费品制造业"四大重点"产业发展需求,以乡镇为单位,对辖区内年龄在 18~55 周岁、从事农业生产的农民进行调查摸底,将专业大户、家庭农场主、农民专业合作社带头人、农村中的种植高手、养殖能人、能工巧匠和退役军人、返乡创业青年、大中专毕业生及各类科技人员等列为重点培育对象,建立新型职业农民培育对象数据库和信息管理系统,培育农民企业家,挖掘和培育乡土人才,培育一批掌握实用技能的农业"土专家""田秀才"。

培训模式 围绕市场需求和农业产业发展实际,统筹利用好农业农村人才发展中心、农技推广机构、农民专业合作社、农业龙头企业、家庭农场、涉农院校、农业科研院所等各类资源,整合县级涉农部门和群团组织资源,分类别、分产业、分层次,有针对性地开展新型农业经营主体带头人、农村实用人才带头人培训、农村生产实用技术培训、农村劳动力转移培训、绿色证书培训、农村妇女带头人培训、农村青年创业培训、贫困地区劳动力职业技能等各类培训,健全完善"专门机构＋多方资源＋市场主体"教育培训体系。推行围绕产业周期的分段式、交替式培育,提升实习实训比重,实行农学结合、弹性学制、送教下乡等培养模式。依托全国农业科教云平台和云上智农 APP,对接各地农业信息化服务平台,充分利用大数据等现代化信息技术手段(含农民手机应用技能),为

图 10－12　州科协、县科协在马龙村委会举办科技培训班(2018 年)

农民提供灵活便捷、智能高效的在线教育培训、移动互联服务和全程跟踪指导,实现线上线下融合,提高培育质量和效果。坚持"建、管、用"并重,发挥农村党员实训基地作用,就地就近定向培养具有中高等学历的高素质农民。

认定管理 严格按照《双柏县新型职业农民认定管理办法(试行)》要求,坚持"政府主导、农民自愿、严格标准、动态管理"的原则,对双柏县辖区内思想政治素质好,从事种养殖业不少于3年,具有一定专业技能和规模化经营管理能力,无违法违纪行为,热心农业农村发展,参加过乡镇及以上单位部门组织的相关农业知识和技能培训、取得合格证书的农民,按照个人申请、县乡逐级申报的程序,开展新型职业农民认定。每年县新型职业农民工作领导小组办公室要组织相关单位部门对新型职业农民产业发展、带动农民增收以及参加教育培训等情况进行核查,对不合格或有违法违纪行为,因个人原因给国家、集体、群众造成重大损失和严重后果,伪造相关证明材料、业绩,不服从管理以及其他原因不宜继续作为新型职业农民的,取消其认定资格并注销新型职业农民证书。

扶持机制 加大对新型职业农民的政策扶持力度,引导土地流转、产业扶持、人才奖励激励、农业政策性保险等扶持政策向新型职业农民倾斜,推动银行业融资产品向新型职业农民倾斜。注重发挥新型职业农民的示范带动能力,强化其对当地建档立卡贫困户的辐射带动,帮助其发展产业、脱贫致富。每年开展一次双柏"十佳新型职业农民""100名农村创业先进个人""100名农村致富带头人"等评选活动,并给予表彰奖励或项目资助;对政治素质好、创业创新能力强、示范带动作用大的新型职业农民,优先推荐为各级党代表、人大代表、政协委员候选人,对符合条件的优先推荐进入村"两委"班子或作为村级后备力量重点培养,优先推荐为各级各类先进人物。

五、基层党组织堡垒打造

双柏县坚持和加强党对"三农"工作的全面领导,按照"产业兴旺、生态宜居、乡风文明、治理有效、生活富裕"的总要求,以"建设一个好班子、铸造一支好队伍、建设一个好机制、创造一个好业绩、赢得一个好评价"为抓手,突出政治功能,提升组织力,健全党管农村的工作机制,着力解决党的基层组织政治功能不强、组织软弱涣散、从严治党缺位等问题,使农村基层党组织设置更加科学、组织生活更加规范、领导班子更加有力、基础保障更加坚实、场所功能更加完备、党员管理更加严格、制度机制更加管用、工作载体更加有效,推动各项基层党建工作全面进步、全面过硬,确保党在农村工作中始终总揽全局、协调各方,把农村基层党组织建成宣传党的主张、贯彻党的决定、领导基层治理、团结动员群众、推动改革发展、带领群众增收致富的坚强战斗堡垒。

班子建设 健全以党组织为核心的组织体系,贯彻和执行好村党总支班子议事决策民主集中制,强化农村基层党组织在乡村振兴战略实施过程中的政治领导。开展村"两委"成员任职资格县级联审工作,对村"两委"班子成员及人选进行全覆盖任职资格联审。抓好(社区)"两委"换届以及调整补选工作,将讲政治、有本领、重品行的村内优秀村民小组长、致富能人、群众威信高的优秀党员、先进分子、后备干部人选选任到村

（社区）党总支、支部委员会班子中来，推行村（社区）党总支书记、村（社区）民（居民）委员会主任"一肩挑"；抓实"万名党员进党校"培训，每年对村（社区）党总支书记、村（社区）主任、党小组长进行分级轮训。坚持村党组织书记每年向乡镇党委和本村全体党员述职述廉和评议制度，并强化评议结果使用。

建立支部书记动态分析研判调整机制，对全县 85 个村（社区）所辖党总支（支部）书记履职情况进行分析研判，及时优化调整，确保人人过硬。鼓励高校毕业生、农民工、优秀退役军人、机关企事业单位中的优秀党员干部到村任职，加大优秀人才发掘力度。每个村（社区）培养 3～5 名 35 岁以下的后备干部人才，并把党员后备干部编入乡镇青年人才党支部，由镇党委制定培养方案直接统一培养。将村（社区）党总支书记培训纳入每年干部教育培训计划进行全覆盖培训，力争用 3～4 年的时间通过实施"双提升"行动计划将各村（社区）党总支书记学历提升一个档次，培养一批讲政治、素质高、爱农民的农村干部队伍。

队伍锻造　开展发展党员违规违纪问题专项整治工作，对发展党员违规违纪问题进行全覆盖检查，发现问题，及时整改，确保违规违纪发展的党员一个不能留。坚持把政治标准放在首位，严格遵守发展党员 5 阶段 25 步骤和有关要求，规范党员发展程序，村（社区）党总支部委员、支部委员会至少每半年专题研究 1 次发展党员工作，每年培养一定数量入党积极分子，每两年至少确定 1 名发展对象，注重在村组干部、返乡毕业生、复员退伍军人、务工经商人员、致富能手、农民专业合作组织成员、大学生村官中 35 岁以下人员中发展党员。

把"两学一做"学习教育和"三会一课"制度相融合，推进组织生活规范化，认真落实组织生活基本制度，抓好党员经常性教育，依托村级活动阵地、党员教育基地每年集中轮训 1 次以上。教育引导广大党员深入学习习近平新时代中国特色社会主义思想和党的十九大精神，强化理论武装，树牢"四个意识"，坚定"四个自信"，坚决做到"两个维护"。扎实开展"牢记使命、不忘初心"主题教育，教育引导广大党员坚定理想信念，严格遵守党的政治纪律和政治规矩，进一步增强党性观念和纪律意识，做坚定的马克思主义无神论者，开展好党员信教问题专项整治工作。

加强云岭先锋 APP 的安装使用，多措并举，确保各总支（支部）党员云岭先锋 APP 安装率 95％以上，并通过 APP 使用加强党员的教育和管理。结合党员亮身份、亮职责、亮承诺，细化评分标准和评定规则，推动党员积分制管理落实落地。进一步细化党员组织关系管理措施，每个村（社区）党总支按照一月一收集、一季一整理、一年一归档的要求，建立党员基本情况、学习教育培训、党建活动、发展党员、党费收缴等工作台账。每季度开展 1 次流入、流出党员情况排查，每年对党员组织关系进行 1 次集中排查，落实好流动党员专人联系、双重管理等制度。严格执行党费日制度，及时核定党员缴纳党费的具体数额，教育和督促党员每月自觉按时缴纳党费。党支部书记每年与党员普遍谈心谈话 1 次以上，经常性同党员沟通思想、疏导情绪、增进了解。在春节、"七一"等重要节日要走访慰问党员，对困难党员、老党员、流动党员要开展结对帮扶。

抓实"乡镇党校＋实训基地"教育培训，确保每个实训基地每季度至少开展 1 次培训，有劳动能力的农村党员每年至少参加 1 次培训，2019 年末实现全县培养农村党员致富带头人不少于 600 人,2020 年末实现培养农村党员致富带头人不少于 1 000 人的目标。开展党员设岗定责工作,让党员在倡导文明新风,孝老爱亲上发挥模范作用,做道德模范先锋。建立党员联系群众制度,每名党员负责联系 5~10 名群众,随时了解掌握所联系群众的生产生活情况,帮助群众解决困难,增强党组织的凝聚力和向心力。

机制建设 按照"村(社区)综合体、百姓会客厅、党建主阵地"的定位,把村级阵地建设成为集党建中心、培训学习中心、服务中心、议事中心为一体的综合阵地。制定村(社区)干部值班或每周固定 1~2 天集中办公,打造"一门式办理""一站式服务"的综合服务平台。

按照"建起来的活动场所一个不闲"的原则,完善村组活动室管理办法,建立管理使用台账,推行以用促管,民主议定一套管用可行的村规民约,将村组活动场所作为主阵地,开展村组办公议事、教育培训、综合服务、文体娱乐等村组自治管理活动和生产活动。作为村组党支部活动主阵地,探索把支部主题党日与"三讲三评"等工作结合起来,丰富党组织活动内容和形式,以活动场所为桥梁,组织和凝聚群众,开创群众工作新局面。

严格执行"四议两公开"管理办法,通过乡镇村务协调指导小组对村"两委"商议形成的意见、对党员大会和村民代表会议或村民会议审议表决的程序、对村议定事项执行后的财务收支账目"三次把关";坚持实行决议执行前向群众公开实施方案、决议执行后向群众公开实施过程和结果"两个公开",进行民主决策、民主协商和民主管理。党务公开,村党组织根据党务公开目录,每季度向党员群众公开党务不少于 1 次,重大事项根据实际情况随时公开。村应当在便于群众观看的地方设立村务公开栏,有条件的村通过明白卡、手机短信、微信微博、广播等形式发布到户。一般的村务事项每季度公开不少于 1 次,涉及群众利益的重大问题及群众关心的事项应当随时公开。公开内容报乡镇备案。财务公开,村级财务必须做到逐笔逐项公开明细账目。集体财务往来较多的村,财务收支情况每月公开不少于 1 次。村务监督委员会对村务、财务公开事项进行事先审查。

业绩创造 把集体经济发展作为加强党组织建设、增强带领群众发展能力的基础工程,因地制宜制定本村的集体经济发展方案,下大力气培养新型职业农民,推广强基惠农股份合作经济,2019 年村集体经济实现 5 万元(其中年经营性收益达到 2 万元以上),到 2022 年村集体经济存量达 10 万元以上,年增量稳定达 5 万元以上。

探索"统分结合"新型经营模式,组建服务社,为群众提供产前、产中、产后服务,千方百计提高农业生产的机械化、科技化、规模化程度和现代化管理水平,带领群众走农业产业化路子,兴办、创办村级企业,建立 1 个以上专业合作社或股份合作社,推行多种形式的股份合作经济,着力为群众搭建好致富平台。

研究确定适合本地的特色产业,发展特色农业,走"一村一品"的产业化发展路子,每个村要重点培育 1~2 个重点产业。延伸产业链条,创新发展模式,加强政策争取、科技知识培训,不断提升生产管理水平,引导群众走科技致富之路。

由党支部牵头,依托县、镇、村电商服务平台,为群众提供网上代购、农副产品代销、信息咨询等服务,拓宽农民增收渠道,全面推行"支部+合作社+贫困户"的产业扶贫模式,开辟抓党建促脱贫攻坚新路子。

围绕生态宜居的目标,按照标本兼治,稳步推进的原则,引导带领群众通过制定和实行村规民约,以自主自治的方式,通过采取"三清、四改、四通、五化"(清理垃圾堆、粪堆、柴草堆,改水、改厕、改灶、改圈,通水、通路、通电、通宽带,实现硬化、净化、亮化、绿化、美化)措施,宣传发动群众开展村容村貌整治,2019 年完成 20% 的村组整治,取得明显成效,形成示范效应,2022 年实现 100% 村组村容村貌得到有效治理并形成稳定态势。围绕"小康庭院"建设目标,落实好住房提改、"厕所革命"等惠民政策,使农村居民居住环境逐年改善。

加强社会公德、职业道德、家庭美德和个人品德教育,提倡婚事新办丧事简办,摒弃陋习、移风易俗,树立良好风尚。开展文明村组、农村文明家庭、星级文明户、五好家庭等创建活动,开展双柏好人、身边好人等选树活动,开展乡风评议,弘扬道德新风。

深入实施党建引领"一部手机治理通",精心划分网格,选优配强网格员,着力构建"一张网"、一个组织架构、一个平台、一套流程为主要内容的"党建+网格+一部手机+基层治理"的基层治理体系。

群众评价 建立健全民主监督制度和村规民约,监督农村党员干部严格遵守党纪党规,营造风清气正的农村基层党组织风气。推行党员干部包片联户制度,党员联系群众全覆盖,以真心践初心,站在农民群众的角度思考和解决问题,以平和心对待群众的批评和监督,认真倾听群众诉求,为群众办好事、办实事、解难事。深化村民自治实践,全面落实"四议两公开",推行民事民议、民事民办、民事民管的多层次基层协商机制。健全村务监督委员会,推行村级事务阳光工程。理清村级各类组织功能定位,实现各类基层组织按需设置、按职履责、有人办事、有章理事,推动其作为整体发挥作用。提升村干部落实党的各项惠农政策的能力,扎实做好服务工作,切实维护群众切身利益。加强理想信念,党风廉政教育,提高党员对作风建设重要性的认识。原则上,要经过 2~3 年的努力,确保每一个村党总支都成为"五面红旗"的"授旗村",成为支部规范化创建的"达标村",成为推进基层治理的"示范村",以看得见的业绩、叫得响的品牌真正获得群众认同拥护。

六、驻村工作队建设

树牢脱贫攻坚一线培养锻炼、考察识别、选拔任用干部导向,引导驻村工作队聚焦脱贫攻坚、强化责任担当,确保驻村工作队选派精准、帮扶扎实、成效明显、群众满意。以"选优、管好、建强、长远、民生、长效"六个关键环节为抓手,通过"选派一支好队伍、健全一套好机制、帮建一个好班子、编制一张好蓝图、解决一批好实事、养成一项好作风"为工作措施,营造工作队员一届接着一届干、"一张蓝图"绘到底的工作氛围,实现"所选派的工作队员受欢迎、工作队员的工作作风受欢迎、工作队员的工作成效受欢迎,工作队制定的发展蓝图带不走、工作队打下的发展基础带不走、工作队创造的工作成果带不走"的目标,扎实助推十三届县委八次全会提出的各项决定的落实,促进全县经济社会跨越式高质量发展。

队伍选派 坚持"政治素质好、工作作风实、综合能力强、身体健康且具备履职能力"标准,从县级党政机关和企事业单位、省州驻双单位中,向全县 82 个行政村选派驻村工作队伍,每支队伍由 3～5 人组成。由实职副科级以上领导干部(或八级职员或中级专业技术职称以上人员)担任第一书记(工作队长),确保尽锐出战。优先安排优秀年轻干部和后备干部,凡是新招录的公务员和事业单位人员,优先选派为驻村工作队员,工作队员每期驻村时间原则上不少于 2 年,以"经济部门帮穷村、综合部门帮散村、政法部门帮乱村、党群部门帮弱村"的原则安置工作队员,把党政人才与专业技术人才进行合理搭配,做到因村派人精准、因人设岗精准,使每支工作队都有党政人才"把方向",有专技人才"做保障"。

图 10‑13 驻村工作队员帮助热心群众(2018 年)

制度建设 切实把制度建设作为规范和约束全县驻村工作队员纪律的重要抓手,认真落实好《双柏县驻村工作队选派管理实施办法》,制定《双柏县驻村工作队员年度考核办法》《双柏县驻村工作队员民主评议办法》《双柏县驻村工作队员安全事故应急处置预案》等配套措施,用健全规范的制度管理队员、约束队员、激励队员,为全县驻村工作队员的选派管理提供制度保障。认真落实好工作例会、考勤管理、工作报告、纪律约束、分片包组、民主评议等管理制度,压实县联席办、各乡镇和派出单位对驻村工作队的监管责任,采取随机调研、实地督查、电话抽查、视频抽查、手机 APP 管理等方式,加强对全县驻村队员在岗履职情况的督查检查力度,切实管好用活驻村工作队员。

建强班子 加强工作队员自身建设,彰显最大工作成效。把建强村"两委"班子作为驻村工作队的重要职责和使命,通过一年左右的努力,把所驻的村"两委"班子建设成为战斗力强、能干实事、作风优良的好班子。驻村工作队长与村党总支书记结成"素质能力提升"对子,教思想、教方法,从工作规范、班子建设、党风廉政、维护稳定、依法办事、民主管理、服务群众、工作方式方法等方面,推着党组织书记大胆管、大胆干;把加强农村带头人队伍建设作为乡村振兴的关键之举,全面组织农村"领头雁"、村两委班子成员精准培训,采取"走出去""请进来"的方式,确保每年所驻村"两委"班子成员轮训达3次以上;由第一书记(工作队长)牵头,每年带领村两委班子到先进村开展1~2次经验学习,围绕乡村振兴战略的指标体系进行交流学习、查找不足,提升发展水平;主动帮助村"两委"理清思路,帮助设岗定责,围绕"五面红旗"争创评选标准,支持所驻村参与"红旗村"争创,通过1~2年的努力,帮助所驻的村争创为红旗村,着力调动村干部积极性、主动性;把村民小组长、返乡大学生、致富能手、骨干民兵纳入村干部后备选拔范畴,加强后备干部培养;牵头做好村干部任职资格联审工作,严把人选关口,保证选出政治坚定、能力突出、群众拥护的村班子带头人;加强党员队伍建设,及时将优秀分子吸收到党团员队伍中来,每年指导所驻村规范发展1~2名优秀党员,改善党员队伍结构。强化对所驻村干部电脑运用等现代化设备使用的培训;以正在开展的村干部能力素质和学历提升为抓手,鼓励符合条件的村干部主动报名学习,提升村干部的学历层次和综合素质。

规划编制　发挥驻村工作队员综合协调和自身优势,带领村干部围绕《双柏县乡村振兴规划(2018~2022)》和工作任务,结合各村实情,编制本村的乡村振兴发展计划,把每个村的发展目标明确化、工作任务精细化、发展措施具体化。

紧紧围绕十三届县委八次全会关于"让每个村成为产业发展示范村"的要求,以实现农业农村现代化为总目标,以农业供给侧结构性改革为主线,围绕农村一二三产业融合发展,结合全县"四大重点"产业发展布局,坚持"一村一品""一村一特色",细化各村的粮食综合生产、农业科技进步、农业劳动生产、农产品加工、休闲农业、乡村旅游等发展指标,编制各村的产业规划体系,延长产业链、提升价值链、打造供应链,构建乡村地域特色鲜明、承载乡村价值、创新创业活跃、利益联结紧密的现代产业体系。

紧紧围绕十三届县委八次全会关于"让每一户农舍都建成美丽庭院"的要求,认真贯彻"绿水青山就是金山银山"的理念,以"生活美、环境美、人文美、家风美、和谐美"为目标,涵养生态体系,加大农村人居环境整治力度。细化各村畜禽粪污综合利用、村庄绿化覆盖、生活垃圾处理、农村卫生厕所普及等具体指标,编制农村绿色发展体系,加快构建农业农村生态环境保护制度体系,推进农业农村绿色发展,让良好生态成为乡村振兴支撑点。

注重发现乡村文化的现实价值,传承和弘扬优秀的传统文化,辩证取舍、尊重差异、因地制宜,坚持文化事业和文化产业双轮驱动,打造乡村文化体系。把村综合性文化服务中心覆盖、县级以上文明村占比、农村义务教育教师文化程度、农村居民教育文化娱乐支出等增长作为具体工作抓手,培育文明乡风、淳朴民风,提升农民精神风貌。

把坚持党建引领,夯实基础作为农村基层的固本之策,学习《中国共产党农村基层组织工作条例》,推广新时代"枫桥经验",围绕落实好"四议两公开",着力解决基层干部不作为、乱作为以及"庸、懒、滑、贪"和"村霸"等问题整治。组织村干部细化村庄规划管理、综合服务站点建设、村党组织书记一肩挑比例、村规民约占比、集体经济强村比重等具体任务,让乡村治理活化、细化。抓实党建引领"一部手机治理通"工作,精细划分治理网格、精准管好网格员队伍,着力助推乡村社会治理,增添活力。

紧紧围绕十三届县委八次全会关于"让每一名农民都成为新型职业农民"的要求,把推动乡村振兴与巩固脱贫攻坚成果相结合,在全面解决"两不愁、三保障"的基础上,着力提升群众发展能力,提高农民素质,提升群众幸福指数。把职业农民培养与细化各村的水、电、路等基础设施、建制村道路硬化、农村自来水普及和城乡居民收入比等具体指标相结合,规划形成可看到、可实现的群众幸福体系指标规划。

解决实事 按照"提高工作标准,创造一流业绩"的要求,抓住农村亟待解决的最基础保障和最薄弱环节,解决一批事关群众利益的好事实事。围绕各类节日和重要节点,常态化地开展走访慰问,把党和政府的温暖送到群众心坎上;帮助村党总支发挥示范引领作用,定期组织党团员开展助困帮扶活动,联系县、乡镇农业技术专家对农村进行技术指导,落实种养殖业技术助推工作,引领群众巩固脱贫成效。发挥好工作队传帮带作用,带领村干部边干边总结,通过深入实地走访,对村民反映的民生问题进行认真梳理,研究制定解决方案,指导村"两委"用好惠民生项目资金,帮助群众解决热点难点问题,进一步争取人心、凝聚人心。引导村级组织树立环保优先、生态发展意识,加强所驻村周边环境美化,推动村容村貌整治工作取得新进展,助推产业发展示范村、美丽小康庭院创建。树立"一盘棋"思想,强化村干部政治担当、责任担当意识,把工作着眼点和着力点放在社会稳定和长治久安上来,引导村干部沉下身子入户走访,对本村情况做到底数清、情况明,彻底解决下情上达不畅的问题。加强流动人口管理,对外出人员做到不脱管、不失控。指导村党总支、支部开展民族团结,建设和谐稳定、安居乐业的乡村振兴新农村。帮助村协调解决运转工作经费、农村党建经费、村干部待遇等,提升基础保障。

工作作风 全体驻村工作队员身入基层、心入基层,在基层干部和基层群众中率先垂范,发扬和传承好新时代双柏县脱贫攻坚"十二心"精神,用苦干实干、真干能干的作风影响基层、带动基层。在宣传党的政策上当先锋,在学习和宣传党的路线、方针、政策上发挥表率作用,忠实自觉地贯彻习近平新时代中国特色社会主义思想和党的十九大精神,把广大农民群众的思想和行动统一在乡村振兴的旗帜下,把广大农民群众的智慧和力量凝聚到全面建设小康社会的伟大实践中。每年每支驻村工作队深入基层开展党的理论宣讲、政

图 10-14 驻村工作队员帮助农户推进春耕生产(2018 年)

策宣传不少于 4 次；在助推"产业发展示范村"上当先锋，不断拓宽群众的增收渠道，每支驻村工作队每个任期为所驻村提供致富建议 5 项以上，每个村培树 1～3 项重点产业；在打造"美丽小康庭院"上当先锋，充分用好用活"美丽乡村"建设的各类政策，围绕"生活美、环境美、人文美、家风美、和谐美"做文章、多想办法，努力改善群众的生产生活环境；要在打造"新型职业农民"上下功夫，要结合各自专长，主动发挥优势，争当所驻村的科技特派员，强化新型职业农民的培养。在推动基层治理维护农村和谐稳定上当先锋，坚持每月组织村干部开展 1 次民情稳定情况大排查，将问题解决在萌芽状态。

第三节　国家脱贫攻坚普查

　　2020 年 2 月 6 日，双柏县下发《中共双柏县委办公室　双柏县人民政府办公室关于成立双柏县脱贫攻坚普查领导小组的通知》，成立以县委书记李长平和县人民政府县长梁文林为组长，县委副书记仲显海为常务副组长，相关县委常委、副县长为副组长，县级部门、企事业单位、群团组织负责人、乡镇党委书记为成员的双柏县脱贫攻坚普查工作领导小组，领导小组下设办公室在县扶贫办，由县扶贫办主任和国家统计局双柏调查队队长兼任办公室主任、副主任，明确 24 家行业扶贫单位及各乡镇的主要工作职责。从县级行业部门抽调 19 人到县脱贫普查办集中办公，落实脱贫攻坚普查经费 201.27 万元（其中县级经费 124.51 万元）。各乡镇相应成立脱贫攻坚普查工作领导小组及办公室，按照县脱贫攻坚普查工作领导小组的统一部署要求，配合好脱贫攻坚普查工作。

　　4 月 7～10 日，双柏县为进一步把握国家脱贫攻坚普查工作要求，及时发现脱贫攻坚工作中存在的短板，为县委、县人民政府精准施策提供准确信息，根据云南省脱贫攻坚普查办公室关于小范围开展综合试点的相关要求，县脱贫攻坚普查工作领导小组办公室在全县范围内抽选妥甸镇格邑、新会两个村委会及辖区内 276 户建档立卡贫困户（其中格邑村委会 76 户，新会村委会 200 户），按照国家普查流程，开展脱贫攻坚普查试点工作。为加强对普查试点工作的组织领导，确保工作取得实效，成立以县委副书记仲显海为组长，县委常委、常务副县长周继涛为常务副组长，副县长普学昌为副组长，妥甸镇及县级相关部门领导为成员的领导小组，制定《双柏县脱贫攻坚普查试点方案》，抽选 8 个乡镇分管扶贫工作的领导、被抽中到外地开展普查工作的普查指导员及工作队长共 32 人参加试点工作。4 月 7 日开展业务培训，8～9 日进村入户开展普查登记，填写《建档立卡户普查表》和《行政村普查表》。10 日，各工作组长、扶贫办、调查队相关人员召开普查试点工作总结分析会，各工作组提交问题清单。

　　6 月 19 日，双柏县组织乡镇、村清查摸底人员共 183 人在县委党校开展清查摸底工作业务培训。6 月 20 日，全县启动脱贫攻坚普查清查摸底工作。6 月 24 日，清查摸底入户数据采集工作全面完成。6 月 25 日，县脱贫普查办组织各乡镇清查摸底数据审核验收人员到县脱贫普查办开展集中审核验收。6月29日,双柏县清查摸底数据全部上报并通过省州验收完成率100%。

7月,按照省、州要求积极开展普查人员业务培训,双柏县派出5名政治素质过硬的干部参加省脱贫普查办组织的师资培训。13日,双柏县根据省州普查工作方案要求,结合双柏县实际印发《双柏县脱贫攻坚普查落实方案》,明确普查的目的、范围、时间、组织方式、职责分工、工作步骤、普查人员选调及管理;制定下发《双柏县脱贫攻坚普查派驻普查工作组保障方案》《双柏县脱贫攻坚普查应急预案》,成立领导小组,领导小组下设住宿安排、就餐安排、车辆调度、医疗卫生保障、食品安全、交通安全、公共舆情、突发自然灾害、乡镇普查登记工作统筹及乡镇后勤保障等13个工作小组,落实具体工作,落实办公场所,接入国家统计信息网,配置电脑、打印机等办公设备,落实车辆调度,从县公车平台和县级部门调用公务用车43辆,确保每个普查工作小组有1辆车;明确由县机关事务服务中心做好驻县城工作组人员的后勤保障,由各乡镇负责进驻乡镇普查工作组人员的后勤保障。根据工作需要,购买普查必需物资和应急药品。

7月13日,双柏县脱贫攻坚普查领导小组办公室印发《双柏县脱贫攻坚普查落实方案》,对普查工作进度、普查业务培训、普查对象、普查范围等相关工作进行明确。13~15日,完成全县的脱贫攻坚普查业务人员培训。根据国家、省、州脱贫攻坚普查方案要求,全县各乡镇在7月18日组织开展引路员培训。

7月18日,按照省、州安排,按照"本地回避、互不交叉"原则,武定县派出工作组长2人、副组长兼联络员1人、普查指导员22人、普查员76人、数据审核验收人员5人,共106人组成派驻普查组,进驻双柏县开展普查。19日,普查组召开培训会议,双柏县向派驻普查工作组介绍县情、贫情、民风民俗和脱贫攻坚工作开展情况,县普查办向派驻工作组交接普查所需的保障物资。

7月20日至8月31日,普查工作组开展入户普查登记工作,重点围绕建档立卡户基本情况、"两不愁、三保障"实现情况、获得帮扶和参与脱贫攻坚项目情况、主要收入来源,行政村基本情况、基本公共服务,经济与扶贫参与、村组织建设、驻村帮扶,县基本情况、基本公共服务、政策享受等内容开展工作。

普查期间,双柏县明确县级总联络员、实地普查协调联络员、普查办公室联系各普查登记小组联络员,对普查工作中发现的问题能够及时联动进行调度,如应急事件的及时调度、普查路线规划不合理的临时调度、普查任务推送的协调调度等,提高普查工作效率及普查质量。县脱贫攻坚普查办公室,每天召开工作情况专题研讨会议,对普查进度、普查工作中发现的特殊情况、数据审核发现的问题数据及时进行分析汇总,制定特殊情况的处理方案、问题数据的处理办法及工作中的注意事项,形成每日脱贫攻坚普查专报,专报发至普查工作组、县委、县人民政府班子成员及普查领导小组各成员单位,每日分析研判形成的脱贫攻坚专报为普查工作组提供了及时有效的工作信息。

第十一章 人物和先进集体

第一节 人 物

一、挂职干部

    2014～2020 年 8 月,双柏县共有 25 名来自中央定点扶贫单位、东西部扶贫协作单位、云南省省直机关和楚雄州州属部门的干部到双柏挂职并帮助开展脱贫攻坚工作。这些挂职干部,把服务基层当作实现人生价值的舞台,勇于面对复杂环境和艰苦生活,自觉服从双柏县委、县人民政府的安排,勤勉干事、淡泊名利、甘于奉献、求真务实,以过硬的能力素质和优良的工作业绩赢得双柏县广大干部群众的信赖和肯定,树立起挂职干部的良好形象。

表 11‑1　双柏县 2014～2020 年 8 月各级部门派驻双柏县挂职人员名录

(以到双柏县任职时间先后排序)

姓　名	性别	原工作单位及职务	双柏县任职情况	在双柏县任职时间
黎　克	男	中共云南省委组织部办公室行政科科长	县委常委、县人民政府副县长	2012 年 2 月～2014 年 2 月

姓　名	性别	原工作单位及职务	双柏县任职情况	在双柏县任职时间
张志军	男	中共云南省委党校办公室主任	县委副书记、县新农村建设工作队总队长	2012 年 2 月～2014 年 2 月
徐晓武	男	南京大学房地产管理处副处长	县人民政府副县长	2013 年 4 月～2014 年 4 月
赵开锋	男	云南省第三强制隔离戒毒所政治部主任	县委副书记、县新农村建设工作队总队长	2014 年 2 月～2015 年 8 月
高凤华	男	南京大学后勤服务集团副总经理	县人民政府副县长	2014 年 4 月～2015 年 4 月
李泓频	女	致公党云南省委联络处副处长	县人民政府副县长	2014 年 7 月～2016 年 8 月
陈　卫	男	南京大学地球科学与工程学院副院长	县人民政府副县长	2015 年 4 月～2016 年 6 月
谢　浒	男	云南省人大常委会内务司法委员会办公室主任	县委副书记、县驻村扶贫工作队总队长	2015 年 8 月～2016 年 2 月
杨　华	男	云南省人大常委会办公厅信访处处长（ ～2017 年 3 月）；云南省人大常委会办公厅人事处处长（2017 年 3 月～ ）；	县委副书记、县驻村扶贫工作队总队长	2016 年 2 月～2018 年 2 月
段光洪	男	楚雄州民族宗教事务委员会副主任	县人民政府副县长	2016 年 2 月～2018 年 5 月
姜迎春	男	南京大学党委宣传部副部长	县人民政府副县长	2016 年 6 月～2017 年 6 月
罗　刚	男	南京大学校长办公室科长	大庄镇普岩村党总支第一书记	2016 年 6 月～2017 年 7 月
宋轶鹏	男	中共云南省纪委纪检监察七室副处级纪检监察员	县人民政府副县长	2016 年 8 月～2018 年 8 月
范存健	男	南京大学基建处副处级干部	县人民政府副县长	2017 年 6 月～2019 年 7 月
陈　剑	男	上海市嘉定工业区工作部部长	县委常委、县人民政府副县长	2017 年 9 月～2019 年 7 月
王　譞	男	南京大学党委学生工作部正科级干部	大庄镇普岩村党总支第一书记、双柏县扶贫开发办公室主任助理	2017 年 7 月～2018 年 5 月
			妥甸镇和平村党总支第一书记、双柏县扶贫开发办公室主任助理	2018 年 5 月～2019 年 7 月

（续表）

姓　名	性别	原工作单位及职务	双柏县任职情况	在双柏县任职时间
余正华	男	楚雄师范学院后勤保障处处长（　～2020年8月）；楚雄师范学院计财处处长（2020年8月～　）；	县委副书记、县驻村扶贫工作队总队长	2018年2月～2019年7月
			县驻村扶贫工作队总队长	2019年7月～
张　玉	女	云南省环境保护厅土壤环境管理处副处长	县人民政府副县长	2018年8月～2020年8月
姜自发	男	上海市嘉定区科委副调研员	县委常委、县人民政府副县长	2019年7月～
王建富	男	南京大学党委统战部副部长	县人民政府副县长	2019年7月～
董　飞	男	南京大学团委宣传与新媒体工作部部长	妥甸镇和平村党总支第一书记	2019年7月～
邢永宁	男	上海市嘉定区市场监督管理局四级行政执法员	县人民政府扶贫开发办公室党组成员、副主任	2019年11月～
马　涛	男	北京中医药大学中药学院副研究员	县人民政府副县长	2020年4月～
韩　雪	女	北京中医药大学中医学院团委书记	爱尼山乡海子底村党总支第一书记、县文化和旅游局局长助理	2020年4月～
李光远	男	中共楚雄州委政法委保留副处级待遇干部	县驻村扶贫工作队副总队长	2020年5月～

二、教学支援人员

2013年8月至2020年8月,南京大学在响应共青团中央、教育部"中国青年志愿者扶贫接力计划研究生支教团项目"活动中,先后选派56名优秀大学生到双柏县第一中学和妥甸中学开展支教工作;2018年10月至2020年8月,上海市嘉定区中光高级中学、安亭高级中学有3名教师,先后到双柏县第一中学开展支教活动。全体支教人员出色地完成相应的工作,为双柏县的教育扶贫工作作出了贡献。

表11－2　2013～2020年到双柏县开展教学支援人员名录

姓　名	性别	支援前所在部门	服务地点	服务时间
刘正雄	男	南京大学商学院	双柏县第一中学	2013年8月～2014年7月
滕铠嘉	男	南京大学历史学院	双柏县第一中学	2013年8月～2014年7月
牛　赓	男	南京大学城规学院	双柏县第一中学	2013年8月～2014年7月

（续表）

姓 名	性别	支援前所在部门	服务地点	服务时间
李 军	男	南京大学工程管理学院	双柏县第一中学	2013 年 8 月～2014 年 7 月
周亦畅	男	南京大学政府管理学院	双柏县第一中学	2014 年 8 月～2015 年 7 月
冷湘梓	女	南京大学环境学院	双柏县第一中学	2014 年 8 月～2015 年 7 月
易 鸣	男	南京大学历史学院	双柏县第一中学	2014 年 8 月～2015 年 7 月
汪 宇	女	南京大学商学院	双柏县第一中学	2014 年 8 月～2015 年 7 月
胡淑雅	女	南京大学工程管理学院	双柏县第一中学	2014 年 8 月～2015 年 7 月
刘 畅	男	南京大学文学院	双柏县第一中学	2014 年 8 月～2015 年 7 月
徐 延	男	南京大学工程管理学院	双柏县第一中学	2015 年 8 月～2016 年 7 月
芮 凯	男	南京大学化学化工学院	双柏县第一中学	2015 年 8 月～2016 年 7 月
姚 婉	女	南京大学城规学院	双柏县第一中学	2015 年 8 月～2016 年 7 月
肖 瑶	女	南京大学环境学院	双柏县第一中学	2015 年 8 月～2016 年 7 月
蓝绍斌	男	南京大学数学系	双柏县第一中学	2015 年 8 月～2016 年 7 月
张心悦	女	南京大学商学院	双柏县第一中学	2015 年 8 月～2016 年 7 月
周 舒	女	南京大学大气科学学院	双柏县第一中学	2016 年 8 月～2017 年 7 月
陈 程	女	南京大学商学院	妥甸中学	2016 年 8 月～2017 年 7 月
陈 洪	男	南京大学工程管理学院	双柏县第一中学	2016 年 8 月～2017 年 7 月
黄博曦	男	南京大学法学院	双柏县第一中学	2016 年 8 月～2017 年 7 月
衡 雪	女	南京大学历史学院	双柏县第一中学	2016 年 8 月～2017 年 7 月
吴 月	女	南京大学商学院	双柏县第一中学	2016 年 8 月～2017 年 7 月
刘玉林	女	南京大学法学院	妥甸中学	2016 年 8 月～2017 年 7 月
钱超逸	男	南京大学数学系	妥甸中学	2016 年 8 月～2017 年 7 月
张 瑶	女	南京大学社会学院	双柏县第一中学	2017 年 8 月～2018 年 7 月
马超群	男	南京大学现代工程与应用科学学院	双柏县第一中学	2017 年 8 月～2018 年 7 月
郑嫒文	女	南京大学文学院	双柏县第一中学	2017 年 8 月～2018 年 7 月
顾 峥	男	南京大学计算机系	双柏县第一中学	2017 年 8 月～2018 年 7 月
钟驰航	男	南京大学政府管理学院	双柏县第一中学	2017 年 8 月～2018 年 7 月
蔡 澄	男	南京大学环境学院	妥甸中学	2017 年 8 月～2018 年 7 月
卢雨淼	女	南京大学历史学院	妥甸中学	2017 年 8 月～2018 年 7 月
张 伟	男	南京大学工程管理学院	妥甸中学	2017 年 8 月～2018 年 7 月
王丽莉	女	南京大学法学院	双柏县第一中学	2018 年 8 月～2019 年 7 月
张鹏举	男	南京大学物理学院	双柏县第一中学	2018 年 8 月～2019 年 7 月

姓　名	性别	支援前所在部门	服务地点	服务时间
蔺惠娟	女	南京大学大气科学学院	双柏县第一中学	2018 年 8 月～2019 年 7 月
于　玺	男	南京大学外国语学院	双柏县第一中学	2018 年 8 月～2019 年 7 月
李雪妍	女	南京大学法学院	妥甸中学	2018 年 8 月～2019 年 7 月
王心羽	女	南京大学商学院	妥甸中学	2018 年 8 月～2019 年 7 月
李玉凡	女	南京大学环境学院	妥甸中学	2018 年 8 月～2019 年 7 月
白　雪	女	南京大学信息管理学院	妥甸中学	2018 年 8 月～2019 年 7 月
曾　辉	男	南京大学工程管理学院	双柏县第一中学	2019 年 8 月～2020 年 7 月
王佳泽	女	南京大学大气科学学院	双柏县第一中学	2019 年 8 月～2020 年 7 月
左　倩	女	南京大学文学院	双柏县第一中学	2019 年 8 月～2020 年 7 月
于佩鑫	男	南京大学文学院	双柏县第一中学	2019 年 8 月～2020 年 7 月
何　婷	女	南京大学法学院	妥甸中学	2019 年 8 月～2020 年 7 月
李光绪	男	南京大学信息管理学院	妥甸中学	2019 年 8～月 2020 年 7 月
邹　瑜	女	南京大学商学院	妥甸中学	2019 年 8 月～2020 年 7 月
李浩冉	男	南京大学化学化工学院	妥甸中学	2019 年 8 月～2020 年 7 月
周铃铃	女	南京大学商学院	双柏县第一中学	2020 年 8 月～2021 年 7 月
孙可鑫	女	南京大学政府管理学院	双柏县第一中学	2020 年 8 月～2021 年 7 月
李修远	男	南京大学文学院	双柏县第一中学	2020 年 8 月～2021 年 7 月
曹　鉴	男	南京大学现代工程与应用科学学院	双柏县第一中学	2020 年 8 月～2021 年 7 月
郝笑寒	男	南京大学商学院	妥甸中学	2020 年 8 月～2021 年 7 月
宗雪莹	女	南京大学环境学院	妥甸中学	2020 年 8 月～2021 年 7 月
薛飞虎	男	南京大学化学化工学院	妥甸中学	2020 年 8 月～2021 年 7 月
丁一秦	女	南京大学现代工程与应用科学学院	妥甸中学	2020 年 8 月～2021 年 7 月
万玉本	男	上海市嘉定区中光高级中学	双柏县第一中学	2018 年 10 月～2018 年 11 月
路戌亮	男	上海市嘉定区中光高级中学	双柏县第一中学	2019 年 8 月～2020 年 7 月
于　昊	男	上海市嘉定区安亭高级中学	双柏县第一中学	2020 年 9 月～2021 年 1 月

三、医疗支援人员

　　2016～2020 年，上海市杨浦区和嘉定区共选派 46 人次医疗专家到双柏县帮扶卫生健康工作。在杨浦区和嘉定区医疗机构的帮助支持下，双柏县医疗卫生事业得到长足发展、医疗条件明显改善、医务工作者的医术水平逐步提高,为双柏县的健康扶贫工作做出了贡献。

表 11 - 3　2016～2020 年到双柏县开展医疗支援人员名录

姓　名	性别	支援前所在部门	服务地点	服务时间
袁　杰	男	上海市杨浦区中心医院药剂科	双柏县人民医院	2016 年 6 月 1 日～2016 年 11 月 30 日
叶朕雄	男	上海市杨浦区中心医院普外科	双柏县人民医院	2016 年 6 月 1 日～2016 年 11 月 30 日
吴丽明	女	上海市杨浦区中心医院老年病科	双柏县人民医院	2016 年 6 月 1 日～2016 年 11 月 30 日
李　铮	女	上海市杨浦区中心医院急诊科	双柏县人民医院	2016 年 6 月 1 日～2016 年 11 月 30 日
傅　麟	男	上海市杨浦区中心医院麻醉科	双柏县人民医院	2016 年 6 月 1 日～2016 年 11 月 30 日
傅喆暾	男	上海市杨浦区中心医院社会服务中心	双柏县人民医院	2016 年 12 月 1 日～2017 年 5 月 31 日
王雅楠	女	上海市杨浦区中心医院肾内科	双柏县人民医院	2016 年 12 月 1 日～2017 年 5 月 31 日
訾　超	男	上海市杨浦区中心医院肾内科	双柏县人民医院	2016 年 12 月 1 日～2017 年 5 月 31 日
张立智	男	上海市杨浦区中心医院骨科	双柏县人民医院	2016 年 12 月 1 日～2017 年 5 月 31 日
傅喆暾	男	上海市杨浦区中心医院社会服务中心	双柏县人民医院	2017 年 6 月 5 日～2017 年 11 月 30 日
陈　丽	女	上海市杨浦区中心医院妇科	双柏县人民医院	2017 年 6 月 5 日～2017 年 11 月 30 日
孔玉明	男	上海市杨浦区中心医院神经内科	双柏县人民医院	2017 年 6 月 5 日～2017 年 11 月 30 日
陈挺松	男	上海市杨浦区中心医院普外科	双柏县人民医院	2017 年 6 月 5 日～2017 年 11 月 30 日
吴孝雄	男	上海市杨浦区中心医院普外科	双柏县人民医院	2017 年 6 月 5 日～2017 年 11 月 30 日
薛晓瑜	女	上海市杨浦区中心医院放射科	双柏县人民医院	2017 年 12 月 1 日～2018 年 5 月 31 日
缪以颖	女	上海市杨浦区中心医院老年病科	双柏县人民医院	2017 年 12 月 1 日～2018 年 5 月 31 日
张含之	女	上海市杨浦区中心医院全科医学科	双柏县人民医院	2017 年 12 月 1 日～2018 年 5 月 31 日

姓　名	性别	支援前所在部门	服务地点	服务时间
徐戌坤	女	上海市杨浦区中心医院神经内科	双柏县人民医院	2017 年 12 月 1 日～2018 年 5 月 31 日
傅喆暾	男	上海市杨浦区中心医院社会服务中心	双柏县人民医院	2017 年 12 月 1 日～2018 年 5 月 31 日
傅喆暾	男	上海市杨浦区中心医院社会服务中心	双柏县人民医院	2018 年 6 月 1 日～2018 年 11 月 30 日
吴　波	男	上海市杨浦区中心医院心内科	双柏县人民医院	2018 年 6 月 1 日～2018 年 11 月 30 日
杜守超	男	上海市杨浦区中心医院骨科	双柏县人民医院	2018 年 6 月 1 日～2018 年 11 月 30 日
毕然然	女	上海市杨浦区中心医院康复科	双柏县人民医院	2018 年 6 月 1 日～2018 年 11 月 30 日
张　峰	男	上海市杨浦区中心医院泌尿科	双柏县人民医院	2018 年 6 月 1 日～2018 年 11 月 30 日
傅喆暾	男	上海市杨浦区中心医院社会服务中心	双柏县人民医院	2018 年 12 月 1 日～2019 年 5 月 31 日
王　豪	男	上海市杨浦区中心医院心内科	双柏县人民医院	2018 年 12 月 1 日～2019 年 5 月 31 日
钱淑雯	女	上海市杨浦区中心医院麻醉科	双柏县人民医院	2018 年 12 月 1 日～2019 年 5 月 31 日
姚慧俐	女	上海市杨浦区中心医院护理	双柏县人民医院	2018 年 12 月 1 日～2019 年 5 月 31 日
张　峰	男	上海市杨浦区中心医院泌尿科	双柏县人民医院	2018 年 12 月 1 日～2019 年 5 月 31 日
傅喆暾	男	上海市杨浦区中心医院社会服务中心	双柏县人民医院	2019 年 6 月 1 日～2019 年 11 月 30 日
朱晓琼	女	上海市杨浦区中心医院神经内科	双柏县人民医院	2019 年 6 月 1 日～2019 年 11 月 30 日
樊　锐	男	上海市杨浦区中心医院急诊内科	双柏县人民医院	2019 年 6 月 1 日～2019 年 11 月 30 日
单锡峥	男	上海市杨浦区中心医院呼吸内科	双柏县人民医院	2019 年 6 月 1 日～2019 年 11 月 30 日
沈　耘	男	上海市杨浦区中心医院麻醉科	双柏县人民医院	2019 年 6 月 1 日～2019 年 11 月 30 日
傅喆暾	男	上海市杨浦区中心医院社会服务中心	双柏县人民医院	2019 年 12 月 1 日～2020 年 5 月 31 日

（续表）

姓　名	性别	支援前所在部门	服务地点	服务时间
薛华明	男	上海市杨浦区中心医院骨科	双柏县人民医院	2019 年 12 月 1 日～2020 年 5 月 31 日
梁守赞	男	上海市杨浦区中心医院消化科	双柏县人民医院	2019 年 12 月 1 日～2020 年 5 月 31 日
唐　翠	女	上海市杨浦区中心医院影像科	双柏县人民医院	2019 年 12 月 1 日～2020 年 5 月 31 日
傅喆暾	男	上海市杨浦区中心医院社会服务中心	双柏县人民医院	2020 年 6 月 1 日～2020 年 11 月 30 日
赵　蕾	女	上海市杨浦区中心医院老年病科	双柏县人民医院	2020 年 6 月 1 日～2020 年 11 月 30 日
何学琴	女	上海市杨浦区中心医院心内科	双柏县人民医院	2020 年 6 月 1 日～2020 年 11 月 30 日
杨　蓉	女	上海市杨浦区中心医院全科医学科	双柏县人民医院	2020 年 6 月 1 日～2020 年 11 月 30 日
刘蕾蕾	女	上海市杨浦区中心医院急诊科	双柏县人民医院	2020 年 6 月 1 日～2020 年 11 月 30 日
黄　敏	男	上海市嘉定区社区卫生服务中心公共卫生科	双柏县疾病预防控制中心	2019 年 8 月 1 日～2020 年 8 月 30 日
李玉宏	女	上海市嘉定区妇幼保健院妇产科	双柏县妇幼保健院	2018 年 8 月 22 日～2018 年 9 月 21 日
陈　奇	女	上海市嘉定区妇幼保健院医务部	双柏县妇幼保健院	2020 年 8 月 21 日～2020 年 11 月 30 日

四、先进个人

2011～2020 年 10 月，双柏县共计有 137 人因在扶贫开发和脱贫攻坚工作中取得优异成绩，先后受到中央部委和省、州、县各级党委、政府及部门的表扬，其中受到中央部委表扬 1 人、省级表扬 6 人、州级表扬 47 人、县级表扬 83 人。

表 11-4　双柏县 2011～2020 年获中央部委、省、州扶贫工作表扬人员名录

姓　名	性别	获奖时所在单位	获奖时所任职务	受到表扬时间	命名机关	荣誉称号	备注
尹世祥	男	云南祥鸿农牧业有限公司	总经理	2018 年 1 月	中国科协、农业部、国务院扶贫办	全国科技助力精准扶贫工作先进个人	

（续表）

姓　名	性别	获奖时所在单位	获奖时所任职务	受到表扬时间	命名机关	荣誉称号	备注
张进斌	男	双柏县人民政府扶贫开发办公室	主任科员	2011年6月	中共云南省委、省人民政府	云南省"十一五"扶贫开发工作先进个人	
李国权	男	双柏县人民政府扶贫开发办公室	主任科员	2016年10月	云南省人民政府扶贫开发办公室、云南省人力资源和社会保障厅	云南省扶贫系统"先进工作者"	
李绍荣	男	双柏县人民政府扶贫开发办公室	副主任科员	2016年10月17日	云南省扶贫开发领导小组	云南省脱贫攻坚社会扶贫奖	
张春国	男	安龙堡乡他宜龙村委会	村党总支书记、主任	2017年10月	云南省扶贫开发领导小组	云南省脱贫攻坚奖"扶贫好村官"	
施　宽	男	安龙堡乡他宜龙村委会	村民	2017年10月	云南省扶贫开发领导小组	云南省脱贫攻坚奖"光荣脱贫户"	
王　譞	男	妥甸镇和平村委会	驻村扶贫工作队长、第一书记	2019年10月15日	云南省扶贫开发领导小组	云南省脱贫攻坚奖个人奖"优秀驻村扶贫工作队员"	南京大学派驻挂职干部
陈　剑	男	中共双柏县委、双柏县人民政府	县委常委、副县长	2019年10月15日	云南省扶贫开发领导小组	云南省脱贫攻坚奖个人奖"东西部扶贫协作扶贫先进工作者"	上海市嘉定区派驻挂职干部
李德洪	男	双柏县妥甸镇格邑村委会	党总支书记	2020年10月15日	云南省扶贫开发领导小组	云南省脱贫攻坚扶贫好村官	
李光远	男	中共双柏县委	双柏县驻村扶贫工作队副总队长	2020年10月15日	云南省扶贫开发领导小组	云南省脱贫攻坚优秀驻村扶贫工作队员	中共楚雄州委政法委派驻挂职干部
李迎春	男	楚雄天盛农业发展有限公司	董事长	2020年10月15日	云南省扶贫开发领导小组	云南省脱贫攻坚社会扶贫先进典型	公司注册地点在双柏县
李长平	男	中共双柏县委	书记	2016年10月17日	中共楚雄州委、楚雄州人民政府	楚雄州"十二五"时期扶贫开发工作先进个人	

姓　　名	性别	获奖时所在单位	获奖时所任职务	受到表扬时间	命名机关	荣誉称号	备注
王显东	男	双柏县人民政府扶贫开发办公室	副主任	2016年10月17日	中共楚雄州委、楚雄州人民政府	楚雄州"十二五"时期扶贫开发工作先进个人	
施政强	男	安龙堡乡安龙堡社区	党总支书记、居委会主任	2016年10月17日	中共楚雄州委、楚雄州人民政府	楚雄州"十二五"时期扶贫开发工作先进个人	
杨庆流	男	大庄镇大庄社区	党总支书记	2016年10月17日	中共楚雄州委、楚雄州人民政府	楚雄州"十二五"时期扶贫开发工作先进个人	
陈　卫	男	双柏县人民政府	副县长	2018年10月17日	楚雄州扶贫开发领导小组	楚雄州脱贫攻坚先进工作者	南京大学派驻挂职干部
姜迎春	男	双柏县人民政府	副县长	2018年10月17日	楚雄州扶贫开发领导小组	楚雄州脱贫攻坚先进工作者	南京大学派驻挂职干部
范存健	男	双柏县人民政府	副县长	2018年10月17日	楚雄州扶贫开发领导小组	楚雄州脱贫攻坚先进工作者	南京大学派驻挂职干部
陈　剑	男	中共双柏县委、双柏县人民政府	县委常委、副县长	2018年10月17日	楚雄州扶贫开发领导小组	楚雄州脱贫攻坚先进工作者	上海市嘉定区派驻挂职干部
杨　华	男	中共双柏县委	副书记、县驻村扶贫工作队总队长	2018年10月17日	楚雄州扶贫开发领导小组	楚雄州脱贫攻坚先进工作者	云南省人大常委会派驻挂职干部
罗　刚	男	大庄镇普岩村委会	驻村扶贫工作队队长	2018年10月17日	楚雄州扶贫开发领导小组	楚雄州优秀驻村扶贫工作队员	南京大学派驻挂职干部
王　譞	男	妥甸镇和平村委会	驻村扶贫工作队长、第一书记	2018年10月17日	楚雄州扶贫开发领导小组	楚雄州优秀驻村扶贫工作队员	南京大学派驻挂职干部
傅劲松	男	法脿镇六街村委会	驻村扶贫工作队员	2018年10月17日	楚雄州扶贫开发领导小组	楚雄州优秀驻村扶贫工作队员	云南省水利水电勘测设计研究院派驻干部
余庆明	男	妥甸镇丫口村委会	驻村扶贫工作队队长	2018年10月17日	楚雄州扶贫开发领导小组	楚雄州优秀驻村扶贫工作队员	楚雄师范学院派驻干部

（续表）

姓　名	性别	获奖时所在单位	获奖时所任职务	受到表扬时间	命名机关	荣誉称号	备注
段志国	男	大庄镇尹代箐村委会	驻村扶贫工作队队长、第一书记	2018 年 10 月 17 日	楚雄州扶贫开发领导小组	楚雄州优秀驻村扶贫工作队员	云南省人大常委会机关派驻干部
李光远	男	爱尼山乡大箐村委会	驻村扶贫工作队队长、第一书记	2018 年 10 月 17 日	楚雄州扶贫开发领导小组	楚雄州扶贫先进工作者	中共楚雄州委政法委派驻干部
周继涛	男	中共双柏县委	县委常委、县委办公室主任	2018 年 10 月 17 日	楚雄州扶贫开发领导小组	楚雄州扶贫先进工作者	
张　梅	女	双柏县水务局	党组书记、局长	2018 年 10 月 17 日	楚雄州扶贫开发领导小组	楚雄州扶贫先进工作者	
善从安	男	碍嘉镇麻旺村委会	驻村扶贫工作队长、第一书记	2018 年 10 月 17 日	楚雄州扶贫开发领导小组	楚雄州扶贫先进工作者	楚雄州中级人民法院派驻干部
苏进涛	男	安龙堡乡党委	党委委员、组织委员	2018 年 10 月 17 日	楚雄州扶贫开发领导小组	楚雄州扶贫先进工作者	
郭旺全	男	妥甸镇丫口村委会	党总支书记	2018 年 10 月 17 日	楚雄州扶贫开发领导小组	楚雄州扶贫好村官	
李海丽	女	法脿镇法甸村委会	大学生村官	2018 年 10 月 17 日	楚雄州扶贫开发领导小组	楚雄州扶贫好村官	
沈利明	男	碍嘉镇新村村委会	驻村扶贫工作队长、第一书记	2018 年 10 月 17 日	楚雄州扶贫开发领导小组	楚雄州优秀驻村扶贫工作队员	中共双柏县委政法委派驻干部
赵中平	男	安龙堡乡新街村委会	驻扶贫工作队队长、第一书记	2018 年 10 月 17 日	楚雄州扶贫开发领导小组	楚雄州优秀驻村扶贫工作队员	中共双柏县委办公室派驻干部
韦学银	男	独田乡大水田村委会百苴营村民小组	村民	2018 年 10 月 17 日	楚雄州扶贫开发领导小组	楚雄州光荣脱贫户	

（续表）

姓　名	性别	获奖时所在单位	获奖时所任职务	受到表扬时间	命名机关	荣誉称号	备注
朱积民	男	妥甸镇马龙村委会半坡田村民小组	村民	2018年10月17日	楚雄州扶贫开发领导小组	楚雄州光荣脱贫户	
庄晓薪	男	妥甸镇丫口村委会	驻村扶贫工作队队长、第一书记	2019年12月17日	楚雄州扶贫开发领导小组	楚雄州优秀驻村扶贫工作队员	楚雄师范学院派驻干部
刘伏良	男	法脿镇六街村委会	驻村扶贫工作队队长、第一书记	2019年12月17日	楚雄州扶贫开发领导小组	楚雄州优秀驻村扶贫工作队员	云南省水利水电勘测设计研究院派驻干部
王景发	男	安龙堡乡人民政府	乡长	2019年12月17日	楚雄州扶贫开发领导小组	楚雄州扶贫先进工作者	
杜政兴	男	双柏县人民政府扶贫开发办公室	党组书记、主任	2019年12月17日	楚雄州扶贫开发领导小组	楚雄州扶贫先进工作者	
李忠元	男	妥甸镇党委	党委副书记	2019年12月17日	楚雄州扶贫开发领导小组	楚雄州扶贫先进工作者	
张艾琳	女	大麦地镇邦三村	第一书记	2019年12月17日	楚雄州扶贫开发领导小组	楚雄州优秀驻村扶贫工作队员	双柏县卫生监督所派驻干部
李昌益	男	爱尼山乡海子底社区	第一书记	2019年12月17日	楚雄州扶贫开发领导小组	楚雄州优秀驻村扶贫工作队员	双柏县应急管理局派驻干部
苏长春	男	安龙堡乡六纳村委会	扶贫工作队员	2019年12月17日	楚雄州扶贫开发领导小组	楚雄州优秀驻村扶贫工作队员	双柏县农村信用联社派驻干部
李得洪	男	妥甸镇格邑村委会	党总支书记	2019年12月17日	楚雄州扶贫开发领导小组	楚雄州扶贫好村官	
谭正贵	男	安龙堡乡他宜龙村委会	党总支书记	2019年12月17日	楚雄州扶贫开发领导小组	楚雄州扶贫好村官	

（续表）

姓　名	性别	获奖时所在单位	获奖时所任职务	受到表扬时间	命名机关	荣誉称号	备注
张春国	男	妥甸镇新会村委会桥头塘村	村民	2019 年 12 月 17 日	楚雄州扶贫开发领导小组	楚雄州光荣脱贫户	
孙光全	男	大庄镇木章郎村委会小黑泥村	村民	2019 年 12 月 17 日	楚雄州扶贫开发领导小组	楚雄州光荣脱贫户	
普武生	男	法脿镇烂泥村委会烂泥塘村	村民	2019 年 12 月 17 日	楚雄州扶贫开发领导小组	楚雄州光荣脱贫户	
杞光良	男	碍嘉镇平掌村委会先锋山村	村民	2019 年 12 月 17 日	楚雄州扶贫开发领导小组	楚雄州光荣脱贫户	
田前友	男	独田乡大水田村委会茅铺子村	村民	2019 年 12 月 17 日	楚雄州扶贫开发领导小组	楚雄州光荣脱贫户	
李　棚	男	安龙堡乡安龙堡社区石头村	村民	2019 年 12 月 17 日	楚雄州扶贫开发领导小组	楚雄州光荣脱贫户	
施李生	男	大麦地镇河口村委会初都村	村民	2019 年 12 月 17 日	楚雄州扶贫开发领导小组	楚雄州光荣脱贫户	
杨国华	男	妥甸镇康和社区	村民	2019 年 12 月 17 日	楚雄州扶贫开发领导小组	楚雄州光荣脱贫户	
李万先	男	爱尼山乡力丫村委会大箐边村	村民	2019 年 12 月 17 日	楚雄州扶贫开发领导小组	楚雄州光荣脱贫户	
胡正贵	男	法脿镇法甸村委会大麻秧村	村民	2019 年 12 月 17 日	楚雄州扶贫开发领导小组	楚雄州光荣脱贫户	
王　勇	男	双柏县碍嘉哀牢山生态畜牧养殖发展有限公司	董事长	2019 年 12 月 17 日	楚雄州扶贫开发领导小组	楚雄州社会扶贫模范	
张　伟	男	双柏县三江葡萄庄园有限公司	总经理	2019 年 12 月 17 日	楚雄州扶贫开发领导小组	楚雄州社会扶贫模范	

（续表）

姓　　名	性别	获奖时所在单位	获奖时所任职务	受到表扬时间	命名机关	荣誉称号	备注
黎正国	男	双柏安云农业发展有限公司	总经理	2019年12月17日	楚雄州扶贫开发领导小组	楚雄州社会扶贫模范	
仲显海	男	中共双柏县委	副书记	2020年10月17日	楚雄州扶贫开发领导小组	楚雄州优秀扶贫工作者	
李双琼	女	双柏县人民政府扶贫开发办公室	副主任	2020年10月17日	楚雄州扶贫开发领导小组	楚雄州优秀扶贫工作者	
郎晓东	男	安龙堡乡党委	书记	2020年10月17日	楚雄州扶贫开发领导小组	楚雄州优秀扶贫工作者	
朱娅梅	女	大庄镇普岩村	党总支书记	2020年10月17日	楚雄州扶贫开发领导小组	楚雄州扶贫好村官	
孙家福	男	碍嘉镇东凤村	主任助理	2020年10月17日	楚雄州扶贫开发领导小组	楚雄州扶贫好村官	
李泽富	男	法脿镇双坝村	党总支书记	2020年10月17日	楚雄州扶贫开发领导小组	楚雄州扶贫好村官	
张国军	男	爱尼山乡麻海村	党总支书记、村委会主任	2020年10月17日	楚雄州扶贫开发领导小组	楚雄州扶贫好村官	
沈国平	男	大庄镇普岩村（双柏县残联派驻）	第一书记、工作队长	2020年10月17日	楚雄州扶贫开发领导小组	楚雄州优秀驻村扶贫工作队员	
李保玺	男	安龙堡乡新街村（云南广电网络集团公司双柏分公司派驻）	工作队员	2020年10月17日	楚雄州扶贫开发领导小组	楚雄州优秀驻村扶贫工作队员	
尹文娟	女	独田乡独田社区（独田乡派驻）	工作队员	2020年10月17日	楚雄州扶贫开发领导小组	楚雄州优秀驻村扶贫工作队员	
王建富	男	双柏县人民政府	副县长	2020年10月17日	楚雄州扶贫开发领导小组	楚雄州脱贫攻坚先进工作者	南京大学派驻挂职干部
董　飞	男	妥甸镇和平村	第一书记	2020年10月17日	楚雄州扶贫开发领导小组	楚雄州脱贫攻坚先进工作者	南京大学派驻挂职干部

(续表)

姓　名	性别	获奖时所在单位	获奖时所任职务	受到表扬时间	命名机关	荣誉称号	备注
姜自发	男	中共双柏县委、双柏县人民政府	县委常委、副县长	2020年10月17日	楚雄州扶贫开发领导小组	楚雄州脱贫攻坚先进工作者	上海市嘉定区派驻挂职干部
邢永宁	男	双柏县人民政府扶贫开发办公室	副主任	2020年10月17日	楚雄州扶贫开发领导小组	楚雄州脱贫攻坚先进工作者	上海市嘉定区派驻挂职干部
余正华	男	中共双柏县委	双柏县驻村扶贫工作队总队长	2020年10月17日	楚雄州扶贫开发领导小组	楚雄州脱贫攻坚先进工作者	楚雄师范学院派驻挂职干部
庄晓薪	男	妥甸镇丫口村	第一书记、工作队长	2020年10月17日	楚雄州扶贫开发领导小组	楚雄州优秀驻村扶贫工作队员	楚雄师范学院派驻挂职干部
杨绍克	男	法脿镇六街村	工作队长	2020年10月17日	楚雄州扶贫开发领导小组	楚雄州优秀驻村扶贫工作队员	云南省水利勘察设计院派驻挂职干部

表 11-5　双柏县 2018～2020 年荣获县委、县人民政府扶贫工作表扬人员名录表

姓　名	获奖时所在单位	获奖时所任职务	获得表扬时间	荣誉称号
郭汝金	大麦地镇党委	书记	2018年10月17日	扶贫先进工作者
王景发	安龙堡乡人民政府	乡长	2018年10月17日	扶贫先进工作者
李楚芳	双柏县卫生和计划生育局	党委书记、局长	2018年10月17日	扶贫先进工作者
段晓荣	双柏县教育局	党组书记、局长	2018年10月17日	扶贫先进工作者
方才华	双柏县发展和改革局	副局长	2018年10月17日	扶贫先进工作者
韩成映	双柏县住房和城乡建设局	副局长	2018年10月17日	扶贫先进工作者
袁朝萍	双柏县民政局	副局长	2018年10月17日	扶贫先进工作者
李林容	双柏县人民政府扶贫开发办公室	副主任	2018年10月17日	扶贫先进工作者
李保荣	爱尼山乡人民政府	副乡长、扶贫办主任	2018年10月17日	扶贫先进工作者
赵金荣	双柏县农业局	产业扶贫办主任	2018年10月17日	扶贫先进工作者
张德发	碙嘉镇人民政府	扶贫专干	2018年10月17日	扶贫先进工作者
董锡祥	双柏县人大常委会	副处职级干部	2018年10月17日	优秀"挂包帮"干部

（续表）

姓　名	获奖时所在单位	获奖时所任职务	获得表扬时间	荣誉称号
杨　波	双柏县公安局交警大队	大队长	2018年10月17日	优秀"挂包帮"干部
李永寿	双柏县纪委监委派驻县司法局纪检监察组	组长	2018年10月17日	优秀"挂包帮"干部
施文斌	双柏县政协教文卫体委	副主任	2018年10月17日	优秀"挂包帮"干部
王应斌	双柏县公安局信息通信与网络安全监察大队	大队长	2018年10月17日	优秀"挂包帮"干部
韩春梅	双柏县人力资源和社会保障局	副主任科员	2018年10月17日	优秀"挂包帮"干部
李得洪	妥甸镇格邑村委会	党总支书记	2018年10月17日	扶贫好村官
李　波	大庄镇杞木塘村委会	党总支书记	2018年10月17日	扶贫好村官
张春国	安龙堡乡他宜龙村委会	党总支书记、村委会主任	2018年10月17日	扶贫好村官
刘进昆	大麦地镇邦三村委会	党总支书记	2018年10月17日	扶贫好村官
谭家发	独田乡大水田村委会	党总支副书记	2018年10月17日	扶贫好村官
王　舒	法脿镇法甸村委会	主任	2018年10月17日	扶贫好村官
李发美	碍嘉镇新树村委会	大学生村官	2018年10月17日	扶贫好村官
李桂林	大庄镇代么古村委会（楚雄州交通运输局派驻）	党总支第一书记、驻村扶贫工作队队长	2018年10月17日	优秀驻村扶贫工作队员
李昌益	爱尼山乡党委（县应急管理局派驻）	副书记（挂职）、脱贫攻坚观察员、海子底社区第一书记	2018年10月17日	优秀驻村扶贫工作队员
施家全	大麦地镇大麦地村委会（双柏县地震局派驻）	党总支第一书记、驻村扶贫工作队队长	2018年10月17日	优秀驻村扶贫工作队员
罗文国	大麦地镇党委（县森林公安局派驻）	副书记（挂职）、脱贫攻坚观察员、驻镇扶贫工作队队长	2018年10月17日	优秀驻村扶贫工作队员
王　健	安龙堡乡说全村委会（双柏县水务局派驻）	党总支第一书记、驻村扶贫工作队队长	2018年10月17日	优秀驻村扶贫工作队员
苏长春	安龙堡乡六纳村委会（双柏县农村信用合作联社派驻）	驻村扶贫工作队队员	2018年10月17日	优秀驻村扶贫工作队员
张国有	妥甸镇格邑村委会中树尾村	村民	2018年10月17日	光荣脱贫户
谭正贵	妥甸镇新会村委会桥头塘村	村民	2018年10月17日	光荣脱贫户

（续表）

姓　名	获奖时所在单位	获奖时所任职务	获得表扬时间	荣誉称号
何建文	大庄镇柏子村村委会瓦托以村	村民	2018 年 10 月 17 日	光荣脱贫户
王丕坤	碍嘉镇红山村委会小茶树村	村民	2018 年 10 月 17 日	光荣脱贫户
方思华	法脿镇铺司村委会啊本村村	村民	2018 年 10 月 17 日	光荣脱贫户
施李生	大麦地镇河口村委会初都村	村民	2018 年 10 月 17 日	光荣脱贫户
施文云	安龙堡乡说全村委会说全大村	村民	2018 年 10 月 17 日	光荣脱贫户
李兴旺	安龙堡乡说全村委会说全大村	村民	2018 年 10 月 17 日	光荣脱贫户
韩成华	爱尼山乡麻海村委会大房子村	村民	2018 年 10 月 17 日	光荣脱贫户
普德艳	独田乡独田社区黑蛇下村	村民	2018 年 10 月 17 日	光荣脱贫户
尹辅忠	妥甸镇麦地新村	党总支书记	2019 年 12 月 27 日	扶贫好村官
刘明东	大庄镇各三郎村	党总支书记	2019 年 12 月 27 日	扶贫好村官
李发美	碍嘉镇新树村	大学生村官	2019 年 12 月 27 日	扶贫好村官
张永兵	法脿镇铺司村	党总支书记、村委会主任	2019 年 12 月 27 日	扶贫好村官
李艳萍	大麦地镇河口村	党总支书记、村委会主任	2019 年 12 月 27 日	扶贫好村官
施正强	安龙堡乡安龙堡社区	党总支书记、居委会主任	2019 年 12 月 27 日	扶贫好村官
柏永禄	安龙堡乡柏家河村委会	党总支书记、村委会主任	2019 年 12 月 27 日	扶贫好村官
张国军	爱尼山乡麻海村委会	党总支书记	2019 年 12 月 27 日	扶贫好村官
李娟娟	妥甸镇扶贫办	扶贫专干	2019 年 12 月 27 日	扶贫先进工作者
李金鑫	大庄镇扶贫办	扶贫专干	2019 年 12 月 27 日	扶贫先进工作者
尹海燕	大麦地镇人民政府	副镇长、扶贫办主任	2019 年 12 月 27 日	扶贫先进工作者
李进荣	安龙堡乡人民政府	扶贫专干	2019 年 12 月 27 日	扶贫先进工作者
王　海	独田乡人民政府	副乡长、扶贫办主任	2019 年 12 月 27 日	扶贫先进工作者
谢家坤	县水务局	副局长	2019 年 12 月 27 日	扶贫先进工作者
袁朝萍	县民政局	副局长	2019 年 12 月 27 日	扶贫先进工作者

（续表）

姓　名	获奖时所在单位	获奖时所任职务	获得表扬时间	荣誉称号
李双琼	县人民政府扶贫开发办公室	副主任	2019 年 12 月 27 日	扶贫先进工作者
杨家中	妥甸镇新会村委会英雄村	村民	2019 年 12 月 27 日	光荣脱贫户
李松平	大庄镇干海子村委会干海子村	村民	2019 年 12 月 27 日	光荣脱贫户
孙光全	大庄镇木章郎村委会小黑泥村	村民	2019 年 12 月 27 日	光荣脱贫户
罗世东	礴嘉镇新树村村委会瓦房塘村	村民	2019 年 12 月 27 日	光荣脱贫户
胡正贵	法脿镇法甸村委会大麻秧村	村民	2019 年 12 月 27 日	光荣脱贫户
李才华	大麦地镇邦三村委会三钱田村	村民	2019 年 12 月 27 日	光荣脱贫户
姚万生	安龙堡乡六纳村委会六纳村	村民	2019 年 12 月 27 日	光荣脱贫户
李兴旺	安龙堡乡说全村委会说全村	村民	2019 年 12 月 27 日	光荣脱贫户
尹存法	爱尼山乡大箐村委会凹子村	村民	2019 年 12 月 27 日	光荣脱贫户
李学祥	独田乡大水田村委会茅铺子村	村民	2019 年 12 月 27 日	光荣脱贫户
王保荣	大麦地镇党委	镇纪委副书记	2019 年 12 月 27 日	优秀"挂包帮"干部
李　斌	爱尼山乡扶贫办	扶贫专干	2019 年 12 月 27 日	优秀"挂包帮"干部
王必光	独田乡扶贫办	扶贫专干	2019 年 12 月 27 日	优秀"挂包帮"干部
郑红梅	县人大常委会农业农村与环境资源保护委员会	副主任委员	2019 年 12 月 27 日	优秀"挂包帮"干部
杨光海	县人力资源和社会保障局退管中心	主任	2019 年 12 月 27 日	优秀"挂包帮"干部
歹建仁	县供销社	党委委员	2019 年 12 月 27 日	优秀"挂包帮"干部
李绍瑛	县工业信息化商务科技局	四级主任科员	2019 年 12 月 27 日	优秀"挂包帮"干部
李永富	县国有林场	副场长（主持工作）	2019 年 12 月 27 日	优秀"挂包帮"干部
张华萍	妥甸镇格邑村委会（双柏县总工会派驻）	党总支第一书记、驻村扶贫工作队队长	2019 年 12 月 27 日	优秀驻村工作队员

（续表）

姓　名	获奖时所在单位	获奖时所任职务	获得表扬时间	荣誉称号
李家全	大庄镇麻栗树村委会（县委统战部派驻）	党总支第一书记、驻村扶贫工作队队长	2019 年 12 月 27 日	优秀驻村工作队员
孙家福	碨嘉镇东凤村委会	大学生村官	2019 年 12 月 27 日	优秀驻村工作队员
戈　茜	法脿镇法脿社区（县委组织部派驻）	党总支第一书记、驻村扶贫工作队队长	2019 年 12 月 27 日	优秀驻村工作队员
杨学龙	大麦地镇河口村委会（双柏县委党校派驻）	党总支第一书记、驻村扶贫工作队队长	2019 年 12 月 27 日	优秀驻村工作队员
李　玉	安龙堡乡柏家河村委会（楚雄州民委派驻）	党总支第一书记、驻村扶贫工作队队长	2019 年 12 月 27 日	优秀驻村工作队员
姚翠珍	爱尼山乡大箐村委会（县政协社会和法制委员会派驻）	党总支第一书记、驻村扶贫工作队队长	2019 年 12 月 27 日	优秀驻村工作队员
李长贵	独田乡独田社区（县志办派驻）	党总支第一书记、驻村扶贫工作队队长	2019 年 12 月 27 日	优秀驻村工作队员
李德春	县自然资源局	党组书记、局长	2020 年 10 月 15 日	扶贫先进工作者
赵中平	中共双柏县委党校	常务副校长	2020 年 10 月 15 日	扶贫先进工作者
袁朝萍	县民政局	副局长	2020 年 10 月 15 日	扶贫先进工作者
张春芳	县水务局	副局长	2020 年 10 月 15 日	扶贫先进工作者
李荣武	妥甸镇人民政府	副镇长、扶贫办主任	2020 年 10 月 15 日	扶贫先进工作者
李立波	大庄镇党委	副书记	2020 年 10 月 15 日	扶贫先进工作者
李成德	法脿镇人民政府	副镇长、扶贫办主任	2020 年 10 月 15 日	扶贫先进工作者
张德发	碨嘉镇人民政府	扶贫办副主任	2020 年 10 月 15 日	扶贫先进工作者
马　杨	大麦地镇人民政府	扶贫办扶贫专干	2020 年 10 月 15 日	扶贫先进工作者
李保荣	爱尼山乡人民政府	副乡长、扶贫办主任	2020 年 10 月 15 日	扶贫先进工作者
赵正洪	妥甸镇新会村	党总支书记	2020 年 10 月 15 日	扶贫好村官
朱家顺	大庄镇桃园村	党总支书记	2020 年 10 月 15 日	扶贫好村官
苏良进	法脿镇古木村	党总支书记	2020 年 10 月 15 日	扶贫好村官
王孝平	碨嘉镇平掌村	党总支副书记	2020 年 10 月 15 日	扶贫好村官
普林荣	大麦地镇大麦地村	党总支书记	2020 年 10 月 15 日	扶贫好村官
李朝友	安龙堡乡六纳村	党总支书记	2020 年 10 月 15 日	扶贫好村官
杨国梅	爱尼山乡旧哨村	党总支书记	2020 年 10 月 15 日	扶贫好村官
刘培宏	独田乡大水田村	村委会副主任	2020 年 10 月 15 日	扶贫好村官
张华萍	妥甸镇格邑村委会（县总工会派驻）	党总支第一书记、驻村扶贫工作队队长	2020 年 10 月 15 日	优秀驻村工作队员

（续表）

姓　名	获奖时所在单位	获奖时所任职务	获得表扬时间	荣誉称号
李绍明	大庄镇普妈村委会（县人大常委会派驻）	驻村扶贫工作队队长	2020 年 10 月 15 日	优秀驻村工作队员
李　丽	法脿镇烂泥村委会（县医保局派驻）	驻村扶贫工作队队长	2020 年 10 月 15 日	优秀驻村工作队员
蒋华荣	法脿镇古木村委会（楚雄州人大常委会派驻）	驻村扶贫工作队队员	2020 年 10 月 15 日	优秀驻村工作队员
乔建锋	碍嘉镇茶叶村委会（楚雄双柏供电局碍嘉供电所派驻）	驻村扶贫工作队队员	2020 年 10 月 15 日	优秀驻村工作队员
杨泽志	大麦地镇邦三村委会（县卫生监督所派驻）	驻村扶贫工作队队员	2020 年 10 月 15 日	优秀驻村工作队员
李忠德	安龙堡村委会安龙堡社区（中共双柏县委办公室派驻）	党总支第一书记、驻村扶贫工作队队长	2020 年 10 月 15 日	优秀驻村工作队员
刘　涛	安龙堡乡青香树村委会（县投资促进局派驻）	党总支第一书记、驻村扶贫工作队队长	2020 年 10 月 15 日	优秀驻村工作队员
王先才	爱尼山乡麻海村委会（县纪委县监委派驻）	党总支第一书记、驻村扶贫工作队队长	2020 年 10 月 15 日	优秀驻村工作队员
黎付荣	独田乡独田社区（县志办派驻）	驻村扶贫工作队队长	2020 年 10 月 15 日	优秀驻村工作队员
谢　芳	中共双柏县委组织部	四级主任科员	2020 年 10 月 15 日	优秀"挂包帮"干部
苏承志	县财政局	二级主任科员	2020 年 10 月 15 日	优秀"挂包帮"干部
苏秀虹	县审计局	副局长	2020 年 10 月 15 日	优秀"挂包帮"干部
韩成金	双柏县国有林场	副场长	2020 年 10 月 15 日	优秀"挂包帮"干部
吕　宝	县应急管理局	局长	2020 年 10 月 15 日	优秀"挂包帮"干部
李昌旺	妥甸镇人民政府	九级职员	2020 年 10 月 15 日	优秀"挂包帮"干部
李盛昌	县文化和旅游局	四级调研员	2020 年 10 月 15 日	优秀"挂包帮"干部
刘文玲	县市场监督管理局	局长	2020 年 10 月 15 日	优秀"挂包帮"干部
李　勇	县人民法院	执行局副局长	2020 年 10 月 15 日	优秀"挂包帮"干部
周忠祥	县人大常委会社会建设和教育科学文化卫生委员会	副主任委员	2020 年 10 月 15 日	优秀"挂包帮"干部
姚军本	县农业农村局	高级畜牧师	2020 年 10 月 15 日	优秀"挂包帮"干部
赵逸轩	中共双柏县委办公室	一级科员	2020 年 10 月 15 日	优秀"挂包帮"干部
李文高	妥甸镇马龙村委会半坡田村	村民	2020 年 10 月 15 日	光荣脱贫户

（续表）

姓　名	获奖时所在单位	获奖时所任职务	获得表扬时间	荣誉称号
普光德	妥甸镇中山社区田房居民小组	村民	2020 年 10 月 15 日	光荣脱贫户
者文旺	大庄镇洒利黑村委会树迷扎村	村民	2020 年 10 月 15 日	光荣脱贫户
黎天相	法脿镇六街村委会大龙汤村	村民	2020 年 10 月 15 日	光荣脱贫户
蔡先祥	碍嘉镇碍嘉社区	村民	2020 年 10 月 15 日	光荣脱贫户
朱光兴	大麦地镇峨足村委会三台坡村	村民	2020 年 10 月 15 日	光荣脱贫户
李开兴	安龙堡乡六纳村委会六纳二组	村民	2020 年 10 月 15 日	光荣脱贫户
施小平	安龙堡乡说全村委会新河村	村民	2020 年 10 月 15 日	光荣脱贫户
王晓军	爱尼山乡麻海村委会仓房村	村民	2020 年 10 月 15 日	光荣脱贫户
韦　波	独田乡大水田村委会百苴营村	村民	2020 年 10 月 15 日	光荣脱贫户

表 11 - 6　双柏县 2019 年荣获县委、县人民政府表扬的"十佳"新型职业农民、农村创业先进个人、农村致富带头人人员名录表

乡镇	"十佳"新型职业农民	农村创业先进个人	农村致富带头人人员
妥甸镇	李应军	代凤兰、刘德正、张正保、杨佳慧、尹翠华、李保国、赵妍、戈家洪、谭银发、李正龙、杨兴从、罗德全、苏垠、苏良发、尹学强、杨剑春、尹世祥、张华、苏庆华	张国保、苏富生、王华贵、郭廷英、李维兵、龙艳、费洪友、段正华、李立光、谭勇、李映发、罗刚、李昌发、仇开祥、李小平、刘培红、尹世雄
大庄镇	周自宏、饶红金	刘明东、李保华、饶红昌、苏绍文、张之富、苏晓严、杨兆全、李家龙、叶祥方、李云龙、李天保、毕家富、李建梅、何正伟、王文有	李正荣、普宽、李成有、谢文明、毕开友、李富明、邬永强、佘文波、罗进学、唐兴成、罗家荣、李松平、何兴明、李庭万、苏国才、普有发
法脿镇	苏贤友	曹兴进、郭蕾、张国华、李进波、李春明、李光法、李家旺、李泽有、苗正平、钱小和、施丽萍、木万秀、王权、王继凯	贺泽廷、李建波、李永民、李增元、舒文红、苏显云、苏泽付、杨成文、姚荣本、胡国明、胡晓兰、马金伟、普国祥
碍嘉镇	徐成勇、罗世剑	刘学生、王光敏、王超、王慧琴、姚正有、马正凤、李平、王景明、李宗良、王海峰、李贵斌、朱倩倩、王旭章、赵瑶云、卜开荣、王丕先、王景立、王燕	谢洪帅、李朝先、罗世星、罗世斌、苏华、鲁先祥、尹寿合、王晓雪、王文先、陈得富、黄忠富、卜贵富、周明英、张建桥、罗世朝、王应楷、王正雄、罗志冈

（续表）

乡镇	"十佳"新型职业农民	农村创业先进个人	农村致富带头人人员
大麦地镇	刘进昆	贺泽文、李家才、普家态、袁文兵、卜彪、方燕芬、苏兰珍、刘进昆、罗文华、赵正祥、普林荣、杞忠友	方绍文、施福林、李世功、施家旺、任全华、施李生、杨文英、吴朝发、普有文、姚林生、朱光发、赵海军
安龙堡乡	黎正国	施晓琼、施晓金、姚兴海、柏俊东、柏永剑、陈跃华、柏绍峰、赵海斌、林帆	方绍金、施忠、普海峰、唐真明、李天福、鲁晓宏、杨美翠、羊自海、赵开平
爱尼山乡	尹鹄	王怀辉、代德昌、李海涛、韩高荣、苏梅珍、彭申有、苏贤宝、周华	谢海勤、李秀玲、李华珍、苏家忠、张国华、李华国、王兴明、杨国飞
独田乡	李忠海	徐成德、段兆雄、彭长进	王银学、李德江、李才珍、张太文

五、先进个人事迹选录

苏进涛 苏进涛生前是双柏县安龙堡乡党委委员、组织委员，安龙堡乡青香树村委会扶贫工作队员。2018年5月4日清晨，年仅35岁的苏进涛因长时间超负荷加班熬夜，积劳成疾，倒在工作岗位上，将生命永远定格在扶贫的路上，把青春大写在彝山脱贫攻坚的战场上。

苏进涛出生于1983年2月，汉族，籍贯双柏大庄。2002年12月，19岁的他大学专科毕业后，到安龙堡乡国土所工作。一年下来，苏进涛很快就融入当地的生活。他与村委会干部学说彝语，进村入户、开会能听得懂当地彝族群众的语言，还能与他们进行一些简单的交谈，和不少群众都成了朋友。后来，每逢乡里派工作队，他都是年年驻扎在青香树村委会。多年来，历届书记、乡长曾多次问他要不要换个联系村，他总是笑眯眯地说："我在这里时间长、情况熟，还听得懂彝话，与群众吃得拢、谈得来，很多工作由我去做，好落实……"就这样，16年里，乡里派驻青香树村委会的各类工作队员换了一拨又一拨，但苏进涛从未漏过，更从未换过。

2016年4月，由于工作成绩突出，又深得广大干部群众信任，苏进涛被组织推选，担任乡党委委员、组织委员，成为在脱贫攻坚第一线被提拔的副科级干部。

他到安龙堡工作的16年来，几个县级部门都想调他走，可他考虑到乡里的工作情况后都是一个答复："这里我情况熟，我还是先留下来干几年……"谁也没有想到，这一留，就是一生。

苏进涛生前常对身边的党员干部说：入党，就要把一生交给党，一切为了人民群众。参加工作16年，苏进涛一直是这样做的。在他生前的工作笔记本里，密密麻麻地写满村民的情况，施姚李赵家的经济情况和发展计划他了如指掌，村里贫困户、五保户家的家庭情况他烂熟于心；有的还写着困难群众生产生活中的所需所缺，包括一些日常用品，一些需要帮助解决的困难问题。

在乡镇，国土工作政策性强，烦琐而又十分重要，它涉及面广，关乎千家万户利益，在别人眼里,是一项容易得罪人、容易出事的工作。可从事了 14 年的国土资源管理工作,苏进涛没有厌倦、没有抱怨、没有懈怠,始终保持着最初的工作热情,进村入户讲政策,从来没有和群众红过一次脸,安龙堡乡的村村寨寨都留下他的足迹。看准的事情,他一贯敢于坚持原则,不遗余力地去做。

担任组织委员后,苏进涛更是处处严格要求自己,更加坚定"把一生交给党,一切为了人民群众"的人生信念。苏进涛的很多同事都说:"印象中,自从参加工作以来,苏进涛回家的次数就特别少,以前回老家看望父母的时间不多,结婚后回县城看望妻子和孩子的时间也不多。"

青香树是安龙堡乡最偏远的村委会,作为乡级联系青香树村委会脱贫攻坚工作责任人的苏进涛,无论何时都始终走在前面、干在前面。2016 年末,青香树村洒冲点易地搬迁集中安置点项目开工,如何动员、说服 89 户农户从祖祖辈辈生活的大山深处搬到 9 千米外的绿汁江畔的洒冲点,成了压在苏进涛和青香树村干部、驻村工作队员乃至全乡干部肩上的一副重担。

面对困难,苏进涛和大家不等不靠,仅用 3 天时间就把村党总支、村委会搬到洒冲点坐镇指挥。洒冲点共有 89 户搬迁户,单凭走访做群众工作就是一项大工程,苏进涛每次去都会遇到新问题。面对乡亲们故土难离的依依不舍和激动情绪,面对部分群众的焦虑和担心、观望和质疑,苏进涛带领大家迎难而上,解决一个又一个的问题。通过挨家挨户讲政策、耐心细致听意见、心平气和做引导、夜以继日抓工程,一年后,一座街道绵延 1.4 千米、以发展现代农业观光旅游和彝族四弦歌舞传承为主的特色民族风情旅游小镇,已在绿汁江畔初具规模。

洒冲点就要建好之时,苏进涛却先倒在脱贫攻坚决战性胜利的前夜。

2018 年 6 月,苏进涛被中共双柏县委授予"优秀共产党员"荣誉称号;2018 年 10 月,苏进涛被中共楚雄州委、州人民政府追授为"楚雄州脱贫攻坚先进工作者";2019 年 6 月,苏进涛被云南省总工会追授为"云南省五一劳动奖章"称号。

善从安　善从安生前是楚雄州中级人民法派驻双柏县碍嘉镇麻旺村党总支第一书记、驻村扶贫工作队队长,2016 年 12 月 8 日上午,为了哀牢大山里群众的"脱贫梦",病累交加的他倒在扶贫攻坚的第一线上,年仅 50 周岁。

善从安于 1966 年 7 月 19 日出生,彝族,楚雄州大姚县湾碧乡人。1987 年 7 月大学毕业,他先后在禄丰钢铁厂、大姚县人武部工作。1995 年 1 月善从安调入楚雄州中级人民法院工作,其间先后任副主任科员、执行局裁判庭庭长、民一庭副庭长。2015 年 8 月,善从安刚结束了禄丰县新农村建设指导员工作岗位,又再次请战要求到脱贫攻坚的第一线去。2015 年 9 月,善从安到哀牢大山中的双柏县碍嘉镇麻旺村委会担任第一书记、扶贫驻村工作队队长。

驻村以来,善从安一心扑在工作上,一年多来,他为麻旺村委会的村组公路、卫生室、活动室建设和产业发展等方面争取了 105 万元的项目资金,与村组干部一起走遍麻旺村委会的村村寨寨、访遍该村委会的所有贫困户,广泛宣传党的扶贫政策,组织发动群众建安居房、修路、培育增收致富的产业。刚驻村的前 3 个多月,他和队员们几乎没有回过家,大家看到善从安处处身先士卒,任劳任怨,都没有半句怨言。善从安提出,从全村 200 多户建档立卡贫困户中评选出最困难的 6 户,将情况向州法院汇报,动员州法院的党员分别向每户特困户捐款 1 000 元,作为产业发展资金实施重点帮扶。

3 个月下来,很多群众与他成了朋友、成了无话不说的"贴心人"。连镇上和村委会的领导都十分佩服,善从安能够准确叫出每一户贫困户户主的名字、对其家庭情况更是如数家珍,有些情况甚至比村组干部还了解得清楚。

在麻旺村,只要一有时间,善从安就要到贫困户家走走,实地查看贫困户需要帮助解决的困难。即使遇到走访时没人在家的情况,他也会到农户房前屋后转一转。他了解到麻旺河的蔬菜好吃,就立刻与村干部们商议,通过广泛宣传和充分动员,组建"麻旺河蔬菜种植专业合作社",种植各种蔬菜 60 亩,辐射带动周边 11 个村民小组种植 500多亩。有了产量,他又寻思要将这些菜卖到哪里。一回到楚雄,他就马不停蹄地赶到市里各大农贸市场去调查。经过努力,他将麻旺河的菜带进单位的职工食堂、带上朋友的餐桌,打入楚雄的农贸市场。

除麻旺河片区外,麻旺村委会还有 15 个村民小组,要怎样发展呢?经过村干部、驻村工作队员的研究和讨论,他们决定试种中药材,他和村主任多次与驻碌嘉的 3 个种植经营中草药的合作社(公司)反复磋商,在贫困户缺少发展资金的情况下,根据各户劳动力状况落实种植面积,最终与合作方达成框架协议,在 5 个村民小组种植附子 300 亩。

"你负责找困难,我负责解决困难。"这是善从安刚到麻旺村委会时对村主任说过的话。在驻村扶贫工作一年多的时间里,他时刻都在用实际行动,兑现着承诺。从村委会驻地到麻旺河 13 千米的崎岖陡峭山路,成为麻旺河群众脱贫致富的最大阻力。2016年 2 月,善从安率领麻旺村干部和驻村工作队员们徒步走完整条麻旺河公路,亲自参与概算方量、研究投资方案,组织受益群众开会讨论确定最急需解决的路段。通过实地踏勘、测量,他带着《麻旺河公路硬化实施方案》回到州中级人民法院,将麻旺河公路的情况汇报给院领导,经多方协调和争取,落实项目资金 48 万元。项目启动实施后,他每个星期至少用 1 天的时间到施工现场监督施工进度和质量,在雨季前完成项目的建设。

善从安把麻旺当作自己的家,群众也深深信任他。他两次因心绞痛住院治疗期间,许多村民找到村委会,拿出钱请村干部帮助买东西看望善书记;还经常有农户给他送去当地的农产品。善从安知道后,坚决不收,有的实在推脱不过,就把东西高价折成钱付给农户。他说:"我和你们是一家人,除了赶紧努力脱贫致富奔小康,我不要你们的任何回报。"

2016 年 12 月 4 日,善从安再一次感到身体严重不适,大家劝他去住几天院,他考虑后打算在 12 月 10 日以前将新农合收齐后再去楚雄治疗。12 月 8 日上午,善从安再次心绞痛病发,经抢救无效,永远地离开他深深牵挂着的麻旺人民,把未了的心愿和最后一口气留给麻旺,把智慧和音容笑貌留给老百姓,让年青的生命融入哀牢山。

王譞 2017 年 7 月,经南京大学选派,王譞到双柏县担任大庄镇普岩村第一书记。2017 年 10 月,双柏县委组织部任命王譞担任县扶贫办主任助理。2018 年 5 月,组织上又把王譞调整到妥甸镇和平村任驻村第一书记。

到双柏后,王譞始终坚持驻村工作,与村委会同志们同吃同住同劳动,撰写调研报告、脱贫攻坚政策说明及帮扶建议等材料,提供给学校参考决策。他编写的《普岩村民享受过的部分国家惠民政策普及小贴士《和平村脱贫攻坚工作调研汇报》等资料,为普岩村、和平村脱贫攻坚工作规划打下基础。

工作期间,王謇努力发挥桥梁纽带作用,做好各位领导来滇的服务工作。在南京大学帮助楚雄州农科院赴东部学习产销对接、农业大数据相关工作中,王謇主动联系学校和上海行业内相关公司,促成州农科院领导与上海"比菜价"平台的高效对接。南京大学在昆明组织云南重点中学校长座谈会期间,王謇主动联系,邀请双柏一中校长赴昆明参会,提升双柏一中办学理念。双柏县组织人员赴江浙招商期间,王謇主动联系在苏州地区的校友企业,让考察团了解互联网行业及文创行业。

2017年夏天,南大团委社会实践团到双柏县开展社会实践,王謇主动对接双柏县各单位的需求,把学校的人才培养、立德树人工作与定点扶贫、脱贫攻坚结合起来。5月,和平成为南大团委和团县委共建的基层团建示范点;8月,南京大学社会学院在和平村成立社会治理与社会工作研究基地;11月,参与完成在双柏县举行的南京大学电商培训班和南京大学民宿管家培训班;12月,作为主要联系人完成南京大学定点帮扶双柏县农产品展销会,帮助南大校友在双柏县和平村注册成立"绿谷农业"。此外,王謇通过争取学校资金,在和平村完成道路修建1条,产业发展基地1个。

王謇到脱贫攻坚第一线后,为建立利益联结长效机制,解决村集体经济困境,王謇向县委领导报告,赴州开投公司争取到26万元产业扶贫资金,为和平村建设冷库并实行对外租赁。此外,邀请昆明最大的蔬菜销售平台"超尚鲜"到普岩村、和平村投资发展蔬菜种植产业,达成投资协议1期50万元,通过致富带头人、农村合作社解决"产的问题"。王謇联系国内最大的B2B蔬菜电商销售平台"比菜价"平台来双柏考察,并和双柏县签订合作协议,推动成立双柏县"产销对接工作办公室",成立电子商务公司双柏普岩商贸有限公司,建立双柏县农产品销售微信群,参与建设双柏县农业互助微信群,直接帮助销售蔬菜2 000余亩。2018年5月,大麦地一家种植西红柿的企业严重滞销,他帮助联系150吨小西红柿的销售渠道。2018年6月王謇还联合其他央派驻村第一书记在昆明呈贡成立双柏农特产品的第一家线下体验店,打通双柏农产品走向大城市的物流链。2018年11月,电商体验店双柏店开业。2018年12月,王謇参与组织对接举办南大—双柏农产品展销会。

王謇积极开展共建及招商引资工作,2018年3月在普岩村成立双柏普岩商贸有限公司。2018年11月9日他协调和平村和太仓电竞协会签订共建协议。2018年11月22日云南美蔬鲜生网络科技有限公司在和平村成立。2018年11月26日楚雄双柏润农技术服务有限公司在和平村成立。2018年12月12日云南双柏绿谷农业有限公司在和平村成立。

作为一名思政教师,王謇充分发挥自己的特长,开设"謇书记讲党课"为和平村、普岩村干部群众开办讲座10余场。此后,双柏县委党校、大庄镇党委、双柏县残联等单位先后邀请王謇做讲座,提升基层干部群众业务能力和工作水平。

2018年5月,王謇在和平村成立全州第一家青年农民讲习所,联系南京大学青马工程成员到和平村宣讲,贫困学子现身说法,讲解学习的重要性,传播给贫困群众教育下一代的理念。2018年8月,王謇依托青年农民讲习所,邀请南京大学习近平新时代中国特色社会主义思想学习社到双柏宣讲《习近平新时代中国特色社会主义思想三十讲》，带领群众拓展思路，调整产业结构，促进高质量发展。

王謇始终把困难群众的发展和生活放在心头，关心困难群众的生产生活。此外，王謇联系宣传部在和平村举行自强、诚信、感恩专题文艺演出，并联系农业局把和平村设立为 2018 年双柏县信息进村入户示范社，多方联系购买被褥、衣橱、碗柜、洗漱用品、四季服装等，为联系户解决"十有"问题，改善贫困户生活条件；通过联系南京大学、残联、民政等相关单位和部门，对接相关政策及资金，助力困难户扶贫政策兜底申报、危房改造等具体事项，用真心真情为百姓谋发展、增福利。

驻村工作期间，《云南扶贫热线》《楚雄日报》《楚雄新闻联播》、双柏县人民政府门户网站、《双柏新闻》、共青团中央学校部网站、江苏省团学周刊微信平台、南京大学官方微信、南京航空航天大学官方微信等媒体平台先后对和平村委会及王謇的工作进行宣传报道。

尹世祥　2012 年，尹世祥成立云南祥鸿农牧业有限公司，以努比亚山羊种羊、种驴培育及销售为主要经营项目，在妥甸镇罗少村委会四角田开办公司养殖场地。2007 年 9 月，尹世祥再次成立双柏县金丰种子有限责任公司，以农作物种子、蔬菜种子生产、经营，农作物种植及试验示范推广和农用物资经营为主。全县 8 个乡镇设立销售点，每年向全县供玉米种子 360 多吨、水稻种子 100 多吨，其他作物种子 50 多吨。

自 2014 年以来，云南祥鸿农牧业有限公司每年向全县困难养殖户免费赠送优质努比亚种公羊 10 只，并向养殖户传授努比亚公羊与本地云岭母羊杂交改良技术，帮助养殖户提升养殖水平，提高养殖效益。2014 年，该公司被云南省农业厅畜牧处认定为云南省羊良种补贴项目种羊供种单位，每年向全县山羊养殖户提供优质努比亚种公羊 80 只，努比亚种公羊每只市场价 400 元，政府补助 800 元，农户自筹 400 元，公司补助 2 800 元，每年种羊补贴项目公司扶持农户达 22.4 万元。尹世祥与周边农户签订秸秆收购合同 2 000 多吨，带动 40 余户农户经济增收 100 万元，户均增收 2.5 万元，人均增收 5 952 元。2015 年、2016 年收购玉米秸秆 5 万多吨、收购牧草 200 多吨，带动 80 余户农户经济增收 210 万元。2017 年，尹世祥向周边农户收购玉米秸秆 9 080 吨，带动 127 户经济增收 3 632 万元。

为帮助农户解决有产品无销路这一难题，尹世祥于 2013 年成立养殖专业合作社，做到产品统一回收、统一销售，先后帮助合作社向全省全国部分地方提供种羊 3 万多只。尹世祥经常组织培训社员学习山羊杂交改良技术和饲养技术，提高养殖经济效益，让学员边培训边到基地参观学习，提高农村养殖户的整体素质和科技致富能力。

尹世祥看到一些残疾人家境贫寒，安排 4 名贫困残疾人到他的养殖企业就业，驻场残疾人在保障供吃住的情况下每月人均工资 2 500 元。尹世祥每年与周边贫困残疾人家庭签订青贮玉米种植协议和牧草种植协议，还以补助牧草种子、青贮玉米种子、化肥、薄膜、机耕、技术培训的方式，帮助解决贫困残疾人家庭没钱购买种子、缺乏种植技术这一难题，同时收购时不限制数量。带动残疾人困难户种植紫花苜蓿、青贮玉米，面积达 540 多亩，带动经济增收 135 万元，户均增收 11 250 元。

2016 年，尹世祥向省外引进优质乌头种母驴 200 多头、种公驴 12 头，将研究的技术向广大养殖户推广,带动养殖户以牧草种植、回收秸秆加工和贮藏为主要方式供给饲料。尹世祥通过发展和推广羊、驴产业,解决了部分剩余农村劳动力的就业。尹世祥在普岩村委会下格拉村建设 150 亩白芨种植基地,50 亩中药材繁育基地和 200 亩河尾种植基地,肥料主要来源是养殖场的羊粪。10 户贫困户以扶贫贷款资金入股的形式认领 1 亩白芨参与公司分红,解决贫困户产业发展和持续增收难的问题。白芨基地每年解决周边农户剩余劳动力就业 2 100 多个,带动经济增收 25.2 万元。

歹建仁　歹建仁是双柏县供销社的一名工作人员,在 2017 年 3 月接到驻村扶贫任务时,他的父亲已年过八旬、身患疾病,但在家人和驻村工作之间,他还是选择了驻村工作。驻村扶贫以来,他一直坚持"一切为了脱贫、一切围绕脱贫、一切服从脱贫、一切服务脱贫"的思想,把贫困群众当家人,把脱贫攻坚当家事,大力践行和弘扬"十二心"新时代双柏扶贫精神。驻村两年多时间里,当地群众都把他当作眼中的村里人、家中的常来客。

一开始,当地群众对歹建仁第一书记这个"官"似乎并不"感冒"。一些村组存在卫生环境"脏乱差"的问题,部分群众精神萎靡,大家都是"各吹各的号,各唱各的调"。他想,要干好脱贫攻坚工作,提振群众精气神、凝聚民心是关键。

歹建仁以身作则,从村委会的环境卫生开始抓起,每天早上 6 点半起床跑步锻炼半小时,然后带领大家打扫卫生,整理内务,率先拿起锄头除去村委会院子里的杂草,拉来水泥和沙子把村委会院子里的坑坑洼洼填平;在村委会的墙上镶嵌上"为人民服务""不忘初心、牢记使命""高举习近平新时代中国特色社会主义思想伟大旗帜"三行标语,时刻提醒村干部保持良好的为民服务精神状态。

歹建仁通过扎实的工作作风取得群众的信任。自驻村以来,他的足迹遍布旧丈 12 个村民小组 320 户人家,他到村组党员干部、农民群众家中"串门子",了解群众"鸡毛蒜皮"的小事、各家各户的家长里短,进村入户,跟群众拉家常,了解群众近期的思想变化和生活状况,为群众增收找路子,动员年轻人外出务工……开展工作中,他与当地群众同吃同住同劳动,把"认穷亲"作为彻底的驻村洗礼,抱着铺盖住到旧丈一组贫困户王庆彪家,与他夜谈听取他们"掏心窝子的话",消除与农户之间的"隔阂"。在"老大难"的人居环境提升工作中,他与农户"甩开膀子一起干",不怕脏、不怕累,把扫马路、捡垃圾等作为自己家的事情来干。扶贫工作千头万绪,但他始终没有退缩和逃避,全年战斗在脱贫攻坚第一线。面对遇到的"疑难杂症",他及时与村委会干部一起集中讨论、研究对策。面对繁重的工作任务,他任劳任怨、加班加点,"5+2""白加黑"已是工作常态,他始终发扬不怕苦、不怕累的作风,用心把一项项工程办在群众家门口,用情把一件件困难事办成实事好事,用爱把一件件实事好事办到贫困群众的心坎上。

歹建仁付出真心真情,用爱心帮扶。日常工作中,他把贫困户当亲人看待。在麻赖山村民小组有一位患有精神疾病的人,整天疯疯癫癫,在了解到他家里没有其他亲人后,歹建仁多次前往镇民政办、州精神病医院等部门沟通协调,咨询救助政策、多方走访为他争取救助并送他到州精神病医院治疗。旧丈二组 53 岁的一户独人,因脚疼不能下地走路,生活不能自理,他多次自驾私家车送他到镇卫生院,跑前跑后,拿药打针、端饭送水……2018 年 7 月,他听到父亲去世的消息,为不能在父亲生命的最后时刻陪伴、离世前看上最后一眼而非常悲痛,但在脱贫攻坚的关键时刻,他又毅然回到工作岗位。

看着当地生产生活的不断变化,他为能够与全体帮扶干部一起,用自己的"勤奋指数"提升群众的"幸福指数"而感到无比欣慰。

韦学银　男,汉族,初中文化,1977 年 3 月出生于独田乡大水田村委会百苴营村民小组,原家庭成员 6 人,父亲于 2016 年病逝,母亲体弱多病,两个女儿均为在校生。因家里微薄的收入不足以支撑日常生活开支和父亲看病的巨额支出,他于 2014 年因病纳入独田乡建档立卡贫困户,但是,韦学银一家没有被巨大的生活压力所击倒,面对困难,他们在乡党委和政府的帮助下积极探求脱贫致富路子,靠勤劳双手奋斗,意志坚定努力摘掉贫困户帽子,在 2015 年成功脱贫,走上致富道路,并以自身成功经历成为独田贫困户脱贫致富的榜样。

2016 年,韦学银户享受易地扶贫搬迁政策,从大水田村委会百苴营村民小组搬迁到辛山沙坝。韦学银和家人在帮扶人员的关心和帮助下,改变"等、靠、要"的思想,决定靠勤劳和自力更生摘掉贫困户帽子。易地扶贫搬迁的好政策,给韦学银一家带来巨大转折。韦学银家搬到辛山沙坝后,立足于实际,认真探索,大胆尝试,探索出一条符合自己发展实际的路子——发展餐饮业。他以农家特有的土鸡、土鸭、腊肉以及各种时令的野菜等特色美食和优美舒适、干净卫生的就餐环境吸引顾客。由于韦学银一家保持着勤劳简朴、热情好客的传统美德,他家开办的农家乐客流量不断增加,仅 2017 年,家庭纯收入就达到 3 万元以上。

同时,韦学银充分利用辛山沙坝得天独厚的自然条件,发展黑山羊养殖。2015 年,他家得到政府扶持的 5 只种母羊,又以建档立卡贫困户身份申请小额信贷 10 万元,扩大养殖规模,2019 年末,共发展到 100 多只。他家放养的黑山羊肉质鲜美,深受广大消费者的欢迎,主要用于供应自家餐馆经营需求及出售,增加家庭经济收入。

经过探索创新,韦学银结合当地餐饮业发展特点和消费者精神文化生活需求,开展多元化经营策略,打造出集日常食宿服务和棋牌、垂钓等休闲娱乐服务于一体的特色农家乐,拓宽增收渠道,增加经济收入。韦学银结合易地搬迁政策和全家人的劳动与智慧,把生态优势转变成资源优势,依托良好的生态环境,坚守生态和发展两条底线,发展特色养殖、特色饮食,开辟出一条致富新路,他们家的精神面貌也发生翻天覆地的变化。

韦学银经常说,今后的日子越来越有奔头,感谢共产党的好政策,感谢新时期扶贫的好政策,感谢帮扶责任人。他认为,列入贫困户并不是光荣的事情,现在政策这么好,总不能坐享其成等着别人给,别人给的始终没有自己劳动得来的踏实。韦学银的成功给其他贫困户起到较好的带头作用,让更多的贫困户看到勤劳致富的希望。

六、因公去世人员

2014～2020 年 8 月,双柏县共有 22 名干部因公殉职,倒在全县各行各业的工作岗位上,他们用生命兑现了全心全意为人民服务的承诺。在脱贫攻坚收官之年缅怀这些逝去的生命,并告慰他们,双柏在各级党委政府的关心支持和社会各界的倾情帮助下,通过大家的共同努力,已经彻底走出了贫困。

表 11 - 7   双柏县 2014~2020 年 8 月因公去世人员名录

姓　名	性别	出生年月	生前所在单位	去世时间
李红春	男	1975 年 5 月	双柏县开发投资公司	2014 年 5 月 12 日
杨　谏	男	1970 年 7 月	双柏县人民政府扶贫开发办公室(合同工)	2014 年 8 月 27 日
郭永鑫	男	1976 年 10 月	碍嘉小学	2014 年 9 月 19 日
陈荣平	男	1977 年 9 月	太河江林场	2015 年 1 月 15 日
施家生	男	1973 年 6 月	双柏县烟草公司	2015 年 1 月 18 日
王真梅	女	1979 年 11 月	双柏县人民医院	2016 年 2 月 29 日
邢世良	男	1981 年 12 月	双柏县财政局	2016 年 3 月 25 日
李建勋	男	1960 年 12 月	太河江林场	2016 年 4 月 8 日
善从安	男	1966 年 7 月	楚雄州中级人民法院	2016 年 12 月 8 日
姚立云	男	1972 年 2 月	双柏县碍嘉镇卫生院	2017 年 1 月 4 日
苏丽华	女	1970 年 9 月	双柏县人力资源和社会保障局	2017 年 3 月 10 日
杨家权	男	1970 年 9 月	双柏县法脿中心学校	2017 年 6 月 23 日
张　华	男	1971 年 1 月	双柏县马龙河河林场	2018 年 1 月 15 日
杨中国	男	1986 年 3 月	双柏县碍嘉镇卫生院	2018 年 5 月 15 日
苏进涛	男	1983 年 2 月	双柏县安龙堡乡人民政府	2018 年 5 月 4 日
苏正勇	男	1970 年 6 月	双柏县妥甸镇人民政府	2018 年 7 月 17 日
杨发勇	男	1977 年 2 月	双柏县政协办公室	2018 年 9 月 4 日
施晓华	男	1979 年 1 月	双柏县锦星机动车驾驶培训有限公司	2019 年 1 月 21 日
谢竺芳	女	1983 年 6 月	双柏县公安局(辅警)	2019 年 8 月 15 日
施兴平	男	1977 年 9 月	安龙堡乡青香树村卫生室(村医生)	2019 年 12 月 27 日
李才超	男	1991 年 5 月	双柏县民政局(合同工)	2020 年 3 月 7 日
郑礼华	男	1976 年 7 月	双柏县安龙堡乡人民政府	2020 年 4 月 30 日

第二节　先进集体

一、先进集体名录

2018～2020 年 2 月,双柏县共有 55 个单位和部门在脱贫攻坚工作中取得优异成绩,先后荣获中央、省、州、县各级表扬,其中党中央、国务院表扬单位 1 个、省级表扬单位 2 个、州级表扬单位 7 个、县级表扬单位 45 个。

表 11 - 8　双柏县 2018～2020 年 2 月荣获省、州、县脱贫攻坚工作集体奖表扬名录

获奖单位	命名机关	获得表扬时间	荣誉称号
安龙堡乡党委	中共中央、国务院	2021 年 2 月	全国脱贫攻坚先进集体
双柏县一禾农业科技有限公司	云南省扶贫开发领导小组	2018 年 10 月 17 日	扶贫明星企业
安龙堡乡党委、乡人民政府	云南省扶贫开发领导小组	2018 年 10 月 17 日	扶贫先进集体
妥甸镇	云南省扶贫开发领导小组	2020 年 10 月 15 日	扶贫先进集体
南京大学	中共楚雄州委、楚雄州人民政府	2016 年 10 月 17 日	“十二五”时期扶贫开发工作先进集体
楚雄师范学院	中共楚雄州委、楚雄州人民政府	2016 年 10 月 17 日	“十二五”时期扶贫开发工作先进集体
大庄镇党委、镇人民政府	中共楚雄州委、楚雄州人民政府	2016 年 10 月 17 日	“十二五”时期扶贫开发工作先进集体
安龙堡乡党委、乡人民政府	楚雄州扶贫开发领导小组	2018 年 10 月 17 日	脱贫攻坚先进集体
中共双柏县委办公室	楚雄州扶贫开发领导小组	2019 年 12 月 17 日	脱贫攻坚先进集体
妥甸镇党委、镇人民政府	楚雄州扶贫开发领导小组	2019 年 12 月 17 日	脱贫攻坚先进集体
双柏县农盛农业开发有限公司	楚雄州扶贫开发领导小组	2019 年 12 月 17 日	扶贫明星企业

（续表）

获奖单位	命名机关	获得表扬时间	荣誉称号
双柏县	楚雄州扶贫开发领导小组	2020 年 10 月 17 日	扶贫优秀集体
双柏县水务局	楚雄州扶贫开发领导小组	2020 年 10 月 17 日	扶贫优秀集体
大麦地镇	楚雄州扶贫开发领导小组	2020 年 10 月 17 日	扶贫优秀集体
双柏安云农业发展有限公司	楚雄州扶贫开发领导小组	2020 年 10 月 17 日	社会扶贫优秀典型
云南彝双农林科技开发有限公司	楚雄州扶贫开发领导小组	2020 年 10 月 17 日	社会扶贫优秀典型
中共双柏县委办公室	中共双柏县委、双柏县人民政府	2018 年 10 月 17 日	扶贫先进单位
双柏县人民政府办公室	中共双柏县委、双柏县人民政府	2018 年 10 月 17 日	扶贫先进单位
妥甸镇党委、镇人民政府	中共双柏县委、双柏县人民政府	2018 年 10 月 17 日	扶贫先进单位
双柏县工商业联合会	中共双柏县委、双柏县人民政府	2018 年 10 月 17 日	扶贫先进单位
双柏县人民政府扶贫开发办公室	中共双柏县委、双柏县人民政府	2018 年 10 月 17 日	扶贫先进单位
双柏县住房和城乡建设局	中共双柏县委、双柏县人民政府	2018 年 10 月 17 日	扶贫先进单位
安龙堡乡六纳村委会	中共双柏县委、双柏县人民政府	2018 年 10 月 17 日	扶贫先进单位
双柏县烟草公司	中共双柏县委、双柏县人民政府	2018 年 10 月 17 日	扶贫明星企业
双柏供电局	中共双柏县委、双柏县人民政府	2018 年 10 月 17 日	扶贫明星企业
双柏一禾农业科技有限公司	中共双柏县委、双柏县人民政府	2018 年 10 月 17 日	扶贫明星企业
双柏县信实健畜禽交易市场有限公司	中共双柏县委、双柏县人民政府	2018 年 10 月 17 日	扶贫明星企业
云南祥鸿农牧业有限公司	中共双柏县委、双柏县人民政府	2018 年 10 月 17 日	扶贫明星企业
双柏县农盛农业开发有限公司	中共双柏县委、双柏县人民政府	2018 年 10 月 17 日	扶贫明星企业

（续表）

获奖单位	命名机关	获得表扬时间	荣誉称号
双柏县碳嘉镇哀牢山生态畜牧养殖发展有限公司	中共双柏县委、双柏县人民政府	2018 年 10 月 17 日	扶贫明星企业
双柏燚天商贸有限公司	中共双柏县委、双柏县人民政府	2018 年 10 月 17 日	扶贫明星企业
云南森美达生物科技有限公司	中共双柏县委、双柏县人民政府	2018 年 10 月 17 日	扶贫明星企业
双柏县润德商贸有限公司	中共双柏县委、双柏县人民政府	2018 年 10 月 17 日	扶贫明星企业
云南双柏县天蓬 & 阿里郎系企业	中共双柏县委、双柏县人民政府	2018 年 10 月 17 日	扶贫明星企业
双柏县白竹印象茶业投资有限公司	中共双柏县委、双柏县人民政府	2018 年 10 月 17 日	扶贫明星企业
漳平市亿力佳能开发有限责任公司双柏县分公司	中共双柏县委、双柏县人民政府	2018 年 10 月 17 日	扶贫明星企业
双柏安云农业发展有限公司	中共双柏县委、双柏县人民政府	2018 年 10 月 17 日	扶贫明星企业
双柏县三江葡萄庄园有限公司	中共双柏县委、双柏县人民政府	2018 年 10 月 17 日	扶贫明星企业
双柏县鹤岚中草药种植有限公司	中共双柏县委、双柏县人民政府	2018 年 10 月 17 日	扶贫明星企业
云南彝双农林科技开发有限公司	中共双柏县委、双柏县人民政府	2018 年 10 月 17 日	扶贫明星企业
双柏逸龙软木制品有限公司	中共双柏县委、双柏县人民政府	2018 年 10 月 17 日	扶贫明星企业
妥甸镇党委、镇人民政府	中共双柏县委、双柏县人民政府	2019 年 12 月 27 日	扶贫先进单位
大麦地镇党委、镇人民政府	中共双柏县委、双柏县人民政府	2019 年 12 月 27 日	扶贫先进单位
爱尼山乡党委、乡人民政府	中共双柏县委、双柏县人民政府	2019 年 12 月 27 日	扶贫先进单位
双柏县人民政府办公室	中共双柏县委、双柏县人民政府	2019 年 12 月 27 日	扶贫先进单位
双柏县发展和改革局	中共双柏县委、双柏县人民政府	2019 年 12 月 27 日	扶贫先进单位
双柏县住房和城乡建设局	中共双柏县委、双柏县人民政府	2019 年 12 月 27 日	扶贫先进单位

（续表）

获奖单位	命名机关	获得表扬时间	荣誉称号
双柏县审计局	中共双柏县委、双柏县人民政府	2019 年 12 月 27 日	扶贫先进单位
双柏县人民政府扶贫开发办公室	中共双柏县委、双柏县人民政府	2019 年 12 月 27 日	扶贫先进单位
大庄镇普岩村党总支	中共双柏县委、双柏县人民政府	2019 年 12 月 27 日	扶贫先进单位
云南卓辰农业发展有限公司	中共双柏县委、双柏县人民政府	2019 年 12 月 27 日	扶贫明星企业
双柏益新农业开发有限公司	中共双柏县委、双柏县人民政府	2019 年 12 月 27 日	扶贫明星企业
双柏县鹤岚中药材种植有限公司	中共双柏县委、双柏县人民政府	2019 年 12 月 27 日	扶贫明星企业
云南祥鸿农牧业有限责任公司	中共双柏县委、双柏县人民政府	2019 年 12 月 27 日	扶贫明星企业
双柏县三江葡萄庄园有限公司	中共双柏县委、双柏县人民政府	2019 年 12 月 27 日	扶贫明星企业
双柏普龙工程队	中共双柏县委、双柏县人民政府	2019 年 12 月 27 日	扶贫明星企业
云南彝双农林科技开发有限公司	中共双柏县委、双柏县人民政府	2019 年 12 月 27 日	扶贫明星企业
云南白竹印象茶业投资有限公司	中共双柏县委、双柏县人民政府	2019 年 12 月 27 日	扶贫明星企业
双柏县青山绿宝药材种植有限公司	中共双柏县委、双柏县人民政府	2019 年 12 月 27 日	扶贫明星企业
双柏县建筑业商会	中共双柏县委、双柏县人民政府	2019 年 12 月 27 日	扶贫明星企业
双柏县吉安混凝土有限责任公司	中共双柏县委、双柏县人民政府	2019 年 12 月 27 日	扶贫明星企业
中共双柏县委组织部	中共双柏县委、双柏县人民政府	2020 年 10 月 15 日	扶贫先进单位
县财政局	中共双柏县委、双柏县人民政府	2020 年 10 月 15 日	扶贫先进单位
县人力资源和社会保障局	中共双柏县委、双柏县人民政府	2020 年 10 月 15 日	扶贫先进单位
县教育体育局	中共双柏县委、双柏县人民政府	2020 年 10 月 15 日	扶贫先进单位

（续表）

获奖单位	命名机关	获得表扬时间	荣誉称号
县卫生健康局	中共双柏县委、双柏县人民政府	2020 年 10 月 15 日	扶贫先进单位
县交通运输局	中共双柏县委、双柏县人民政府	2020 年 10 月 15 日	扶贫先进单位
县民政局	中共双柏县委、双柏县人民政府	2020 年 10 月 15 日	扶贫先进单位
县红十字会	中共双柏县委、双柏县人民政府	2020 年 10 月 15 日	扶贫先进单位
县住房和城乡建设局	中共双柏县委、双柏县人民政府	2020 年 10 月 15 日	扶贫先进单位
县审计局	中共双柏县委、双柏县人民政府	2020 年 10 月 15 日	扶贫先进单位
县市场监督管理局	中共双柏县委、双柏县人民政府	2020 年 10 月 15 日	扶贫先进单位
县农业农村局	中共双柏县委、双柏县人民政府	2020 年 10 月 15 日	扶贫先进单位
法脿镇	中共双柏县委、双柏县人民政府	2020 年 10 月 15 日	扶贫先进单位
大麦地镇	中共双柏县委、双柏县人民政府	2020 年 10 月 15 日	扶贫先进单位
爱尼山乡	中共双柏县委、双柏县人民政府	2020 年 10 月 15 日	扶贫先进单位
楚雄彝人农夫养殖有限公司	中共双柏县委、双柏县人民政府	2020 年 10 月 15 日	扶贫明星企业
双柏县农盛农业开发有限公司	中共双柏县委、双柏县人民政府	2020 年 10 月 15 日	扶贫明星企业
楚雄天盛农业发展有限公司	中共双柏县委、双柏县人民政府	2020 年 10 月 15 日	扶贫明星企业
双柏县白竹山茶叶有限公司	中共双柏县委、双柏县人民政府	2020 年 10 月 15 日	扶贫明星企业
法脿综合服务型农民专业合作社	中共双柏县委、双柏县人民政府	2020 年 10 月 15 日	扶贫明星企业
云南青山绿宝商贸有限公司	中共双柏县委、双柏县人民政府	2020 年 10 月 15 日	扶贫明星企业
云南云山咖啡有限公司	中共双柏县委、双柏县人民政府	2020 年 10 月 15 日	扶贫明星企业

获奖单位	命名机关	获得表扬时间	荣誉称号
双柏三江葡萄有限公司	中共双柏县委、双柏县人民政府	2020 年 10 月 15 日	扶贫明星企业
双柏很本楷工程施工队	中共双柏县委、双柏县人民政府	2020 年 10 月 15 日	扶贫明星企业
双柏益兴农业发展有限公司	中共双柏县委、双柏县人民政府	2020 年 10 月 15 日	扶贫明星企业
双柏卓辰农业发展有限公司	中共双柏县委、双柏县人民政府	2020 年 10 月 15 日	扶贫明星企业
双柏县进丰农业有限公司	中共双柏县委、双柏县人民政府	2020 年 10 月 15 日	扶贫明星企业
双柏县麻海农民林业专业合作社	中共双柏县委、双柏县人民政府	2020 年 10 月 15 日	扶贫明星企业
双柏物美廉购物广场	中共双柏县委、双柏县人民政府	2020 年 10 月 15 日	扶贫明星企业
双柏县信实健交易市场有限公司	中共双柏县委、双柏县人民政府	2020 年 10 月 15 日	扶贫明星企业

二、先进集体事迹选录

双柏县人民政府办公室　自脱贫攻坚战打响以来，双柏县人民政府办公室始终坚持以习近平总书记关于扶贫工作的重要论述为指引，认真贯彻落实中央和省、州、县党委政府关于脱贫攻坚的系列决策部署，坚决扛起脱贫攻坚政治责任，紧紧围绕"两不愁、三保障"的总体要求，注重脱贫质量，主动作为，精准发力，有力地推动马龙村、中山村、马脚塘村、野牛村脱贫攻坚工作开展。

在抓好日常工作的同时，县政府办公室始终把挂点帮扶马龙、马脚塘、中山、野牛村脱贫攻坚工作作为首要任务，主要领导亲自研究、亲自部署、亲自推动，全体干部职工做出"绝不让一名贫困群众掉队"的承诺，先后选派 2 批驻村扶贫工作队员 6 人，加强与村"两委"班子对接协调，帮助研究制定脱贫攻坚工作方案，选准发展方向，细化分解工作任务。

县政府办始终把解决好群众的思想问题作为做好结对帮扶工作的突破口和着力点，始终把贫困群众当亲人，在生活上关心，在思想上引导，做到扶贫先扶志，帮助困难群众树立脱贫致富奔小康的信心和决心，每周确定一个工作主题，无论晴天雨天，主要领导率队进村入户，通过在"同吃一锅饭"中拉家常、听真话、摸实情，了解贫困群众所思所想所盼，在"同住一屋檐"中谈村情、聊变化、敞心扉，全面融入村民生活，在撸起袖子"同劳动"中把党的恩情细化、实化、通俗化、形象化、具体化，让群众铭记党的恩情，努力实现"要我脱贫"向"我要脱贫"的完美蜕变。

始终坚持高标准、严要求，全体干部职工牢固树立争当扶贫先锋的理念和信心，想在前、走在前、干在前，抓重点，攻难点，积极投身精准识别、易地扶贫搬迁、农村危房改造、产业扶贫、项目库建设、群众教育引导等重点难点工作，紧紧围绕脱贫退出标准，全面掌握所有帮扶对象的家庭情况、致贫原因、发展意愿，逐村逐户逐人进行精准分析，精准施策，不断夯实脱贫基础，群众的满意度不断提高。

立足马龙、中山、马脚塘、野牛贫困面大、贫困程度深、群众居住分散的实际，县政府办公室充分尊重群众意愿，认真分析潜在优势和制约因素，对症下药，按照"稳基础、培产业、强党建、促增收"的帮扶思路，不断加大人力、物力、财力投入力度，帮助帮扶对象增加收入，改善生产生活条件；先后争取投入资金 50 万元，帮助马龙村委会种植澳洲油茶示范基地 20 亩、紫胶 150 亩、人参果 56 亩，示范带动马龙村贫困户和群众种植澳洲油茶 40 亩、紫胶 327 亩、人参果 150 亩、甘蔗 1 000 亩、香橼 152 亩；争取科技助力精准扶贫支持，在马龙村成立州科协专家工作服务站，引进经济效益更高的撒坝种猪，向 144 户建档立卡户发放种母猪 144 头；帮助协调争取 400 余万元实施歇牛场入村公路、大地埂入村公路拓宽工程和硝井入村公路建设，解决沿线 9 个自然村 800 多人的出行问题，为低热河谷地区 370 多亩土地开发赢得先机；争取 2017 年博爱家园项目资金 15 万元和生计资金 15 万元；争取上海市嘉定区帮扶资金 10 万元，用于补齐特殊贫困户"十有"短板；先后协调组织实用技术培训 5 场次，受培训 500 人次，连续 2 年组织科普大篷车进校园活动，提高贫困群众的劳动技能，拓宽其视野。

安龙堡乡　安龙堡乡是双柏县典型的彝族聚居深度贫困乡。在扶贫攻坚工作中，安龙堡乡从"扶持谁、怎么扶、谁来扶"入手，坚持落实"六个精准""五个一批"等精准帮扶措施，聚焦易地搬迁、产业发展、基础设施建设、内生动力激发、城乡人居环境提升、党建扶贫"双推进"等重点工作。截至 2019 年末，全乡建档立卡贫困人口减少至 29 户 65 人，贫困发生率降低至 0.86％。

为完成脱贫攻坚工作任务，安龙堡乡党政班子始终把脱贫出列作为硬责任扛在肩上，严格执行扶贫工作党政"一把手"责任制，成立由乡党委书记和乡长任双组长的扶贫开发领导小组，与 8 个村（社区）党总支书记、主任及驻村扶贫工作队长（第一书记）签订脱贫攻坚责任书，与全乡挂包帮扶干部签订脱贫包保保证书，形成"党政同责、齐抓共管"的工作合力；制定《安龙堡乡脱贫攻坚工作包村包组包户制度》《安龙堡乡脱贫攻坚摘帽方案》《安龙堡乡贫困户脱贫、行政村脱贫出列责任清单》，持续压实乡村"两级书记抓脱贫"责任，推进督查督办、问责追责。

安龙堡乡紧紧抓住扶贫开发重大政策机遇，争取并实施一批事关长远、利于发展的基础设施项目。2015 年来，安龙堡乡争取财政专项扶贫资金 14 303.4 万元，用于贫困村组基础设施建设、易地扶贫搬迁建档立卡贫困户和随迁户建房补助等；投入 205 万元新建法念、说全、六纳、青香树 4 个村卫生室，实现标准化村卫生室建设全覆盖；投入 450 万元新建 18 个村民小组活动场所，实现 10 名以上党员或 200 人以上村民小组（自然村）文化活动场所全覆盖。全乡 8 个行政村均实现通村路面硬化，均建有标准化卫生室，共有村级场所活动室 40 个，光纤通达率 100％。

安龙堡乡党委、政府依托资源优势,在稳步提升传统粮烟产业的基础上,以热作产业、畜牧产业和现代观光农业为抓手,发展以热作果蔬为主的沿江一带特色农业,形成规模化特色产业带。在沿江热作产业发展方面,安龙堡乡走"农民租地、企业经营"的发展模式,引进企业,加快土地流转,充分利用低热河谷地区光热资源充足的优势,引导群众种植反季节冬早蔬菜;在畜牧产业发展方面,以改种、改厩为重点,引导农民转变生产方式,打造规模化养殖小区和示范基地。同时,安龙堡乡依托扶贫整乡推进项目,扶持762户建档立卡贫困户养殖种母猪和种母羊;在特色农业产业培育方面,抓住全县发展高原特色现代农业有利契机,着力发展林业及林下资源产业,调整产业结构,培植与生态建设相协调的林业及中药材种植产业;在创新发展电子商务方面,以"人无我有、人优我特"的发展思路,着力打造以红糖、小细黄姜等为代表的一批土特产品,发挥电商平台优势,进一步拓宽销售渠道,提高销售收益;在利益联结机制上,筹措产业扶贫资金,组建产业扶贫互助社8个,引导群众发展特色种养殖业,创新"企业+合作社+贫困户"发展模式,引进双柏山乡养牛有限公司、双柏六纳养猪有限公司等农业龙头企业,发展滇中黄牛、撒坝猪、黑山羊养殖,热带水果、冬早蔬菜种植和蔬果冷库建设等项目,通过土地流转、订单收购、入股分红、雇佣务工等形式带动安龙堡乡建档立卡贫困户增收致富,促进全乡产业发展。同时,安龙堡乡大胆尝试村集体经济发展路子,打造一批集体经济发展的示范村和明星村。

安龙堡乡将资源优势转化为产业优势、经济优势和后发优势,实施"一村一品、户有产业"的产业发展模式;扶持439户贫困户发展烤烟种植2 305.5亩,产量30.9万千克,可为贫困户户均增收2.13万元。截至2020年8月,安龙堡乡共投入资产收益扶贫资金745万元,利益链接机制覆盖所有建档立卡贫困户,带动贫困人口就业300余人,每年可实现828户贫困户户均分红1 500元以上。

为确保贫困群众住上安全稳固住房,安龙堡乡始终把易地扶贫搬迁作为脱贫攻坚最硬的战役来打,结合安置点实际和季节性特点,与施工方签订合同,要求施工方倒排工期,制定详细工期计划表,确保工程进度;成立理事会,全程参与质量监督管理和协调服务工作,配合工程监理方严格把关工程质量、工程工艺;严格施工安全管理,强化督促落实。安龙堡乡按照"挪穷窝"与"换穷业"并重的要求,把搬迁与后续发展定位、产业扶持、就业和劳务输出等有机结合,发展特色种养殖业和劳动技能培训;紧扣"两不愁、三保障"贫困退出标准,不遗余力抓好农村危房改造工作。2016年至2017年全乡新建住房613套,其中易地搬迁360户1 290人,新农村建设住房253套。2016年实施的丁家村等5个集中安置点100%入住;2017年通过3个中心村集中安置、1+6集中安置及分散安置,共安置贫困户170户603人、安置同步搬迁户25户78人。

安龙堡乡制定《安龙堡乡农村环境综合整治工作实施方案》,实行干部包村、村干部包组、组干部包户的工作机制,将工作任务分解到村民小组;8个村(社区)成立村庄规划土地建设专管员,自然村成立土地专管员和村庄环境卫生保洁员,负责对相关政策进行宣传;组建以乡城建办、市管所、派出所等工作人员为主的环境监督工作队,对治理重点区域环境进行专项检查;开展"四治三改一拆一增"行动,着力治理集镇占道经营、车辆乱停乱放,治理公共道路、沟渠、建筑工地脏乱差现象,新建垃圾收集房,配备户外、户内垃圾桶,完善集镇街道污水管网改造,开展集镇综合整治工作,依法清查出违法违规建筑。安龙堡乡坚持农村治理"内外兼修"的原则,紧紧围绕各村实际制定村规民约,采取群众喜闻乐见的形式,增强村民"讲文明、讲卫生,保护环境、爱我家园"的宣传教育,强化村民自治,提高文明程度,培育新风正气。

大庄镇普岩村委会　双柏县大庄镇普岩村委会自开展扶贫工作以来,村党总支、村委会以及驻村工作队始终把打赢脱贫攻坚战作为一项政治任务来抓,充分认识打赢脱贫攻坚战对于促进社会稳定和长治久安、提升全民幸福感的重要意义,紧紧围绕中央和省、州、县党委、政府关于脱贫攻坚系列部署,紧密结合本村实际,强化脱贫举措,狠抓工作落实,脱贫攻坚工作取得阶段性成果。

普岩村在深入贯彻落实各级党委、政府脱贫攻坚工作部署中,充分发挥普岩村党总支和3个党支部的战斗堡垒作用,把主要力量投入到精准扶贫上来,先后多次学习领会各级政策、文件精神,党员干部发挥先锋模范作用,落实帮扶项目、解决农村实际困难,着力推进危房改造、产业扶贫、易地搬迁、劳务输出、教育扶贫、生态脱贫、健康扶贫工作;发挥帮扶单位行业管理部门项目、资金和技术优势助推脱贫工作,构建扶贫帮困大格局;着力加大产业扶贫,不断调优农业产业结构,借助耕地资源、水资源丰富的优势,走规模化发展之路,以区位优势发展"生态虾蟹养殖""冬早蔬菜""烤烟种植""畜牧养殖";加快招商引资步伐,稳步推进山林土地流转,帮助贫困村改变面貌,促进增收。

普岩村突出烤烟、畜牧养殖、青花椒、辣椒、土地流转、外出务工为主导产业,以农业专业合作社、种养殖大户为引领,巩固烤烟种植面积1 213亩,种植户数99户;大力培植畜牧产业黑山羊、生猪养殖,2020年,生猪出栏2934头,黑山羊出栏127只,牛出栏83头,毛驴出栏62匹,家禽出栏6 394只;加大青花椒、核桃等经济林果修枝整形和养殖等技术培训,扶持种植青花椒971.5亩,扶持畜牧养殖35户;实施土地流转210户500多亩,总收入54.5万元。引进龙头企业,发展虾蟹养殖,投入沪滇扶贫协作资金200万元,2019年增加村集体经济收入14万元。普岩村采取"公司+村委会+农户"的模式,发展山窝鸡养殖,共发放山窝鸡苗2 654只,饲料147袋,147户贫困户和残疾人户受益,为每户贫困户和残疾人户增加收入3 000元左右。

截至2019年,普岩村实施易地搬迁3户12人,其中县城安置2户7人,分散安置1户5人。全村有义务教育阶段适龄学生187人,无辍学情况。学前教育53人,中职在校学生29人,符合条件的义务教育阶段学生均享受了"两免一补"和营养餐补助政策;11名建档立卡学前教育学生、9名建档立卡中职学生、13名普通高中生、9名建档立卡职业在校学生均落实了相应的补助。截至2020年8月底,全村有低保对象55户108人,其中贫困户中低保对象35户72人,非卡户中低保对象20户36人。残疾人137户148人,其中贫困户残疾人39户45人,重度残疾人护理补贴人员52人,其中贫困户22人,残疾人生活补助人员40人,其中贫困户26人。普岩村为全村26名建档立卡贫困户安排公益性岗位。2020年,全村共有523户享受草原生态补贴资金5.7万元;507户享受森林生态效益补偿金19.07万元;45户享受退耕还林补偿金额9.54万元。

开展脱贫攻坚工作以来,普岩村的基础设施得到明显改善。普岩村向上争取到扶贫项目资金300万元,建成新会大沟,大罗块大沟灌溉沟渠三面光修复工程;全村526

户全部通了达标的自来水,人畜饮水困难得到解决;实施了大凹子、中格拉、普岩村、上格拉自然村通村公路硬化;争取扶贫项目资金,在全村实施人居环境提升工程,新建垃圾焚烧房 18 座、公厕 6 座,安装太阳能路灯 80 盏,危房改造 24 户,易地搬迁 3 户,电力架设 4 户。普岩村实施大罗块美丽乡村建设工程,共投资 1007 万元,在大罗块小组(自然村)新建公共文化活动室 1 个,活动场所 3 个,新建公共卫生厕所 3 座;全面实施了通组道路、村中道路硬化,住房拆除重建 9 户、提升亮化 90 户。人畜饮水、电力不足问题得到全面解决。全村 23 个自然村 18 个村民小组的村内户外道路实现全部硬化,全村 100％通生活用电,全村 100％通广播电视,宽带网络覆盖到行政村及行政村所在地卫生室,全村人畜饮水安全达标,自然村有文化活动场所 8 个,标准化卫生室 1 个。

附　　录

云南省人民政府关于批准东川区等 33 个县
（市、区）退出贫困县的通知

有关州、市人民政府,省直各委、办、厅、局:

　　根据《中共中央　国务院关于打赢脱贫攻坚战三年行动的指导意见》(中发〔2018〕16 号)、《中共中央办公厅　国务院办公厅印发〈关于建立贫困退出机制的意见〉的通知》(厅字〔2016〕16 号)和《云南省扶贫开发领导小组关于印发云南省 2018 年贫困县退出专项评估检查实施方案的通知》(云开组〔2018〕60 号)有关规定及要求,经过县级申请、州市审核、省级核查和实地评估检查、公示公告等程序,东川区、禄劝县、威信县、绥江县、富源县、师宗县、龙陵县、昌宁县、双柏县、南华县、大姚县、永仁县、泸西县、砚山县、西畴县、景谷县、镇沅县、孟连县、西盟县、勐腊县、漾濞县、南涧县、永平县、盈江县、陇川县、香格里拉市、德钦县、临翔区、凤庆县、镇康县、耿马县、沧源县、双江县等 33 个县(市、区)已达到贫困县退出有关指标,符合退出条件,经省委、省人民政府研究,现批准退出贫困县。

　　东川区等 33 个县(市、区)退出贫困县后,要认真贯彻落实《中共云南省委　云南省人民政府关于打赢精准脱贫攻坚战三年行动的实施意见》(云发〔2018〕20 号)精神,建立健全"两不愁、三保障"长效机制,做到摘帽不摘责任、摘帽不摘政策、摘帽不摘帮扶、摘帽不摘监管,严防松劲、懈怠;要认真执行我省贫困退出 20 条巩固要求,巩固脱贫成果,提高脱贫质量,加大对剩余贫困人口和新产生贫困人口的帮扶力度,深入实施脱贫措施"户户清"行动,始终保持持续攻坚的良好态势,确保脱贫退出的稳定性和可持续;要继续实行最严格的扶贫考核评估,强化监督管理,做到督查力度不减,确保脱贫攻坚成果经得起历史和人民的检验。

云南省人民政府

2019 年 4 月 30 日

中共双柏县委　双柏县人民政府
关于印发《举全县之力坚决打赢脱贫攻坚战的实施意见》的通知

各乡镇党委、政府，县委各部委室，县级国家机关各委办局，各人民团体，企事业单位：

　　《举全县之力坚决打赢脱贫攻坚战的实施意见》已经县委、县人民政府同意，现印发给你们，请认真组织实施。

中共双柏县委

双柏县人民政府

2015 年 11 月 14 日

附：举全县之力坚决打赢脱贫攻坚战的实施意见

　　为深入贯彻落实习近平总书记关于扶贫工作重要论述和考察云南重要讲话以及全省、全州扶贫开发工作会议精神，下大气力坚决打赢脱贫攻坚战，结合全县脱贫工作实际，提出如下实施意见。

一、深刻领会习近平总书记重要讲话精神，坚决打赢脱贫攻坚战

　　当前，全县扶贫开发已进入攻坚拔寨的冲刺时期。各级各部门要进一步深化思想认识、把握工作要求、明确目标任务，以决战决胜的勇气和拔钉子的精神全力抓好新时期扶贫开发工作。

　　（一）深化认识，切实增强打赢脱贫攻坚战的责任感、紧迫感

　　党的十八大以来，以习近平同志为核心的党中央高度重视扶贫开发工作，把扶贫开发提高到事关政治方向、根本制度、发展道路的战略高度。2015 年 1 月，习近平总书记到云南考察时，强调指出："现在距实现全面建成小康社会只有五六年时间了""必须时不我待地抓好扶贫开发工作""以更加明确的目标、更加有力的举措、更加有效的行动""下大力气打好扶贫开发攻坚战""绝不能让贫困地区和贫困群众掉队"。县委、县人民政府始终把扶贫开发作为最大的民生工程，始终坚持"区域发展带动扶贫开发，扶贫开发促进区域发展"的基本思路，统筹整合专项、行业、社会扶贫资源，走出一条以夯实基础、培育产业、改善民生、保护生态、机制创新为重点的扶贫开发新路子，扶贫开发工作成效显著。但是，全县贫困面大、贫困程度深的状况依然没有得到根本改变，到 2014 年末建档立卡贫困对象还有 2 个贫困乡，22 个贫困行政村，467 个贫困自然村（非贫困村中的贫困自然村 276 个）、5 412 户贫困户，20 194 名贫困人口。这些贫困人口大多集中

在自然条件恶劣的高寒冷凉山区、低热河谷地区、少数民族聚集区和州县乡的边缘地带。这些区域是全县扶贫攻坚的主战场。各级各部门要充分认识扶贫开发工作的重要性、艰巨性、紧迫性,以习近平总书记重要讲话精神为基本遵循,全面贯彻落实省、州党委、政府的部署要求,明确目标,细化任务,落实责任,强化举措,坚决打赢脱贫攻坚这场硬仗。

（二）打赢脱贫攻坚战的总体要求和精准扶贫基本要求

总体要求:坚持以党的十八大、十八届三中四中五中全会精神和习近平总书记关于扶贫工作重要论述为指导,认真贯彻落实习近平总书记考察云南重要讲话精神和在贵州召开的部分省区市党委主要负责同志座谈会重要讲话精神,把脱贫作为第一责任、第一任务和最大的民心工程来抓,紧紧围绕脱贫、摘帽、增收"3个主要目标",深入实施"6年脱贫攻坚行动计划"(4年脱贫攻坚、2年巩固提升)。集中力量抓好片区扶贫、基础设施、产业培育、民生改善、社会事业、培训就业、生态保障"7大攻坚行动",建立"8项攻坚机制",做到"8个精准"和"16个到村到户"攻坚计划,实现到2017年基本脱贫,全县"脱贫摘帽",退出贫困县行列,到2020年农村居民人均可支配收入达10 000元以上,与全州全省全国一道全面建成小康社会。

基本要求:实现扶贫对象精准、扶贫目标精准、扶贫任务精准、扶贫措施精准、扶贫责任精准、驻村帮扶精准、资金投入精准、考核评价精准。

（三）打赢脱贫攻坚战的主要目标

1. 2015～2018年(四年脱贫攻坚目标),按照到2017年全县实现"脱贫摘帽"退出贫困县既定的时间节点,围绕减贫、摘帽、增收主攻目标,绘制路线图、排出时间表、实行倒计时。具体脱贫时限为:2015年全县农村居民人均可支配收入达到7 500元以上,减少贫困人口4 494人,农村扶贫对象人均可支配收入达到全州减贫标准以上,大麦地镇5个非贫困行政村和独田乡2个非贫困行政村出列;2016年全县农村居民人均可支配收入达到8 300元以上,减少贫困人口5 304人,农村扶贫对象人均可支配收入达到全州减贫标准7 500元以上,全县有5个贫困行政村出列;2017年全县农村居民人均可支配收入达到9 000元以上,减少贫困人口5 447人,农村扶贫对象人均可支配收入达到全州减贫标准8 000元以上,大庄镇整镇"减贫摘帽"和全县有9个贫困行政村出列,双柏县"脱贫摘帽",退出贫困县行列;2018年全县农村居民人均可支配收入达到9 800元以上,减少贫困人口4 949人,农村扶贫对象人均可支配收入达到全州减贫标准8 800元以上,安龙堡乡整乡"减贫摘帽"和全县有8个贫困行政村出列。贫困群众的生产生活条件进一步改善,稳定实现"两不愁、三保障",基本消除绝对贫困,基本完成农村小康主要监测指标,努力与全州全省全国同步建成小康。

2. 2019～2020年(两年巩固提升目标),巩固提升阶段,农村居民人均可支配收入达到10 000元以上。为防止脱贫贫困人口反弹和返贫,进行全面巩固提升,对无业可扶、无力脱贫的农村"两无"贫困人口,按照农村低保和社会救助实行政策性保障兜底。

（四）脱贫标准

贫困县达到脱贫"摘帽"条件。贫困乡镇、贫困行政村、贫困自然村和贫困户实现"9988"目标。

1. 达到中央和云南省脱贫"摘帽"指标要求,如期脱贫"摘帽"。

2. 贫困乡镇实现"9 有",即有通乡油路,有主导增收产业,有骨干水利设施,有带动力强的涉农龙头企业,有健全的社会保障体系,有完善的公共服务,有良好的生态环境,有稳定和谐的社会环境,有战斗力强的基层党组织。

3. 贫困行政村实现"9 有",即有硬化的通村公路,有特色增收产业,有较好的生产生活条件,有良好的基本公共服务,有农民专业合作组织,有村集体经济,有合格的办公活动场所,有良好的生态环境,有一套民主管村的好制度。

4. 贫困自然村实现"8 有",即有进村入组公路,有安全保障的生产生活用水,有稳定的增收致富项目,有硬化的村内道路,有硬化的活动场地或活动室,有广播电视宽带信号覆盖,有一批会经营懂管理的致富带头人,有优美整洁的村容村貌。

5. 贫困户实现"8 有",即有 1 套安全适用住房,有安全卫生的人畜饮水,有 1 眼节能灶,有 1 个卫生厕和新式畜厩,人均有 1 亩以上保浇保灌的基本农田地,人均有 1 亩经济林果或经济作物,年人均有 1 头(只)商品畜出售,年人均有粮食 300 千克以上。

二、攻坚任务

聚焦贫困人口和贫困地区精准扶贫、精准脱贫,重点实施片区攻坚、基础设施、产业培育、民生改善、社会事业、培训就业、生态保障"7 项攻坚行动",落实"23 项攻坚任务"。

（五）片区集中攻坚

1. 划定片区攻坚主战场。围绕抓好绿汁江流域五乡镇综合扶贫开发和白竹山南部片区(柏家河、六街、铺司、法甸)、邦三河片区(邦三、野牛、蚕豆田)、马龙河片区(马龙、马脚塘、中山)、麻旺山片区(麻旺、旧丈、红山)作为双柏县区域扶贫攻坚的主战场、主攻区。做好各片区综合扶贫攻坚规划,明确目标任务,聚焦片区分片攻坚突破。

2. 实行片区攻坚责任制。实行县级领导联系片区及片区扶贫攻坚包干负责制,县委书记联系白竹山南部片区、邦三河片区,县长联系马龙河片区、麻旺山片区,其他县级领导按照"挂包帮"定点挂钩扶贫机制参与所联系行政村片区扶贫攻坚工作。联系领导如因工作发生变动,由接任者自然递补。全县各级领导干部要把片区扶贫攻坚作为一项政治任务,见行动、见实效。县级各部门、各单位、各乡镇要围绕相关片区明确领导责任、采取过硬措施参与到片区集中攻坚行动中来。

3. 建立片区攻坚联动机制。由片区牵头领导负责,相关职能部门参与,建立县级领导包干负责、相关乡镇为主体、行业部门参与、社会力量补充的协调联动机制,确保各片区扶贫攻坚有人抓、有措施、有行动、有机制保障、有成效。

（六）基础设施会战

4. 道路畅通建设。加快贫困地区农村公路建设,力争到 2020 年县内通高速,8 个乡镇都有等级以上公路,85 个行政村通硬化路及村村通班车,15 户以上相对集中自然村全部通公路,村庄内道路硬化率达到 85% 以上。

5. 水利建设及饮水安全。加强贫困地区水利工程建设,对未通自来水和管路老化自然村实施饮水安全工程。到 2020 年贫困地区实现人均有 1 亩保浇保灌稳产农田地和人人喝上清洁安全卫生自来水的目标。

6. 电力保障。全面完成贫困村、贫困户电网改造升级，实现同网同价，到 2020 年全面实现通电目标。

7. 通讯工程。加快农村信息化建设，到 2020 年实现贫困村村村通有线电视、通电话、通宽带。

（七）产业提质增收

8. 特色产业发展。因地制宜加快特色产业发展，到 2020 年实现"县有骨干产业、乡镇有主导产业、村有优势产业、户有增收产业"的产业发展格局。坚持产业扶持到村到户，每个贫困村有 1～2 个产业发展项目，有条件的贫困户有 1 个增收项目，推进"一村一品、多村一品"发展和农业产业化经营，建立贫困农户与龙头企业利益联结机制，确保贫困农户在特色产业发展中增收致富。

9. 发展乡村旅游业。依托农村特色优势旅游资源，发展乡村旅游业与休闲农业。加大特色景观旅游村镇、历史文化民俗村镇和传统村落及民居保护，建设一批历史文化民俗村、民族文化村、绿色生态村、特色美食村等特色旅游村寨。到 2020 年，重点扶持 5 个民族特色旅游村寨，开展乡村旅游，带动农村劳动力就业，促进贫困农户增收。

10. 科技推广应用。利用高校科研技术、人才优势，加强农业、生物产业和新兴产业项目科技研发和实施，加强技术创新，提高科技含量，增加产值，促进产业发展。切实抓好农民群众先进技术的引进、试验、示范和培训，加强科技扶贫示范村和示范户建设。建立科技扶贫网络，建设"农业科技网络书屋"和农技推广"云平台"，加强"三农"服务信息建设，免费为贫困群众提供信息咨询、富民政策和科技服务。鼓励科技人员带技术和项目进村入户，以技术入股等形式领办创办专业合作社和农业企业。同时，要开展电商扶贫、光伏扶贫等扶贫工程，提高依靠生产、信息、技术致富水平。

（八）民生工程改善

11. 农村危房改造。实施农村危房改造计划，整合各部门资金，从 2015 年开始年均完成 2 000 户 D 级危房改造，到 2019 年完成 9 000 户 D 级危房改造任务。优先完成 6 901 户贫困户危房改造。集中安置"五保户"，无建房自筹能力的特困户住房问题分批分类得到解决。到 2020 年基本消除农村危房，全面解决贫困农户住房安全问题。

12. 易地扶贫搬迁。坚持自愿原则，坚持"移民下山、移民就路、移民就市、移民就业、移民就学、移民就医"的工作思路，通过 3～5 年努力，对丧失生存条件的 1 246 户 4 758 人实施扶贫移民搬迁。

13. 实施整乡整村推进。加大贫困乡村整乡整村推进力度。对 2 个贫困乡镇、22 个贫困行政村、467 个贫困自然村（其中非贫困村中的贫困自然村 276 个）全面实施整乡整村推进，确保项目实施完工，乡镇、行政村、自然村脱贫出列。

（九）社会事业推进

14. 加强教育事业。抓好基础教育，普及学前教育，科学布局贫困地区校点，改善办学条件、保障师资力量，贫困村幼儿入园率大幅提升，适龄儿童都有学上，青壮年文盲基本扫除。加强职业教育，办好县职业高级中学。支持特殊教育发展，加大对各级各类学校残疾、贫困学生的扶助力度。不让一个贫困孩子失学，不让孩子输在起跑线上。

15. 卫生与计生事业。健全贫困地区乡、村医疗卫生服务网络，每个乡镇有达标卫生院、每个行政村有 1 个卫生室。提高计划生育优生优育水平。医疗救助水平进一步提高,贫困地区新型农村合作医疗参保率达 98% 以上,确保贫困地区群众获得的公共卫生和基本医疗服务更加均等。

16. 文化事业。加强贫困地区公共文化服务体系建设,提高服务效能,推进公共数字文化建设。实现广播电视村村通、户户通,每个乡镇有文化站、行政村有文化室(篮球场或文化活动场所)、自然村有农家书屋,群众性文体活动能够正常开展。

17. 社会保障事业。完善农村最低生活保障、医疗救助、五保供养、残疾人生活补贴制度和重度残疾人护理补贴制度,实现城乡居民养老保险和医疗保险制度全覆盖。对无业可扶、无力脱贫的农村“两无”贫困人口,全部实现低保兜底,对因病返贫的实行医疗救助,实现农村社会保障和服务水平基本保障。

(十)培训就业促进

18. 创新培训模式。深入实施“雨露计划”,对贫困村初中、高中毕业后未能升学,有培训和就业愿望的贫困家庭学生实行 100% 的职业技能培训,并推荐就业,确保贫困户户均有 1 人接受职业教育或技能培训。农村科技培训和新型农民培养到村入户,确保有条件的贫困户掌握 1~2 项实用技术,有农业科技人员对口指导帮扶。

19. 狠抓转移就业。依托县职业学校和社会培训机构,创新推进“职业培训＋充分就业”,确保贫困户户均有 1 人接受培训,实现转移就业。在贫困乡镇设立就业服务中心,开展订单培训、定点培训、定向输送,促进贫困户新生代劳动力进城进园就业、自我发展创业,与县外大企业签订用工合同,发动本地龙头企业就近就地培训使用农民工、移民进城等措施,确保 5 000 人以上贫困人口通过培训增收致富。

(十一)生态恢复保护

20. 自然生态修复。把扶贫开发与保护农村环境、退耕还林(草)、推进农村经济社会发展结合起来,探索生态移民搬迁,深入推进实施改房、改厨、改厕、改圈、建绿色庭院、建绿色产业“四改、二建”生态扶贫工程,实现资源优势向产业优势、经济优势转变。

21. 地质灾害防治。加大泥石流、山体滑坡等地质灾害防治力度,重点抓好灾害易发区内的监测预警、搬迁避让、工程治理等综合防治措施。

22. 环境综合整治。认真整治生活垃圾污水、建筑立面、乱堆乱放、农业废弃物、畜禽粪便污染源,实现农村垃圾、污水得到有效治理,无卫生死角。家禽家畜圈养,农户庭院整洁,房前屋后环境干净,无乱堆乱放现象;农户自来水和无害化卫生户厕基本普及;村庄工业污染、农业面源污染得到有效整治;大部分村庄达到“水清、路硬、村亮、村绿、村洁、村美”目标。

23. 农村新能源建设。发展太阳能,推广应用节能灶等生态能源项目,确保每个贫困户有 1 眼节能灶、1 个太阳能热水器。

三、保障机制

(十二)建立精准扶贫机制

各乡镇、各村要围绕脱贫攻坚目标任务,结合实际分别制定精准扶贫具体措施,贫困户有脱贫措施或脱贫计划。各部门要结合实际,制定精准帮扶实施计划,做到因地因人施策、因贫困原因施策、因贫困类型施策,区别不同情况,做到对症下药、精准滴灌、靶向治疗。

(十三)建立部门联动机制

坚持"县负总责、乡镇抓落实、部门支持、扶贫到村到户"工作机制。县委、县政府负责六年脱贫攻坚的统筹实施,制定精准扶贫实施方案,明确行业部门责任。各乡镇要充分履行脱贫攻坚主体责任,建立政府主导、部门联动、社会参与协调联动机制。各有关行业部门要充分发挥部门职能、调动系统力量,制定出台面向扶贫对象的特惠性、差异化扶持政策,做到项目优先安排、资金优先保障、工作优先对接、措施优先落实,形成各司其职,通力协作,密切配合的脱贫攻坚工作格局。

(十四)建立脱贫考核机制

建立健全扶贫开发责任制考核机制和扶贫成效考核机制。对乡镇党政领导及领导班子的考核主要考核扶贫开发工作成效。把贫困人口减少情况、贫困人口增收情况、贫困乡镇、村"摘帽"出列情况等作为政绩考核的主要指标。

对各行业部门,主要考核一把手履行行业扶贫第一责任人情况、行业资金投入情况、扶贫成效等作为政绩考核和履职考核的重要内容。县委、县人民政府建立考核、督查、落实机制,考核到单位、考核到责任人、考核到帮扶人员,确保脱贫攻坚行动各项任务落实到位。

(十五)建立脱贫激励机制

加快贫困户脱贫、贫困村减贫、贫困乡镇出列、贫困县"摘帽"。从2015年开始,分年度、分批次稳妥推进贫困乡镇、贫困村摘帽工作。贫困乡镇、村退出后,继续保留有关优惠扶持政策。对在要求时限前脱贫摘帽的乡镇党委、政府主要领导和分管领导给予优先提拔重用,并优先安排原班子成员或扶贫干部接任;对不能按要求时限脱贫摘帽的乡镇党委、政府主要领导和分管领导进行追责问责,按干部管理权限进行组织调整。各乡镇、县级各部门要建立相应的激励措施,鼓励优秀干部到贫困乡村工作,派出优秀年轻干部到村任第一书记,重点培养。同时,对扶贫实绩突出的优秀干部要给予重点培养和优先提拔使用。

(十六)完善资金投入机制

建立县级财政扶贫资金稳定增长机制,每年投入脱贫攻坚资金不少于1 000万元,重点解决未纳入贫困乡镇、贫困行政村以外267个贫困自然村整村推进及插花贫困人口脱贫投入,其中全县每年实施60个以上整村推进项目(州级30个),每个自然村投入财政资金30万元。建立资金整合机制,坚持县级为整合平台,每年整合行业部门资金不少于5亿元,做到农、林、水、交通、安居、教育、文化、医疗卫生各类资金向贫困乡、贫困村、贫困户集中,捆绑使用,集中投入。建立金融扶贫机制,做到金融网点向贫困乡村优先布点,金融政策、支农贷款向贫困村、贫困户倾斜,金融资源优先向贫困乡、贫困村、贫困户配置。探索"四权"抵押方式试点,对建档立卡贫困户提供"5万元以下、3年期以内、免除担保抵押、扶贫贴息支持、县级风险补偿"的小额信用贷款,确保信贷投入每年不少于8 000万元。狠抓招商引资投入,全面动员社会力量,充分发挥贫困地区资源优势狠抓招商引资,引进龙头企业、引进资金不少于3亿元,加快贫困地区特色产业发展。

畅通社会帮扶资金投入渠道,多渠道、多形式吸纳社会团体、社会组织、爱心人士、企业等扶贫募捐资金。充分发挥贫困群众参与扶贫开发主体作用,坚持自力更生、投工投劳、筹集资金,形成多元化投入扶贫资金新格局。

（十七）创新社会参与机制

完善社会各方面力量参与扶贫攻坚制度。构建政府、市场、社会"三位一体"大扶贫格局。建立中央、省、州、县、乡定点帮扶协调联动机制,完善定点帮扶工作制度和定点扶贫考核办法。发挥政府门户网站、扶贫信息网络平台作用,加强贫困乡镇、贫困村、贫困户信息公开,拓展社会扶贫资源。办好"10.17"扶贫日相关活动,开通扶贫济困"直通车",动员民营企业开展"村企共建"活动。加强国际扶贫合作与交流,开展跨境扶贫合作。动员社会一切力量参与六年脱贫攻坚行动。

（十八）建立干部驻村帮扶机制

按照省、州、县、乡镇四级联动要求,建立健全双柏县扶贫攻坚"领导包片挂点、部门包村、干部帮户"定点挂钩扶贫工作长效机制,确保每个贫困乡镇、贫困村都有领导和部门（单位）挂包,每户贫困户都有干部职工结对帮扶,做到不脱贫不脱钩。在贫困村整合包村部门（单位）及新农村建设指导员、帮户干部和大学生村官等力量,组建驻乡驻村扶贫工作队。其中,对2个贫困乡镇,每个乡镇派出不少于5人组成的驻乡镇扶贫工作队,选派处级领导或（处级）后备干部任队长兼任乡镇党委副书记或副乡镇长,专门分管扶贫攻坚工作,任职期限2年。每个村派驻3人作为驻村扶贫工作队（工作组）,选派党员科级领导或党员（科级）后备干部担任第一书记兼村工作队长,任期2年。工作队员的工作与单位工作完全脱钩。明确驻村扶贫工作队及第一书记脱贫职责任务,落实保障措施、建立激励机制,把驻村入户扶贫作为培养锻炼干部特别是年轻干部的重要渠道,每两年对第一书记等驻村干部、结对帮扶干部进行考核表彰,并把考核结果作为干部选拔任用的重要依据。在此基础上,扎实做好"转作风走基层遍访贫困村贫困户"工作,细化完善建档立卡资料,制定务实管用的帮扶措施,帮助贫困村贫困户解决实际困难和问题。

（十九）建立扶贫攻坚与基层党组织建设"双推进"机制

按照"党建带扶贫、扶贫促党建"的要求,建立完善扶贫开发与基层党组织建设"双推进"机制,找准扶贫开发与基层党组织建设的结合点,坚持在扶贫开发中检验党组织凝聚力和党员干部作风,在扶贫开发中同步加强基层党组织建设,建设永远的扶贫工作队,实现扶贫开发与基层党组织建设"双推进"。

四、组织保障

（二十）加强组织领导

严格执行扶贫开发工作党政"一把手"责任制,全面实行县、乡镇、村"三级书记"抓扶贫,切实把克期脱贫作为第一责任、第一任务和最大的民心工程,做到亲自研究、亲自协调、亲自抓。各乡镇党政"一把手"要有强烈的"军令状"意识,把主要精力放在脱贫攻坚行动上,坚持以扶贫开发总揽乡域经济工作全局,出实招、办实事、求实效。县级各部门主要领导是行业扶贫第一责任人,按要求完成县委、县人民政府交办的工作任务。要切实构建起领导带头、全民上阵、全员扶贫的扶贫生力军,动员各级干部职工挂村、包组、帮户,不留死角。

(二十一)加强资金监管

全面实行目标、任务、资金、权责"四到乡镇"管理体制。健全完善扶贫资金监管机制,明确资金监管责任。按照精准扶贫、精准脱贫的要求,做到项目跟着规划走、资金跟着项目走,监督跟着资金走的原则,建立完善项目立项、审批、实施、验收、评估等管理制度。加强人大、政协监督、群众和社会监督,认真贯彻落实廉洁扶贫行动计划,加大扶贫资金审计和专项执法监察,狠抓严禁领导干部违规使用扶贫资金专项整治,确保扶贫资金项目的安全性、有效性。

(二十二)加强扶贫机构队伍建设

要切实加强扶贫机构队伍建设,保障县、乡镇扶贫机构单列。县人民政府扶贫开发办公室升格为政府工作部门,增加行政编制,同时抽调人员,成立县脱贫攻坚办公室,负责全县脱贫攻坚的统筹。各乡镇要实行扶贫机构单列,有独立的办公场所,贫困乡镇专职扶贫干部不少于 3 人,非贫困乡镇专职扶贫干部不少于 2 人,确保扶贫工作有机构协调、有人管、专人抓。要为扶贫部门创造良好条件,关心扶贫干部的成长进步,对工作实绩突出的优秀干部要给予提拔使用,努力把扶贫干部塑造成新时期群众心中最可爱的人。

(二十三)加强宣传发动

充分利用广播、电视、报刊、网络等媒体,广泛宣传全县开展六年脱贫攻坚的重大意义、主要措施及开展脱贫攻坚的特色亮点。宣传部门要加强统筹协调和宣传策划,办专版、专栏,形成强大的舆论攻势,营造全社会关注、共同参与、共同监督的良好氛围。各乡镇党委、政府要充分发动群众、组织群众,动员群众参与到扶贫攻坚行动中来,全面掀起自己的家园自己建、自己的家业自己创的热潮。

中共双柏县委　双柏县人民政府
印发《关于坚决打赢脱贫攻坚战三年行动的
实施方案》的通知

各乡镇党委政府、县委各部委办局、县级国家机关各委办局、县级各人民团体、各企事业单位：

《中共双柏县委　双柏县人民政府关于坚决打赢脱贫攻坚战三年行动的实施方案》已经十三届县委第 63 次常委会议、十七届县人民政府第 40 次常务会议审议通过，现印发给你们，请结合实际，认真贯彻落实。

中共双柏县委

双柏县人民政府

2018 年 10 月 31 日

附：关于坚决打赢脱贫攻坚战三年行动的实施方案

为深入贯彻落实习近平新时代中国特色社会主义思想和党的十九大精神，全面落实习近平总书记关于扶贫工作的重要论述，省委书记陈豪楚雄调研讲话精神，举全县之力、聚全县之智，切实以脱贫攻坚统揽全县经济社会发展全局，以更加有力的举措扎实推进精准扶贫精准脱贫工作，现就坚决打赢打好精准脱贫攻坚战三年行动制定如下实施方案。

一、进一步增强打赢打好精准脱贫攻坚战的责任感和紧迫感

党的十八大以来，党中央把扶贫开发工作纳入"五位一体"总体布局和"四个全面"战略布局，作为实现第一个百年奋斗目标的重点工作，摆在更加突出的位置，作为全党最大的政治任务和第一民生工程。双柏县坚决贯彻落实党中央、国务院和省、州党委政府的重大决策部署，坚持精准扶贫精准脱贫基本方略，按照"两不愁、三保障"和"六个精准""五个一批"要求，扎实推进全县脱贫攻坚工作，取得阶段性明显成效，全县大扶贫格局基本形成，扶贫对象更加精准，精准扶贫政策体系不断健全，精准帮扶措施初见成效，扶贫资金投入明显加大，驻村帮扶工作深入扎实，党建促脱贫攻坚取得实效，脱贫减贫取得明显成效。2014 年来，全县共减贫 18 283 人，贫困发生率从 2014 年的 20.76% 降至 2017 年末的 4.56%。

当前，全县脱贫攻坚已进入啃硬骨头、攻坚拔寨的决战期，还有 1 个贫困乡镇未退

出，28个贫困村未出列，5 601名贫困人口未脱贫。剩下的贫困人口贫困程度较深、致贫原因复杂，脱贫成本更高，脱贫难度更大，贫困地区发展不平衡不充分问题更加突出。脱贫攻坚工作开展以来，全县还存在思想认识不到位、政策把握执行不精准、政策措施不完善、帮扶措施不精准、工作推进不平衡、项目资金管理不规范、群众工作不到位、工作作风不够扎实等问题。党的十九大指出，坚决打赢脱贫攻坚战、让贫困人口和贫困地区同全国一道进入全面小康社会是全党的庄严承诺。坚决打赢新时代脱贫攻坚第一场硬战，事关全县经济社会发展全局，事关全县社会和谐稳定，事关全县乡村振兴，事关全县人民福祉。全县各级各部门必须认真贯彻落实党的十九大精神和习近平新时代中国特色社会主义思想，不忘初心、牢记使命，切实把脱贫攻坚作为头等大事，统筹抓好防范重大风险、精准脱贫、污染防治三大攻坚战，进一步增强责任感、使命感和紧迫感，弘扬"跨越发展、争创一流；比学赶超、奋勇争先"精神和钉钉子精神、工匠精神、愚公移山精神，弘扬以"进村入户的热心细心、解说政策的耐心诚心、因户施策的真心匠心、解难除困的善心决心、诚挚奉献的爱心忠心、巩固提升的用心恒心"为主要内容的新时代双柏扶贫攻坚精神，不辱使命、勇于担当、只争朝夕、真抓实干，举全县全社会之力、以决战决胜的决心坚决打赢脱贫攻坚这场硬仗。

二、打赢打好精准脱贫攻坚战的总体要求及目标任务

（一）指导思想

以习近平新时代中国特色社会主义思想为指导，牢国树立"四个意识"，深入贯彻落实精准扶贫精准脱贫基本方略，以脱贫攻坚工作统揽经济社会发展全局，按照"六个精准"和"五个一批"要求，以实施"12大专项行动"和"16个到村到户"为主要措施，以"两不愁、三保障"和"6105"脱贫退出为标准，以攻克深度贫困为重点，深入开展沪滇扶贫协作，巩固脱贫成效。重视非贫困村的脱贫攻坚，把实施乡村振兴战略与脱贫攻坚结合起来，把提高脱贫质量放在首位，建立完善目标、责任、投入、政策、考核评价体系，加大工作力度，以实的作风，推进脱贫工作，保证现行标准下的脱贫质量，确保2020年全县农村贫困人口实现脱困，与全国全省全州一道同步迈入小康社会。

（二）总体目标

到2020年，稳定实现农村贫困人口"不愁吃、不愁穿"，义务教育、基本医疗和住房安全有保障，实现贫困县农村居民可支配收入增长幅度高于全省平均水平，贫困地区基本公共服务主要领域指标接近全省平均水平，确保现行下农村贫困人口实现脱贫，解决区域性整体贫困。

（三）具体目标

确保到2020年，全县未脱贫的建档立卡贫困人口5 601人全部脱贫，28个贫困村全部出列。其中：2018年计划4532人贫困人口脱贫、26个贫困村出列、1个贫困乡镇退出，实现全县贫困县摘帽，实现贫困人口漏评率、错退率低于2%，全县综合贫困发生率低于1.8%，群众满意度达90%以上。

2019年度计划1 069贫困人口脱贫，2个深度贫困村脱贫退出。

脱贫退出计划为：2018年实现安龙堡乡退出，26个村出列（妥甸镇马龙村、和平村、

马脚塘村、麦地新村；法脿镇法甸村、铺司村、麦地村、石头村；�嘉镇平掌村、新树村、红山村、旧丈村、茶叶村、龙树村、老厂村；大麦地镇邦三村、野牛村；安龙堡乡安龙堡社区、柏家河村、它宜龙村、新街村、法念村、说全村、六纳村、青香树村；爱尼山乡海子底社区）。2019年实现大麦地镇峨足村、河口村出列。

（四）基本原则

坚持加强领导根本。充分发挥党委领导作用，强化政府责任，严格执行脱贫攻坚党政一把手负责制，认真落实"三级书记"抓脱贫，为脱贫攻坚提供坚强政治保障。切实加强贫困地区农村基层党组织建设，把基层党组织建设成为真正带领群众脱贫攻坚致富的坚强战斗堡垒。

坚持精准扶贫核心要义。贯彻落实精准扶贫、精准脱贫方略，坚持扶持对象精准、项目安排精准、资金使用精准、措施到户精准、因村派人（第一书记）精准、脱贫成效精准，找准"穷根"、明确靶向，因地制宜，因人因户因村分类施策，真正扶到点上、扶到根上、做到扶真贫、真扶贫、真脱贫。

坚持增加投入保障。坚持政府投入的主体和主导作用，加大扶贫资金整合力度，增加金融资金对脱贫攻坚的投放，吸引社会资金参与脱贫攻坚，精准用好各类资金，强化扶贫资金监管，构建支撑有力的脱贫攻坚投入保障体系。

坚持各方参与形成合力。坚持以脱贫攻坚统揽经济社会发展全局，政府主导、社会协同参与，鼓励先富帮后富，构建专项扶贫、行业扶贫、社会扶贫、定点扶贫、沪滇扶贫协作"五位一体"的大扶贫格局，充分发挥各方面积极性。

坚持发挥群众主体作用。坚持贫困群众的主体地位，充分发动和依靠群众，注重扶贫与扶志、扶智相结合，帮助贫困群众摆脱思想贫困、意识贫困，最大限度激发群众内生动力，充分调动贫困地区干部群众积极性、主动性和创造性。

坚持突出深度贫困重点。盯紧咬死2018年如期脱贫摘帽这一目标不动摇、不懈怠、不松劲，全力推进全县深度贫困地区脱贫攻坚，向深度贫困地区聚焦发力，强化对贫困老年人、残疾人、重病患者等群体的精准帮扶，如期实现脱贫摘帽的目标任务。

三、脱贫攻坚的重点和主要措施

（一）扎实推进产业脱贫

发展产业是贫困人口脱贫的主要途径，以有产业发展条件的5 704户22 124人贫困人口通过发展产业实现脱贫为目标，充分发挥贫困地区资源禀赋等特色优势，实施"一乡一业、一村一品"特色增收产业培育，推进贫困地区产业发展特色化、规模化、现代化，确保有产业发展条件的贫困户有1个以上产业增收项目。发挥以点带面、示范引领作用，在全县培育和打造一批产业扶贫示范企业和示范基地，采取土地（林地）流转、折资量化、资金扶持、订单收购、技能培训、劳务用工等多种方式，拓宽种养、产供销、农工贸等多种渠道，辐射、带动贫困户增收脱贫。加快贫困地区一二三产业融合发展，构建贫困人口参与度高和增收致富持续能力强的现代产业新体系，促进小农户和现代农业发展有机衔接，推进"互联网＋现代农业"贫困人口更多分享全产业链和价值链增值收益。推进农业产业化经营，加大招商引资力度，培育发展龙头企业、专业合作组织、家庭农场、种养大户等新型经营主体,采取收益共享型、产业合作型、委托帮扶型、营销带动型、租赁返包型等产业扶贫模式,建立新型经营主体与贫困群众利益联结机制,实现抱团发展、稳定脱贫。采取推进"三权分置"改革,建立新型经营主体与贫困户利益联结机制,制定扶持政策,鼓励支持贫困户通过土地(林地)流转和土地、资产、资金入股,采取"公司+基地+合作社+贫困户",以及托养、寄养、订单、代耕代种、务工等方式,鼓励支持贫困户参与融入新型经营主体,做到有产业发展条件的贫困户与1个及以上新型经营主体建立稳定长效利益联结机制,增加贫困户工资性、财产性和转移性收入。要整合财政、行业、社会等产业扶持资金,由贫困户和村集体经济,以股本金或合同合作形式,参与新型经营主体,实现扶持资金跟着贫困户走、贫困户跟着主体走、主体跟着产业走、产业跟着市场走的长效机制,变"输血"为"造血"。加快贫困地区现代物流体系建设,大力开展电商扶贫,实现贫困村电商与网上销售农产品和购买生产生活资料服务全覆盖。依托贫困地区优势特色旅游资源,发展乡村旅游。县、乡镇要成立产业扶贫工作领导小组,加强组织领导和协调指导推动工作,并制定产业扶贫实施方案,明确目标任务、政策措施和评价考核。

(二)抓实安全住房脱贫

以实现5 801人实施易地扶贫搬迁为目标,按照"应搬尽搬"要求,严守搬迁对象精准的"界线";严格执行人均不超过25平方米的标准,严守住房面积标准的"标线";严格执行贫困户每户自筹资金不得超过1万元,严守不因搬迁举债的"底线";严格执行国家和省州相关资金补助标准、使用管理规定,严守项目资金管理的"红线"。结合省即将出台政策,筹措资金,切实整改化解存量问题,确保政策得到兑现落实。认真落实搬迁群众后续发展,完善搬迁集中安置点的产业发展和就业计划,细化产业增收措施,逐户逐人做好脱贫规划,确保2018年10月30日前按质按量完成搬迁任务,实现搬迁农户"搬得出、稳得住、能致富"。加强农村危房加固改造,全面完成2018年638户"4类重点对象"和2 808户非"四类对象"农村C、D级危房加固改造。

(三)着力推进转移就业脱贫

建档立卡贫困劳动力转移就业是增收脱贫的重要途径和有效抓手。以2017~2020年培训贫困劳动力0.48万人次,转移就业0.21万人以上为目标,确保实现有条件贫困劳动力至少培训1次、掌握1门以上实用技术、推荐1次以上就业岗位,实现培训1人、就业1人、脱贫1户。抓好组织动员,乡镇、村两级书记为贫困劳动力转移就业第一责任人;实行乡镇年度目标任务下达和评价考核制度;村组及驻村工作队对贫困户外出务工就业宣传做到全覆盖;抓好教育培训,统筹使用各类培训资源,免费对有劳动能力的贫困人口有针对性地开展"菜单式""订单式"培训,定向输出;对培训取得职业资格证书,给予相应补助;对初、高中毕业未能升学的贫困家庭学生实行100%的免费职业技能培训。抓好转移就业,通过开展"百企帮百村"活动,劳动转移培训输出一批、依托双柏县职业高级中学等职业技术学校合作输出一批、政府补助和购买公益性岗位输出一批、由挂包干部牵线搭桥输出一批等多种形式,促进贫困劳动力转移就业。县级部门、乡镇政府补助和购买服务的公益性岗位要优先保证聘用贫困人员。抓好政策保障,对省外务工贫困劳动力每人每年一次1 000元以内的交通补助。组织劳务输出的人力资源服务机构、村委会和劳务经纪人,按省外转移 300 元/人、县外转移 200 元/人的标准给予补贴。对转移劳动力要做好跟踪服务,全力维护转移人员权益。推进"双创"工作向农村延伸,鼓励和支持农民工、高校毕业生、退役军人、科技人员返乡创业,对有创业意愿的贫困劳动力和贫困家庭大学生,给予免费创业培训和创业导师服务,优先安排"贷免扶补"创业担保贷款、"两个 10 万元"、场租补助、网店补助、无偿资助、创业补贴等政策扶持。

(四)加快实施教育脱贫

教育是阻断贫困代际传递的重要途径,让贫困家庭子女都能接受公平有质量的教育。围绕 2 292 户 3 790 人教育脱贫目标,实现贫困家庭学生不因贫困而失学,不因子女就学而致贫。制定和落实贫困学生资助政策,做到资助贫困家庭子女就学全覆盖、关爱留守儿童全覆盖、帮扶建档立卡贫困户高校毕业生初次就业全覆盖。全面改善贫困地区中小学、幼儿园基本办学条件,着力实施"一村一幼"工程,推进义务教育均衡发展。提高高中教育保障水平,扩大优质学校办学规模。加快发展现代职业教育,加大招生力度,使所有建档立卡贫困户未升学的初、高中毕业生,都能接受优质职业教育,让其掌握1 门以上致富技能,实现靠技能脱贫。加强教师队伍建设,实施中小学人才引进和培养行动计划,加快打造本土优秀教育人才队伍,全面落实乡村教师待遇。

(五)深入开展健康脱贫

实施健康扶贫工程,保障贫困人口享有基本医疗卫生服务,防止因病致贫、因病返贫。制定扶贫政策,认真落实西部地区健康扶贫支持政策和《云南省健康扶贫 30 条措施》及州县健康扶贫精准实施方案,实现贫困人口 100% 参加基本医疗保险和大病保险、贫困人口 28 种疾病门诊费用政策范围内报销比例达到 80%、贫困人口住院治疗费用单人单次自付不能超过 10%、个人累计年度自付的医药费用不超过当地农村居民可支配收入。完善贫困地区基层医疗卫生服务体系,建立完善基本医疗保险、大病保险、医疗救助、医疗费用兜底"四重保障机制",落实先诊疗后付费、"一站式"即时结报、家庭医生 100% 签约服务"三项措施",实施医疗基础设施提升、基层卫生队伍建设、远程医疗服务"三项工程",做好重点疾病防控、提高贫困地区妇女儿童健康水平、开展环境卫生综合整治、开展健康促进与健康教育"四项工作",让贫困人口"看得起病""方便看病""看得好病""少生病"。

(六)扎实推进生态建设脱贫

把生态文明建设与脱贫攻坚紧密结合,让贫困人口从生态建设与修复中得到更多实惠,确保符合享受生态扶贫政策条件的贫困户 450 户 1 600 人以上通过生态扶贫实现稳定增收脱贫。实施生态护林员扶贫、退耕还林扶贫、陡坡地生态治理扶贫、公益林生态效益补偿扶贫、低效林改造扶贫、农村能源建设扶贫、林业产业扶贫等生态扶贫措施。加大生态保护修复力度,增加重点生态功能区转移支付。采取"县统筹、乡镇聘、村管理"的模式,在全县贫困人口中,优先保证聘用生态护林员和天保工程护林员 350 人以上。充分发挥生态资源优势,开展生态村、旅游扶贫示范村建设,实现资源优势向产业优势转变。发展林农专业合作社、家庭林场、造林合作社等林业合作组织,带动和吸纳贫困人口参与发展林产业、造林、抚育管护,促进贫困户林地承包经营权依法流转,增加财产性收入。

（七）做好社会保障兜底脱贫

社会保障兜底是精准脱贫的最后一道屏障。加强农村最低生活保障制度和扶贫政策有效衔接，因病、年老、残疾或其他特殊原因完全或部分丧失劳动能力，无法通过产业扶持和就业脱贫的农村贫困户，按程序纳入农村低保、特困人员供养制度兜底保障；提高农村低保保障水平，到2018年末，实现农村低保保障标准和国家扶贫标准"两线合一"；切实落实国家和省州规定要求，建立完善贫困人口医疗救助和医疗兜底保障制度，确保贫困群众看得起病，不因病致贫返贫；完善临时救助制度，切实解决贫困地区农村群众突出性、紧迫性困难问题；动员符合条件的贫困人口参加城乡居民基本养老保险，引导多缴多补、长缴多得，确保参保人持续缴费不断保。对参保缴费困难的未脱贫人口，多渠道、多形式筹集资金，按照最低档次100元代其缴费，确保贫困人口100%参加城乡居民基本养老保险。

（八）大力推进科技扶贫

牢固树立科技扶贫是精准脱贫新动力的理念，鼓励支持科技单位和科技人才、将科技成果和先进实用技术，在贫困地区转让和推广，提升科技帮扶力量。加强乡村科技服务队伍建设，不断完善农技服务体系、完善科普宣传制度和科技培训机制，广泛开展科普宣传，提升贫困地区公民科学素质，搭建扶贫科技支撑体系、全面提升贫困户致富技能，深入推进"科技入双"工程向贫困地区延伸，到2020年，实现农技组织和服务在贫困乡全覆盖，科技服务在贫困村全覆盖，贫困地区公民科学素质和生产技能大幅提高。

（九）加大基础设施建设力度

注重个体拔穷根与整体拔穷根相结合，以贫困地区整体生产生活条件改善，带动贫困户个体实现稳定脱贫，全面解决区域性整体贫困。加快推进贫困地区路网、水网、电网、互联网等基础设施建设，力争到2020年全县行政村路面全部通硬化且具备条件的通客运班车；农村自来水普及率达80%以上，贫困地区农村饮水用水集中供水率达到85%以上，贫困人口人均1亩以上稳产农田；贫困行政村通10千伏以上动力电，农村电网供电可靠率达到99.72%，综合电压合格率达到97%，户均配变电容量不低于2千伏安；贫困村广播电视覆盖率达99%；实现网络宽带覆盖到行政村及所在地学校和村卫生室。加快推进贫困地区公共文化基础设施建设，确保每个行政村有公共服务和活动场所。加快以县城为中心的中小城镇、特色小镇建设，推进城镇基础设施和公共服务向农村延伸覆盖，带动贫困地区发展。将贫困村优先纳入美丽宜居村建设规划，实施"七改三清"环境整治行动，全面改善贫困地区人居环境。

（十）加大金融支持扶贫力度

把金融扶贫作为实现脱贫的重要举措，按政策支持商业性、政策性、开发性等各类金融机构加大对脱贫攻坚的支持力度。认真落实"5万元以下、3年期以内、免担保、免抵押、基准利率放贷、财政贴息、县建风险补偿金"政策，抓好扶贫小额信贷投放，认真落实各项金融支持政策，加大对建档立卡贫困户和扶贫产业项目金融扶贫政策支持力度。加强与政策性和开放性银行的协同合作，争取易地扶贫搬迁、贫困地区基础设施、重大产业项目金融支持。加大创业担保贷款、助学贷款、妇女小额信贷、康复扶贫贷款实施力度。支持贫困地区培育发展农民资金互助组织,开展农民信用合作试点,提高贫困地区保险服务水平,加快发展多种形式的农业保险,适当降低贫困户保险费率。

(十一)完善脱贫攻坚项目库

全面开展脱贫攻坚措施户户清行动,推动干部沉下去。"面对面"与群众协商定策,"实打实"研究落实脱贫措施,"精而精"安排资金项目,建立"人对人"责任落实机制,实施"硬碰硬"督查考核,全面做到贫困对象家底、致贫原因、帮扶措施、投入产出、帮扶责任、脱贫时序"六清",在此基础上做实村级脱贫攻坚施工图(实施方案)、乡级路线图(实施方案),完善县级脱贫攻坚项目库,明确县乡村各级组织和相关人员按任务目标牵头实施的责任体系,分类牵头、分类负责、分类实施、分类落实,做到上下对口、责任清晰、工作具体、落实有力,到户到人脱贫措施可督可查。

四、全面构建大扶贫工作格局

坚持精准施策要求,动员全县力量,全面构建专项扶贫、行业扶贫、社会扶贫、定点扶贫、扶贫协作"五位一体"大扶贫工作格局。

(一)充分发挥专项扶贫的主体作用

县、乡镇党委和政府对本区域脱贫攻坚工作负责。围绕"两不愁、三保障""6105""三率一度"脱贫退出标准和实现全县脱贫目标任务,建立完善目标体系、规划体系、责任体系、政策体系、投入体系、考核体系和动员体系。加强脱贫攻坚工作的领导,强化统筹协调推进,及时发现和研究解决推进中存在的困难和问题;建立完善规划和项目库建设,制定完善扶贫政策措施;增加扶贫投入,强化资金管理;压实各级部门责任,狠抓各项政策措施落实;广泛动员全社会力量参与全县脱贫攻坚,切实抓好扶贫成效督查考核和扶贫领域执纪问责,做到扶真贫、真扶贫、真脱贫,确保全县脱贫目标实现。

(二)充分发挥行业扶贫的职责作用

实行各级行业扶贫包干负责制,各行业职能部门按脱贫标准对本行业脱贫达标负责,确保完成本行业脱贫目标任务,不因本行业目标任务和工作,影响全县脱贫。各级各行业职能部门,要充分发挥职能和专业优势,把扶贫项目和资金,优先纳入规划和计划,并认真组织实施。按部门职能职责,扶贫办负责综合协调,农业局负责产业扶贫,发改局负责易地扶贫搬迁,交通运输局负责道路建设,水务局负责水利设施、安全饮水和基本农田,经信局负责电力保障和信息宽带网络,县住房城乡建设局负责农村安全住房,县人行负责金融扶贫,人力资源和社会保障局负责培训就业、医疗、养老保障,教育局负责教育扶贫,卫计局负责健康扶贫,文体广电旅游局负责文化旅游扶贫,林业局负责生态建设,环保局负责环境整治,科技局负责科技扶贫,民政局负责社会保障兜底,财政局负责资金投入和资金监督管理,共同负责形成齐抓共管的攻坚格局。

(三)充分发挥社会扶贫的帮扶作用

充分动员和组织社会各界支持参与脱贫攻坚,倡导扶贫济困、行善积德,深入挖掘社会帮扶潜力,不断壮大社会帮扶力量。扎实推进"互联网+"社会精准扶贫工作,发布社会扶贫救援和求助信息,公布社会扶贫项目,促进社会扶贫资源与乡村、贫困户脱贫需求精准对接。推动互联网与精准扶贫的深度融合。以"10.17"扶贫日活动、"村企共建"活动、"百企帮万村"为载体,引导社会各界人士,通过爱心捐赠、志愿服务、企业帮扶等多种形式参与扶贫。建立完善社会扶贫激励政策体系,鼓励和吸引更多非公企业、致富的返乡带头人到贫困地区投资创业,带动当地发展产业,对全县在脱贫攻坚工作中突出贡献的企业(单位)和个人进行表扬。

(四)充分发挥定点扶贫的包保作用

进一步抓实定点"挂包帮"工作,实行挂包帮扶对定点帮扶脱贫负责。科学安排,积极争取,做到贫困村村村有驻村扶贫工作队、户户有帮扶责任人,挂包帮扶单位一把手是第一责任人,必须亲自抓,明确一名素质好、能力强的领导具体抓。充分认识脱贫攻坚艰巨性,选派责任心强、作风扎实、素质好的干部,作为驻村工作队员。挂点领导要确保人员、时间、精力到位,亲力亲为深入挂包村(社区),发挥领导示范的以上率下作用。挂包帮扶单位要充分发挥自身优势,结合贫困村实际,与村组分析致贫原因,研究制定脱贫思路,从政策上、措施上、项目上给予帮助和支持,在精准脱贫上见实效。帮扶干部要真正了解群众所需所盼,加深贫困群众感情,切实解决发展难题,支持帮扶户确定和实施脱贫增收的项目,确保帮扶户如期脱贫。认真执行《双柏县驻村工作队管理办法(试行)》,加大督查、检查、考核、通报问责工作力度,强化和规范工作队员管理。充分运用考核结果,对考核为优秀的给予表扬,对违反相关规定的驻村工作队员实行召回并作为"不称职"定格。对挂包村不能按时脱贫出列的挂包帮扶单位,年度工作实行"一票否决",对工作队员进行问责处理,贫困户脱不了贫的挂包干部进行追责问责。进一步加强与南京大学、楚雄师范学院、省水利水电勘测设计研究院等中央和省定点扶贫单位的汇报、沟通衔接,争取更多支持。

(五)充分发挥沪滇扶贫协作的助推作用

切实把沪滇扶贫协作工作作为实现双柏县经济社会跨越发展和如期实现脱贫攻坚的重要战略机遇抓紧抓好,紧紧围绕产业合作、劳务协作、人才支持、资金支持、社会参与5项主要任务,不断强化职能部门和县乡责任落实、主动对接沟通,形成合作项目,提高沪滇扶贫协作工作水平。切实管好用好援建项目资金,做到精准投入、"雪中送炭",发挥典型示范作用。切实加强对接,充分发挥上海市及嘉定区的优势,力争在"沪企入双""双品入沪""科技入双"、人才培养、劳务协作和教育医疗等方面取得实实在在的帮扶成效,补齐全县在产业发展、科技创新、人才培养和基本公共服务等方面的短板,为双柏县脱贫攻坚注入持久动力。充分发挥援滇驻双挂职干部作用,关心关爱援滇驻双挂职干部,为他们工作生活创造条件。

五、切实加强脱贫攻坚保障

(一)全面压实脱贫攻坚领导责任

坚持各级各部门党政一把手负总责的责任制,构建"三级书记"抓扶贫、党政同责、班子成员齐上阵的工作格局。县级领导负主体责任,县党政主要负责人为脱贫攻坚第一责任人,负责制定实施规划,优化配置各类资源要素,落实各项政策措施,组织跨乡镇区域扶贫项目实施,加强资金管理使用。乡镇负首要责任,负责结合实际制定本级脱贫攻坚年度工作计划,认真做好本级脱贫攻坚目标任务落实、扶贫项目实施、扶贫资金管理使用监督等工作。行业部门负职责责任,负责研究本行业(系统)脱贫攻坚职责任务,制定落实行业扶贫规划、年度计划、帮扶措施,督促政策落实,完成帮扶任务。各级挂包帮扶单位、挂包干部承担挂包帮扶责任,负责制定帮扶计划、帮扶措施,确保挂包村、挂包户脱贫退出。驻村工作队履行帮扶责任,负责当好宣传员、调查员、联络员、管理员、帮扶员、调解员、党建员,发挥精准扶贫突击队作用。进一步压实县委、县人民政府班子责任,县委副书记牵头协调,人大常委会、政协领导监督,政府副职负责行业扶贫,纪委书记抓监督执纪问责,组织部部长抓党建促脱贫,宣传部部长抓宣传发动和精神文明建设,统战部部长抓社会扶贫,政法委书记抓社会稳定,形成各级责任共担、上下联动、左右协调,人人肩上有责任、人人身上有任务的工作格局。

（二）加大资金投入保障

充分发挥政府投入在脱贫攻坚中的主体和主导作用,开辟资金筹集渠道,建立投入增长机制,脱贫攻坚期内,坚持县级财政投入专项资金每年 1 000 万元以上,地方政府新增债券资金不少于 30%用于脱贫攻坚。2018 年到 2020 年县财政每年预算安排时,重点保障部门申报用于扶贫的专项资金,原则上安排的专项资金不得低于上年保障水平,并根据财力增长情况逐年增加;盘活存量资金,实施沉淀资金归零。切实加大涉农资金统筹整合力度,县级建立脱贫攻坚资金整合平台,确保行业资金向贫困地区聚焦。财政资金支持贫困村的微小型建设项目,允许按照"一事一议"方式直接委托村级组织自建自管。加强资金监管,按照"谁决策、谁管理,谁分配、谁检查,谁使用、谁负责,谁主管、谁验收"的原则,坚持扶贫项目扶贫资金公告公示制度,切实加强资金的日常监管和督促检查,自觉接受社会监督。财政、审计等部门要适时开展财政扶贫资金项目检查、审计等工作,防止资金沉淀闲置浪费和"跑冒滴漏"。探索建立扶贫资金大数据监督平台,确保扶贫资金始终在阳光下运行。

（三）加强扶贫力量保障

脱贫攻坚期内乡镇党政主要领导和分管扶贫开发工作的领导干部保持相对稳定,对表现优秀、实绩突出的优先提拔使用,继续在当地开展工作。对推进脱贫攻坚措施不力、工作成效不好的党政领导干部进行及时调整。严格按照"领导挂点、部门包村、干部帮户"的要求,确保每个贫困乡镇都有领导挂点帮扶,每个贫困村都有部门(单位)定点包村帮扶,每户贫困户都有干部职工结对帮扶。精准选配村党组织第一书记、驻村工作队,切实提高县级机关派出干部比例。加强与精准扶贫工作相适应的扶贫开发机构和干部队伍建设,按照上级安排部署,进一步充实配强各级扶贫开发工作力量,按工作实际适当增加扶贫系统领导职数和人员编制,成立乡镇专门扶贫机构,负责人按乡镇副科级别配备。对基层一线实绩突出、群众基础好的干部纳入重点培养使用范围。加强干部思想作风建设,加大培训力度,提升各级干部开展脱贫攻坚工作的综合素质和能力水平。

（四）全面加强基层组织建设

坚持抓党建促脱贫攻坚,以党建带扶贫、扶贫促党建,实现"组织强、党建强、产业强、经济强"的目标。不断优化完善农村基层党组织设置,在农民专业合作社、农业社会化服务组织、农业产业链、农民工聚居地等重点领域建立党组织。实施党员"双带"能力提升工程,依托产业园区、产业基地建立"实践教学点",组织村组干部、农村党员开展实用技术和劳动技能培训。完善村级组织运转经费保障机制,加强活动场所建设管理使用。扶持贫困村发展壮大集体经济实力,全面整治软弱涣散村党组织,对经常教育帮助仍责任心不强、作风飘浮、能力较弱、不称职的村干部,必须坚决调整;从县、乡镇党政机关事业单位向软弱涣散村选派村"第一书记",对深度贫困村,选派科级后备干部作为"第一书记"。严格落实"四议两公开"、村财务公开、村账乡镇代管等制度,从严管理监督村干部队伍。开展"脱贫攻坚、基层党建"红旗村创建评先活动,充分调动干部积极性。

（五）激发群众内生动力

加大对新时代脱贫攻坚政策宣传,探索激发群众主体作用的机制办法,开办"脱贫攻坚乡村讲坛",以县乡村干部进村讲政策、讲脱贫举措、讲脱贫成功案例,"脱贫光荣户"讲感受,让脱贫政策、脱贫方法、致富经验进农村、到农户。扎实开展"自强、诚信、感恩"主题实践活动,加强政策引导、教育引导、典型引导,发挥村规民约作用,注重扶贫同扶志、扶智相结合,教育引导贫困群众转变思想观念,真正变"要我脱贫"为"我要脱贫",靠自己的辛勤劳动改变贫穷落后面貌;评选表彰一批村风文明、管理民主、主动脱贫、群众满意度高的"脱贫致富先锋红旗"村组,给予表扬和扶贫项目资金奖补;对自力更生、率先脱贫的评选表扬一批"脱贫光荣户",在"脱贫光荣户"中培养一批入党积极分子,发展一批党员。加大先进典型宣传力度,挖掘一批脱贫先进典型、一批帮扶先进典型、一批扶贫系统先进典型、一批精准扶贫精准脱贫成功案例,以广播电视、报纸杂志、微信微博等媒体办专版、专栏宣传展示各级脱贫攻坚成果、经验做法和先进典型,营造全社会关注扶贫、支持扶贫、参与扶贫的浓厚氛围,形成脱贫攻坚比学赶超的良好局面。

（六）建立有效工作机制

围绕"人脱贫、村出列、县摘帽"目标,确定责任清单和任务清单,具体到村到户到人,确定时限,公开透明,挂图作战,做到目标明确、责任到人、任务到人,实行月督查、季通报、年考核,精准精细推进脱贫攻坚各项措施任务落实落地。完善精准扶贫五级规划和县级项目库建设,紧扣脱贫摘帽目标,认真编制完善县、乡、村、组、户五级精准脱贫规划和县乡项目库。县项目库要成为精准施策的基础,整合涉及资金的法定依据。完善制定贫困户脱贫、贫困村出列和贫困县摘帽标准、程序、核查、认定相适应的统计监测体系,充分运用互联网和大数据,加强脱贫攻坚信息平台融合,整合扶贫、卫计、教育、人力资源和社会保障、民政、住建等信息资源,健全完善县、乡镇、村精准扶贫信息管理体系,实现扶贫开发信息资源共享,确保系统数据真实、准确、及时、完整,为党委政府决策提供可靠依据,完善进度统计通报制度。

（七）加强扶贫成效考核和结果运用

制定完善扶贫开发工作成效考核办法。制定完善县扶贫开发、行业扶贫、"挂包帮"单位定点扶贫、驻村扶贫工作队成效考核评价办法。坚持严管与厚爱、激励与约束相结合,认真执行年度脱贫攻坚情况报告和督查、考核制度,实行行业部门、"挂包帮"单位与县、乡镇、村捆绑考核。对年度扶贫开发成效考核优秀的乡镇党政领导班子成员、县级部门班子成员及相关人员、驻村扶贫工作队员优先提拔使用。对未能完成年度脱贫攻坚目标任务的实行"一票否决"，对其党政主要负责同志进行约谈，其党政主要负责同志不予评先评优，3 年内不得提拔、重用，挂包的县级领导由县委向州委建议取消年终评优评先资格，"挂包帮"单位（限县管单位）干部一律取消提拔、奖励、评优评先资格和年终综合绩效奖，同时启动问责。

（八）严格监督执纪问责强化纪律保证

以优良的纪律作风保障脱贫攻坚，打赢作风攻坚战。制定完善脱贫攻坚责任追究办法，开展扶贫领域腐败和作风问题专项治理，集中力量解决扶贫领域存在的责任不落实、工作措施不精准、工作作风不扎实、资金管理使用不规范，以及形式主义、官僚主义和腐败等突出问题。纪检监察机关要采取专项纪律检查、专项巡察、廉洁扶贫专项行动等方式，加大对扶贫领域的监督执纪问责，督查、扶贫部门督查考核存在问题，要作为线索提供纪检监察机关，从严惩处责任不落实、工作不担当和形式主义、虚假脱贫、数字脱贫等问题，坚决惩处扶贫领域虚报冒领、套取骗取、截留私分、贪污挪用、挤占浪费等违纪违规问题，严肃查处脱贫攻坚领域及发生在群众身边的腐败行为。切实做到对问题"零容忍"，该通报的通报、该问责的问责、该惩处的惩处。

中共双柏县委办公室 双柏县人民政府办公室 关于印发《双柏县全面巩固脱贫成果、提升脱贫质量的实施意见》的通知

各乡镇党委政府,县委各部委室,县级国家机关各办局,各人民团体、企事业单位:

《双柏县全面巩固脱贫成果、提升脱贫质量的实施意见》经县十七届人民政府第51次常务会讨论、县十三届县委第78次常委会审定,现印发给你们,请认真贯彻执行。

中共双柏县委办公室

双柏县人民政府办公室

2019年4月24日

附:双柏县全面巩固脱贫成果、提升脱贫质量的实施意见

为全面巩固双柏县脱贫成果,持续提升摘帽县、脱贫村的综合实力、脱贫户的收入水平,确保已脱贫户稳定脱贫、防止返贫,制定本实施意见。

一、指导思想

深入贯彻落实党的十九大精神,以习近平新时代中国特色社会主义思想为指导,围绕全面建成小康社会奋斗目标,认真贯彻落实习近平总书记关于扶贫工作重要论述、在重庆解决"两不愁、三保障"突出问题座谈会上的重要讲话精神以及习近平总书记给贡山县独龙江乡群众回信重要精神,按照党中央、国务院和省州党委政府的部署要求,坚持一手抓精准扶贫精准脱贫、一手抓脱贫成果精准巩固提升,按照"脱贫不脱政策、脱贫不脱责任、脱贫不脱帮扶、脱贫不脱监管"的要求,弘扬以"进村入户的热心细心、解说政策的耐心诚心、因户施策的真心匠心、解难除困的善心决心、诚挚奉献的爱心忠心、巩固提升的用心恒心"为主要内容的新时代双柏扶贫攻坚精神,全面建立双柏县健全稳定脱贫长效机制,继续强化精准帮扶,巩固脱贫成果,提升脱贫质量。

二、工作目标

脱贫攻坚期内,稳定脱贫政策措施完善健全,脱贫质量不断巩固提升、脱贫成效得到群众认可,经得起历史检验。确保到2020年所有建档立卡贫困人口在现行标准下全部稳定脱贫,实现"两不愁、三保障",稳定持续增收,自我发展能力全面提升;兜底保障对象的保障性收入不低于国家扶贫标准并形成增长机制;确保脱贫退出村基础设施建

设、公共服务水平和基层组织服务保障水平大幅提升,经济发展的造血功能明显增强;确保贫困县摘帽、贫困村出列、贫困人口脱贫经得起历史检验。

三、工作措施

（一）强化贫困对象动态管理

1. 加强跟踪监测。建立健全动态监测体系,重点监测脱贫户家庭收入状态、返贫风险点和后续精准帮扶措施,及时掌握返贫情况,对没有达到稳定脱贫标准或存在返贫风险的贫困人口及时进行有效帮扶,实现稳定脱贫。

2. 加强脱贫返贫识别。对信息系统预警和跟踪监测的疑似返贫人口,按照贫困户识别、纳入的程序进行返贫处理,并统一在扶贫开发信息系统中作返贫操作。

（二）落实稳定脱贫政策

3. 落实脱贫不脱政策。贫困县摘帽后,在攻坚期内原有扶贫政策保持不变,一般性转移支付政策、财政专项扶贫资金、财政涉农资金整合、项目安排的力度保持不变;贫困村出列后,继续保持扶贫政策和帮扶措施不变,实施贫困村提升工程,按照"缺什么、补什么"的原则,补齐基础设施和公共服务短板,夯实村级发展基础;贫困人口脱贫后,继续享受产业扶贫、就业扶贫、扶贫小额信贷、健康扶贫、教育扶贫等到户扶贫政策不变。

4. 落实脱贫不脱帮扶。贫困乡镇退出、贫困村出列、贫困人口脱贫后,继续安排帮扶力量,驻村帮扶和结对帮扶。针对不同致贫原因分类施策,帮扶贫困村实现基础设施和公共服务水平"双提升",帮扶贫困人口在稳定脱贫基础上走上小康致富路。

（三）加强脱贫对象自我发展能力培育

5. 进一步激发内生动力。加大对新时代脱贫攻坚政策宣传,开办"脱贫攻坚乡村讲坛",以州、县、乡村干部进村讲政策、讲脱贫举措、讲脱贫成功案例,"脱贫光荣户"讲感受,让脱贫政策、脱贫方法、致富经验进农村、到农户。抓紧抓实"十小工程",扎实开展"自强、诚信、感恩"主题实践活动,加强政策引导、教育引导、典型引导,发挥村规民约作用,注重扶贫同扶志、扶智相结合,教育引导贫困群众转变思想观念,深入推进扫黑除恶专项斗争及平安双柏建设活动,依法打击各类违法犯罪活动,打好禁毒防艾人民战争,不断提升人民群众安全感、满意度。评选表扬一批村风文明、管理民主、主动脱贫、群众满意度高的"脱贫致富先锋红旗村组",给予表扬和扶贫项目资金奖补;对自力更生、率先脱贫的评选表扬一批"脱贫光荣户",在"脱贫光荣户"中培养一批入党积极分子,发展一批党员。加大先进典型宣传力度,挖掘一批脱贫先进典型、一批帮扶先进典型、一批扶贫系统先进典型、一批精准扶贫精准脱贫成功案例,以广播电视、报纸杂志、微信微博等媒体办专版、专栏宣传展示各级脱贫攻坚成果、经验做法和先进典型,营造全社会关注扶贫、支持扶贫、参与扶贫的浓厚氛围,形成脱贫攻坚比学赶超的良好局面。

6. 进一步加强职业技能培训。按照"扶贫必扶智"的要求,以提升就业素质能力、实现职业技能培训全覆盖为目标,着力阻断贫困代际传递。完善县、乡镇、村"三级联动"机制,准确掌握脱贫户劳动力资源信息、技能状况和培训需求,建立以村为单位的贫困劳动力实名制登记数据库。实行分类施策,精准培训。对贫困家庭"两后生"加大职业学历教育支持力度,确保"雨露计划"免费培训全覆盖;对有培训意愿的贫困家庭劳动力,每年至少提供一项免费技能培训,让其掌握一技之长;对就近就地就业的贫困劳动力,免费开展实用技术培训,确保其掌握1~2门实用技术;对外出务工的贫困家庭劳动力,要在务工集中输入地组织开展"异地培训"。全面落实就业前免费技能培训和技能提升补贴政策,加强技能培训,打造特色劳务品牌,全力实现"教育培训一人、就业创业一人、稳定脱贫一户"。

(四)完善脱贫对象收入稳定增收长效机制

7. 持续构建支撑有力的脱贫攻坚资金持续增长投入保障体系。坚持政府投入的主体和主导作用,加大扶贫资金整合力度,县级建立脱贫攻坚资金整合平台,确保行业资金向贫困地区聚焦,增加金融资金对脱贫攻坚的投放,吸引社会资金参与脱贫攻坚,科学使用沪滇扶贫协作资金、南京大学帮扶资金等社会扶贫资金,建立投入增长机制,脱贫攻坚期内,坚持县级财政投入专项资金每年1 000万元以上。到2020年县财政每年预算安排时,重点保障部门申报用于扶贫的专项资金,原则上安排的专项资金不得低于上年保障水平,并根据财力增长情况逐年增加,精准用好各类资金,强化扶贫资金监管,构建支撑有力的脱贫攻坚资金持续投入保障体系。加强资金监管,按照"谁决策、谁管理,谁分配、谁检查,谁使用、谁负责,谁主管、谁验收"的原则,坚持扶贫项目扶贫资金公告公示制度,切实加强资金的日常监管和督促检查,自觉接受社会监督。财政、审计等部门要适时开展财政扶贫资金项目检查、审计等工作,防止资金沉淀闲置浪费和"跑冒滴漏"。探索建立扶贫资金大数据监督平台,确保扶贫资金始终在阳光下运行。

8. 制定脱贫贫困户收入稳定增长机制。按照"县有骨干产业、乡有主导产业、村有优势产业、户有增收产业"的要求,加强对脱贫村、脱贫户在产业规划、产业选择、招商引企、市场开拓、品牌培育、技术支持等方面的指导帮扶,继续围绕"公司+基地+合作社+贫困户+加工厂"收益共享型、"公司+合作社+贫困户"产业合作型、"公司+贫困户"委托帮扶型、"公司+互联网+订单"营销带动型、"公司+贫困户+务工+提成"分享收益型等五大产业帮扶模式,培育州级龙头企业3户以上,成长型中小企业1户以上,小微企业100户以上,扎实推进妥甸镇大麦桂(大敌鲁村委会、麦地新村委会、桂花井村委会)现代农业综合开发示范区建设,加大发展到乡、到村、到户增收产业力度,为所有出列村、脱贫户量身定做全面巩固提升脱贫成果措施,确保稳定脱贫、持续增收。

9. 健全一二三产融合发展机制。坚持"系统化思维、全产业开发、产加销一体",形成完整的产业链,把更多贫困人口嵌入产业链中。以新型城镇化统筹一二三产业融合,激发农村经济增长活力,持续推进妥甸查姆彝药养生小镇、大庄农业观光休闲旅游小镇、碍嘉风情旅游小镇、法脿民族文化小镇、大麦地特色农业小镇建设,示范带动全县特色集镇建设。吸纳工商资本适度介入农业农村,引导城乡工农要素平等交换合理流动,做强农业产业,深化农产品加工业和绿色食品制造消费业。发展休闲观光农业和乡村旅游产业,建设美丽乡村,打造田园综合体,着力构建现代产业园区,推动农村商贸流通服务业,深入推进农村一二三产业融合发展,抓实大麦地镇绿汁江一二三产业融合发展示范区建设,培育壮大乡土经济、乡村产业,实现以产兴村、产村融合,夯实产业立镇、农业强县基础,促进城乡融合发展,实现农业强、农民富、农村美。

10. 培优壮大新型农业经营主体。加大对新型农业经营主体的培育力度,支持市场前景好、产业链长、带动能力强、增收效果明显的新型经营主体成长壮大,支持具备条件的脱贫村引进市场主体发展乡村旅游、农产品加工、特色种养、电商扶贫等生产经营项目,加快推进冬早蔬菜、经济林果及黑山羊、肉驴、虾蟹养殖等特色产业发展,推进绿汁江、马龙河流域农业产业园区建设,引导规范农民建立专业合作社,创建州级农民专业合作示范社 5 个以上,培育规模养殖大户 100 户以上,加大产业招商力度,培育农业加工龙头企业 21 户以上,打造绿色农业庄园 2 个以上。完善与贫困户利益联结机制,提高贫困户在产业发展中的参与度,确保有产业发展条件的贫困户均参加 1 个新型农业经营主体、均有 1 个以上主导产业增收项目,并能支撑其稳定持续增收。

11. 加大绿色品牌认定力度。开展"三品一标"认证,健全农产品标准体系,打好绿色食品这张牌,积极创建农产品质量安全县,打造一批融入"云系""滇牌"农业产业化知名品牌,到 2020 年全县新增农产品"三品一标"认证 79 个,其中无公害农产品认证 44 个、绿色食品认证 27 个、有机食品认证 6 个、农产品地理标志登记 2 个。着力打造一批有市场竞争力、有文化底蕴的特色产业品牌,发挥品牌的带动、辐射、示范效应。

12. 推进科技扶贫。牢固树立科技扶贫是精准脱贫新动力的理念,充分借助和发挥好南京大学、上海嘉定区的先进技术和帮扶资源,鼓励支持科技单位和科技人才、将科技成果和先进实用技术在贫困地区转让和推广,提升科技帮扶力量。加强乡村科技服务队伍建设,不断完善农技服务体系,完善科普宣传制度和科技培训机制,广泛开展科普宣传,提升贫困地区公民科学素质,搭建扶贫科技支撑体系、全面提升贫困户致富技能,深入推进"科技入双"工程向贫困地区延伸,到 2020 年,实现农技组织和服务在贫困乡全覆盖,科技服务在贫困村全覆盖,贫困地区公民科学素质和生产技能大幅提高。推进"互联网＋扶贫""互联网＋龙头企业(合作社)＋贫困户"等方式,实施好电子商务进农村示范县,实现线上与线下相结合,实现产品到商品的转变,不断提升农产品经济效益。

13. 抓实安全住房巩固脱贫。认真落实 1 555 户 5 801 人易地扶贫搬迁群众后续发展,完善搬迁集中安置点的产业发展和就业计划,细化产业增收措施,逐户逐人做好脱贫规划,建设一批村史馆,确保实现搬迁农户"搬得出、稳得住、能致富"。全面完成农村民房加固提升工作。对农村民房实行动态监测,确保贫困地区农民住房安全有保障。

14. 深入实施生态工程建设。加强生态保护与修复,深入实施退耕还林政策,及时兑付完善退耕还林政策、新一轮退耕还林补助资金。2019 年度全县计划实施退耕还林 1.12 万亩,2020 年度全县计划实施 1.2 万亩。计划任务重点向贫困村、贫困户倾斜,按时兑现政策补助资金让建档立卡贫困户在参与实施退耕还林项目中获得直接经济补助,同时发展家庭种植业;深入实施陡坡地生态治理、公益林生态效益补偿、低效林改造等扶贫政策,2019～2020 年计划实施低效林改造 1 万亩;深入实施核桃提质增效项目,2019～2020 年计划每年实施核桃提质增效 1.5 万亩;深入实施农村能源建设项目,积极争取省州每年下达涉农整合资金安排太阳能建设任务 300 户以上,每户补助 1 500 元(省补助 1 000 元、州补助 100 元、县补助 400 元),节柴灶 300 户以上,每户补助 300

元,让更大范围的贫困群众能参与项目实施并获得政策补助资金,启动国家生态文明建设示范县、国家森林县城创建工作,发展绿色经济,建设绿色城乡。

15. 推进资产收益扶贫。依托土地、生态资源等优势,加快推进"三权分置"改革,支持出列贫困村、脱贫户以土地、山林、水面、设施、设备、资金入股或流转委托新型农业经营主体的方式,实现"资源变资产、资金变股全、农民变股东",获得稳定分红收益。在不改变用途的情况下,财政专项扶贫资金和其他涉农资金投入设施农业、养殖、光伏、水电、乡村旅游等项目形成的资产,具备条件的可折股量化给贫困村和贫困户,不搞简单的"入股分红"。贫困户脱贫后,可按契约规定继续享受分红受益。

16. 建立就业脱贫长效机制。全面落实支持创业就业的优惠政策,充分发挥主导产业吸纳贫困劳动力的作用,鼓励能人创业辐射带动贫困劳动力就业,推动扶贫就业基地建设,引导全社会形成帮助贫困群众就业的良好氛围。脱贫户继续享受就业技能培训补贴、就业奖补、就业援助、社会保险补贴等优惠政策。推进"双创"工作向农村延伸,鼓励和支持农民工、高校毕业生、退役军人、科技人员返乡创业,对有创业意愿的贫困劳动力和贫困家庭大学生,给予免费创业培训和创业导师服务,优先安排"贷免扶补"创业担保贷款、创业补贴等政策扶持。依托创业园、众创空间和创业平台,充分利用"人才网"和"就业网"等公共就业和人才服务信息网络,做好用工信息收集与发布、定向培训、专场招聘和后续管理服务工作;继续加强沪滇协作,举办"农村劳动力转移就业"招聘会,为贫困劳动力与用人单位搭建对接平台,促进跨省、跨州市、跨县区转移就业。积极开发生态护林、绿化保洁和道路维护、河道维护、社会治安协管、孤寡老人和儿童看护、搬迁安置区物业管理等公益性岗位,优先聘用就业困难的贫困劳动力,确保有劳动力的贫困户就业有保障,实现"一人就业创业、一户脱贫致富"。

（五）持续提升公共服务水平

17. 继续推进教育精准扶贫工程。充分发挥教育在脱贫攻坚中的全局性、基础性、先导性作用,继续扎实推进教育精准扶贫。以学生资助兜底线,全面落实教育精准扶贫学生资助政策;以职业教育为突破口,着力加强脱贫户学生技术技能教育和培训;以改善条件为基础,全面改善贫困地区中小学、幼儿园基本办学条件,加强乡村教师队伍建设,保障贫困地区适龄少年儿童接受良好基础教育;以教育公平为根本,深入关爱帮扶特殊困难群体,保障脱贫户学生有公平的上升通道和进步空间。到 2020 年末,全县学前一年毛入园(班)率达 95％以上,学前三年入园率达 87％以上,特殊教育阶段的入学率不低于国家标准,基本普及学前教育;九年义务教育巩固率达 95％以上,实现县域内义务教育发展基本均衡;高中阶段教育毛入学率达 90％以上,普及高中阶段教育,努力实现高中教育优质发展。

18. 继续深化健康扶贫工程。进一步巩固提升农村贫困人口享有基本医疗卫生服务,防止因病致贫、因病返贫,为农村贫困人口稳定脱贫提供健康保障,健全完善城乡居民基本医疗保险、大病保险、医疗救助、医疗费用兜底保障"四重保障"机制,实施"三个一批"行动和"三个一"工程,巩固提升"九个确保"工作成效,加快推进县中医院、疾控中心、中西医结合医院项目建设,不断提升中(彝)医药服务能力,切实提高公共医疗卫生服务水平。到 2020 年,全县人人享有基本医疗卫生服务,基本公共卫生指标达到全国平均水平,人均预期寿命进一步提高。医疗卫生服务条件明显改善,服务能力和可及性显著提升,实现大病基本不出县,农村贫困人口个人就医费用负担大幅减轻,有效解决因病致贫、因病返贫问题。继续加大居民医疗保险和医疗救助力度,持续落实健康扶贫医疗救助和兜底保障政策,确保符合转诊转院规范住院治疗的贫困人口100%纳入医疗救助和兜底保障范围,有效解决因病致贫、因病返贫问题。

19. 完善兜底保障制度。做好农村低保政策与扶贫开发政策有效衔接工作,逐年提高低保标准,继续巩固农村低保保障标准与贫困人口脱贫标准的"两线合一",确保兜底保障对象的保障性收入不低于同期国家扶贫标准。建立低保兜底对象认定清理的常态化机制,坚持"应保尽保、精准施保"原则,对人均收入低于最低生活保障线的建档立卡贫困人口和符合兜底保障的返贫对象及时纳入保障范围,确保做到"应保尽保、应扶尽扶"。

20. 健全社会救助机制。对农村低保家庭中的老年人、未成年人、重度残疾人和重病患者等深度贫困群体,采取多种措施提高救助水平,保障其基本生活。设立医疗、教育、住房等专项救助资金,加大临时救助、医疗救助、慈善救助等社会救助力度。建立因突发性事件致贫返贫的防范救助机制,对因灾害、意外事故、家庭成员重病、因学等原因导致基本生活出现困难的家庭进行临时救助,有效防止脱贫户因突发性事件返贫。健全完善残疾人"两项补贴"、孤儿基本生活费、高龄老人生活补贴的审批发放程序,健全农村"三留守"关爱服务体系建设,实现农村留守儿童、妇女、老人关爱工作的制度化、常态化。

（六）建立脱贫返贫保险保障机制

21. 建立脱贫返贫保险保障机制。精准对接建档立卡贫困户保险需求,切实缓解因病、因学、人身伤害和自然灾害等造成的返贫现象,完善保障体系,不断提高贫困户稳定脱贫保障水平。探索建立扶贫基金、扶贫保险等机制,解决好稳步脱贫、不扶贫的长效机制。

（七）实施贫困村提升工程

22. 持续完善脱贫攻坚项目库。持续全面开展脱贫攻坚措施户户清行动,"面对面"与群众协商定策,"实打实"研究落实脱贫措施,"精而精"安排资金项目,建立"人对人"责任落实机制,实施"硬碰硬"督查考核,全面做到贫困对象家底、致贫原因、帮扶措施、投入产出、帮扶责任、脱贫时序"六清",在此基础上做实村级脱贫攻坚施工图(实施方案)、乡级路线图(实施方案),持续完善县级脱贫攻坚项目库,进一步明确县乡村各级组织和相关人员按任务目标牵头实施的责任体系,分类牵头、分类负责、分类实施、分类落实,做到上下对口、责任清晰、工作具体、落实有力,到户到人脱贫措施可督可查。

23. 持续改善贫困村基础设施建设。加快贫困村出列后,继续实施贫困村提升工程,进一步完善水、电、路、网等基础设施,加强教育、卫生、文化等公共服务建设,持续改善农村道路、供水、供电、消防、信息等基础设施。全面推进"四好农村路"建设,实施50户以上不搬迁自然村及一路多村村组公路路面硬化、农村公路安全生命防护、危桥改造及窄路面加宽等项目工程。抓好饮水安全巩固提升建设项目。对标《云南省脱贫攻坚农村饮水安全评价细则》,从水量、水质、用水方便程度等方面持续推进重点水源等水利工程,实施农村"五小水利"工程 1 000 件以上,抓好饮水安全巩固提升项目实施。加快推进农村新一轮电网升级改造工程,推进农村地区宽带网络和移动通讯网络建设。加快乡镇"一水两污"及道路、绿化亮化等基础设施建设,推进集镇特色风貌改造。统筹整合美丽乡村、人居环境整治等项目,新建美丽宜居乡村 10 个以上。持续开展"七改三清"行动,推进农村"厕所革命"。全面改善人居环境和生产生活条件。到 2020 年,整体村容村貌、基础设施和公共服务水平均得到质的提升。

(八)坚持党建促脱贫攻坚

24. 坚持以党建促脱贫攻坚。充分发挥党的政治优势和组织优势,按照"五级书记抓扶贫"的要求,深入推进脱贫攻坚。以基层党建述职、评议、考核为指挥棒,建立常态化工作机制,进一步压实脱贫攻坚责任,推动工作重心下移,狠抓工作落实。

25. 加强基层组织建设。继续深入推进党组织规范化达标创建工作,以贫困村党组织和软涣散党组织为重点,在 2018 年达标创建 50%的基础上,确保 2019 年全面完成达标创建,2020 年进行巩固提升。深入开展"领头雁"培养工程,培养选拔一支政治意识强、素质能力好、群众威望高的基层党组织书记队伍,不断增强基层党组织引领发展、服务群众的功能。选优培强脱贫骨干,有计划地选派机关干部尤其是年轻干部、专业技术人才到脱贫攻坚一线服务,不断充实扶贫队伍力量。

26. 巩固党建扶贫新模式。引导村党组织和党员带头创立专业合作社等新型经济组织,推行"党支部＋合作社(龙头企业)＋贫困户"模式,组织引导贫困户以土地经营权入股、流转和农产品订单、就业等形式,参与新型经济组织(主体),带动贫困户多渠道增收实现稳定脱贫。

27. 严格驻村帮扶工作。严格落实中央省州脱贫不脱钩要求,持续做好驻村扶贫工作队员的选派工作,继续按照深度贫困村不少于 5 人,建档立卡贫困行政村不少于 3 人的标准,把能力强、作风实、熟悉基层的优秀干部选派到贫困行政村驻村开展工作。大学生村官选派优先满足深度贫困行政村以及工作力量较薄弱的建档立卡贫困行政村,保障深度贫困行政村以及工作力量较薄弱的建档立卡贫困行政村均有 1 名大学生村官。严格落实驻村帮扶工作管理办法,与县纪委、县委督查室、县联席办联动开展综合督查和季专项查察,切实加强对驻村工作队员和大学生村官的日常考核管理,确保驻村队员作用得到充分发挥。

(九)做好非贫困户和非贫困村的巩固提升

28. 加大对非贫困户和非贫困村的工作力度。对收入略高于国家贫困线标准的非贫困户,要通过发展产业、转移就业等做好帮扶巩固工作,确保收入稳定达标。对非贫困户的因病、因灾、因学等情况,要及时给予监测和帮扶。进一步加大非贫困村的交通、水利、产业等建设和发展力度,实现非贫困村与贫困村共同发展,非贫困村基础设施建设和公共服务无短板。

(十)做好与乡村振兴工作衔接

29. 推进脱贫攻坚与乡村振兴规划衔接。坚持乡村振兴与脱贫攻坚统筹结合,脱贫攻坚期内乡村振兴规划和行业专项规划要与脱贫攻坚相衔接,确保脱贫攻坚需提档升级的发展项目及基础建设项目编入乡村振兴的发展规划,实现乡村振兴与脱贫攻坚一本规划、一张蓝图。

四、组织保障

（一）强化组织领导

贫困县摘帽后，继续实行党政一把手负总责的责任制，以县为主体落实贫困退出后续精准帮扶巩固提升各项工作。行业部门主要领导是本部门巩固脱贫成果工作的第一责任人，继续落实行业扶贫工作。各乡镇要结合当地实际，制定具体实施方案。每年12月30日前，要向县扶贫开发领导小组报告稳定脱贫工作情况。

（二）强化责任落实

各乡镇党委、政府和县级行业扶贫责任单位（部门）要严格落实工作责任，把巩固脱贫成果实现稳定脱贫工作摆在重要位置，与脱贫攻坚同步部署、同步推进、同步落实。继续推行条块结合工作机制，全面巩固提升脱贫质量。

（三）强化考核督查

贫困退出后，每年对出列的贫困村和脱贫人口开展一次综合评估检查，重点检查考核责任、政策、工作"三落实"情况，脱贫成果巩固提升、综合贫困发生率变动等情况。对脱贫对象的后续精准帮扶、巩固提升和政策措施落实情况，继续纳入考核范围。对脱贫质量不高、工作不落实造成"假扶贫、假脱贫"或较大面积返贫现象的责任人，按照相关规定严肃追责问责。

中共双柏县委办公室 双柏县人民政府办公室 关于印发《〈双柏县脱贫攻坚志〉编纂方案》的通知

各乡镇党委政府、县委各部委办局、县级国家机关各委办局、县级各人民团体、各企事业单位：

《〈双柏县脱贫攻坚志〉编纂方案》已由十三届县委第76次常委会议审定，现予以印发，请按照方案要求开展相关工作。

中共双柏县委办公室
双柏县人民政府办公室
2019年4月19日

附：《〈双柏县脱贫攻坚志〉编纂方案》

为深入学习宣传贯彻党的十九大精神和习近平总书记关于扶贫工作重要论述，展示双柏县各级党委政府、社会各界在党中央的领导下，以强大的内生动力和昂扬的精神状态，自强不息、凝心聚力、奋发图强、奋勇争先，共建美丽双柏的良好精神风貌，展示党的十八大以来双柏县脱贫攻坚所取得的决定性进展和巨大成就，展现全县广大干部群众在脱贫攻坚工作中涌现出来的先锋模范和先进典型，全面记录双柏县齐心协力打赢脱贫攻坚战的过程，特编纂《双柏县脱贫攻坚志》。

一、编纂工作机构

为确保编纂工作顺利开展，成立《双柏县脱贫攻坚志》编纂工作领导小组，具体组成人员如下。

组　　长：李长平　县委书记
　　　　　梁文林　县委副书记、县人民政府县长
常务副组长：唐建平　县委副书记
　　　　　鲁泽强　县委常委、县人民政府常务副县长
副　组　长：李雪峰　县人大常委会主任
　　　　　王景书　县政协主席
　　　　　余正华　县委副书记、县驻村扶贫工作队总队长
　　　　　方永红　县委常委、县委政法委书记
　　　　　朱成玉　县委常委、县委组织部部长

沈海燕　县委常委、县委宣传部部长
孟继祖　县委常委、县纪委书记、县监委主任
周继涛　县委常委、县委办公室主任
朱明龙　县委常委、县委统战部部长
陈　剑　县委常委、县人民政府副县长
林　尧　县委常委、县人民武装部政委
肖新雄　县人民武装部部长
杨光盛　县人大常委会副主任
张翠华　县人大常委会副主任
尹久斌　县人大常委会副主任
苏　燕　县人大常委会副主任
闫　文　县人民政府副县长、县公安局局长
王　权　县人民政府副县长
王为周　县人民政府副县长
李家荣　县人民政府副县长
李　喆　县人民政府副县长
范存健　县人民政府副县长
张　玉　县人民政府副县长
苏秀华　县政协副主席
苏荣兰　县政协副主席
王清宏　县政协副主席
尹世久　县政协副主席
李新琼　县人民法院院长
赵春菊　县人民检察院检察长
田文鼎　县人民武装部副部长
　　　　县公安局政委
成　　员:杨品存　县委办公室常务副主任
赵永宏　县人大常委会办公室主任
张　永　县政府办公室主任
朱元辉　县政协办公室主任
邹加龙　县委政策研究室主任
李富章　县纪委副书记、县监委副主任
王　博　县委组织部副部长、县委两新组织工委书记
王丽芝　县委组织部副部长、县人力资源和社会保障局局长
李洪明　县委组织部副部长、县委编办主任
郭汝发　县委宣传部常务副部长
郭存兰　县委统战部常务副部长、县民宗局局长
王维富　县委政法委专职副书记

赵中平　县委党校常务副校长

方　杰　县委 610 办主任

李　雷　县总工会常务副主席

普靖凯　团县委书记

刘　杰　县妇联常务副主席

吴尹华　县科协主席

苏建华　县工商联党组书记、常务副主席

王雯君　县文联主席

罗　亿　县残联理事长

赵春梅　县红十字会常务副会长

孙绍华　县发展和改革局局长

李泽莅　县工业信息化商务科学技术局局长

段晓荣　县教育体育局局长

刘培金　县公安局副局长

苏兴荣　县民政局局长

李德全　县司法局局长

牛泽华　县财政局局长

李德春　县自然资源局局长

杨绍兴　县信访局局长

吴　忠　县住房和城乡建设局局长

罗兴福　县交通运输局局长

李　梅　县农业农村局党委书记

郭汝斌　县林业和草原局副局长

张　梅　县水务局局长

谢佳君　县文化和旅游局局长

李楚芳　县卫生健康局局长

杨　军　县审计局局长

张文琴　县统计局局长

刘文玲　县市场监督管理局局长

吕　宝　县应急管理局局长

杜政兴　县扶贫办主任

付林华　县供销社主任

李海华　县投资促进局局长

田发荣　县自然资源公安局局长

李建元　县志办主任

杨　波　县公安交警大队大队长

李开福　县地震局局长

韦兰珍　县政务服务管理局局长

姚　琳　　县医疗保障局局长

王思能　　县融媒体中心主任

李志强　　县搬迁安置办公室主任

李　军　　县税务局局长

李加翠　　县气象局局长

倪新权　　国家统计局双柏调查队队长

夏文梁　　县开投公司总经理

杨大东　　县疾控中心主任

罗有华　　县人民医院院长

杨泽志　　县卫生监督所所长

尹　琼　　双柏一中校长

李晓宏　　县职业高级中学校长

周　飞　　县妇幼保健院院长

张　莉　　邮政双柏分公司总经理

张晓强　　县人行行长

胡顺平　　农行双柏县支行行长

陈春燕　　县农村信用合作联社理事长

罗　云　　县烟草公司经理

吕吉生　　楚雄双柏供电局局长

陈云海　　县运政管理所所长

孙　荣　　县路政大队队长

王思和　　中国电信双柏分公司经理

徐　恒　　中国移动双柏分公司总经理

付玉理　　县广电网络公司经理

徐丕学　　妥甸镇党委书记

金彦平　　大庄镇党委书记

李光平　　碍嘉镇党委书记

杨　辉　　法脿镇党委书记

郭汝金　　大麦地镇党委书记

郎晓东　　安龙堡乡党委书记

李冬梅　　爱尼山乡党委书记

王庆武　　独田乡党委书记

　　领导小组下设办公室在县扶贫办和县志办,办公室主任由杜政兴、李建元同志担任,负责处理《双柏县脱贫攻坚志》编纂各项工作。领导小组组成人员因工作岗位发生变动的,由接任者自行递补,不再另行发文明确,待《双柏县脱贫攻坚志》出版发行后,本机构自然撤销。

二、编纂方式

　　县委办公室、县人民政府办公室负责编纂工作的统筹协调,县扶贫办牵头挂包帮扶双柏县的中央、省、州各部门和县、乡所有涉及脱贫攻坚工作部门提供相关基础资料,县志办组织编纂人员撰写。

　　全县所有涉及脱贫攻坚工作的各部门按照编纂要求,向县扶贫办和县志办提供相关基础资料。

三、编纂时间进度

　　2019 年 3 月:组建编纂机构,资料收集。

　　2019 年 4 月:资料收集,开始进入编纂阶段。

　　2019 年 5~7 月:志书编纂阶段,初稿成型。

　　2019 年 8~9 月:初稿征求意见,修改。

　　2019 年 10 月:县级审稿,再次修改,定稿。

　　2019 年 11 月至 2020 年 1 月:书稿图文排版设计和出版社审稿阶段。

　　2020 年 2 月:志书印刷出版。

攻坚克难战贫困　砥砺奋进奔小康
——双柏县脱贫攻坚工作情况报告

中共双柏县委　双柏县人民政府
（2019 年 2 月 11 日）

按照评估检查的工作安排，现将双柏县脱贫攻坚工作情况汇报如下。

一、基本情况

（一）基本县情

双柏是云南地理中心，楚雄南大门，与楚雄、玉溪、普洱三州市交界。全县面积 4 045 平方千米，辖 5 镇 3 乡，85 个村（居）委会、1 545 个村民小组、1845 个自然村。县内无一平方千米的平坝，山区面积占国土面积的 99.7%，森林覆盖率达 84%。全县总人口 16 万，境内居住着汉、彝、回、苗、哈尼等 18 个民族，少数民族人口占总人口的 49.9%。双柏自然资源丰富、民族风情浓郁、民族文化荟萃，素有"滇中绿海明珠""中国彝族虎文化故乡""查姆文化故地"的美誉。在加快发展的进程中，我们主动融入和服务全省、全州发展大局，坚持习近平新时代中国特色社会主义思想和党的十九大精神以及习近平总书记对云南的重要指示批示精神为指导，围绕州委"1133"发展战略，结合双柏实际，大力实施"生态立县、绿色崛起"战略，努力把双柏建设成为彝州开放南大门、绿色经济示范县、生态文明先行区、生态休闲旅游目的地、民族文化展示区，着力打造"养生福地、生态双柏"品牌。2018 年，全县实现地区生产总值 41.75 亿元、增长 11.6%；规模以上固定资产投资增长 26%；规模以上工业增加值增长 23%；一般公共预算收入 3.19 亿元、增长 6%；社会消费品零售总额 12.1 亿元、增长 12.1%；招商引资到位资金 104.5 亿元、增长 29.9%；城乡常住居民人均可支配收入分别达 34 402 元、10 144 元，分别增长 8.5%、10.1%；城镇化率提高 1.6 个百分点，达 37.7%；城镇登记失业率为 2.7%。

（二）贫困状况

双柏县是云南省 73 个国家扶贫开发重点县和 61 个滇西边境片区县之一。2014 年，全县共有 2 个贫困乡镇、40 个贫困行政村、6 939 户 24 545 人建档立卡贫困人口，全县贫困发生率为 20.76%。贫困人口多，贫困面积大，贫困程度深，致贫原因复杂。24 545 名建档立卡贫困人口中，缺技术致贫 11 237 人、占 45.78%，因病致贫 3 651 人、占 14.87%，因学致贫 2 655 人、占 10.82%，缺资金致贫 2 402 人、占 9.79%，因残致贫 1 830 人、占 7.46%，缺劳力致贫 1 599 人、占 6.51%，自身发展动力不足致贫 738 人、占

3.01％，交通条件落后致贫 119 人、占 0.48％，缺土地致贫 110 人，占 0.45％，因灾致贫 96 人、占 0.39％，缺水致贫 89 人，占 0.36％，因丧致贫 19 人、占 0.08％。

二、主要工作措施及成效

脱贫攻坚战打响以来，在党中央、国务院以及省州党委、政府的正确领导和亲切关怀下，县委、县人民政府始终把脱贫攻坚作为最大的政治任务和第一民生工程，坚持以脱贫攻坚统领全县经济社会发展全局，坚定贯彻"六个精准""五个一批"精准扶贫、精准脱贫方略，始终聚焦"两不愁、三保障"贫困退出标准，立下愚公志、下足"绣花"功，举全县之力打赢脱贫攻坚战。

（一）健全"六大体系"，强力推动责任落实

1. 健全责任体系。全面落实党政一把手负总责，县、乡、村"三级"书记抓脱贫责任制，成立由县委书记和县长任双组长的扶贫开发领导小组，以及教育扶贫、健康扶贫、产业扶贫等 14 个行业扶贫领导小组，明确县委副书记、常务副县长等 5 名县委常委专司脱贫攻坚，逐级签订贫困对象精准承诺书、脱贫攻坚责任书、行业扶贫责任书、干部包保保证书、脱贫质量保证书，层层传导压力、层层压实责任，全县上下凝聚"一切为了脱贫、一切围绕脱贫、一切服从脱贫、一切服务脱贫"攻坚合力，压实"用党性作担保、用人格作保证、用饭碗作抵押"的攻坚责任。2014 年来，累计召开县委常委会议 34 次、政府常务会议 47 次、扶贫开发领导小组会议 24 次，开展县乡村三级干部脱贫攻坚知识专题培训 30 场次 8 024 人次，认真传达学习党中央、国务院和省州党委、政府关于脱贫攻坚的重大决策部署，确保全县脱贫攻坚工作始终沿着正确方向不断前进。

2. 健全政策体系。出台《关于坚决打赢打好脱贫攻坚战三年行动实施意见》《双柏县 2018 年脱贫摘帽工作方案》《双柏县脱贫摘帽考核办法》等规划类文件 7 个、实施方案类文件 38 个、扶贫工作管理类文件 35 个，制定 23 家行业扶贫部门专项工作方案，着力解决产业扶贫、教育扶贫、健康扶贫、交通扶贫、水利扶贫、金融扶贫、易地扶贫搬迁、农村危房改造、劳务技能培训输出等领域存在的问题，为全县脱贫攻坚提供政策支持和行动指南，确保我县脱贫攻坚工作与党中央、国务院和省州党委、政府决策部署有机衔接、有序推进。

3. 健全投入体系。出台《双柏县脱贫攻坚统筹整合使用财政涉农资金管理暂行办法》，按照"多个渠道进水，一个池子蓄水，一个龙头放水"的原则，整合各项涉农资金、用好专项扶贫资金、加大融资力度、争取社会帮扶资金、用活扶贫协作资金，让每一分钱都用在刀刃上，最大限度发挥扶贫资金效益。2014～2019 年，全县共投入各类扶贫资金 33.62 亿元，其中专项扶贫资金 7.48 亿元，涉农整合资金投入 11.55 亿元，融资资金 14.59 亿元，为实施各类扶贫项目提供资金保障。

4. 健全工作体系。采取脱贫攻坚"日专题、周调度、月主题、季考核"等方式，为全县脱贫攻坚工作定主题、定频次、定责任，以日推进保周落实、以周落实保月提升、以月提升保季达标、以季达标保年摘帽。把每周六确定为脱贫攻坚"专题日"，全县各级挂包干部进村入户开展遍访帮扶工作；每周开展一次行业扶贫工作调度，对标行业扶贫目标任务和指标体系，对行业扶贫政策落实、责任落实、工作落实和专项工作任务完成情况

进行统筹调度;每个月突出一个脱贫攻坚主题,集中时间精力、聚合力量攻坚克难;每个季度对脱贫攻坚工作成效进行专项考核,考核结果与每月绩效奖惩挂钩,确保脱贫攻坚工作稳扎稳打、有序推进。

5. 健全问效体系。出台《双柏县扶贫领域腐败和作风问题专项治理工作方案(2018～2020年)》《双柏县脱贫攻坚工作问责办法》《双柏县严明脱贫攻坚工作"十条纪律"》《双柏县脱贫攻坚问责追责"十条办法"(试行)》等系列政策文件。率先在全省实行脱贫攻坚观察员制度,选聘50名脱贫攻坚观察员和218名脱贫攻坚特邀观察员对脱贫攻坚进行全方位、全过程监督。率先在全省实行扶贫项目廉洁评估机制,对扶贫项目的实施情况进行质量监督、满意度测评和廉洁评估,确保项目实施依规依矩、资金使用安全高效。率先在全省实行脱贫攻坚专项纪律巡访,对扶贫领域进行全方位、轮回式、点穴式监督检查,累计开展轮回巡访6次。

6. 健全思想动员体系。在全县干部职工中广泛开展"我的工作我负责、我的困难我克服、我的业绩我创造、人民幸福我来谋"主题实践活动和"干在实处、走在前列"大比拼,提出并践行以"进村入户的热心细心、解说政策的耐心诚心、因户施策的真心匠心、解难除困的善心决心、诚挚奉献的爱心忠心、巩固提升的用心恒心"为主要内容的新时代双柏扶贫攻坚精神,切实强化政治引领和思想动员,有效激发广大干部新时代新担当新作为的精气神。在全省率先开展"感恩党中央、脱贫奔小康"主题教育活动,与全省全州同步开展"自强、诚信、感恩"主题实践活动,组织开展"小手拉大手、百校千师访万家"工作,树立起"以勤劳致富为荣、以等靠要为耻"的新风尚。组织双柏籍干部开展"干部大返乡、政策大宣讲"和"村情发展恳谈"工作,充分调动和激发贫困群众脱贫致富的内生动力。印发《关于敦促赡养义务人履行赡养义务并限期将被赡养人接入安全住房居住的通告》,组织开展奖勤罚懒"红黑板",建立农户诚信档案,在全县范围内深入开展普法教育,持续匡正社会风气。

(二)聚焦"五个环节",全力推动工作落实

1. 聚焦"扶持谁",扣准"第一粒扣子"识真贫。始终把对象精准作为精准扶贫的"第一粒扣子",认真开展每年贫困对象动态管理,实现"应纳尽纳、应扶尽扶"。坚持标准、严守程序,按照"五查五看""三评四定""公告公示"程序,开展业务培训102场次,成立84支动态管理工作队,对全县所有农村常住人口开展拉网式实地核查。逐级审核、严格把关,由23家县级行业扶贫部门和乡镇进行"上下联动、两上两下"的数据复核比对,紧盯10种不符合纳入情形家庭,认真综合评判、层层审核把关。阳光操作、公开透明,让群众全程参与评贫过程,在县乡村组四级设立举报箱,公布县纪委监委、县扶贫办、挂包干部等举报电话,确保贫困对象动态管理过程和结果公开透明、群众认可。

2. 聚焦"谁来扶",坚持尽锐出战扶真贫。全面推行县处级领导包乡镇、部门包村、干部包户的包保责任,选派县人大常委会主任、县政协主席、5名县委常委和县人大常委会党组副书记担任8个乡镇脱贫攻坚总召集人,其他所有县处级领导联系到村。抽调30名干部充实到县扶贫办和易地办。配齐配强乡镇扶贫办人员,确保每个乡镇扶贫办工作人员都在10人以上。统筹112家中央、省、州、县各级部门挂包2个贫困乡镇、82个行政村(40个贫困行政村、42个有贫困人口行政村),3 298名党员干部职工挂包

6 939户贫困户24 545人,选派驻村扶贫工作队82支、第一书记45名、驻村工作队员266名,实现每个贫困村都有1名县级领导、1个帮扶责任部门、1支驻村扶贫工作队,40个贫困村都有1名第一书记、3~5名驻村扶贫工作队员。

3. 聚焦"怎么扶",落实精准方略真扶贫。围绕"五个一批""六个精准"要求,全面深入系统查找贫困村和贫困户致贫原因,找准"病因""对症下药",因村、因户、因人精准施策,推动区域性扶贫与个体性扶贫相结合、"输血"扶贫与"造血"扶贫相结合、扶贫与扶智扶志扶德相结合,精准落实各类扶贫资源和政策措施,实现精准施策。全县已脱贫的6 311户22 736人贫困人口中,通过发展生产脱贫2 882户10 885人、易地扶贫搬迁脱贫1 493户5 617人、发展教育脱贫626户2 433人、生态补偿脱贫274户1 061人、社会保障兜底1 036户2 740人。

4. 聚焦"怎么退",坚持效果导向脱真贫。始终坚持质量导向,对2014年来稳定实现"两不愁、三保障"、符合脱贫退出6条标准的6 311户22 736人建档立卡贫困人口,全面核查脱贫指标,确保真脱贫、脱真贫。对标贫困村10条退出标准逐一核查,统筹考虑产业发展和公共基础设施等情况,按照"村申请、乡镇审核、县审定公告、州备案"程序出列,确保脱贫退出成效经得起历史和实践检验,得到人民群众认可。

5. 聚焦"跟进帮",着力巩固提升不返贫。建立贫情动态监测体系,重点监测脱贫户家庭收入状况、返贫风险点和后续精准帮扶措施落实情况,对脱贫户家庭收入状况及时开展动态监测,全程实施监测帮扶,对没有达到稳定脱贫标准或存在返贫风险的贫困人口及时纳入帮扶范围。对2014年来脱贫户稳定脱贫情况再复核、再排查,对低保户、五保户、重病户、残疾户等重点人群进行认真比对,对返贫户及时纳入返贫管理。把因突发重大事故、重大灾害、重大疾病造成家庭发生大额支出,不能稳定实现"两不愁、三保障"的及时纳入帮扶体系,进行有效帮扶。

(三)实施"十大专项行动",全力推动政策落实

1. 始终把发展产业作为精准脱贫的根本之策,深入实施产业扶贫专项行动。一是立足绿色,选准产业。根据我县资源禀赋和比较优势,确定高原特色现代农业、旅游文化、生物医药和大健康、绿色食品加工与消费品制造"四大"重点产业和12个重点扶贫产业,出台"四大"重点产业发展三年行动计划"1+4"配套文件。2018年,全县"四大"重点产业实现产值75.7亿元,同比增长26.6%。全县扶贫支柱产业烟草产业实现"两烟"销售额3.4亿元,烟农售烟收入2亿元,户均收入2.8万元,其中1 352户5 737人建档立卡贫困人口种植烤烟8 326亩,交售额3 439.5万元,户均增收2.5万元,人均增收5 995.3元。二是健全机制,高位推动。出台《双柏县产业扶贫实施方案》《双柏县产业扶贫考核办法》《双柏县扶持特色种植业和养殖业发展三年行动计划》等系列政策文件,建立1个重点产业"1个推进组、1位主抓领导、1个主抓部门、1个发展规划、1套配套政策"的产业扶贫工作机制。三是整合投入,夯实基础。2014年来,全县共投入产业扶贫资金4.4亿元;发放产业扶贫贷款6.2亿元,其中:发放扶贫小额信贷资金3.9亿元,发放特色种养殖业三年行动计划扶持贷款资金2.3亿元,全县5 704户建档立卡贫困户22 124名贫困人口直接或间接通过发展产业实现增收。四是外引内培,壮大主体。成功培育云南森美达生物科技有限公司、双柏县信实健畜禽交易市场有限公司、云

南祥鸿农牧业有限公司、云南安云农业有限公司、双柏一禾农业科技有限公司等扶贫龙头企业,46 家企业、121 个专业合作社、483 户种养殖大户与建档立卡贫困户建立利益联结机制,实现每个乡镇有 2 家以上龙头企业、每个村(社区)都有 2 个以上产业专业合作社、5 户以上种养殖大户。五是创新模式,精准带动。探索"公司+基地+工厂+合作社+贫困户"收益共享型、"公司+基地+合作社+贫困户"产业合作型、"公司+贫困户"委托帮扶型、"公司+互联网+贫困户+订单"营销带动型、"公司+贫困户+务工+奖补"租赁返包型"五种"产业发展利益联结模式,打造一批产业扶贫示范企业和示范基地,实现建档立卡贫困户与新型经营主体有收益的利益联结机制全覆盖;按照户均不低于 5 000 元的标准给予建档立卡贫困户产业发展资金或良种补助,筹措 1 000 万元资金成立 30 个村级产业发展互助社,扶持 2 341 户农户 8 441 人入社发展产业。六是创建品牌,提质增效。大力开展优质农产品品牌创建,全县取得"三品一标"认证登记总面积达 5 万亩,其中认定无公害农产品产地 2.3 万亩,绿色食品产地 1.5 万亩,有机食品产地 0.2 万亩,国家地理标志农产品登记 1 万亩;无公害农产品认证 8 个,绿色食品认证 22 个,有机食品认证 11 个;邦三红糖、阳光玫瑰葡萄、云山咖啡等农特产品与上海嘉定区有关企业达成合作协议,妥甸酱油、圣女果 2 个产品签约销售额 516.5 万元,白竹山茶、妥甸酱油、密架山猪等系列农特优质产品已经进入上海的"云品中心"等销售平台。

2. 始终把住房安全稳固作为精准脱贫的头号工程,深入实施安居保障专项行动。一是稳步推进易地扶贫搬迁工作。采取县城安置、集镇安置、中心村安置、分散安置等多种方式,让群众搬迁到交通便利、发展基础较好的地区生活。全县共实施完成易地扶贫搬迁 1 555 户 5 801 人,建设集中安置点 21 个,投入易地扶贫搬迁资金 3.7 亿元。采取企业就业安置一批、公益性岗位安置一批、就近就地务工解决一批、资产收益增收一批、发展产业增收一批、社会救助兜底一批的方式,确保户均有 1 个稳定增收点,实现易地扶贫搬迁户搬得出、稳得住、能发展、能致富的目标。二是大力实施农村危房改造项目。统筹整合各类扶贫资金,采取加固改造、拆除重建、兜底帮建等方式,严守政策红线、严控质量标准、严把时限进度,全力抓好农村危房改造工作。2014 年来,共投入补助资金 2 亿元,实施农村危房改造 10 417 户,仅 2018 年就实施危房改造 3 797 户,全面消除农村 C、D 级危房,贫困群众的住房条件显著改善。

3. 始终把就业扶贫作为精准脱贫的重要举措,深入实施就业扶贫专项行动。一是健全机制、精准推动。确立"培训一人、就业一人、脱贫一户"的目标,出台"一意见、一方案、一办法和两个专项行动计划"的"3+2"机制制度体系,建立健全扶贫等 9 个部门各司其职、密切配合的协调机制,精准推动就业扶贫扎实开展。二是整合资源、精准培训。整合扶贫、农业、人社等 9 部门的培训资源,以贫困乡镇和贫困村为重点,按整村推进的方式开展培训,2014 年来,全县累计开展农村劳动力培训 3.97 万人次,其中,建档立卡贫困劳动力培训 1.15 万人次,实现有劳动能力的贫困人口培训全覆盖。三是拓宽渠道、精准转移。大力培植本地产业建设,建立一批"扶贫车间",吸纳贫困劳动力就地就近转移就业;以东西部劳务协作为平台,积极和用工企业对接,组织专场招聘会,推进省外转移。2014 年来,举办现场招聘会 30 多场次,发布用工信息 2 万余条,提供就业岗位 8 000 余个,全县累计完成农村劳动力转移就业 3.3 万人次,其中:建档立卡贫困劳动力转移就业 9 000 余人次。

4. 始终把生态扶贫作为精准脱贫的双赢举措,深入实施生态扶贫专项行动。将脱贫攻坚与环境保护有机结合,重点实施天保、退耕还林、低效林改造、农村能源等工程,实现荒山变绿与农民增收的双赢目标。一是生态公益林效益有效发挥。全县管护森林资源 502.5 万亩,生态公益林 152.7 万亩,每年兑付公益林生态效益补偿金 2 186 万元,涉及农户 2.4 万户 13.3 万人,其中,建档立卡贫困户 1 927 户 7 514 人,每年兑现补偿金 758 万元。二是全面开发公益性岗位。以贫困地区为重点,聘请 608 名具有劳动能力、有劳动意愿的建档立卡贫困户为生态护林员,累计兑现管护工资 528 万元;聘请天保工程公益林护林员贫困劳动力 129 人,支付管护费 138 万元;聘用贫困劳动力季节性护林员 70 名,兑现管护工资 70 万元。三是惠农政策助推效应全面显现。2014 年来,累计实施新一轮退耕还林 7.2 万亩,完成低效林改造 8 万亩,核桃提质增效 4 万亩,完成太阳能安装 3 400 户,发放节柴灶 1 400 户,共兑付建档立卡贫困户补助资金 1 492.7 万元,受益达 5 150 户次。

5. 始终把教育扶贫作为精准脱贫的现实路径,深入实施教育扶贫专项行动。坚持"治贫先治愚,扶贫必扶智",大力实施教育扶贫,确保农村家庭子女不因贫辍学、不因学返贫。一是义务教育基本均衡发展全面实现。2017 年全县义务教育发展基本均衡顺利通过国家督导评估认定,全县适龄儿童少年义务教育阶段小学入学率为 99.97%,初中毛入学率为 120%。二是教育基础设施不断改善。2014 年来,投入学校基础设施建设资金 2.2 亿元,大力实施薄弱学校改造、学前教育行动计划,全县改造校舍面积 8.4 万平方米。投资 4 500 万元新建东城小学,投资 688 万元新建西城幼儿园。三是教育扶贫政策全面落实。政策实施以来,全县共落实各类教育扶贫政策补助资金 1.9 亿元,其中:落实学前教育建档立卡家庭儿童助学金 75.7 万元;落实义务教育阶段学杂费补助经费 4 956.2 万元,免费教科书补助 724.6 万元,寄宿生生活补助 6 296.5 万元,营养改善计划补助 5 163.3 万元;落实普通高中助学金 380.8 万元,生活补助 176.3 万元,免学杂费 85.4 万元;落实中职免学杂费 377 万元,助学金 282.2 万元;实施"雨露计划" 1 047 人次,补助 176.3 万元,路费补助 19.3 万元;发放"楚雄州少数民族学子奖学金" 85 人,发放奖学金 42.5 万元、优秀贫困学子奖学金 89 万元、建档立卡贫困户子女奖学金 61.6 万元。2014 年来,累计发放生源地助学贷款 2 129.6 万元,实现应扶尽扶、应帮尽帮。四是社会帮扶力度不断增强。开展"寒窗助学"行动,发动社会各界人士捐助,累计为贫困学生捐款 216.1 万元,基本实现义务教育阶段上学"零负担",非义务教育阶段上学"轻负担"。2018 年全县在各类学校就读的 3 914 名建档立卡贫困家庭学生没有一人因贫辍学、因学返贫。

6. 始终把健康为本作为精准脱贫的普惠实事,深入实施健康扶贫专项行动。坚持让贫困群众看得起病、方便看病、看得好病、尽量少生病,最大限度减少群众看病就医支出。一是建立四重保障制度,让贫困人口"看得起病"。落实基本医疗保险倾斜政策,县财政安排 132.5 万元为所有建档立卡贫困人口全额代缴 2018 年城乡居民医保参保资金。安排财政资金 105.7 万元,对贫困人口通过基本医保、大病保险、医疗救助报销后实际补偿比例达不到 90% 的进行县财政兜底补助。2017 年来,共为符合转诊转院规范的 1.03 万人次贫困人口报销慢性病、住院费用 3 565.1 万元。二是落实便民惠民措施,让贫困人口"方便看病"。对建档立卡贫困户在县域内住院实行先诊疗后付费结算制度和"一站式"结算,推行家庭医生签约服务,全县建档立卡贫困人口的签约服务率达 100%,每年免费为 65 岁以上的贫困人口进行 1 次健康体检。贫困人口在县、乡定点医疗机构住院时,无须缴纳住院押金,直接住院治疗,取消住院起付线,全部按照报销 90% 进行"一站式"结算。三是提升医疗服务能力,让贫困人口"看得好病"。抓实卫生基础设施建设,推进乡镇卫生院和村级卫生室标准化建设,进一步完善医疗卫生服务体系。2017 年来,县级投资 2 417.1 万元对标准低的 53 个村卫生室进行重建或提升改造,选送 151 名乡村医生到楚雄医专参加系统全面的培训,在全州率先将村医生待遇从每月 500 元提高到每月 1 000 元标准,有效解决村医生难留问题,激发村医生干事热情。投资 2.3 亿元的县中医院正在加快建设。四是增强疾病防控能力,让建档立卡贫困人口"尽量少生病"。深入开展免费送医送药送健康、贫困乡镇爱国卫生运动,提升乡镇对传染病、地方病、慢性病的防治能力,截至 2018 年 12 月末完成居民健康档案电子建档 14.9 万人,建档率达 96.9%。

7. 始终把兜底保障作为精准脱贫的政策底线,深入实施社会保障兜底专项行动。围绕"应保尽保、精准施保"目标,全面落实社会兜底保障政策,不断提高社会保障兜底作用。一是最低生活保障兜底制度全面落实。将符合享受低保条件的人员按照分类施保的原则全面纳入社会兜底保障范围,足额发放保障资金。2019 年 2 月,全县共有农村低保保障对象 13 241 人,特困供养对象 1 174 人,其中建档立卡贫困户中低保对象 6 824 人,特困人员 272 人。2014 年来,共发放农村低保金 1.4 亿元,特困人员供养金 2 356.8 万元,其中向建档立卡贫困人口低保对象发放低保金 3 025.3 万元,发放特困供养金 286.3 万元;二是救助力度持续加大。用足用活临时救助和医疗救助兜底保障政策,将因自然灾害、意外事故、家庭成员重病等原因导致基本生活暂时出现困难的建档立卡贫困人口全部纳入救助范围。2014 年来,共发放临时救助金 806.4 万元,其中建档立卡贫困家庭发放临时救助金 220 万元。发放民政医疗救助和医疗兜底保障金 8 169 人次 544.4 万元,发放残疾人两项补贴 639.3 万元,有效防止因灾、因病、因残致贫或返贫。三是养老服务体系不断完善。坚持以提升养老服务质量为核心,加大资金投入,强化基本服务,全县养老服务水平显著提升。2014 年来,共投入资金 6 246.2 万元,新建社会福利院 1 个、老年活动室 12 个、居家养老服务中心 17 个、乡镇敬老院 7 个,全县养老床位达 1 118 张,累计发放高龄津贴 659.7 万元。四是城乡居民基本养老保险工作扎实推进。鼓励广大符合城乡居民基本养老保险参保条件人员及时参保缴费,确保建档立卡贫困人口到龄后实现老有所养目标,全县 19 894 名符合参保条件建档立卡贫困人口 100% 参加基本养老保险。

8. 始终把夯实基础作为精准脱贫的先决条件,深入实施基础设施补短板专项行动。围绕"6105"脱贫退出标准和贫困村、贫困户后续发展需求,持续加大资金投入力度,增强发展后劲。一是道路基础设施不断改善。2014 年来,累计完成交通建设固定资产投资 42.3 亿元。实施国道 227 线双柏至新平水塘(非淹没段)二级公路 47.1 千米;实施禄丰彩云至双柏碙嘉三级公路 169 千米;改扩建通乡油路 163 千米;实施通村路面硬化 624.8 千米。截至 2019 年 2 月,全县通车里程达 6 034 千米,通向 8 个乡镇的县乡公路和 85 个行政村乡村公路路面硬化率达 100%,实现危险路段有必要的防护措施,道路通行条件得到极大的改善。二是水利基础不断夯实。以构筑水网建设为目标,选准水利扶贫工作切入点,实施 9 个批次农村饮水安全工程,解决 984 个村民小组12.7 万人饮水安全问题,全县农村饮水安全全面达标,全县集中供水率从 2014 年的74% 提高到 92%,自来水普及率从 58% 提高到 82%。2014 年来,共投入资金 5.9 亿元,完成水土流失防治 258.6 平方千米,河道治理 29.3 千米,新建小(一)型水库 4 座,小(二)型水库除险加固工程 28 件,实施高效节水项目 4 件,增加有效灌溉面积 6.4 万亩。三是农村面貌持续改善。扎实开展"村村畅净""十有七净"工作,加大村容村貌整治和村庄环境提升,2016 年来投入资金 1.2 亿元大力实施美丽宜居乡村建设工程。配备农村人居环境保洁员 300 人,建设集镇二类公厕 20 座、行政村三类公厕 82 座、垃圾收集池(房)2 300 个(座),实现庭院居住条件、环境卫生、基础设施、人文环境同步提升。四是电网覆盖面不断提高。2014 年来,共投入资金 1 亿元,新装、更换变压器 256 台,架设 10 千伏线路 354.2 千米、低压线路 114.4 千米,解决 21 个易地扶贫搬迁点的生产生活用电问题,实现所有贫困村所辖村民小组通 10 千伏动力电。五是抓紧抓实脱贫攻坚项目库建设工作。始终把项目库建设作为推动脱贫攻坚的重要抓手,紧扣"两不愁、三保障"和户、村、县脱贫的标准和时限,围绕全县 2 个贫困乡镇、40 个行政贫困村6 939 户 24 545 人建档立卡贫困人口,突出产业扶贫、就业扶贫、教育扶贫、健康扶贫、生态扶贫等"十大"重点工程,采取"自下而上"的规划方式,完成分行业、分类别到村到户的县、乡、村、组、户"五级"脱贫攻坚项目库建设,共入库 8 大项、25 个类别、47 个子项目,总投资 8.9 亿元,实现对所有贫困人口和贫困村的项目规划全覆盖,为精准帮扶、精准施策奠定坚实基础。

9. 始终把社会扶贫作为精准脱贫的重要力量,深入实施社会扶贫专项行动。紧紧抓住东西部扶贫协作以及省人大常委会机关、南京大学、上海嘉定区帮扶双柏的机遇,积极主动做好汇报、协调、衔接,充分发挥帮扶单位优势,在项目、资金、政策等方面争取支持,在教育、人才、智力等方面争取帮扶,先后争取到各类帮扶资金 6 619.1 万元,对口支援实施产业发展、基础建设、市场建设、农产品营销等项目,有效破解产业发展、基础设施建设和思想观念转变"瓶颈"。扎实开展"万企帮万村"精准扶贫双柏行动和"同心工程"助力双柏脱贫攻坚社会扶贫行动,动员 59 户企业结对联系 45 个村委会、138名企业负责人与 408 户卡内卡外农户"认亲"结对(其中建档立卡贫困户 218 户、卡外户190 户)。3 年来,企业公益捐赠扶贫物资 745.2 万元,吸纳贫困劳动力就业 361 人,科技扶贫培训群众 116 场次 3 466 人次。

10. 始终把党的建设作为精准脱贫的重要保障,深入实施党建扶贫"双推进"专项行动。一是鲜明实干导向,树正"风向标"。出台《关于在脱贫攻坚第一线考察识别干部办法(试行)》等制度办法,注重在脱贫攻坚一线选用干部,将考察重心向一线倾斜,将选任比例向一线提高,让脱贫攻坚一线干部得到更好的成长。2015 年来,在脱贫攻坚一线提拔任用干部 47 名,其中正科级干部 9 名、副科级干部 38 名。二是夯实基层基础,建强"作战部"。实施"领头雁"培养工程,调整撤换 3 名"不称职"村党组织书记;实施集体经济强村工程,全县 40 个贫困村村集体经济全部实现 3 万元以上,44 个非贫困村村集体经济全部实现 5 万元以上;投入 1.1 亿元新建 375 个标准化村民小组活动场所,实现党员 10 人以上或村民人数在 200 人以上的村民小组活动场所全覆盖。三是强化典型示范,激活"动力源"。扎实开展以脱贫攻坚、产业发展、基层党建、美丽乡村、和谐稳定为主要内容的"五面红旗村"争创评选活动,按照 500 元、300 元、200 元的标准上调 20 个红旗村村(社区)干部补贴;大张旗鼓开展 2 届"兴双人才"评选表彰,对 3 名"兴双人才"和 10 名"兴双人才"提名者分别给予 5 万元和 1 万元的专项补助;深入实施农村党员致富先锋培育工程,建立乡镇农村党员实训基地 113 个,培养农村党员致富带头人 387 人,充分发挥农村党员发挥"双带"作用,推动群众增收致富,助推脱贫攻坚。

在工作推进过程中,我们始终坚持以脱贫攻坚统揽全县经济社会发展全局,把"精准扶贫、精准脱贫"方略贯穿于脱贫攻坚工作全过程和各环节,真正做到攻坚克难脱真贫,砥砺奋进奔小康,有力地推动全县经济社会持续健康发展。

一是减贫任务圆满完成。5 年来,全县完成 2 个贫困乡镇退出,38 个贫困村出列,累计减少贫困人口 6 311 户 22 736 人。其中 2014 年脱贫 929 户 3 014 人,2015 年脱贫 999 户 3 875 人,2016 年脱贫 1 360 户 5 247 人,2017 年脱贫 1 903 户 6 839 人,2018 年脱贫 1 416 户 4 533 人,剩余贫困人口 602 户 1 809 人,全县贫困发生率由 20.76% 下降到 1.56%,全县精准扶贫取得阶段性成效,全县脱贫摘帽通过州委、州人民政府评估验收。

二是政策体系更加健全。通过 5 年多的脱贫攻坚实践,我们坚持按照责任、政策、工作落实的要求,逐步健全完善脱贫攻坚责任、政策、工作、投入、问效、思想动员"六大"责任体系,构建产业扶贫、就业扶贫、生态扶贫、教育扶贫、健康扶贫、社会兜底、社会扶贫、党建扶贫"双推进"等系列政策体系,夯实脱贫基础,为打赢精准脱贫攻坚战、实施乡村振兴战略、全面建成小康社会提供制度保障。

三是经济发展提质增效。5 年来,全县经济社会发展主要指标始终保持"两位数"快速增长,全县地区生产总值从 2014 年的 26.9 亿元增长到 2018 年 41.8 亿元,年均递增 11.8%;地方公共预算收入从 2014 年的 2.3 亿元增长到 2018 年 3.2 亿元,年均递增 8.8%。2016 年、2017 年连续 2 年被省委、省人民政府考评为跨越发展"先进县"、重点生态功能区"先进县",2018 年获评"最美县域",成功创建省级园林县城、省级生态文明县、省级双拥先进县、省级文明城市、省级森林县城、全省先进平安县,全县呈现出脱贫提速、发展提效、民生提质的良好局面,为实施乡村振兴战略、全面建成小康社会奠定坚实基础。

四是群众生活显著改善。5 年来,全县农村常住居民人均可支配收入从 2014 年 5 565 元增长到 2018 年 10 144 元,年均增长率 12.76%,年均增长率位于全州第一位。2018 年增长 10.1%,增速在全州位列第二,比全州平均增速高 0.7 个百分点,比全省平均增速高 0.9 个百分点。全县农村户籍人口"不愁吃、不愁穿",义务教育、基本医疗、住房安全有保障全面实现,全县农村住房、人居环境、村容村貌得到极大改善,广大群众对脱贫攻坚取得的历史性成就普遍认可,获得感、幸福感显著增强。

五是发展短板不断补齐。在脱贫攻坚过程中,我们始终聚焦夯实脱贫基础,着眼脱贫攻坚区域性整体提升和薄弱区域重点兼顾,大力实施乡村道路、农田水利、人畜饮水、教育卫生、文化活动场所等基础设施建设,群众出行难、饮水难、用电难、通信难等历史问题得到有效解决,全县 85 个行政村道路硬化全实现、安全饮水全达标、医疗卫生全升级、电力通信全保障、电视网络全覆盖,全县上下呈现出脱贫退出的崭新气象。

六是干群关系空前改善。在脱贫攻坚工作中,全县各级干部始终把贫困群众放在心上,与贫困群众不离不弃、携手同心,大力践行"十二心"新时代双柏扶贫精神,用脚行走、用步丈量、用心做事、用情帮扶,以脱家、脱休、脱皮换取群众脱贫。广大贫困群众内生动力得到充分激发,脱贫的志气高了、斗志强了、信心足了。全县广大干部群众用心用情用力用智,在脱贫攻坚主战场生动演绎"干部把群众当家人、群众把干部当亲人"的新时代干群"鱼水关系"。

三、基本经验及体会

在全县上下凝心聚力、奋力决战脱贫攻坚的生动实践和不懈探索中,我们取得一些成绩,也积累了一些弥足珍贵的经验,我们将长期坚持,并在实践中不断丰富完善。

(一)突出思想引领,始终以习近平总书记关于扶贫工作重要论述为指引是我们决胜脱贫攻坚的根本遵循

我们始终把习近平总书记关于扶贫工作重要论述作为党委(党组)理论中心组学习、全县党员教育培训的重要内容,让各级党员干部真正学懂弄通"六个精准""五个一批"精准扶贫核心要义,把精准方略贯穿于脱贫攻坚全过程和各环节,扣准扣实精准识别"第一粒扣子"、抓实精准施策这个"关键环节"、把好精准退出"最后一道关口",真正识真贫、扶真贫、真脱贫,做到工作务实、过程扎实、结果真实,确保全县脱贫攻坚工作方向不跑偏、执行政策不走样,始终沿着正确方向有力有序有效推进。实践证明,习近平总书记对拍扶贫工作重要论述和讲话精神是抓好脱贫攻坚、打赢脱贫攻坚战的制胜法宝。

(二)坚持党的领导,突出干群同心,大力弘扬"十二心"新时代双柏扶贫精神是我们决胜脱贫攻坚的不竭源泉

脱贫攻坚开展以来,县委在全县开展"我的工作我负责、我的困难我克服、我的业绩我创造、人民幸福我来谋"主题实践活动,始终干在实处、走在前列,凝炼新时代双柏扶贫攻坚"十二心"精神,为全县党员干部做好脱贫攻坚各项工作明确目标、提出要求,创造"一年一个样、三年大变样"的脱贫成效。实践证明,我们只有坚持把新时代双柏扶贫攻坚精神作为脱贫攻坚的力量之源,一天接着一天干,一件接着一件抓,才能形成脱贫攻坚"加速度",脱贫成效才会彰显,脱贫结果才会得到群众高度认可,经得起历史检验。

(三)突出问题导向,始终聚焦重点难点问题,结合双柏实际创造性开展工作是我们决胜脱贫攻坚的制胜法宝

我们始终坚持把脱贫攻坚过程作为与问题对着干的过程,牢固树立问题导向,突出重点难点,聚焦薄弱环节,坚持"出思路、想办法、抓推进、勤督查"工作方法论,结合双柏实际,率先在全省实行脱贫攻坚观察员制度,率先在全省实行扶贫项目廉洁评估机制,率先在全省开展"感恩党中央、脱贫奔小康"主题教育活动,探索出脱贫攻坚"日专题、周调度、月主题、季考核"等行之有效的工作推进方法。实践证明,结合县情实际创造性开

展工作,才能从源头和根本上解决阻碍脱贫攻坚深入推进的思想问题、方法问题和工作作风问题,才能始终牢牢掌握决战决胜的主动权。

（四）突出产业支撑,始终围绕产业扶贫助农增收、助农脱贫是我们决胜脱贫攻坚的治本之策

在脱贫攻坚工作中,我们始终把发展产业作为实现脱贫的根本之策,加大整合资金投入力度、优化产业发展布局、强化项目政策支撑,大力培育新型经营主体,探索实践收益共享、产业合作、委托帮扶、营销带动、租赁返包"五种"产业发展利益联结模式,千方百计增加贫困户收入,产业发展促农增收、助农脱贫的效应得以显现,逐步带动广大贫困群众走上可持续发展致富之路。实践证明,产业是群众实现脱贫致富的源头活水,只有牢固树立"一切围绕产业转、一切聚焦产业干"的理念,推动由"输血"式扶贫向"造血"式扶贫转变,群众脱贫才有支撑、致富才可持续。

（五）突出补齐短板,始终加大资金投入是我们决胜脱贫攻坚的重要支撑

在脱贫攻坚工作中,我们结合"十三五"规划编制,超前谋划、主动对接、全力争取,一大批重点项目进入省州规划盘子,到位项目资金呈逐年递增态势。5年来,仅水电路基础设施建设投入就超过50亿资金,推动实施一大批事关贫困人口整体脱贫的区域性工程,极大地改善贫困群众生产生活条件,为加快脱贫奔小康步伐奠定坚实基础。实践证明,只有牢固树立"大抓项目、抓大项目"理念,主动出击争项目、全力以赴引项目、优质高效建项目,脱贫摘帽才有基础和底气。

四、巩固脱贫攻坚成果的后续措施

经过全县干部群众5年的不懈努力,我县贫困户退出、贫困村出列、贫困县摘帽"6105"指标已经全面达标,但我们也清醒认识到,这只是迈出我县全面建成小康社会的关键一步,巩固提升脱贫成效、全面建成小康社会、实现乡村振兴仍然任重道远,还有许多困难和问题需要我们认真加以解决。一是农村发展条件仍需改善。虽然我县加大投入力度实施一大批补短板项目,但全县山区面积大、群众居住分散,县财政财力有限,农村发展条件离群众的期盼还有差距,农村基础设施仍需持续投入和夯实。二是贫困户参与特色产业发展不够充分。发展特色产业大多投入较大,见效周期较长,我县可供贫困户参与发展的特色产业大都处于起步阶段,经济效益才开始显现,带动脱贫示范效应还不强。三是贫困群众自我发展能力仍待提升。部分贫困群众思想观念滞后,脱贫致富的内生动力仍然不足,"智志双扶"仍需持续用力。

下一步工作中,我们将瞄准建成全面小康社会的宏伟目标,拉高标杆、自加压力,乘势而上、砥砺前行,对已脱贫的按照"脱贫不脱政策、脱贫不脱帮扶、脱贫不脱项目、脱贫不脱责任"的要求,坚持"扶上马、送一程",巩固提升脱贫成效;对未脱贫的"再聚焦、再发力",切实做到"力度不减、劲头不松、队伍不撤、人心不散",高质量打好脱贫攻坚的"收官战",全面提升全县脱贫质量、巩固脱贫成果,确保脱贫成果持续向好,经得起时间、人民和历史的检验,以更加充足的信心、更加坚实的步履、更加昂扬的斗志朝着全面建成小康社会的目标迈进。

（一）着力在健全长效机制上抓巩固促提升

坚持一手抓精准扶贫精准脱贫、一手抓脱贫成效巩固提升,以脱贫人口不返贫、退出贫困村不滑坡、未脱贫人口克期脱贫为目标,健全完善系列后续巩固提升长效机制,认真贯彻落实双柏县坚决打赢脱贫攻坚战三年行动的各项举措,健全完善持续加强农村贫困人口后续扶持巩固提升脱贫成效的实施意见,细化产业扶贫、就业扶贫、教育扶贫、健康扶贫、社会保障、生态扶贫、激发内生动力、加强基层组织、道路交通、农村饮水、光纤网络、社会救助和纪检监察、发改、财政、国土、科技、文体广电旅游等 18 个行业后续扶贫巩固提升实施方案,按照"一户一方案"要求制定未脱贫户帮扶计划和已脱贫户后续扶持巩固措施,形成"1＋18＋X"的多领域、多层次的后续巩固提升长效机制,以长效机制的形成和落实牵引推动巩固提升各项工作,确保未脱贫的建档立卡贫困人口高质量脱贫,已脱贫退出的建档立卡贫困人口不返贫、能致富。

（二）着力在改善发展条件上抓巩固促提升

坚持向上争取支持与发扬自力更生精神相结合,牢牢抓住"五网"建设历史机遇,认真落实《双柏县脱贫攻坚后续基础设施扶贫巩固提升实施方案(2018～2020 年)》,充实完善县、乡、村、组脱贫攻坚项目库,确保一般性转移支付政策、财政专项扶贫资金、财政涉农整合资金、项目安排的力度保持不变。千方百计筹措整合资金,持续加大农村水电路等基础设施建设投入力度,争取实施一批 50 户以上不搬迁自然村和一路多村村组公路路面硬化、村组电网提升改造、农村饮水安全巩固提升、农田水利建设、城乡人居环境提升、教育基础设施建设、医疗卫生设施建设等项目,持续推进乡村基础设施和公共服务体系建设,不断提升就业、安居、教育、健康、生态、社保质量和水平,不断补齐基础设施短板,全面补齐农村发展弱项,夯实农村发展基础,增强贫困地区发展后劲和自我发展能力。

（三）着力在培强增收产业上抓巩固促提升

始终把产业扶贫作为稳定脱贫、提升脱贫质量、加快群众致富的根本措施牢牢抓在手上,立足双柏特色优势,按照一二三产业融合发展的思路,进一步完善产业扶贫规划,调优农业产业结构,发展壮大新型农业经营主体,持续推广五种产业帮扶模式,健全农户与新型经营主体紧密、稳定、长效的利益联结机制,着力打造全产业链,全面实现"村有主导产业、户有增收渠道"的目标。一是巩固传统产业。按照稳粮优烟的思路,认真抓好烤烟产业,每年实施 1 万亩高端特色烟叶开发项目,确保全县烟叶产量稳定在 700 万千克左右,烟叶产值保持在 2 亿元以上,并将种植面积向有条件的贫困户倾斜,带动种烟贫困户户均种植 3 亩以上;稳定粮食种植面积,扎实推进粮改饲,增加群众粮食生产的效益和抗风险能力;大力发展黑山羊、滇中牛、生猪、肉驴等特色养殖,积极推进规模化养殖、合作化经营,巩固提升群众畜牧业收入。二是培强特色产业。立足资源禀赋和比较优势,持续推进马龙河、绿汁江流域热作开发,每年发展优质生态蔬菜、鲜食水果等订单农业 7.8 万亩,带动有能力种植的贫困户户均种植 1 亩以上;整合退耕还林、陡坡地生态治理、低效林改造等项目资金,打造百万亩核桃、5 万亩青花椒、10 万亩中药材等重点产业,带动贫困户户均种植 1 至 2 亩经济林果及中药材;建设"中国彝乡民宿经济示范区",着力扶持打造一批乡村旅游休闲农家小院,把双柏建成滇中旅游线上一流的"健康生活目的地",让贫困群众在参与旅游扶贫项目中增加收入。三是壮大龙头企业。围绕"四大"重点产业,认真实施龙头引领工程,整合资源力量,加大扶持力度,积极培育引进一批农业龙头企业,组织实施一批重点项目,争取文峰中药饮片加工、牧粮集团20万只黑山羊加工、森美达药用级桉油素生产线、工业大麻种植加工、妥甸酱油二期技改等项目早日投产达效,以大企业引领大项目,以大项目促进产业大发展,以产业大发展带动农民收入大增长。四是做大电商产业。双柏是全国电子商务进农村示范县,要大力推行"互联网+"发展模式,深入推进电商扶贫工程,加大政策支持力度,全力发展壮大电商经营主体,借助互联网和电商平台把双柏茶叶、妥甸酱油、密架山猪、邦三红糖、生态蔬菜等特色产品推向大市场,拓宽贫困地区特色优质农产品销售渠道和贫困人口增收渠道。

（四）着力在推进就业创业上抓巩固促提升

紧扣"一人就业创业、一户脱贫致富"的目标,细化落实就业创业扶持措施,继续实施"雨露计划"、转移就业"春风行动"等专项行动,确保有就业意愿的贫困劳动力人均掌握1~2门实用技术,每年新增转移就业不少于0.21万人。按照"省外、省内州外、州内县外、县内"四个层次建立精准对接机制。省外,深化东西部协作机制,与上海嘉定区、浙江、厦门、珠三角、长三角等地区开展劳务协作。州内、县内,依托辖区内工业园区、农业园区、商贸物流园区、旅游景区等经济实体,吸纳农村劳动力就近就地转移就业。继续落实激励政策,落实技能培训补贴、社会保险补贴、交通补贴等就业促进政策,不断促进就业。以易地扶贫搬迁"1+6"城镇化安置点搬迁户有劳动力人口为重点,采取发展产业带动就业、开发公益性岗位兜底就业、发展劳务输出促进就业,让贫困群众实现就地就近就业,让他们住得稳,能致富。按照"脱贫不脱钩"原则,持续推进"万企帮万村"精准扶贫双柏行动、户企结对帮扶行动,建设一批就业"扶贫工厂""扶贫车间",增加贫困群众打工收入。扎实推进"双创"工作向基层延伸,积极创造创业条件、整合扶持政策、加强信息供给,将创业培训、创业贷款、场租补贴、网店补贴、无偿资助、创业补贴等向农村和贫困群众倾斜。

（五）着力在保障改善民生上抓巩固促提升

全面落实党的惠农政策,不断加大县级财政对公共服务领域的投入,提升民生保障水平,努力让群众享受更优质的教育,更好的医疗和社会保障条件,更加干净整洁的生活环境,不断提高群众获得感、幸福感和满意度。一是深入实施教育扶贫。持续推进教育提质惠民工程,全面落实学生资助政策,确保各学段学生资助政策全覆盖,努力减轻学生就学负担,全面推进义务教育改薄项目,全力提升教育教学质量,及时解决好搬迁家庭子女的就学问题,不让一户家庭因学致贫,不让一个孩子因贫辍学失学,确保全县学前三年毛入园率达到87%以上,义务教育入学率达到100%,着力提升全县义务教育优质均衡发展水平。二是深入实施健康扶贫。加快推进健康双柏建设,深化医药卫生体制改革,健全基层医疗卫生服务体系,不断完善城乡居民基本医疗保险、大病保险、医疗救助、医疗费用兜底保障,更加关注大病重病卡外特殊户,坚决防止出现因病致贫、因病返贫情况。三是深入实施美丽乡村建设。教育引导群众树立文明新风,以村规民约促进村民自管、自治新格局,持续推进农村"七改三清"人居环境提升行动,定期开展乡村道路环境清扫及整治,全面提升农村人居环境,让农村成为村美水美家更美的"生态美丽家园"。四是着力提高社会保障水平。健全城乡社会保障体系建设,完善农村低保制度,认真落实农村低保标准和国家扶贫标准"两线合一"政策,将丧失劳动能力人员纳入农村低保兜底,按时足额发放低保资金;切实加大因病因灾因学等致困群众救助力度,严格落实困难残疾人"两项补贴",全面落实农村"五保户"、鳏寡孤独老人各项关爱措施,兜牢民生保障的底网,确保全面建成小康社会不落一户、不落一人。

(六)着力在激发内生动力上抓巩固促提升

持续深入推进基层党建与扶贫开发双推进,大力弘扬双柏县扶贫攻坚"十二心"精神,深入开展"我的工作我负责,我的困难我克服,我的业绩我创造,人民幸福我来谋"主题实践活动和"干在实处,走在前列"大比拼,继续开展"五面红旗村"争创活动,切实把农村基层党组织打造成脱贫攻坚的坚强堡垒,把农村基层党组织负责人培养成引领发展的"领头雁",把农村党员培养成引领发展的中坚力量,推动基层党建与脱贫攻坚同频共振、双促双赢。坚持扶贫与扶智扶志相结合,继续开展"自强、诚信、感恩""感恩党中央、脱贫奔小康"主题教育活动,推进"三讲三评""干部大返乡、政策大宣讲"工作常态化制度化,落实帮扶干部"一对一"的帮扶联系机制,持续加大贫困群众思想教育引导,教育引导广大群众心怀感恩之心,牢记党的恩情,永远感党恩、听党话、跟党走;深入宣传自力更生脱贫致富的先进典型,教育引导贫困群众转变等、靠、要思想,筑牢脱贫主体意识和"人穷志不穷,脱贫靠自身"观念,不断激发贫困群众内生动力,着力提升贫困群众发展信心、致富决心,以思想脱困、精神脱贫促进形成稳定脱贫、不返贫。

双柏县扶贫开发领导小组办公室关于印发《建立健全巩固脱贫成果防止返贫致贫监测预警和动态管理帮扶机制的实施意见》的通知

各乡镇党委、政府，县级各部门：

现将《双柏县关于建立健全巩固脱贫成果防止返贫致贫监测预警和动态管理帮扶机制的实施意见》印发给你们，请认真抓好落实。

双柏县扶贫开发领导小组办公室

2020 年 4 月 15 日

附：双柏县关于建立健全巩固脱贫成果防止返贫致贫监测预警和动态管理帮扶机制的实施意见

当前，脱贫攻坚已取得决定性成就，现行标准下农村贫困人口绝大多数实现脱贫。由于多方面原因，加之新冠肺炎疫情影响，一些脱贫人口存在返贫风险，一些边缘人口存在致贫风险，必须把防止返贫致贫摆到更加重要的位置。为深入贯彻落实党中央、国务院、省委省政府和州委州政府关于打赢脱贫攻坚战决策部署，全面建立健全防止返贫致贫长效机制，进一步巩固脱贫成果，提高脱贫质量，高质量打赢打好脱贫攻坚收官战，结合双柏县实际，特制定本实施意见。

一、指导思想

认真贯彻落实习近平总书记关于扶贫工作的重要论述、考察云南重要讲话和在决战决胜脱贫攻坚座谈会上的重要讲话精神，坚持精准扶贫精准脱贫基本方略，坚持扶持政策不减、工作力度不减、资金投入不减、帮扶力量不减、督查考核不减的原则，突出问题导向，构建防止返贫致贫监测预警机制，落实防止返贫致贫措施，千方百计增加群众收入，着力提升群众生活保障水平，巩固脱贫攻坚成果，把防止返贫致贫作为当前及今后一个时期扶贫工作重要任务，确保全县与全国全省全州同步建成小康社会，为实施乡村振兴战略打牢坚实基础。

二、基本原则

坚持事前预防与事后帮扶相结合。提前发现并识别存在返贫致贫风险的人口，采取有针对性的帮扶措施，防止脱贫人口返贫、边缘人口致贫。一旦出现返贫和新致贫，及时纳入建档立卡，享受脱贫攻坚相关政策，实施精准帮扶。坚持开发式帮扶与保障性措施相结合。因人因户精准施策,对有劳动能力的监测对象,主要采取开发式帮扶措施,支持发展产业、转移就业,通过劳动增收致富。对无劳动能力的监测对象,进一步强化综合性社会保障措施。坚持政府主导与社会参与相结合。充分发挥政府、市场和社会的作用,强化政府责任,引导市场、社会协同发力,鼓励先富帮后富、守望相助,形成防止返贫致贫的工作合力。坚持外部帮扶与群众主体相结合。处理好外部帮扶与自身努力的关系,强化勤劳致富导向,注重培养贫困群众和监测对象艰苦奋斗意识,提升自我发展能力。

三、工作目标

紧紧围绕"两不愁、三保障"标准,把防止返贫致贫摆在重要位置,按照"防返贫、防致贫、稳脱贫、稳增收"的原则,坚持脱贫摘帽"不摘责任、不摘政策、不摘帮扶、不摘监管"的要求,从政策创新、制度保障等方面入手,构建贫困监测预警机制,采取边缘贫困对象或因病、因学、因灾等因素造成的新增贫困对象(非卡户)干预措施,加大对脱贫监测户、未脱贫户和边缘户的政策倾斜和投入力度,进行返贫致贫监测预警,采取动态管理帮扶措施,切实消除返贫致贫风险隐患。综合施策,全力遏制因病、因学、因灾、因残等因素导致的返贫和新增贫困人口发生,确保现行标准下农村贫困人口稳定脱贫,有效防止返贫和新增贫困人口,与全国全省全州同步全面建成小康社会。

四、监测对象范围

(一)全县未脱贫的 318 户 898 人建档立卡贫困户。

(二)全县已脱贫的 6 621 户 23 641 人。

(三)全县 604 户 1 991 人边缘户和 289 户 940 人脱贫监测户。

(四)未纳入建档立卡管理的农业户籍农村常住人口(含农转城人员)。

五、工作措施

(一)开展全覆盖排查建立台账

各乡镇在 4 月末之前,由驻村工作队员会同各挂包单位、村"两委"、村民小组长(村民小组党支部书记),在脱贫攻坚问题大排查的基础上,以村委会或村民小组为单元对全县四类监测对象开展全覆盖再排查、再摸底,按照"两不愁、三保障"脱贫标准进行预警,按照"缺什么""补什么"原则进行分类,补齐短板弱项。

(二)开展数据筛查识别

各乡镇围绕导致返贫、致贫的因病、因灾、因残、因学等主要因素,与卫健、残联、教育、人社、民政、公安、住建等部门通过数据比对,将人均纯收入略高于当年脱贫标准(2020 年以不低于 4 000 元为参考)、脱贫户中患有残疾、大病、慢病、非义务教育阶段在校生、新患病、因灾致残、因灾致贫、未纳入贫困户的低保户、特困户、农村 60 岁以上的独居户等脱贫难度大、返贫和新致贫风险较大的人群,纳入监测预警识别范围。

(三)开展定期综合评价识别

各乡镇组织驻村工作队、村组干部、乡镇干部每月开展一次"监测预警对象排查",

进村入户开展风险等级评定工作,锁定脱贫、返贫和新致贫风险较大人群,纳入监测预警识别范围;帮扶责任人走访挂包贫困户时,综合评估其生活水平及收入情况,对符合识别标准的纳入监测预警识别范围;上级或同级部门通过调研督导、检查评估发现的问题户,对于符合识别标准的也要纳入监测预警识别范围。

（四）落实分类帮扶措施,保障稳定脱贫

根据监测预警户返贫、致贫风险因素,分类将名单推送至相关行业部门和挂包帮扶单位,按照"缺什么""补什么"的原则,及时因户施策、分类帮扶。针对临时性的困难,加大政策性补助,减少支出,给予民政救助、大病救治、教育资助等措施,快速高效地组织开展干预措施,防止返贫及新增贫困人口产生。

1. 脱贫监测户以"扶"为主。研究制定针对性强的到户帮扶措施,民政、卫健、教育、住建等部门全方位开展"点对点"精准帮扶,确保脱贫监测预警户"两不愁、三保障"得到有效保障,切实化解返贫风险。

2. 兜底脱贫户以"保"为主。在保障其享有低保、养老、临时救助等帮扶政策长期稳定的同时,以资产收益项目等村集体经济收益联结实施精准帮扶,确保家庭至少有1~2项增收渠道,稳定实现"两不愁、三保障"。

3. 非卡户、边缘户以"带"为主。重点解决产业就业,增加收入。按照家庭实际情况,帮助理清发展思路、谋划增收项目、解决家庭就业,重点在扶志、扶智方面加强教育引导,加强技能、创业培训,扶持产业发展,实现稳定就业,切实消除致贫风险。

4. 建立精准防贫资金(防贫保险),加大政策保障力度。坚持政府引导、社会参与、公开透明的原则,建立以县财政投入为主,援建资金、社会帮扶资金为辅,鼓励社会各界共同捐资设立精准防贫资金或防贫保险,专项用于防贫救助。

5. 强化产业扶贫。对具备发展产业条件的监测对象,加强生产经营技能培训,提供扶贫小额信贷支持,动员龙头企业、专业合作社、贫困村创业致富带头人等带动其发展生产。资金使用与建档立卡对象相衔接,与巩固脱贫成效相挂钩,切实使资金惠及贫困人口,实现产业发展扶持到村到户到人,直接间接惠及所有贫困对象。

6. 推进就业扶贫。对有劳动能力的监测对象,加强劳动技能培训,通过劳务扶贫协作、扶贫车间建设、以工代赈、以奖代补、劳务补助等方式帮助其转移就业。统筹利用公益岗位,多渠道积极安置监测对象。鼓励监测对象参与农村项目建设。利用光伏收益让贫困对象参与保洁保安员、护林员、巡河员等公益性岗位增加劳务收入。

7. 开展精神扶贫。强化思想教育引导,树立脱贫光荣意识,防止政策养懒汉、助长不劳而获和"等靠要"不良风气,给予物质奖励和精神激励。积极开展乡风文明建设,发挥村规民约作用,倡导赡养老人、扶养残疾人。总结推广自强不息、自力更生先进典型,用身边人身边事示范带动贫困群众。

8. 综合保障。对无劳动能力的监测对象,进一步强化低保、医疗、养老保险和特困人员救助供养等综合性社会保障措施,确保应保尽保。对因病、因残、因灾等意外变故返贫致贫的家庭,及时落实健康扶贫和残疾人、灾害、临时救助等政策,保障其基本生活。

双柏县脱贫攻坚部分文件目录

文件标题	发文字号	成文日期	发文单位
关于调整县级领导和县级机关企事业单位挂钩扶贫联系点的通知	双办字〔2014〕13号	2014年3月6日	中共双柏县委办公室双柏县人民政府办公室
关于印发《南京大学结对双柏县开展定点扶贫会商纪要》的通知	双办字〔2014〕54号	2014年9月24日	中共双柏县委办公室双柏县人民政府办公室
关于印发双柏县城乡居民基本养老保险工作方案的通知	双政办发〔2014〕102号	2014年10月31日	双柏县人民政府办公室
关于成立贫困村互助资金试点工作领导小组的通知	双府发电〔2014〕14号	2014年12月23日	双柏县人民政府
印发双柏县交通基础设施建设三年(2015—2017)攻坚计划的通知	双政通〔2015〕1号	2015年1月13日	双柏县人民政府
关于进一步加强驻村扶贫工作队力量做好增派工作的通知	双办字〔2015〕5号	2015年1月19日	中共双柏县委办公室
关于双柏县2015年新农村建设指导员驻村安排的通知	双办字〔2015〕17号	2015年3月10日	中共双柏县委办公室双柏县人民政府办公室
关于成立扶贫开发整乡推进项目实施工作领导小组的通知	双政通〔2016〕38号	2015年5月12日	双柏县人民政府
关于转发《关于认真做好选派机关优秀干部到村任第一书记工作》的通知	双办字〔2015〕48号	2015年6月25日	中共双柏县委办公室、双柏县人民政府办公室
关于印发《双柏县2015～2017年农村危房改造建设实施方案》的通知	双办发〔2015〕13号	2015年7月29日	中共双柏县委办公室双柏县人民政府办公室
关于调整县级领导和县级机关企事业单位定点挂钩扶贫联系点的通知	双办字〔2015〕56号	2015年7月31日	中共双柏县委办公室双柏县人民政府办公室
关于建立扶贫攻坚"领导挂点、部门包村、干部帮户"长效机制扎实开展"转作风走基层遍访贫困村贫困户"工作的通知	双办字〔2015〕59号	2015年8月30日	中共双柏县委办公室、双柏县人民政府办公室
关于组建新农村建设驻村扶贫工作队的通知	双办字〔2015〕60号	2015年9月11日	中共双柏县委办公室双柏县人民政府办公室
关于建立健全双柏县"挂包帮、转走访"工作联席会议制度的通知	双办字〔2015〕72号	2015年9月25日	中共双柏县委办公室、双柏县人民政府办公室

（续表）

文件标题	发文字号	成文日期	发文单位
关于实施双柏县易地扶贫搬迁建设项目有关事项的通知	双政发〔2015〕6号	2015年10月5日	双柏县人民政府
关于认真组织开展2015年扶贫日的通知	双办字〔2015〕65号	2015年10月9日	中共双柏县委办公室 双柏县人民政府办公室
关于印发《双柏县精准扶贫工作实施方案》等5个扶贫攻坚配套文件的通知	双办发〔2015〕19号	2015年11月14日	中共双柏县委办公室 双柏县人民政府办公室
关于印发《举全县之力坚决打赢脱贫攻坚战实施意见》的通知	双发〔2015〕7号	2015年11月14日	中共双柏县委 双柏县人民政府
关于调整充实县扶贫开发领导小组的通知	双办字〔2015〕92号	2015年11月14日	中共双柏县委办公室 双柏县人民政府办公室
关于调整部分县级领导、县级部门定点挂钩扶贫联系点及驻村扶贫工作队员的通知	双办字〔2015〕95号	2015年12月16日	中共双柏县委办公室 双柏县人民政府办公室
关于印发双柏县社会救助实施细则的通知	双政通〔2015〕83号	2015年12月19日	双柏县人民政府
关于成立双柏县易地扶贫搬迁项目建设领导小组的通知	双政办发〔2015〕98号	2015年12月27日	双柏县人民政府办公室
加快推进双柏县农村危房改造和抗震安居工程建设的实施意见	双发〔2015〕9号	2015年12月30日	中共双柏县委 双柏县人民政府
关于进一步加强驻村扶贫工作队力量做好增派工作的通知	双办字〔2016〕5号	2016年1月19日	中共双柏县委办公室
关于组建2016年驻村扶贫工作队的通知	双办字〔2016〕20号	2016年2月18日	中共双柏县委办公室 双柏县人民政府办公室
关于印发《双柏县教育扶贫工程到村到户精准脱贫三年行动计划》的通知	双字〔2016〕32号	2016年2月22日	中共双柏县委办公室 双柏县人民政府办公室
印发《双柏县易地搬迁三年行动计划实施方案（试行）》的通知	双办发〔2016〕5号	2016年3月23日	中共双柏县委办公室 双柏县人民政府办公室
成立双柏县易地扶贫搬迁和农村危房改造工程建设指挥部的通知	双办字〔2016〕44号	2016年4月1日	中共双柏县委办公室 双柏县人民政府办公室
关于印发双柏县易地扶贫搬迁建设贷款项目资金管理办法（试行）的通知	双政通〔2016〕29号	2016年4月7日	双柏县人民政府
关于印发《双柏县驻村扶贫工作队管理办法》的通知	双办字〔2016〕49号	2016年8月4日	中共双柏县委办公室 双柏县人民政府办公室
关于做好脱贫攻坚宣传工作的通知	双办发电〔2016〕95号	2016年4月14日	中共双柏县委办公室 双柏县人民政府办公室

（续表）

文件标题	发文字号	成文日期	发文单位
关于印发《双柏县"企业帮村联户"精准扶贫行动方案》的通知	双办字〔2016〕53号	2016年4月22日	中共双柏县委办公室 双柏县人民政府办公室
关于印发双柏县重特大疾病医疗救助实施方案的通知	双政通〔2016〕38号	2016年5月14日	双柏县人民政府
关于印发双柏县城乡临时救助实施办法（试行）的通知	双政通〔2016〕39号	2016年5月14日	双柏县人民政府
关于印发《双柏县扶持特色种植业和养殖业发展三年行动计划实施方案》的通知	双办发〔2016〕16号	2016年6月8日	中共双柏县委办公室 双柏县人民政府办公室
关于印发《双柏县扶持农村民居提升改造工程三年行动计划实施方案》	双办发〔2016〕17号	2016年6月8日	中共双柏县委办公室 双柏县人民政府办公室
关于调整部分县级领导定点挂钩扶贫联系点的通知	双办字〔2016〕72号	2016年6月22日	中共双柏县委办公室 双柏县人民政府办公室
关于脱贫攻坚"挂包帮""转走访""农危改"等工作专项督查的通报	双办字〔2016〕75号	2016年6月24日	中共双柏县委办公室、双柏县人民政府办公室
对双柏县易地扶贫搬迁三年行动计划建档立卡贫困户建房补助及贷款等相关政策进行调整的通知	双办字〔2016〕79号	2016年6月30日	中共双柏县委办公室 双柏县人民政府办公室
关于贯彻落实困难残疾人生活补贴和重度残疾人护理补贴制度的实施意见	双政发〔2016〕8号	2016年8月23日	双柏县人民政府
关于开展全县脱贫攻坚工作专项纪律巡访的通知	双办字〔2016〕113号	2016年9月2日	中共双柏县委办公室
关于在全县开展脱贫攻坚工作"回头看、补短板"专项行动的通知	双办发电〔2016〕240号	2016年9月6日	中共双柏县委办公室 双柏县人民政府办公室
开展双柏县2016年"10·17"扶贫日活动的通知	双办发电〔2016〕267号	2016年10月13日	中共双柏县委办公室 双柏县人民政府办公室
关于印发全县重点产业发展"1＋4"配套政策文件的通知	双发〔2016〕10号	2016年12月6日	中共双柏县委 双柏县人民政府
关于建立脱贫攻坚政策落实情况抽查工作机制的通知	双办字〔2016〕161号	2016年12月13日	中共双柏县委办公室 双柏县人民政府办公室
关于印发《双柏县脱贫摘帽考核办法》的通知	双办字〔2016〕162号	2016年12月14日	中共双柏县委办公室、双柏县人民政府办公室
关于印发《双柏县脱贫攻坚工作考核实施细则》的通知	双办字〔2016〕163号	2016年12月14日	中共双柏县委办公室 双柏县人民政府办公室
关于印发《双柏县贫困退出考核指标责任分解方案》的通知	双办字〔2016〕164号	2016年12月14日	中共双柏县委办公室 双柏县人民政府办公室

（续表）

文件标题	发文字号	成文日期	发文单位
关于印发《双柏县精准扶贫精准脱贫工作立项督查制度》的通知	双办字〔2016〕165号	2016年12月14日	中共双柏县委办公室 双柏县人民政府办公室
关于印发《双柏县脱贫攻坚工作问责办法（试行）》的通知	双办字〔2016〕166号	2016年12月14日	中共双柏县委办公室 双柏县人民政府办公室
关于印发双柏县高原特色现代农业发展三年行动计划2017年实施方案的通知	双政通〔2017〕14号	2017年2月22日	双柏县人民政府
关于调整完善双柏县"挂包帮""转走访"工作联席会议制度的通知	双办字〔2017〕27号	2017年2月28日	中共双柏县委办公室 双柏县人民政府办公室
关于印发双柏县生物医药和大健康产业发展三年行动计划2017年实施方案的通知	双政通〔2017〕16号	2017年3月2日	双柏县人民政府
关于印发《双柏县产业互助信贷资金项目运行文字（试行）》的通知	双政通〔2017〕19号	2017年3月9日	双柏县人民政府
关于印发《双柏县财政专项扶贫资金管理暂行办法》《双柏县扶贫项目管理暂行办法》《双柏县财政专项扶贫资金报账制管理办法》《双柏县扶贫项目评审专家库管理暂行办法》《双柏县扶贫项目评审办法（试行）》的通知	双政通〔2017〕20号	2017年3月9日	双柏县人民政府
关于印发《双柏县"感恩党中央、脱贫奔小康"教育活动试点实施方案》的通知	双办发〔2017〕6号	2017年3月29日	中共双柏县委办公室
关于组建2017年驻村扶贫工作队的通知	双办字〔2017〕38号	2017年4月1日	中共双柏县委办公室 双柏县人民政府办公室
关于印发《双柏县深入开展精准扶贫精准脱贫"找问题、补短板、促攻坚"专项行动实施方案》的通知	双办发〔2017〕7号	2017年4月6日	中共双柏县委办公室 双柏县人民政府办公室
关于印发《省人大常委会副主任赵立雄同志在双柏调研期间有关指示精神和全州脱贫攻坚工作推进会议精神及双柏县贯彻意见》的通知	双办字〔2017〕44号	2017年4月10日	中共双柏县委办公室 双柏县人民政府办公室
关于成立双柏县脱贫攻坚工作指挥部的通知	双办字〔2017〕48号	2017年4月26日	中共双柏县委办公室 双柏县人民政府办公室
关于印发《双柏县村民小组活动场所建设规划方案》的通知	双办发〔2017〕12号	2017年5月16日	中共双柏县委办公室
关于进一步调整充实脱贫攻坚扶贫工作力量的通知	双办字〔2017〕61号	2017年5月31日	中共双柏县委办公室 双柏县人民政府办公室

（续表）

文件标题	发文字号	成文日期	发文单位
关于在坚决打赢脱贫攻坚战中进一步深入基层深入实际的通知	双办发电〔2017〕58号	2017年6月16日	中共双柏县委办公室 双柏县人民政府办公室
关于对全县脱贫攻坚存在问题整改工作进行责任分解落实的通知	双办字〔2017〕73号	2017年6月22日	中共双柏县委办公室 双柏县人民政府办公室
关于印发《双柏县脱贫攻坚考核奖优罚劣暂行办法》的通知	双办字〔2017〕74号	2017年6月22日	中共双柏县委办公室 双柏县人民政府办公室
关于印发《双柏县落实脱贫攻坚工作责任押金制度（试行）》的通知	双办字〔2017〕75号	2017年6月22日	中共双柏县委办公室 双柏县人民政府办公室
关于成立贫困对象动态管理采集数据比对工作领导小组的通知	双办字〔2017〕91号	2017年7月20日	中共双柏县委办公室 双柏县人民政府办公室
关于对脱贫攻坚存在问题进行交办整改督查的通知	双办发电〔2017〕68号	2017年8月15日	中共双柏县委办公室 双柏县人民政府办公室
印发《双柏县技能扶贫和农村劳动力转移就业"两个专项行动"计划（2017～2020年）》的通知	双政办发〔2017〕68号	2017年8月28日	双柏县人民政府办公室
关于深入实施人才扶贫行动计划的通知	双办字〔2017〕105号	2017年8月31日	中共双柏县委办公室 双柏县人民政府办公室
关于印发《双柏县在脱贫攻坚中开展"自强、诚信、感恩"主题实践活动实施方案》的通知	双办字〔2017〕114号	2017年9月22日	中共双柏县委办公室 双柏县人民政府办公室
关于在脱贫攻坚第一线考察识别干部办法（试行）的通知	双办字〔2017〕111号	2017年9月26日	中共双柏县委办公室
关于印发《双柏县被召回驻村扶贫工作队员处理办法（试行）》的通知	双办字〔2017〕112号	2017年9月26日	中共双柏县委办公室
关于印发《双柏县2017年易地扶贫搬迁城镇化集中安置工作方案》的通知	双办字〔2017〕115号	2017年10月19日	中共双柏县委办公室 双柏县人民政府办公室
关于印发《双柏县2017年"四类重点对象"农村危房改造实施方案》的通知	双政办发〔2017〕81号	2017年10月27日	双柏县人民政府办公室
关于印发《双柏县健康扶贫精准实施方案》	双政办发〔2017〕85号	2017年10月30日	双柏县人民政府办公室
关于进一步加强扶贫领域监督执纪问责暨五级联动工作的实施意见	双委〔2017〕16号	2017年11月8日	中共双柏县委 双柏县人民政府
双柏县人民政府关于印发双柏县脱贫攻坚存在问题整改工作方案的通知	双政通〔2017〕61号	2017年11月13日	双柏县人民政府
关于印发《双柏县扶贫领域监督执纪问责暨五级作推进方案》的通知	双办字〔2017〕124号	2017年11月8日	中共双柏县委办公室 双柏县人民政府办公室

（续表）

文件标题	发文字号	成文日期	发文单位
关于进一步加强脱贫攻坚组织保障的通知	双办字〔2017〕132 号	2017 年 11 月 14 日	中共双柏县委办公室 双柏县人民政府办公室
中共双柏县委关于加强抓党建促脱贫攻坚工作的实施意见	双委〔2017〕17 号	2017 年 11 月 14 日	中共双柏县委
关于印发《双柏县 2018 年群众文化活动场所建设项目实施方案》的通知	双办字〔2017〕133 号	2017 年 11 月 23 日	中共双柏县委办公室 双柏县人民政府办公室
关于印发《双柏县教育精准扶贫实施方案》的通知	双政办发〔2017〕103 号	2017 年 12 月 7 日	双柏县人民政府办公室
关于坚决打赢打好脱贫攻坚三年行动的实施意见	双发〔2018〕15 号	2018 年 1 月 5 日	中共双柏县委 双柏县人民政府
关于印发《双柏县农村劳动力培训及转移就业精准扶贫实施方案》的通知	双政办发〔2018〕57 号	2018 年 1 月 25 日	双柏县人民政府办公室
印发《双柏县抓党建促脱贫攻坚十项行动方案》的通知	双办字〔2018〕4 号	2018 年 2 月 5 日	中共双柏县委办公室
关于进一步加强扶贫领域信息公开工作的实施意见	双办字〔2018〕24 号	2018 年 3 月 13 日	中共双柏县委办公室 双柏县人民政府办公室
关于印发《双柏县 2018 年脱贫摘帽工作方案》的通知	双办字〔2018〕46 号	2018 年 3 月 28 日	中共双柏县委办公室 双柏县人民政府办公室
关于印发《双柏县产业扶贫实施方案》的通知	双办字〔2018〕39 号	2018 年 4 月 8 日	中共双柏县委办公室 双柏县人民政府办公室
关于印发《双柏县产业扶贫工作考核办法》的通知	双办字〔2018〕40 号	2018 年 4 月 8 日	中共双柏县委办公室 双柏县人民政府办公室
关于印发《双柏县 2018 年 4 类非 4 类重点对象 C、D 级危房改造工作实施方案》的通知	双办字〔2018〕43 号	2018 年 4 月 12 日	中共双柏县委办公室 双柏县人民政府办公室
关于印发《双柏县脱贫攻坚农村饮水有保障实施方案》的通知	双政办发〔2018〕14 号	2018 年 4 月 19 日	双柏县人民政府办公室
印发《关于进一步加快发展农民专业合作组织助力全县脱贫攻坚的实施意见》的通知	双办字〔2018〕45 号	2018 年 4 月 20 日	中共双柏县委办公室 双柏县人民政府办公室
关于印发《双柏县脱贫攻坚问题清单整改工作领导小组》的通知	双办字〔2018〕48 号	2018 年 4 月 20 日	中共双柏县委办公室 双柏县人民政府办公室
关于印发《双柏县 2018 年度脱贫攻坚目标任务责任清单》的通知	双办字〔2018〕49 号	2018 年 4 月 20 日	中共双柏县委办公室 双柏县人民政府办公室
关于印发《双柏县脱贫攻坚存在问题整改方案》的通知	双办字〔2018〕50 号	2018 年 4 月 20 日	中共双柏县委办公室 双柏县人民政府办公室

文件标题	发文字号	成文日期	发文单位
关于印发《双柏县残疾人2018年脱贫攻坚实施方案》的通知	双政办发〔2018〕13号	2018年4月23日	双柏县人民政府办公室
关于印发《双柏县社会保障兜底精准脱贫实施方案》的通知	双政办发〔2018〕15号	2018年4月27日	双柏县人民政府办公室
关于建立脱贫攻坚4类重点对象和非4类重点对象农村危房改造工作督查通报机制的通知	双办字〔2018〕55号	2018年4月27日	中共双柏县委办公室 双柏县人民政府办公室
关于进一步严明脱贫攻坚工作纪律的通知	双办字〔2018〕52号	2018年4月30日	中共双柏县委办公室
关于进一步严肃和规范全县"脱贫攻坚专题日"工作的通知	双办发电〔2018〕22号	2018年5月8日	中共双柏县委办公室 双柏县人民政府办公室
印发《双柏县脱贫攻坚项目库建设管理考核办法（试行）》的通知	双办发电〔2018〕34号	2018年5月11日	中共双柏县委办公室 双柏县人民政府办公室
印发《双柏县脱贫攻坚"转作风、大调研、抓精准、促落实"专项行动方案》的通知	双办字〔2018〕62号	2018年5月25日	中共双柏县委办公室 双柏县人民政府办公室
印发《双柏县发展壮大村集体经济实施方案》的通知	双办字〔2018〕72号	2018年6月1日	中共双柏县委办公室
印发《双柏县2018年度沪滇扶贫协作重点工作任务责任分解落实方案》的通知	双办字〔2018〕78号	2018年6月13日	中共双柏县委办公室 双柏县人民政府办公室
关于印发《双柏县选聘贫困人口为季节性护林员森林管护员实施方案》的通知	双政通〔2018〕26号	2018年6月19日	双柏县人民政府
关于集中开展脱贫攻坚专题督查调研的通知	双办发电〔2018〕40号	2018年7月13日	中共双柏县委办公室 双柏县人民政府办公室
印发《双柏县驻村工作队管理办法（试行）》的通知	双办字〔2018〕91号	2018年7月17日	中共双柏县委办公室 双柏县人民政府办公室
关于印发《全国"万企业帮万村"精准扶贫双柏行动方案》的通知	双办发电〔2018〕42号	2018年7月20日	中共双柏县委办公室 双柏县人民政府办公室
关于印发《双柏县农民专业合作社规范化运行和引导扶持农民专业合作社带动建档立卡贫困户发展产业的实施意见》的通知	双办发电〔2018〕43号	2018年7月23日	中共双柏县委办公室 双柏县人民政府办公室
关于印发《扶贫领域腐败和作风问题专项治理实施方案（2018～2020年）》的通知	双办字〔2018〕96号	2018年7月27日	中共双柏县委办公室
关于抓好脱贫攻坚25项重点工作的通知	双办发电〔2018〕46号	2018年8月2日	中共双柏县委办公室 双柏县人民政府办公室

（续表）

文件标题	发文字号	成文日期	发文单位
关于印发《双柏县进一步推广产业扶贫模式的实施意见》的通知	双办字〔2018〕97号	2018年8月2日	中共双柏县委办公室 双柏县人民政府办公室
关于开展好脱贫攻坚"主题月"有关工作的通知	双办发电〔2018〕47号	2018年8月9日	中共双柏县委办公室 双柏县人民政府办公室
关于印发《双柏县进一步加强产业扶贫工作的实施意见》的通知	双办字〔2018〕99号	2018年8月13日	中共双柏县委办公室 双柏县人民政府办公室
关于印发《双柏县脱贫攻坚问责追责十条办法(试行)》的通知	双办字〔2018〕109号	2018年9月15日	中共双柏县委办公室 双柏县人民政府办公室
关于印发《双柏县脱贫摘帽"百日冲刺行动"工作方案》的通知	双办字〔2018〕110号	2018年9月17日	中共双柏县委办公室 双柏县人民政府办公室
关于印发《双柏县乡镇党委、政府脱贫攻坚成效考核评价实施办法》的通知	双贫组发〔2018〕130号	2018年9月20日	双柏县扶贫开发领导小组
关于在全县开展脱贫攻坚"干部大下访、工作大排查、问题大整改"工作通知	双办发电〔2018〕63号	2018年9月25日	中共双柏县委办公室 双柏县人民政府办公室
关于对贫困人口、贫困村、贫困乡镇、贫困县脱贫退出指标开展核查认定的通知	双贫组发〔2018〕197号	2018年10月24日	双柏县扶贫开发领导小组
印发《双柏县关于配合中央脱贫攻坚专项巡视工作方案》的通知	双办字〔2018〕115号	2018年10月28日	中共双柏县委
印发《关于坚决打赢脱贫攻坚战三年行动实施方案》的通知	双发〔2018〕19号	2018年10月31日	中共双柏县委 双柏县人民政府
关于印发《双柏县技能扶贫和农村劳动力转移就业工作联席会议制度》的通知	双办字〔2018〕117号	2018年11月1日	中共双柏县委办公室 双柏县人民政府办公室
关于印发《双柏县脱贫攻坚"村村畅净、户户达标"工作实施方案》的通知	双办字〔2018〕116号	2018年11月26日	中共双柏县委办公室 双柏县人民政府办公室
关于开展双柏县2018年脱贫攻坚交叉考核工作通知	双办发电〔2018〕68号	2018年11月26日	中共双柏县委办公室 双柏县人民政府办公室
关于印发《双柏县脱贫攻坚指挥调度工作机制》的通知	双办字〔2018〕120号	2018年11月27日	中共双柏县委办公室 双柏县人民政府办公室
关于印发《双柏县扶贫项目廉洁评估实施方案(试行)》的通知	双办字〔2018〕122号	2018年11月28日	中共双柏县委办公室 双柏县人民政府办公室
关于印发《双柏县村组干部脱贫攻坚成效考核工作方案的通知》	双贫组发〔2018〕235号	2018年12年13日	双柏县扶贫开发领导小组
关于印发《双柏县脱贫攻坚宣传氛围营造工作方案》的通知	双办发〔2019〕4号	2019年1月19日	中共双柏县委办公室
中共双柏县委关于深入开展"干在实处,走在前列"大比拼决战脱贫攻坚决胜全面建成小康社会推动双柏县高质量跨越式发展的实施意见	双发〔2019〕5号	2019年3月26日	中共双柏县委办公室

（续表）

文件标题	发文字号	成文日期	发文单位
关于印发《双柏县脱贫攻坚志》编纂方案的通知	双办字〔2019〕40号	2019年4月19日	中共双柏县委办公室 双柏县人民政府办公室
双柏县全面巩固脱贫成果、提升脱贫质量的实施意见	双办发〔2019〕16号	2019年4月24日	中共双柏县委办公室 双柏县人民政府办公室
双柏县2019年脱贫攻坚工作计划	双办字〔2019〕97号	2019年4月24日	中共双柏县委办公室 双柏县人民政府办公室
双柏县2019年脱贫攻坚目标任务责任清单	双办字〔2019〕98号	2019年4月24日	中共双柏县委办公室 双柏县人民政府办公室
双柏县关于中央第十二巡视组对云南省开展脱贫攻坚专项巡视反馈意见的整改方案	双委〔2019〕8号	2019年4月30日	中共双柏县委
双柏县贫困退出专项评估检查反馈问题的整改方案	双办字〔2019〕107号	2019年5月7日	中共双柏县委办公室 双柏县人民政府办公室
关于深入推进三级书记遍访贫困对象行动的工作方案	双办发〔2019〕18号	2019年5月10日	中共双柏县委办公室 双柏县人民政府办公室
双柏县2018年贫困摘帽县脱贫攻坚工作督查反馈问题整改方案	双办字〔2019〕116号	2019年6月5日	中共双柏县委办公室 双柏县人民政府办公室
关于印发双柏县全面加强就业扶贫和技能扶贫助推脱贫攻坚10条措施的通知	双政通〔2019〕10号	2019年6月17日	双柏县人民政府
关于进一步充实脱贫攻坚工作力量和调整县级部门挂包村（社区）的通知	双办字〔2019〕133号	2019年8月9日	中共双柏县委办公室
双柏县脱贫攻坚普查试点自查工作方案	双办发电〔2019〕31号	2019年8月9日	中共双柏县委办公室
关于表扬全县2019年脱贫攻坚先进集体和先进个人的决定	双委〔2019〕25号	2019年12月27日	中共双柏县委 双柏县人民政府
关于成立双柏县脱贫攻坚普查领导小组的通知	双办字〔2020〕5号	2020年2月6日	中共双柏县委办公室 双柏县人民政府办公室
印发《双柏县脱贫攻坚挂牌督战工作方案》的通知	双贫组发〔2020〕2号	2020年2月8日	双柏县扶贫开发领导小组
印发《〈楚雄师范学院与双柏县校县合作协议任务分解方案〉》的通知	双办发电〔2020〕11号	2020年2月10日	中共双柏县委办公室 双柏县人民政府办公室
印发《双柏县打赢新型冠状肺炎疫情防控阻击战和打赢脱贫攻坚收官战"十大专项行动"实施方案及责任分解的通知》	双开组办便签〔2020〕16号	2020年2月24日	双柏县扶贫开发领导小组办公室

（续表）

文件标题	发文字号	成文日期	发文单位
印发《双柏县易地扶贫搬迁挂牌督战工作方案》的通知	双发〔2020〕6号	2020年3月6日	中共双柏县委办公室 双柏县人民政府办公室
印发《双柏县贫困风险防控救助资金管理办法（试行）》的通知	双办字〔2020〕21号	2020年3月16日	中共双柏县委办公室 双柏县人民政府办公室
印发《双柏县易地扶贫搬迁结余资金使用分配方案》的通知	双办字〔2020〕29号	2020年4月14日	中共双柏县委办公室 双柏县人民政府办公室
印发《建立健全巩固脱贫成果防止返贫致贫监测预警和动态管理帮扶机制实施意见》的通知	双开组办便签〔2020〕24号	2020年4月15日	双柏县扶贫开发领导小组办公室
印发《双柏县决战决胜脱贫攻坚百日总攻行动方案》的通知	双开组办便签〔2020〕16号	2020年4月20日	双柏县扶贫开发领导小组
印发《双柏县2020年度南京大学定点帮扶工作方案》的通知	双办字〔2020〕31号	2020年4月27日	中共双柏县委办公室 双柏县人民政府办公室
印发《双柏县脱贫攻坚审计发现问题整改清零工作方案》的通知	双办字〔2020〕33号	2020年4月30日	中共双柏县委办公室
印发《北京中医药大学定点帮扶双柏县对接事项工作推进工作方案》的通知	双办字〔2020〕35号	2020年5月29日	中共双柏县委办公室 双柏县人民政府办公室
印发《双柏县加快补齐全面建成小康社会短板行动计划》的通知	双政办发〔2020〕28号	2020年6月4日	双柏县人民政府办公室
印发《双柏县脱贫攻坚总结宣传工作方案》的通知	双贫组发〔2020〕11号	2020年6月15日	双柏县扶贫开发领导小组
关于用心用情用力做好群众工作的实施意见	双委〔2020〕5号	2020年6月24日	中共双柏县委
印发《双柏县决战决胜脱贫攻坚百日提升攻坚行动方案》的通知	双贫组发〔2020〕14号	2020年7月29日	双柏县扶贫开发领导小组

工作研究

激发贫困群众脱贫攻坚的主体意识

李长平

习近平总书记指出,干部群众是脱贫攻坚的重要力量,贫困群众既是脱贫攻坚的对象,更是脱贫致富的主体。要注重扶贫同扶志、扶智相结合,把贫困群众积极性和主动性充分调动起来,引导贫困群众树立主体意识,发扬自力更生精神,激发改变贫困面貌的干劲和决心,靠自己的努力改变命运。云南省双柏县的绝大多数贫困群众都有脱贫的强烈愿望和改变贫穷的志气,但也有少数贫困群众"等靠要"思想严重。针对这种情况,中共双柏县委、县政府在全县开展为期8个月的"感恩党中央、脱贫奔小康"教育活动,意在激发贫困群众的主体意识,动员贫困群众积极主动参与到脱贫致富的攻坚战中。

围绕强化感恩意识开展教育活动

党中央强调,全面小康路上,不让一个贫困地区掉队,不让一个兄弟民族落伍,不让一个贫困群众落下。这就要求各级党组织一定要在精准扶贫、精准脱贫工作中把贫困群众动员起来,激发"感恩党中央、脱贫奔小康"的强大动力,以主人翁的姿态,成为攻坚拔寨的主力,让"我要脱贫"成为主旋律,干群同心谱写脱贫坚攻的动人华章。利用电视、广播、微信、宣讲、板报、标语等载体,广泛宣传党的惠民政策,营造舆论氛围。挂包联系的县乡干部及驻村工作队员利用结对包保、转走访的时机,深入贫困村组及贫困户家中,耐心细致地做好政策解答、思想沟通、释疑解惑等工作,引导广大群众树立吃水不忘挖井人的意识,认识到今天的好生活得益于党的领导、得益于改革开放;利用先进典型及群众身边的鲜活例子,时时讲、处处讲,单位讲、村组讲,增强群众知党恩、感党恩、颂党绩、跟党走的意识。

围绕树立文明风尚开展教育活动

推动农村精神文明建设,树立良好社会风气,既是推动社会主义核心价值观在农村落地生根的必然要求,也是深化美丽乡村建设的有效途径、完成脱贫攻坚任务的重要抓手。决战决胜脱贫攻坚,既要关心硬件投入,也要注重培育良好生活习惯和文明乡风,在"增收入""富口袋"和"富脑袋""健精神"上取得双赢实效。双柏县密切联系农村生产生活实际特别是贫困群众思想实际,深化文明素质教育,加强移风易俗宣传和舆论监督,培育新型农民、优良家风、文明乡风和新乡贤文化,推动乡风民风美起来;充分发挥群众性精神文明创建活动在移风易俗中的重要作用，依托文明村镇创建形成鲜明导向，依托传统节日弘扬文明风尚，依托重点人群抓好示范带动，让文明新风融入农村生产生活的各个方面。抓好"五好居民"评选、"四好村"创建等主题活动，广泛开展"三下乡"活动，发挥文化惠民、育民作用，引导群众自觉抵制盲目攀比、好吃懒做等不良风气，形成自力更生、尊老爱幼、相互帮助、遵纪守法的文明风气。完善村规民约，发挥群众自治监督作用，引导群众养成爱护公共卫生、遵守社会公德、维护公共秩序和文明礼貌的良好习惯，摈弃红白喜事大操大办等铺张浪费陈规陋习。强化生态文明理念宣传教育，深入开展农村人居环境提升改造"七改三清"行动，引导群众建设"山更青、水更清、家居更美"的美丽家园。

围绕乡村和谐稳定开展教育活动

挂包干部和驻村扶贫工作队履行"村情民意调研员、政策法规宣传员、富民强村服务员、矛盾纠纷调解员、制度建设督导员、组织建设指导员"的职责，深入细致地做好群众工作，严把脱贫工作质量关，推动脱贫攻坚工作平稳健康发展。同时，各乡镇党委、挂包干部和驻村工作队以解决矛盾纠纷、信访事件等不和谐、不稳定因素为重点，做好问题查找、排查化解工作，开展"建档立卡贫困户必访、边缘贫困户必访、老党员户必访、农村党员致富先锋必访、留守儿童户必访、空巢老人户必访""六必访"活动，把释疑解惑的工作做到群众的心坎上，把困难矛盾解决在群众的家门口。扎实开展城乡党组织"三联共建"活动，推行机关、企业、社区党组织同农村党组织结对共建，形成"多层次、全方位"的结对共建局面，推动农村党员干部联系群众、服务群众，引导群众决战决胜脱贫攻坚。探索为民服务新路径，确保群众满意度不断提升、幸福感不断攀升、获得感不断增强，促进农村和谐稳定。

围绕激发内生动力开展教育活动

扶贫先扶志，在精准扶贫中，必须建立扶贫的良性体制机制，让贫困群众树立脱贫的信心与决心。精准扶贫不仅要帮助贫困人口改善生存条件，让他们经济上翻身，而且精神上也要让其翻身，即"口袋"与"脑袋"都要富起来。"扶贫"与"脱贫"两个词，前者是外因，后者是目的，关键还得靠贫困群众自身的努力。双柏县的党员干部特别是挂包干部，在脱贫攻坚中抓好贫困户、边缘贫困户和非贫困户的思想引导工作，引导贫困群众比过去看现在、思发展看差距、谋幸福看未来，开展面对面、点对点的感恩教育活动，帮助群众算清收支账，讲清脱贫政策、惠民政策，让广大群众深刻感受党在脱贫路上"不落下一户，不丢下一人"的真切关怀，深刻认识从中央到地方的倾力扶持，消除"等靠要"思想，依托政策支持，自力更生，不等不靠搞发展，一心一意谋致富。引导群众认识到脱贫致富靠的是党中央的关怀和自己的艰苦努力，靠的是各级干部帮扶，为实现脱贫出列打好坚实基础。

围绕"一比二思三看四悟五干"开展教育活动

坚持激发广大贫困群众内生动力，促进国家政策落实、社会力量帮扶与群众自主脱贫的有机结合,做到"一比二思三看四悟五干"。"一比"就是比过去看现在。以前种田交粮纳税,现在全免给补贴;以前孩子上学交费,现在全免有补助;以前喝水靠人背,现在清洁卫生的自来水通到家;以前出行靠双腿,运输靠马驮,现在村村通公路,下地干活大都以摩托车或其他车子代步;以前发展靠自己,现在有帮扶干部来协助。通过比过去看现在,让贫困群众深刻感受党和国家的恩情,比出热情、比出信心、比出干劲、比出动力。"二思"就是思源、思进。"思源"就是饮水思源,追根溯源,深刻认识今天的幸福生活和各项惠农政策是源于坚持党的基本路线和方针政策,源于各级党委、政府的坚强领导,让贫困群众更加坚定对马克思主义的信仰,坚定中国特色社会主义信念,进一步增强改革开放和现代化建设的信心,增强对党和政府的信任,感知党的恩情,歌颂党的功绩,坚定跟着党走的信心和决心。"思进"就是要在知恩感恩的基础上思出路、思方向、思凝聚力和战斗力,思本人、家庭、村组今后的奋斗目标和发展路径,形成脱贫攻坚强大合力。"三看"就是深入组织宣讲和参观考察活动,看县情发展变化,看正在实施的重大项目、重点工程建设,看未来的发展蓝图,使广大群众真切感受身边的变化,感受经济社会发展成就,满怀信心地展望美好前景,把思想和行动统一到脱贫攻坚目标要求上。"四悟"就是通过内心感悟,体悟党的伟大,体悟国家政策的恩惠,体悟各级党委、政府的勤政为民作风,体悟新时期中国人的自豪。通过开展"感恩党中央、脱贫奔小康"教育活动,使"知党恩、感党恩、颂党绩、跟党走"成为共识、成为自觉行动。"五干"就是抢抓机遇干,围绕中心干,立足项目干,大胆创新干,自力更生干,以干部"脱皮"换群众"脱贫",引导党员干部用心用情用力用智抓脱贫,精准精细精确攻脱贫,引导广大贫困群众用自己勤劳双手创造幸福美好新生活,形成"同舟共济、众志成城"的强大正能量。

(本文原载 2017 年 6 月 11 日《社会主义论坛》)

弘扬新时代双柏扶贫精神　坚决打赢打好脱贫攻坚战

张　峰　何会轻

　　走过双柏大地,仿若走过了一幅山欢水笑、生机盎然的美丽画卷:叠翠流金的山林、层叠起伏的坡地、星罗棋布的水窖、四通八达的公路、错落有致的新居、美丽宜人的村庄与绵延不绝的大山相映生辉,令人心旷神怡。

　　双柏县是云南省 73 个国家扶贫开发重点县和 61 个滇西边境片区县之一。自脱贫攻坚战打响以来,双柏县深入开展"我的工作我负责,我的困难我克服,我的业绩我创造、人民幸福我来谋"新时代新担当新作为主题实践活动,大力弘扬"进村入户的热心细心、解说政策的耐心诚心、因户施策的真心匠心、解难除困的善心决心、诚挚奉献的爱心忠心、巩固提升的用心恒心"新时代双柏扶贫精神,镌刻出了一幅幅决战贫困、决胜小康的时代画卷。

用进村入户的热心细心　扶真贫真扶贫

　　双柏县从大处着眼、从小处着手,把贫困群众当"家人"、把脱贫攻坚当"家事",以每周六"脱贫攻坚专题日"为载体,用进村入户的热心细心,在全县深入开展以"访小康户、产业户,问致富经验,服务产业发展;访流动党员、务工人员,问就业现状,服务就业需求;访老干部、老党员,问治理良方,服务社会管理;访贫困户、低保户,问衣食冷暖,服务弱势群体;访上访户、意见户,问事情原委,服务民生促脱贫攻坚"为内容的"五访五服务"活动。在走访对象上精准靶向,在走访内容上突出重点,在服务方式上建起制度,给挂包干部的遍访工作划出"硬杠杠",让挂包干部不是随随便便地去走访,不是轻描淡写地去帮扶。县委、人大、政府、政协四班子主要领导率先垂范,带头进村入户开展"五访五服务"活动,在全县上下形成头雁效应。涵盖中央、省、州、县、乡的 211 家挂包单位的3 132 名挂包干部,深入到全县 6 766 户建档立卡贫困户家中,从"解决一个问题、宣传一次政策、打扫一次卫生、帮做一顿饭、帮干一次农活、代购一次生活用品"等小事做起,访真贫、扶真贫、真扶贫,对挂钩帮扶的贫困户做到贫困对象家底清、致贫原因清、帮扶措施清、投入产出清、帮扶责任清、脱贫时序清。结合走访了解到的情况,按照"一村一策、一户一法"的要求,将帮扶措施规划到户,覆盖全县 8 个乡镇 85 个村(社区)6 766 户贫困户 24 077 名贫困人口,包含 9 大项、28 个类别、59 个子项目,总投资 33.97 亿元,做到组有项目清单、村有施工图、乡有路线图、县有项目库。

用解说政策的耐心诚心　激活力添动力

针对部分挂包干部"四个说不清"导致群众满意度不高的问题,双柏县委政府即知即改,汇编并印发《双柏县脱贫攻坚精准扶贫政策汇编》3 000 册,先后两次举办县级挂包干部、乡镇、村干部、驻村扶贫工作队员 2 670 余人参加的脱贫攻坚政策培训班,各乡镇对村三职干部(社区五职人员)、村(居)民小组长、村民代表、党员和乡镇机关 1 500 余名在职干部职工进行专题培训,实现挂包干部培训全覆盖,做到对扶贫政策"一口清"。积极利用开党员会、户长会、群众会的机会,做到讲清楚贫困人口识别、退出的标准和程序;讲清楚脱贫攻坚特惠制和普惠制政策;讲清楚帮扶项目及主要帮扶措施和帮扶工作成效;讲清楚贫困户脱贫不脱政策、不脱帮扶的"四个讲清楚",为每一户建档立卡贫困户培养 1 名政策明白人,把群众心中的"疙瘩"一个一个解开。同时,针对一些贫困群众"等靠要"思想严重,安贫乐贫争贫的现象,全县干部秉持"是石头也要捂热"的信念,率先在全省开展"感恩党中央、脱贫奔小康"主题教育活动,通过"一比二思三看四悟五干",不断激发贫困群众摆脱贫困的内生动力,在广大农村树立起勤劳实干、向上向善的道德新风,涌现出一大批"脱贫光荣户",使落后守旧的农村脱胎换骨,焕发出新的生机与活力。

用因户施策的真心匠心求精准重实效

按照"缺什么补什么、会什么干什么"的"问需式"原则,根据贫困户家中的资源禀赋、发展意愿和致富能力,下足绣花功夫,"一户一策"帮助贫困户制定帮扶计划和帮扶措施,切实把精准扶贫各项工作做实做细做到位。一是发展生产脱贫一批,铺就"致富路"。2017 年来,全县投入产业扶持资金 1.58 亿元,落实贫困户"一户一产业"脱贫规划。出台《双柏县扶持特色种植业和养殖业发展三年行动计划》,累计发放贷款 2.5 亿元直接扶持发展种养殖业,为广大贫困群众铺就致富路。二是易地扶贫搬迁脱贫一批,搬出"新天地"。双柏县始终聚焦"一方水土养不起一方人"易地扶贫搬迁六类地区,坚持"挪穷窝"与"换穷业"并举,安居与乐业并重、搬迁与脱贫同步,高位强势推进易地扶贫搬迁脱贫一批。全县共有搬迁任务 1 556 户 5 801 人,截至目前,全县易地扶贫搬迁竣工 868 户 3 265 人,其中搬迁入住 673 户 2 610 人。基本实现"搬得出、稳得住、有事做、能致富"的目标,一举圆了贫困群众的"安居梦"和"脱贫梦"。三是生态补偿脱贫一批,点化"绿变金"。把造林绿化、天保工程、生态效益补偿等重点生态建设工程在项目资金安排上进一步向贫困村倾斜。2017 年来,全县每年兑付公益林生态补偿金 2 215.96 万元,其中建档立卡贫困户 2 048 户 193.59 万元。聘请有劳动能力的 300 名建档立卡贫困人口为生态护林员,每年兑现工资 300 万元;2018 年新选聘 100 名建档立卡贫困户担任季节性护林员,兑付工资 99.52 万元;普通护林员中聘用有劳动力建档立卡贫困人口 55 人,每年兑现管护工资 55 万元。同时,从 2016 年开始,实施第二轮草原生态补偿,每年兑付 21 884 户农户 127 953 人草原生态保护补助奖励资金 838.38 万元,户均实现增收 381.27 元。把"绿水青山"点化成贫困群众脱贫致富的"绿色银行"。四是发展教育脱贫一批,着力"斩穷根"。通过深入实施义务教育改薄工程、贫困学生爱心助学工程、贫困地区中小学教师素质提升工程、教育扶贫工程,2017年全县义务教育均衡发展顺利通过国家督导评估验收,全县适龄儿童少年义务教育入学率分别达到99.97%、99.95%。近三年来,累计发放义务教育寄宿生生活补助4 986.3万元,营养品改善计划补助资金4 415.9万元,累计发放各项助学贷款2 129.6万元,实现教育扶贫应扶尽扶、应帮尽帮,全县没有发生1例因贫困而辍学的情况。五是社会保障兜底一批,织牢"兜底网"。2018年1~6月共向建档立卡贫困户中符合享受低保的2 178户5 010人发放低保资金505万元,建档立卡贫困户中纳入分散供养五保对象254户273人,发放五保供养金74.5万元。将"三无"人员1 125户1 187人纳入特困供养救助范围,发放供养金334.7万元。

用解难除困的善心决心　压担子搭台子

双柏县始终坚持"解难"的善心和"除困"的"决心",把脱贫摘帽作为最大的政治任务、最严格的硬性要求和最强烈的责任担当,鲜明"一切为了脱贫,一切围绕脱贫,一切服从脱贫,一切服务脱贫"的工作导向,严格落实党政"一把手"负总责,县、乡、村三级书记抓脱贫责任制,全面推行县处级领导包乡镇、部门包村、干部保户的包保推进机制。率先在全省实行脱贫攻坚纪律专项巡查,在全省首创脱贫攻坚观察员制度,选派292名脱贫攻坚观察员对贫困乡镇出列、贫困村退出、贫困人口脱贫实现全过程指导监督,对41名挂包干部进行问责,坚决杜绝"掉链子""出差子""撂挑子"现象,"用党性作担保、用人格作保证、用饭碗作抵押"全面压紧压实。紧扣"两不愁三保障"目标,拿出专项资金2 000万元,整合各类涉农资金达12.7亿元,"真金白银"为脱贫攻坚助力搭台,真正做到资金向脱贫攻坚一线投入、项目向脱贫攻坚一线聚集,群策群力冲刺脱贫攻坚。

用诚挚奉献的爱心忠心　齐出力聚合力

坚持扶贫与扶志、扶智,"输血"与"造血"相结合,在发挥政府主体和主导作用的同时,充分利用行业扶贫、专项扶贫、社会扶贫、沪滇协作扶贫等扶贫模式,促进政府、市场、社会"三方"联动,打造社会大扶贫格局。抽调266名干部组成82支政治过硬、业务精通、作风优良、扎根奉献的驻村工作队伍,为脱贫攻坚提供坚强的人力保障。充分借助上海市嘉定区、南京大学、云南省人大常委会等中央以及省内外帮扶力量,在产业、教育、卫生、人才、智库等方面争取帮扶事项50余项,争取帮扶资金1.71亿元。开展"万企帮万村""同心工程"助力双柏脱贫攻坚社会扶贫行动,践行"打造一批产业,实现贫困户可持续脱贫;解决一批就业,增加贫困户工资性收入;组建一批专业合作社,引导贫困户入股分红;搭建一个扶贫慈善活动平台,开展捐款捐物、捐资助学;解决一批扶贫资金和培训一批有技术懂经营的农民"的"六个一"活动,争取到76家民营企业"一对一"帮扶210户建档立卡贫困户,筹集社会捐助资金20万元建设安龙堡中心小学教学楼,向全校143名学生发放价值8 000多元的书包。累计筹集省人大常委会和全县干部爱心捐款39.9万元帮助293名建档立卡贫困学生,凝聚诚挚奉献的爱心忠心,形成"人人参与、有钱出钱、有力出力、齐心协力、众志成城"的脱贫攻坚"突围"之势。

用巩固提升的用心恒心　脱真贫真脱贫

　　双柏县立足县情长远谋划,高位推进"生态立县、绿色崛起"发展战略,打造"养生福地、生态双柏"品牌。开展"七城同创",聚焦"五网"建设,全力补齐交通、水利、教育、卫生、电力等脱贫退出基础"短板",一大批事关全县民生发展的重大基础设施项目得以实施;深入开展"四治三改一拆一增""七改三清"城乡人居环境提升行动,碍嘉、法脿被评为州级特色示范小镇,法脿镇李方村被命名为"中国少数民族特色村寨",美丽宜居乡村建设成效明显,成功创建省级园林县城、省级生态文明县、双拥模范先进县,先后赢得省级跨越发展先进县、重点生态功能区先进县的殊荣,查姆湖上榜国家水利风景区,入选2018中国最美县域榜单云南之首;着力培育绿色产业,在"绿色生态知名品牌"打造上下功夫,探索资金跟着穷人走、穷人跟着能人走、能人跟着产业走、产业跟着市场走的"四跟四走"金融扶贫模式,大力发展高原特色现代农业、旅游文化、生物医药和大健康、绿色食品加工与消费品制造四大重点产业,全县引进培育农业龙头企业45户、成立专业合作社335个、建成"股份合作经济"项目90个,组建30个产业扶贫互助社,发展特色种养殖大户2787户、家庭农场18个,辐射和带动5749户22311名建档立卡贫困户发展产业,稳定持续的利益链接机制逐步形成,脱真贫、真脱贫的脱贫攻坚成效显著提升。

(本报道原载2018年12月20日《中国扶贫网》)

摒弃"等靠要"思想　感恩奋进奔小康

——双柏县抓实感恩教育实践活动凝心聚力助脱贫

苏晓燕　尹育才

2017 年 9 月以来,双柏县深入开展"感恩党中央、脱贫奔小康"和"自强、诚信、感恩"主题教育实践活动,广泛宣传党的惠民政策,加强农村群众的精神文明、思想道德、形势政策、法律法规教育,引导贫困群众树立"自强不息、诚实守信、脱贫光荣"的思想观念和感恩意识,把对美好生活的向往、对党的感恩之心,转化为自力更生、艰苦奋斗的自觉意愿和行动,全面激发贫困群众内生动力,让广大贫困群众在知党恩中增脱贫信心、在感党恩中寻致富道路、在颂党恩中脱贫致富,以主人翁的姿态,成为攻坚拔寨的主力,让"我要脱贫"成为主旋律,确保坚决打赢脱贫攻坚战。

宣党恩　丰富载体助脱贫

为更好地推进脱贫攻坚工作,双柏县将"感恩党中央、脱贫奔小康"教育与脱贫攻坚政策宣传落实和"自强、诚信、感恩"主题教育实践活动有机融合起来,结合脱贫攻坚"大走访、大调研"活动,系统梳理脱贫攻坚中部分贫困群众存在内生动力不足、"等靠要"依赖思想严重等问题,坚持全域覆盖抓宣讲,在增强贫困群众共同认知上着力,从改变贫困群众思想根源上入手,有的放矢开展感恩教育,激发贫困群众内生动力,把教育活动的目的意义、方法步骤和相关要求讲深讲透,从根本上解决脱贫攻坚中贫困群众内生动力不足、依赖思想突出的问题。

在宣传方式上,全县统一制作印发"感恩教育活动"倡议书到乡镇、村(社区)、村(居)民小组和广大贫困群众中;结合实际利用公路挡墙、活动场所空间、固定宣传栏等场地,制作宣传标语进行广泛宣传,全面提高群众知晓率和参与度;借助省州主流媒体进行脱贫攻坚"自强、诚信、感恩"系列专题报道宣传,并以"云南扶贫热线""双柏扶贫""双柏党建"等政务网站、微博微信新媒体平台为载体,不断扩大宣传面,认真做好主题教育宣传,推出一批脱贫攻坚先进典型,集中推介全县脱贫攻坚工作成效经验,推动宣传工作常态化,持续增强群众的感恩意识,进一步激发贫困群众脱贫致富奔小康的主观能动性。

在宣讲活动中,双柏县紧密结合对习近平新时代中国特色社会主义思想和党的十九大精神学习宣讲,全面加强各级领导干部对精准扶贫和脱贫攻坚政策的学习,在强化领导干部"学懂、弄通、悟透"的基础上,充分发挥"关键少数"的表率作用,坚持由各级党组织领导干部带头深入脱贫攻坚一线上党课、讲感恩、作宣讲,使"感恩"教育主题实践活动入脑入心。同时,全县编印一系列相关宣讲材料,紧密结合工作实际、脱贫攻坚任务,组织宣讲团在各贫困乡镇和群众中深入开展宣讲,讲老百姓听得懂的话,把党的十九大精神和精准脱贫、行业扶贫政策及老百姓享受的项目政策等都讲清楚。

截至目前,全县已印发"感恩教育活动"倡议书 4 万多份,制作宣传标语 800 多条;6 000 多名公职人员和部分企业人员深入 1 000 多个村民小组进行政策宣传;共开展主题宣讲活动 180 余场次,覆盖所有贫困村组和建档立卡贫困户;实现宣传宣讲全覆盖,全面提高群众的知晓率和参与度。

颂党恩 送戏下乡助脱贫

今年 11 月初,利用易地扶贫搬迁户集中入住县城安康小区的机会,双柏县适时开展感恩教育文艺演出。一个个极具民族文化特色又接地气的节目,既满足群众的精神文化需求,也集中宣传党和国家的各项脱贫攻坚富民好政策。

结合"自强、诚信、感恩"主题实践活动的开展,双柏县近年来充分发挥歌舞戏剧形式丰富、娱教相融、通俗易懂、老百姓参与率高、乐于接受的优势,积极组织开展脱贫攻坚"感恩教育送戏下乡"活动。在活动开展中,全县以双柏县彝族老虎笙传承演艺有限公司为龙头,带动各乡镇、村文艺队深入乡村,大力开展感恩教育送戏下乡、文化惠民巡回演出、脱贫攻坚文艺汇演等系列文艺活动,充分结合扶贫政策、美丽乡村建设、党的十九大精神等内容,以弘扬"扶贫济困崇德向善"传统美德、唱响"感恩教育"为主旋律,因地制宜,自主编创《阿舅的心事》《帮扶》《闹店》等彝剧小品和舞蹈《山歌牵出月亮来》《过山号吹过土掌房》等各类文艺节目,以歌舞、戏剧、说唱等群众喜闻乐见、易于接受的形式,让群众在享受文化生活乐趣的同时,也接受感恩教育,广受好评,收效显著。

迄今,全县 8 乡镇 84 个村(社区)和脱贫攻坚重点村均以巡演方式,开展"感恩党中央、脱贫奔小康""自强、诚信、感恩"送戏下村文艺演出,演出场次达 120 余场。

感党恩 引导群众助脱贫

今年 10 月以来,双柏县广泛开展"干部大返乡、政策大宣讲"活动,组织双柏籍国家公职人员陆续返回各自出生村组,以召开村民小组会议和逐一入户等方式,进行脱贫攻坚培训。

"通过宣讲,我对国家扶贫政策有更深的了解,也更加坚定自己发展生产的信心和决心。"听完返乡干部的宣讲后,大庄镇小湾子村老党员胡光荣感叹连连。群众富不富,关键看干部。近年来,双柏县把脱贫攻坚政策干部轮训作为一项重要政治任务,按照"全员培训、分级负责、确保实效"原则,多措并举强化干部教育培训,凝心聚力决战决胜脱贫攻坚。

从去年来,全县扎实开展"万名党员进党校"培训活动,依托县乡党校组织全县党员、干部分期分批参加习近平新时代中国特色社会主义思想和党的十九大精神专题培训学习,进一步提高广大党员、干部的素质和能力,激励大家展现新作为、阔步新时代,为决战脱贫攻坚、决胜全面小康、实现跨越发展提供坚强保证。

据统计,全县现已举办各类脱贫攻坚政策培训班 17 期,组织开展"万名党员进党校"集中培训 63 期,开办专题讲座 214 个,培训各级党员干部 14 200 余人次,实现对县乡村三级脱贫攻坚工作人员的全员培训,有效提升干部队伍的思想认识和工作能力,为全面提升脱贫工作质量、确保全县 2018 年脱贫摘帽提供坚强保障。"我一定要动员身边更多的群众种植青枣,把我多年的种植技术要领传授给大家,共同致富奔小康。"大麦地镇峨足村青枣种植协会党支部书记、种植大户卜彪坚定地说。

跟党走　坚定信心助脱贫

"感谢党和政府的好政策,让我家踏上脱贫致富路。我要通过自己的努力,过上富足幸福的新生活。"这是妥甸镇马脚塘村委会大箐小组村民谭加林常挂嘴边的一句话。通过自强诚信感恩活动,这位曾经的建档立卡贫困户树立起不等不靠、自力更生的信心,并于 2017 年光荣脱贫。

授人以鱼不如授人以渔。在脱贫攻坚战中,双柏县坚持把开展"自强、诚信、感恩"主题教育实践活动贯穿始终,努力让联系群众树立自信、自强不息,让群众的"心"热起来;靶向施策、授之以渔,让群众的"行"动起来;学会担当、懂得经营,让群众的"财"积起来;以善为念、自强感恩,让群众的"爱"浓起来,进一步正村风、淳民风,最终实现物质、精神的"双脱贫"。

从去年起,双柏县在全省率先开展"感恩党中央、脱贫奔小康"教育活动,坚持每季度在各乡镇、村(社区)开展一次"三比三看"活动,使广大群众真切感受身边变化和经济社会发展取得的巨大成就,深刻感受党和国家的恩情,进而比出热情、信心、干劲、动力,破除争贫、乐贫、安贫的消极懈怠思想,拔掉思想穷根,立起奋斗之志,让贫困群众自身努力和外界助力同频共振,变"要我脱贫"为"我要脱贫",树立起"等不是办法,干才有希望"的积极向上思想。

"破屋漏雨秋夜长,贫穷日子天日难。党和国家送温暖,扶贫政策落实好。拆了破屋建新房,感谢国家感谢党……"碍嘉镇旧丈村建档立卡贫困户王庆平发自肺腑的诗篇,真切表达了饮水思源的真情。这也是双柏县通过开展"自强、诚信、感恩"主题教育实践活动,激发贫困群众增强信心和决心,改变贫困面貌的一个缩影。

(本报道原载 2018 年 12 月 24 日《云南日报》)

聚焦脱贫攻坚:驻村帮扶解难题

胡梅君

　　上午 10 点多,山里的浓雾还未完全散去,双柏县妥甸镇丫口村的村民已开始一天的劳作。

　　"谢观察,快上家里来坐坐。"正准备去做活计的尹超刚刚走出家门就遇上老朋友。

　　"谢观察"本名谢家用。半年前,在双柏县农业局工作的他作为一名县里派来驻村的"脱贫攻坚观察员"来到丫口村。

　　"脱贫攻坚观察员"是什么身份? 记者问。

　　"双柏是国家级贫困县,扶贫工作点多面广,工作量大繁杂。随着脱贫攻坚工作的进一步深入,自上而下的扶贫政策较多,在具体操作过程中难免会出现基层干部对政策解读不深或理解有误的情况,造成在上级部门检验时被动整改。"县委组织部部长朱成玉介绍,"这就需要派一支队伍参与到扶贫工作中,倾听老百姓的呼声和意见,及时反馈解决问题。"

　　为此,县委从各部门抽调 35 名经验丰富、能力素质过硬的干部,经过先期培训后,分别充实到县扶贫办、8 个乡镇和部分贫困村担任脱贫攻坚观察员。

　　"我们将观察员分解为县乡村三级,县级观察员的任务是政策解读、统筹协调和队伍管理,进驻乡镇的观察员主要负责政策落实、问题发现和问题整改,驻村观察员则积极参与到一线扶贫工作中,入户走访群众、宣讲政策、发现问题、解决问题。"朱成玉说。

　　尹超是建档立卡贫困户,在拿到 5 000 元政府扶持发展产业的帮扶资金后,他犯难了。这钱说多不多说少也不少,想干点产业又不够。进驻丫口村的"谢观察"了解到尹超的困难后,一边为他讲解扶贫政策,一边将他想发展肉驴养殖的意愿及时上报。

　　尹超的问题很快有了回复,在政府帮扶下,村里成立超群肉驴养殖专业合作社,不仅解决他的问题,还带动周边农户一起发展。

　　"观察员的进驻,有效破解县乡村脱贫攻坚队伍力量不足、监督不力的难题。"朱成玉说,各级观察员立足工作岗位,在抓统筹、抓协调方面发力,不断健全规范脱贫攻坚台账资料、基础数据信息录入等工作,协助抓实基层队伍管理,充分发挥监督、监测和参与的作用。

　　统计显示,双柏县脱贫攻坚观察员目前已在资金使用、产业发展、干部作风等方面共发现问题 120 多项,其中有 100 多项得到及时解决。

(本报道原载 2017 年 12 月 21 日《云南日报》)

艺 文

胸中有誓深于海

李长平

一

　　我径直走进说全村一家农户家中，用葫芦瓢在破旧的石水缸中舀起小半瓢黄浑的水，一仰脖子灌进胃里，在随行同事的惊愕之中，我的泪水在眼眶中打转。是啊，这就是我们老百姓日常的饮用水啊，而且，这种黄浑的水也快没了，群众准备到十五六千米之外的绿汁江取水。我的心在滴血。

　　2012 年 10 月，我调任双柏县委副书记、县长，我用 10 个月的时间跑遍了 84 个村（居）委会。人们都说，山有多高水有多高，但双柏的情况并非如此，双柏山高坡陡箐深，漏斗式的山形地貌不保水，河是干河，箐是干箐，虽然有石羊江和绿汁江穿境而过，但人在高处、田地在高处，看着 2 条江，人们更是愁肠千结，焦满群山。

　　那天在光明村下乡，在一个快要干涸的泉眼面前，我跪下了。当晚，我辗转反侧，夜不能寐，用诗一样的语言写了一篇日记："父亲，你是我的神！是你给了我生命。母亲，你是我的神！是你给了我爱和成长的力量。泉啊，你是村庄的神！是你给了湿润的双唇，是你给了水灵的眼神，是你给了翠绿柔和的生命。看着你越来越瘦的涓滴，我战栗着向你跪下，我五体投地，向你祈祷：神泉！请上天赐予你奔涌的力量。神泉！你目前还在给村民以希望，请你要一直给村民以希望！"

　　梦中到处是干渴荒芜的土地。一夜我起床披衣，写了一首诗，题为《我的兄弟》："兄弟，当我再次经过你家门口，你又要准备赶着骡子，去几千米外的那个水塘，我愧疚地告诉你，那个水塘已经干涸了。你说，你知道。你要去更远的水塘。我试图通过别人，把你带到外面的打工世界。你说，你跟外面的语言难以流通，而且，母亲已双目失明，跛足的父亲已无法驱使骡马。我的兄弟，前面那道道荒凉的山脊，已被滚烫的热浪烤红。看着你蓬乱的头发和皲裂的赤足，我的眼前，腾起蒙蒙水雾。我知道，到夏天，你的心芽，定会茁壮成长。"

　　此刻，我就站在这个名叫塔铺的村子面前。快要过年了，村子里却没有一点过年的气氛，家家户户都在忙着建水窖。群众跟我说："如果上天不下雨，水窖建好也是空的。"我的心一紧，像个沉重的石头，压得我喘不过气来。看着苍茫的群山，这稀稀落落的村子好像要脱水。双柏本来就是国家级贫困县，而这个安龙堡乡又是全县最贫困的区域，彝族比例超过 95％。这几年连续的干旱,正在考验着老百姓的最后一点耐心,最后一点希望。

要脱贫,首先要解决人畜饮水的问题。我从西山来到东山,从小箐爬到大箐。是引水还是打坝? 这个问题一直抽打着我,我知道自己已是遍体鳞伤。如果决策失误,群众就会再次受到伤害。在一个叫绿皮卡的地方,我徘徊、犹豫,反复问乡里的干部和水利部门的技术人员。他们说,如果从小黑箐水库引水,投资可以省一点,但近千米的落差技术这关过不了。如果在这里建水库,得投资两千多万元,最大库容不会超过 40 万方。我说,这么陡峭的地方建水库,如果遇到单点性的大暴雨,会不会被整坝冲走? 他们面面相觑,不敢回答。我叫他们一个月内拿出一个优化方案。

最终的方案是从小黑箐水库引水。这一年人代会上,关于解决说全片区人畜饮水的问题被列为议案。我多次听取了工程方案的优化汇报,把县水务局最强的工程师派去监工,对于落差大的问题,请水务局专家论证、把脉会诊,压力最大的地方使用特别的管道和镖箍,在建设过程中,我 3 次前往视察,要求每道工序,每个接口都必须精益求精,确保万无一失。

2013 年 12 月 30 日,工程竣工。我买了一头猪,带着相关部门的干部,到安龙堡的说全村委会参加通水仪式。水龙头一拧,清悠悠的甘泉欢笑着,歌唱着。我拿过一个大瓷碗,接了满满一碗,一仰脖子,甜到了心里。山村沸腾了,村民们跳起了欢快的大彝乐,跳起了排山倒海的花鼓舞。我与他们大碗喝酒,大块吃肉。星星升起来了,村民们拉着酩酊大醉的我又唱又跳,一直不让我走,最后是村支书左说右说,村民们才依依不舍地放行。一路上,我心潮澎湃,我们的群众太好了,而我们做得远远不够。

二

双柏县地广人稀,每平方千米只有 38 人。绿汁江沿岸,通过土地整理和坡耕地治理,增加了上万亩土地。但是,这个低热河谷又是人口更为稀少的地方。2012 年我到双柏工作时半山腰上的土掌房稀疏地立于沟头箐边,生产生活条件极为艰苦。我与同事和乡镇的领导一起商量,增加了那么多土地,必须要流转起来,半山上这些农户,可以通过移民搬迁,把他们搬到江边,既可以解决劳务缺乏的问题又能使他们通过帮企业打工迅速致富。

有了这个想法之后,就着力抓了这个区域的招商引资,短短半年,就有近 20 家企业入驻普龙。企业过来了,可老百姓不愿流转土地,他们说宁可撂荒也不租给外地人。僵硬的局面迟迟无法打开。我听了乡镇领导的汇报后,找方副县长商量,叫他带着大麦地籍的在县上工作的干部,每晚进村入户做群众工作,中国是个人情社会,本地人好说话,方副县长他们还是本地彝族,交流起来更为顺畅。通过半个月艰苦耐心的劝说,群众终于同意拿出大部分土地来流转,他们也可以在家门口打工。

从 2012 年到 2015 年末,我挂点帮扶大麦地镇,镇政府从山头上搬到江边,普龙就成了镇政府所在地,半山腰上的村民搬迁工作也在紧锣密鼓之中。2014 年末,通过产业移民,原来生存条件恶劣的冲正母和白石板村搬到了普龙,取名为立新村。看着崭新

的一幢幢砖房,一条条笔直的通道,一盏盏明亮的路灯,我难抑激动的心情写了一首诗:
"曾经我走进破弊的土掌房,我以为我失明了,我找不到自己。我强忍泪水退出家徒四
壁的黑洞,在干箐边埋头了很长时间,我想大哭一场。缓过神来后我又跟着老支书走进
另一户农家,倾圮的屋顶劈柴已朽烂。架柴烧水才发现铁壶已漏,三脚架已折。他们说
着干渴的牛羊追背水人的故事,破衣烂衫在风里飞舞。只有搬迁才能改变面貌,只有产
业才能帮他们致富。重新把太阳装进他们的心里,重新把出路装进他们的眼眶,让小豹
子笙来演绎新的故事。凤凰山下的立新村,大红喜字贴满了房前屋后,鞭炮炸开了幸福
之花。"绿汁江沿岸已建成瓜果飘香、满眼希望的"小江南",几万亩的葡萄、蔬菜成为当
地群众的"摇钱树"。

　　那天我带着镇里的干部和村支书到牛厩房打工点开群众会,老支书当我的翻译,从
支持企业到新房子建盖,会场气氛热烈,群众干劲十足。现在,牛厩房、进巴珠已成为全
州民族团结示范村,新房新村新气象,这是五年前想都不敢想象的,现在这个地方的群
众收入远远高于全县平均水平。

　　镇政府建成了市民广场,建成了全州最大的室外游泳池,建成了农业观光自驾游基
地,每年的1月1日开街节,都要举办盛大的迎春纳福活动,商贾云集,人山人海,长街
宴一直摆到江边。如今,普龙大桥跨过绿汁江,玉溪的几个乡镇与大麦地联系得更加紧
密,区域合作开发方兴未艾。

三

　　双柏地处楚雄南部,是3州(市)6县交界之地。交通的严重滞后给县域经济发展
和农民增收带来了很大的困难。我与前任书记一起,跑省进京,多方协调,竭力争取交
通项目。在大家的共同努力下,300多千米的通村路面硬化工程实施完毕,206千米的
彩碡公路今年7月30日可以竣工通车,160千米的绿汁江公路可以全线贯通,双新公
路的提升改造即将完工,马龙河公路将在今年开工建设,玉楚高速将于2018年末结束
双柏没有高速公路的历史。当然,不是所有工程实施都是一帆风顺的。我们为大庄镇
绿汁江边的村民争取了一个溜索改桥项目,分管副县长去了几次都没有把建桥位置定
下来,他向我汇报后,我带着县、乡、村有关人员反复踏勘,最后把建桥位置定在了陈旺
庄。因为这座桥要尽可能为更多的老百姓服务,要体现它拉动地方发展的最大化原则。
不明真相的杨维庄部分村民不仅说了些让我伤心的话,还到州里上访。但我坚持原则,
毫不为其所动。在脱贫攻坚中必须坚持公平正义的原则,要在扶贫工作中培养贫困户
一种积极向上的力量。现在,陈旺庄大桥已建好,杨维庄人行便桥也快完工,干群一心,
攻坚克难的氛围正在形成。"感恩党中央、脱贫奔小康"的专题教育活动也正如火如荼
地展开。"养生福地,生态双柏"正以不可阻挡的步伐在全面建成小康社会的大道上跨
越赶超。

　　2014年,在一次全县性的大会上,我讲到双柏贫困群众的生活时,没有控制好自己
的情绪,泪流满面,抽泣哽咽不能自已,整个会场鸦雀无声,有如凝固一般。我自知责任
重大,任务维艰。

　　胸中有誓深于海,血性的精神追求是一种品质,在我的工作向度里,脱贫攻坚是我飞翔的姿势,在精准扶贫精准脱贫这场输不起的战斗中,当好一名战士,担起这份责任,让"查姆故地、虎乡双柏"甩掉贫困的帽子,纵然衣带渐宽、憔悴消然也在所不惜、义无反顾。

(本文原载 2017 年 6 月 10 日《云南日报》云之美·花潮)

亲 戚

苏轼冰

山高路远
有城里的帮扶干部
步行十多千米前来认亲
激动得两位老人
两个光棍儿子
一下子成了"哑巴"

村支书告诉他们
这是县里来的干部
从两百多千米外专程赶来
帮助你家脱贫致富

老人擦了又擦
还是不敢去握对方伸出的手
帮扶干部微笑着说
我是来认亲戚的

笑容可以沟通一切
帮扶干部的笑容
立即消除了彼此的陌生

也许，老人一家
还不可以一下子理解"帮扶"的意义
可"亲戚"的含义
让久居深山的一家人备感亲切

(本诗歌原载《诗刊》2019 年四月号上半月刊)

后　记

　　为深入学习宣传贯彻党的十九大精神和习近平总书记关于扶贫工作重要论述,展示双柏县在各级党委、政府坚强领导和社会各界的帮助支持下齐心协力打赢脱贫攻坚战的全过程,经2019年4月19日十三届中共双柏县委第76次常委会议决定,中共双柏县委、双柏县人民政府决定编纂出版《双柏县脱贫攻坚志》。随后,县委办公室、县人民政府办公室印发《双柏县脱贫攻坚志》编纂方案,组建由县委书记和县长共同担任组长,县委副书记和县委常委、常务副县长共同担任常务副组长,全县所有实职处级领导担任副组长,全县所有"挂包帮、转走访"部门主要负责人和各乡镇党委、政府主要领导为成员的《双柏县脱贫攻坚志》编纂工作领导小组,领导小组下设在县扶贫办和县志办,从县委、县人民政府层面高位推动《双柏县脱贫攻坚志》的编纂工作。

　　编纂工作启动后,编纂人员先后对1987年来全县扶贫开发工作基本情况和2014年来开展的精准扶贫工作进行探讨,并针对双柏县工作情况编写出《双柏县脱贫攻坚志》编纂提纲,交由县委、县人大常委会、县人民政府、县政协四班子主要领导及县委常委审定。根据审定修改过的提纲,先后2次向帮扶双柏县的中央定点单位、沪滇协作帮扶单位、各级"挂包帮、转走访"及全县各行业扶贫部门、各乡镇及相关单位发出提供文字和图片资料的函件。编纂期间,通过各部门提供基础材料、撰稿人员培训、查阅档案内容、资料摘编、会议座谈、实地走访当事人、征求意见等方式,对《双柏县脱贫攻坚志》的内容进行多次编纂、补充和修改;搜集反映全县脱贫攻坚工作开展情况的图片近6 000幅,最终选定197幅图片进入书稿中随文插图。2020年7月末,在县扶贫办和县志办的密切配合和共同努力下,共同编纂完成《双柏县脱贫攻坚志》送审稿。2020年9月初,《双柏县脱贫攻坚志》通过县委、县人民政府终审。

　　《双柏县脱贫攻坚志》的编纂出版工作,得到县委、县人大常委会、县人民政府、县政协四班子领导的高度重视,得到云南省志办和楚雄州志办的关心支持和肯定鼓励,得到帮扶双柏县的中央定点单位、沪滇协作帮扶单位、各级"挂包帮、转走访"单位及全县各行业扶贫部门、各乡镇对资料提供的大力支持。中央单位定点帮扶双柏县的南京大学帮助解决志书的出版工作,中共云南省委党校课题组谭鑫、张雪鹏2位专家提供多篇反映双柏县脱贫攻坚经验与做法的调研成果,县扶贫办原主任张之政、县扶贫办毕文存和李国权3位同志帮助修订部分志稿内容,为志书编纂出版打下基础。各级各部门的关心、支持、肯定鼓舞着全体编纂人员以更加饱满的热情全身心投入编纂工作之中。在此,谨向所有关心支持《双柏县脱贫攻坚志》编纂工作的各级部门和领导,以及为本志书提供文字资料、图片的单位和个人表示诚挚的谢意!

　　作为全州乃至全省编纂工作启动较早的一部脱贫攻坚志,我们在编纂过程中没有过多经验可资借鉴。面对各级各部门在脱贫攻坚工作中形成的浩繁资料,很多时候我们均面临素材如何取舍的难题,只能以记录重大事件的使命感和工作责任心做好编纂工作,力求尽可能全面客观地记录双柏县脱贫攻坚这段历史,为经历脱贫摘帽过程的双柏人民和无私援助过双柏县的各界朋友以及后人留下历史记忆。

　　由于我们资料收集不全、编辑水平有待提高,《双柏县脱贫攻坚志》虽然几易其稿,但错误和疏漏之处在所难免,恳请关注《双柏县脱贫攻坚志》的各界人士、专家学者批评指正,恳请文稿中有资料收录和记载的各单位予以包涵。

编　者

2021 年 3 月

ISBN 978-7-305-23833-8

9 787305 238338 >

定价:198.00元(精装)